第六届
北京国际藏学研讨会文集

郑堆 主编

中国藏学出版社

中国西藏文化保护与发展协会副会长张斎炯致辞

中国藏学研究中心副总干事游洛屏致辞

西藏社会科学院院长白玛朗杰致辞

中国藏学研究中心副总干事郑堆主持会议

第六届北京国际藏学研讨会开幕式之一

第六届北京国际藏学
研讨会开幕式之二

与会学者在听会之一

与会学者在听会之二

与会学者在听会之三

洛桑·灵智多杰大会发言

恩斯特·斯坦因凯勒大会发言

廉湘民大会发言

马克林大会发言

巴桑旺堆大会发言

周炜大会发言

赖尚龙大会发言

陈玮大会发言

才让大会发言

欧珠次仁大会发言

当代政治组小组讨论

社会转型与变迁组小组讨论

经济发展与全面小康组小组讨论

古代史组小组讨论

近当代史组小组讨论

宗教组小组讨论

文化组小组讨论

生态组小组讨论

藏文文献组小组讨论

语言组小组讨论

藏医历算组小组讨论

印藏佛教中的他空组小组讨论

与会学者参观活佛转世专题展之一

与会学者参观活佛转世专题展之二

中国西藏文化保护与发展协会副会长张裔炯（左）参观藏文文献展览

中国藏学研究中心宗教研究所所长周炜（左）向海春生颁发宗教研究所特邀研究员证书

藏文文献展览揭幕式

中国藏学研究中心副总干事郑堆（左）接受海春生捐赠的藏文文献

现场展出的藏文文献经函

中国西藏文化保护与发展协会副会长张畲炯参观匜嘎利展览

中国西藏文化保护与发展协会副会长张畲炯与匜嘎利收藏家张晓威交流

中国西藏文化保护与发展协会副会长张畲炯在匜嘎利展览现场与学者交流

与会学者参观匝嘎利展览之一

与会学者参观匝嘎利展览之二

与会学者观摩匝嘎利图书

中国藏学研究中心副总干事郑堆主持民族志纪实电影《凡尘净土》开幕式

民族志纪实电影《凡尘净土》导演格桑尼玛介绍影片

民族志纪实电影《凡尘净土》摄制组

民族志纪实电影《凡尘净土》宣传海报

与会学者观影后写观后感

部分与会学者赴五台山开展调研活动

人民日报和人民网对第六届北京国际藏学研讨会的报道

人民网对第六届北京国际藏学研讨会的专题报道

China Daily 对第六届北京国际藏学研讨会的报道

中国社会科学网对第六届北京国际藏学研讨会的报道

与会学者交流之一

与会学者交流之二

中国藏学研究中心与蒙古国藏学研究中心（右）签署合作意向性协议

与会学者参观藏学图书展览之一

与会学者参观藏学图书展览之二

中国藏学研究中心做第六届北京国际藏学研讨会会前动员工作

中国藏学研究中心召开第六届北京国际藏学研讨会新闻通气会

中国藏学研究中心设立在现场的工作台

与会学者（右）向工作人员咨询问题

会间对与会学者的采访

大会筹备组

大会工作人员（部分）

前　言

郑　堆

北京国际藏学研讨会是中国藏学研究中心面向世界开展藏学学术研究与交流的重要平台，也是国内外藏学界展示最新研究成果、增进交流与合作的重要平台，目前已成为世界上规模最大的藏学专业学术盛会之一，在国际藏学界具有重大影响。北京国际藏学研讨会发端于 1991 年中国藏学研究中心成功主办的首届北京中国藏学讨论会。此后，1997 年、2001 年、2008 年、2012 年，我们分别召开了第二、三、四、五届研讨会，虽名称不一，但总称北京国际藏学研讨会。会议始终坚持“传承文化、服务社会”的办会理念，既展示交流广大海内外学者藏学研究的最新成果，也为党和国家治藏政策、为西藏和四省藏区经济社会发展和长治久安提供展示宣传的窗口。

我国是藏学的故乡，新中国成立后，藏学学术重心逐渐从欧美等国转到了我国。当前，无论是学者数量，还是机构规模、成果数量等，我国的藏学研究均处于国际前列，已经占据了国际藏学研究的核心地位。

针对海外藏学的多极化格局和政治倾向色彩，必须巩固我国在国际藏学研究领域的核心地位，发挥我国在国际藏学研究领域的主导作用和引领作用，特别是作为世界最大、中国最高的藏学专门研究机构，中国藏学研究中心必须发挥自己应有的作用。前五届北京国际藏学研讨会确实在加强学术交流、反映藏学前沿成果、正确宣传西藏和四省藏区建设成就、正面宣传党和国家治藏政策等方面发挥了重要作用，但遗憾的是，没有将当时会议所取得的成果集中展现出来，这极大制约了会议应有的积极作用和对未来产生的影响。

2016 年，正值中国藏学研究中心成立三十周年，8 月 2 日至 4 日，中国藏学研究中心与中国西藏文化保护与发展协会、西藏自治区社会科学院在北京共同举办了第六届北京国际藏学研讨会。

会议通知发布后，受到海内外藏学界的热烈响应，共收到论文提要 400 多篇，经评审有 308 份论文入选。这届会议规模之大，学术论文之精湛丰富为历届之冠，共有来自意大利、俄罗斯、美国、日本、奥地利、蒙古等 19 个国家和地区，包括我国学者（含观察员）在内的 325 人参加会议。会议分政治、社会经济、历史、宗教、文化、生态、文献、艺术、语言、藏医历算、藏传因明、文学、梵文、他空、藏文信息技术等 19 个学科组进行讨论，取得了圆满成功。

作为这次会议的召集人，谨在此衷心感谢来自海内外各地的学者，感谢他们提交了高质量的学术论文并积极参与了讨论；感谢中国西藏文化保护与发展协会和西藏自治区社会科学院，感谢他们对会议的成功举办提供的大力支持；感谢为会议提供服务的各位工作人员，感谢他们为这次会议顺利召开的辛勤付出。

时间将曾经的辉煌留给历史，也将无限的希望带给未来。总结前五届的历史经验，非常有必要将第六届北京国际藏学研讨会的成果集中起来，既可向世人全面介绍本届会议的成就，也可对未来的藏学研究提供借鉴和帮助。正是出于这种考虑，我们编辑了《第六届北京国际藏学研讨会文集》，本文集共收录91篇文章和摘要等，其中有10篇大会发言，14篇论文，67篇论文摘要，涵盖了藏学研究的各个领域，基本覆盖了近年来藏学研究的前沿成果。文集集中反映了第六届北京国际藏学研讨会所取得的成就，可显可彰，可传可扬，但遗漏和不妥之处在所难免，也请同道同仁不吝赐教。

曾子曰："士不可以不弘毅，任重而道远。"我衷心希望，中国藏学研究中心在今后能继续为促进海内外藏学学术交流作出自己的独特贡献。我们是有这样做的基础的，也是有这样做的能力的。只要我们锲而不舍地作出努力，今后一定会做得更好。

2016年11月17日于北京

目　录

摘要精选

当代政治组

社会转型与变迁组

经济发展与全面小康组

“一带一路”与面向南亚开放重要通道建设组

古代史组

文化组

生态组

藏文文献组

艺术组

语言组

藏医历算组

藏传因明组

文学组

梵文写本与西藏组

印藏佛教中的他空组

藏文信息与技术组

论文选编

学术活动

媒体报道

组织工作

开幕致辞

第六届北京国际藏学研讨会致辞

张裔炯 *

尊敬的各位来宾，各位朋友，女士们、先生们：

大家上午好！

值此北京国际藏学研讨会开幕之际，我谨代表中国西藏文化保护与发展协会，对研讨会的召开表示热烈祝贺！对远道而来的各位专家学者表示诚挚欢迎！向长期以来热爱西藏，关心支持西藏社会发展和文化保护的各界朋友致以亲切问候！

文化是民族的血脉，是民族发展的强大力量。中国是一个统一的多民族国家，在漫长的历史发展进程中，各民族共同创造了多姿多彩、闻名世界的中华文化，为人类的文明作出了巨大贡献。在中国的西藏高原上，以藏族为主体的各族人民以其智慧、勤劳和勇敢，在与中国内地各

* 张裔炯，中国西藏文化保护与发展协会副会长。

民族文化和外来文化的交流中，创造出底蕴深厚、绚丽多彩的西藏文化，反映了西藏人民不畏艰难、富于想象的民族品格。西藏文化以其无与伦比的独特性和神奇性，吸引着全世界的目光。她是中华民族文化的宝贵财富，也是世界文明的璀璨明珠。

1951 年西藏和平解放以来，在中央政府的关心、全国人民的大力支援下，西藏各族人民艰苦奋斗，锐意进取，经济社会取得了巨大进步，西藏传统文化也得到了很好的保护和弘扬。借此机会，我向大家简要介绍西藏文化繁荣发展的一些基本情况。

一是藏语文取得很好的学习使用。国家法律保护少数民族有学习、使用和发展本民族语言文字的自由，藏语言文字在社会生活各个方面得到了广泛应用。目前，西藏一共有 14 种藏文期刊、11 种藏文报纸。西藏广播电台开办了 42 个藏语节目和栏目。藏文也成为中国第一个具有国际标准的少数民族文字。

二是西藏文物古迹得到修缮和保护。国家累计投入 14.5 亿元对布达拉宫、罗布林卡、大昭寺、萨迦寺等文物古迹进行修缮保护。目前，西藏有国家重点文物保护单位 55 处，自治区级文物保护单位 978 处，国家历史名城 3 座。布达拉宫、罗布林卡、大昭寺被列入世界文化遗产。

三是非物质文化遗产得到抢救。西藏成立了专门的民族文化遗产抢救、整理和研究机构，对全区民间文化艺术遗产进行全面普查。西藏的传统手工技艺、民间美术、藏戏等 76 个文化项目已被列入国家级非物质文化保护名录，53 位传承人入选国家级非物质文化遗产项目代表性传承人名录。藏戏和“格萨尔”成功入选世界非物质文化遗产名录。

四是群众宗教信仰和生活习惯得到尊重。各宗教、各教派一律平等，正常宗教活动依法受到保护。藏传佛教特有的活佛转世的传承方式得到充分尊重。10 天前，十一世班禅在西藏扎什伦布寺成功举办了首次时轮金刚灌顶大法会，共计 40 余万名来自各地的信教群众现场聆听。

所有这些都表明，西藏的民族文化得到了很好的保护和弘扬，并不断赋予新的时代内涵，这是藏学研究取之不尽的丰富资源。应当说，藏学研究的故乡在中国，藏学研究的未来和希望也一定会在中国。

2004 年 6 月，在中国政府的关心下，在一些关心热爱西藏文化的各界人士的积极推动下，中国西藏文化保护与发展协会在北京成立了。协会成立 12 年来，汇集社会资源办实事。先后就布达拉宫、古格遗址等西藏重点文物古迹的保护，以及藏文《大藏经》的对勘工作等积极建言献策，争取政府和社会各界加大投入。2006 年、2007 年和 2011 年，协会分别在北京、尼泊尔加德满都、拉萨举办了三届“中国西藏文化论坛”；与中国藏学研究中心、西藏社会科学院联合举办了第四届、第五届“北京国际藏学研讨会”，推动藏学研究深入开展，搭建藏学研究交流平台。协会成立以来，支持出版制作了一系列涉及西藏文化的丛书，以及电视剧、纪录片等。协会还在国内外举办多场西藏文化、文物展览，深受社会各界喜爱。协会多次派员参加联合国有关会议，组织、参与外访团组 70 多个，出访亚、非、欧、美洲 20 多个国家，全面介绍西藏文化保护与发展成就和宗教信仰自由状况。每逢藏历年期间，协会都组织地方藏族歌舞团赴瑞士、尼泊尔等国为境外藏胞演出，受到境外藏胞、当地政要和民众的热烈欢迎。

当前西藏文化保护与发展正面临难得的大好形势。去年召开的中央第六次西藏工作座谈会提出，“西藏是重要的中华民族特色文化保护地和面向南亚开放的重要通道”，强调要“实施文化和自然遗产保护工程，加大文物保护力度，支持特色文化产业发展”，要“发挥中国藏学研究中心等的智库作用”，这些都为保护西藏文化，开展藏学研究指明了方向。

中国有句谚语：“众人拾柴火焰高。”西藏文化的保护与发展，离不开社会各界和海内外朋友的参与、支持和帮助。今天，在座的海内外藏学专家学者，你们为西藏文化保护与发展做了大量工作，让我们携起手来，不断深化交流与合作，为开创西藏文化的美好明天而积极努力。

祝第六届北京国际藏学研讨会圆满成功！

祝大家身体健康！扎西德勒！

第六届北京国际藏学研讨会致辞

游洛屏 *

尊敬的各位来宾、专家学者，女士们、先生们：

第六届北京国际藏学研讨会今天开幕了，我谨代表中国藏学研究中心，向出席会议的各位来宾、专家学者，女士们、先生们表示热烈欢迎。

由中国西藏文化保护与发展协会、中国藏学研究中心和西藏社会科学院共同举办的四年一届的北京国际藏学研讨会，已经是第六届了。在各级领导、国内外专家学者，同志们、朋友们的关心关怀和共同努力下，北京国际藏学研讨会已成为国内外藏学界充分展示藏学研究成果的平台，在开展学术交流、展示最新成果、探讨发展规律、提升研究能力、促进藏学发展等方面起到了积极的推动作用。我们将秉持“传承文化、服务社会”的理念，办好本届研讨会。

* 游洛屏，中国藏学研究中心副总干事。

2012年第五届北京国际藏学研讨会举办以来，藏学研究及藏学研究为经济发展社会稳定服务等方面都取得了新成绩。

——重点学科建设成效显著。各藏学研究部门结合自己实际，设置了政治、历史、经济、社会、文化、宗教、藏医药等学科。四川大学、西藏社科院等建立了具有战略性、前瞻性的涉藏前沿学科。中国藏学研究中心在建设好社会经济研究、历史研究、宗教研究、当代研究、藏医药研究等研究部门的同时，与国内外11个研究机构共建15个科研岗位。成立了《中华大典·藏文卷》、藏文古籍抢救和整理、《涉藏工作参考》、《藏事探索》《中国藏学年鉴》等课题组。完善了西藏政治发展态势、藏传佛教教义阐释、一带一路与青藏高原、梵文研究、藏传佛教因明学、青藏高原生态文化、涉藏金石总录等研究组织和基地。全国藏语术语标准化工作有序开展。强化了文献资料、出版、期刊、藏文化展览、藏医药研发等合作机制。

——科研成果数量质量不断提升。科研人员深入实际、深入基层、深入农牧民，了解真实情况，掌握第一手资料，较好地完成了大量实际需要和上级交办的现实研究课题。国家重点社科项目《西藏通史》历经十余年完成出版，共8卷13册。《中华大典·藏文卷》编纂工作于2012年正式启动，已出版《萨迦五祖文集》25册。《中国藏学》杂志获选第二批国家社科基金学术资助期刊。社会经济、历史、文化、宗教、藏医药等各领域都把基础研究和现实研究紧密结合，取得了基础研究和现实研究双丰收。

——藏学研究整合能力得到提升。在各藏学研究机构和广大藏学工作者的支持配合下，中国藏学研究中心发挥牵头协调作用，不断加强与各地藏学机构的合作。召开了第四届全国藏学工作协调会，与各藏学研究机构健全了联系机制，国内藏学研究机构一盘棋整合能力不断提升，国内外藏学研究机构联系更加紧密务实。

——学术交流更加活跃丰富。举行了第三届中国藏学研究“珠峰奖”

评选活动，做好第三届中国西藏文化论坛协调服务工作，举办了第二届“藏学珠峰论坛”、藏传佛教教义阐释研讨会、第十一届全国因明学术研讨会、乾隆皇帝与六世班禅学术研讨会、藏传佛教活佛转世专题展览等。国内外学者间的联系与学术交流更加丰富多彩。

——涉藏智库建设和人才队伍建设不断加强。深入研究发挥国内外专家学者作用，建设涉藏智库，促进发展和谐的体制机制和途径方法，筹备成立涉藏智库理事会。国内 50 多家藏学机构都具有多学科、高学历的藏学研究队伍，设立了一批藏学博士、硕士点。

——“走出去”“请进来”进一步扩大。中国藏学研究机构与欧洲、亚洲、南美等国家和地区的 40 多所大学、科研机构开展学术交流和合作。成功举办第五届北京国际藏学会、海峡两岸藏学会、中意学术论坛、中日学术论坛、中尼藏传佛教学术论坛等多个国际学术会议和论坛。中国藏学研究中心与 7 个国家的 12 个学术机构签署了合作协议，开展藏学合作交流。国内外专家学者在交流合作中结出了硕果，增进了互信。

第五届北京国际藏学研讨会举办以来，取得的成就是国内外藏学研究工作者共同努力的结果，在此向广大藏学研究工作者表示崇高的敬意。同时，我们也深切缅怀这期间去世的恰白 · 次旦平措先生、多杰才旦先生、王尧先生、赫尔穆特 · 克莱塞先生、次旺俊美先生、次仁加布先生等国内外著名学者。他们的风范和成就永远让我们铭记。

第六届北京国际藏学研讨会的召开，标志着藏学研究站在了新的起点上，我们要以本届研讨会为契机，开拓创新，锐意进取，把我们的藏学研究事业不断推向前进。

为办好本届会议，国内外专家学者付出了极大的努力，提供了一批高质量、创新型研究成果。中国西藏文化保护与发展协会、中国藏学研究中心、西藏社会科学院认真筹划，精心组织。我相信，在大家的共同努力下，本届会议一定会开创藏学研究事业的新局面。

祝会议圆满成功！

祝各位领导、专家学者，同志们、朋友们，身体健康，工作顺利，扎西德勒！

第六届北京国际藏学研讨会致辞

白玛朗杰 *

尊敬的各位专家、学者，各位来宾，女士们、先生们：

大家上午好！

首先，我代表本次研讨会的主办方之一西藏自治区社会科学院向出席本次研讨会的各位来宾表示热烈的欢迎。

北京国际藏学研讨会自 1991 年召开第一届以来，已成功召开五届，在推动国际藏学界的广泛交流方面发挥了很好的平台作用。今天，我们在这里召开第六届北京国际藏学研讨会，围绕“传承文化、服务社会”的主旨进行研讨，可以说，恰逢其时。文化的生命在于传承，传承文化的目的在于推动社会的全面发展。新一届中央领导集体执政以来，十分重视国家的文化软实力建设。习近平总书记强调，要提高国家文化软实力，要努力展示中华文化独特魅力，推动社会主义文化大发展大繁荣。

* 白玛朗杰，西藏自治区社会科学院院长。

在上个月庆祝中国共产党成立 95 周年纪念大会上的讲话中，习近平总书记更是提出了“文化自信”的重要论断，指出中华优秀传统文化、革命文化和社会主义先进文化积淀着中华民族最深层的精神追求，代表着中华民族独特的精神标识。西藏的发展与整个中国的发展密不可分，西藏文化是整个中华文化的重要组成部分。长期以来，中央政府十分重视西藏文化的保护和传承，西藏的优秀传统文化得到了切实保护和弘扬。在这一过程中，基于西藏文化的独特性，中央政府十分明确地提出要将西藏建设成为重要的中华民族特色文化保护地。今天的西藏高原上，处处可以看到,西藏优秀传统文化焕发出的勃勃生机。我们也有理由相信，在中央政府的高度重视下，西藏的优秀传统文化一定能够得到更好的保护和传承，使西藏各族人民、全国人民乃至世界各国民众共享到文化传承的成果。

西藏自治区社会科学院是西藏自治区重要的哲学社会科学和藏学研究机构，目前有马克思主义理论研究所、民族研究所、宗教研究所、南亚研究所等 8 个研究部门，开展涉及民族历史、文化、宗教、经济社会发展、南亚地缘战略等多个学科领域的学术研究。建院 30 多年来，我们开展了大量与优秀传统文化保护有关的研究工作，为西藏的“文化传承、服务社会”作出了不懈努力。在《格萨尔》史诗的抢救、整理和保护上，先后录制艺人说唱本百余部，整理 60 多部，收集旧版本、手抄本 74 部，创造了世界上最长史诗的诗行记录——《格萨尔艺人桑珠说唱本》，《格萨尔》藏译汉工程目前也已取得阶段性成果。在贝叶经研究保护方面，经过多年的努力，我们全面开展了西藏境内贝叶经写本的保护、收集、整理、编目和影印工作，摸清了西藏贝叶经写本现状，制定了保护章程，编写了《西藏自治区珍藏贝叶经总目录》《西藏自治区珍藏贝叶经影印大全》，出版了全国首家专门的贝叶经研究刊物《西藏贝叶经研究》（藏、汉文版）。近年来，在国家实施“一带一路”战略的大背景下，我们还与南亚国家尼泊尔的多家学术机构开展了广泛的交流活动。

长期以来，我们秉持“开放办院、合作办院”的办院方针，通过“请进来”“走出去”，与世界上多个国家和地区以及区外的学术机构建立了广泛的交流合作关系。当前，我们正在为创建具有地方特色的新型智库而努力。作为西藏自治区社会科学院院长，借此机会，我代表西藏自治区社会科学院真诚地邀请各位专家学者参观访问我院，我们也十分愿意与大家共同开展交流合作，为西藏的“文化传承、服务社会”贡献智慧。

最后，预祝本次国际藏学研讨会取得圆满成功。祝各位专家、学者、各位嘉宾研讨会期间身体健康、工作顺利、心情愉快、扎西德勒！

大会发言

喜马拉雅与长寿五姊妹

洛桑·灵智多杰*

一、世界的喜马拉雅

喜马拉雅腾空隆起，改变了亚洲乃至全世界的气候，因此人们称它为“世界屋脊”“地球的第三极”。

（1）从自然地理环境讲，泛喜马拉雅山脉，从西端的吉尔吉斯斯坦到东端的缅甸，蜿蜒连绵 3500 公里；从北部中国西藏高原到南部印度的恒河盆地，宽约 200—300 公里。它如一道巨大的屏障，将南北坡地形地貌气候景观截然分开。北坡烈日炎炎又冰天雪地，终年干旱寒冷，年均降水量约 200–300 毫米，不及蒸发量的 1/8–1/10。南侧以热带季风气候为主，普遍炎热多雨。如位于印度东北部阿萨姆邦的一个村庄——乞拉朋齐，是世界上曾经在一年和一月内降水最多的地区，有“世界雨

* 洛桑·灵智多杰，中国藏学研究中心副总干事。

极”之称。①

（2）从人文环境讲，喜马拉雅山地的各个民族因受自然环境和宗教等影响，创造了各具特色的喜马拉雅文化。当然这种文化是包罗万象的，包括政治的、经济的、宗教的、社会的，等等。我就想从喜马拉雅区域一些民族对待自然生态和环境的角度讲一讲。他们敬畏自然，进而产生了灵的信仰、物活观念、万物有灵和图腾崇拜，继而又产生了对大千世界的神圣感，所以他们对大自然进行祭祀、膜拜和祈福，顺应自然，保护了这块生态非常脆弱但还基本处于原始状态的喜马拉雅山脉。在历史上，喜马拉雅区域又是一个充满了神奇、神秘和神幻般的世界。它养育了古代印度文明和中华文明，它又是诞生神话、史诗、传奇、传说和故事的摇篮。如印度的《罗摩衍娜》《摩诃婆罗多》，藏族的《格萨尔王传》，等等。

（3）因特殊自然、历史等原因和与外界文化相隔离，喜马拉雅区域是一处贫困地区。在2013年12月12日尼泊尔加德满都召开的“关注兴都库什—喜马拉雅地区（HKH）贫困与脆弱性”国际会议上，尼泊尔总统拉姆·亚达夫（Ram Baran Yadav）在开幕式上说：“这一地区为严重的贫困和资源匮乏所扰。气候变化的挑战进一步加重了山区居民的负担。”②“喜马拉雅地区的人们仍处于极度贫穷、脆弱的社会和经济环境中。一些地区一年中有8个月处于饥饿与食物不足中。各种自然和社会的压力导致了冲突，在一些地区已演变为长期的暴力冲突。”③

（4）进入现代（征服自然的时代），这块地方成为人们科考、探险、开发和发展、旅游观光的宝地，也成立了很多国际性的组织关心这块地方，与此同时它也成为贪婪的人们垂涎三尺、跃跃欲试挖掘宝藏的地方。

①《走进“世界雨极之地”——印度乞拉朋齐》，2013-06-05《环球网》。

② 陈娜：《喜马拉雅贫困与脆弱性会议关注山地减贫》，2013年12月12日《科学时报》。

③ 中科院·水利部成都山地灾害与环境研究所官网，国际山地综合发展中心，2014-03-23。

"旅游业的不断发展，为这个贫困的地区带来了工作和金钱，这让人满心欢喜；但它也成为自然资源快速消耗的另一祸根。"①

二、喜马拉雅山脉是生态屏障

喜马拉雅山脉是我们国家的生态屏障。

喜马拉雅山脉在中国国土西南缘，形成了一条弧线，北边就是青藏高原，从东边的横断山脉到西边的帕米尔高原是青藏高原的主体部分，绵延逶迤 2500 公里。喜马拉雅山脉约有 110 座山峰，海拔 7000 米以上的高峰有 40 座，8000 米以上的高峰有 14 座，山峰终年被冰雪覆盖。所以，梵文称 Himalaya，(Hima 意为"雪"，laya 意为"屋")。藏族自称为"卡瓦坚"，意为"雪域民族"。同时又把喜马拉雅的最高峰命名为珠穆朗玛。

早在 15 世纪，噶举派僧人桑吉坚赞所集录的文学著作《米拉日巴道歌集》，对珠峰地区记述得尤其具体、形象，称珠穆朗玛峰所在地为"顶多雪"。对"顶多雪"地区包括珠峰在内的五座山峰，《道歌集》中都有详细记述，并且生动地描绘道："直入天空的三角形雪山巍峨高耸，她那像鹏鸟的头部，装饰着水晶饰物，这些水晶饰物闪耀着日月般的熠熠光辉；她的上方飘浮着洁白的流云，她的头部还在云中轻轻飘动；她的下方则镶着五色斑斓的彩虹；其中部的山崖岩石摇曳着碧玉般的眉毛；在她的脚下，则遮盖着雾气烟云。"不但如此，《道歌集》对"长寿仙女五姐妹"的排列次序也作了记述。

我国政府对喜马拉雅的认识，从 18 世纪初开始。公元 1717 年，我国测量人员在珠穆朗玛峰地区测绘地图，正式发现了她是世界上最高的山峰。

公元 1721 年，清朝政府编绘的《皇舆全览图》采用"朱姆朗马阿

① 贝丝·沃尔克（Beth Walker）：《喜马拉雅山脉地区过快发展易引发环境破坏》，2011 年 5 月 23 日《中外对话》。

林”这个名字来命名珠峰，并精确地标出了其具体位置。“朱姆朗马阿林”是藏满语音的合译，“朱姆朗马”系藏语，本来就有的，“阿林”系满语，意为“山”，属于后来加上去的，这是珠穆朗玛峰最早的汉译名称。

公元 1748 年，清朝政府出版的《乾隆内府舆图》中，将“朱姆朗马阿林”改为“珠穆朗玛阿林”。到了清朝同治年间，《皇朝大清一统舆图》中，“珠穆朗玛阿林”又被标作“珠穆朗玛山”。

但是国外一些地图中，珠穆朗玛峰却被标名为“埃弗勒斯峰”。原来，在公元 1852 年，担任英国测绘局局长的埃弗勒斯，在未经清政府许可的情况下，擅自对喜马拉雅山进行测绘。公元 1855 年，英国通过其所出版的地图，宣称他们“发现”了喜马拉雅山的最高峰，并以“埃弗勒斯”命名。

三、藏族对喜马拉雅的情结

(1) 世界人类对山的情结。山作为地理标志和文化象征，在人类历史上占有举足轻重的地位，它是原始人类繁衍生息的主要依托。世界原始民族对山的敬畏和崇敬是人类共有的特性。山神（mountain deity）和神山（sacred mountain）又是与信仰、宗教认同和人文地理密切相联的一种世界性的宗教文化标识。山是宗教力量的载体和神灵的寄居之所；山被认为是宗教的特定圣地或名胜古迹。比如，中东犹太教和基督教的四座神山：土耳其的阿拉拉特山（Mt. Arart）、埃及西奈山（Mt. Sinai）、以色列摩利亚山（Mt. Moriah）、塔布尔山（Mt. Tabor），摩利亚山圣殿成为犹太教信仰的最高象征，耶路撒冷由此成为世界犹太人的政治和宗教中心；非洲人视乞力马扎罗山为他们的圣山，每年都要在山脚下举行传统的祭祀活动，拜山神，求平安；希腊人认为奥林匹亚山是诸神居住的神山，所以为了祈求幸福每年都要在这里祭祀山神；日本人认为富士山是他们的精神支柱和民族象征，以富士山的名字命名的品牌无数。

(2) 中国人对山的情结。中国人自古便与山结下了不解之缘，认为山岳丰富的资源，哺育了我们的列祖列宗。也较早地开始了对山的认识、记述。《山海经》就开始以山川作为地域划分的标志，把传统上华夏的山地划分为 5 个大区 26 个中区，451 小区，每座山均有各自的神灵，更为全面而具体地记述了大山的资源、宝藏，堪称以山为径的博物志。人们所从事的宗教和祭祀等，真是触目皆是，多难胜举。[①] 中国古文化中有着深厚的大山崇拜心理。中国人对五岳的崇拜特别是对泰山的崇拜从尧舜开始延续到现在，对泰山的颂词、诗歌、碑文和《泰山志》《泰山大全》《泰山通鉴》等著作的字数达千万余字。中国的汉民族称自己的家园为神州，是神灵的国度。藏族对山的情结：与世界其他民族相比，藏族把自己和山水联系得更紧密，因为藏民族居住在当代科学认为不宜人类居住的地方（海拔 3000 米以上）和生命的禁区（海拔 5000 米以上），并生存下来，不能不靠崇高的精神信仰，这是生命的寄托。青藏高原这块被外界看来是不毛之地，而藏人却视为“天似八辐经轮、地如八瓣莲花”般的水晶宝塔、聚宝盆，断定“雪域高原”是他们唯独能生存的家园，能守护的家园，是佛祖指示的地方，是观音菩萨照耀的地方，骄傲地称自己为“卡瓦坚”（雪域民族）。藏族以拟人的方法，给这里的所有山水以生命和灵魂，把它们分为区域、部落、家族、家庭，再加上后来以宗教的思想理念看待自然界的山水，封山水为神山圣湖和护法神，敬畏、仰视，常为他们祭祀膜拜和祈福，这就是藏族的山水文化。这在世界上是任何国家和民族所没有的独特现象。今天在这里我就举一个喜马拉雅长寿五姊妹的例子，说明藏族与山的情结。

藏族把喜马拉雅山脉中段的五座山峰统称为“长寿五姊妹”（ཚེ་རིང་མཆེད་ལྔ）。因限定词的不同，具体名称有三个系列：珠穆长寿五姊妹（ཇོ་མོ་ཚེ་རིང་མཆེད་ལྔ）、拉敏长寿五姊妹（ལྷ་སྨན་ཚེ་རིང་མཆེད་ལྔ）、扎西长寿五姊妹（བཀྲ་ཤིས་ཚེ་རིང་མཆེད་ལྔ），名称虽然不同，但指代目的一致。世界

① 徐华龙、王有均：《山与山神信仰》，学苑出版社，1994 年，第 12—17 页。

最高峰“珠穆朗玛”（ཇོ་མོ་གླང་མ）属于“珠穆长寿五姊妹”之一且位序第三，所以也被称为“第三女神”。

藏族民间传说认为：最初的喜马拉雅山区，低处是汪洋大海，岸上是无边森林，林中奇花异草，一幅美丽、安详的图景。不幸的是，海里出现了一条巨大的五首毒龙，搅起万丈海浪，给世间的人类和动物带来深重的灾难。正在危难时刻，天上飘来五朵彩云，变幻成了五位女神，降服了毒龙，救助了飞禽走兽和人类。经地上生物的再三请求，五位神女答应永远留下来护卫生灵万物，从此便成了喜马拉雅山区的地方保护神。①

“长寿五姊妹”的具体名称、形貌特征、色彩特点以及所乘坐骑、所持法器等，在不同时代、不同教派的藏文典籍中，记述不尽相同，有的甚至差别很大。这里简要介绍较常见的说法之一：

“长寿五姊妹”的首领是以白海螺饰发的白色女神，名叫扎西次仁玛（བཀྲ་ཤིས་ཚེ་རིང་མ། 意译祥寿仙女），平时温和，笑颜慈目，有时也现忿怒相，她有一面、三眼、两只手，右手握一柄金刚杵（རྡོ་རྗེ），左手持长寿宝瓶，骑一匹威风凛凛的雪山狮子，专门掌管人间福寿。第二位是常以靛蓝色饰发的青色女神，名叫婷吉希桑玛（མཐིང་གི་ཞལ་བཟང་མ། 意译翠颜仙女），位居大姐扎西次仁玛的前面，骑一匹浑身闪耀宝石光的神驴，左手举银质魔镜，右手持占卜神箭，专门掌管人间的“先知”神通。第三位是常以金色饰发的金色女神，名叫米玉朗桑玛（མི་གཡོ་གླང་བཟང་མ），也叫米玉洛桑玛（མི་གཡོ་བློ་བཟང་མ། 意译贞慧仙女），位于扎西次仁玛的右面，骑一只金黄色的母虎，右手拿着一个装满粮食的器皿，左手做着敬献宝物的手印，专门掌管农田耕作。第四位是常以红珊瑚饰发的珊瑚女神，名叫确班珍桑玛（ཅོད་པན་མགྲིན་བཟང་མ། 意译冠咏仙女），她站立于扎西次仁玛的后方，骑一匹红珊瑚色的雌鹿，右手托着装满宝物的盒子，

①《喜马拉雅：遥远的传说，圣洁的神山》，2011年3月22日，来源：新华网。

左手持一颗闪闪发光的宝石，专门掌管人间财宝。第五位是常以绿松石饰发的绿色女神，名叫达嘎卓桑玛（གཏད་དཀར་འགྲོ་བཟང་མ། 意译施仁仙女），位于扎西次仁玛的左侧，骑一条全身发出绿松石光波的龙，双手握一条蛇形绳索，掌管畜牧生产。她们姊妹五人，战风傲雪，在银装素裹的“世界屋脊”上亭亭玉立，于地球之巅俯视人间，保护众生，关心黎民疾苦，长年不辞辛劳，博得藏民族千百年来的膜拜与景仰。①

藏文典籍中有许多赞美“长寿五姊妹”的神话传说、赞颂词与祈祷文，其宗教含义、宗教功能在漫长的历史发展过程中具有不断演变的轨迹。据《洛桑朗杰导师答问录》（དགེ་རྐན་བློ་བཟང་རྣམ་རྒྱལ་ལགས་སུ་བཅར་འདྲི་ཞུས་པའི་ཟིན་བྲིས）② 等藏文文献记载，扎西次仁玛女神主司长生增寿（འཚེ་མེད་ཚེ་ཡི་ཕྱུག་མཛོད་ཚེ་རིང་མ），婷吉希桑玛女神专司圆光占卜（སྣང་གསལ་པྲ་སྟོན་མཐིང་གི་ཞལ་བཟང་མ），米玉朗桑玛女神负责掌管丰美食品（ཟས་ཀྱི་དཔལ་སྐྱེར་མི་གཡོ་བློ་བཟང་མ），确班珍桑玛女神专管宝库财物（ནོར་གྱི་ཕྱུག་མཛོད་ཅོད་པཎ་མགྲིན་བཟང་མ），达嘎卓桑玛女神则负责四腿畜（རྐང་བཞི་སྲིལ་མཛད་གཏེར་དཀར་འགྲོ་བཟང་མ）。“长寿五姊妹”的这种社会分工，后来随着佛教传入和社会变迁也发生了不小的变化。

藏族接受佛教以后，佛教各种教派的理念给予了这些神灵以更多的职能。在宁玛派僧人那里，把她们又描绘成另一种形貌，她们的头衔扎西次仁玛名字前面加了个勉宗（སྨན་བཙུན），其他四位伴神皆做舞蹈状，都穿丝衣，身体用宝石装饰。四位女神每人右手都挥舞一支占卜神箭；在噶举等教派的某些典籍中，“长寿五姊妹”不仅已经被视为“噶举守

① 藏文文献中有关“长寿五姊妹”的记载有很多，但缺乏系统全面的梳理和研究。本文参考的藏文资料中，包括《尊者米拉日巴道歌》（རྗེ་བཙུན་མི་ལའི་མགུར་འབུམ）、《具誓护法顶髻全诵》（དམ་ཅན་སྤྱི་གཏོར་ཁ་འགེངས）、《长寿五姊妹供朵之法》（ཚེ་རིང་མཆེད་ལྔའི་མཆོད་གཏོར）、《宝生卷》（ཡི་དམ་རྒྱ་མཚོའི་སྒྲུབ་ཐབས་རིན་ཆེན་འབྱུང་གནས་ལྷན་ཐབས་རིན་འབྱུང་དོན་གསལ）、《隆钦精要》（ཀློང་ཆེན་སྙིང་ཐིག）、《喇嘛无碍修心之噶举护法长寿五姊妹修行法》（བླ་མའི་ཐུགས་སྒྲུབ་བར་ཆད་ཀུན་སེལ་བཀའ་སྲུང་ཚེ་རིང་མཆེད་ལྔའི་སྒྲུབ་ཐབས）等。

②《喜马拉雅：遥远的传说，圣洁的神山》，2011 年 3 月 22 日，来源：新华网。

护神”（བཀའ་སྲུང），还有了密宗中特有的秘名（གསང་སྔགས་ཀྱི་མིང），而且其称谓中不时可以见到“空行母”或者“明妃”之类的特定称呼。例如：扎西次仁玛——不动金刚吉祥明妃（རྡོ་རྗེ་མི་འགྱུར་དཔལ་གྱི་ཡུམ། 多吉米久班吉玉）、觉悟空行母（སངས་རྒྱས་མཁའ་འགྲོ་མ། 桑吉堪卓玛）；婷吉希桑玛——金刚忿怒母（རྡོ་རྗེ་ཁྲོས་མ། 多吉冲玛）、金刚空行母（རྡོ་རྗེ་མཁའ་འགྲོ་མ། 多吉堪卓玛）；米玉朗桑玛——金刚笑母（རྡོ་རྗེ་བཞད་པ་མོ། 多吉希巴姆）、珍宝空行母（རིན་ཆེན་མཁའ་འགྲོ་མ། 仁琴堪卓玛）；确班珍桑玛——金刚天女受用明妃（རྡོ་རྗེ་དཔལ་མོ་ལོང་སྤྱོད་ཡུམ། 多吉班姆隆觉玉）、莲花空行母（པད་མ་མཁའ་འགྲོ་མ། 白玛堪卓玛）；达嘎卓桑玛——金刚舞女（རྡོ་རྗེ་གར་མཁན་མ། 多吉嘎堪玛）、宿业空行母（ལས་ཀྱི་མཁའ་འགྲོ་མ། 力吉堪卓玛）等。而形成于明末清初的格鲁派则认为长寿五姊妹女神已经是居住在尘世之外的虚空女神……

最初的人类是与自然混为一体的，没有这种原始的思维就不会有泛灵崇拜。古代藏族人民创造了各种神灵，包括长寿五姊妹。创造神灵，又敬畏神灵、亲近神灵、依赖神灵，他们把各种神灵上升到了自己精神生活中信仰的层面。也就是说，藏族的环境意识和生态伦理是建立在神灵崇拜和宗教信仰基础之上的。藏族把自然界的一切生命万物都看成是神圣不可侵犯的，所以就尊重自然、顺从自然、保护自然，与自然相融合。他们对待大自然的思维和行动就体现在千百年来保护整体环境、保护一切生物的行为活动中，体现在限制开发、节约消费、简单朴素的生活方式上，体现在与自然环境和谐相处的游牧方式、农耕方式中，体现在崇尚信仰和精神生活的追求中。社会发展到现代，神灵观念在藏族社会生活中依然发挥着重要的作用，我们研究藏族、了解藏族民间生活，必须关注这个深层次的问题。

藏族神灵信仰崇拜是青藏高原原生态文化的重要内容。它是藏族人生态伦理与生态习惯法的基础，其中不乏至今仍有的积极和进步的社会文化功能，对于青藏高原的生态环境保护和建设美丽中国有着极其重要的意义。

四、保护喜马拉雅人人有责

喜马拉雅作为“世界屋脊”和“地球的第三极”，它的生态地位对亚洲乃至世界都具有非常重要的意义，同时，它的生态环境又非常脆弱，经不起任何大的折腾。这一区域的人们又非常贫穷，全世界都应该关怀和帮助。

为什么要关心青藏高原和环喜马拉雅地区的生态、环境问题？首先我们要看到这个生态事实——我们称青藏高原是“中华乃至亚洲水塔”，青藏高原的水养育了至少十几亿亚洲人口，支撑着众多的文化体系和文明体系。纵观世界各地，我们看到大的文明体系的起源与发展和水是分不开的：印度河、恒河流域的古印度文明，黄河与长江流域的中华文明，尼罗河流域的古埃及文明，两河流域的古巴比伦文明。青藏高原的水系不光利益中华文明和印度文明这些大文明体系，而且润泽了许多其他民族文化体系，比如说湄公河流域的老挝、缅甸、越南，等等。

因世界气候变暖，青藏高原首当其冲，冰川在加速消融退缩。比如，2014 年 10 月 25 日《人民日报》报道《祁连山冰川加速退缩》：最近 50 多年来，祁连山冰川总体呈加速退缩状态；2007 年至 2012 年，大雪山冰川末端向后退缩了 80 米，仅 2010 年退缩幅度达 23 米；过去几十年，祁连山最低雪线已上升 200—800 米。《人民日报》最近的一个报道：《新疆冰川移动吞没草场警示人类：全球变暖正在加速》。报道称：5 月 11 日，新疆公格尔九别峰冰川移动超过 20 公里，造成当地 1.5 万亩草场消失。

青藏高原的冰川在急剧融化，这应该引起全球的关注。我们应该看到中国目前的企业结构事实上是一个全球工厂，有大量外资企业，产品消费不光在中国，也在世界其他地区。因此，中国的环境问题，青藏高原冰川融化的问题，是一个全球问题，是一个大家有责任、有义务关心的问题。

从生态环境角度来讲，青藏高原不仅是中国的青藏高原，而且是亚洲的、全世界的青藏高原；环喜马拉雅地区，从地质上讲，从中亚的吉尔吉斯斯坦，到南亚、东南亚的缅甸，横向跨度达6000多公里；从生态角度讲，特别从水资源讲，青藏高原的水一直延伸到南亚的恒河流域、东南亚的湄公河流域。水有源，树有根，青藏高原是水源。

解决喜马拉雅地区环境保护和解决贫困问题，我认为要做到以下几点：一是要尊重这个区域的宗教信仰和保护这里民族的传统文化（因为这一区域的宗教信仰和传统文化保护了这块非常脆弱的生态环境，才有了今天这个样子——没有被完全践踏和污染的山脉）。二是要限制这一地区的城市规模和人口机械增长。因为这一方土地是“水源”，是“冷源”，是“生态之源”。不宜大量开发和更多人的居住。三是要遏制在这一地区滥砍乱挖、修建大型的水库和电站。① 这些都是喜马拉雅这个亚洲生态屏障和亚洲水塔必须采取的措施，这不仅需要喜马拉雅山地中心等研究机构目前进行的科研和学术交流，最关键的是通过联合国环境保护署等机构协调喜马拉雅周边国家，以立法等方式形成环保共识，共同遵守承诺；更要动员世界其他发达国家参与到地球第三极环保和解决世界最贫困地区人口的行列中来。

①《中印抢水战或危及喜马拉雅生态》，来源：《环球时报》，2013-08-12。

西藏自治区的贝叶、纸质和桦树皮梵文写本：何去何从？

恩斯特·斯坦因凯勒*

2006年1月，遵照胡锦涛主席的指示，一个致力于西藏贝叶写本保护和研究工作的领导小组成立了。同年2月，西藏自治区人民政府任命次旺俊美为该项工作的负责人并在西藏社会科学院设立了专项办公室。办公室的工作人员随即于同年9月开始进行贝叶写本的调查、检视和登录，他们对所有找到的写本进行了彩色数字化处理。

该计划于2011年结项，项目成果包括若干DVD和一套非盈利性且复本有限的写本全集。据我所知，这套写本全集仅有5个复本，它包括61册装帧华美的大开本精装分册，4册总目录和1册复制还原件。很明显，这些写本全集的复本目前保存在拉萨和北京的研究机构里。随

* 恩斯特·斯坦因凯勒（Ernst Steinkellner），奥地利科学院教授。

着该计划的结束，由胡锦涛主席启动的针对这批资料的“保护和研究”工作中的第一项被认为是已经完成了，有关部门为此在拉萨举行了该项工作结束的庆典，中央电视台也就此作了相关的报道。

我们只能在2014年出版的《贝叶经研究》的封三上得以一睹这些精装分册的风采。2011年出版的一本关于罗布林卡博物馆珍贵藏品的画册中的一些图片表明这些数字化资料的品质非常好。

毫无疑问，这个计划让我们得以避免下列可能发生的严重的写本损毁情况：自然衰损、人为损坏，甚至是丢失。现在，这个宝藏不仅已经得到了更好的保护，得以保持现有的状况，而且可以完好地存续到未来。不论是现在还是将来，全世界的学者都会深深感激胡锦涛主席、已故的次旺俊美教授和西藏自治区人民政府，因为他们为保护人类最伟大的宝藏之一作出了贡献。

我是一个局外人，不了解详情，尤其是我不熟悉那些与本文论及的写本相关的所有法规、背景和实践，因此我只能泛泛地谈一谈中华人民共和国以外的学者们对现状的理解和他们对于未来的期待与希望。

我在2008年北京藏学讨论会分论坛——“中国的梵文写本：现状与未来”上发表的一篇文章中就如何处理西藏自治区的梵文写本提出了一些战略性的建议。该文中我提醒大家关注于2002年10月22日经第九届全国人大修订的《中华人民共和国文物保护法》，此后该法规于2013年和2015年两度修订，但更改的部分和我们讨论的主题无关。

一些当时我提到的迫在眉睫的任务已经在已故的次旺俊美教授的带领下完成了。此外，很明显的是，中国学者和学术机构不仅对于这些文化遗产而且对于梵文研究的兴趣已经有所增长，后者是从事任何与写本相关的研究所不可或缺的前提条件。最为重要的是，一个从事梵文贝叶经研究的学术机构目前已经在西藏社会科学院成立，中华人民共和国国内的若干大学中也设立了梵文教学的职位。

关于研究培训和国际合作，北京大学梵文贝叶经与佛教文献研究所成功地持续出版了学术成果并安排学生在国外大学接受博士后培训。2011 年，段晴教授启动了出版梵文贝叶经和佛教文献系列丛书的工作，迄今已经出版 4 册。1988 年以来，中国社会科学院出版了数部基于写本的文献校勘本。此外，新近在浙江大学成立的佛教资源与研究中心正致力于将数字化技术广泛运用于佛教研究并与哈佛大学开展合作。最后，中国藏学研究中心的学者自 2004 年以来成功地与日本和欧洲的学者开展合作研究，藏研中心与奥地利科学院合作出版的西藏自治区梵文文本系列丛书今年已经开始出版第 20 册。

仅仅几年时间，中华人民共和国已经能够培养一些有天赋有潜力胜任写本研究的学者。我的印象是，总的来说，在发展这种潜力的过程中，中华人民共和国研究机构所选择的各种类型的国际合作是有所助益的。

在过去的 20 年左右，佛教文献的探寻工作有了一个飞跃式的进展，这一进展大大丰富了我们的知识并引发了我们对于这个世界性宗教的发展进程的全新的认识。这其中有两批文献的意义尤其重大。

其中之一是一批源于大犍陀罗地区，即现今阿富汗和巴基斯坦北部一带，书成于公元前 1 世纪至公元 3 世纪之间的写本和残片，它们的出现完全出乎人们的意料。这些写本和残片中有迄今为止所发现的最为古老的佛教文献。

这批出自犍陀罗地区的文本使我们得以初步了解早期佛教的最初的文字记录。然而佛教在印度的发展经历了又一个千年。第二批文献是一个无价的宝藏，它们以在中国西藏的寺庙和私人图书馆中保存了长达数个世纪之久的写本为代表。这批写本包含各类梵文文献中的重要作品，当佛教在其发源地开始渐趋消亡时，它们被带到了喜马拉雅的另一边。这批文献包括大乘经、密续、戒律、宗义、注释、哲学论典、佛教赞颂、诗歌、故事，以及各类密续文献。这里不仅有佛教文献，也有印度语法著作、辞书、诗歌、医学论著以及工艺典籍。这些文献在公元 8 至 14 世纪之间被译成藏文，此后梵文写本的原件被作为圣物完好地保存至今。

以上是我对本文中所论及的写本的现状所作的简要回顾。

近年来，我们目睹了中国对于梵文研究与日俱增的兴趣，这是对已故的季羡林教授、王森教授，以及中国藏学研究中心前总干事多杰才旦和拉巴平措等代表人物所留下的功绩的致礼。最为重要的是，这些文化遗产已经受到保护并以数字化的形式得以永久保存。

然而，现在我们应该何去何从？目前，无论对于中国学者还是国外学者，这个宝藏依然是一个禁地。这是为什么？对此我没有答案。和其他在中国国内和国外的学者一样，我只能猜测。

也许是西藏自治区人民政府或者是中央人民政府的权威代表决定封存这个宝藏。如果这只是一个暂时性的处理方式，也许这是一个明智的决定。举例来说，也许这样处理是为了保证写本的安全，直到必要的准备已经完成，学者们可以有效率地规范地使用这些写本，或者，直到中国学术界发展到可以完全依靠自身完成一切必要的工作而无需国际合作和国际参与。

当国际学术界觉察不到有任何动向时，自然就会提出这一类的问题。因为很难想象还有别的可能性：在投入了大量令人钦佩且代价不菲的努力之后，现在，这个文化宝藏被封存了起来，也许还要封存很长一段时间。

或许，中华人民共和国可能参与开展胡锦涛主席提出的“保护与研究计划”的第二步工作的学术机构尚未采取任何行动，或者至少尚未开始讨论应该采取何种行动？如果事实并非如此，或者这并非是大家所意愿的，那么我们能够就应该怎么做提出什么样的建议呢？

根据第一阶段工作的官方报告，工作组整理了“西藏自治区内的约1000函，近60000叶梵文写本”。因为很少有一函中只有一个文本的情况，这批文献中大致应该有3500个到4000个文本。

就我所知，这些文本中包括各类佛教和非佛教文献。为了有效地开展研究工作，学者在整理这些文本时应该区分轻重缓急。

1. 首先应该整理那些迄今为止只有藏、汉译本存世的文本以及从未被翻译因而完全不为大家所知的文本。

2. 其次是那些以前根据尼泊尔和印度所发现的梵文写本编辑的文本。在以往的几个个案中，我们很快发现那些新写本不仅年代更为古老而且还保留了很多更好的读法，它们还可以帮助我们寻回文献中佚失的部分和已知写本中损毁的部分。这意味着我们需要利用这些新材料来修订甚至重新编辑许多我们日常使用及工作参考的佛教和非佛教的经典文献。当然这里还有其他的相关工作。

总体而言，把编辑这些写本的任务分配给学者是一件简单的事情。不过这个分配工作要以取得最佳结果为目的。

目前，中华人民共和国国内和世界其他各地的学术水准并不十分令人欣慰，而我们所面临的整理这个保存在西藏自治区的宝藏的工作绝非易事，因为它需要许多专业知识。就中华人民共和国国内以及全世界而言，有经验的学者和愿意或能够在本职工作之外参与必要的培训的学者是很少的。主要是鉴于这些有待整理和编辑的文本的数量、复杂性和难度，我认为这项工作应该在全世界范围内来分配而不是仅仅限于中国学者。

我在 2009 年的文章中就设立一个由中华人民共和国国内的学术机构和中华人民共和国国内和国外的资深学者所组成的委员会来对该项工作进行管理和监督提出了若干建议。这个委员会的设立似乎遇到了阻力，现实情况是，虽然自然科学领域内通常没有这样的困难，然而在人文学科领域内，中华人民共和国国内的相关学术机构似乎还没有建立起就某个计划开展合作的习惯。因此我认为，也许这个大计划能够把中华人民共和国国内所有政府的、行政的和学术的力量整合起来组成一个行政人员和学者的联合体，一个权威的“智库”。这个“智库”的使命是要解开当前的死结并找到最终迈出第二步的途径，这第二步即是胡锦涛主席提出的综合计划中的“研究”任务，包括监督委员会的设立。

我了解中国社会某些方面对于国际人士加入委员会存有犹疑，因为在殖民地时期中国的文化遗产曾经遭到不公正的对待，曾经受到掠夺。但现在我们处于完全不同的时代，这是一个不同种族之间广泛开展合作的时代。我们完全可以说，合作似乎已成为人类延续的唯一途径。

佛教在其发源地没有存续下来，然而它却向外传播并成为世界性的宗教之一。藏族人民继承了经过充分发展的佛教。他们将它译成藏文，并将它的原始形态完整地保存了下来。作为这份遗产的物质载体，那些抄录在贝叶、纸张和桦树皮上的写本属于西藏自治区和中华人民共和国其他的地区。然而这份遗产的内容是世界文化遗产的一部分。因此全世界有权查阅和了解这个宝藏，也有义务资助对它的研究和出版。

今天，中华人民共和国在世界政治和经济生活中占有极其重要的地位。它应该与世界上的其他国家一样，有权利同时也有义务支持和促进与这批文献相关的研究计划，它们是人类历史上最后的文学、宗教和哲学宝藏之一，然而这个宝藏尚未得到应有的关注。我坚信，推动胡锦涛主席提出的“保护和研究”计划中的第二步工作将向全世界表明：中国切实认识到并充分尊重这份藏族人民保留下来的文化遗产的价值。

坚持依法治藏　创新社会管理

廉湘民 *

2012 年以来，中国政府提出并形成了“四个全面”的战略布局，其中，全面依法治国是全面建成小康社会的基础和保障。依法治藏，是中央在实施依法治国基本方略的过程中，结合实际提出的西藏工作的重要原则，对当前和今后做好西藏工作特别是创新社会管理，具有十分重要的指导作用。

一、依法治藏是依法治国基本方略的具体体现

法律是治国之重器，法治是国家治理体系和治理能力的重要依托。党的十八届四中全会明确提出了全面推进依法治国的指导思想、总体目标、基本原则，提出了依法治国的一系列新思想、新观点、新举措，科学回答了党的领导和依法治国的关系等法治建设的一系列重大理论和现实问题，对科学立法、严格执法、公正司法、全民守法、法治队伍建设、

* 廉湘民，中国藏学研究中心当代研究所所长、研究员。

加强和改进党对全面推进依法治国的领导作出了全面部署。

2013 年 3 月 9 日，习近平来到十二届全国人大一次会议西藏代表团，参加分组审议。他强调指出 ："西藏是我国重要的国家安全屏障和生态安全屏障，在党和国家战略全局中居于重要地位。治国必治边，治边先稳藏。"这是十八大后中央领导首次提出"治边稳藏"战略。同年，俞正声做出了"依法治藏、长期建藏、争取人心、夯实基础"的重要指示。2015 年 8 月，中央召开第六次西藏工作座谈会，首次全面、系统地提出了党的治藏方略。明确指出，依法治藏、富民兴藏、长期建藏、凝聚人心、夯实基础，是党的十八大以后党中央提出的西藏工作重要原则。依法治藏，就是要维护宪法法律权威，坚持法律面前人人平等。把依法治藏作为西藏工作的首要原则，为西藏各族人民充分行使管理国家和西藏地方的权利指明了方向。

全面推进依法治藏，是贯彻依法治国基本方略、建设法治西藏的实际行动。西藏认真贯彻落实党中央治藏方略，在依法治藏实践中，始终坚持中国特色社会主义法治道路，坚定正确的政治方向。坚持宪法法律至上，坚决维护宪法权威。坚持贯彻民族区域自治法，巩固发展民族团结。坚持提高宗教工作法治化水平，引导藏传佛教与社会主义社会相适应。坚持依法开展反分裂斗争，掌握反分裂斗争的主动权。坚持运用法治思维，加强和创新社会治理体系。坚持公正文明司法，维护社会公平正义，让人民群众在每一个司法案件中感受到公平正义。坚持稳步有序推进，深化司法体制改革。坚持严格依法行政，建设法治政府。

二、依法治藏在西藏创新社会管理中得到有效落实

社会管理创新是指在现有社会管理基础上，建构新的适合社会现实和未来发展的管理机制和制度。其内容涵盖规范社会行为、协调社会关系、推进社会保障、搞好社会服务、化解社会矛盾、应对社会风险、保持社会稳定，等等。

西藏是中国的边疆民族地区，处在反分裂斗争第一线。西藏社会的主要矛盾是人民日益增长的物质文化需要同落后的社会生产之间的矛盾，同时存在西藏社会各族人民同以达赖集团为代表的分裂势力之间的特殊矛盾。西藏创新社会管理必须认真贯彻落实中央治藏方略，重点从解决主要矛盾和特殊矛盾入手，依法处理各类社会矛盾，把依法治藏贯穿到创新社会管理的始终，不断创新社会治理机制，完善社会治理体系，提高社会治理能力，以法治思维、法治手段推进社会各领域的依法治理。

西藏自治区始终遵循国家法制统一的原则，围绕全面落实民族区域自治法和民族区域自治制度，在创新社会管理中坚持依法治藏，取得了显著成效。一是实施干部驻村工作。从2011年10月起，区、地、县、乡四级联动，连续四年每年选派2万多名优秀干部组成工作队，进驻5464个村（居），实现干部驻村（居）工作全覆盖，扎实推进建强基层组织、维护社会稳定、拓宽致富门路、办好实事好事等重点工作。二是加强和创新寺庙管理。选派优秀干部进驻寺庙，落实教育、管理、服务职能，实现寺庙管委会（片区管委会）和干部驻寺工作全覆盖。三是推行城镇网格化管理。在拉萨市、地区所在地和所有县城建成便民警务站，服务百姓，及时妥善处置突发事件。同时，将网格化管理拓展延伸到社区、寺庙、居民区、村民组，形成了群防群治的社会管理工作格局。四是开展"先进双联户"创建评选。通过"联户保平安、联户促增收"形式，形成了全区上下共创平安和谐、共同增收致富、共建美好家园的大好局面。五是创新机制确保宗教和睦。健全寺庙管理长效机制，依法依规管理宗教事务，加强对寺庙僧尼的关爱和思想教育，引导广大僧尼爱国爱教、遵规守法、弃恶扬善。六是加强社会治安综合治理。加强重点地区、重点部位管控，加强流动人口管理服务，强化矛盾纠纷排查调处，加强公共安全管理，保持对严重刑事犯罪的高压态势，开展打击整治专项行动和反自焚专项斗争。七是维护意识形态领域安全。强化对新兴媒体的管理，大力实施"西新工程"。八是巩固民族团结。每年召开民族团结进步表彰大会，开展庆祝“3 · 28”百万农奴解放纪念日活动，每年 9 月集中开展民族团结宣传月活动，推动民族团结宣传教育进机关、进企业、进乡村、进社区、进学校、进军营、进寺庙。这些举措，使依法治藏原则在创新社会管理中得到了有效落实，确保了西藏社会大局的持续稳定、长期稳定、全面稳定。

三、依法治藏是西藏社会局势长治久安的政治保证

2012 年以来，我国全面深化改革，加快全方位对外开放，以建设丝绸之路经济带和 21 世纪海上丝绸之路为契机，深化周边区域、次区域合作，推进与全球经济体系深度融合，构建新一轮对外开放战略格局，推动全面建成小康社会步伐。

同全国其他地区一样，西藏进入全面建成小康社会决定性阶段，进入全力实现长治久安的关键时期。新的形势既给西藏创新社会管理提出了新任务，也提出了新挑战。如何实现社会管理从有效到长效，社会局势从稳定到长治久安，成为西藏面临的重大课题。中央第六次西藏工作座谈会为西藏自治区下一步工作及时做出了正确指导和全面部署。会议首次全面、系统地提出了“六个必须”的党的治藏方略，为西藏发展稳定指明了前进方向。

同时，中央关心、全国支援、西藏各族人民的艰苦奋斗的工作成果，为解决西藏社会主要矛盾和特殊矛盾打下了坚实基础，也为西藏进一步坚持依法治藏、创新社会管理奠定了牢固的物质基础和社会基础。从推动社会发展，解决主要矛盾角度看，2012 年以来，西藏自治区生产总值逐年突破 700 亿元、800 亿元、900 亿元，2015 年达到 1026 亿元，年均增长 12%左右；公共财政预算收入年均增长 33%，固定资产投资年均增长 25%，城乡居民人均可支配收入年均分别增长 10%和 17%，2015 年达到 25457 元和 8244 元；就业、教育、医疗、卫生、社保、文化、体育、环保等各项社会事业全面发展。从维护社会稳定，解决特殊

矛盾角度看，自治区第八次党代会以来，西藏通过实施“十项维稳措施”，促使刑事、治安、危安等案件发案数持续下降，综合治理水平进入全国先进行列，各族群众的安全感显著提升，社会呈现出和谐稳定的新局面，反分裂斗争取得阶段性成果，人们的法治观念不断加强，地方立法、行政、司法机构和法律制度正在逐步完善。

在新形势下坚持依法治藏，创新社会管理，一是深入贯彻落实习近平总书记在首都各界纪念现行宪法公布施行30周年大会上的重要讲话精神，坚持党总揽全局、协调各方的领导核心作用，坚持依法治国基本方略和依法执政基本方式，通过国家权力机关、行政机关、审判机关、检察机关依照宪法和法律独立负责、协调一致地开展工作，推动形成办事依法、遇事找法、解决问题用法、化解矛盾靠法的良好法治环境，在法治轨道上推动社会管理工作。二是按照我国政治制度设计，依照中国特色社会主义法律体系，充分发挥全区各级党组织的战斗堡垒作用，把党的主张落实为西藏地方各类国家机构的意志，把党中央的方针政策具体落实到各族人民身上。要把实践证明行之有效的社会管理举措，从临时措施和短期手段，固定为地方法规、自治条例、单行条例，实现社会管理从有效到长效，社会局势从基本稳定到长治久安。三是认真贯彻党的宗教政策和国家管理宗教事务的法律法规，依法保障宗教信仰自由，落实寺庙管理责任，完善寺庙公共服务，加强僧尼教育引导，科学阐释教规教义，引导藏传佛教与社会主义社会相适应，促进宗教和睦、佛事和顺、寺庙和谐。四是高举法治旗帜，抓好教育引导、依法打击和安全防控，依据反分裂国家法，旗帜鲜明地开展反分裂斗争，坚决维护祖国统一和国家安全。五是学会用法治思维思考社会问题、用法治方式解决社会问题，创新乡村管理服务机制、寺庙管理服务机制、城镇管理服务机制、立体化社会治安防控机制、意识形态引导机制和维护稳定工作机制，努力确保西藏社会大局持续和谐稳定。六是充分调动西藏各族人民积极依法参与社会事务的热情，保证各族人民的合法权益。知法、懂法、遵法、守法和依法办事，不仅是党和国家政权机关的职责，也是每一个公民的权利和义务。加强对各族人民的法制宣传教育，让每一个社会成员了解法治的意义，在全社会营造浓厚的法治氛围。

总之，依法治藏是依法治国基本方略的体现，在西藏创新社会管理中得到了有效落实，也必将保证西藏的长足发展和长治久安。

少数民族及西藏文化的存活：西方的三种观点

马克林 *

少数民族文化的生存问题已经引起世界性的关注。这是因为文化是族群认同的重要标志，许多少数民族感到他们的文化正在全面地融入一些更强大的文化，甚至被完全破坏。

在世界众多文化中，中国的少数民族文化历史悠久、博大精深，具有重要意义。特别是关于西藏文化，目前存在很多争议。这里有两个原因：一方面，自 20 世纪 30 年代以来，在传统观念上，西藏一直被描绘成天堂或香格里拉；而另一方面则来自于“流亡者”对中国政府在藏区的政策与角色的一贯谴责。

西方对中国少数民族文化，特别是藏族文化生存现状的观察者可以分为三大类：(1) 中国正在摧毁少数民族，特别是藏族的文化。(2) 正在推进的现代化进程或许对少数民族文化不利，但不至于对其造成毁灭。

* 马克林（Colin Mackerras），澳大利亚格里菲斯大学荣誉教授。

(3) 相信政府正在采取积极行动恢复和拯救民族文化。

第一种为“流亡藏人”团体所大肆宣扬的观点。在许多场合，特别是1997年6月，达赖喇嘛在伦敦英国议会谴责中国正在进行“文化灭绝”。换句话说，他认为中国正在故意破坏藏族文化。我认为，这个提议基本上是无稽之谈。这种说法与我在西藏，青海、云南和甘肃藏区的所见所闻，以及和中国政府在许多论坛与重大活动上明确阐述的政策不符。①

每当我访问藏族地区，藏族人民如何致力于维持自己的佛教信仰都给我留下了深刻的印象。寺院数量很多并且正在逐年增加，一些男孩私下里成为居家修士。在西藏自治区约有5万名僧人和尼姑，占总人口的1.5%以上，这意味着西藏寺院人口所占比例仍然是世界上最大的或最大的之一。②

我有幸于2011年在青海中部同仁县附近的乡村观看羌姆舞蹈演出。整个村庄的人们都出来观看这场持续一天的盛会。舞蹈的风格及内容完全保留了传统，我甚至看到两个人跳到入了迷。同样有趣的是，村民们观看表演的方式也极具传统特色。男人们站在一边，女人和孩子们站在另一边。许多人甚至站在附近房屋顶上观看表演。演出是完全免费的。通过与当地领导的谈话我了解到，整个活动得到了党委的资助。

这些事实证明，政府根本无意消灭文化。

第二种西方观点为现代化已经愈加严重地影响到了西藏民族与文化。现代化进程已经在中国各地推行了几十年。现代化进程对不同的一些地区冲击很大，特别是对城市地区的影响大于农村地区，但还是有极

① 例如1984年5月颁布的《中华人民共和国民族区域自治法》第38条要求包括藏族在内的各民族自治地方的自治机关需“继承和发展优秀的民族传统文化”。

② 请参阅科林·P.麦克拉斯著《中华人民共和国：关于西藏人口状况的背景文件》中对这个问题进行的讨论：在线书面报告，由联合国难民署高级专员委托，信息保护科（DIP），2005年2月，第16—17页。2010年人口普查结果显示西藏自治区人口刚刚超过300万。作为对比，值得注意的是，僧侣在泰国人口中占有很大比重，2013年有约25万僧侣，可是泰国总人口约为6700万，占总人口的不到0.5%。

少数地区完全没有受到影响。

通过现代化传播的先进技术使得人们可以做以前无法想象的事情。电力和现代化交通通过广播、电视、互联网和来自海内外的商品将我们与外界的距离拉近了。现代化也影响着人们的思维方式，在某种程度上甚至影响了人际交往的方式。科学思维、男女关系以及老少之间的关系势必会受到影响。人们所欣赏与享受的艺术、曾经在他们生活中最为重要的事物也会发生改变。现代社会力量往往以比传统社会更加温和的方式运作。这些趋势可能会削弱传统，但它们并不意味着破坏传统文化。传统正发生着改变，变得更加全球化。传统文化可以保留人们所喜爱的那一部分，放弃过时不良的另一部分，在某种程度上说，这是常有的传承方式。

现代化的影响极其复杂，其中一些的确对传统社区和传统文化产生不良影响。然而总的来说，现代化既是可取的道路，又或多或少是无可避免的。如果任何政府执意将一个地区或族群与该国其他地区的发展进程分割开来，他们会发现，无论现在还是将来，这一地区将和周边社会完全脱节，备受贫困与不幸的煎熬。没有哪个政府会故意置一个地区的非现代化而不顾，因为那意味着贫穷和落后。

在一些少数民族地区，尤其是在藏区的所见所闻使我发现他们的文化依然保持着强大的活力。那些拥有灿烂文学、艺术及哲学思想的文化，例如西藏文化，可能比那些没有书面传承的文化更有生命力。他们也许能够更好地应对现代化，使他们的文化更好地适应外界力量的影响。藏族文化依然保持着强大的活力，不会有逐渐消亡的危险，只是可能没有以前那么深厚了。

有很多实例可以证明现代化不仅没有破坏文化反而改善促进了它。这里就有一个例子。在过去，每一个藏族家庭都会送至少一名男孩到寺院当僧人。现在这种情况仍有发生，但是孩子们有权选择终身修行或者返回世俗社会。现在的西藏自治区政府是世俗政府，并非是由神职人员和上层贵族所领导的，比照过去来讲社会主流也更为世俗化。在我看来这都是非常好的发展进步，或也是不可避免的进程。我认为将这些事实等同于对文化的破坏，甚至是“文化灭绝”简直就是一派胡言。

在一本2015年于英国出版的书籍《现代中国民间宗教：傩的新角色》[①]中展现了西方对西藏问题的第三种视角，即政府正在积极帮助民族文化的复兴和发展。虽然此书由中国学者所著，但是用英语写成并于西方出版，因此我认为可以被算作西方观点。

根据在贵州省土家族村寨的实际调查，李岚选择研究一种被称为“傩”的古老民间戏剧形式与民间宗教的关系。她声称“傩”已经被官方归类为“原始文化”的“活化石”，因而“值得受到保护”。[②]与其关联的宗教可以被视为一种“文化艺术”而不再是一种迷信形式。她表示，地方政府和中国共产党对“傩”及土家族民间信仰的大力支持，证明了现代化不仅没有破坏传统民族文化反而产生了积极的帮助作用。

诚然，李岚的研究不是针对藏族而是针对土家族的。但我认为，她的研究结果阐明了我们可能需要重新思考针对少数民族文化、现代化和政府之间复杂关系的一些看法。这表明了政治实际上是可以对民族文化复兴，包括民间宗教产生帮助与促进作用的。

李岚以及其他学者提出，旅游业对西藏和其他中国少数民族以及汉族文化存活与复兴起到一定作用。我在包括北京在内的内地和少数民族地区已经观察到一些直接的例证。

旅游业所提供的商业及对旅游的态度激励着传统文化传承的活力。当地人可以通过向外界展示传统文化来增加收入。同样重要的是，他们可以向包括那些非常乐意品味传统的外人展示既美丽，又非同寻常且令

① 李岚：《现代中国民间宗教：傩的新角色》，法纳姆，萨里，英国及伯灵顿，佛蒙特州：阿什盖特，2015年出版。

② 李岚：《现代中国民间宗教：傩的新角色》，第178页。

人愉悦的文化。值得注意的是，西方（及其他）游客经常渴望体验他们认为“正宗”的事物。

一些学者却认为这种“传统”仅仅是为了旅游业而故意设计出来的，看似真实却实质伪造。为了吸引游客，云南迪庆藏族自治州中甸县于 2001 年更名为香格里拉市。这个名字源于詹姆斯·希尔顿于 1933 年所著长篇小说《消失的地平线》，它描绘了一个异域殊方的世外桃源，那里存在着和谐与灵性。这个人间天堂被称为“香格里拉”。

一位西方学者特别以云南中甸县为例提出了一种悖论：

> 从当地人角度来看……由于“文化”被赋予的新意义，旅游业可以促使文化归属感与认同感的提升……另一方面，因为旅游业的发展，可能会因为对经济利益和被认可的竞争，使得民族群体之间甚至族群内的紧张关系加剧。从对西藏文化“真实性”的不同解释的频繁争论中可以看出，这样的“文化”是存在争议的。[①]

因此旅游业是个新的难题。但我认为，旅游业可以“促使文化归属感与认同感的提升”是一个有趣的观点。这种观点与我在中国少数民族地区与其他地区旅游中的所见所闻相符。我觉得向外界展示自己的文化传统无伤大雅，如果人们能在展现自己特别之处的同时获得收益，对我而言也并无妨碍。

当然这也带来了问题。一来是为取得客源而在村民之间爆发的激烈竞争所造成的分裂。更重要的是，通常情况下向游客展示的所谓振兴与重塑的“文化”，并非是过去当地文化原汁原味的那部分。重建的文化

① 欧希莉·科洛斯：《转型中的旅游业与藏文化：一个叫香格里拉的地方》，纽约和伦敦：罗德里奇，2008 年，第 129 页。

并非民众所愿。

综上所述，本文可以归纳出三种结论 :

其一，达赖喇嘛所提出的“文化灭绝”的指控是毫无根据的。

其二，现代化进程正在包括少数民族地区在内的中国各地进行着，尽管前进的步伐因地域而各异。现代化的步伐是不可避免但又是有益可取的。它可能会削弱并改变,但是决不会破坏传统文化。当今传统文化，尤其是藏文化实际上保存完好并且非常活跃。其实我认为传统文化在藏族群体内甚至明显比在汉族内更为兴盛不衰。

其三，中国政府的行动可以帮助传统文化的复兴与存活。不会有人希望诸如压迫下层人民的农奴制这样的“传统”西藏文化死灰复燃。然而，西藏传统文化还有许多美好而有益于世人的方面。这些方面并没有走向消亡的迹象。我个人认为这些方面应该受到保护与促进。

敦煌吐蕃佛经一组写经生、校经者名录研究

巴桑旺堆*

9世纪上半叶，占领敦煌的吐蕃官府为弘扬佛法，也为吐蕃王室和敦煌统治阶级的“福祉”组织当地僧俗居民用藏文抄写以《大般若婆罗蜜多十万经》《无量寿智慧名称大乘经》等为主的大量佛经，今称之其为敦煌古藏文佛教写经。20世纪初，在敦煌藏经洞发现这类佛经的写本后，其中一些卷品不完整的写经分别流落到国外，收藏于大英图书馆、前苏联科学院东方研究所列宁格勒（今为彼得堡）分所等。国内甘肃省图书馆（下称甘图）、敦煌研究院、敦煌市博物馆（下称敦博）、酒泉博物馆、武威市博物馆等也陆续收藏有数量不等的同类敦煌藏文写经。

值得注意的是，我们今天所能见到的《大般若婆罗蜜多十万经》和《无量寿智慧名称大乘经》等敦煌藏文写经都遗留有写经生、校经者的署名，这种署名往往落笔于写本末尾或某卷品结束处，以某某抄、某某

* 巴桑旺堆，四川大学中国藏学研究所讲座教授。

一校、某某二校、某某三校，或某某四校形式出现。

非常有趣的是，考察研究这类署名，发现佛教文献的写经生、校经者许多是敦煌当地的唐人，既有比丘，也有俗人，他们与吐蕃人或四人，或五人组成一个抄经班子，一人抄写，三人或四人校对。

本文以刊布的，或笔者所阅览过的写经生和校对者的署名研究，尤其是其中一组写经生、校经者名录的研究，对佛经写本的抄写年代、写本流向作一些探讨。

一、写经生、校经者的署名相关资料的出处

1997 年出版的《国外藏学研究译文集》第十三辑上有前苏联学者勒·斯·萨维茨基著、张云翻译的《敦煌藏文早期写本传统》一文。萨维茨基依据前苏联科学院东方研究所列宁格勒分所收藏的一部敦煌藏文佛经《无量寿智慧名称大乘经》所撰写的《敦煌藏文早期写本传统》一文中了列出了一些写经生和校对者的署名。

近五六年来，甘肃和西藏的学者研究古藏文写经的成果瞩目。首先甘肃省学者在《中国藏学》《敦煌研究》《西藏研究》上陆续整理刊布了甘图、敦煌研究院、敦博、酒泉博物馆、武威市博物馆和张掖甘州区、高台区两博物馆收藏的敦煌藏文写经的写经生、校经者的署名。2008 年《中国藏学》第 3、4 期上发表了曾雪梅和张延清两位学者的《甘肃省图书馆藏敦煌梵夹装藏文写经考录》（下称《考录》）一文，刊布了已整理的甘图所藏敦煌藏文写经 319 件的相关信息和更多写经生和校对者的名称。

2008 年 8 月在敦煌举行的“敦煌吐蕃文化学术研讨会”期间，我有幸阅览了敦博所藏的一些藏文佛经经卷，重点关注了一些写经生和校对者的名称。也是在这次学术会上西藏大学西热桑布副教授提交的会议论文《卓卡寺所藏吐蕃时期〈喇蚌经〉之考》（藏文）一文，介绍了西藏卓卡寺（即仲嘎寺）残存的珍贵吐蕃佛经写本，被称为《喇蚌经》的

《大般若经十万颂》，并与拉萨哲蚌寺遗存的堪称姊妹篇的同一类型写经作了比较研究，其中涉及一些写经生和校对者的名称。

2009 年，我在英国剑桥大学访学期间，在大英图书馆见到了有写经生和校对者署名的一些藏文佛经写卷。2011 年，我前往西藏大学西热桑布副教授论文涉及的卓卡寺（西藏山南地区隆子县境内），查阅了吐蕃写经 5 部，抄录了写经生和校对者的名录。

二、写经生、校经者的署名

敦煌藏文佛经写本中有写经生、校经者署名的佛经主要以《大般若婆罗蜜多十万经》和《无量寿智慧名称大乘经》为主。如《大般若婆罗蜜多十万经》有 300 品（bam po），每品结尾处皆落有写经生、校经者的名称，其形式是某某抄、某某一校、某某二校、某某三校，有些卷品有四校者的署名。

此例举如下：

1. 前苏联科学院东方研究所列宁格勒分所收藏的一部敦煌藏文写本《无量寿智慧名称大乘经》的写经生和校对者的名字：

kang tig tig bris，li phab weng dang zhus，leng pe'e yang zhus，phab weng sum zhus；

（ཁང་ཏིག་ཏིག་བྲིས། ལི་ཕབ་ཞེང་དང་ཞུས། ལེང་པེའི་ཡང་ཞུས། ཕབ་ཞེང་སུམ་ཞུས།）

康弟弟（音）抄写，李帕文（音）第一次校订，朗布（音）第二次校订，帕文（音）第三次校订。①

2. 甘图编号为ཆེན T0197、T0199 的署名：

cang legs rmas bris，shin cheg gis zhus，seng vges yang zhus，rdo rjes sum zhus；

① [前苏联] 勒·斯·萨维茨基著，张云译：《敦煌藏文早期写本传统》，《国外藏学研究译文集》第十三辑，西藏人民出版社，1997 年，第 127 页。

(ཅང་ལེགས་རྨས་བྲིས། ཤིན་ཆེག་གིས་ཞུས། སེང་འགེས་ཡང་ཞུས། དོ་རྗེས་སུམ་ཞུས།)

张勒玛抄，辛切校，森格二校，多杰三校；

cang legs rmas bris，dam vgi zhus，phab men yang zhus，dam shen sum zhus；

(ཅང་ལེགས་རྨས་བྲིས། དམ་འགི་ཞུས། ཕབ་མེན་ཡང་ཞུས། དམ་ཤེན་སུམ་ཞུས།)

张勒玛抄，达木哥校，帕布名二校，达木线三校。[①]

此处人名的汉文音译是曾雪梅和张延清两位学者给出的。

3．西藏卓卡寺（即仲嘎寺）和哲蚌寺残存的《大般若经十万颂》的署名：

song stag skyes kyis bris，dpal dbyangs zhus，dpal vdzin yang zhus，rdo rje mdzod sum zhus；

(སོང་སྟག་སྐྱེས་ཀྱིས་བྲིས། དཔལ་དབྱངས་ཞུས། དཔལ་འཛིན་ཡང་ཞུས། དོ་རྗེ་མཛོད་སུམ་ཞུས།)

song stag skyes bris，dam tsong zhus，phab ting yang zhus，ci kyen sum zhus；

(སོང་སྟག་སྐྱེས་བྲིས། དམ་ཙོང་ཞུས། ཕབ་ཏིང་ཡང་ཞུས། ཅི་ཀྱེན་སུམ་ཞུས།)

phang klu legs bris，shang ben zhus，mchog rab yang zhus，ku ma ra sum zhus；

(ཕང་ཀླུ་ལེགས་བྲིས། ཤང་བེན་ཞུས། མཆོག་རབ་ཡང་ཞུས། ཀུ་མ་ར་སུམ་ཞུས།)

kang mang zigs bris，rdo rje zhus，mchog rab yang zhus，bsod nams sum zhus；

(ཀང་མང་ཟིགས་བྲིས། དོ་རྗེ་ཞུས། མཆོག་རབ་ཡང་ཞུས། བསོད་ནམས་སུམ་ཞུས།)

in legs zigs bris，rdo rje zhus，seng ge yang zhus，ku ma ra sum zhus；

① 曾雪梅、张延清：《甘肃省图书馆藏敦煌梵夹装藏文写经考录》（下），《中国藏学》2008年第4期，第75页。人名汉文音译为按原文引用。

(ཨིན་ལེགས་ཟིགས་བྲིས། རྡོ་རྗེ་ཞུས། སེང་གེ་ཡང་ཞུས། ཀུ་མ་ར་སུམ་ཞུས།)

4.2009 年 11 月笔者曾前往大英图书馆查阅英藏敦煌藏文写本十多天，期间抄录了《无量寿智慧名称大乘经》和《大般若经十万颂》一些写经生和校经者的名称：

ci king bris，phab ci zhus，phab bzang yang zhus，dpal mchog sum zhus；

(ཅི་ཀིང་བྲིས། ཕབ་ཅི་ཞུས། ཕབ་བཟང་ཡང་ཞུས། དཔལ་མཆོག་སུམ་ཞུས།)

leng ho zhun tse bris，bun bygis zhus，phab bzang yang zhus，dam tsong sum zhus；

(ལེང་ཧོ་ཞུན་ཙེ་བྲིས། བུན་བྱ་གིས་ཞུས། ཕབ་བཟང་ཡང་ཞུས། དམ་ཙོང་སུམ་ཞུས།)

btsan bzher bris，phab bzang gis zhus，leng cevu yang zhus，dam tsong sum zhus.

(བཙན་བཞེར་བྲིས། ཕབ་བཟང་གིས་ཞུས། ལེང་ཅེའུ་ཡང་ཞུས། དམ་ཙོང་སུམ་ཞུས)

三、写经生、校经者的署名研究

笔者通过对俄藏、甘图、哲蚌寺、仲嘎寺、英藏写经中的写经生和校对者署名相互对照，尤其是通过对西藏卓卡寺和哲蚌寺所藏《大般若经十万颂》尾题的抄经人和校经者署名与甘图藏 T0060、T0105、T0153、T0202、T0266、T0267 的校经者署名、英藏佛经写本的署名中的 ci kyen（ཅི་ཀྱེན）、dam tsong（དམ་ཙོང）、seng ge（སེང་གེ）、rdo rje（རྡོ་རྗེ）、phab ting（ཕབ་ཏིང）、chos grags（ཆོས་གྲགས）、shang ben（ཤང་བེན）等人名作了一番梳理后，结果有令人振奋的发现，即与《考录》中的署名完全相同的人名亦出现在卓卡寺、哲蚌寺遗存的《大般若经十万颂》尾题署名中，且其署名风格与敦煌吐蕃写经如甘图、敦博、英藏吐蕃写经署名完全相同。

以下是从卓卡寺和哲蚌寺藏保存的《大般若经十万颂》不同卷品中选出的抄写人和校对者的署名：

song stag skyes（སོང་སྟག་སྐྱེས）、dpal dbyangs（དཔལ་དབྱངས）、rdo rje mdzod（རྡོ་རྗེ་མཛོད）、dam tsong（དམ་ཙོང）、phab ting（ཕབ་ཏིང）、ci kyin（ཅི་ཀྱིན）、phang klu legs(ཕང་ཀླུ་ལེགས)、shang ben(ཤང་བེན)、mchog rab(མཆོག་རབ)、ku ma ra(ཀུ་མ་ར)、rdo rje(རྡོ་རྗེ)、seng ge(སེང་གེ)。①

从上列写本署名中，有以下两点十分重要的历史信息：一是卓卡寺、哲蚌寺藏《大般若经十万颂》写本的署名中除了吐蕃人以外，也有唐人和其他民族的姓氏，说明此类重要写经是多民族共同参与完成的；二是署名中 dam tsong（དམ་ཙོང）、phab ting（ཕབ་ཏིང）、shang ben(ཤང་བེན)、ci kyin（ཅི་ཀྱིན）、rdo rje(རྡོ་རྗེ)、seng ge(སེང་གེ)、rdo rje mdzod（རྡོ་རྗེ་མཛོད）、ku ma ra(ཀུ་མ་ར) 等 8 名吐蕃和非吐蕃人的署名与甘图敦煌藏文佛经写本的署名完全相同，其中 rdo rje mdzod（རྡོ་རྗེ་མཛོད）和 ku ma ra(ཀུ་མ་ར) 两人与敦博藏吐蕃写经上的署名完全相同。

此就 8 名抄经人、校对者作进一步梳理。

dam tsong（དམ་ཙོང），为唐人，出现在甘图 T0078、T0086、T0090、T0093、T0094、T0101、T0105、T0129、T0142、T0145、T0201、T0204 等约 19 件写经尾题校经者的署名中；

phab ting（ཕབ་ཏིང），族籍不可考，似乎是唐人，② 出现在甘图 T0036、T0048、T0080、T0097、T0102、T0103、T0104、T0203、T0272、T0294 等约 23 件写经尾题校经者的署名中；

shang ben（ཤང་བེན），为唐人，籍贯敦煌，出现在甘图 T0042、T0203、T0267、T0268 等写经尾题校经者的署名中。甘图 T0268 尾题署名中自称为 sha cu'I dge slong，即沙州比丘；

① 参见西热桑布：《卓卡寺所藏吐蕃时期〈喇蚌经〉之考》（藏文），敦煌研究院编《敦煌吐蕃文化学术研讨会论文集》，甘肃民族出版社，2009 年，第 280—281 页。

② 甘肃省博物馆藏敦煌藏文写经 T0109 尾题抄经人和校经者署名中 phab ting 为一校人，其前后抄经人和二校人的姓名前皆标有“汉人”字样，而 phab ting 未标其族籍，故此人似乎非唐人。见曾雪梅、张延清：《甘肃省图书馆藏敦煌梵夹装藏文写经考录》（上），《中国藏学》2008 年第 3 期，第 201 页。

rdo rje（རྡོ་རྗ），为吐蕃人，出现在甘图 T0050、T0092、T0093、T0094、T0096、T0126、T0129、T0202、T0204 等写经尾题校经者的署名中；

seng ge（སེང་གེ），为吐蕃人，出现在甘图 T0043、T0051、T0062、T0092、T0094、T0096 等约 15 件写经尾题校经者的署名中；

ci kyin（ཅི་ཀྱིན）的校经人出现在甘图 T0060、T0062、T0089、T0125、T0201、T0271 署名中，有些写经上把 ཅི་ཀྱིན(ci kyin) 写作 ཅི་ཀྱེན(ci kyen)，两种写法应是同一人。[①]

rdo rje mdzod（རྡོ་རྗེ་མཛོད），为吐蕃人，出现在敦博写经尾题校经者的署名中；

ku ma ra（ཀུ་མ་ར），族籍不可考，有可能是取梵名的吐蕃人或其他民族者，也有可能是古印度人，出现在敦博写经尾题校经者的署名中；

此 8 人在卓卡寺、哲蚌寺《大般若经十万颂》尾题署名中是时常有三人或两人同时参加了同一卷品的校经。如 dam tsong（དམ་ཙོང）、phab ting（ཕབ་ཏིང）与 ci kyin（ཅི་ཀྱིན）；rdo rje(རྡོ་རྗེ)、seng ge(སེང་གེ) 与 ku ma ra(ཀུ་མ་ར)；shang ben(ཤང་བེན) 与 ku ma ra(ཀུ་མ་ར)；rdo rje(རྡོ་རྗེ) 与 seng ge(སེང་གེ) 等等。

同样的情况亦出现在甘图和敦博藏敦煌吐蕃写经的署名中。dam tsong（དམ་ཙོང）与 rdo rje(རྡོ་རྗེ) 合校的有甘图 T0093、甘图 T0271，dam tsong（དམ་ཙོང）与 seng ge(སེང་གེ) 合校的有甘图 T0094，rdo rje(རྡོ་རྗེ) 与 seng ge(སེང་གེ) 合校的有甘图 T0197、T0092；rdo rje(རྡོ་རྗེ)、seng ge(སེང་གེ) 和 dam tsong（དམ་ཙོང）三人合校的有甘图 T0094，phab ting（ཕབ་ཏིང）和 shang ben(ཤང་བེན) 合校的有甘图 T0203、T0272；phab ting（ཕབ་ཏིང）和 dam tsong（དམ་ཙོང）合校的有甘图 T0294，phab ting（ཕབ་ཏིང）

① 曾雪梅、张延清:《甘肃省图书馆藏敦煌梵夹装藏文写经考录》,《中国藏学》2008 年第 3 期，第 195—206 页；第 4 期，第 75—85 页。

和 chos grub（ཆོས་གྲུབ）合校的有甘图 T0266，dam tsong（དམ་ཙོང）、ci kyin（ཅི་ཀྱིན）和 seng ge(སེང་གེ) 三人合校的有甘图 T0060。

有趣的是在敦博藏部分吐蕃写经合校者的署名中我们发现著名译师 chos grub（ཆོས་གྲུབ）与 shang ben(ཤང་བེན) 一组，与 leng ho zhun tse（ལེང་ཧོ་ཞུན་ཙེ）一组，而 shang ben(ཤང་བེན) 和 rdo rje mdzod（རྡོ་རྗེ་མཛོད）一组。在英藏敦煌写经中 leng ho zhun tse(ལེང་ཧོ་ཞུན་ཙེ) 与 dam tsong(དམ་ཙོང)一组，而 dam tsong（དམ་ཙོང） 与 rdo rje mdzod（རྡོ་རྗེ་མཛོད）、ci kyin（ཅི་ཀྱིན）、shang ben(ཤང་བེན)、ku ma ra(ཀུ་མ་ར)、rdo rje(རྡོ་རྗེ)、seng ge(སེང་གེ) 等人共同参与了西藏卓卡寺、哲蚌寺《大般若经十万颂》的抄录和经校。

又根据《考录》一文，此处 chos grub（ཆོས་གྲུབ）一名亦出现在甘图 T0061、T0131、T0183、T0205、T0206、T0266 的校经者署名中。《考录》作者认为此人系吐蕃末期著名的藏族译师法成。根据法成生平轨迹来看，9 世纪三四十年代法成在敦煌一带从事佛教译经活动，也极有可能参与了部分写经的校对，笔者赞同 chos grub 即为法成一说。

同时由上述出现在西藏卓卡寺、哲蚌寺和甘图、敦博所藏吐蕃写经署名中的写经生、校经者的相互关系中可知，他们与法成是在同一个历史时间节点组成几个小组共同参与了抄经、校经，由此我们可得出如下三个推断：

一是西藏卓卡寺、哲蚌寺保存的《大般若经十万颂》写本中的 dam tsong（དམ་ཙོང）、phab ting（ཕབ་ཏིང）、shang ben(ཤང་བེན)、ci kyin（ཅི་ཀྱིན）、rdo rje(རྡོ་རྗེ)、seng ge(སེང་གེ)、rdo rje mdzod（རྡོ་རྗེ་མཛོད）、ku ma ra(ཀུ་མ་ར) 等 8 名写经生和校经者与出现在甘图、敦博藏敦煌藏文写经《大般若经十万颂》的同名校经人实为同一人。

二是此 8 名中曾与法成同组参与抄经、校经的 shang ben(ཤང་བེན་)、ci kyin（ཅི་ཀྱིན）等人又出现在西藏卓卡寺和哲蚌寺的《大般若经十万颂》的校经者的署名中，因此有理由推定，这一类写经的抄写年代应该不早于 9 世纪 30 年代，即不早于法成留居敦煌前。

三是西藏卓卡寺和哲蚌寺的《大般若经十万颂》写经应该是属于敦煌吐蕃写经范围，是在敦煌完成抄经、校对后运回吐蕃本土，有可能是作为重大贡品敬献给吐蕃赞普的。[①] 也不排除另一种可能，即卓卡寺和哲蚌寺的《大般若经十万颂》是在吐蕃本土完成抄经的，那么说明了敦煌被吐蕃统治期间许多唐人远赴吐蕃参与了《大般若经十万颂》抄经活动，但目前还没有有力资料能够佐证这一点。

① 2008 年 8 月“敦煌吐蕃文化学术研讨会”闭幕式上敦煌研究院文献研究所所长马德博士曾提出了在敦煌完成抄经、校对的一些重要写经有可能送往吐蕃本土的观点。

历史的定制　信众的遵循

——藏传佛教活佛转世制度

周炜 *

中国历史自13世纪以后，中央政府对西藏地方的管理进入到了正式和有效的历史阶段。西藏地方作为中国的一个行政辖区，从元代到民国再到中华人民共和国，历代中央政权都将其社会的各个方面纳入自己的行政管理中，而管理的重点就是藏传佛教活佛转世，著名的高僧活佛等宗教上层则是管理的主要对象。这种管理在清代臻于完善，到民国进一步发展，在中华人民共和国更加法制化、制度化，形成了一整套规范的藏传佛教活佛转世制度，并成为包括达赖喇嘛、班禅额尔德尼等大活佛转世必须照章执行的历史定制和宗教仪轨，藏传佛教各教派和信众都须遵循。

* 周炜，中国藏学研究中心宗教研究所所长、研究员。

一、历史定制与中央政权对活佛转世的管理

活佛转世制度是产生于西藏封建农奴制社会的一种宗教和社会现象，它的出现、演变和发展经历了一个漫长的过程。活佛藏语叫“珠古”（sprul sku）或者是“央斯”（yang srit）。“珠古”出自梵文，意为幻化之身躯。史料记载，7 世纪中叶，佛教从印度和中原传入藏族地区，藏传佛教历经吐蕃王朝 400 多年包括前弘期和后弘期的发展，到 13 世纪末第一位转世活佛在噶举派出现（1283 年），但其他教派并没有接受这种教派领袖的传承方式。此后，西藏历史经历了元代的萨迦派和明代的帕竹噶举派执政时期，活佛转世的情况依然没有规模性出现。15 世纪初，宗喀巴创立格鲁派，并很快成为藏族地区最大的教派。新兴的格鲁派为巩固自己的宗教地位，采取了活佛转世这一独特的制度，藏传佛教最大的两个转世系统达赖系统和班禅系统形成。之后，各个教派相继采用活佛转世制度来寻找教派领袖的做法蔚然成风。

17 世纪上半叶，五世达赖喇嘛和四世班禅额尔德尼两位格鲁派领袖，与蒙古和硕特部联合掌握了西藏地方政权，并与清朝中央建立了联系。清朝采取扶持格鲁派的政策，格鲁派顺势将自己的寺庙和转世活佛普及蒙藏各地和部分中原地区。顺治十年（1653），顺治皇帝册封五世达赖喇嘛为“西天大善自在佛所领天下释教普通瓦赤喇怛喇达赖喇嘛”，赐金册金印。康熙五十二年（1713），康熙皇帝册封五世班禅为“班禅额尔德尼”，赐金册金印。达赖和班禅两个转世系统得到了中央政府的确认，在宗教、政治和法律上取得了合法地位。自此，这两大活佛必须由中央政权册封认定成为历史制度。

在清代西藏地方政教合一制度下，达赖喇嘛和班禅额尔德尼拥有西藏政教大权，政教地位显赫。因此，每当其中一位圆寂，围绕争夺其转世灵童认定大权的政治和宗教斗争的黑幕就随即拉开。而由西藏乃琼寺护法拉穆吹忠降神，假托神谕，指认转世灵童的做法，则为一些上层贵族和大喇嘛提供了贿赂吹忠、任意妄指的机会，大活佛转世灵童总出

自一家的情况累累发生，严重干扰了达赖和班禅转世灵童真身的寻访。1793 年，乾隆皇帝鉴于拉穆吹忠降神妄指的严重弊端，在钦定颁布的《钦定藏内善后章程二十九条》第一条中，专门规定了以御赐金瓶掣签来决定大活佛转世的基本原则："大皇帝特赐一金瓶，今后遇到寻认灵童时用满、汉、藏三种文字写于签牌上，放进瓶内，由呼图克图和驻藏大臣在大昭寺释迦佛像前正式掣签认定。"将达赖和班禅等大活佛转世灵童的寻访认定大权由拉穆吹忠的降神妄指收归中央政府直接掌管。自此，金瓶掣签成为活佛转世的历史定制。

包括达赖喇嘛、班禅额尔德尼等西藏政教首领以及广大僧俗信众，对清朝中央设立金瓶掣签表示了诚心的拥护和欢迎。从乾隆设立实施金瓶掣签制度到清王朝结束的 100 多年间，除九世、十三世达赖喇嘛作为特例经中央政府批准免于掣签外，十世、十一世、十二世达赖喇嘛和八世、九世班禅额尔德尼都是经过金瓶掣签认定的。金瓶掣签制度历经一个世纪，也形成了固定的内容和程序。一是达赖和班禅的转世事宜由中央主持，驻藏大臣会同西藏地方实施。二是西藏上报三名按照宗教仪轨寻访遴选的灵童。中央批准后委派驻藏大臣或专员主持金瓶掣签仪式。三是中央批准中签灵童继任达赖或班禅后，启用前世金册，派专员主持坐床典礼。

1912 年，民国中央政府根据当时藏传佛教的现状，颁布《管理喇嘛寺庙条例》，其中第二条规定活佛的转世必须由中央政府核许；第七条规定活佛的转世、任用和登记等办法，由蒙藏委员会拟定，行政院核定。1936 年又颁布了《喇嘛转世办法》，1938 年修正后再次颁布。该办法沿袭和发展了清代成功制定实施的金瓶掣签历史定制，其中第三条规定，达赖和班禅等圆寂后，由当地最高行政机关报蒙藏委员会备案批准后，由其高级徒众按宗教仪轨寻访两名灵童，报蒙藏委员会查核批准后进行掣签。第四条规定，在西藏，大活佛圆寂，由蒙藏委员会指派驻藏办事长官，在大昭寺依照历史惯例进行掣签。第六条规定，达赖和班禅等转世灵童掣定后，经中央批准后特派大员前往照料坐床。民国时期，中央政府完成了对十三世达赖喇嘛和九世班禅的转世事宜。1940 年 2 月 22 日，国民政府专使吴忠信主持十四世达赖喇嘛坐床典礼。1949 年 8 月 10 日，国民政府专使关吉玉主持十世班禅坐床典礼。

1989 年，十世班禅圆寂。1995 年 4 月，严格按照宗教仪轨遴选三名转世灵童的事宜完成。1995 年 11 月 29 日，国务院代表罗干和特派专员江村罗布在大昭寺主持十世班禅转世灵童金瓶掣签仪式，12 月 8 日，国务院代表国务委员李铁映和中央特派专员江村罗布、叶小文主持举行十一世班禅坐床典礼。中华人民共和国中央人民政府按照历史定制和宗教仪轨完成了十一世班禅的转世工作。

2007 年 7 月 18 日，国家宗教事务局颁布《藏传佛教活佛转世管理办法》作为中华人民共和国第一部管理活佛转世的法规，以法律的形式贯彻了宗教信仰自由的政策，继承了活佛转世的历史定制和宗教仪轨，规范了活佛转世事务，尊重了藏传佛教的信仰特点，使清朝中央制定的金瓶掣签历史定制历经民国到今天，得到了全面的发展。

二、信众的遵循与活佛转世宗教仪轨的形成

从 13 世纪末藏传佛教噶举派首创活佛转世，到达赖和班禅等大活佛转世系统的出现，历经清、民国到中华人民共和国，活佛转世制度经过 700 多年发展，已形成一套成熟、规范的宗教仪轨，并为藏传佛教寻访认定转世活佛所遵循。达赖和班禅等大活佛转世灵童的寻访认定是一个复杂的宗教过程。从活佛圆寂到灵童的寻访遴选仪轨结束，在这个漫长时间里包含了很多宗教仪轨，但其中的祈祷转世、问卜和观看圣湖显影、密访遴选等三个仪轨最为重要。

祈祷转世是活佛转世过程中第一个重要的宗教仪轨。据历史记载，凡达赖、班禅等大活佛圆寂，报经中央政府批准后，西藏地方就会启动祈祷转世仪轨，同时向各地发布文告，收集灵异儿童信息。1875 年

十二世达赖喇嘛圆寂。噶厦政府经驻藏大臣报光绪皇帝批准后，根据僧俗希望尽快寻访转世灵童的要求，在拉萨三大寺等寺院广做佛事祈祷灵童早日转世。1989年十世班禅圆寂，经国务院批准，转世领导小组在西藏和四省藏区举行了多次祈祷转世仪轨，念诵多部经典，给多座寺庙的释迦牟尼佛像等重刷全身。

问卜和观看圣湖显影是活佛转世最重要的宗教仪轨之一。凡达赖、班禅圆寂，噶厦政府会向桑耶护法神、乃穷护法神等问卜，初步确定转世方向。如果是达赖圆寂，还会请班禅打卦明示转世方向。当然还会通过其他迹象来判断转世方向。之后，在山南加查的拉姆拉错神湖观看圣湖显影的仪轨开始秘密进行，观湖者均为噶厦指定的著名高僧。仪式包括举行十万诵经佛事、煨桑和观看显影等。如果是班禅圆寂，还会到日喀则仁布县德吉镇艾玛乡的雍杂绿错观看圣湖显影。历史上能主持这项仪轨的都是著名高僧，十二世达赖喇嘛圆寂，是哲蚌寺的勘苏洛桑达杰；十三世达赖喇嘛圆寂，是时任西藏摄政的热振活佛；十世班禅圆寂，是扎什伦布寺的琼布·洛桑顿月活佛等。

秘密遴选是转世仪轨中最重要最艰苦的一个环节。观看圣湖显影仪式后，噶厦政府按照护法神确定的方向以及观看圣湖显影仪轨的结果，列出多个地名，并密派多路人马装扮成香客或朝佛僧人开始秘密寻访。七世、十二世和十三世达赖喇嘛转世灵童的寻访分别是章嘉活佛、哲蚌寺勘苏洛桑达杰和热振活佛。九世、十世班禅转世灵童的寻访则是民国中央委员扎萨喇嘛罗桑坚赞和扎什伦布寺的琼布·洛桑顿月活佛等。一般来说，在密访的同时灵童的甄别遴选也在秘密进行。甄别遴选的手段较多，最常用的有三种：一是由护法神或高僧再次打卦确认最灵异儿童；二是由密访的高僧对选定的灵童进行反复观察甄别；三是寻访的高僧让灵童辨认前世常用的法器或其他用品。十世班禅圆寂后，寻访小组于1994年2月派出三个秘访组进行密访，同年9月再次派出两个小组。1995年第三次派寻访小组考察。经过近一年的密访找到了28名男童。

最后甄别遴选出了三名最具吉兆的灵童。1995 年 11 月 29 日，经金瓶掣签，西藏嘉黎县灵童坚赞诺布中签，经国务院批准继任第十一世班禅额尔德尼。

结论

活佛转世制度的形成和发展经历了 700 多年时间，活佛转世的历史定制从来没有改变过，各教派对活佛转世宗教仪轨的遵循从来没有动摇过，这是西藏社会的历史选择，也是藏传佛教的历史选择，更是广大僧俗信众的历史选择，古往今来，在藏传佛教活佛转世制度的问题上，各教派不会越界一步，各转世系统更不会越界一步。

从“一带一路大战略”的角度对中国西藏可持续发展的政策建议

赖尚龙　罗兰 *

一、关于“一带一路倡议”的安全考虑

在中国历史上，早自汉代就因为北方游牧民族的侵扰而形成了对北方边界安全的忧患意识。明代，东南沿海遭受倭寇的侵扰，于是又加强了南部的海防。

2013 年中国提出“一带一路”的战略倡议，强调与沿线各国加强经济合作。这一构想不仅有着经济互利方面的重大意义，在国家安全与防卫方面同样具有重大意义。

在国际上，始于上世纪 70 年代的全球化迅速发展。到了 90 年代初

* 赖尚龙，博士，发展经济学客座教授，联合国多边合作项目首席顾问，联合国大学研究教授；罗兰，专业艺术评论人，兼任厦门华侨历史博物馆高级顾问。

期，前苏联的瓦解，东西双方两大阵营的长期冷战状态逐步消失，代之而起的是世界各国加速的贸易开放和文化交流。与此同时，中国的改革开放已经形成了大开大放局面，国民经济开始了长期的两位数增长。这样大的一个经济体，如此快速增长了将近 30 年的时间，这在近代经济史上是前所未有的大事。

虽然所谓意识形态的冷战随着前苏联的瓦解而结束，但美国作为世界上唯一的超级强国，却又形成了所谓的冷战后的"冷战思维"，又开始担心其霸权地位的弱化，从而把目光转向了在东亚快速崛起的另一大国——中国。虽然中国的经济改革走向以市场经济为主的道路已经不可能反转,但是由于中国的政治制度依然与所谓的西方民主政治大相径庭，而且又是以如此前所未有的高速成长，使得美国以其"冷战思维"将中国视为未来 21 世纪后期可能要面对的最强大的竞争对手。这样的竞争，是包括了政治、经济，乃至于外交、军事的全方位竞争。

从上世纪 90 年代开始，美国历届政府都有这种"冷战思维"。随着中国的快速崛起,美国的这种"冷战思维"也日益加重。在全球贸易、国际政治，乃至于地区防务等各条战线，美国无不以中国作为或以硬实力，或以软实力"竞争"的对象。在地缘政治方面，到了 21 世纪初期，美国就企图逐渐对中国形成一道阻截的包围圈。在北面，美国开始积极拉拢与中国接壤的中亚各国；在东北方，仍然与其早期的亚洲盟国韩、日等保持一定的军事同盟关系；在东南海洋，又大力加强与东盟的各种关系，同时利用台湾与中国大陆的"特殊内战尚未终止"局面，希望在东南沿海方向对大陆形成所谓的"第一与第二的两道岛链"，从而包围、牵制中国大陆对太平洋的进出航线。美国通过所谓的"南海航行自由权"，反复干预中国在南海与印度洋的通道航线，企图对中国来自中东、欧洲，经过印度洋的能源与各种重要物资贸易有一定的控制力量。

这样的战略企图，就是"司马昭之心，路人皆知"。我们以为"一带一路"倡议的提出，除了发展贸易与经济合作作用之外，同时也包含了“反围堵”“反阻截”的战略眼光。

于是我们面临一个重大问题，那就是我们要如何连接我们国家北面经过中亚，通向欧洲的“一带”和我们国家南海航线通向印度洋的“一路”，从而突破地理地缘层面，以及政治经济层面的“围堵与阻截”，使我们国家在国际政治与经济两方面能够形成具有“大突破”与大发展的有利局面？

从这个角度来看，如何建设中国西藏的地缘政治与地缘经济就具有特别重大的战略意义。

二、中国西藏与喜马拉雅地区各个地区与国家的关系将会影响“一带一路”倡议的成功与否

西藏长期以来被我们国家认为是西部重要的国防前沿地带。西藏地理位置处于北连新疆，南接云南，可以贯通北方中亚各国的“一带”与南边沿海各国的“一路”,具有极为重要的战略地位。最近我国“十三五”计划公布,布置了要打通连接我们边界北方有“欧亚大陆桥”之称的“一带”,与国家东南边沿海通向东亚与南亚次大陆“海上航行”的“一路”。计划要在10年或15年的期限内，以较快的速度修建高铁，建筑隧道，克服地形复杂、高山深谷的障碍，打通这条“青藏走廊”。而在现代工程技术，以及我们国家财力、物力雄厚力量的支持下，这样的雄图大计已经可行，成功与否只是时间问题。

有了这个“青藏走廊”的贯通，我们国家北方的“一带”就与南方的“一路”在大西北地区形成了一条崭新的战略通道，使得中亚内陆国家直接连通了西南太平洋的出海口，从而连接上南亚印度洋。中亚的能源与物资就能够以较快速度和较低成本运往东南亚以及南亚国家，包括印度、巴基斯坦，以及喜马拉雅区域的国家与地方。当然，这种效果反之亦然。南亚与东盟国家也能直接和中亚内陆国家，乃至于欧洲实现更加便捷的交通设施与物流联系。这样就改变了青藏高原与中亚、东盟、

南亚国家相互之间的地缘经济和地缘政治大格局。在这样一个即将形成的全新的地缘关系大格局中，西藏就是这个“青藏走廊”的心脏地区。在此同时，西藏与喜马拉雅地区各个国家与民族之间的关系友好与否，决定了我们在“一带”与“一路”之间的“青藏走廊”是否畅通；同时也决定了我们的“青藏走廊”是否能够成功地实现中亚内陆国家经过中国大西北通向东盟、南海，连接西太平洋这样的新型地缘政治与地缘经济的大战略。在这样一个新形势下，在西太平洋的大格局中，中国将在太平洋西岸巍然崛起，同时在世界全球化的进程中，扮演一个具有巨大影响力的大国角色。

因为与喜马拉雅地区各个国家与地区有长达上千年的历史交往过程，西藏与他们具有类似的传统历史和文化渊源等特别优势。我们可以以青藏高原的特殊地理位置，更有利、更方便地与他们建立发展合作与和平共荣的友好关系。在这一方面，中国西藏与印度的关系将是决定“一带一路”倡议在这个地区执行成败的一个极为重要的决定性因素。

三、对中国西藏因为处于喜马拉雅地区的一个可持续发展的政策建议

除了“十三五”计划所明确的青藏高原地区的各种基本建设与社会经济发展的宏伟方案以外，我们同时建议，在发展与建设西藏方面，我们也应该同时重视“软实力”的建设与培养，只有这样才能更好地争取到我们国家与喜马拉雅地区国家之间能有一个长期可持续发展的友好和平关系。只有如此，“青藏走廊”才能充分发挥上述相互沟通“一带”与“一路”，使得中亚内陆国家与南海东盟国家及南亚印度地区加强联系并形成新型的地缘形势，推动这些地区的政经关系走向融合的巨大作用。而在所谓的“软实力”方面，我们首先要重视各国各民族之间的“文化交流”，以及目前国际上一再强调的国家相互间的人道主义援助。

1. 将中国西藏建设成为喜马拉雅地区艺术文化的传承与创新的中心基地

为什么在发展对邻国和地区友好和平的关系时，我们要特别强调文化交流与融合的重要性呢？一般在国际关系方面，两国友好开始于双方具有共同的国家利益关系。例如开始于经济互通有无，然后形诸于贸易，或出于相互需要，乃结下防卫同盟等。但是这样的关系常会因为内在或外在的因素而发生变化，未必能够长久稳定。于是在初步的友好关系建立之后，两国之间在贸易、社会、政治等各个层面都会渐渐有所交流。假以时日，就自然形成文化的交流与融合。历史上这样的范例甚多。所以国家之间的关系，若是追求长远友好稳定，就需要有计划、有步骤地进行文化交流，只有这样，人民才能相互了解，社会才能相互融合。也只有如此，友好关系才能长久稳定。尤其在20世纪后期，全球化进程突飞猛进，两大阵营由于意识形态的敌对而对峙的局面在前苏联瓦解之后已经悄然改变，世界各国为了经营更好的发展环境，无不设法与利害相关的国家促进较为长久、友好的外交关系。于是从区域整合开始到缔结所谓战略伙伴关系，国际外交皆有各种不同形式的进展。同时，大家都明白国家之间的文化交流十分重要，因为只有如此，两国人民才能更加相互了解，两国矛盾才能较易化解，两国关系才能更加稳定。

西藏位于我们国家大西南方位，与喜马拉雅诸国接壤，国防地理位置特别重要。而喜马拉雅地势复杂、民族各异，长期以来就有民族、宗教、领土等方面的地区冲突。尤其从冷战时期到20世纪后期，中印之间对峙竞争，屡有摩擦，加上巴基斯坦与印度的长期敌对关系，造成喜马拉雅地区的潜在不稳定因素，不利于这个地区各国的发展与进步。

直到近期，印度的内外政治形势有了微妙的转变，中印有趋向和解的形势。我们应该把握这样的时机，努力推进中印友好关系，为地区稳定和平提供一定的保障。西藏与印度之间具有长期的历史、宗教与文化联系，西藏文化的传承与发展可以对中印友好关系产生巨大影响。因此我们积极建议，西藏一定要善于利用其文化的比较优势。我们可以先在艺术文化方面，譬如美术、建筑、音乐、歌谣、戏剧、舞蹈，乃至于现代影视等传承与创新方面努力发展，使中国西藏成为喜马拉雅地区的艺术文化传承与创新的中心基地。如此西藏就能更有效、更有力地建立中国与喜马拉雅地区各国，包括印度在内的国家之间长久友好稳定的关系。西藏也将以喜马拉雅地区艺术文化引领者的身份在国际上发挥影响，同时也能很有力地回击某些西方媒体与分裂主义集团抹黑我们的不实言论。

2. 将中国西藏建设成为喜马拉雅地区人道主义援助的重要平台

20 世纪后期以来，欧亚若干大国开始加大对其他发展中的中小国家的国际援助力度。这类援助，国际机构一般则称之为“发展合作”，以强调援助的国家或机构与接受援助的国家或机构是站在一个平等的地位，一起共同致力于该国或该地的进一步发展。而治理的领域则包括自然灾害后的各类救助和重建工作；对弱势群众的帮助；扶贫；保护妇女儿童的地位与福利；保障少数民族的权利。此外还有环保、医疗、教育、危机处理（例如救火、救灾、处理恐怖袭击）等方面的提升与促进。在国际舞台上，上述帮助被统称为“人道事业援助与合作”。

人道事业援助与合作，尤其能够让正在受灾受害的老百姓感到援助者的真诚感情，特别有助于促进人民之间的友谊，而且这样的人道事业援助也能够在国际间营造一种相互合作的和平友好氛围。在进行这样的人道援助时，有官方政府的支持，也有非政府组织的参与，还有国际机构的引领，大家彼此之间相互学习，相互合作，最能使得救援手段、技术与方法有所提高、改进。而且由于施救者与受援人在零距离的状况下密切合作，共求解决之道，使得这样的友好关系也能够较长久的深入人心，有利于双方国家和人民一道营造较长久稳定的关系。

由于现在喜马拉雅地区的社会与经济发展水平仍处于较为落后的状态，我们国家应该有长远眼光，积极将西藏建设成为向该地区各个国家与民族提供各类人道事业援助的重要平台。这样的政策能够使得中国与该地区各国保持一个较为长久平稳良好的关系。而这样的关系有助于保障“青藏走廊作为连接南北一带一路”大动脉的功能，从而进一步保证“一带一路”倡议的顺利推进。

四、建议以创新的方案落实上述西藏发展政策，保证“一带一路”倡议的成功执行

为了有效配合中国的“十三五”计划，同时落实上述的两项建议，即将西藏建设成为喜马拉雅地区的艺术文化中心和该地区的人道主义援助的重要平台，我们建议实行下列创新发展方案：

1. 发展与融合喜马拉雅地区各个国家与民族的艺术领域，包含视觉艺术、表演艺术，还有音乐、舞蹈、影视、文学等。同时在人道主义的援助领域内，应该包括扶贫、环保、保障促进妇女与儿童的福利与地位。在社会与经济领域内，要帮助该地区解决住房问题、医疗问题、教育问题、卫生问题，甚至支持如何防止自然灾害，解决突发灾难时刻的危机处理问题等。

2. 这些创新政策的实施方案包括如下几类：

（1）建立具有创新性质的制度与机构。要有效地实行上述社会与经济方面的援助政策，我们建议要采取“公私合作”(PPP)的方式，以及“建造、运营、转让”（BOT）的合作模式，同时与各种类别的“非政府组织”合作，落实各项政策与方案。

（2）引入创新的方法与形式来让不同的宗教团体、学术机构、政府组织、专家学者都有机会来参与执行这样的援助计划与方案。适当鼓励招聘当地不同民族人员参与这些项目的执行。也应视不同情况，鼓励大学生以志愿者身份参与，以便培养更多人才参与到我国的人道主义事业中来。

（3）要使用创新的财务会计制度来筹措财源，也要更好地监督财务

运作。同时也可以考虑争取国际援助与私人捐献。适当地采用“循环资金”“有偿服务”“税金优惠”等措施，这样可以节省资源，推动财源走向自给自足，甚至可以具有适当的营利程度的运营模式。

(4) 要推动与相邻国家与地区的合作与参与，打造与邻国和地区长久友好和睦的氛围，与接受项目的地区保持高效互动的相互联系。

(5) 要探索创新有效的项目执行方法与模式。现在的电子通讯技术已经使得管理部门“平面化”，取消了不少的“中间层级”，一些新型的通讯与交流、监督、检查的新方法可以引入项目的执行与评估中。执行的机构可以简化，而项目执行的成本都可以因之而降低不少。

藏传佛教生态伦理与藏区生态文明建设

陈玮 *

西藏和四省藏区盛行藏传佛教，藏传佛教生态伦理思想中许多精华完全可以为今天西藏和四省藏区生态文明建设所用。因此，深入研究藏传佛教生态伦理，充分挖掘其思想精华，对于大力促进生态文明建设具有一定的借鉴意义。

一、藏传佛教生态伦理的起源

（一）来自于大自然崇拜中最朴素的生态意识

藏传佛教伦理思想的起源可以追溯到藏族远古神话传说时代，其中关于大自然形成的神话中对自然生态形成的故事，初步反映了藏族人民对大自然的认识，如藏族古代著名的神话传说《斯巴形成歌》《斯巴宰

* 陈玮，青海省社会科学院院长，教授。

牛歌》中叙述了天、地、山川等大自然物的形成过程及其基本面貌。藏族著名史籍《西藏王统记》等史书也描述西藏原为汪洋大海，后来海水流进“贡吉曲拉山洞中，陆地才逐渐形成”。这些“自然生成说”无疑是藏族原始的自然观和生态意识，这时的人们对生态的认识是模糊的。但是，它表现了一个重要的文化心态，即人们改造自然的欲望和冲动。特别是《斯巴宰牛歌》把斯巴塑造成高大的天神，他用牛头创造了山岳，用牛尾创造了森林，用牛皮创造了大地。全歌表达了人类劳动创造的英勇、无畏气概，也表达了对自己居住地多样性的自然生态环境和山川万物的赞美、眷恋和热爱，同时还表达了对养育本民族的自然万物的感激、敬畏和膜拜。十分明显，这种生态文化思想带有鲜明的自然崇拜特征，它反映了在生产力水平极低的情况下，人们对自然资源和生态环境的严重依赖和对自然生态环境的保护和热爱。

（二）来自于图腾崇拜中最原始的生态理念

同许多民族一样，藏族先民也曾经历过图腾崇拜时期，例如藏族史籍中就记载，最初世界为空寂无垠之体，没有人类的足迹。后来，一只猕猴来到吐蕃泽当地区，与岩魔女结合生下了子女，从此繁衍成为藏族的先民。另外，藏族的先民们还崇拜牦牛，以牦牛为图腾物。远古部落时期，图腾崇拜的一条重要原则就是禁止捕杀图腾动物。这一最基本而又最重要的生活禁忌，使对动物的保护欲望演变成为重要的生活伦理原则。

（三）来自于佛教的生态伦理

佛教建立在替代婆罗门教并打破古印度种姓制的基础上，主张宇宙万物由于因缘和合而生，因缘分散而灭的“缘起性空”，这就是佛教著名的缘起论。笔者认为缘起论包含了两个方面的思想：一是认为万法无常无我，在这个世界上，独立不变、自我存在、自我决定的实体是不存在的，任何东西都是相对的、暂时的。由此佛教要求人们破除对事物包括生命的执著，以“无我”的胸怀面对大千世界，打破人类自身的优越感和在世界上的优先性，以求得“解脱”。二是缘起论告诉我们世界万物都是统一和谐的有机体，都有其自身存在的意义和价值，如果组成宇宙的某一部分出现危机就会影响整个宇宙的平衡。因此，人类与其赖以存在的生态环境是一个整体，必须珍爱之。此外，还有佛教教义中众生平等观、和平戒杀观等伦理思想都被作为佛教重要流派的藏传佛教所吸收。

二、藏传佛教生态伦理思想及其实践

（一）藏传佛教生态伦理思想

1．藏传佛教山川江湖崇拜的保护意识

在藏族原始宗教即苯教信仰中，人们相信每一座巍峨的雪山和每一个清澈的湖泊都有各自的神话传说。对神山圣湖神水的崇拜是藏族先民对大自然崇拜中最大规模、最久远和最普遍的崇拜形式，许多崇拜行动延续至今。比如，位于西藏阿里地区普兰县的著名的岗仁波切雪山，分别被印度教、古耆那教、苯教和藏传佛教视为圣山，其神圣地位不可动摇；位于西藏当雄县的念青唐古拉山是西藏最著名的神山，被认为是掌管财富和冰雹的神。西藏境内的纳木错、羊卓雍错和玛旁雍错并称为“三大圣湖”，青海湖则为“环湖八族”蒙藏部落崇拜的圣湖。

对山神和水神的崇拜，使人们形成了对山水资源的保护意识和行动。在神山上禁止采挖药材、狩猎和垦土；在湖泊和泉水附近不能洗头、洗脚，放置秽物。在长期的生存活动中，人们深深体会到对于自然的依赖，对自然界怀有一种美好的伦理情怀，甚至是一种感恩意识，从而形成了慈悲好生的伦理情怀。

2．万物有情的动物保护意识

不杀生是佛教出家僧尼遵守的“四根本戒”和在家信徒所遵守的“五戒”之首。佛教反对杀害生命，认为动物作为有情众生的一部分，其生命的价值应该受到尊重。宗喀巴大师所著《菩提道次第广论》明确指出，杀害“大身傍生”（指形体较大的动物）是重罪。佛教反对这样一种认知：“又作是心，畜等乃是世主（引者注——指创造世界的神灵）所化为资具故，虽杀无罪。”在藏传佛教看来，人类并没有主宰或随意杀害动物的权力。在反对杀生的同时，藏传佛教又主张“放生”，主张对动物采取保护。

这种不杀生伦理的传播与实践，对于高原野生动物所起到的保护作用和对高原环境的维护作用的确是不可估量的。藏区以游牧为主，牧民以食肉为生，因生存环境所迫，做到不杀生几乎不可能，但牧民有放生的习俗，而同时很少有打猎的习俗，也不随意伤害和虐待野生动物，而是任其自生自灭。藏传佛教不杀生的伦理，在环境艰苦的青藏高原更有特殊的意义，不随意猎杀野生动物，是藏文化中的优良传统和精华，在当代更应大力弘扬。

（二）藏传佛教生态伦理实践

1．宗教信仰对生态伦理的实践作用

藏传佛教认为，名山大川和湖泊河流都在龙王管辖范围之内，一旦被腥气污染，就会惹怒其神祇，将会灾祸临头。在此类古老宗教信仰基础上，藏区逐渐形成了消除污秽气的“怒燥”仪式，并流传至今。其中有以“祈祷上空飘来五朵彩云，细细蒙蒙，滋润大地，清除秽气，绿草成茵”为主要内容的鸿篇巨制祷词。这种宗教信仰及其仪式在客观上起着净化空气，改善大自然的自净与自救能力的作用，特别是对于保护青海“三江源”地区水之纯净、充沛，提供丰富水资源作出了贡献。

藏民族丧葬习俗以天葬为主，这是一种既环保又节约资源的丧葬形式。按藏区习俗，生前患麻风、炭疽和天花等传染病的尸体不许天葬或水葬，这是为了防止环境污染。据研究，天葬这种极其独特的丧葬习俗也来源于佛教教义，表达了佛教六波罗蜜多之一“布施”这一利他思想，即死后用自己的遗体为众生作最后一次贡献。

2. 宗教律仪对藏传佛教生态伦理的实践作用

恪守清规戒律实则是对佛教教义的一种实践。藏传佛教戒律中有一种独特的仪式，称“住夏”，即每年盛夏三个月中僧众立誓将自己关闭在寺内勤求闻修而根本不出门的仪式，也称夏令安居。这是一种定期防止践踏野外无数幼苗和昆虫、毁灭其他生命行为的措施，它还要求信教群众在此期间不能到寺院周边、草地和森林去干活或游玩。根据这一仪式，藏族历代高僧大德们常用多种巧妙的方法和途径进行封山禁杀、育林活动。这样做的结果，使原归属于寺院所有的山林和周边地区的动物得到较好的保护，时至今日到处仍可以看到林影森森、松柏参天、郁郁葱葱的原始风貌和成千上万的野生动物群。

3. 藏传佛教领袖人物对生态伦理实践的独特作用

藏传佛教高僧大德特别是领袖人物在藏区践行藏传佛教生态伦理思想方面起着独特的作用。例如，五世达赖喇嘛在其自传中曾写道：“卫藏地区原有不归我负责的封山禁令和薮泽禁令。本年又在西藏各地分别发布了我负责的不许杀害众有情的禁令，并增加了无畏施。”这段记载说明，格鲁派政权建立之前，卫藏地区的地方政权亦有禁猎的法令，而五世达赖喇嘛又以自己的名义颁布了新的禁令。西藏历史上实行政教合一制度，佛教伦理往往上升为法律规范。禁猎令的基础也是佛教的价值观，由此对野生动物起到了更大的保护作用。

4. 藏区传统习惯法对藏传佛教生态伦理的实践起到了制度保障作用

藏区习惯法涵盖了诸如草原轮牧及迁居法、森林苗木保护法、狩猎采集禁许法、兴修水利和用水规矩、关于失火与防火的规定、资源开采与商品外运限制、草山管理等多方面的习惯法。比如，西藏部落土司制度规定：不能打猎，不准伤害有生命的东西，否则罚款。打死一只公鹿罚藏洋 100 元，母鹿罚 50 元，雪猪（或岩羊）罚 10 元，獐子（或狐狸）罚 30 元，水獭罚 20 元。违反草山管理的处罚规定：引起草山失火者，罚其全部财产的三分之一；失火烧着草场属大案件，罚款很重，按一马步罚 1.5 块银元。

上述习惯法具有的普遍性和广泛性，更重要的是它的权威性迫使人们自觉遵守，最终使之上升为伦理习惯和伦理行为，从而对藏区生态环境的平衡发展产生了深远的积极影响。

三、藏传佛教生态伦理思想对藏区生态文明建设的启示

（一）在改造自然的同时必须尊重和爱护自然

藏传佛教生态伦理文化认为，大自然有其自己的生命权利与生存功能，作为人类应该尊重自然生命权，顺从大自然的规律。虽然自然的精神生命与生存意志多以神灵（山神等自然神灵）形式出现，藏族对自然的崇敬也多以崇拜自然神灵来进行，但这种神灵崇拜的后面，仍然是对整个大自然的崇敬与珍爱。出于对自然的崇敬，因而形成了对自然的禁忌。无论是僧人还是俗人，都是自然区域中一个普通成员，应该尊重保护区内其他生物的活动，与其共同生存。这样便保护了一些地区的生物多样性，保护区内草木茂盛，动物繁多。人们只有敬爱自然，小心呵护自然才能得以生存。今天人类中心主义依然大行其道，在人们普遍信守“人是万物的尺度”“人是自然界的主人”，把自然界仅仅作为改造和征服的对象的当下，藏族的传统生态伦理思想更加难能可贵，更具有现实意义。

（二）把伦理道德的范畴扩展到自然界一切生物的观念具有重要的生态价值

自然中心主义在肯定人的价值和权利的同时，承认了自然的价值和权利，从而构建了伦理道德的新秩序。分析藏传佛教的生态观，我们能看出它既不是人类中心论，也非一般意义上的自然中心论的观点。它的尊重自然、关怀自然，把伦理道德的范围扩展到自然界一切生物的思想，与自然中心主义的观点是相一致的。因此，从整体上我们可以把它归类到自然中心论里面。与自然中心主义不同的是，藏传佛教对自然客体赋予了新的内容，它在理解和阐述自然的价值和权利的理由方面，比自然中心主义提供了更为人性化的根据。我们知道，西方动物解放论把苦乐感受的能力作为道德关怀的充分条件；生物平等主义则以“天赋价值”作为条件；生态中心论则离开人的价值单纯强调自然的和谐和统一。这些观点的意图及客观价值是毋庸置疑的，但是这种理念及思维方式是否适应工业社会中人们的观念和思维特点，值得商榷。

（三）生态环境保护的思想和观念要建立在群众情感的基础上，成为容易被群众所接受的观念

藏族的生态思想质朴、浪漫、亲切、自然，容易成为人们普遍的心理和行为准则。我们看到，藏族的原始宗教生态观里没有人物二元平等的思想。藏族先民认为，作为客体的自然高于人类，他决定着人类的命运，在自然面前，人是被动、无能的。当然，这是“万物有灵”观念和人类与自然交往中多次失败的经验相互交织为背景而产生的一种观念，几乎是人类先民的普遍意识，不同的是，藏族在历史发展的长河中比有些民族更多地保留了这种观念。这源于人们对自然的崇高美与生命世界的和谐美的领悟。因为有了对自然与生命的敬畏，雪山成为人间神山；因为有了对自然与生命的祝愿，草原变得美丽吉祥；因为有了对自然与生命的虔诚，圣湖涌现人间百象；因为有了对自然与生命的向往，千里朝圣道路每一步都珍贵可吻；因为感恩于自然与生命的博大宽容，高原大地被视为相亲相爱的生命园地。

（四）应当建立与青藏高原生态环境相一致的生活方式

藏区与别的地区不同，高原的生态状况一开始就对人们的生态理念和实践提出了更高要求，在物质生活与精神生活的关系上，藏族更注重精神生活的追求，于清淡的物质生活环境中创造了丰富的精神文化产品。在对消费生活的选择中，藏族更注重节制消费、限制开发、淡化财富占有欲，使藏区世俗社会的基础设施、物质产品、生活方式极为简单朴素，而人们更注重于对信仰世界的追求，注重与自然环境的融合，从而保证了藏区绿色植物的生产量永远大于消耗量，野生动物与植物资源保持了多样性。

S.5603 号《楞伽经疏》中的藏译文及相关问题研究

才让 *

S.5603 号是唐朝圆晖所著《楞伽经疏》之写本，现存第 1 至第 6 卷。同一写本还有 P.T.609 号，仅 1 叶。《楞伽经疏》后世不传，只存敦煌汉文写本和法成藏译本的残卷。本文就 S.5603 号写本中的藏译文，在前人研究的基础上进行再探讨，并对敦煌文献中保存的《楞伽经疏》藏译本略加介绍。

一、S.5603 号《楞伽经疏》写本特征

S.5603 号《楞伽经疏》颇有特色，在所引《楞伽经》原文旁有对照的藏文译文。《楞伽经疏》中的汉文，无论是经文原文还是释文，均

* 西北民族大学海外民族文献研究所教授、副所长。本文是国家民委创新团队计划资助项目（[2016]57 号）的阶段性成果。

墨书，而对应经文的藏文是朱书。此外，尚有朱书的标记，如「、△及朱点等。△符号打在所引《楞伽经》原文起首处，即“经”字之前;「符号打在“解”字之前。可知，以△符号标示经文，以「符号标示释文。在△符号之前，用一种很淡的土黄色写有藏文字母，以标示经文的顺序。汉文旁边朱书的藏文是对经文的翻译（个别句子未译），而未译释文，朱点位于释文中有序号处，如第一、第二等。

对原文的订正或增补也用朱书，如S.5603号《楞伽经疏》第12页之“唯愿为解说”一句中①，原文“说”作“兑”，遂以朱笔加“言”旁；第47页“婆罗”旁，朱笔加一“门”字，原文阙此字。

朱书的藏文和标记等应是一人所为，藏文用楷体，书写均匀而优美。说明此人汉藏文兼通，一面仔细研读《楞伽经疏》，一面将其中的经文旁标注上对应的藏文译文。早期研究者因使用黑白照片，难以看清写本的诸多特征，而且藏文部分不够清晰，部分句子难以识读。本文使用了IDP网站发布的彩色图版，识读较为便易。

二、与法成译本《圣入楞伽宝经一切佛语心品》之比对

《楞伽经疏》所用《楞伽经》汉译本，是求那跋陀罗译本《楞伽阿跋多罗宝经》（4卷，经名中的“阿跋多罗”是梵语之音译，意译为“入”），该译本共有1品，即一切佛语心品。研究者认为求那跋陀罗译本反映了《楞伽经》的早期形态。法成将《楞伽阿跋多罗宝经》译为藏文，名《圣入楞伽宝经一切佛语心品》（*'Phags pa lang kar gshegs pa rin po che'i mdo las sangs rgyas thams can gyi gsung gi snying po'i le'u*），并将原文的4卷改编为8卷。其中，卷首的经名译为《圣入楞伽宝经》（*'Phags pa lang kar gshegs pa rin po che'i mdo*），则与原本之名称相符。河口慧海先生是最早研究S.5603号藏文译文的学者，对藏译《楞伽经》有多

①《楞伽经疏》写本上的页码为后人所加，见IDP（敦煌国际项目）网站公布的图版。

方面的探讨。他选取S.5603号《楞伽经疏》中的少量藏文偈句（四句），与法成藏译本《圣入楞伽宝经一切佛语心品》之相关内容进行了比较，指出二者的差异在于古今之别。[①] 王尧先生也曾将S.5603号作为法成之译著，编入所作法成译著目录中。[②] 我们对《楞伽经疏》中的藏文译文与法成译本进行了比对，发现二者既有共同点，又有差异，而差异也非仅仅以古今之别能够解释。下文选取比对的部分句子，作为例子加以说明。

1. 古今之别

S.5603号中的藏文的确具有浓厚的古藏文特征，包括使用再后置字、字母 ca cha 互换、字母 ka kha 互换、领属虚字 kyi 与 gyi 不分、领属字 yi 用 'i、部分字后缀 'a、部分词语古今不同等（如"论典"，前者作 gtshug lag，后者译为 bstan bcos）等。

2. 翻译方面的差别

S.5603号中的藏文与法成译本（即《圣入楞伽宝经一切佛语心品》，下同）之间相比，用词多有不同，差异明显，举例如下：

《楞伽疏》所引经文原文（即求那跋陀罗译本《楞伽阿跋多罗宝经》，下同）"云何净其念"之"念"，S.5603号作 rtog ge（推理），法成译本作 dran pa（念想）。

"云何为增长"之"增长"，S.5603号作 'byung ba（生起），法成译本作 'phel ba（增长）。

"云何生诸地"之"生"，S.5603号作 'jig pa（进入），法成译本作 skye ba（生）。

① 河口慧海：《矢吹博士摄影将来の入楞伽经の研究》，《大正大学学报》卷13，1932年，第1—36页。又载《河口慧海著作集》卷16论集Ⅱ，うしお书店，平成十四年（2002年），第678—713页。

② 王尧：《藏族翻译家管·法成对民族文化交流的贡献》，《文物》1980年第7期，第50—57页。《王尧藏学文集》卷5，北京：中国藏学出版社，2012年，第3—17页。

“往生何所至”之“往生”，S.5603号作gnas（处），法成译本作skye gnas（生处）。

“彼云何教授”之“教授”，S.5603号作bslabs（学习、教授），法成译本作ston（指导）。

“云何胎藏生”之“胎藏”，S.5603号作snying po（藏），法成译本作 mngal gyi snying po（胎藏）。

“云何世不动”之“不动”，S.5603号作byed ma mchis（不做），法成译本 mi g·yos（不动）。

“及揵闼婆城”之“揵闼婆城”，S.5603号作dri za（揵闼婆），法成译本作dri za'i grong khyer（揵闼婆城），前者无“城”字，后者的翻译则是完整的。

“及与水月光”之“水月光”，S.5603号作chu'i zla ba（水中月），法成译本作chu zla dang ni 'od（水月光），前者无“光”字，后者的翻译则是完整的。

“云何作有见”之“有见”，S.5603号作lda ba（见），法成译本作srid par lta ba（有见）。

“谁当持正法”之“正法”，S.5603号作bstan pa（佛法或教法），法成译本作yang dag bstan pa（正法）。

“天师住久如”的“天师”，S.5603号作ston pa（导师），法成译本作lha yi ston pa（天神之导师）。

“大乘诸度门”之“诸度门”，S.5603号作tshul sna tshogs pa'（种种理），法成译本作sgrol ba'i sgo rnams（诸度门）。

“涅槃空刹那”，S.5603号作ji ltar mya ngan 'das dang stong（因何涅槃空），法成译本作mya ngan 'das stong skad cig ma（涅槃空刹那），后者与汉文无别。

3. 相同处

部分偈句的译法，S.5603号中的译文与法成译本完全一致。举例如下：

《楞伽疏》所引经文原文："云何无色定，及以灭正受？云何为想灭？何因从定觉？云何所作生，进去及持身？"

S.5603号藏译文：**gzugs myed snyoms par 'jug pa dang/'gog pa de'ng ji lta bu**/'du she 'gog pa ji lta bu/ji slad ji lta sad par 'gyur/**'gro ba dang ni lus 'dzin** gyang/**ci 'i slad du bya ba 'byung/**

法成译本：**gzugs med snyoms par 'jug pa dang/'gog pa**'i snyoms 'jug **ji lta bu/'du she 'gog pa ji lta bu**/ting nge 'dzin las ji ltar sad/ **ci 'i slad du bya ba 'byung/ 'gro ba dang ni lus 'dzin** ci/

以上录文中，黑体部分表示二者的相同处。其中，对"云何无色定""云何为想灭""云何所作生"三句的译法二者完全相同。"进去及持身"一句的翻译只有一字之别。

《楞伽疏》所引经文原文："云何无众生？云何世俗说？云何为断见，及常见不生？云何佛外道，其相不相违？"

S.5603号藏译文：**bdag myed** pa'ng **ji ltar 'gyur/ sems cham ma mchis ji lta bu/kun rdzob bshad pa ji lta bu/ ji ltar rtag dang chad pa** 'i/ **lta ba rab tu 'byung mi 'gyur/ji ltar** khyod dang **mu stegs** su/ **mtshan nyid rnams gyis 'gal myi 'gyur/**

法成译本：**bdag myed** don du **ji ltar 'gyur/ sems** can **ma mchis ji lta bu/kun rdzob bshad pa ji lta bu/ ji ltar rtag dang chad pa** yi/**lta ba rab tu 'byung mi 'gyur/ji ltar** sangs rgya **mu stegs** dag/ **mtshan nyid rnams kyis 'gal myi 'gyur/**

以上所录六句中，除古藏文之用法外，其中五句的译法基本相同。

《楞伽疏》所引经文原文："云何生与灭？"

S.5603号藏译文：snang la ji ltar 'jug pa lags（显现云何入），

法成译本：skye dang 'jug pa ji lta bu（云何生与入），

均与汉文不符。疑前者之 'jug pa 应是 'jig pa 之误。后者将"生"

译为 skye，但以 'jug pa 译“灭”，似延续了前者之错误，或者亦是 'jig pa 之误。后世之校订者，如果不对照汉文原文的话，很难发现这个问题。

《楞伽疏》所引经文原文："云何象马鹿？"

其中的“鹿”字，S.5603 号藏译文作 ri dags（野兽），法成译本亦作 ri dags（野兽），未译“鹿”。

通过比对可知，法成译本与求那跋陀罗译本间十分切近，有些句子，可谓丝丝入扣，显示了对原文的精准理解和高超翻译技巧。而 S.5603 号的藏译文与法成译本《圣入楞伽宝经一切佛语心品》间差别较大，显然二者渊源不同，即不是同一母本之翻译。

最近北京大学萨尔吉在学术会议发言时，指出 S.5603 号中的《楞伽经》藏译文与藏文中《楞伽经》的另一译本《圣入楞伽大乘经》一致。①

藏文《甘珠尔》中对《圣入楞伽大乘经》渊源有不同的说法，或认为译自梵文，或认为是法成译自汉文。若《圣入楞伽大乘经》译自梵文，则法成翻译求那跋陀罗译本和圆晖的《楞伽经疏》时参考了该译本。若译自汉文本，则可知法成首先翻译了《圣入楞伽大乘经》，在此基础上又翻译了求那跋陀罗译本和圆晖的《楞伽经疏》。就此也能说明，何以 S.5603 号藏译文与法成译本间亦多有相同处的问题，这是法成参考前者的结果。S.5603 号中的藏译文的书写者可能是法成，其所译《楞伽经》题记明言是参考圆晖的注释而翻译的，而且已知的活跃在敦煌的译师中，唯法成最有能力利用汉藏文献阅读《楞伽经疏》。故我们推断 S.5603 号中的藏文是法成研读《楞伽经疏》时所留，为其之后的翻译作准备。

---

① 2016 年 9 月 19—21 日在兰州召开的“中国敦煌吐鲁番学会少数民族语言文字专业委员会学术年会”上，萨尔吉会议发言（提交的论文题目是《关于敦煌写本〈入楞伽经疏〉藏译的初步研究》）。

本文发言稿提交第六届北京国际藏学会时，将 S.5603 号中的藏译文与法成译本《圣入楞伽宝经一切佛语心品》进行了比对，而未与另一藏译本《圣入楞伽大乘经》进行比对。现应修改当时会议发言时提出“S.5603 号的藏译文应是法成初译《楞伽经》时的草稿”的结论，即 S.5603 号中的藏译文不是法成翻译的《圣入楞伽宝经一切佛语心品》。

三 . ITJ.219 号法成译《楞伽经疏》概述

法成译《圣入楞伽宝经一切佛语心品》尾题云：

“奉吉祥天赞普之诏命，对照汉圆晖法师所著之注疏，由译师比丘廓法成翻译并校订（dpal lha btsan po’i bka’ lung gis rgya’i slob dpon wen hwi yis mdzad pa’i ’grel pa dang sbyar nas /lotsa+tsha ba dge slong ’gos chos grub kyis bsgyur cing zhus//）。”①

其中的 wen hwi，河口慧海、王尧等已指出乃“圆晖”之音译。②法成翻译时，参考了圆晖的注疏，是为了更好地理解经文。同时，法成的多种译本往往是经文和注疏同译，如《解深密经》之翻译，同时翻译有圆测法师之注疏。

藏文《大藏经》中只存法成所译的《楞伽经》，不见有《楞伽经疏》的藏译本。但英藏敦煌写本中却有《楞伽经疏》的藏译本，名为《圣入楞伽宝经一切佛语心品广释》（以下称《广释》），与本经名称的译法一致。对此译本，编目者早有说明，如普散所编英藏敦煌藏文文献目录中，录有《广释》的藏文名称，并予以转写和梵文翻译；对作者和译者略有说明，录有藏文写经题记及卷数。③东洋文库所编目录中，录有《广释》的所有尾题，并指出 S.5603 号和 P.T.609 号即为《楞伽经疏》。④但不知何因，研究法成的专家没有注意到两部目录中的提示，在梳理法成的译著目录时，遗漏了《广释》。故以往我们只知法成依据圆晖之注疏翻译了求那跋陀罗本，但不知圆晖之注疏法成也有翻译。《广释》是法成的一

①《甘珠尔（对勘本）》卷 49，北京：中国藏学出版社，2008 年，第 729 页。lotsa+tsha 之原文为 ལོ་ཙྪ。

② 王尧：《藏族翻译家管·法成对民族文化交流的贡献》，载《王尧藏学文集》卷 5，第 9 页。

③ Louis de La vallèe Poussin, *Catalogue of the Tibetan Manuscripts from Tun-Huang in the India Office Library with an Appendix on the Chinese Manuscripts by Kazuo Enoke*, London:Oxford University press, 1962, pp.79-80.

④ [日] 东洋文库西藏研究会编：《スタイソ搜集チベット语文献解题目录》第 3 分册，东京：东洋文库，1979 年，第 19 页。

部重要译作，值得重视。ITJ.219 号的尾题提供了许多信息，现转录并翻译如下：

录文转写：//'Phags pa lang kar gshegs pa rin po che'i mdo las// sangs rgyas thams can kyi gsung gi snying po'i le'u rgya cher 'grel pa// //rgya'i slob dpon wen hews mdzad pa rdzogs so// //

// dpal lha btsan po'i bka' lung gis// //zhu chen gyi lo tsha pa dge slong 'go chos grub kyis// //rgya'i dpe las bsgyur cing zhus te gtan la phab pa'//

//bya gag lo'i dbyar sla ra ba'i ngo la// rje'i bsod nams dang/sems can thams cad kyi bsod namsu bsngos te//dge slong rdo rjes lang kar gshegs pa 'grel pa sde gcig bris pa'// //

//sdong po btsan bzang gis bris// //'phags pa rnams 'di gsan cing gshegs pa rnams kyi thugs las 'gal ba dang spyan lam du myi mdzes pa dang yi ge lhag chad du gyur pa rnams bzod pa 'bul zhing mchis// //zhus//

翻译：“圣入楞伽宝经一切佛语心品广释，由汉之法师圆晖所著，完毕。

奉吉祥天赞普之诏命，主校译师比丘廓法成，从汉文本翻译并校订。

鸡年夏季孟月，为国王和一切有情之福德回向，由比丘多杰抄写《楞伽经疏》一部。

董波赞桑抄写。愿诸圣者于此聆听并莅临，凡与诸（圣者）之心意相违背，（抄写）不美观处，及文字有增减等，请予宽恕。校毕。”

这个尾题提供了诸多重要的信息，可知法成翻译了圆晖法师的注释文。法成译《楞伽经》和《楞伽经疏》均是奉诏翻译的，说明其译经得到了吐蕃宫廷的支持和重视。这一背景也值得深思，是否与《楞伽师资记》的翻译流传及与禅宗传播有关，值得进一步研究。此时之赞普，似是热巴巾赞普。《广释》尾题中，译者之名作 'Go chos grub（吴法成），其姓

氏作 'Go，而不作 'Gos。[①] 而 'go 字，在唐代往往音译汉字"吾""五""悟"等。《唐蕃会盟碑》上的"金吾卫"三字，藏文译作 kIm 'go we'I，以 'go 对音"吾"。故 'Go chos grub 可译为吴法成。就此，至少从姓氏之对音可证明法成与敦煌汉文文献（见 P.4660《大唐沙州译经三藏大德吴和尚邈真赞》，及 P.4640、P.2913 号）中出现的吴和尚应是同一人。抄经题记中的比丘多杰（金刚）应是抄写《广疏》的出资人，董波赞桑则是具体的抄写者和校对者。

《广释》为梵夹装，左右两边绘制竖线为边栏。字体为藏文正楷，每叶 5 行。左边栏外正面用藏文标有页码，页码前有字母 ca 或 cha。其中，标有字母 ca 的共有 100 叶（每叶两面），其页码从第 2 叶开始，知此部分缺第 1 叶；标有字母 cha 的有 45 叶（每叶两面），最后一叶即为全书之结尾，《广释》共存 145 叶。我们推断《广释》在抄写时分成了几个部分，并用藏文字母来标示，目前缺 ka kha ga nga 四部分，每一部分按 ca 部分的量来计算的话，共缺 400 多叶。

《广释》现存内容之卷数，普散之目录中已有说明。今查原文，见 ca 部分的第 21 页 a 面第 5 行中间写有"卷 37"（bam po sum cu bdun pa），之后绘有一朵莲花，知从此处起为第 37 卷，则 ca 部分的第 1 叶至 21 叶应是第 36 卷。第 42 叶 a 面第 1 行中间写有"卷 38"（bam po sum cu brgyad pa），知此行是第 38 卷之开始。第 62 叶之 b 面第四行末尾写有"卷 39"（bam po sum cu dgu pa），其前绘有两朵莲花。第 79 叶 b 面第二行开头写有"卷 40"（bam po bzhi bcu pa'）。标有 cha 字之第 3 叶 b 面，第一行末尾写有"卷 41"（bam po bzhi bcu gcig pa'），知此叶是第 41 卷之开始。标有 cha 字之第 25 叶 b 面，第一行写有"卷 42"（bam po bzhi bcu gnyis pa'）。以上可知，法成所译《广释》共存 7 卷，分别

① 据《甘珠尔（对勘本）》卷 49 第 474 页注，知《甘珠尔》永乐版、理塘版、北京版之《圣入楞伽宝经一切佛语心品》译经题记中，译者之名亦作 'Go chos grub。

是第36卷、第37卷、第38卷、第39卷、第40卷、第41卷和第42卷。说明法成所译圆晖《楞伽经疏》全书共分42卷。以前研究者曾断言圆晖的《楞伽经疏》只有10卷左右，何以法成译本有42卷呢，这恐与汉藏译本的卷数统计法不同有关。

圆晖精通佛教义理，其著作被法成翻译，足见此人在唐蕃佛教界的影响力。但由于圆晖之著作亡佚不传，导致圆晖在后世名声不显。《宋高僧传》之《唐中大云寺圆晖传》只有寥寥数语，其中言："关辅之间，声名籍甚，精研性相，善达诸宗。幼于俱舍一门，最为锐意。"[1]仅提及圆晖精通《俱舍论》，未言为《楞伽经》作疏一事。当时其名远播吐蕃，岂仅在"关辅之间"。S.5603残卷和ITJ.219号《广释》残卷的存世，使后人借此可了解圆晖法师的楞伽之学。为此，今后应开展的工作有两个方面：其一整理S.5603残卷《楞伽疏》，其二整理ITJ.219号藏文《广释》，并还原为汉文，与S.5603残卷合璧。如此虽不能窥《楞伽疏》之全貌，但也能得其大概，将大大丰富《楞伽经》研究之资料，对唐代佛教思想史和唐蕃佛教文化交流史亦有所增补。

①（宋）赞宁撰《宋高僧传》（上册），范祥雍点校，北京：中华书局，1987年，第95页。

༄། །ཀླུའི་རྒྱལ་པོ་རྒྱ་མཚོས་ཞུས་པའི་མདོ་ཚིགས་སུ་བཅད་པའི་ལེགས་སྦྱར་ཏ་ལའི་ལོ་མའི་དཔེ་ཆ་བྲིས་མ་དང་བོད་འགྱུར་སྐོར་གླེང་བ།

དངོས་གྲུབ་ཚེ་རིང་།*

དེ་ཡང་ཀླུའི་རྒྱལ་པོ་རྒྱ་མཚོས་ཞུས་པའི་མདོ་ལ་ཁྲིན་རྒྱས་བསྡུས་གཉིས་ཡོད་དེ། གཅིག་ནི་སྡེ་དགེའི་བཀའ་འགྱུར་དཀར་ཆག་ཕ་པའི་ནང་འཕགས་པ་ཀླུའི་རྒྱལ་པོ་རྒྱ་མཚོས་ཞུས་པའི་མདོ་རྒྱས་པ་བམ་པོ་བདུན་དང་ལེའུ་བཅུ་པ། རྒྱ་གར་གྱི་མཁན་པོ་ཛི་ན་མི་ཏྲ་དང་། དཱ་ན་ཤཱི་ལ་དང་། སུརེནྡྲ་པྲ་ཛྙ་དང་། ལོ་ཙཱ་བ་བནྡེ་ཡེ་ཤེས་སྡེ་ལ་སོགས་པས་བསྒྱུར་ཞེས་པ་དང་། འཕགས་པ་ཀླུའི་རྒྱལ་པོ་རྒྱ་མཚོས་ཞུས་པའི་མདོ་འབྲིང་པོ་དགེ་བ་བཅུ་བསྟན་པ། རྒྱ་གར་གྱི་མཁན་པོ་ཛི་ན་མི་ཏྲ་དང་། དཱ་ན་ཤཱི་ལ་དང་། མུ་ནི་ཝརྨ་དང་། ལོ་ཙཱ་བ་བནྡེ་ཡེ་ཤེས་སྡེ་ལ་སོགས་པས་བསྒྱུར་ཏེ་སྐད་གསར་བཅད་ཀྱིས་བཅོས་པ་ཞེས་པ་གཉིས་སོ། །སྐབས་འདིར་གླེང་བའི་ཀླུའི་རྒྱལ་པོ་རྒྱ་མཚོས་ཞུས་པའི་མདོ་བསྡུས་པ་ཤློ་ཀ་བཅུ་གཉིས་ཞེས་དཀར་ཆག་ལ་མིང་དེ་ལྟར་བྲིས་ཡོད། འོན་ཀྱང་མདོ་མང་པ་

* 欧珠次仁，西藏自治区社会科学院贝叶经研究所副研究员。
བོད་ལྗོངས་སྤྱི་ཚོགས་ཚན་རིག་ཁང་ཏ་ལའི་ལོ་མའི་དཔེ་ཆ་ཞིབ་འཇུག་ཁང་གི་ཞིབ་འཇུག་པ་གཞོན་པ།

པའི་ལྡེབ་ངོས་ ༢༠༥ ཡི་ནང་དུ་བོད་འགྱུར་དཔེ་ཆ་འཕགས་པ་ཀླུའི་རྒྱལ་པོ་རྒྱ་མཚོས་ཞུས་པ་ཞེས་བྱ་བ་ཐེག་པ་ཆེན་པོའི་མདོ་ཞེས་པ་དང་། རྒྱ་གར་གྱི་མཁན་པོ་སུ་རེནྡྲ་བོ་དྷི་དང་། ཞུ་ཆེན་གྱི་ལོ་ཙྪ་བ་བནྡེ་ཡེ་ཤེས་སྡེས་བསྒྱུར་ཅིང་གཏན་ལ་ཕབ་པ། ཞེས་འཁོད་ཡོད། ད་དུང་ཀླུའི་རྒྱལ་པོས་ཞུས་པའི་སྐོར་ཀླུའི་རྒྱལ་པོ་མ་དྲོས་པས་ཞུས་པའི་མདོ་དང་ཀླུའི་རྒྱལ་པོ་གཟི་ཅན་གྱིས་ཞུས་པའི་གཟུངས་སོགས་ཡོད། ལྷག་དོན་འཕགས་པ་བློ་གྲོས་མི་ཟད་པས་ཞུས་པའི་མདོའི་དཔེ་ལྡེབ་ཨང་༡༨༢ གྱི་སྲིབ་ངོས་སུ་ལེགས་སྦྱར་ཏ་ལའི་ལོ་མའི་དཔེ་ཆ་གྲིས་མ་ཀླུའི་རྒྱལ་པོ་རྒྱ་མཚོས་ཞུས་པའི་མདོའི་ནང་དོན་དང་མཐུན་པར་འཁོད་ཡོད་པར་སྣང་། གཤམ་ལ་མདོ་འདིའི་སྐོར་ལ་ལེགས་སྦྱར་ཏ་ལའི་ལོ་མའི་ཐོག་འཁོད་པའི་དཔེ་མིང་དང་ནང་དོན་སོགས་ལ་བསྡུར་བ་བགྱིས་པ་དང་སྦྲགས། ད་ལྟ་ཕོ་བྲང་པོ་ཏ་ལར་ཉར་ཚགས་གནང་ཡོད་པའི་དཔེ་ཆ་གྲིས་མ་འདིར་ཁྱོན་ལྡེབ་ག་ཚོད་ཡོད་མེད་དང་དཔེ་ཆའི་རིང་ཚད་དང་ཞེང་ཚད། ཆ་ཚད། ཡིག་གཟུགས་སྣག་མདོག དར་ལུང་། ཆ་ཚང་མིན། དཔེ་མིང་ཉིན་སྲིབ་ངོས་གང་དུ་ཡོད་མེད། དཔེ་ཆའི་སྙིང་མཚན་གང་བཀོད་ཡོད་མེད་དང་ནང་དོན་ངོ་སྤྲོད་ཞུ་རྒྱུ་དང་ཆབས་ཅིག ཀྲུང་གོའི་བོད་རིག་པའི་ཞིབ་འཇུག་ལྟེ་གནས་ནས་བསྒྲིགས་པའི་བཀའ་འགྱུར་དཔེ་བསྡུར་མ་སོགས་ལ་བསྡུར་བ་བགྱིས་ནས་འཕགས་པ་ཀླུའི་རྒྱལ་པོ་རྒྱ་མཚོས་ཞུས་པའི་མདོའི་ཚིགས་སུ་བཅད་པའི་ལེགས་སྦྱར་ཏ་ལའི་ལོ་མའི་དཔེ་ཆ་གྲིས་མ་དང་བོད་འགྱུར་དཔེ་ཆ་འཕགས་པ་ཀླུའི་རྒྱལ་པོ་རྒྱ་མཚོས་ཞུས་པ་ཞེས་བྱ་བ་ཐེག་པ་ཆེན་པོའི་མདོའི་སྐོར་ལ་དེང་རབས་ཀྱི་དཔེ་བསྡུར་པར་མའི་ཞིབ་འཇུག་ཐབས་ལམ་བརྒྱུད་རྒྱ་ཆེའི་ཀློག་པ་པོ་དང་ཞིབ་འཇུག་མི་སྣ་ལ་ཡིད་ཆེས་ཁུངས་བཙན་གྱི་དཔྱད་གཞིའི་རྒྱུ་ཆ་མཁོ་འདོན་དང་སཾ་བོད་ཡིག་སྦྱར་གྱི་གནས་ཚུལ་སྐོར་ཡང་ཞོར་དུ་ངོ་སྤྲོད་མདོར་བསྡུས་ཞུ་རྒྱུ་ཡིན།

དེ་ཡང་སྔོན་ལ་ལེགས་སྦྱར་ཏ་ལའི་ལོ་མའི་དཔེ་ཆ་གྲིས་མ་འཕགས་པ་ཀླུའི་རྒྱལ་པོ་རྒྱ་མཚོས་ཞུས་པ་ཞེས་བྱ་བའི་མདོ་འདི་ཉིད་བོད་ཡིག་ཏུ་སྒྲ་སྒྱུར་བྱས་པ་དང་། ལ་ཏིན་ཡི་གེའི་གཟུགས་སུ་ཕབ་སྒྱུར་ཞུས་པ། དེ་བ་ན་ག་རཱི་གཟུགས་སུ་ཕབ་སྒྱུར་ཞུས་པ། ལེགས་སྦྱར་ཏ་ལའི་ལོ་མའི་དཔེ་ཆ་འཕགས་པ་ཀླུའི་རྒྱལ་པོ་རྒྱ་མཚོས་ཞུས་པའི་མདོ་བོད་འགྱུར་མི་འདྲ་བ་ཁག་གཉིས། ལེགས་སྦྱར་ཏ་ལའི་ལོ་མའི་དཔེ་ཆ་འཕགས་པ་ཀླུའི་རྒྱལ་པོ་རྒྱ་མཚོས་ཞུས་པའི་མདོ་རྒྱ་འགྱུར་མ་བཅས་ངོ་སྤྲོད་ཞུས་ནས་ཀླུའི་རྒྱལ་པོ་རྒྱ་མཚོས་ཞུས་པའི་མདོ་ཡི་དཔེ་བསྡུར་ནང་དོན་སྐོར་གླེང་བར་བྱའོ།།

དང་པོ། ལེགས་སྦྱར་ཏ་ལའི་ལོ་མའི་དཔེ་ཆ་འཕགས་པ་ཀླུའི་རྒྱལ་པོ་རྒྱ་མཚོས་ཞུས་པ་ཞེས་བྱ་བའི་མདོ་ཡི་མ་དཔེ་བོད་ཡིག་ཏུ་སྒྲ་སྒྱུར་བྱས་པ།

དེང་རབས་ཞིབ་འཇུག་ཁྱབ་ཁོངས་ཁྲོད་ལེགས་སྦྱར་དཔེ་ཆ་བྲིས་མ་དག་ལ་ཧིན་ཡིག་གཟུགས་དང་དེ་བ་ནཱ་ག་རའི་ཡིག་གཟུགས་ལ་ཕབ་སྒྱུར་གནང་ནས་དཔེ་བསྒྱུར་ཞིབ་འཇུག་བྱེད་པའི་སྲོལ་ཞིག་ཆགས་ཡོད། འདིར་ཐོག་མར་བོད་ཡིག་གི་གཟུགས་སུ་ཕབ་སྒྱུར་ཞུས་ནས་ངོ་སྤྲོད་ཞུ་དོན་ནི་སཾ་བོད་ཤན་སྦྱར་འབྲི་སྲོལ་དེར་ལོ་རྒྱུས་ཡུན་རིང་ལྡན་པ་དང་ད་བར་ལོ་ངོ་ཆིག་སྟོང་ལྷག་ཕྱིན་ཡོད། དཔེར་ན་བྱེ་བྲག་རྟོགས་བྱེད་ཆེ་མོ་དང་སྒྲ་སྦྱོར་བམ་གཉིས་ནི་བོད་བཙན་པོའི་སྐབས་སྒྲིག་པའི་ནང་ཆོས་མིང་མཛོད་ཅིག་ཡིན། དེ་ཡང་ལེགས་སྦྱར་དཔེ་ཆ་བྲིས་མ་ནི་ཐོག་མར་མཆོད་བརྗོད་དང་བར་དུ་གཞུང་དངོས་དེ་ནས་དཔེ་མིང་རྣམས་རྫོགས་མཚམས་སུ་འཁོད་ཡོད། བསྟན་པ་སྔ་དར་སྐབས་ཡིག་སྒྱུར་བྱེད་སྐབས་ཡིག་སྒྱུར་གྱི་ཚད་གཞི་གཏན་འབེབས་བྱེད་དུས་དཔེ་མིང་ནི་དབུ་ཤོག་ལ་སཾ་བོད་ཤན་སྦྱར་གྱིས་བྲིས་པ་དང་འགྱུར་ཕྱུག་སོགས་གཏན་ལ་ཕབ་ཡོད། དེ་ནི་ལོ་པཎ་རྣམས་ཀྱི་རྣམ་དཔྱོད་ཀྱི་རྩལ་ལས་གྲུབ་པ་ཞིག་ཡིན། གཤམ་ལ་དཔེ་ཆ་བྲིས་མ་འདིའི་ཉིན་ངོས་སུ་ཡིག་ཕྲེང་ལྔ་ཡོད་པ་དང་སྦྱིབ་ངོས་སུ་ཡིག་ཕྲེང་གཅིག་ཡོད་པ་དེ་དག་གོ་རིམ་ལྟར་བོད་ཡིག་གི་ཨང་ཀིས་ཡིག་ཕྲེང་མཚོན་པ་དང་སྦྲགས་བོད་ཡིག་གི་སྒྲ་སྒྱུར་གཟུགས་སུ་ཕབ་ན་འདི་ལྟར་སྟེ།

༡ ཙ པོཏྲིསཏྣ་ལཱ ཏེ ཙ ཏྲེཀྨཱ་པོ ཧྲགཱབཏོཾ ཧྲཱཝཱཏོཾ ཨཧྣཱནཧཱནཱནཱ ཨིཏི
ཨཱཏྲཧྲཀྐཤཾཁམཏྲཱཡཱཏཾ ཕྲུཏྲཾ སམཱཔྟཾ།། ༎ ཨོཾ① མཡཱཤྲཱ་ཏཾཨེཀཱཏྲཱིཀ་ ཏྲཡེ
ཧྲགྲཱཏཱ་ སཱགར་ནཱག(སྦྲུ)
༢ ནེ② བིཏརཏིམྨཱ། ཨཐཁཡུཧྲགབཱཏཱཧཱགརནཱགཏཛཱཏ ཨཱམཀྵཱཏེ མྨཱ། ཙཏྲཱཏྲཱིཤཱནེ
ཧྲཛགཱཏྲིཔཏེ དཀྴྀཏྲཱནེཡཱནེ ཨུདིཏྲ ཙཏུརཤྲཱཏིཧྲཀྐཀྐཧྲཱསཏཱ
༣ ཊེ ཨུཏྟརེཏྲཱནེཧྲབཏྲེ། ཀཏམཱནེཙཏྲཱརི། ཡཐྲཱ ཨཱནེཏྲཿ སཏྲེསཾཀྣཱཿ ཨིཏཡཱ
ཨཀྐཱཡནེཛེཤཏྣཾཔོཏྲིསཏྣཾམཏྲཱཏྣཾ ཕྲབཏྲཏེ། ཏུཿཁཿ
༤ སཏྲེསཾཀྣཾ། ཨིཏཡཱ ཨཀྐཱཡནེཛེཤཏྣཾ པོཏྲིསཏྣཾ མཏྲཱཏྣཾ ཕྲབཏྲཏེ།

① འདི་ནས་ཀླུའི་རྒྱལ་པོ་རྒྱ་མཚོས་ཞུས་པའི་མདོའི་དབུ་ཚུགས།
② བོད་འགྱུར་དང་རྒྱ་འགྱུར་བསྡུར་ན་འདིར་མ་ཏ་དྲ་ཏྲེཀྵུ་སཾ་སྐྱེ་ན་ཕྲཱིཾ་ཨཏྲ་ཏ་ཡོད་ཤ་ཏྲེ་ཏྲེཀྵུ་ཤ་ཏཾཿསཾ་བ་ཏུ་ལཱི་ཥྚ་པོ་ཏྲི་སཏྟྭཿམ་ཏྲ་སཏྟྭཿབི་ཏ་ར་ཏིམྨཱ། བཅུག་དགོས།

ཤཱུནྱཱཿ སརྦེསཾསྐཱརཱཨིཏྱཱ ཨཀྵཡནིརྡེཤཛྙཱནཾ བོདྷིསཏྭཱནཱཾ མཧཱསཏྭཱ

༥ ནཱཾ པྲབརྟཏེ། ཤཱནྟཾནིརྦཱཎམཱ ཨིཏྱཱ ཨཀྵཡནིརྡེཤཛྙཱནཾ བོ་དྷིསཏྭཱནཱཾ མཧཱསཏྭཱནཱཾ

པྲབརྟཏེ། ཨིམཱནིབྷུཛགཱདྷིཔཏེཙཏྭཱརིདྷརྨོདྡཱནཱནི། ཡཱནིཡཱ ཨུཙྩཱརྱཙཏུརཤཱིཏིདྷརྨ

ཁྱིབ་ངོས།

༡ སྐནྡྷསཧསྲཱཎྱཱ ཨུཙྩརིཏཱནིབྷབནྟི། ཨིདཾ ཨབཙཏ་ བྷགབཱན་ ཨཱཏྨམནཱ ནཱགརཱཛཱགཱརཱཛཾ

བྷགབཏོབྷཱཥིཏཾ ཨབྷྱནནྡན་ ཨིཏི། ཨཱཪྱནཱགརཱཛཱགཱརཱཛཔརིཔྲྀཙྪཱསཱུཏྲཾསམཱཔྟཾ།།

ནམོབྷགབཏེཨཱཪྱཔྲཛྙཱཔཱརམིཏཱཡཻ། མངྒལཾ། བྷབཏུ།

ཡེདྷརྨཱཧེཏུཔྲབྷབཱཧེཏུནྟེཥཱནྟཐཱགཏོཧྱབདཏ། ཏེཥཱཉྩཡོནིརོདྷཨེཝཾབཱདཱིམཧཱཤྲམཎཡེ།

གཉིས་པ། ཀླུའི་རྒྱལ་པོ་རྒྱ་མཚོས་ཞུས་པ་ཞེས་བྱ་བའི་མདོའི་མ་དཔེ་ལ་ཉིན་ཡི་གེར་ཕབ་སྒྱུར་བྱས་པ།

ཉིན་ངོས།

1. ca bodhisatvās te ca bhikṣavo bhagavato bhāṣitam abhyanandann iti || āryadharmaśaṃkhamahāyānaṃ sūtraṃ samāptaṃ || || evaṃ mayā śrutaṃ ekasmin samaye bhagavān* sāgara(nāgastha)

2. ne viharati sma | atha khalu bhagavān* sāgaranāgarājam āmantrayate sma | catvārīmāni bhujagādhipate dharmoddānāni yāny udīrya caturaśītidharmaskandhasahasrā

3. ṇi uccaritāni bhavanti | katamāni catvāri | yadvat ānityāḥ ○ sarvve saṃskārāḥ | ity akṣayanirdeśajñānaṃ bodhisattvānāṃ mahāsatvānāṃ pravarttate | duḥkhāḥ

4. sarve saṃskārāḥ | ity akṣayanirdeśajñānaṃ bodhisattvānāṃ mahāsatvānāṃ pravarttate | śūnyāḥ sarve saṃskārāity akṣayanirdeśajñānaṃ bodhisattvānāṃ mahāsatvā

5. nāṃ pravarttate | śāntaṃ nirvāṇam ity akṣayanirdeśajñānaṃ bodhisattvānāṃ mahāsatvānāṃ pravarttate | imāni bhujagādhipate catvāri dharmoddānāni | yāny uccārya caturaśītidharma

སྤྱིབ་རྫོས།

skandhasahasrāṇy uccaritāni bhavanti | idam avocat bhagavān āttamanā sāgaranāgarājābhagavato bhāṣitam abhyanandann iti | āryasāgaranāgarājapari pṛcchāsūtraṃ samāptam ||

Namobhagavatyaiāryaprajñāpāramitāyai | Bhavantu | yedharmmahetupr abhavāhetunteṣntohyavadat | Teṣñcayonirodhaevaṁvādīmahāśramaṇaye |

གསུམ་པ། དེ་བ་ན་ག་དྲི་གཙུགས་སུ་ཕབ་སྒྱུར་ཞུས་པ།

ཞིན་རྫོས།

1. च बोधिसत्वास् ते च भिक्षवो भगवतो भाषितम् अभ्यनन्दन्न् इति ॥

आर्यधर्मशम्खमहायानम् सूत्रम् समाप्तम्॥ ॥ एवम् मयाश्रुतमेकस्मिन् समये

भगवान् सागर（नागस्थ）

2. ने विहरति स्म। अथ खलु भगावन् सागरनागराजम् आमन्त्रयते स्म ।चतिवारीमानि

भुजगाधिपते धर्मोद्दानानि यान्य् उदीर्या चतुरशीतिधर्मस्कन्धसहस्रा

3. णि उच्चरितानि भवन्ति। कतमानि चत्वारि। यद्वत् आनित्याः सर्व्वे सम्स्काराः । इति

अक्षयनिर्देशज्ञानम् बोधिसत्त्वानाम् महासत्वानाम् प्रवर्त्तते।

4. सर्वे सम्स्काराः। इत्य् अक्षयनिर्देशज्ञानम् प्रवर्त्तते। दुःखाः

शून्याः सर्वे सम्स्कारा। इत्य् अक्षयनिर्देशज्ञानम् बोधिसत्त्वानाम् महासत्वा

5. नाम् प्रवर्त्तते। शन्तम् निर्वानम् इत्य् अक्षयनिर्देशज्ञानम् बोधिसत्त्वानाम् महासत्वानाम्

प्रवर्त्तते। इमानि भुजगाधिपते चत्वारि धर्मोद्दानानि । यान्य् उच्चार्य चतुरशीतिधर्म

སྤྱིབ་ངོས།

1. स्कन्धसहस्राण्य् उच्चरितानि भवन्ति। इदम् अवोचत् भगवान्आत्तमना सागरनागराजा

भगवतो भाषितम् अभ्यनन्दन्न् इति। आर्यसागरनागराजपरिप्च्छासूत्रम् समाप्तम्॥

नमोभगवत्यैार्यप्रजझापारमितायै।भवन्तु।

येधर्म्महेतुप्रभवाहेतुन्तेष्न्तोह्यवदत्।

तेष्ङ्चयोनिरोधअेवंवादीमहाश्रमणये।

བཞི་པ། ལེགས་སྦྱར་ཏ་ལའི་ལོ་མའི་དཔེ་ཆ་འཕགས་པ་ཀླུའི་རྒྱལ་པོ་རྒྱ་མཚོས་ཞུས་པའི་མདོ་བོད་འགྱུར་མ།

༄། །འཕགས་པ་ཀླུའི་རྒྱལ་པོ་རྒྱ་མཚོས་ཞུས་པ་ཞེས་བྱ་བ་ཐེག་པ་ཆེན་པོའི་མདོ།①

༄། །རྒྱ་གར་སྐད་དུ། ཨཱཪྻ་སཱ་ག་ར་ནཱ་ག་རཱ་ཛ་པ་རི་པྲིཙྪ་ནཱ་②མ་མ་③ཧཱ་ཡཱ་ན་སཱུ་ཏྲ། བོད་སྐད་དུ། འཕགས་པ་ཀླུའི་རྒྱལ་པོ་རྒྱ་མཚོས་④ཞུས་པ་ཞེས་བྱ་བ་ཐེག་པ་ཆེན་པོའི་མདོ། སངས་རྒྱས་དང་བྱང་ཆུབ་སེམས་དཔའ་ཐམས་ཅད་ལ་ཕྱག་འཚལ་ལོ།

འདི་སྐད་བདག་གིས་ཐོས་པ་⑤དུས་གཅིག་ན། བཅོམ་ལྡན་འདས་ཀླུའི་རྒྱལ་པོ་རྒྱ་མཚོའི་གནས་ན། དགེ་སློང་སྟོང་ཉིས་བརྒྱ་ལྔ་བཅུའི་དགེ་སློང་གི་དགེ་འདུན་ཆེན་པོ་དང་། བྱང་ཆུབ་སེམས་དཔའ་སེམས་དཔའ་ཆེན་པོ་རབ་ཏུ་མང་པོ་དང་ཐབས་ཅིག་⑥ཏུ་བཞུགས་ཏེ། དེ་ནས་བཅོམ་ལྡན་འདས་ཀྱིས་ཀླུའི་རྒྱལ་པོ་རྒྱ་མཚོ་ལ་བཀའ་སྩལ་བ། ཀླུའི་བདག་པོ་ཆོས་ཀྱི་མདོ་བཞི་པོ་འདི་དག་བརྗོད་ན་གང་དག་བརྗོད་པས་ཆོས་ཀྱི་ཕུང་པོ་བརྒྱད་ཁྲི་བཞི་སྟོང་བརྗོད་པར་འགྱུར་བ་རྣམས་ཡིན་ནོ། བཞི་གང་ཞེ་ན། འདི་ལྟ་སྟེ། འདུ་བྱེད་ཐམས་ཅད་མི་རྟག་པར། བྱང་ཆུབ་སེམས་དཔའ་སེམས་དཔའ་ཆེན་པོ་རྣམས་ཀྱི་བསྟན་པ་མི་ཟད་པའི་ཤེས་པ་རབ་ཏུ་འཇུག་པ་དང་། ཟག་

① མཚན་བྱང་འདི་ཆོས་ཚན་འདིའི་མཚན་བོད་སྐད་དུ་སྨོས་པ་ལྟར་བཀོད།
② 《གཡུང་》《པེ་》པྲིཙྪ་ན། 《ལི་》《ཅོ་》པྲིཙྪུ་ནཱ། 《སྣར་》པྲིཙྪ་ནཱ། 《ཁུ་》《ཞོལ་》པྲིཙྪ་ནཱ།
③ 《སྣར་》《ཞོལ་》མཱ།
④ 《གཡུང་》《པེ་》མཚོ།
⑤ 《གཡུང་》《པེ་》པའི།
⑥ 《གཡུང་》《ལི་》《པེ་》《ཅོ་》གཅིག

པ་དང་བཅས་པའི་ཆོས་ཐམས་ཅད་སྤྱུག་བསྔལ་བར། བྱང་ཆུབ་སེམས་དཔའ་སེམས་དཔའ་ཆེན་པོ་རྣམས་ཀྱི་བསྟན་པ་མི་ཟད་པའི་ཤེས་པ་རབ་ཏུ་འཇུག་པ་དང་། ཆོས་ཐམས་ཅད་ལ་①བདག་མེད་པར་བྱང་ཆུབ་སེམས་དཔའ་སེམས་དཔའ་ཆེན་པོ་རྣམས་ཀྱི་བསྟན་པ་མི་ཟད་པའི་ཤེས་པ་རབ་ཏུ་འཇུག་པ་དང་། མྱ་ངན་ལས་འདས་པ་ཞི་②བར་བྱང་ཆུབ་སེམས་དཔའ་སེམས་དཔའ་ཆེན་པོ་རྣམས་ཀྱི་བསྟན་པ་མི་ཟད་པའི་ཤེས་པ་རབ་ཏུ་འཇུག་པ་སྟེ། ཀླུའི་བདག་པོ་ཆོས་ཀྱི་མདོ་བཞི་པོ་འདི་དག་བརྗོད་ན་གང་དག་བརྗོད་པས་ཆོས་ཀྱི་ཕུང་པོ་བརྒྱད་ཁྲི་བཞི་སྟོང་བརྗོད་པར་འགྱུར་བ་རྣམས་ཡིན་ནོ། བཅོམ་ལྡན་འདས་ཀྱིས་དེ་སྐད་ཅེས་བཀའ་སྩལ་ནས། དགེ་སློང་དེ་དག་དང་། བྱང་ཆུབ་སེམས་དཔའ་དེ་དག་ཡི་③རངས་ཏེ། བཅོམ་ལྡན་འདས་ཀྱིས་གསུངས་པ་ལ་མངོན་པར་བསྟོད་དོ། འཕགས་པ་ཀླུའི་རྒྱལ་པོ་རྒྱ་མཚོས་ཞུས་པ་ཞེས་བྱ་བ་ཐེག་པ་ཆེན་པོའི་མདོ་རྫོགས་སོ④། རྒྱ་གར་གྱི་མཁན་པོ་སུ་རེནྡྲ་བོ་དྷི་དང་། ཞུ⑤་ཆེན་གྱི་ལོ་ཙྪ་བ་བནྡེ་⑥ཡེ་ཤེས་སྡེས་བསྒྱུར་ཅིང་གཏན་ལ་ཕབ་པ།

ལྔ་པ། དབྱིན་ཇིར་ཉར་ཚགས་གནང་བའི་ཏུན་ཧོང་བོད་ཡིག་ཡིག་ཆང་ནང་གི་འཕགས་པ་ཀླུའི་རྒྱལ་པོ་རྒྱ་མཚོས་ཞུས་པ་ཞེས་བྱ་བ་ཐེག་པ་ཆེན་པོའི་མདོ།

༄། རྒྱ་གར་སྐད་དུ། ཨཱ་རྱ་ས་ས་ག་ར་ན་ག་ར་ཛ་པ་རི་ཕྲིད་ཚ་ན་མ་མ་ཧ་ཡ་ན་སུ་ཏྲ།

བོད་སྐད་དུ། འཕགས་པ་ཀླུའི་རྒྱལ་པོ་རྒྱམ་མཚོ་ཞུས་པ་ཞེས་བྱ་བ་ཐེག་པ་ཆེན་པོ་མདོ།

འདི་སྐད་བདག་གིས་ཐོས་པ་དུས་གཅིག་ན། བཅོམ་ལྡན་འདས་ཀླུ་འི་རྒྱལ་པོ་རྒྱ་མཚོ་འི་གནས་ན། དགེ་སློང་བརྒྱ་ཕྲག་ཕྱེ་དང་བཅུ་གསུམ་གི་དགེ་སློང་གི་དགེ་འདུན་ཆེན་པོ་དང་། བྱང་ཙུབ་སེམས་དཔའ་སེམས་དཔའ་ཆེན་པོ་རབ་ཏུ་མང་བ་དང་ཐབས་གཅིག་ཏུ་བཞུགས་སོ། དེ་ནས་བཅོམ་ལྡན་འདས་ཀྱིས། ཀླུ་འི་རྒྱལ་པོ་རྒྱ་མཚོ་ལ་བཀའ་སྩལ་པ། ལག་གིས་འགྲོ་བའི་བདག་པོ་ཆོས་ཀྱི་མདོ་གང་ཡིན་བ་འདི་དག་བརྗོད་ན། ཆོས་ཀྱི་ཕུང་པོ་བརྒྱད་ཁྲི་བཞི་སྟོང་བརྗོད་པར་ཡིན་ནོ། བཞི་གང་ཞེ་ན་འདི་ལྟ་སྟེ། འདུ་བྱེད་ཐམས་ཅད་མྱི་རྟག་པར། བྱང་ཆུབ་སེམས་དཔའ་

① 《གཡུང་》《ལི་》《པེ་》《སྣར་》《ཅོ་》《ཁུ་》《ཞོལ་》ལ།
② 《ཅོ་》ཞེས་བྱ།
③ 《གཡུང་》《པེ་》《ཞོལ་》ཡིད།
④ 《གཡུང་》《པེ་》སྡོ
⑤ 《སྣར》ཞུས།
⑥ 《སྣར་》ལོ་ཙྪ་བ་བནྡེ། 《ཞོལ་》ལོ་ཙྪ་བ་བནྡེེ།

སེམས་དཔའ་ཆེན་པོ་རྣམས་ཀྱིས་བསྟན་པ་མི་ཟད་པའི་ཡེ་ཤེས་ལ་རབ་ཏུ་འཇུག་པ་དང་། འདུ་བྱེད་ཐམས་ཅད་སྡུག་བསྔལ་བར། བྱང་ཆུབ་སེམས་དཔའ་སེམས་དཔའ་ཆེན་པོ་རྣམས་ཀྱི་བསྟན་པ་མི་ཟད་པའི་ཡེ་ཤེས་ལ་རབ་ཏུ་འཇུག་པ་དང་། ཆོས་ཐམས་ཅད་ལ་བདག་མེད་པར། བྱང་ཆུབ་སེམས་དཔའ་སེམས་དཔའ་ཆེན་པོ་རྣམས་ཀྱི་བསྟན་པས་ཡེ་ཤེས་ལ་རབ་ཏུ་འཇུག་པ་ན་མྱ་ངན་ལས་འདའ་བ་ཞི་བར། བྱང་ཆུབ་སེམས་དཔའ་སེམས་དཔའ་ཆེན་པོ་རྣམས་ཀྱི་བསྟན་པའི་ཡེ་ཤེས་ལ་རབ་ཏུ་འཇུག་པ་སྟེ། ལག་གིས་འགྲོ་བའི་བདག་པོ་ཆོས་ཀྱི་མདོ་གང་ཡིན་པ་བཞི་པོ་འདི་དག་བརྗོད་ན། ཆོས་ཀྱི་ཕུང་པོ་བརྒྱད་ཁྲི་བཞི་སྟོང་བརྗོད་པ་ཡིན་ནོ། བཅོམ་ལྡན་འདས་ཀྱིས་དགྱེས་ཤིང་དེ་སྐད་ཅེས་བཀའ་སྩལ་ཏོ། ཀླུ་འི་རྒྱལ་པོ་རྒྱ་མཚོ་དང་། བྱང་ཆུབ་སེམས་དཔའ་དེ་དག་དང་། ། ལྷ་དང་མི་དང་ལྷ་མ་ཡིན་དང་། དྲི་ཟར་བཅས་པའི་འཁོར་གྱི་འཇིག་རྟེན་དེ་དག་ཐམས་ཅད་བཅོམ་ལྡན་འདས་ཀྱི་གསུངས་པ་ལ་མངོན་པར་བསྟོད་དོ། འཕགས་པ་ཀླུ་འི་རྒྱལ་པོ་རྒྱ་མཚོ་ཞུས་པ་ཞེས་བྱ་བ་རྫོགས་སྟོ།

དྲུག་པ། འཕགས་པ་བློ་གྲོས་མི་ཟད་པས་ཞུས་པའི་མདོའི་དཔེ་ལྡེབ་ཤང་ ༧༥༨ ཀྱི་སྲིབ་ངོས་སུ་ཀླུའི་རྒྱལ་པོ་རྒྱ་མཚོས་ཞུས་པའི་ནང་དོན་དང་མཐུན་པ་ནི།

བཙུན་པ་ཤ་ར་དྭ་ཏིའི་བུ་གཞན་ཡང་བྱང་ཆུབ་སེམས་དཔའ་རྣམས་ཀྱི་ཆོས་ཀྱི་མདོ་བཞི་མི་ཟད་པ་སྟེ། བཞི་གང་ཞེ་ན། འདི་ལྟ་སྟེ། འདུ་བྱེད་ཐམས་ཅད་ནི་མི་རྟག་པར་བྱང་ཆུབ་སེམས་དཔའ་རྣམས་ཀྱི་བསྟན་པ་མི་ཟད་པའི་ཤེས་པ་རབ་ཏུ་འཇུག་པ་དང་། འདུ་བྱེད་ཐམས་ཅད་སྡུག་བསྔལ་བར་བྱང་ཆུབ་སེམས་དཔའ་རྣམས་ཀྱི་བསྟན་པ་མི་ཟད་པའི་ཤེས་པ་རབ་ཏུ་འཇུག་པ་དང་། ཆོས་ཐམས་ཅད་བདག་མེད་པར་བྱང་ཆུབ་སེམས་དཔའ་རྣམས་ཀྱི་བསྟན་པ་མི་ཟད་པའི་ཤེས་པ་རབ་ཏུ་འཇུག་པ་དང་། མྱ་ངན་ལས་འདས་པ་ཞི་བར་བྱང་ཆུབ་སེམས་དཔའ་རྣམས་ཀྱི་བསྟན་པ་མི་ཟད་པའི་ཤེས་པ་འཇུག་པའོ།

བདུན་པ། ལེགས་སྦྱར་ཏ་ལའི་ལོ་མའི་དཔེ་ཆ་འཕགས་པ་ཀླུའི་རྒྱལ་པོ་རྒྱ་མཚོས་ཞུས་པའི་མདོ་རྒྱ་འགྱུར།

No. 599

佛为海龙王说法印经 大唐三藏法师义净奉诏译

如是我闻：一时薄伽梵在海龙王宫，与大苾刍众二百五十人俱，并与众多菩萨摩诃萨俱。尔时娑竭罗龙王即从座起，前礼佛足，白言：“世尊！颇有受持少法，得福多不？”

佛告海龙王：“有四殊胜法，若有受持、读诵、解了其义，用功虽少，获福甚多，即与读诵八万四千法藏功德无异。云何为四？所谓念诵诸行无常、一切皆苦、诸法无我、寂灭为乐。龙王当知！是谓四殊胜法，菩萨摩诃萨无尽法智，早证无生，速至圆寂，是故汝等常应念诵。”

尔时世尊说是四句法印经时，彼诸声闻、大菩萨众，及天龙八部、阿苏罗、揵达婆等，闻佛所说，皆大欢喜，信受奉行。

佛为海龙王说法印经

བརྒྱད་པ། ཀླུའི་རྒྱལ་པོ་རྒྱ་མཚོས་ཞུས་པའི་མདོ་ཡི་དཔེ་བསྡུར་ནང་དོན་གླེང་བ།

༡ ལེགས་སྦྱར་དཔེ་ཆ་བྲིས་མ་འདིའི་སྤྱི་ཁོག་གླེང་བ།

དཔེ་ཆ་བྲིས་མའི་ཉིན་ངོས་ཀྱི་དབུར་བོད་ཡིག་དཔེ་མིང་ཀླུའི་རྒྱལ་པོ་རྒྱ་མཚོས་ཞུས་པའི་མདོ་ཞེས་བྲིས་ཡོད་ཅིང་ཁྱོན་ལྡེབ་གཅིག་ཡོད་པ་དང་དཔེ་ཆའི་རིང་ཚད་ལ་ལི་སྨིད་༣༡ དང་ཚོགས་༥། ཞེང་ཚད་ལ་ལི་སྨིད་༥ དང་ཚོགས་༥། དཔེ་ཚོའི་ཆ་ཚད་དཔེ་འཁྲིད། ཧྲ་རི་ཀའི་①ཡིག་གཟུགས་སྣག་མདོག་ནག་པོས་བྲིས་པ་དཔེ་ངོས་སུ་དར་ཤུང་གཅིག་ཡོད་པ་དེ་ནང་དོན་ཆ་ཚང་ཡིན་ཏེ། གཙོ་བོ་ནང་པ་སངས་རྒྱས་ཆོས་ལུགས་པའི་ཆོས་ཀྱི་ཕུང་པོ་བརྒྱད་ཁྲི་བཞི་སྟོང་དེ་རྣམས་ལྟ་བ་བཀའ་རྟགས་ཀྱི་ཕྱག་རྒྱ་བཞི་སྟེ། འདུས་བྱས་ཐམས་ཅད་མི་རྟག་པ། ཟག་བཅས་ཐམས་ཅད་སྡུག་བསྔལ་བ། ཆོས་ཐམས་ཅད་སྟོང་ཞིང་བདག་མེད་པ། མྱ་ངན་ལས་འདས་པ་ཞི་བ་ཡི་ནང་བསྡུས་ཏེ་གསུངས། དཔེ་ཆ་བྲིས་མ་འདིའི་མཚན་བྱང་ཡང་རྒྱ་དཔེ་གཞན་དང་འདྲ་བར་གཞུང་གི་རྫོགས་མཚམས་ཀྱི་སྲིབ་ངོས་ཀྱི་ཡིག་ཕྲེང་དང་པོའི་སྟེང་ཨཱཪྻསཱགརནཱགརཱཛཔརིཔྲྀཙྪསཱུཏྲཾསམཱཔྟཾ་སྟེ་འཕགས་པ་ཀླུའི་རྒྱལ་པོ་རྒྱ་མཚོས་ཞུས་པའི་མདོ་རྫོགས་སོ་ཞེས་གསལ། དཔེ་ཆ་

① ཡིག་གཟུགས་འདིར་ཧྲྀ་ལའི་ཡིག་གཟུགས་རྙིང་པ་ཞེས་འབོད་ཀྱི་ཡོད། དབྱིན་ཇིའི་སྐད་ལ་ Old Bengali scripts འབོད།

འདིའི་འདི་སྐད་བདག་གིས་ཐོས་པ་དུས་གཅིག་ན་ཞེས་པའི་དབུར་ལེགས་སྦྱར་སྐད་ཙབོཧྲིསདྡྷ་ཪྻཧེཙཧྲིཀྲབོཧྣགབཧོཧྲཱཀཾ ཨབྷྱནཧྲརཱརཱཨིཧེཨཱརྻཧྣཀྵཨཾཁམཧཱཡཱནཾསཱུཏྲཾསམཱཔྟཾ། ཞེས་པ་བོད་སྐད་དུ། བྱང་ཆུབ་སེམས་དཔའ་དང་དགེ་སློང་དེ་དག་གིས་བཅོམ་ལྡན་འདས་ཀྱིས་གསུངས་པ་ལ་མངོན་པར་བསྟོད་དོ། ཞེས་འཕགས་པ་ཆོས་ཀྱི་དུང་ཞེས་བྱ་བ་ཐེག་པ་ཆེན་པོའི་མདོ་རྫོགས་སོ། ཞེས་པའི་མདོ་འདིའི་རྫོགས་མཚམས་ནས་སྐབས་འདིར་གླེང་བའི་མདོ་འདི་མཐུད་དེ་བྲིས་ཡོད།

༢ ལེགས་སྦྱར་མ་དཔེའི་དཔེ་མིང་དང་འགྱུར་ཡིག་གི་དཔེ་མིང་འདོགས་སྟངས་སྐོར།

དེ་ཡང་དཔེ་ཆ་བྲིས་མ་འདིའི་མཚན་བྱང་ནི་སྲིབ་ངོས་ཀྱི་ཡིག་ཕྲེང་དང་པོའི་སྟེང་ཨཱརྻསཱགརནཱགརཱཛཔརིཔྲྀཙྪསཱུཏྲཾསམཱཔྟཾ་སྟེ་འཕགས་པ་ཀླུའི་རྒྱལ་པོ་རྒྱ་མཚོས་ཞུས་པའི་མདོ་རྫོགས་སོ་ཞེས་པ་དང་། དད་པའི་ལྷ་ལ་ཕྱག་འཚལ་བ་ཡང་བཀོད་མེད། སྡེ་དགེའི་བཀའ་འགྱུར་ཕ་པའི་ནང་ལེགས་སྦྱར་སྐད་དོད་ཨཱརྻ་སཱ་ག་ར་ནཱ་ག་རཱ་ཛ་པ་རི་པྲྀཙྪ་ནཱ་མ་མ་ཧཱ་ཡཱ་ན་སཱུ་ཏྲ་ཞེས་པ་བོད་སྐད་དུ་འཕགས་པ་ཀླུའི་རྒྱལ་པོ་རྒྱ་མཚོས་ཞུས་པ་ཞེས་བྱ་བ་ཐེག་པ་ཆེན་པོའི་མདོ་རྫོགས་སོ་ཞེས་དང་། ཡང་དཔྱིན་ཛིར་ཉར་ཚགས་བྱས་པའི་ཏུན་ཧོང་ཡིག་ཚང་ནང་རྒྱ་གར་སྐད་དུ། ཨཱ་ཪྻ་ས་ག་ར་ན་ག་ར་ཛ་པ་རི་ཕྲིད་ཙ་ན་མ་མ་ཧ་ཡ་ན་སུ་ཏྲ། བོད་སྐད་དུ། འཕགས་པ་ཀླུའི་རྒྱལ་པོ་རྒྱམ་མཚོ་ཞུས་པ་ཞེས་བྱ་བ་ཐེག་པ་ཆེན་པོ་མདོ། ཞེས་པ་སྡེ་དགེའི་བཀའ་འགྱུར་ནང་ཐེག་པ་ཆེན་པོ་བསྟན་ཡོད་པ་དང་དཔྱིན་ཛིར་ཉར་ཚགས་བྱས་པའི་ཏུན་ཧོང་ཡིག་ཚང་ནང་ལ་ཡང་ཐེག་པ་ཆེན་པོ་བསྟན་ཡོད། འོན་ཀྱང་མདོ་འདིའི་གོང་གི་འཕགས་པ་ཆོས་ཀྱི་དུང་གི་མདོ་ཐེག་པ་ཆེན་པོའི་མདོ་རྫོགས་སོ་ཞེས་བྲིས་འདུག་པས་ཕལ་ཆེར་འདི་དག་འབྲི་བཤུ་མཁན་གྱིས་ཆད་ལྷག་སོང་བའམ་ཡང་ན་བསྐྱུང་པ་ལ་སོགས་གང་ཡིན་ཁ་ཚོན་མ་བཅད་པར་འདིར་རེ་ཞིག་བཏང་སྙོམས་སུ་འཇོག་རྒྱུ་དང་། དཔེ་ཆ་འདིའི་ཤློ་ཀའི་གྲངས་ཚད་ཀྱང་འགྱུར་ཡིག་ནང་གཅིག་མཐུན་མེད་དེ་སྡེ་དགེའི་བཀའ་འགྱུར་དཀར་ཆག་ལ་ཀླུའི་རྒྱལ་པོ་རྒྱ་མཚོས་ཞུས་པའི་མདོ་བསྡུས་པ་ཤློ་ཀ་བཅུ་གཉིས་ཞེས་འཁོད་ཡོད་པ་དང་དཀར་ཆག་ལྡན་དཀར་མར་ཤློ་ཀ་བཅུ་ཡོད་ཅེས་འཁོད་འདུག

༣ ལེགས་སྦྱར་དཔེ་ཆ་བྲིས་མ་དང་བོད་འགྱུར་དང་རྒྱ་འགྱུར་བར་གྱི་དཔེ་བསྡུར།

བོད་རྒྱ་གཉིས་ཀྱི་འགྱུར་ཡིག་དང་ཕན་ཚུན་བསྡུར་བ་བྱ་སྐབས་ལེགས་སྦྱར་གྱི་དཔེ་ཆ་བྲིས་མ་འདིའི་དབུར་མ་ཧཱ་ཏྲཱ་ཧྲིཀྲཱུ་སཾ་ཧྲེ་ན་ཀྵུཾ་ཨཏྲ་ཛ་ཡོ་ད་ཤ་ཧྲི་ཧྲིཀྲཱུ་ཤ་ཧཱུཾ༔སཾ་བ་དུ་ལཱིཥྚ་བོ་ཧྲི་སཧྲཻ༔མ་ཏྲ་སཧྲཻ༔བི་ཧ་ར་ཧིཥྨ། སྟེ་བོད་སྐད་དུ་དགེ་སློང་སྟོང་ཉིས་བརྒྱ་ལྔ་བཅུའི་དགེ་སློང་གི་དགེ་འདུན་

ཆེན་པོ་དང་། བྱང་ཆུབ་སེམས་དཔའ་སེམས་དཔའ་ཆེན་པོ་རབ་ཏུ་མང་པོ་དང་ཐབས་གཅིག་ཏུ་བཞུགས་ཏེ་ཞེས་པ་དེ་འགྲོད་མེད། འོན་ཀྱང་གཤམ་གྱི་བོད་འགྱུར་གཉིས་པོ་དེ་དང་རྒྱ་འགྱུར་ནང་དེ་དག་འཁོད།

ཡང་ལྷ་བ་བཀའ་རྟགས་ཀྱི་ཕྱག་རྒྱ་བཞིའི་གཉིས་པ་འདུས་བྱས་ཐམས་ཅད་སྡུག་བསྔལ་བ་ཞེས་པ་དེ་ཏུན་ཧོང་ཡིག་ཚང་རྒྱ་ནག་གི་ལོ་ཙྪ་བ་གཡི་ཅིན་གྱི་འགྱུར། བློ་གྲོས་མི་ཟད་པའི་མདོ་གསུམ་བཅས་བསྡུར་ཚེ་དེ་དག་ལེགས་སྦྱར་གྱི་དཔེ་ཆ་ བྲིས་མ་དང་ཆ་མཐུན་གྱི་ཡོད། འོན་ཀྱང་སྡེ་དགེའི་བཀའ་འགྱུར་ནང་ཟག་བཅས་ཐམས་ཅད་སྡུག་བསྔལ་ཞེས་འཁོད་འདུག

ཡང་དཔེ་ཆ་བྲིས་མ་འདིའི་མཇུག་ཏུ་ཀླུའི་རྒྱལ་པོ་རྒྱ་མཚོས་བཅོམ་ལྡན་འདས་ཀྱིས་གསུངས་པ་ལ་མངོན་པར་བསྟོད་དོ། ཞེས་དང་། སྡེ་དགེའི་བཀའ་འགྱུར་ནང་མཇུག་ཏུ་དགེ་སློང་དེ་དག་དང་། བྱང་ཆུབ་སེམས་དཔའ་དེ་དག་ཡི་རངས་ཏེ། བཅོམ་ལྡན་འདས་ཀྱིས་གསུངས་པ་ལ་མངོན་པར་བསྟོད་དོ་དང་། དབྱིན་ཇིར་ཉར་ཚགས་བྱས་པའི་ཏུན་ཧོང་ཡིག་ཚང་ནང་ཀླུ་འི་རྒྱལ་པོ་རྒྱ་མཚོ་དང་། བྱང་ཆུབ་སེམས་དཔའ་དེ་དག་དང་། །ལྷ་དང་མི་དང་ལྷ་མ་ཡིན་དང་། དྲི་ཟར་བཅས་པའི་འཁོར་གྱི་འཇིག་རྟེན་དེ་དག་ཐམས་ཅད་བཅོམ་ལྡན་འདས་ཀྱི་གསུངས་པ་ལ་མངོན་པར་བསྟོད་དོ་ཞེས་འཁོད་འདུག་ཅིང་། ཏུན་ཧོང་ཡིག་ཚང་ནང་འཁོད་པའི་ནང་དོན་འདི་དང་གཡི་ཅིན་གྱི་འགྱུར་ཡིག “彼诸声闻、大菩萨众，及天龙八部、阿苏罗、揵达婆等，闻佛所说，皆大欢喜”ཞེས་པ་གཉིས་པོ་ཅུང་མཐུན་ཤས་ཆེ་བར་སྣང་།

གོང་གི་དཔེ་ཆ་བྲིས་མ་དེའི་ནང་དགེ་སློང་སྟོང་ཉིས་བརྒྱ་ལྔ་བཅུའི་དགེ་སློང་གི་དགེ་འདུན་ཆེན་པོ་དང་། བྱང་ཆུབ་སེམས་དཔའ་སེམས་དཔའ་ཆེན་པོ་རབ་ཏུ་མང་པོ་དང་ཐབས་གཅིག་ཏུ་བཞུགས་ཏེ། ཞེས་པ་དེ་བསྐྱང་པ་ལ་བལྟས་ན་དེ་དང་འདྲ་བར་མཇུག་གི་བྱང་ཆུབ་སེམས་དཔའ་དེ་དག་དང་། །ལྷ་དང་མི་དང་ལྷ་མ་ཡིན་དང་། དྲི་ཟར་བཅས་པའི་འཁོར་གྱི་འཇིག་རྟེན་དེ་དག་ཐམས་ཅད་བཅོམ་ལྡན་འདས་ཀྱིས་གསུངས་པ་ལ་མངོན་པར་བསྟོད་དོ། ། ཞེས་པ་དེ་དག་ཀྱང་བསྐྱང་བར་མངོན། ཅི་ལགས་ཤེ་ན། སྙིང་རྗེ་པདྨ་དཀར་པོ་ནས། ང་མྱ་ངན་ལས་འདས་རྗེང་ལ་ངས་གསུངས་པའི་ཆོས་ཐམས་ཅད་ལ་འདི་སྐད་བདག་གིས་ཐོས་པའི་དུས་གཅིག་ན་ཞེས་པའི་གླེང་གཞི་འགོད། བར་སྐབས་སུ་མཚམས་སྦྱོར་གྱི་ཚིག་ཆུག ཐ་མ་བཅོམ་ལྡན་འདས་ཀྱིས་གསུངས་པ་ལ་མངོན་པར་བསྟོད་དོ། ཞེས་པས་ཞབས་བསྡུས་ཤིག དེར་བརྟེན་ངེས་པར་ཚང་དགོས་པ་ཞིག་འདུག འགའ་ཞིག་གིས་བོད་འགྱུར་དང་རྒྱ་འགྱུར་ནང་དགེ་སློང་སྟོང་ཉིས་བརྒྱ་ལྔ་བཅུའི་དགེ་སློང་གི་དགེ་འདུན་ཆེན་པོ་དང་། བྱང་ཆུབ་སེམས་དཔའ་སེམས་དཔའ་ཆེན་པོ་རབ་ཏུ་མང

པོ་དང་ཐབས་གཅིག་ཏུ་བཞུགས་ཏེ། ཞེས་པ་དང་། བྱང་ཆུབ་སེམས་དཔའ་དེ་དག་དང་།། ལྷ་དང་ཀླུ་དང་ལྷ་མ་ཡིན་དང་། དྲི་ཟར་བཅས་པའི་འཁོར་གྱི་འཇིག་རྟེན་དེ་དག་ཐམས་ཅད་བཅོམ་ལྡན་འདས་ཀྱིས་གསུངས་པ་ལ་མངོན་པར་བསྟོད་དོ། འཁོད་འདུག་པས་མདོ་འདིར་དེ་དག་མི་འདུག་པས་རྒྱུ་མཚན་ཤོད་གསུང་ན་དེ་ནི་རྒྱ་ཡིག་དང་བོད་ཡིག་ཏུ་ཕབ་བསྒྱུར་བྱེད་པའི་དུས་ཀྱི་དུས་ཚོད་མི་གཅིག་པ་དང་མ་དཔེ་ཡང་དེ་བས་ཁག་སོ་ཡིན་པར་སྙམ་པས་མུ་མཐུད་དཔྱད་ཞིབ་ཡོད་པ་ཞུ།

ཕྱིར་ན་སངས་རྒྱས་ཀྱི་བཀའ་དེ་དྲུག་ལ་དབྱེ་སྟེ། དུས་དང་། བརྗོད་བྱ་དང་། རྗོད་བྱེད་དང་། གཉེན་པོ་དང་། གདུལ་བྱ་དང་། བདག་རྐྱེན་གྱི་སྒོ་ནས་དབྱེ་ཡོད་དེ། དང་པོ་ཡུལ་ཝ་ར་ཎ་སི་ནས་བདེན་པ་བཞིའི་ཆོས་ཀྱི་འཁོར་ལོ་བསྐོར། བར་དུ་བྱ་རྒོད་ཕུང་པོའི་རི་བོ་ལ་མཚན་ཉིད་མེད་པའི་ཆོས་ཀྱི་འཁོར་ལོ་བསྐོར། ཐ་མ་གྲོང་ཁྱེར་ཡངས་པ་ཅན་ནས་དོན་དམ་རྣམ་པར་ངེས་པའི་ཆོས་ཀྱི་འཁོར་ལོ་བསྐོར། གཉིས་པ་བརྗོད་བྱའི་སྒོ་ནས་དབྱེ་བ་ནི། ཀུན་རྫོབ་སྟོན་པ་དྲང་དོན་དང་། དོན་དམ་སྟོན་པ་ངེས་དོན་དུ་བསྟུ་བ་ཡིན། གསུམ་པ་རྗོད་བྱེད་ཀྱི་སྒོ་ནས་དབྱེ་བ་ནི། བརྒྱད་སྟོང་འགྲེལ་ཆེན་ལས། མདོ་སྡེ་དབྱངས་བསྙད་ལུང་བསྟན་དང་། ཚིགས་བཅད་ཆེད་བརྗོད་གླེང་གཞི་དང་། རྟོགས་བརྗོད་དེ་ལྟ་བུ་བྱུང་དང་། སྐྱེས་རབས་ཤིན་ཏུ་རྒྱས་པ་དང་། རྨད་བྱུང་གཏན་ལ་དབབ་པ་དག །གསུང་རབ་ཡན་ལག་བཅུ་གཉིས་ཡིན། ཅེས་གསུངས་པ་དང་། བཞི་པ་གཉེན་པོའི་སྒོ་ནས་དབྱེ་ན། དེ་ཡང་གདུལ་བྱ་སེམས་ཅན་ཐམས་ཅད་ཀྱི་རྒྱུད་ལ་ཉོན་མོངས་པ་འདོད་ཆགས་དང་། ཞེ་སྡང་དང་། གཏི་མུག་དང་། དུག་གསུམ་ཆ་མཉམ་པ་དང་། བཞི་པོ་རེ་རེ་ལ་ཡང་ཉི་ཁྲི་ཆིག་སྟོང་རེ་རེ་ཡོད་པ་ཚོགས་པས་བརྒྱད་ཁྲི་བཞི་སྟོང་དུ་འགྱུར་ལ། དེའི་གཉེན་པོར་ཆོས་ཀྱི་སྒོ་མོ་བརྒྱད་ཁྲི་བཞི་སྟོང་གསུངས་པར་འདོད། ཀུན་བྱེད་རྒྱལ་པོའི་རྒྱུད་ལས། འདོད་ཆགས་འདུལ་བའི་གཉེན་པོར་གསུངས་པ་ནི། འདུལ་བའི་སྡེ་སྣོད་ཉི་ཁྲི་ཆིག་སྟོང་གསུངས། ཞེ་སྡང་འདུལ་བའི་གཉེན་པོར་གསུངས་པ་ནི། མདོ་སྡེའི་སྡེ་སྣོད་ཉི་ཁྲི་ཆིག་སྟོང་གསུངས། གཏི་མུག་འདུལ་བའི་གཉེན་པོར་གསུངས་པ་ནི། མངོན་པའི་སྡེ་སྣོད་ཉི་ཁྲི་ཆིག་སྟོང་གསུངས། ཐམས་ཅད་འདུལ་བའི་གཉེན་པོར་གསུངས་པ་ནི། སྡེ་སྣོད་བཞི་པ་ཉི་ཁྲི་ཆིག་སྟོང་གསུངས། མདོར་ན་བརྒྱད་ཁྲི་བཞི་སྟོང་གསུངས་པ་ཡང་། ཉོན་མོངས་འདུལ་བའི་གཉེན་པོར་གསུངས་པར་ཟད། ཅེས་གསུངས་པས་མངོན་ནོ། ལྔ་པ་གདུལ་བྱའི་སྒོ་ནས་དབྱེ་བ་ནི། གདུལ་བྱ་དབང་པོ་རྣོ་རྟུལ་གྱི་སྒོ་ནས་ཐེག་པ་ཆེ་ཆུང་གཉིས་སུ་བསྟན་པའོ། དྲུག་པ་བདག་རྐྱེན་གྱི་སྒོ་ནས་ཕྱེ་བ་ལ་བཞི་ཡོད་དེ། ཞལ་ནས་གསུངས་པའི་བཀའ་དང་། བྱིན་གྱིས་བརླབས་པའི་བཀའ་དང་། རྗེས་སུ་གནང་བའི་བཀའ་དང་།

ལུང་བསྟན་པའི་བཀའ། དང་པོ་སྟོན་པའི་བདག་རྐྱེན་གྱིས་ཚད་མ་ཞལ་ནས་གསུངས་པ་སྟེ། སྡུད་པ་ཚིགས་སུ་བཅད་པ་ལྟ་བུའོ། བྱིན་གྱིས་བརླབས་པའི་བཀའ་ལ་གསུམ་སྟེ། དེ་ལ་སྐུའི་བྱིན་གྱིས་བརླབས་པ་ནི། སྟོན་པའི་ཕྱག་བྱང་ཆུབ་སེམས་དཔའ་བྱམས་པ་དང་། ཀུན་ཏུ་བཟང་པོ་གཉིས་ཀྱི་སྤྱི་བོར་བཞག་ནས་བྱམས་པས་མདོ་སྡེ་ས་བཅུ་པ་གསུངས་པ་དང་། ཀུན་ཏུ་བཟང་པོས་མདོ་སྡེ་ཕལ་པོ་ཆེ་གསུངས་པ་ལྟ་བུའོ། གསུང་གི་བྱིན་གྱིས་བརླབས་པའི་བཀའ་ནི། འཕགས་པ་བརྒྱད་སྟོང་པ་ལས། རབ་འབྱོར་ཁྱོད་ཤེས་རབ་ཀྱི་ཕ་རོལ་ཏུ་ཕྱིན་པ་ལས་བརྩམ་སྟེ་སྤོབ་པར་གྱིས་ཤིག་ཅེས་གསུངས་པས། རབ་འབྱོར་གྱིས་བཀའ་བྱིན་ལ་བཤད་པ་བཞིན་ནོ། ཐུགས་ལའང་། མཁས་པ་འགའ་ཞིག་གིས་གསུམ་དུ་དབྱེ་སྟེ། ཐུགས་ཐུགས་རྗེས་བྱིན་གྱིས་བརླབས་པ་ནི། སྟོན་པ་ཉིད་ཞལ་བཞུགས་པའི་རིང་ལ། ཤིང་བུ་དང་། རྡེལ་བུ་དང་། ནམ་མཁའ་སྟོང་བ་དང་། ལྷ་ཚའི་སྒྲ་ལས་ཀྱང་ཆོས་སྒྲ་འབྱུང་ཞིང་དོན་དུ་འགྱུར་བར་བཤད། ཐུགས་བདེན་སྟོབས་ཀྱི་བྱིན་གྱིས་བརླབས་པའི་བཀའ་ནི། སྟོན་པ་ཉིད་ཀྱི་རིང་ལ་ལྷ་དང་ཀླུ་དང་། གནོད་སྦྱིན་ལ་སོགས་པ་རྣམས་ཀྱིས་ཆོས་གསུངས་ནས་དོན་དུ་འགྱུར་བར་བཤད། ཐུགས་ཏིང་ངེ་འཛིན་གྱི་བྱིན་གྱིས་བརླབས་པའི་བཀའ་ནི། བཅོམ་ལྡན་འདས་ཟབ་མོའི་ཏིང་ངེ་འཛིན་ལ་བཞུགས་པའི་བྱིན་བརླབས་སྤྱན་རས་གཟིགས་དབང་ཕྱུག་དང་ཤཱ་རིའི་བུ་ལ་ཤེས་རབ་སྙིང་པོ་བཤད་པ་ལྟ་བུའོ། རྗེས་སུ་གནང་བའི་བཀའ་ནི། གླེང་གཞི་དང་། མཚམས་སྦྱོར། ཞབས་སྡུད་རྣམས་ཡིན་ནོ། སྙིང་རྗེ་པདྨ་དཀར་པོ་ནས། ང་མྱ་ངན་ལས་འདས་ཧེང་ལ་ངས་གསུངས་པའི་ཆོས་ཐམས་ཅད་ལ་འདི་སྐད་བདག་གིས་ཐོས་པའི་དུས་གཅིག་ན་ཅེས་པའི་གླེང་གཞི་འཕོད། སྐབས་སུ་མཚམས་སྦྱོར་གྱི་ཚིག་ཆུག ཐ་མ་བཅོམ་ལྡན་འདས་ཀྱིས་གསུངས་པ་ལ་མངོན་པར་བསྟོད་དོ། ཅེས་པས་ཞབས་བསྡུས་ཤིག ཅེས་གནང་བ་བྱིན་པ་ལྟ་བུའོ། ལུང་བསྟན་གྱི་བཀའ་ནི་རྟགས་ཡིན་ཏེ། མདོ་སྡེ་གདམས་ངག་འབོགས་པ་ལས། འཇམ་དཔལ་གྱིས། འདྲེན་པའི་ཐེག་པ་གསུམ་པོ་དག །བཅོམ་ལྡན་འདས་ཀྱིས་གསུངས་ལགས་ན། རྒྱུ་འབྲས་ལྷུན་གྲུབ་ཏུ་སྤྱོད་ཅིང་། སངས་རྒྱས་གཞན་དུ་མི་འཚོལ་བའི། ངེས་པའི་ཐེག་པ་ཅིས་མ་གསུངས། ལན་དུ། བཅོམ་ལྡན་འདས་ཀྱིས། རྒྱུ་ལ་མོས་པ་རྒྱུ་ཆོས་ཀྱི། འཁོར་ལོ་རབ་ཏུ་བསྐོར་བྱས་ནས། རྡོ་རྗེ་ཐེག་པའི་ཉེ་ལམ་ཞིག །མ་འོངས་དུས་ན་འབྱུང་བར་འགྱུར། ཞེས་དང་། དགོངས་པ་འདུས་པའི་མདོ་ལས། ང་ནི་འདི་ནས་མི་སྣང་ནས། ལོ་ནི་བརྒྱ་དང་བཅུ་གཉིས་ན། རྒྱལ་པོ་ཛ་ཞེས་བྱ་བ་ལ། སྟོན་དུ་ལྟས་སྣང་སྣང་བར་འགྱུར། ཅེས་གསུངས་པས་གསང་སྔགས་ཕལ་ཆེ་བ་ནི། སྤྲུལ་སྐུ་ཤཱཀྱ་སེང་གེ་འདས་ནས་ལོ་ཉི་ཤུ་ཙ་བརྒྱད་ཀྱི་དུས་སུ་དར་བར་བྱུང་། འདི་ལ་རྒྱུད་སྡེ་བཞིའི་དབྱེ་བ། རྒྱུད་སྡེ་བཞིར་འཇོག་པའི་རྒྱུ་

མཚན། འོག་རང་རང་གི་ཐེག་པའི་སྐབས་སུ་བཤད་པས་དེར་ཤེས་པར་བྱའོ།[1]

ཆོས་ཀྱི་མདོ་བཞི་ཡི་འགྱུར་མི་འདྲ་བ།

༡ སྡེ་དགེའི་འགྱུར།

འདུ་བྱེད་ཐམས་ཅད་མི་རྟག་པ།

ཟག་པ་དང་བཅས་པའི་ཆོས་ཐམས་ཅད་སྡུག་བསྔལ་བ།

ཆོས་ཐམས་ཅད་བདག་མེད་པ།

མྱ་ངན་ལས་འདས་པ་ཞི་བ།

༢ དབྱིན་ཇིར་ཉར་ཚགས་བྱས་པའི་ཡིག་ཚང་།

འདུ་བྱེད་ཐམས་ཅད་མི་རྟག་པ།

འདུ་བྱེད་ཐམས་ཅད་སྡུག་བསྔལ།

ཆོས་ཐམས་ཅད་ལ་བདག་མེད་པ།

མྱི་ངན་ལས་འདའ་པ་ཞི་བ།

༣ བློ་གྲོས་མི་ཟད་པས་ཞུས་པར།

འདུ་བྱེད་ཐམས་ཅད་ནི་མི་རྟག་པ།

འདུ་བྱེད་ཐམས་ཅད་སྡུག་བསྔལ།

ཆོས་ཐམས་ཅད་བདག་མེད་པ།

མྱ་ངན་ལས་འདས་པ་ཞི་བ།

༤ ལྟ་བ་བཀའ་བཏགས་ཀྱི་ཕྱག་རྒྱ་བཞི།

འདུས་བྱས་ཐམས་ཅད་མི་རྟག་པ།

ཟག་བཅས་ཐམས་ཅད་སྡུག་བསྔལ་བ།

ཆོས་ཐམས་ཅད་བདག་མེད་པ།

མྱ་ངན་ལས་འདས་པ་ཞི་བ།

༥ རྒྱ་འགྱུར།

[1] ཐེག་པ་སྤྱི་བཅིངས་རྩ་འགྲེལ། ཀ་དམ་པ་བདེ་གཤེགས་དང་ཡེ་ཤེས་རྒྱལ་མཚན་གཉིས་ཀྱིས་བརྩམས། སི་ཁྲོན་མི་རིགས་དཔེ་སྐྲུན་ཁང་། ༡༩༩༧ལོར། ཤོག་གྲངས་46 ནས་49 བར།

诸行无常，

一切皆苦，

诸法无我，

寂灭为乐。

གོང་གསལ་གྱི་ཆོས་ཀྱི་མདོ་བཞིའི་གཉིས་པ་དེའི་འགྱུར་ཙུང་མི་འདྲ་བ་ནི་སྡེ་དགེའི་བཀའ་འགྱུར་ནང་ཟག་པ་དང་བཅས་པའི་ཆོས་ཐམས་ཅད་སྡུག་བསྔལ་བ། ཞེས་བསྒྱུར་ཡོད་པས་ལེགས་སྦྱར་སྐད་དོད་དུ་ཁཿསཱསྲཝསྲཝབཏྣཱ་ཡིན་དགོས། འོན་ཀྱང་མ་དཔེའི་ནང་དུཿཁཿསརྦེསཾསྐཱ་ར་ཞེས་པ་བོད་སྐད་དུ་འདུ་བྱེད་ཐམས་ཅད་སྡུག་བསྔལ་བ། ཞེས་བསྒྱུར་ཡོད། འོན་ཀྱང་ཏུན་ཧོང་ཡིག་ཚང་ནང་གི་བོད་འགྱུར་དང་གཡི་ཅིན་གྱི་རྒྱ་འགྱུར་དང་མ་དཔེ་རྣམས་ཕན་ཚུན་མཐུན་གྱི་ཡོད། ད་དུང་ཆོས་ཀྱི་མདོ་བཞིའི་ནང་གི་གསུམ་པ་དེ་གོང་གི་འགྱུར་དེ་དག་རྣམས་ཀྱི་ནང་ཆོས་ཐམས་ཅད་བདག་མེད་པ། ཞེས་བསྒྱུར་ཡོད། ཡིན་ཡང་ལེགས་སྦྱར་མ་དཔེ་རང་ལ་ཤཱུནྱཱཿསརྦེསཾསྐཱ་ར། ཞེས་པ་དེ་ཆོས་ཐམས་ཅད་སྟོང་པ་ཞེས་སྒྱུར་དགོས། གལ་སྲིད་ཆོས་ཐམས་ཅད་བདག་མེད་པ་ཞེས་སྒྱུར་ན་དེའི་ལེགས་སྦྱར་སྐད་དོད་ཨནཱཏྨཱནཿསརྦེདྷརྨཱ་ཡིན་དགོས། གཞན་ཡང་མཇུག་ཏུ་མ་དཔེར་ཨུཏྟམནྣ སཱགརནཱགནྡྲ། ཞེས་པ་དེ་ཀླུའི་རྒྱལ་པོ་ཡི་རངས་ཏེ་ཅེས་སྒྱུར་དགོས། ཡིན་ནའང་སྡེ་དགེའི་བཀའ་འགྱུར་ནང་དགེ་སློང་དེ་དག་དང་། བྱང་ཆུབ་སེམས་དཔའ་ཡི་རངས་ཏེ་ཅེས་བསྒྱུར། དེས་ན་དེ་ནི་མ་དཔེ་མི་གཅིག་པ་མིན་ནམ་སྙམ། ད་དུང་མ་དཔེའི་ལེགས་སྦྱར་སྐད་ཧྲུཥྚགཏྲཧྲིཥྟཔཏེ། ཞེས་པ་དེ་ཏུན་ཧོང་ཡིག་ཚང་ནང་གི་མདོ་འདིའི་འགྱུར་ལ་ལག་གིས་འགྲོ་བའི་བདག་པོ་ཅེས་བསྒྱུར་པ་དེ་ནི་ཀླུའི་རྒྱལ་པོའི་མངོན་བརྗོད་གདེངས་ཅན་བདག་པོ་དང་ལག་འགྲོའི་མགོན་ཞེས་པ་དང་དོན་མཐུན། སྡེ་དགེའི་བཀའ་འགྱུར་ནང་ཀླུའི་རྒྱལ་པོ་རྒྱ་མཚོ་ཞེས་པ་དེ་ནཱགནྡྲསཱགར་ཞེས་པ་དེ་ཡང་ལག་གིས་འགྲོ་བའི་རྒྱལ་པོ་རྒྱ་མཚོ་ཞེས་སྒྱུར་དགོས་ཀྱང་ཀླུའི་རྒྱལ་པོ་རྒྱ་མཚོ་ཞེས་སྒྱུར་གནང་ཡོད། ད་དུང་རྒྱ་ཡིག་གི་འགྱུར་ནང་གི་འགྱུར་དང་བསྡུར་ན་མི་འདྲ་བའི་ཆ་མང་པོ་འདུག་ཅུང་འདིར་ཞིབ་པར་མི་སྤྲོའོ། །འདི་སྐོར་རྒྱུས་ཤིང་ཞིབ་པ་སློང་འདོད་ཀྱང་རྒྱ་དཔེ་འདི་གཅིག་པུ་དང་འགྱུར་ཡིག་ཀྱང་གོང་གི་དེ་དག་ལས་གཞན་ལག་ཏུ་མ་སོན་སྐབས་ད་ཐེངས་མ་དཔེ་བོད་ཡིག་དང་ལ་ཏིན་དང་དེ་བ་ན་ག་རཱི་གཟུགས་སུ་ཕབ་རྗེས་འགྱུར་ཡིག་མི་འདྲ་བ་དེ་དག་དཔར་བསྡུར་བ་ལམ་ཙམ་བགྱིས་ནས་རྒྱ་ཆེའི་མཁས་དབང་རྣམས་ཀྱི་སྤྱན་སྔར་ངོ་སྤྲོད་ཞུས་ཡོད་པ་དང་སླད་ཀླུའི་རྒྱལ་པོ་རྒྱ་མཚོས་ཞུས་པའི་མདོ་རྒྱས་འབྲིང་བསྡུས་གསུམ་གྱི་ལེགས་སྦྱར་མ་དཔེ་ལག་སོན་བྱུང་ན་དེ་སྐོར་གྱི་དཔྱད་རྩོམ་རྒྱུས་པ་ཞིག་འབྲི་བར་བྱའོ། །སརྦམངྒལཾ།

དཔྱད་གཞིའི་ཡིག་ཆ།

སྡེ་དགེའི་བཀའ་འགྱུར། ཕ་པ།

སྡེ་དགེའི་བཀའ་འགྱུར་དཀར་ཆག སི་ཏུ་བསྟན་པའི་ཉིན་བྱེད། སི་ཁྲོན་མི་རིགས་དཔེ་སྐྲུན་ཁང་། ༡༩༥༩.༧

བཀའ་འགྱུར་དཔེ་བསྡུར་མ། དེབ་ང་བརྒྱད་པ། ཀྲུང་གོའི་བོད་རིག་པ་ཞིབ་འཇུག་ལྟེ་གནས་ཀྱི་བཀའ་བསྟན་འགྱུར་དཔེ་བསྡུར་ཁང་གིས་དཔེ་བསྡུར་དང་དཔེ་སྒྲིག་ཞུས། ཀྲུང་གོའི་བོད་རིག་པ་དཔེ་སྐྲུན་ཁང་གིས་པར་དུ་བསྐྲུན། ༢༠༠༨.༦

ཐེག་པ་སྤྱི་བཅིངས་རྩ་འགྲེལ། ཀ་དམ་པ་བདེ་གཤེགས་དང་ཡེ་ཤེས་རྒྱལ་མཚན། སི་ཁྲོན་མི་རིགས་དཔེ་སྐྲུན་ཁང་། ༡༩༩༧.༦

སំ་བོད་སྐད་གཉིས་ཤན་སྦྱར་གསེར་གྱི་ཕྲེང་བ། སི་ཁྲོན་ཞིང་ཆེན་ཛ་བ་བོད་རིགས་རང་སྐྱོང་ཁུལ་བོད་ཡིག་རྩོམ་སྒྱུར་ཚུས་ཀྱིས་རྩོམ་སྒྲིག་བྱས། ཀན་སུའུ་མི་རིགས་དཔེ་སྐྲུན་ཁང་། ༡༩༩༦.༦

མངོན་བརྗོད་ཀྱི་བསྟན་བཅོས་མཁས་པའི་རྣ་རྒྱན། རིན་སྤུངས་ངག་དབང་འཇིགས་གྲགས། བོད་ལྗོངས་མི་དམངས་དཔེ་སྐྲུན་ཁང་། ༡༩༨༣.༣

མངོན་བརྗོད་རྒྱ་མཚོའི་ཆུ་ཐིགས་ཀྱི་མཆན་འགྲེལ། རྩ་བ་དཔལ་ཙུ་ཏྲིམ་ཧྲ་དྲ། མཆན་འགྲེལ་བྱང་ཆུབ་འཛམ་དབྱངས་སྐྱབས། མཚོ་སྔོན་མི་རིགས་དཔེ་སྐྲུན་ཁང་། ༢༠༡༡.༣

བྱམས་པའི་དགོངས་རྒྱན། གུང་ཐང་རྒྱལ་མཚན་བཟང་པོ། ཀྲུང་གོའི་བོད་རིག་པ་དཔེ་སྐྲུན་ཁང་། ༢༠༠༧

གྲུབ་མཐའ་རིན་ཆེན་འཕྲེང་བ་ལ་བརྟེན་ནས་གྲུབ་མཐའ་སྨྲ་བ་དག་གི་འདོད་ཚུལ་བཤད་པ་གྲུབ་མཐའི་སྤྱི་དོན་འཆར་བའི་མེ་ལོང་ཞེས་བྱ་བ། རྩ་བ་ཀུན་མཁྱེན་འཇིགས་མེད་དབང་པོ་དང་འགྲེལ་པ་འཇམ་དབྱངས་གྲགས་པ། ཀྲུང་གོའི་བོད་རིག་པ་དཔེ་སྐྲུན་ཁང་། ༢༠༠༩.༧

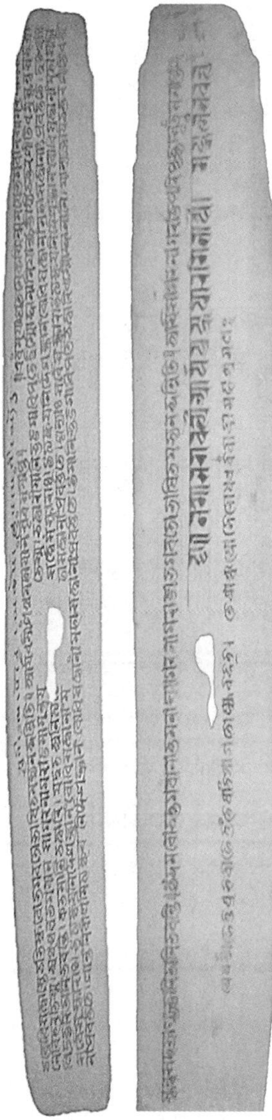

ཀླུའི་རྒྱལ་པོ་རྒྱ་མཚོས་ཞུས་པ་ཞེས་བྱ་བའི་མདོ་ཡི་ལེགས་སྦྱར་ཏ་ལའི་ལོ་མའི་མ་དཔེ།

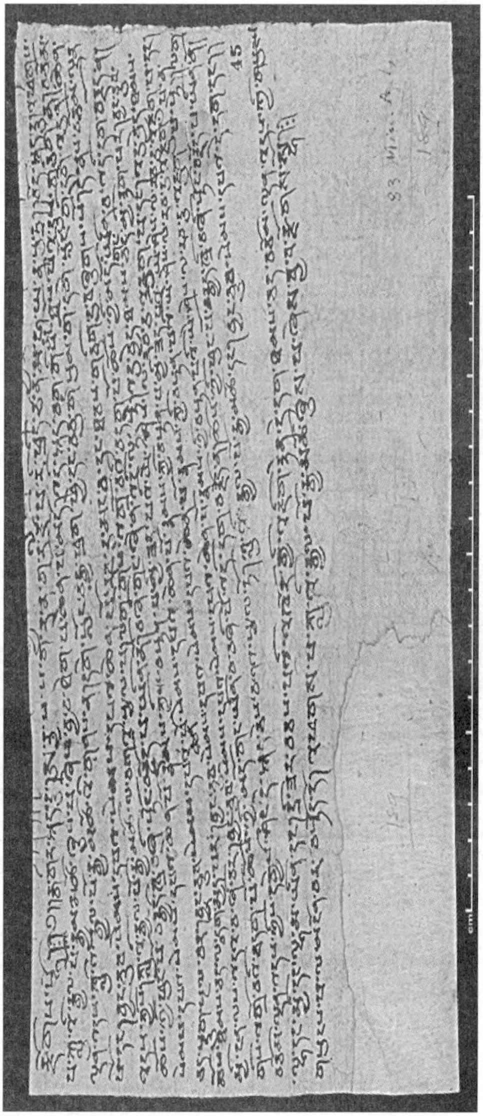

དུན་ཧོང་ཡིག་ཚང་ཁྲོད་ཀྱི་འཕགས་པ་ཀླུའི་རྒྱལ་པོ་རྒྱ་མཚོས་ཞུས་པ་ཞེས་བྱ་བ་ཐེག་པ་ཆེན་པོའི་མདོ།

摘要精选

当代政治组

清末民初中美关系中的涉藏问题

胡岩

美国同中国西藏的早期接触和了解，始自19世纪末20世纪初的清末民初之际。美国政府于1899年提出对华“门户开放”政策，把西藏是中国的一部分作为一个历史事实接受下来。当英国在1904年发动第二次侵藏战争和1911年中国辛亥革命后试图否认中国对于西藏的主权时，美国政府为了维护自己的在华利益而表示了异议。本文依据英美两国的档案资料，对当时美国在西藏问题上的立场、态度及其形成的背景和原因进行了详细分析，有助于深化对于中美关系与涉藏问题的认识。

人民代表大会制度在西藏的建立与实施

廉湘民

人民代表大会制度是中国的根本政治制度。中华人民共和国是工人阶级领导的、以工农联盟为基础的人民民主专政的社会主义国家。国家的一切权力属于人民。人民行使国家权力的机关是全国人民代表大会和地方各级人民代表大会。

1954 年 9 月，第一届全国人民代表大会第一次会议召开，标志着人民代表大会制度在全国范围内正式建立。在这次会议上通过的《中华人民共和国宪法》，把工人阶级领导的、以工农联盟为基础的人民民主专政的国家制度和人民代表大会的政体制度，确立为中华人民共和国的根本政治制度。

1951 年，西藏和平解放。根据《十七条协议》第四条，西藏当时的政治制度没有变更。1959—1961 年，西藏通过民主改革推翻了封建农奴制社会制度，彻底废除了僧俗农奴主阶级专政的政教合一的政治制度。在各级普选的基础上，1965 年 9 月召开了西藏自治区第一届人民代表大会第一次会议，成立西藏自治区。人民代表大会制度在西藏全面实施。

50年来，人民代表大会制度在西藏的实施有过曲折，上世纪70年代后期开始步入正轨，伴随着中国特色社会主义政治建设事业的发展和依法治国基本方略的实施，在实践中不断完善，有效保证了西藏的中国特色社会主义建设事业，促进了西藏的发展稳定。

发展新理念下西藏经济社会发展中的相关问题思考

王春焕

在改革开放的实践中，中国执政党的发展理念由单个拓展到五个，形成发展理念的集成创新成果，并通过法定程序将执政党的意志上升为国家的意志，五个发展成为国家发展新理念。国家新的发展格局下，将给边疆民族地区的西藏带来大好机遇，也有新的挑战。西藏如何把握机遇、打破制约瓶颈，需要在思想上解放，理念上更新，行动上坚定，路径上精确，科学谋划，整体把握，分层推进。

在全国范围内，西藏经济社会的发展情况错综复杂，堪称矛盾较多之省区。因此，西藏在新的发展格局中，需要解决加大创新而自身创新能力不足、协调发展而自身主动条件有限、绿色发展而自身环境脆弱、开放发展而自身安全稳定受限、共享发展而自我能力欠缺的矛盾问题，以矛盾解决法实现区域平衡发展，在国家新的发展格局中居于前位，完成全面建成小康社会的任务，为实现国家确定的第二个“百年”目标奠定基础。

《夏格巴日记》与“西藏幸福事业会”

王小彬

本文通过翻译和研究《西藏现代史：山雨欲来，1955—1957》，利用《夏格巴日记》等第一手资料，分三个阶段来描述“西藏幸福事业会”（下称“福利会”）的初创、正式成立及其发展的历史过程。分析和揭露 1951 年以来“西藏幸福事业会”所从事的旨在实现所谓“西藏独立”的分裂活动：

1. 向印度政府寻求经济上、政治上的支持；企图把十四世达赖喇嘛请到印度来；向国际社会提供西藏“独立”证据。

2. 极力促成美国从军事上、特工人员培训等方面对康区叛乱的支持。美国中情局对西藏和康区叛乱的支持从一开始就是通过“福利会”进行的，且随着时间的推移，“福利会”与美国方面的关系持续加深，如双方已经在讨论关于空投传单及武器的地点，以及派人去美国接受特工受训人员的细节。

3. 达赖喇嘛不仅了解“福利会”的情况，实际上还指示他们谨慎小心推进活动。之后达赖喇嘛还默许帕拉集团与“福利会”的密切合作。

西藏和四省藏区当前对外开放的现状与前瞻

游祥飞

对外开放，是建设中国特色社会主义的一项基本国策，既包括对发达国家的开放，也包括对发展中国家的开放，是对世界所有国家的开放，涵盖经济、科技、教育、文化等诸多领域。21世纪以来，随着经济全球化进程的加快，我国经济进入发展关键阶段，经济体制改革进入攻坚阶段，对外开放正走向进一步发展和完善。作为对外开放大格局的一步，西藏和四省藏区的对外开放也势在必行，但必须走“中国特色、藏区特点”的路子，必须坚持“实事求是，科学开放”，必须辩证看待维护稳定与对外开放的关系，必须把国家的主权和安全放在第一位，决不可放弃维护国家和人民的核心利益。在对外开放上，应围绕维护祖国统一、加强民族团结这个着眼点和着力点，服务于推动西藏和四省藏区经济社会发展。

从实施对外开放政策开始至今，西藏和四省藏区走过一段“非同寻常”的光辉历程，同时也面临着诸多不同因素的掣肘，有时甚至面临“重点考验”。上个世纪80年代末，拉萨的连续骚乱导致戒严，2008年“3·14”打砸抢烧严重暴力事件使西藏和四省藏区开放不同程度收缩。总体上看，当前西藏和四省藏区对外开放还处于较低水平的层面，加上一些别有用心的敌对势力借机对西藏和四省藏区的开放政策大肆攻击和污蔑，因此对影响西藏和四省藏区对外开放的内外因进行深入分析意义重大。

新时期，西藏和四省藏区与全国其他地区一样，已经进入全面建成小康社会的决定性阶段，国家更加重视对外开放。2015年3月28日，习近平主席在博鳌论坛发表主旨演讲时提出“一带一路”战略。将西藏和四省藏区纳入“一带一路”总体战略布局，深化西藏和四省藏区对外开放成为西藏和四省藏区工作的重点之一。从2015年6月22日起，中国对印度香客开放西藏自治区与印度锡金邦边界的乃堆拉口岸，当年11月中旬，美国国会众议院民主党领袖佩洛西率团访问西藏等对外开放大动作不断。中央第六次西藏工作座谈会指出，要加大争取境外藏胞人心工作力度。西藏和四省藏区总体形势很好，要加大“请进来、走出去”的力度，让更多人来看看。西藏和四省藏区进一步对外开放是历史必然，对外开放也必将进一步增强西藏和四省藏区工作的“三个自信”，有力促进“中国梦”藏区篇章的早日实现。

社会转型与变迁组

藏族与撒拉族族际交往之变迁研究

旦正才旦

中国的民族分布结构具有“大杂居、小聚居、交错杂居”的特点，因此，在全国性的多民族社会内部，存在许多独具一格的“地区性多民族社会”。这类“地区性多民族社会”族际关系的状况和演变既与该地区的自然、经济、人文特征密切相关，也受全国性的制度环境及其变迁的影响。

本研究以青海省循化地区为例，考察该地区的两个主要民族——藏族与撒拉族——自 20 世纪初至今的族际交往情况的变化轨迹，并重点探究这一变化背后的动力机制。

本研究的资料来源以口述史访谈为主，并辅以相关历史文献。研究发现：在循化地区的藏、撒拉两族间存在两种不同性质的交往模式：一种是小社区之间具有政治性特征的交往，即不同民族的村落与村落之间、村落与寺庙之间的交往。在该模式中，不同民族的村落因或具有资源互补功能，或为了资源竞争，或共用同一资源等因素而结成了“利益共同体”，并在资源互补与共同对抗其他竞争者的过程中，展开了深有特色的族际交往，形成了超越“民族身份”的“社区身份”认同。第二种是整个地区范围内的交往，这种交往是以“经济关系”为主线的，藏、撒拉两族基于各自不同的生产方式而形成了以“经济资源互补”为主的交往模式。

本研究的结论认为，自20世纪初至今，以上两种族际交往模式都发生了重大变化。导致这些变化的主要因素是宏观环境中的“结构性力量”的变化，即第一种交往模式背后的“政治结构”和第二种交往模式背后的“经济结构”之变化。其中最重要的线索是以新中国成立以来的国家权力在基层社会中的强化和1980年以后在经济领域的“市场化”改革。两种宏观因素相结合，在瓦解了传统的藏族与撒拉族族际交往形态，藏族与撒拉族各自进入到全国性的政治、经济体系的同时，也使二者的联系发生了变化。

分居婚姻：西藏林周县村民在养老压力下的婚姻新对策

王静

在养老带来的压力下，西藏林周县农村的年轻人中出现了“分居婚姻”这一新现象，即已有事实婚姻并已育有子女的年轻男女双方长期无法通过传统的婚嫁模式组建自己的家庭，而只能留在各自家中分居生活，仅在对方家庭需要帮助或节庆时相互走动。究其原因，主要是分居的这对年轻男女恰好都是各自家庭的唯一合适的继承人，也是各自父母今后养老的唯一依靠，因此各自父母从自身将来如何养老的角度考虑问题：若不想老无所依，就不能将自家唯一的继承人嫁入或入赘到对方家中。同时，年轻夫妇双方不敢违背父母的意愿，所以不得不长期处于分居状态，只能找机会见面，形成了新型的“走婚”模式。这一新对策虽然在一定程度上缓解了老年人对自身养老问题的担忧，却并非长久之计。另外，青年夫妻长期分居，由此产生的对未来的不确定性可能会使得双方感情破裂，而迫于父母压力最终分手的事也时有发生。

本文从人类学的视角深入剖析和探讨林周县“分居婚姻”这一新现象所产生的背景和原因，以及其所谓的养老效用与其对配偶双方关系、代际关系的影响。在西藏经济、教育迅速发展，农村劳动力流失导致家庭养老压力增大这一大背景下，本研究将引发对政府农村养老保障制度建设问题的讨论。

民国时期的康巴精英及其政治参与

王娟

民国时期是现代中国及“中华民族多元一体”格局形成的关键时期。各少数民族的精英分子是这一进程的重要参与者，他们的政治态度和选择对当时乃至新中国成立后中国的民族结构和民族制度具有重要影响。

本文将以民国时期康巴地区的本地族群精英为对象，以社会学的视角和方法对他们的历史、在民国时期的分化、身份认同、政治参与等问题予以考察。

研究发现:民国时期康巴地区的本地族群精英可以区分为两种类别:第一类是“旧精英”，指本地社会的传统统治势力，包括旧土司、头人、高级僧侣。在民国时期，尽管他们的传统名号被取缔，但其在本地社会的权力和能力并未削弱。第二类是“新精英”，他们出身平民，不属于本地社会的传统权势阶层。他们突破传统社会结构的机会，来自于社会变迁所带来的现代教育。他们中的一些人远赴南京、北平等内地城市求学，甚至直接与国民政府的最高首脑建立了私人关系，并获得了在蒙藏委员会一类中央机关任职的机会，从而跻身“国家精英”行列。本文将以一个具体的历史人物——中国国民党第一个藏族党员、担任蒙藏委员会委员长达 17 年的巴塘人格桑泽仁——为个案，展示这个群体在民国时期的国家政治中的位置。

通过对这两类康巴精英的研究，不仅为观察民国时期的康藏问题提供了新的视角，也为理解当前中国的民族政策提供了重要的背景资料。

中国西藏与不丹之间的三种传统贸易模式

扎洛

由于自然气候造成的物产差异，中国西藏与不丹之间在历史上即保持着密切的贸易关系，在近边境地区形成了多个贸易点。根据西藏的历史档案，由于交通条件、社区间距离等因素，各贸易点的交易模式多有不同。在帕里（phag ri），对不丹商人制定了称为“飞鸟归巢”的管理制度，即不丹商人必须与帕里居民结成固定的联系，由帕里居民提供服务和安全保障。而官方贸易则由西藏负责运输。在色(sras)地隆东(klung brdol，早先在萨布 sa sbug)，由于要翻越喜马拉雅雪山，形成了每年各举办四次集市贸易的制度，由官方监管并给予适当鼓励。双方负责从隆东到参巴（’tshams pa）之间对方商品的运输，只需提供途中的食品。在拉康，许多西藏居民成为不丹商人（包括王室成员）的代理人，民间双边贸易主要集中在秋冬枯水季节，而盐、大米等大宗商品贸易则由官方垄断。

这些贸易活动不仅满足了两边居民的生活需要，还对内部更远地方的经济产生辐射效应，比如许多畜产品来自浪卡子（Sna ka rtse)、措美(mtsho smad)，甚至藏北草原(byang thang)，而一些竹木制品主要来自不丹南部，工业品则是从阿萨姆(Asam)运来的英国产品。我们今天恢复和发展双边贸易，应该从历史经验中获得良好的启示。

经济发展与全面小康组

推动西藏文化产业繁荣发展的一些思考

陈朴

西藏是一个民族文化大区，文化资源十分丰富。近年来，中央和西藏投入了大量的人财物来保护、弘扬藏民族优秀文化，同时也高度重视西藏文化产业发展。目前，初步形成了多门类、多体系、多层次的发展格局，培育了文化旅游业、演艺娱乐业、民族工艺品业、会展节庆业、出版影视业、文化体育业、文化产品数字制作与相关服务等产业门类；扶持发展了唐卡、藏毯、藏香、藏纸、金属民族锻造、民族玉石雕刻、木雕等特色文化产品；积极打造了藏博会、唐博会、雪顿节等重要的节庆会展平台；形成了以七地市为中心的历史或生态文化产业聚集区，有力地促进了西藏特色文化产业发展。

由于起步晚、基础差、市场小、人才缺、投资少，西藏文化产业还处在起步阶段，还存在产业化和产业融合发展程度低；高水平的市场主体和骨干文化企业少；文化产品结构、品牌、科技水平不高，缺乏具有国际影响力的文化产品；文化产业成本高，投资主体单一且规模较小，极度缺乏人才，对国民经济贡献较少等一系列问题。

针对以上问题，为推动西藏文化产业的繁荣发展，我们给出了以下几个方面的建议：一是西藏各方面要站在“中华民族特色文化保护地和重要的世界旅游目的地”的定位角度高度重视文化产业发展，通过定位，政府要给出相适应的政策，企业要发展符合定位的文化产品。二是发挥市场配置资源的决定作用，文化企业要转变观念，主动积极地面向市场，把握国际、国内和区内三大市场需求，通过各项优惠政策，加大“引进来、走出去”力度，与世界各地相关企业开展合作交流；用互联网思维，推动文化产业与农业、旅游、科技和体育等产业融合发展。三是打造藏民族特色品牌，利用独一无二的藏文化元素和“互联网＋”等现代平台，推广拓展唐卡、藏医药文化、藏族手工艺、藏族歌舞、藏学研究为主的文化产品。四是处理好政府与市场的关系，政府通过制定文化产业发展的政策、法规、规划，大力培育市场主体，加大政策、资金、人才等方面的扶持，引导企业发展，积极吸引各类新办文化企业和投资项目在西藏落地，加快优秀文化创意人才的引进和培养；加快推进文化管理体制改革，推进政府职能转变，依法、科学、有效管理文化市场，推动产业升级；大力实施重大产业项目带动战略，形成以拉萨为中心的文化创意产业集聚区建设。

印度、尼泊尔流亡藏人的文化适应研究

刘志扬

从19世纪至20世纪早期，藏族就开始在印度的大吉岭、噶伦堡、拉达克等地定居，这一部分藏族逐渐被印度社会所接纳，成为当地少数民族。1959年西藏上层反动分子发生叛乱后，一些藏人跟随十四世达赖喇嘛辗转至印度及尼泊尔、不丹等国。这些藏人一部分住在尼泊尔的加德满都河谷和博卡拉，印度的德里、马苏里和达兰萨拉等城镇，其他大部分定居在西方民间组织帮助建立的农业和手工业定居点。随着时间的推移，这些专门为1959年出走西藏的藏人建立的定居点不断增加，目前共有52个定居点分散在与西藏自治区接壤的南亚喜马拉雅诸国，其中印度35个，尼泊尔10个，不丹7个。据统计数据显示，2009年西藏和四省藏区以外的藏人总人口数为127935人，其中印度94203人，尼泊尔13514人，不丹1298人，散居在南亚以外其他地区的有18920人。

与早期定居并已经融入当地社会的藏人不同的是，这批1959年才离开故乡来到南亚陌生国度的藏人，其原有的社会关系和社会组织基本断裂了，他们不能适应这里与西藏完全不同的文化传统和生活习惯，以及当地炎热潮湿的气候环境；而且他们大多是农民、牧民和小商贩，他们拥有的传统生产技能到了新的环境后基本没有了用武之地；再加上语言不通等困难，因此面临着严峻的生存考验。最初，他们的生存和居住成为印度、尼泊尔政府十分头疼的问题，他们开始时被安置在所谓的"临时难民营"。后来通过一些农业发展项目的带动，这批藏人慢慢掌握了农业生产技能并定居下来。到 2009 年，由于价值观念的转变、知识水平的提高、专业技能的掌握和全球化经济的需求，这批藏人的从业情况由第一产业向第三产业转变的人数大大增多，生活水平也不断提高，现在仅有 8.1% 的人口依然以农业生产为主。因此，研究这批藏人在不同时期的文化适应和身份认同，以及生计模式的转变等问题就成为西方人类学学者的一个关注焦点。

到 20 世纪 80 年代，定居在尼泊尔加德满都河谷的那些 1959 年出走西藏的藏人已经基本能够适应当地的社会和自然环境。之所以能够较快适应，主要原因包括西方社会的物资援助以及尼泊尔政府对他们采取的相对宽松、自由的政策，还有就是他们抓住机遇经营一些非当地特色的行业和产品的生产，如旅游业和藏毯生产。藏毯行业是在尼泊尔发展势头最好的一个新兴行业，仅仅在短短几十年的时间里，由那批藏人开办的一些小作坊便发展成为世界第三大东方手工地毯供应商，并超越旅游业成为尼泊尔出口赚汇的主要产业。相关研究表明，在尼泊尔这个多元文化的环境中，藏毯业对藏人延续自身文化、保持藏族身份起到了重要作用。

与世界上的其他离散群体一样，流亡藏人特别是年轻一代的流亡藏人不可避免地面临着文化适应问题。他们在文化适应方面经历着两个困境：他们一方面或主动或被动地适应和融入当地文化，另一方面仍试图以对传统文化的坚持来保持自己的身份认同。由于这些年轻藏人出生在境外，没有多少关于故乡的感性和直观认识，所以笔者关注的是他们在传承传统文化和构建新的身份过程中的态度问题。

2016 年，笔者在尼泊尔博卡拉（Pokhara）的四个流亡藏人定居点进行调查后发现，为了保持自己民族的特色，防止被尼泊尔主流文化所同化，这些流亡藏人在这个多元文化共存的居住地不断构建自己的族群和文化边界。与此同时，他们也会根据具体的社会情境对“边界”加以灵活的调整，以更好地与当地居民相处。

进入 20 世纪以来，由于种种原因，世界上出现了很多流亡群体，很多流亡群体在若干年后不可避免地被寄居国所同化和融合。即使是那些顽强保持着本民族文化传统的群体，流亡生活依然不可避免地对他们的生活方式和固有的价值观念产生巨大的冲击。南亚诸国的海外藏人也无法逃避这一现实，为了适应飞速变化的周边环境，他们也在进行着各种改变。如宗教僧侣阶层在政治生活中的影响逐渐减弱，个人的社会地位不再由出身和血统等世袭身份决定。同时，为了获取更多的西方社会的同情和资金支持，他们在体制、观念等方面都做出了相应的改变。

目前，尽管南亚藏人在经济上已经基本可以自立，但是他们还是面临诸多问题，如生活水平低下、就业渠道狭窄、发展前景渺茫等。另外，因为达赖集团阻止他们取得所在国国籍，因此他们在教育、求职就业、获得土地等方面都受到很大的影响和限制。

挣扎于生计与文化传承之间：移美藏人状况

孙雁

自 1990 年美国国会通过议案接受 1000 名 45 周岁以下的流印藏人移民到美国以来，以各种方式从印度、不丹、尼泊尔，以及国内藏区移美的藏人已超过 1 万人。在印度，“流亡政府”反对藏人入籍印度，担心之一是入籍后藏人便于融入当地社会，从而丧失藏族文化。然而在西方，“流亡政府”鼓励藏族移民入籍当地。对待文化的态度上，藏族移民社区既鼓励藏移民学英语融入当地社会，也敦促年轻一代继承藏族文化。社区举办各种文化活动，有能力的家庭还送下一代短期回达兰萨拉学习藏语。

以美国为例，笔者认为藏族移民淡化藏族文化将是长远的趋势。具体论证将集中于以下方面：

1. 生存与生计压力：青壮年藏族移民及子女首要关注和奔波的是生存与生计问题，少有精力财力顾及文化保留与传承的问题。

2. 世俗教育的影响：在美国受教育的藏族移民（尤其是下一代）

在学校接受世俗价值观，进而疏远传统的宗教价值观。

3. 代沟与阶层分化：强调本族文化的老一代往往不懂英文也少有机会接触当地社会，因此与下一代产生代沟。同时，迈入中产阶级的藏族移民通常搬离移民聚居区，搬入郊外主流社区，从而失去本族的语言文化环境。

4. 寺庙与移民社区脱节：美国的几百座藏传佛教寺庙大多服务于中上层白人的特定群体，而非新移民社区。

5. 人口规模与内部局限：较少的人口及内部因不同背景的分化，更对保留与传承文化造成很大困难。

“一带一路”与面向南亚开放重要通道建设组

充分发挥非公有制经济在西藏与南亚相邻国家进行边境贸易过程中的作用

狄方耀

国家发展改革委、外交部、商务部于2015年3月28日向国内外联合发布了《推动共建丝绸之路经济带和21世纪海上丝绸之路的愿景与行动》(简称“一带一路合作倡议”)，对国内相关省区市在“一带一路”发展与建设过程中的定位进行了规定。

“一带一路合作倡议”对西藏的定位是“推进西藏与尼泊尔等国家边境贸易和旅游文化合作”。这既是对西藏以往对南亚相邻国家进行边境贸易工作成绩的肯定，同时也对西藏今后在国家确定的“一带一路合作倡议”这个宏大发展规划中的工作任务提出了明确要求，任务艰巨，目标明确，责任重大，需要西藏为此做出科学的规划，缜密的论证，付出扎实的努力。

经过长期对西藏边境贸易等问题的观察和研究，本人以为，要不辜负国家的信任，发展好西藏与上述有关国家的边境贸易等工作，就必须充分发挥非公有制经济的作用。因为,根据近几十年来的统计资料证明,该类经济实际上已经承担着西藏边境贸易的重要责任,完成了每年的绝大部分对外贸易量。所以,认真总结改革开放以来该类经济在西藏与南亚有关国家进行边境贸易活动过程中的好经验与存在的问题,进一步调动非公有制经济的积极性,就成为一项极为迫切的工作。

同时,本人还将就如何调动该类经济在今后西藏与南亚相邻国家进行边境贸易活动的作用提出有关对策建议。

关于跨喜马拉雅通道建设的若干问题

马加力

喜马拉雅是一个绵延 2400 多公里、平均海拔 7000 米的山脉，宽度一般在 200—350 公里，地理上与此有关的国家包括中国、印度、尼泊尔、不丹、巴基斯坦。从现实条件来看，由于地理遥远，地质复杂，经济联系极其薄弱，难以建立环喜马拉雅经济带。而真正具有经济意义乃至战略意义的是跨喜马拉雅的概念，即从中国的西藏经由尼泊尔通达印度的通道。

文章拟从以下几个方面就跨喜马拉雅通道建设的设想进行讨论：

一、建立“跨喜通道”的战略意义

1. 全面开放特别是西藏对南亚开放的需求；2. 连接中国和印度两大新兴经济体的捷径；3. 促成西藏神山圣湖旅游目的地的要件。

二、建立“跨喜通道”的有利条件

1. 符合“一带一路”战略构想的基本思路；2. 中方、尼方具有相当强烈的迫切愿望；3. 印方信众前来西藏朝圣的虔诚心态。

三、建立“跨喜通道”的不利条件

1. 中国、印度之间缺乏真正的战略互信；2. 自然地理和现有交通条件极其恶劣；3. 有关方面尚未形成一致认可的理念。

四、建立“跨喜通道”的基本思路

1. 明确建立“跨喜通道”的概念；2. 加强中央和地方的沟通协调；3. 推动中印政治互信措施建立；4. 避开极为敏感的中印边界争端；5. 抓住香客心理大力开拓客源。

五、建立“跨喜通道”的路径选择

古代史组

18世纪初佛教和伊斯兰教在卡尔梅克汗国的政治进程

巴特尔·克基诺夫（Baatr Kitinov）

18世纪的前三分之一时段对居住在俄罗斯南部即里海附近的卡尔梅克人来说非常重要。该地区的政治形势和宗教问题曾有密切联系，即各种不同的政治进程展现出集约化。

1719年春，伏尔加河本地卡尔梅克人沙库尔喇嘛（Shakur Lama）觐见卡尔梅克汗阿玉奇（Ayuka）。喇嘛在拉萨生活了20多年，并且和历史上的两任六世达赖喇嘛关系密切：仓央嘉措和阿旺益希嘉措。同时他也曾是拉萨寺院——哲蚌寺的住持。在返回卡尔梅克汗国后，沙库尔成为汗国的精神领袖。

在众多问题中，沙库尔特别担心伊斯兰教在卡尔梅克人中影响力的增长。一些卡尔梅克人是穆斯林，就像众人皆知的拓木涕（Tomuts）一样。他们利用君主敦罗卜旺布（Donduk-Qmbo, 阿玉奇的后裔之一）施加非常大的影响力，此人在1735年11月14日成为卡尔梅克汗。除此以外，敦罗卜旺布在1721年迎娶了卡巴尔达汗（Kabardinian）的女儿——穆斯林女子贾恩（Dzhan）。

在1720年代，敦罗卜旺布曾参与了“统一的卡尔梅克—克里米亚汗国”组织计划。克里米亚汗道拉特·格莱（Derelet-Girey）的儿子巴赫特·格莱（Bakhty-Girey），计划把自己库班的土地和人员同父亲的克里米亚地区的臣民联合起来。同时，他的想法是和卡尔梅克人建立一个统一的国家。一些卡尔梅克领导层认为将来汗国会占领克里米亚和库班，以及伏尔加河沿岸。尽管在敦罗卜旺布去世后，敦罗布剌什成为卡尔梅克汗，宗教问题也并没有被提上日程讨论，敦罗布剌什认为克里米亚—库班的鞑靼人将会生活在卡尔梅克人的统治之下。

面对这些相类似的问题，沙库尔试图从西藏那里寻求支持。

在1729年12月，精心挑选的卡尔梅克代表团来到东方。也许，代表们在康区的乾宁会见了六世达赖喇嘛。出发前代表团从沙库尔处收到了其他任务。这时，他也已注意到居住在西藏及北京的卡尔梅克的喇嘛，并请求他们回到卡尔梅克汗国。除此之外，沙库尔还需要有关于旃檀佛像的信息，檀香木制作的佛雕，这被认为是佛陀在世时已制作完成，并被存放在印度，后由著名的鸠摩罗什(344—413)将其带到中国。在18世纪时，佛像被存放在北京卡尔梅克喇嘛领导的旃檀寺庙中。也许沙库尔最终得到了关于雕像或者寺庙的信息，以及六世达赖喇嘛对他的口头承诺，但汗国的政治局势并没有让他实现自己的想法。

沙库尔喇嘛试图在卡尔梅克草原建立佛教国家。他知道在卡尔梅克大众中保存佛教是他的最根本目的。除此之外，也是为了削弱伊斯兰教在卡尔梅克人中的影响力，他打算建造一座寺庙，并在寺庙放置紫檀木的佛雕像。

在18世纪初期，卡尔梅克汗国的宗教状况是和西藏地区的政治情况紧密相连的。1720年代和1730年代在西藏和卡尔梅克民众中开始出现政治转折，清政府和俄国政府分别在西藏地区和卡尔梅克地区开始施加影响力，随后宗教成为国家结构的一部分。

恰洛译师曲杰贝的历史及其相关问题研究

次旦扎西

本文主要阐述恰洛译师曲杰贝（ཆག་ལོ་ཙཱ་བ་ཆོས་རྗེ་དཔལ）的生卒年代、赴印度留学期间的学习情况及回藏后弘扬佛法等内容。

一、恰洛译师的生卒年代

《青史》中记载，恰洛译师曲杰贝出生于公元 1197 年；而《东噶藏学大辞典》中记载，藏历土马年（1198 年）卫巴觉沃（དབུས་པ་རྗོ་བོ）圆寂，恰洛译师曲杰贝出生，绰普译师（ཁྲོ་ཕུ་ལོ་ཙཱ་བ）从印度迎请大圣米扎左吉（གྲུབ་ཆེན་མི་ཏྲ་ཛོ་ཀི）。

本人通过分析认为东噶·洛桑赤列所说的恰洛译师曲杰贝出生于 1198 年的观点是比较正确的，这是因为本人为了考证恰洛译师曲杰贝生卒年代，亲自到恰洛译师曲杰贝曾修行过的寺庙搜集相关文献资料，在采访当地相关人士时得知恰洛译师曲杰贝有一部《传记》，这正和《竹巴教史》等西藏宗教源流和史书中记载的恰洛译师曲杰贝有《传记》的说法相吻合。因此《青史》所记载的恰洛译师曲杰贝的出生年代不是出自于《恰洛译师传记》。从而可以确定恰洛译师曲杰贝出生于 1198 年。

二、恰洛译师名称的由来及出生地

“博朵瓦大师（པོ་ཏོ་བ）持律弟子在自家恰巴（ཆག）的达热（རྟ་ར། 藏文意为马厩）附近修建寺庙，因此得名达热。佟嘎（མདོངས་དཀར）为地名，恰为姓氏名，该寺第一嗣为恰洛扎迥巴（ཆག་ལོ་དང་ངོ་དགྲ་བཅོམ་པ）”。经调查，达热所在地今仍用名“佟嘎”，大部分西藏宗教源流和史书只记载恰为姓氏名，未记载恰洛译师曲杰贝的出生地等相关内容。但西藏宗教源流和史书常记第一世恰洛扎迥巴的出生地为恰冲，本人此次赴都热寺田野调查时，当地相关人士介绍都热寺南侧有座山，山后面有一座名为恰的村落，此处仍留有很多房屋遗址，因此可以肯定恰译师出生于隆子县。

三、关于恰洛译师赴印度学习和回到西藏后的弘法情况

12 世纪恰洛译师赴印度学习时期不像吐蕃时期，社会局势更加动乱。这时印度佛教正处于走向衰弱的时期，很多印度班智达逃往西藏。恰洛译师正是在如此危险的境况下，前往印度寻找自己向往的尊师，最终他拜地热乎第（ཉི་ར་ཧུ་ཏི）和热胡拉（ར་ཧུ་ལ）等为师，刻苦学习声明学等显密经论和各种知识，引进先进文化。回到西藏后培养了众多弟子，并弘扬佛法，为翻译佛经事业作出了巨大贡献。

考古发现与吐蕃王朝时期的“丝绸之路”

霍巍

公元7世纪吐蕃王朝建立之后，欧亚大陆的政治格局也随之发生了重大变化。从汉代以来形成的“陆上丝绸之路”，随着吐蕃王朝的强盛和扩张，也在随之改变。本文以近年来的考古新发现为例，结合汉藏文献记载，将重点讨论以下问题：

第一，是对吐蕃时期丝绸之路基本框架的论述。根据新发现的考古资料，吐蕃时期丝绸之路的格局是从三个方面构成的：其一是对传统的高原通道的利用和改造；其二是对所控疆域内“新道”的开通；其三是对汉晋以来“陆上丝绸之路”的掌控和有效利用。

第二，是吐蕃时期“丝绸之路”的主要功能的论述。本文认为，这一时期的丝绸之路在功能上最大的变化是宗教文化交流的突显（包括僧侣的往来、佛经的翻译和传播、佛教艺术的传播等）；其次才是物质文化的交流（其中主要又以丝绸、黄金制品、茶叶、珠宝等为其大宗）；最后才是政治、外交方面作为官方通道的作用。通过这一讨论，笔者将对以往学术界认为吐蕃王朝“切断了传统丝绸之路”的认识提出不同的见解，认为吐蕃王朝只是根据自身的需要和民族的特点，采取了“实用主义”的态度来对待通往中亚、西亚和南亚的交通路线，以求达到其控制亚洲腹地政治、军事、宗教、经济交通枢纽的战略目的。丝绸之路并未因此而中断，但的确发生了重要的变化。

第三,本文还将讨论吐蕃王朝时期“丝绸之路”的变化及其对五代、宋以后的影响等诸问题。

赞普松赞干布与佛教

康嘎·楚称格桑

纵观藏传佛教历史，松赞干布发扬佛教之说的主要根据来源于古代藏文文献的记载。但是一些古代藏文文献中把松赞干布与赤松德赞混为一谈，把赤松德赞的功绩说成松赞干布的功绩。所以，区分和细化这两位赞普非常重要。

以12座镇肢寺的建造为例。萨迦·索南坚赞（ས་སྐྱ་བསོད་ནམས་རྒྱལ་མཚན། 1312—1375）所著《西藏王统记》中提到的赤松德赞时期兴建的镇肢寺庙分别为——运如昌珠寺（墨竹工卡县噶采村内）、布如噶采寺、也如藏章寺（拉孜县境内）、后藏准巴江寺。又建四镇肢寺——即工布布楚寺、（洛札）孔廷寺、绛真格杰寺、扎栋则寺。又建康·陇塘卓玛寺、巴·卓洁楚寺、采日协绕卓玛寺和仓巴·陇伦寺。这12座镇肢寺于大昭寺之前建造，《青史》（དེབ་ཐེར་སྔོན་པོ）中也认为赤松德赞时期在康区北部建立了12大经院之说。所以说，近代藏族史学家把上述功绩看作松赞干布的说法，虽然已在学界流传，但大昭寺建成之前在边境地区广建寺庙之说不成立。

松赞干布与赤松德赞两位赞普的名字被近代史学家们混为一谈的一个重要原因与敦煌文献有关。松赞干布的名字在敦煌文献 P.T.1286 中记为“松德赞”，该卷 061—062 行如此记到：“达布聂色与俄管妃东君卓嘎所生之子伦赞龙南木。伦赞龙南木与蔡邦妃甄玛脱所生之子松德赞。”从中可见,“松德赞”与称呼君王的“赞普”一词并到一起,即“赞普松德赞”,为松赞干布名。“松德赞”加上“赤”字,即为“赤松德赞”,是赤松德赞赞普的名字。因为“松德赞”这个名容易混淆松赞干布和赤松德赞两代赞普，所以后期史书中把两位赞普的功绩写为一谈的现象比较多。

总之，松赞干布没有把发扬佛教事务作为重点，所以在敦煌古文献中谈及其历史时只能读到政绩方面的历史，而无发扬佛教之事务。但敦煌文献记载了赤松德赞时期与佛教有关的一切内容。

阿底峡传记中至金洲求法的不同记载

刘国威

在阿底峡（Atiśa，982—1054）的许多传记文献中，都记录了他在31岁时率领一批弟子出发前往金洲（gser gling）寻访上师，历经13个月的海上行程，最终到达金洲，并再经历一番辛苦，方才见到名为法称(chos kyi grags pa)的上师，在其门下学习达12年之久。部分传记甚至也记载，是法称授记阿底峡未来应到北方雪域去弘扬佛法。

一般最为人所引用的相关记载即是收于《噶当父法》(Bka' gdams pha chos)中的《金洲求法记》(Jo bo gser gling du byon pa'i rnam thar)，其中记载海上旅途过程，上岸后的经历，先后所见人士等。但是，在其他也属早期来源的《阿底峡广传》(Rnam thar rgyas pa)或《普称传》(Rnam thar yongs grags)中，对过程经历却有一些不同的记录内容。本文试图对这些文本加以分析，比对其中异同，并根据其他文献或考古资料，探讨阿底峡传记中是否能提供我们对于当时金洲的理解，以及其中记载真实与否的问题。

吐蕃、土伯特辨正
——兼论土伯特一词的前世今生

南晓民

引 言

藏学界一种普遍的观点是：唐之“吐蕃”，即近代“土伯特”。如1930年代任乃强先生就说：“土伯特者，吐蕃之异译也。”又如学者李保文（2003）在其论文中用“吐蕃特”来代替“土伯特”。二者真可混为一谈吗？

一、吐蕃与土伯特的辨析

（一）二者的起源时代背景不同

（二）二者的词语结构性质不同

（三）二者的词形、词义衍变不同

（四）二者关键音节的读音不同

二、土伯特的前世今生

(一)“土伯特”的前世——突厥语系的“吐蕃”

1. 古代突厥语 Tüpöt/Töpät

2. 古代粟特文 Twpt/Twb′yt

3. 古代阿拉伯文 Tubbat/Tibbat 等

4. 古代波斯语 Tibbet/Twpyt 等

5. 辽代契丹语汉文“铁不得”

6. 印欧语系 Tebet/Riboth 等

7. 蒙古语 Töböt 或 Töbät 等

8. 元代蒙古语汉文“秃伯歹”

(二)“土伯特”的今生——印欧系语言里的“Tibet”

列表如下反映土伯特一词的前世衍变及其与吐蕃关系：

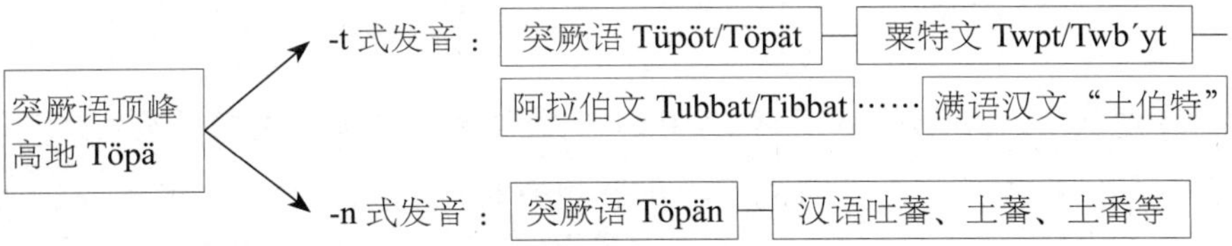

三、余论

“吐蕃”历来读鼻音韵尾，与土伯特即使可能具有共同的突厥语源头，但从唐代算起，上千年来二者于各自的话语系统里各行其是，互不相干；言语者赋予它们各自不同的内涵和外延，其流变轨迹也不尽相同，何况二者也可能语源上根本没有关系，岂可一旦之间混为一谈！

清代西藏地方军事地理格局的演变初探

孙宏年

清代260多年间（1644—1911），西藏地方多次发生内部变乱和外敌入侵，中央政府在西藏的军事部署也有相应变化。本文拟考察这260多年间中央政府在西藏的军队布防、后勤保障等方面的变化，分析清代西藏军事地理格局变化的特点、原因和影响。

首先，清朝中央政府在西藏地方的军事防御体系的变化大致分为三个时期：一是1644年至18世纪60年代，以控制西藏内部变乱和防御准噶尔部入侵为主要目标，军队布防的重点地区为西藏东部、北部和西北地区；二是18世纪70年代至19世纪50年代，以防御廓尔喀（今尼泊尔）和英国支持的“森巴”（今克什米尔地区）为主要目标,西藏南部、西南部成为军队布防的重要地区；三是19世纪60年代至1911年，英国殖民者加紧侵略中国西部边疆，通过两次战争打开西藏大门，清朝中央政府军事布防的重心逐步转向与英属印度相邻的西藏西部、南部和东南边境地区，20世纪初还在川、滇、藏交界地区推行“改土归流”，增强国防力量。

第二，清朝中央政府在西藏的军事部署与新疆、青海、四川、云南等邻近地区的治理密切相关。在19世纪50年代之前，西藏的军事地理格局与新疆、青海、四川关系密切，青海、四川成为进军西藏、平定准噶尔、驱逐廓尔喀的后方基地。19世纪60年代至1911年，四川为进军西藏提供了后勤保障。

第三，清代西藏军事地理格局的变化，既反映在各个时期军事防御体系、后勤保障体系总体格局的变动上，又在某一时期局部地区发生显著变化，比如1888年英国发动侵藏战争后，清中央政府把军队驻防的重心从帕克哩宗（今亚东县帕里镇）前移至亚东（主要在今亚东县上亚东乡、下亚东乡），并构筑了完备的防御工事。

第四，清朝中央政府在西藏的军事部署是治理西藏、安定边疆的重要措施之一，与各个时期的边疆治理政策紧密相联，既有成功的经验，又有值得反思的教训，为今天的西藏治理和边疆治理提供了值得借鉴的历史经验。

藏文史籍所载古藏文“ཐང་མཚམས”之新探

索朗次仁

据藏文史籍记载，从第 14 代吐蕃赞普额雪列起，当赞普诸多儿子中的一位继位为赞普，其他未继位的兄弟则被安排为“ཐང་མཚམས”，这种制度由此肇始。关于“ཐང་མཚམས”一词之释义，学界尚存分歧。主要有两种观点：一是恰白·次旦平措等先生所说：未继位的赞普兄弟列为“ཐང་མཚམས”之位，所谓“ཐང་མཚམས”，位低于赞普，高于臣民。二是台湾学者林冠群先生云：每一朝赞普继位以后，其兄弟均被贬逐于远离政治中心的偏僻“ཐང་མཚམས”之地方。两种观点各抒己见,莫衷一是。笔者认为，探究该词的真正含义甚为重要，它关系到吐蕃王朝政治制度的研究。因此，本文重新检视“ཐང་མཚམས”一词，旨在探究未继位的其他王子的权势和身份问题。

近期，笔者有幸接触到了一部藏文史籍《弟吴宗教源流》手抄本。专门查找该文本中所记载的“ཐང་མཚམས”一词，并对其拼写形式进行检视。笔者认为，后期藏文史籍中记载之“ཐང་མཚམས”一词拼写形式存在问题，应属于讹字，因其拼写形式衍变致使学界出现不同的释义。这一问题，似乎未曾引起学界关注。该词的正确写法应该为“ཐང་མཚམས”，其具有“王族”之意。继而通过考证提出，未继位的诸王子以王室成员身份居于吐蕃政治中心，而且与赞普、重臣一道参与盟誓等政治活动。其地位列在赞普与大论之间。这些王子去世后，亦同悉补野氏先祖一道安葬于悉补野氏族发祥地——雅隆河谷。这一举措，不仅体现了赞普诸兄弟的权势之相当，而且更体现了悉补野氏族生死与共之深情。吐蕃后期，赞普王权基本被大相侵占，王室权势亦受牵连，致使王室成员无缘创造政治业绩。这也许是未继位诸王子和公主在后期藏文史籍中销声匿迹之缘故。

近当代史组

帝国列强争斗时期的布里亚特蒙古人和西藏（1900—1910）

艾瑞纳 · 加利（Irina Garri）

西藏和布里亚特蒙古虽然距离相隔甚远，但却是两个相互紧密关联的地区。佛教在400年以前从西藏通过蒙古传到外贝加尔（Trans-Baikalia），到20世纪初，整个外贝加尔地区的人口都成为了佛教徒。针对西藏和布里亚特蒙古关系问题，中国与俄帝国有不同的认识。清朝政府完全以一种否定的姿态来对待布里亚特蒙古人，认为他们充当的是俄帝国的间谍，而俄帝国则认为布里亚特蒙古人在亚洲承担着传播并普及俄帝国政策的角色。本文将对20世纪前10年帝国列强相互斗争时期布里亚特人扮演的角色展开讨论。

布里亚特人阿旺·德尔智（Agvan Dorjiev）是一位非常重要的人物。他是十三世达赖喇嘛的顾问和亲信，他的主要目的是将西藏引入俄帝国主义的保护伞之下。布里亚特东方学学者是西藏的首批俄国探险者，其中Gombozhab Tsybikov是这批学者中第一位以佛教朝圣者的身份为伪装渗透到西藏的俄国学者，他写了有关这块雪域大地的历史、文化和宗教的综合著作。Bazaar Baradin 花了一整年的时间居住在拉卜楞寺，写下详细的有关这座著名的寺庙的宗教生活情况。Buda Rabdanov 是阿旺·德尔智的助手，也是称为“俄顾问”的头目，更确切地说他是秘密情报官员，他也隐姓埋名地在打箭炉居住了一年。

布里亚特人是俄罗斯科学及情报使命中最为重要的成员。他们中有导游、翻译、哥萨克军人、管理人员、研究人员；他们中的大部分人的名字已无从知晓。然而，他们在由探险家 Nikolay Przewalski、Georgyi Potanin 和 Petr Kozlov 开展的著名的亚洲内陆的考察中提供了不可缺少的服务，这一点是确定无疑的。著名的死亡之城蒙古黑土城（Hara-Hoto）的发现实际上就是布里亚特人 Tsokto Badmazhapov 的功劳，但最终这一荣誉归功到他们的长官身上。

一大批在西藏佛教寺院里学习的布里亚特朝圣者的名字不是很清楚。不过，最著名的是第一位布里亚特哈勃喇嘛（Hambo Lama）Damba-Darzha Zayaev 和 Tsannid 哈勃喇嘛（Hambo Lama）阿旺·德尔智。在由阿旺·德尔智派遣到藏人寺院学习的僧人中，有几个人士，比如阿旺尼玛（Agvan-Nima）、土登尼玛（Tubden-Nima）和格桑列登（Galsan-Legden）是最为著名的。由于在俄罗斯和中国掀起的革命运动使得这些人不能返回到他们的家乡，他们不得不在外国的领地上终结他们的一生。

到目前为止，尽管布里亚特人在蒙古人和俄罗斯人中，以及佛教世界里是被边缘化的，然而在帝国列强兴趣的交叉的十字路口，在亚洲内陆发生的政治和社会进程中，布里亚特人充当着十分活跃的媒介作用，这一点已经得到证实。他们在俄罗斯、蒙古、中国及其西藏扮演着重要的角色。值得注意的是，所有参与国际活动的布里亚特知名人士，都被苏维埃社会主义共和国联盟的安全机构当做资本主义民族主义者或者是泛蒙古主义者，或者是日本的间谍来进行迫害。

近代西藏赴印度女留学生研究

强俄巴 · 次央

1913 年年初，十三世达赖喇嘛派遣四个贵族子弟，即英文资料中通常所说的“four boys”（四个男孩儿）到英国留学，从此开启了西藏近代史上派遣留学生的先河。

若干年后，随着社会风气的逐渐变化，开始有一些西藏贵族打破女童不能到外面去求学的传统，送他们的女儿到印度学习，这对西藏古老的传统教育，尤其对西藏妇女教育的震动和影响是不言而喻的。

众所周知，四个赴英男留学生是作为西藏地方政府的后备僧俗官员送往英国学习的，因此他们的学费等所有费用由西藏地方政府支付，他们毕业回西藏时，就职的机构和职位已经安排好了，并随时都有机会破格晋升。然而，赴印度留学的这些女留学生，她们的全部费用不仅由各自家庭承担，即使她们出身名门贵族又接受过现代教育，毕业回西藏后只能待在家里相夫教子，因为当时的西藏社会没有女性施展才华的舞台。

但是需要肯定的是，这些赴印度学习的女留学生回到西藏后，对西藏社会产生了一定的影响，有条件的家庭更加重视女孩子的教育并支持她们学习新的知识。特别是女性自身更加渴望学习新知识，只要家庭条件允许，都积极寻找学习机会。可以说，这批女留学生的经历，对于争取社会的进步和改变妇女的命运、重视下一代和女性教育等方面起到了积极的推动作用。

以往学术界对本题目关注得还不够，很少有论著提及，本文以多年积累的第一手资料和人物访谈材料为基础，结合相关资料进行研究并提出自己的观点，以期引起更多学者的关注。文章拟从以下几个方面进行讨论 ：

1. 西藏第一位女留学生赴印度学习的年代及家庭背景。
2. 先后一共有多少女孩子赴印度留学及她们的家庭背景。
3. 女留学生们在印度的学习和生活情况。
4. 赴英男留学生和赴印女留学生之间截然不同的命运。
5. 女留学生对当时的西藏社会产生的影响和所起的作用。
6. 结语。

宗教(一)组

盘曲和迭部地区“莱坞”文献对比与初步研究

阿旺嘉措

根据九乘判教法，司巴苯教称之为“因苯”，或为司巴因之苯。根据四门一库来说，司巴苯教应称为世续苯教。四门一库中的司巴苯也涉及司巴苯教的内容，即黑水司巴续之苯。所谓“黑水净身之门”主要分为：一司巴芒庆净身之典，二图嘎念波神之典，三战神维玛英雄之典，四世间族源之典，被称为“黑水四典”。这些与九乘中的“因苯”内容大体相符。

在民间，苯教祭祀者被称为阿巴、司巴、沙巴，白龙江上游则称之为“莱坞”。

1. 民间苯教祭祀者莱坞

“莱坞”（levu）一词有小神的意思，在藏语中 lha 是神的意思，在基字“la”上加元音 e，后加 vu，表示“小”之意。“莱坞”（levu）也可以写作“le gu”，依然表示小神之意。苯教祭祀者自认为是小神，标榜其具有神的力量。莱坞分为司巴莱坞和贡布莱坞。司巴莱坞为民间苯教徒，贡布莱坞是民间咒师。也有贡孜莱坞、阿尼莱坞等。也有从年龄上分为莱甘、莱著等。莱坞的主要职能是上敬天神及天龙八部，下伏鬼怪，从事打卦、历算、解秽、招魂、赐福、施医、主持科仪等。

2. 民间苯教祭祀者莱坞的经书

莱坞的经书没有统一的称呼，不同的地方有不同的表述。在迭部电尕一带，把莱坞的经典称之为“安易”(brngan yig)，是祭祀山神文献的总称。在尖尼一带把莱坞的经书称之为“章甘”(drang rgan)，该经文在民间应用十分广泛。章甘是主持真理的意思，是调解山神矛盾的证人，是司巴三大证人之一。达拉一带莱坞的经书称之为“莱坞波第”，其中“波第”是经函的意思。在若尔盖县包座一带称之为“莱坞易盖”，或简称为“莱易”，意思为莱坞的经文。盘曲流域莱坞经书比较规范，其内容主要分为四卷，即罗曾经文、夏子玛、解秽类经文、夏当类经文。罗曾可能是藏语的“blo vdzin”，即背诵的意思，因为在莱坞经中相当一部分内容是需要默诵的，这部分的内容主要包括司巴苯教的特殊护法奔热、贡孜等祈请文。夏子玛（zhag gcig ma）在藏文中的意思就是一夜能够诵完的经文，共有 16 篇经文。解秽经是除祛污垢的经文，这类经文共有 20 篇，里面主要包括 12 种仪轨。夏当类共有 24 种经文，是祭祀山神的经文。

3. 莱坞经文的特点

4. 莱坞经书的传承及现状

总之，莱坞是白龙江上游民间苯教仪轨的主持者，也是民间苯教文化的传承者。他是普通的劳动者，是人与神的媒介。他被称为是原始苯教的“活化石”，是认识原始苯教文化的载体。莱坞的很多仪轨已经消亡，有些经书也在逐步消失中。开展这一领域的研究，对研究藏族民间宗教文化、原始苯教文化和保持人类文化多样性有着重要意义。

藏文叙述中的外来人及外来信仰

范德康

尽管处于高海拔地区且地广人稀，西藏高原从来都不是一个真正的与世隔绝的地区。它不是只与外界有零星交往的地方，那里的人们也并非对周边世界的信仰一无所知。但当西藏的人民从公元 8、9 世纪开始从中国内地和印度接受佛教信仰后，他们就不再接受任何其他外来的信仰。伊斯兰教也许是一个例外，尽管它依然处于边缘位置。一些居住在西藏中部城市中心的穆斯林很明显是信仰转变者，他们并非都是克什米尔人、中亚人和回族的后裔。尽管拉萨的穆斯林数量不能说是微不足道，穆斯林社区却只是一个边缘化的存在，对于西藏文明主流并没有太大影响。在藏文中唯一的"穆斯林"痕迹就是笔者正在研究的一本小册子，这本小册子是一部格言集，其中并无伊斯兰教义的踪影，只是教导人如何过健康、良好和道德的生活。

本文是关于藏族知识分子记录的在几个世纪中除了印度佛教以外遇见的其他宗教传统，以及他们各种反应的不完整研究。本文并不涉及非佛教的印度学术传统，这些哲学问题在藏文文献中大量存在。本文并非基于对这些外来信仰体系及其典籍本身的熟悉，而是通过对印度佛教文献的研究进行的，印度佛教文献对许多其他信仰体系进行了讨论。

多罗那他与哲布尊丹巴关系研究

金雷

哲布尊丹巴（rje btsun dam pa）是喀尔喀蒙古地区佛教地位最高的活佛，广大蒙古僧俗信徒对其顶礼膜拜，虔诚信仰。他在政治、宗教上的崇高地位和重大影响堪与达赖喇嘛在前藏、班禅额尔德尼在后藏、章嘉呼图克图在内蒙古的地位和影响相媲美。有清一代，哲布尊丹巴转世系统共传八世，这在学术界并无悬念，但关于一世哲布尊丹巴的前身问题，尚存诸多疑问。笔者通过梳理《多罗那他自传》《哲布尊丹巴传》《蒙藏佛教史》《五世达赖喇嘛传》《清实录》等文献资料所涉及的相关历史，不揣浅陋，对这一问题加以考证，旨在抛砖引玉，冀望学力雄厚之方家、学者斧正。

多罗那他（Tāranātha，1575—1634/1635？），是藏传佛教觉囊派第 28 代法主，本名世觉多吉（sri gcod rdo rje），法名贡嘎宁波（kun dgav snying po）。“多罗那他”，意为“救度怙主”，是他在 21 岁修炼密法时所见境相中印度学者扎拉那他为其所取的名字，因其在《印度佛教史》

中以此名自称，而该著作早在18世纪起就被译成德、俄、日、英等多种文字，影响广泛，“多罗那他”这个名字遂广为人知，作者的本名和法名反而鲜有人提及。

以往在学术界对多罗那他一生的活动多有误解，本文利用多罗那他亲笔所书的自传，以第一手资料为依据，证实多罗那他一生都只是在卫藏地区活动，既不曾去过印度，也不曾到过外蒙古。

多罗那他与外蒙古大活佛哲布尊丹巴之间的关系问题历来是令研究蒙古、藏民族史家困惑的问题，本文利用第一手文献资料，分析了哲布尊丹巴被认定为多罗那他转世灵童的原因、认定者，以及哲布尊丹巴尊号的由来，澄清了历史盲点，并对哲布尊丹巴活佛改宗格鲁派的原因做出合理的解释。

西宁办事大臣奉转乾隆皇帝关于照新制寻找历辈察罕诺门汗转世灵童谕旨之文告探析

仁青卓玛

文告主要内容为清乾隆六十年间西宁办事大臣向第四世察罕诺门汗及其所属部落奉转乾隆皇帝关于历辈察罕诺门汗转世灵童照新制寻找认定之谕旨等事宜。文告现存于青海省博物馆，至今尚未被详细发掘和研究。文告文字为藏文、蒙古文，质地为丝织品，墨写，长 214 厘米，宽 76 厘米，保存完好。

1793 年清朝制定《钦定藏内善后章程二十九条》，规定认定达赖喇嘛、班禅额尔德尼等呼图克图转世时须实行金瓶掣签的制度，此件为西宁办事大臣向第四世察罕诺门汗及其所属部落奉转此项规定之文告。

通过分析该文告及相关原始资料可知，清朝中央和蒙藏政教首领曾多次向历辈察罕诺门汗颁授封号及文告，反映了对札萨克喇嘛察罕诺门汗的高度重视和对其在青海蒙藏地区重要地位的认可。这件文告是清乾隆五十九年，即规定新制的第二年下旨照新制寻找认定察罕诺门汗转世灵童之事宜，进一步反映了察罕诺门汗的重要地位及清朝中央政府对他的重视程度。

此外，通过对该文告及其相关资料的进一步分析，能够了解雍正初年平定罗布藏丹津的叛乱后，察罕诺门汗所属部落与青海蒙古一同编入30旗，其后在清中央政府实行“扶番抑蒙”和“抑番扶蒙”等一系列政策的过程中，察罕诺门汗所属旗和青海蒙古部落的关系，以及其旗内蒙藏之间的关系等等。同时，通过该文告还能够了解察罕诺门汗旗（也叫喇嘛旗）从衰败迁移走向复兴的曲折过程。

苯教、腾格里教和密特拉教的关系

——太阳舞的循环象征

希玛·贝托娜·托尔斯泰科娃（Sima Petrovna Tolstyakova）

许多欧亚民族都有圆圈舞。圆圈代表着天空、空间和太阳。所有的圆圈舞都有互相融合的特点。舞蹈的独特之处在于歌唱者诗歌表现、歌唱与能量舞蹈巧妙结合的统一。雅库特圆圈舞有时是绕着象征地轴的神树跳舞，有时表现为绕着象征太阳的火堆跳舞。突厥人崇拜太阳神，太阳神被视为火神，是艳阳的化身。舞蹈的目的是建立社会与自然的联系。大多数民族的圆圈舞与迎接新年相关。

夏至，雅库特人跳着传统的 osuokhay 舞，欢庆神、天离地面最近的这一天。他们赞颂太阳与月亮，纪念东方诸神。他们的庆典叫做乌卢（Uluu Tunah Ysyakh，过去它被称为 uluu toloh，即“完整的”），雅库特方言 toluc（满月），即 Uryung toloh Ysyakh，意味着“白色满月假日”。osuokhay 舞是重要的仪式。古代，osuokhay 舞被称为 djuohar(ehor，即符号舞）或“unkuu”（弓舞）。djuohar 在布里亚特语中叫做 ehor（符号舞）。各地的圆圈舞还有很多相似之处：手牵手，绕圈，明快的舞步。藏族果谐舞也有这些特点。研究者布雷金推断：“藏族果谐舞流经蒙古，再传到突厥人、满族人那里，变形为 yokho-iokho 舞，此后再流传到雅库特人那里，已经非常接近 osuokhay 舞的形式。”

圆圈舞与生命的起源密切相关。以 Gondzho 舞为例，舞者围成两个半圆，他们肩挽着肩，跺着脚，轮流歌唱。在舞蹈的高潮期，舞者们或者欢呼雀跃，或者大声哭泣。莱娜河的下游具有相似结构的舞蹈：表演者挽着肩，跺着脚，高跟鞋有节奏地敲击地面，他们向神鸟——白鹤致敬。类似的还有 gondzho 舞，当舞者进入高潮，他们加快节奏，好像就要飞向天空。也许，人们在舞蹈中以神兽的形式表达了对太阳神的崇拜。根据神话传说，神鸟白鹤（一种天鹅，鹤类）是太阳神最小的女儿。

今天，圆圈舞丧失了仪式的功能，被赋予了新的内涵。识别圆圈舞的人种学属性，绘制以圆圈舞为基础的文化关系图谱已成为热门学科，特别是雅库特的圆圈舞 osuokhay 和西藏的圆圈舞。

《宝云经》版本之研究

郑堆

《宝云经》是一部对早期印度佛教产生重要影响的经典。寂天大师(685—763)所著《学处集要》、莲花戒大师(740—795)所著《修次三篇》之中篇，以及《入菩萨行论》《入中论》等论著中多次引用了《宝云经》的内容，可见该经典的影响。佛教在西藏的传播和译经的历史过程中，由于《宝云经》发挥了举足轻重的作用，因而受到极大的推崇。因《宝云经》梵文本失传已久，故学界认为“梵本不传”，当西藏所藏梵本《宝云经》惊现于世时，引起教界学界的极大关注。本文就《宝云经》的梵藏汉不同版本进行了初步研究。

我们的精神遗产对和平文化发展的贡献

岗坚活佛

世界文化遗产是人类的宝藏。中国有56个民族，有独特而丰富的文化遗产和文化传统，这些古老的传统组成了中国独具特色的文化财富。今天的中国，还保存有珍贵的藏族传统。之所以说其珍贵，是因为藏族是为数不多保留了完整的精神文化传承的文明之一。藏族传统的文化内涵仍然影响着人们的日常生活。藏族文化深深根植于佛教的教义和深刻的灵性。教义世代相传，保留了其本真的含意，直至今日依然生机盎然。这是鲜活的传统，中国有幸保存了这一世界文化遗产，并将它分享给全世界。

我深深感激藏族传统的精神文化能流传至今。我想，这是我们的责任，也是我们的义务，用这一珍贵的传承去利益更多人。

西方社会几十年的生活经验告诉我，物质的极大丰富不足以构建一个健康的社会。20世纪，技术极大进步，经济急速发展，然而，世界遭受了太多诸如自然资源过度开发、全球变暖、新型疾病泛滥等种种灾难。事实上，物质的丰富无法治愈人们的焦虑、恐惧、痛苦等等精神上的痛苦，人们仍在寻找获得内心安宁的方法。这还不够表明物质的极大发展、极大丰富对于消除精神的痛苦无能为力吗？

显而易见，名利不可能帮人们解决生、老、病、死等人生基本的痛苦。2600多年前，佛祖终其一生思考人生之苦，经过他智慧的思考，将其称为内心世界的科学可能更佳。今天我们需要的正是佛陀的智慧。

当今世界，人们需要学习古老的智慧，创造物质和精神并驾齐驱的平衡社会。所有古老的传统文化，特别是藏族传统文化都能为实现这一目标作出贡献。因此，保持传统文化的生命力极其重要，不仅仅包括知识和历史遗迹，更重要的是鲜活的智慧，因为智慧才是真正帮助人们减少烦恼，获得和平的有力武器。

成吉思汗后裔的佛教护法神

乌斯宾斯基·弗拉基米尔（Vladimir Uspenskiy）

对于蒙古统治者成吉思汗（1162—1227）的宗教崇拜在其死后迅速兴起，并持续至今。随着佛教在蒙古人中的传播，他也被认为是金刚手菩萨的化身。

尽管对于成吉思汗崇拜的仪轨多数不属于佛教传统，但有证据显示曾经存在着引入佛教仪轨的尝试。

有两部藏文文献描述了成吉思汗后裔的宗教崇拜。第一部是第一世章嘉呼图克图阿噶旺罗布桑却拉丹（1642—1714）所写，他认为护法神是白海螺护法（Dung skyongs dkar po）。第二部由第二世章嘉呼图克图罗赖毕多尔吉（1717—1786）所写，他无法确定什么神灵是白海螺护法，因此他是根据对地方神灵崇拜的描述来撰写他的著作的。他将这种神灵看作是“护法”（chos skyong）。此外，罗赖毕多尔吉似乎认为护法神就是白哈尔（Pehar）。

蒙古喇嘛认为白海螺护法是俯瞰乌兰巴托的博格多汗山的保护神。

可以推测，根据两位章嘉呼图克图的观点，成吉思汗后裔的佛教护法神是显现为商佉波罗龙王的白哈尔。

文化组

象雄文化之邛鸟的象征意义与邛氏的族源研究

更尕易西

在象雄文化中，目前还不能完全断定有确切的文字，但却有丰富多彩的象征符号，包括邛鸟、鹿、马、羊、牦牛、雍仲、树木、虫、人、塔等，特别是“邛”鸟形器与鸟形纹，在众多西藏岩画中一眼即能辨认。这些符号与纹饰一道，构成一个把自然界与人间万物召唤在一起的神秘系统，是远古以来图腾崇拜的遗存，其中尤以“邛”鸟图腾最为明显。

邛是古代象雄文化中出现频率极高的一种神鸟的名称，是古代藏族的图腾和象征。从空间上看，以邛鸟“图腾”为藏族或原始象雄族徽的器物分布最为广泛；从时间上看，“邛”鸟图腾有自身的发展与演变历史。象雄文化在其晚期核心宗教观之前有一个相当长的邛鸟图腾崇拜时期，它经历了由氏族徽铭图腾向文化图腾的演变。邛鸟图腾的成因与作用反映了象雄部族图腾信仰背后的人格化因素，也反映出因特殊地理位置而形成的其他图腾不可替代的结构性作用。象雄文化特征中有将天体崇拜与邛鸟图腾一体化的倾向，经过早期图腾的自然选择，不断注入宗教的内容与世俗需要，表现出“祭天”与“齐天”，升腾与自由的原始宗教精神，从而形成众多的原始神话故事。

邛字音义的考述与藏族原始神话故事密切相关，学术界对“邛”音义的考证和相关神话故事的探讨颇多。本文根据对藏文古籍文献的解读，拟在对广大学者相关的重要成果予以考述的基础上，对这一问题进行较为系统的回顾、分析和总结，以资学界参考。文章认为“邛”是古人综合各类鸟禽优点组成的超自然“鸟王”，是原始象雄部落崇拜的神物图腾。之前的象雄氏族应是“扎”氏族，进入象雄部落鼎盛时期以后，“扎”氏族的称呼慢慢被“邛”字所取代，其后逐渐形成邛氏后代及头戴嘉茹（邛鸟角）帽的象雄十八王的王朝正统观念，最终形成邛氏的称呼。

再考藏族文化中的日月符号及其文化象征
——由“香格里拉”一名谈起

拉巴次旦

本论文以术语“心中日月”作为切入点，从语言考古学的角度指出英文中的“Shangri-la”，实际上是云南迪庆藏族自治州中甸县（目前改称“香格里拉县”）方言的“ཤེམ་ཀི་ལི་ལྷ”在英文中的音译。然而，很多学者不加思索地把该术语的“创造”归功于20世纪英国著名作家詹姆斯·希尔顿（James Hilton，1900—1954）。《不列颠文学家辞典》甚至称《消失的地平线:香格里拉》一书的功绩之一是为英语词汇创造了“世外桃源”（Shangri-la）一词。文章在对以上观点提出质疑的同时，以充分的文献及事实依据证明该术语的形成应该归功于当地口传文化中的“ཉི་ཟླ་རྫོང”（汉文直译为“日月城堡”）及英文中的“Shankori”，也就是说“Shangri-la”的原形源自美籍奥地利植物学家、探险家约瑟夫·洛克（Joseph Charles Francis Rock，1884—1962）。

众人皆知，世界上各原始民族广泛存在“日月”崇拜的现象。很显然藏族先民早就把自己所向往的世外桃源、人间仙境、没有忧伤、没有痛苦的地方也比作“日月”，这足以证明“日月”作为一种象征符号，藏族先民运用它以集中的形式来表达他们纯朴的内心世界。文章以“香格里拉”为引言，从象征人类学的角度探讨“-rila”/“里拉”/“nyi zla”在藏族不同历史时期的文化语境中所形成的不同象征寓意。论文根据考古、民间口传、古籍文献等不同资料，从藏族先民拜祭“日月”、苯教对“日月”的理解、佛教对“日月”的阐释、民间文化中“日月”的体现等不同角度论述在藏族文化中极具象征寓意、文化内涵的两极性符号“日月”。

略述西藏分裂割据时期藏族文化的成就

旺多

公元10世纪以后，西藏本地学者在佛学理论、佛经翻译、因明逻辑、典籍整理等领域发挥了重要作用，成为一股文化中坚力量，这不仅展现了本地学者勇于创新和善于钻研的风范，而且促进了藏族文化的较大繁荣。本文选出西藏分裂割据时期部分外籍高僧与本地学者，试图展示这一阶段的藏族文化成果，显示中华文化的多元性。

论文的基本框架与思路为：

1. 新密道果在西藏的传播

挖掘道果法经典的初期翻译和传播途径，以卓弥·释迦益西和朱托·噶亚达日的新密经典翻译为主。

2. 佛学典籍的对勘与编目

主要围绕觉单日热在纳塘寺开展的佛典对勘和编目这一文化大工程体现。

3. 独具特色的宗派

以藏传佛教各种思想学说为背景，关注一些小教派的兴衰及其对于藏传佛教佛学思想的贡献。包括帕·当巴桑杰与希解派、觉囊派与他空见、绰布译师与绰布噶举派等。

4. 因明逻辑方面的成果

从俄·洛丹西绕、恰巴·却吉僧格、萨班·贡嘎坚赞对藏传因明的重要贡献中显示因明逻辑学科的构建，因明学以新的姿态显示其逻辑思辨的魅力。

在对藏族历史与藏传佛教的关注和研究中，到分裂割据时期（9—13世纪），人们似乎更看重的是藏传佛教各教派的形成以及西藏政教合一制诞生对藏族社会的影响，却很少有人关注这一时期藏族文化的兴衰。其实，藏族文化发展史上一个重要时期也出现在分裂割据时期，各种思想学说、佛学观点层出不穷，典籍编纂、因明逻辑、佛经翻译、文学诗词、天文医学等方面取得了巨大成就，各个领域涌现出诸多精英学者，特别是一些大德高僧、宗教人士成为不容忽视的一股力量。宗教人士对维护国家统一、促进文化交流、繁荣藏族文化的贡献是值得肯定的。我们渴望能够从本文举出的藏族文化成就中窥见本地学者肩负的历史责任、坚忍不拔的精神，以及对藏族文化乃至中华文明的重要贡献。

跨文化语境下的知识生产：《世界广说》与《职方外纪》文本关系再探

魏毅

1830年，第四世敏珠尔活佛降白曲吉丹增赤列（'jam dpal chos kyi bstan 'dzin 'phrin las）在多伦诺尔（mtsho bdun）汇宗寺（lha khang sngon po）完成了《大瞻部洲广说：情器世界明鉴》（'dzam gling chen po'i rgyas bshad snod bcud kun gsal me long，以下简称《世界广论》）一书。该书是藏人以藏文撰写的首部完整的世界地理著作，其成书年代较19世纪中叶问世的《海国图志》和《瀛环志略》略早，在中国地理学史领域，亦为一部具有开创意义的重要文献。

关于《世界广说》新地理知识的来源，瓦西里耶夫（V.Vasil'ev）、图齐（G.Tucci）和威利（Turrell.V.Wylie）等学者均有探讨或推测。笔者通过文本翻译与比对，认为《世界广说》新地理知识最主要的来源，即明末意大利耶稣会士艾儒略（Giulios Aleni）以汉文编译而成的《职方外纪》。《世界广说》对《职方外纪》的知识吸收与回应，是藏传佛教文明以汉语文为媒介对基督教文明进行的一次隔空喊话。本文具体关注《世界广说》对《职方外纪》的翻译过程，剖析跨文化语境下的知识生产。

《世界广说》在翻译过程中对《职方外纪》进行的知识生产，主要表现在：1. 在地理空间上将欧洲表述为政教合一的共同体，并认为欧洲与亚洲共同组成佛教地理概念中的南瞻部洲。2. 对于《职方外纪》所描述的各国景观、风俗和历史，进行佛教化的类比与改造。3. 对基督教教义、历史和人物进行佛教改宗。此种知识生产最终达到的文本效果，即作者持有的地理观念——欧洲为藏传密教中的香巴拉国。

生态组

试探佛教对于藏族习惯法中环保思想和有关规定的影响

索南才让

藏传佛教所译三藏经论及其传承体系所衍生的慈悲戒律，是保护大自然中各种有情众生所需的思想行为的基础；藏族传统原始宗教和佛教相融合而生的护法山神崇拜，是保护山水湖泊草木所需环保规定的信仰基础。

一、佛教传入前藏族习惯法中的原始环保思想和有关规定

根据敦煌吐蕃文献P.T.1287、P.T.1288，以及《贤者喜宴》等相关史籍记载，佛教传入前，西藏人认为山水湖泊草木都附有天龙八部等各种神灵鬼怪，不能随意乱砍、乱挖、乱采，产生了原始的环保思想及行为规范。

二、佛教初传时期习惯法中的环保思想和有关规定

佛教初传吐蕃时，根据敦煌吐蕃文献P.T.1287、P.T.1288，以及

《贤者喜宴》等相关史籍记载，吐蕃时期既有动物作为祭祀和陪葬的牺牲品的习俗，又有敦煌吐蕃文献 P.T.1287、P.T.1288 所载“吐蕃赞普，无主黑头人之国王，无主牲畜的牧主”，以及敦煌吐蕃文献 P.T.0004、P.T.0999 等所载“十善戒”等佛教戒律思想所反映的佛教环保思想；根据吐蕃琼结石碑及敦煌吐蕃文献 P.T.0004、P.T.0999 等记载，也不能断然否认后弘期历史典籍所载吐蕃时期的“法王”和“十善法”的记录。此时的吐蕃社会，处于本土宗教与外来佛教相互交错影响的信仰及价值观变化发展时期，产生了相应的环保思想和规定。

三、佛教全面传入西藏后政教合一制度下习惯法中的环保思想和有关规定

佛教全面传入西藏后，形成了政教合一的政治制度，当时习惯法中的环保思想和规定，主要体现在历代西藏地方政权所颁布的法规法典中，如 1354 年大司徒绛曲坚赞所颁布的《十五法典》，1617 年藏巴第悉·噶玛丹君旺布发布的《十六法典》，1642 年，五世达赖喇嘛阿旺洛桑嘉措颁布的《十三法典》等。这些法典明确规定了“十善法”及“封山蔽泽”的禁令，不仅反映了政教合一统治阶级的意志，也对后来习惯法中的环保思想产生了深远的影响。

四、当前习惯法中受佛教影响的环保思想和有关规定

在藏族乡村及各地藏传佛教寺庙，“十善法”及“封山蔽泽”是主要的环保思想及规定，即便有些放生方式受到一些专家的质疑，寺庙僧人及普通民众最喜欢以放生的形式实践“十善法”及“封山蔽泽”的规定；也有本地学生自发在假期进行环保活动，这种环保更加绿色，不仅继承了传统，也注入了新的环保理念；当地环保受到国家宪法和法律的保护，也得到各级地方政府的政策支持，前景良好。

藏文文献组

藏传佛教文献文化和社会现实

安德雷·巴扎罗夫（Andrei Bazarov）

三个世纪以来，藏传佛教文献文化一直是俄罗斯布里亚特传统文化的重要组成部分。一些佛学研究者认为，佛教圣典（或称经藏）在中亚佛教中扮演了重要角色。从该地区日常的寺庙生活角度看，这种观点无疑是正确的。对于世俗佛教信徒来说，他们的日常宗教生活更多不是受到经藏的影响，而是受到《甘珠尔》的影响。考虑到“社会现实”并非由社会中的知识精英，而是由普通人的日常生活决定（P. L. Berger, T. Luckmann），从2006年到2014年，俄罗斯科学院西伯利亚分院蒙古学、藏学和佛学研究所组织了14次社会考古学调研。田野调查覆盖俄罗斯联邦布里亚特共和国14个地区的112个居民区，采访400多人，对170多件私人藏品进行了研究。研究对象主要是：(1) 图书藏品；(2) 宗教实践和传统保护；(3) 图书收藏者的社会形象。

关于图书藏品，在世俗佛教信徒中最流行的藏文文献是《金光明经》。该经文在布里亚特家庭中通常都是藏文版本。经文一般在中国西藏、内地，以及蒙古和布里亚特印刷。除《金光明经》外较为流行的是《五护陀罗尼》(Pancaraksa),这是五部经文的合集。与《金光明经》一样,《五护陀罗尼》也是藏文版本，在不同地方印刷。另一个比较流行的经文是陀罗尼集，该经文存于私人藏品中，只是藏文版本。此外，藏传佛教密宗经典也有所流行，比如关于般若佛母的一系列经典。这些经典有的是藏文版本。最近的研究显示，现代经文正在逐渐增加，而古典经文有所减少。现代经文主要是用斯拉夫文书写的。尽管藏文经典正逐渐从布里亚特日常文化中被强制剥离,但它仍然是当地佛教传统的重要组成部分。

大数据视野下藏学文献编目系统多功能化研究

奔嘉

自7世纪创制藏文到翻译佛典，历经100多年后的公元824年，大翻译家嘎瓦华泽等以创新的思维编撰了三大目录体系，而到了20世纪90年代，著名学者东嘎先生等编著了三种目录学理论书籍。经过1300多年的积累，时至今日已经有了几万函传统文献和上百部目录。20世纪中叶，美国、日本等国家的藏学家收集了大量的藏文文献，以藏传佛教文献中心（TBRC）为代表的文献机构，将2万多函藏文文献扫描编目后建立了藏文文献数据库，为国内外藏学工作者提供便利服务，并为文献数据库的建立打下了坚实的基础。

当今，新旧藏学文献数量快速增长，文种多样化，研究深入广泛，国内外学术队伍不断壮大。因此，文献管理、编目、信息交流、文献学科建设显得甚为重要。但是，文献工作面临的问题也十分突出，比如从事文献工作者各自为政、重复劳动等现象，人才队伍也是“半路出家，半路还俗”，使文献学科建设和人才培养显得尤为薄弱，亟待讨论的问题众多。

笔者依据 20 多年文献工作经验和上述现状，以大数据视野下藏学文献编目系统多功能化为研究对象，探索文献多功能化的可行性途径。本文提出文献编目多功能化理念，即调动所有藏学文献工作者的力量和智慧，建立一个统一化、规范化、创新化、学科化、数据化、功能化、容量化、层次化、简便化、监督化等具有“十化”特点的现代藏学文献目录体系平台，全方位地梳理和汇总文献领域的优秀成果，推进文献学学科的健康发展，逐步建立文献大数据库，从而更好地促进藏学事业的未来发展。

拉萨哲蚌寺藏敦煌写经一瞥

马德

21世纪以来，在西藏地区发现了吐蕃时期抄写的3部共7函《喇蚌经》，即吐蕃晚期（公元9世纪上半叶吐蕃赞普热巴巾和朗达玛时期）王室内供奉的佛教经典《十万颂般若经》，分别藏于拉萨的哲蚌寺和山南地区隆子县的卓卡曲德寺。这批梵夹装贝叶式经页无论是纸张、书写及装订格式均与敦煌藏文写经《十万般若颂》完全一致，部分写经校经人名题记与敦煌市博物馆及法藏敦煌藏文写经完全相同；卓卡寺《喇蚌经》已经确认为敦煌藏文写经《十万颂般若波罗蜜经》。而从最近披露的哲蚌寺所藏《喇蚌经》的部分内容看，同样也属于公元9世纪前期吐蕃时期抄写于敦煌的藏文写经《十万颂般若波罗蜜经》。这批写经不仅质地、规格及抄写格式都与敦煌莫高窟藏经洞所出完全一致，就是抄经生、校经师的题名，也是敦煌藏文写经中的同一班人，如抄经生唐野勒（དང་གཡུ་ལེགས）、拉罗（ལྷ་ལོད），校经师多杰（རྡོ་རྗེ）、仲玛（སྒྲོན་མ）、洪辩（ཞིང་བེན）等。这是因为在公元9世纪前期，吐蕃治理下的敦煌一度成为吐蕃的文化中心，这里曾经集中了一大批唐、蕃和西域各民族的文化人，赞普的王妃和宰相曾经在这里组织和主持了佛经的翻译、抄写和传播事业。

敦煌藏译佛典 P.T.758 号来源及其相关问题探讨

桑吉东知

法藏敦煌藏文文献 P.T.758 号《阿弥陀经》，此写本仅见于敦煌文献中，且敦煌文献中也仅此一本。另言之，该经文是藏文现存同类佛经中的孤本。P.T.758 号文献首缺尾全，尾题中发现此写本题名为《阿弥陀经》，仅存两叶，首叶 35 行，次叶 24 行，共 59 行。从文本的结构分析，应是《阿弥陀经》的下半部分内容。该文献对研究吐蕃统治敦煌时期的阿弥陀佛和西方净土的信仰，以及当时各民族间佛典翻译之社会历史等情况颇有价值。

本论文从文献学的角度，考释了 P.T.758 号《阿弥陀经》的题名情况、译本的来源、翻译的特征、藏译者的身份和翻译背景等问题。在此基础上，笔者试图构建与该文献密切相关的，当时敦煌地区的阿弥陀佛和西方净土信仰的情况。在资料方面，主要依据敦煌藏文写本 P.T.758 号《阿弥陀经》、敦煌汉文写本 S.6367《阿弥陀经》以及德格版《甘珠尔》中收藏之《极乐世界庄严》等重要资料。

文章认为，吐蕃统治敦煌地区之前阿弥陀佛和西方净土的信仰已经流行，吐蕃统治时期这种信仰更加兴盛。因此之故，敦煌藏文文献中也出现了为数不少的关于阿弥陀佛及西方净土信仰之文献。P.T.758号《阿弥陀经》亦正是在这样的一种信仰情况下，通过汉族高僧和藏族译师进行合作，抑或对汉、藏两种文字造诣较高的一位佛教高僧，依据鸠摩罗什汉文译本（402）《阿弥陀经》译成藏文。笔者将此次翻译年代暂且断定为公元9世纪二三十年代。

简论敦煌古藏文契约文书的主要特点

卓玛才让

敦煌古藏文文献产生于吐蕃时期，是迄今为止最早的藏文文献资料，也是研究吐蕃王朝历史的最具学术价值的藏文史料之一。敦煌古藏文文献中，除了大量的佛教文献外，还有数量较多的世俗文献，包括历史、文化、经济、法律、医学、军事等方面，内容丰富、数量众多。在涉及社会经济方面的文书中，有许多契约文书，这些契约文书，基本都是当时社会上已经使用了的原始契约，是第一手资料。这些契约文书反映了吐蕃时期使用契约的实际状况，表明吐蕃时期的经济活动中已经出现了使用契约的现象。从这些契约的性质来分析，既有官契，也有私契。从内容来分析，主要有买卖契约和借贷契约，也有少许租赁契约。从订立契约的当事人来看，既有同一个部落内的百姓之间所立，也有不同部落间的百姓所立，这些部落一般都是吐蕃统治时期的沙州各部落，其中也包括吐谷浑部落。立约者中有吐蕃人、唐人、吐谷浑人等不同民族。从契约的文本来看，有着严格、统一的书写格式，一般包含时间、当事人、事项、违约责任与处罚、担保人或中证人等内容，并要保人或证人画押作证。敦煌古藏文文献中的契约，几乎都没有标题，所以，只能按其文书编号和内容来取名。通过与同期的汉文契约、稍后的回鹘文契约、后期的藏文契约相对比，可了解敦煌古藏文契约的主要特点和藏文契约文书的演变过程。契约是经济发展，特别是商品经济发展的产物，在我国有着悠久的历史。至唐朝时期，契约在各种经济活动中的使用已很普遍，唐代与吐蕃王朝基本上处于同一历史时期，所以，吐蕃时期契约文书的使用，也反映了唐蕃间政治经济文化的广泛交流与相互影响。敦煌古藏文契约文书的来源为沙州等河西地区，而吐蕃本土使用契约的情况，目前尚无可靠史料以资考证，故本文的研究范围仅限于此。

艺术组

宗果村古代岩画的发现

公保才让

宗果岩画的发现地段为宗果村所在地“多拉隆巴”中部近10公里长的河谷区域。宗果岩画由伟塘克岩画群、董彩尔岩画群、夏荣克岩画群、赛康克岩画群和乌茹克岩画群等五大岩画群组成。其中伟塘克岩画群规模最大，目前发现33处岩画，其他地点，董彩尔发现4处，夏荣克发现15处，赛康克岩发现1处，乌茹克5处，共计58处。

宗果村位于黄河上游贵德盆地西北角，是青海省海南藏族自治州贵德县拉西瓦镇的一个行政村。宗果村又名仍果村，距贵德县城26公里，属黄河上游谷地典型半农半牧藏区。历史上，宗果村属于安多藏族各大部落中的果密部落。黄河北岸的果密部落分为上、中、下三个部分，宗果村属于中果密地区。中果密地区的各个村落，散居在贵德县和共和县交界处的索尔格神山南麓各大峡谷中。其中，宗果村坐落的峡谷称“多拉隆巴”，是北接索尔格神山支脉阿尼智噶，南临黄河的一条约20公里长的狭长峡谷，平均海拔2600米，位于东经101.1度，北纬36.1度。

在多拉隆巴内除了中部的宗果村之外，上部有多拉村，下部接尼那村。

笔者于 2015 年 8 月首次发现宗果岩画点之后，对此进行了实地考察研究。在这个过程中，发现宗果岩画具有以下几个特点：一、每幅岩画凿刻在单型巨石面部，总体上呈零星分布状，相对集聚区域可称为单组岩画群。二、所有岩画基本上位于河水两岸高于 500 米左右的河床平地或山丘上。三、岩画内容涉及动物、人物、植物、宗教或信仰图案。

宗果岩画具有明显的青藏高原岩画特征，主题图案为动物，动物形象包括牦牛、鹿、马、猴、象、兔、羊、龙、狗、狼、鹰、蛇、犀牛、鱼等十余种动物；植物为树枝状；人物的造型极为生动，如狩猎、运动、舞蹈等；宗教图案为雍仲符号、日、月、星等。

宗果岩画的文化价值：一、有助于研究和缕清黄河上游区域历史及古人类的活动状况。二、填补了黄河上游两岸未曾发现古代岩画的历史空白，纠正了“黄河上游无岩画”的学术假说。三、扩展了青藏高原古岩画的分布区域，丰富了青藏高原古代岩画的遗存内容。

宗果岩画点的考察还处于初级阶段，对岩画的发布范围、图案的识别、数量的清点、象征符号的研究等方面有待于进一步推进。青藏高原的古文明中，岩画占据主要地位，宗果岩画无论其象征符号，还是艺术造型，在中华文化的艺术殿堂中独具魅力，引人注目。

西藏拉孜县查木钦墓地最新考古调查与研究

夏格旺堆

查木钦墓地（ཁྲོམ་ཆེན་བང་སོ）位于拉孜县曲玛乡（ཆུ་མ་ཤང）查木钦村（ཁྲོམ་ཆེན）和查木普村（ཁྲོམ་ཕུ། 之间的冲积扇坡地和山麓，是目前已知西藏日喀则市境内发现的墓葬规模较大、等级较高的一处封土墓葬群。

20 世纪 90 年代，西藏自治区开展文物普查工作期间，首次对这处墓葬群开展了较为详尽的田野调查，公布了较为完整的调查简报。从此，学界陆续对查木钦墓葬群的墓主人、墓地碑文等问题展开了研究和讨论。巴桑旺堆研究员认为，查木钦墓地是吐蕃舅臣家族“卓氏”（འབྲོ）家族墓地；墓地中修立的记载建造庙宇的石碑，被认为是赤祖德赞（815—838）即热巴巾执政期间。与此观点相反的学者不同意查木钦墓群可能的主人是“卓氏”家族，认为墓主人的确定仍然需要做进一步工作才能弄清，但并未指出墓葬主人究竟是谁。另外也有学者认为，该墓地是吐蕃末代赞普朗达玛之子伟松（འོད་སྲུང）及其后裔贝阔赞（དཔལ་འཁོར་བཙན）等人的墓葬，并且认为墓地中修立的石碑当为朗达玛（གླང་

དར་མ）所为。

2012 年、2013 年和 2015 年，作为西藏自治区“十二五”文物保护工程项目之一，文物部门对查木钦墓地展开了测绘、全面的调查和局部发掘工作，获得了新的数据和材料，有必要进一步探讨查木钦墓群相关的问题。笔者作为近年在查木钦墓群开展考古工作的负责人和领队，从“以往工作与研究”“查木钦墓群的基本情况”“初步的几点认识”等三个方面入手，重点介绍近年开展的考古工作情况，在此基础上探讨查木钦墓群的相关问题。

阿里地区千佛壁画初探

熊文彬

2014—2015 年，在西藏文物保护与研究所、阿里地区文化局、札达县和日土县文化局的帮助下，笔者先后与陕西省考古研究院的张建林研究员，西藏文物保护与研究所的夏格旺堆副研究员、李林辉研究员，浙江大学的谢继胜教授和中国社会科学院的廖旸研究员等人一起，分别对阿里札达县的白东波石窟、译师殿和日土县的千佛石窟进行了调查。三个遗址的壁画表现的都是千佛题材，且每一身佛像下面都有相应的藏文题记。其中，第一个遗迹自 2002 年已被学界知晓，而后两者则鲜为人知。从风格看，它们创作于古格王朝早、中、晚三个时期。

1. 白东波石窟

该遗址位于札达县托林镇，与古格王朝早期开凿的东嘎、皮央石窟毗邻。石窟为方形，四壁绘满千佛，每位佛像下面都题写有相应的名称。据纽曼统计，四壁现存 878 身佛像；甬道两侧绘有轮回图和供养人像，左壁同时题写有一则藏文题记。壁画虽然与东嘎、皮央石窟一样体现出浓郁的克什米尔风格，但甬道的形制和藻井的纹样却与新疆石窟非常相似。壁画应为 11—12 世纪的作品。

2. 千佛石窟

该石窟位于日土县邬江村，窟形呈方形，前部已坍塌。正壁的千佛构图非常特殊:中心为巨大的释迦牟尼佛像及其两位胁侍，两侧为10佛，千佛环绕四周。千佛壁画之下为佛传故事，大多残损，但部分壁画仍保留有藏文题记。左壁中心上下两层构图有12铺坛城和菩萨壁画，顶部为高僧和大成就者像，底部则为佛传故事和供养人像。与之对应的右壁中心则分别绘有一身观音菩萨、两身佛陀或菩萨和一铺坛城；顶部绘有两排高僧和大成就者像，底部绘有两排神灵和供养人像。壁画体现出比较浓郁的波罗风格特点，与札达县13—14世纪左右创作的帕尔嘎波石窟壁画和昌都类乌齐寺保存的达隆风格的唐卡非常相似。由此推测，此窟壁画应绘于13—14世纪左右。

3. 译师殿

该佛殿位于札达县萨让乡日巴村，当地人认为由西藏著名翻译大师仁钦桑布建造而成。现存建筑东向，平面呈方形。殿内绘满千佛壁画，同时残存部分塑像。从塑像的背光和莲花座来看，正壁（西壁）原塑有五身塑像，东壁（殿门）塑有三身塑像。幸运的是，千佛壁画相对保存得非常完好，每身佛像下都题写有相应的名称。经统计，正壁绘有108身佛像（同时绘有8位上师和4位供养天女），南壁和北壁分别绘有338身佛像，东壁绘有226身佛像（与此同时，底部绘有30余位当地望族和供养人像，殿门顶部绘有十余身地方神，绝大多数像的下面都题写有相应的名字）。除上师、供养人和地方神像外，该殿共绘有1000身佛像，与经典的记载完全吻合。壁画风格与托林寺和古格故城白殿15—16世纪创作的壁画非常一致，体现出比较浓郁的克什米尔风格特征。因此判断，该殿壁画也应创作于同一时期。

从这三处遗迹可知，千佛题材是古格王朝时期壁画比较流行的题材之一，风格多样，对于研究此时期西藏西部的信仰和艺术演变具有重要的学术价值。

布达拉宫德瓦坚寝宫壁画研究

扎西才旦

布达拉宫的建筑，随着时间的推移，很多建筑在形式上发生变化的同时其功能也同样处于变化中。比如，原有的有些寝宫改扩建成为灵塔殿或殿堂，随着其功能的变化，其中的原装陈设也发生了质的变化，这对研究布达拉宫的整体建筑历史带来了很多阻碍。但是，在殿堂功能改观的过程中，壁画作为不可移动的文物有时完整地保留下来，这对布达拉宫整体研究带来了很多便捷。其中，布达拉宫德瓦坚寝宫作为建筑变化过程中遗存的一个案例，其壁画较为完整地保留下来。本文以德瓦坚为例，对其壁画的文化内涵做一简单的论述。

布达拉宫德瓦坚寝宫位于布达拉宫东大殿上层西南隅，初建于公元17世纪五世达赖喇嘛时期。六世班禅班典益西和八世达赖喇嘛长年居于此修行讲法，后逐渐成为噶厦的办公机构，是一所集宗教与政治文化为一体的寝宫。寝宫内壁画保存较为完整。这座寝宫平面分布南北狭长、东西较窄而呈长方形。东西两面壁画面积较大，南北两面部分区域被门窗占据而壁画面积相对较小。

壁画内容分布情况大致为：东面墙描绘的是宗喀巴大师八十大业绩图，壁画内容完整，但壁画表面污迹面广，有起甲及脱落现象，影响壁画的欣赏及题记的阅读。南面墙窗户右侧为大威德金刚，中间主供像为十三尊大威德金刚佛；顶上从右侧分别为胜乐金刚、文殊、密集金刚；中间右侧为白色文殊，左侧为绿度母；下边右侧为马头明王；左边为白伞盖佛。北面墙门右侧主供像为吉祥天母，两边配饰狮子和鲸鱼；顶上从右向左依次为文殊、四臂观音、持金刚；底层两边为多吉扎丹护法神；左侧主供像为六臂怙主及其部分侍从。西边壁画面积较大，分左中右三个大的区域，主供像为无量光佛，左右两侧为观世音和持金刚。

目前，布达拉宫壁画研究已进入关键阶段，预计在西藏“十三五”计划内完成整套布达拉宫壁画全集。

以隔字符的演变考证古藏文文献的年代

才项南杰

使用于藏文中的隔字符,其效仿对象是梵文中的断句符号“:”和“·”。这两种符号在梵文中具有断句作用，后来应用到藏文中演变为隔字符，两者的引进时间也分先后，即“:”先于“·”被引入。早期藏文的隔字符有 tsheg-drag“:”、tsheg-rkyang“·”、skor-thig-rtseg-mavi-tsheg“ꓽ”、gter-tsheg“༔”等4类，其中某些隔字符又以标注方位不同而分为若干小类。从早期文献中隔字符的标注和形态演变看，我们可划分为 tsheg-drag 单用时期、tsheg-drag 和 dkyil-tsheg 混用时期、dkyil-tsheg 单用时期、dkyil-tsheg 和 mgo-tsheg 混用时期，以及 mgo-tsheg 单用时期等五个发展阶段。

以隔字符演变的特点，我们可以把现有古藏文文献归纳为以下几个时期：即公元7世纪至赤松德赞执政时期文献、赤松德赞执政末期至赤德松赞执政初期的文献、赤德松赞执政时期的文献、赤祖德赞执政初期的文献、赤祖德赞执政末期到佛教后弘初期的文献等。以上断代方法由相应时期的石碑、岩刻、喇蚌经等年代确定的文献来进行佐证会更为确切。此外，佛教后弘期初期隔字符的标注方法和用途也有一些规律，例如：在断句符号前加隔字符；用 anusvāra（空心）、gter-tsheg、tsheg-drag（实心）等隔字符来代替断句符号的现象等。还有部分乌梅体写本中，断句符号常常被 tsheg-drag 来代替。以上特征成为解析早期藏文文献流变史的主要依据，而这些现象在藏文厘定过程中逐渐消失。

目前，古藏文文献中除了碑文等极少部分文献可以断代外，吐蕃时期的大部分文献（以敦煌文献为主）很难考证年代。而隔字符的演变是考证古文献年代的重要手段和方法，仅就现状而言，以隔字符的演变辨别古藏文文献的年代是其他考证方法所不能及的。

从藏语《语法根本三十颂》与《语门文法概要》的比较探析藏语句子逻辑结构的变化问题

吉太加

语言也同其他物质世界一样处在不断的变化之中。语言的变化主要表现在语音、词汇、虚词和句子等方面。探究这些语言要素的变化情况，很重要的一个方面莫过于要分析产生于不同时代语法著作中关于字词句的论述，其中藏语《语法根本三十颂》《音势论》《语门文法概要》《字的读法简易入门》，以及其他正字法等著作是洞察这些著述产生时期语言变化情况的典型案例，具有其他语言材料无法替代的价值。为此，以藏语《语法根本三十颂》与《语门文法概要》的内容为比较对象，在探究藏语格虚词和一般虚词在构成句子中的不同作用，阐明格虚词如何充当句子主要要素，一般虚词如何连接前后句子问题的基础上，通过《语法根本三十颂》中出现的续接词“སྟེ”、格助词“ན”和“ལ”以及否定词“མ”和“མི”的用法与《语门文法概要》中上述几个虚词的用法进行详细比较，指出《语法根本三十颂》成书仅300多年后，《语门文法概要》中“སྟེ”的用法增至3种，否定词“མ”的用法新增14种非遮，否定词“མི”的用法扩至11种无遮，“ན”和“ལ”的用法也从原来的5种分别增加到14种与10种不同的变化，除此之外，《语门文法概要》中又出现了“ད”“འདི”“ཙམ”“ཉིད”和“འབའ་ཞིག”等表示语气的词语以及“ཅིང”等虚词的用法情况。文章从同一个虚词在不同时期的不同用法和一些新增词语的语言实例，客观论证自《语法根本三十颂》产生之后的几百年里，在藏语句子逻辑结构方面究竟发生了哪些主要变化，分析当时的社会文化背景，研究其中的来龙去脉。文章的主要内容包括以下几个方面：

1. “སྟེ”和“ན”“ལ”在两个文本中的不同用法，举例说明藏语句型向多样化变化的情况。

2. 以“ཚུལ”“ཙམ”和“ཉིད”等的用法为例，阐明藏语句子结构进一步趋于严谨的情况。

3. 通过“ཅིང”和“ནས”的续接用法，论证藏语句子向结构严谨的复句发展的问题。

4. 从“མ”与“མི”的非遮和无遮用法，举例论述古印度语言结构对藏语书面语的影响。

5. 用“གལ་ཏེ”和“འོན་ཏེ”等关联词语的用法，例证不同分句之间的逻辑结构问题。

6. 用《语门文法概要》中十种“减缩”方式的提法，阐明词与句子的界定进一步趋于明朗的问题。

藏文文献中的“契丹”和“奚”

唐均

在已知的藏文文献中，族名“契丹”出现了六种拼写形式，其中有：见于约8—9世纪敦煌文献《北方若干国君之王统叙记文书》的ge-tan和ge-tang、见于《汉藏文书》的khre-brtan或khri-brtan、见于1376年《雅隆尊者教法史》的chi-tan，以及见于1434年《汉藏史集》的chi-twan。族名“奚”的三种形式he、he-tse、dad-pyi仅见于《北方若干国君之王统叙记文书》。

约8—9世纪的藏文记录，主要反映出藏文字母对译突厥语时的清浊颠倒对应规律，藏语对这两个副蒙古语民族的称呼，显然是直接源自突厥语的：ge-tan < Qïtan、ge-taṅ < Qïtañ，dad-pyi < Tatabï；he-tse则是he的汉语式杜撰形式。

14—15世纪的藏文记录仅有“契丹”，反映出藏语中舌根辅音已经塞擦音化的阶段，正是西夏文记录“契丹”称呼 *tśhji1-tã1 的直接源头。

而用khre-brtan或khri-brtan来拼写“契丹”的藏文形式，则是藏文拼写反映汉语语音发展的结果：首音节下加字 -r 反映“契”字声母可能的塞擦化，末音节前加字 b- 反映“丹”字元音 -ɑ- 舌位的靠后特征，而其上加字 r- 则应当是对“契”字入声韵尾的摹写。

藏医对恶性肿瘤的认识及其治疗要点

德荣·角加才仁

恶性肿瘤是威胁人类生命健康的又一个无情杀手,是人们生活习惯、环境污染、心理失衡等因素而造成自身基因突变的慢性病种,致死率非常之高,位居心脑血管之后,是人类又一个公敌。

近年来,恶性肿瘤的发病率逐渐攀升,严重威胁着人们的生命。人们一听到“癌症”二字,立马毛骨悚然,可谓是谈癌色变。因而,各种治疗手段也像雨后春笋崭露头角,方法层出不穷,但效果却不尽如人意。多家研究机构借用传统的理念和方法进行传统研究,提出保守治疗,身心结合疗法,避免或放弃以暴制暴、以毒攻毒的战争性治疗模式,禁止过度治疗,真正从“以人为本”的角度出发,贯彻西医医学之父希波克拉底的“不伤害”原则,在部分领域已取得了可喜的进展。

数千年前藏医经典理论就已提出恶性肿瘤是一种综合性的慢性疾病,无需过于恐慌和胆怯。在实施具体治疗时,要以“调理、和谐、整体”的思想来进行长期的、复杂的治疗,力争病人康复。藏医在治疗恶性肿瘤方面具有减轻患者病痛、缓解其心理压力、改善其生活质量、提高带癌生存几率等方面独特的治疗措施及方式、方法。

本文着重探讨藏医、西医对恶性肿瘤的基本认识，甄别藏医界对其病的认识差异。通过反复论证,论定恶性肿瘤均属藏医经典里诠释的“翟乃”（འབྲས་ནད）的范畴。提出此病是综合性的慢性疾病，只有长期、耐心、温和的治疗才能控制病情、减轻病痛、提高生存质量，带癌生存几率都大大高于其他伤害性治疗的措施。并阐述了恶性肿瘤的基础病机、病因，其中深入阐释了恶性肿瘤患者关注内心的重要性和必要性。恶性肿瘤与内心的起伏具有必然的因果关系，所以，实施身心结合疗法是恶性肿瘤治疗及生存的唯一法宝，也是治疗的核心，严禁实施破坏性的治疗措施。“内观、静修、面对、自信”是恶性肿瘤患者生存的基本要素。减轻内心负担，摆正心态，敢于乐观面对，积极治疗是肿瘤患者摆脱病魔的唯一，也是切实可行的方法。概言之，健康的心态是提高治疗效果和延续生命的最具能量的因素之一。

藏族传统天文学经典《时轮经》的渊源及其发展研究

傅千吉

藏族传统天文历算学是中华民族传统历算学中的一枚瑰宝。它是藏民族的祖先在长期生产、生活实践中创造出来，并在此基础上吸收了国内外其他民族的文化发展起来的。藏族传统天文历算学历史悠久、文献丰富，有着明显的民族特色。直到现在，仍独立地逐年编制自己的历书，对藏区农牧业的生产活动起着重大的指导作用。本文着重论述以下五个方面的内容。

一、《时轮经》的渊源

释迦牟尼 81 岁时，即庚辰年，角宿月既望，在南天竺妙德聚谷幻大塔，下有法界敕语灌顶，上有妙德诸宿坛场极大安乐处，金刚界大曼荼罗中，世尊释迦我佛，御金刚狮子座，入时轮定，为以月贤法王为首之九十六郡王等有缓天、人令众、说时轮根本经一万二千颂等续部密咒，了无留，以作临遗教。随后形成卓、热两派进行传播。

二、《时轮经》的传入

1027年，《时轮经》被译成藏文，陆续有不同的译本，共14种。但《根本经》只译了《灌顶总说》一品，而《摄略经》则译了全文，均传入藏区。

三、《时轮经》的发展

包括粗布算派、布派、格当新算派等，在不同的时期，由不同的学者对该经进行了不断的完善和研究，对藏传时轮历的发展和推广起到了积极的作用，并为近代藏传时轮历的发展打下了坚实的基础。

四、《时轮经》的作用

《时轮经》传入藏区以后，藏族有了自己完善的天文学说和历书算法，对其认识客观世界以及时间有着重要的意义，尤其对宗教、藏医、文化等的传播和发展起到了举足轻重的作用。

五、结语

这一部分着重论述《时轮经》传入藏区以后，经过藏族历代学者不断的学习和研究，使《时轮经》本土化的同时，撰写出丰富的藏族天文历算著作，为推动藏族天文历算的发展起到了积极的作用。随着社会的发展，新的内容和新的算式方法不断注入，藏族传统天文历算的完善性和科学性得到了日益丰富和发展。

《敦煌藏医火灸疗法》与《四部医典》《月王药诊》《火灸明镜》中的灸法比较研究

拉毛吉

敦煌藏医文献中有两篇火灸疗法和两个图文并茂的火灸图谱残卷，据权威学者的研究，这些火灸疗法不但是祖国医学中现存最早的火灸专章，其中的火灸图谱极有可能是世界医学史上现存最早的火灸图谱之一。《敦煌藏医火灸疗法》P.T.0127 和 P.T.1044，《火灸图谱》P.T.1058 中共有 100 多个火灸穴位，这些穴位和火灸疗法与著成于藏医学成熟或奠基时期著作中的火灸疗法不同，文字古朴简练，只有简略的症状和施灸部位，尚无固定的穴位名称，且缺少系统的理论内容。但值得一提的是，《敦煌藏医火灸疗法》中的火灸适应症在百种以上，包括内科、外科、妇产科、儿科、五官科等各科病症和症状，具有相当广泛的临床适应症。甚至对某些热性病也用火灸治疗，如瘟疫、黄疸、盛热等，这些疾病在其他医书中是需要禁忌和需要选择时机施灸的疾病。与之相比，《月王药诊》中的火灸内容虽有所完善，但仍然缺乏系统理论，穴名也很少，火灸的部位仍然用身体的局部解剖部位为标志，然后以固定的度量方法量取。到藏医经典著作《四部医典》及之后的《火灸明镜》，大多数穴位都有固定的名称，并按头颈、胸腹、背部、四肢等分部叙述，对火灸疗法的适应症、禁忌症都有涉及，还详尽地论述了火灸的具体步骤、方法及注意事项等，已形成了完整的理论体系。至于《敦煌藏医火灸疗法》与《四部医典》《月王药诊》之间的关系，究竟孰前孰后，目前虽很难下结论，但它们之间有着密切的内在联系是毋庸置疑的。本文对《敦煌藏医火灸疗法》《四部医典》《月王药诊》《火灸明镜》中的火灸疗法进行了全面系统的对比，对它们之间的关联、各自的特色、临床实用价值等作了深入的对比研究。

藏医药学十七大学科特色新探

李先加

十七大藏医药学学科特色在藏医药学界广为传颂，作者以十七大学科特色为切入点，在新的理论高度上更加新颖地探讨了藏医药学独具特色的学科特点。文章分别从藏医药学理论形成的历史、理论体系形成情况、图形与预示的文体、身心与健康认知的独到之处、脉诊与尿诊的科学性、理论归类分门的多样化、火热学说、药物炮制实践、医算结合的实用性、“隆”的蕴意与内涵、十种习惯辨证理论、医生的职权、身心性相三者结合的医学理论等方面用新的观点、新的思想、新的认识进行了探讨。

从《因明明辨幻化明灯》看年麦喜饶坚赞对佛苯合流的贡献

尕藏扎西

年麦喜饶坚赞（མཉམ་མེད་ཤེས་རབ་རྒྱལ་མཚན）于 15 世纪出生于嘉绒，幼时进藏求法，分别在温萨卡寺和桑普寺学习佛教五部大论和苯教经典，故在佛苯两方面达到很高造诣。1405 年他在后藏创建曼日寺后，借鉴和吸收佛教寺院的学经范式，效果极佳，遂成为苯教寺院的楷模。年麦喜饶坚赞著有因明、中观、戒律、大圆满等方面的多部著作，其在理论上不同程度地吸收了佛教的理论法则和文义理路，其中《因明明辨幻化明灯》尤甚。一个很明显的表征是，对于因明语境中“所知”的概念，他直接取自萨班的《量理宝藏》，而对于“量”的概念，他则取自宗喀巴大师所著的《量七论实践除暗庄严注》。此外，年麦喜饶坚赞把以《量抉择论》为主的桑普寺因明传统中的很多概念谱系引入到苯教因明传统中，诸如总别、矛盾联系、实法反法、心和心所、所诠能诠等，而这些概念谱系在他之前的苯教因明传统中是无所可见的。故此，年麦喜饶坚赞不仅对苯教理论的继承方面功不可没，更对苯教理论的扩充和创新方面卓有功绩。本文以《因明明辨幻化明灯》为切入点，探讨年麦大师对佛苯合流和藏文化的整合方面所作的贡献。

藏传因明辩经规则的汉译及其应用
——以第四届全国因明后备人才培训班为例

释慧观（肖平）

辩经，是藏传佛教因明中传统的学习和教育方法之一，通过辩经，藏传佛教系统中涌现出一批又一批优秀的出家僧人。与之相对，在汉传佛教系统中，因明文献虽有传承，但作为学习方法和论辩实践的部分却已经失传，使得因明在当代汉传佛教中未能发挥出应有的作用。

有鉴于此，中国逻辑学会因明专业委员会在努力推进汉藏因明研究的同时，也在积极促进二者的直接交流。尤其是在 2015 年 11 月于青海循化十世班禅因明佛学院因明专业委员会基地举办的第四届全国因明后备人才培训班的教学中，通过汉译藏传因明辩经规则及辩经实践，取得了较好的效果，使来自全国各地的汉传佛教学员对辩经有了初步的了解，为进一步在汉传佛教中推广辩经学习和教育方法奠定了重要基础。本篇论文就是对这次培训活动的总结和汇报。

汉传因明的“能立”概念
——基于梵藏资料的新考察

汤铭钧

Tom J. F. Tillemans 教授在其 1991 年的文章《再论为他比量、宗与三段论》(More on parārthānumāna，theses and syllogisms) 中，简要说明了法称 (Dharmakīrti，约 600—660 年) 及其后学的著作对“能立”(sādhana，论证的手段) 概念的解释。该文中，Tillemans 一方面展示了陈那 (Dignāga，约 480—540 年) 从《正理门论》(Nyāyamukha，简称 NMu 或《门论》) 到《集量论》(Pramāṇasamuccaya，简称 PS) 的思想发展中对此概念解释的相应发展，另一方面通过与亚里士多德三段论相比较，极富洞见地指出“能立”概念解释的这一发展在理论层面的重要意义。简言之，在世亲 (Vasubandhu，约 400—480 年) 的逻辑学著作以及陈那的《正理门论》中，“能立”都被视为一则论证的三支语言表达，即宗 (pakṣa)、因 (hetu) 和喻 (dṛṣṭānta) 的语言表达。而在陈那晚期的《集量论》及法称的传统中，此概念则仅被认定为因和喻，而不再包括宗在内。与亚里士多德三段论相比较，佛教逻辑学家将宗命题排除在“能立”之外的新解释，实质上表现了他们对决定一则论证是否具有可靠性(acceptability)的因素的认识变迁。根据这一“宗非能立”的新解释，决定一则论证可靠性的因素，或者说“论证要素”(probative factor)，在陈那晚期以及在法称一系学者看来，便在于论证前提的真，而不仅在于推论本身逻辑形式的有效性。

本文在Tillemans和稲见正浩二先生文章的基础上，进一步说明：在汉传因明的传统中，“能立”概念被一致解释为因命题、同法喻命题和异法喻命题三者的结合，或直接认定为因三相(trairūpya)，即正确理由的三项表征。对“能立”的这一解释在汉传因明中被明确归属于陈那本人，作为他相对之前因明论师的一项重要创见。尽管汉传因明一直以来都被默认为是一个仅以陈那《正理门论》及其弟子商羯罗主(Śaṅkarasvāmin，约500—560年)的《入正理论》(Nyāyapraveśa，简称NP或《入论》)为理论基础和文献依据的思想传统，但是汉传对“能立”的上述解释，却只能在陈那晚期的《集量论》中找到文献依据，而不在上述汉传因明二论之中。正如法称一系的逻辑学家一样，追随陈那的汉传学者也采取了各种各样的诠释学策略，来消弭这一本质上全新的解释与《入正理论》《正理门论》及再之前古因明论书中的旧解释之间的扞格之处。

此外，汉传因明还记载了陈那以后的印度佛教逻辑学者早已采用这一新解释，以取代之前的旧说。与之相应，他们将论证成分不完整所犯的“缺减过性”(nyūnatā)谬误，解释为一则论证中因三相没有完全满足的过失，以取代之前认为“缺减”是三支语言表达不完整的旧说。本文最后尝试以对于“缺减过性”的这一新解释为切入点，从一个与Tillemans“稍许不同的角度”(a slightly different angle)，再一次说明这一新解释的意义不仅是一种术语措辞上的变更，而与佛教逻辑学家关于“逻辑如何运作”(how logic works)的观念的深层发展密切相关。

藏传因明与因明的非逻辑性

文生（吴金生） 吴昊

众所周知，因明有广义与狭义之分。狭义的因明，重在探究推理形式与规则，通常谓之佛教逻辑。广义的因明，则涵盖了佛教哲学和逻辑法则，谓之量学（或称“量论”）。因而有专家认为，应将量学归入“内明”之学，而因明就是“因明”，二者“为两个性质不同的两门独立的学科”(李加才让语)。现在，无论因明的总体研究，还是藏传因明与汉传因明的分野，往往都将其统称为“因明”或“佛教逻辑”，并已成约定俗成的话语背景、语言习惯和学科名称，但因此造成了文化涵化和变迁理路的含混，在一定程度上影响了进一步挖掘因明的文化意义，特别是对于藏传因明传承和研究的推进也形成了一定的制约。本文从“因明的非逻辑性”视角，探讨“藏传因明与因明的非逻辑性”的意义就在于消除这种影响和制约。

讨论因明的非逻辑性，不仅仅是一种可能，而且也应该是一种必然。因明存在着丰富而复杂的非逻辑因素，这是客观事实。因明关于推理规则的演变表明，因明论式由十支而五支，由五支而三支甚至到二支的演变，不仅是由繁复到简约变化，而是“删除了因明很多非逻辑因素”（张忠义语）的结果。这说明，因明的总体研究中，不能忽视非逻辑因素的存在。藏传因明中的非逻辑因素也十分丰富，藏传因明以研习量学（量论）的各种学说和观点为传统，而作为内明学组成部分的量学（量论）实质上是一种“非指纯逻辑内容的因明”。这说明，藏传因明的独特之处和影响力，就在于其非逻辑因素。这方面的讨论对于全面研究藏传因明显然具有十分重要的意义。

关于蒙古因明的定位问题研究

秀仁

佛教传入蒙古地区是有其历史渊源的。成吉思汗统一蒙古之前，在蒙古各部的宗教信仰中，萨满教占主导地位，蒙古人均信仰萨满教。成吉思汗统一蒙古各部之后，虽有佛教等各种宗教传入蒙古地区，但萨满教还是占主导地位。通常认为，藏传佛教于16世纪传入蒙古地区。但是藏传佛教传入蒙古地区的初期，只传播于蒙古封建贵族阶级，得到当时的蒙古封建贵族阶级的大力推崇，并与他们紧密联系，才得以迅速发展。在后期的发展过程中，藏传佛教渐渐地被蒙古民众所接受，逐渐壮大，并与蒙古地区的本土文化相结合，形成具有蒙古特色的、蒙古化的佛教，成为蒙古人主要的宗教信仰，在蒙古人的社会生活和日常生活中占据了主导地位，得到长远的发展，而且在政治、经济、思想、文化等各方面对蒙古地区影响深远。随着佛教的传入，其教义教规也随之传入蒙古地区，一度成为蒙古地区主要的教育方式。但是，佛教的蒙古化或者是蒙古佛教的问题，在学术领域一直以来都是一个有争议的问题。本文意在通过藏传佛教传入蒙古、佛教在蒙古地区的发展、蒙古因明的定位为题的分析，形成大家对蒙古化佛教或蒙古佛教，以及其主要教育形式之一的蒙古因明的一般性认识。

藏传因明方法论初探

张晓翔

藏传因明与汉传因明相对，是因明在藏地的传承，是藏语文中作为取得真理、验证真理的尺度和传播真理的方法的“量论”部分，以知识论为主，藏传因明与量论在内涵和外延上是一致的，藏传因明的方法论也即是量论方法论，是对其研究方法和探求真理方式、方法的探讨。

1. 藏传因明弘扬的逻辑前提与基础信仰与求知相结合，求真与求善相结合。

2. 藏传因明的研究方法与其他学科一样有很多研究方法，其中要注重逻辑与历史相统一的方法，理论与实践相结合的方法，同时也不能忽视与汉传因明的比较研究。

3. 应成论式及逻辑思维形式这是藏传因明中特有的论式，只破不立，既包括对敌论反驳的破他论式，也包括对反驳的反驳的断诤论式。应成论式要具备“有法”“应成法”和“因”三项，而“宗法”“后遍”和“遣遍”是充足理由的三个条件，等等。

4. 藏传因明对汉传因明的启示，藏传因明的宗教载体在汉传因明中已逐渐减弱，其论辩的特色在汉传因明中已难得一见，抛开因明生长环境和形式上的模仿以外，汉传因明方法论，以及应用价值的研究值得关注。

藏传因明体系庞大而又丰富，义理深奥而又精细，既有传统理论的传承与弘扬，又有藏族特色的创新与发展，其出发点和归宿都是对真理的不断追求，而探求真理的方式方法则是藏传因明的灵魂，是藏传因明方法论的核心，还需要学者们不断地探讨和研究，以指引人类认识世界和改造世界。

文学组

互相渗透、融入发展的蒙古族文学和藏族文学

额尔敦白音

蒙藏文学关系是蒙藏文化关系的重要组成部分，她的产生和发展是由于藏传佛教的传播使蒙藏成为文化共同体。藏传佛教文化不仅给蒙古族带来了语言学和诗学理论，更重要的是丰富和发展了蒙古族文学。

从13世纪开始，随着蒙藏文化关系的不断发展，蒙古族高僧撰写了大量的传记文学，逐步形成一种写作传统。蒙古族古代文学有撰写礼赞诗和箴言训诗的传统，而在《萨迦格言》和《甘丹格言》的影响下，蒙藏文学进一步互相渗透、融入，形成了像《水树格言》《火的格言》等箴言训诗流派。

蒙藏文化关系发展的主要表现为，蒙译完成了《甘珠尔》《丹珠尔》等诸多佛教经典著作，并创作了大量的藏文全集。鲍·雅·符拉基米尔佐夫（B.Ya.Vladimirtsov）说，“虽然蒙古书面语盛行，但藏文随处都

在使用并成为蒙古寺庙语言，具有广泛基础的文学语言，所有精神领域高级生活的语言。该语言逐渐涉足新的诸多领域，最终成为蒙古民族的真正的文学语言”。据不完全统计，蒙古族文人藏文著作家有 300 余人，蒙古族文学理论更是内容不凡，其中藏文文论正是在《诗镜论》的影响下产生的。

蒙藏文学关系的内容也包括韵文体道情歌、跋诗，散文体历史文学、话语故事小说等诸多内容。其中《格萨（斯）尔》和《青颈鸟的故事》最为典型。

论《格萨尔》在“一带一路”战略中的地位和作用

降边嘉措

一、习近平总书记提出构建“丝绸之路经济带”和21世纪“海上丝绸之路”（简称为“一带一路”）的战略构想。

这一跨越时空的宏伟构想，承接古今、连接中外，赋予古老丝绸之路崭新的时代内涵，被誉为是一个高瞻远瞩的战略构想，一条和平发展的共赢之路，一项脚踏实地的伟大事业。因为，它既传承以团结互信、平等互利、包容互鉴、合作共赢为核心的古丝绸之路精神，又顺应和平、发展、合作、共赢的21世纪时代潮流，将“中国梦”与“世界梦”进行有机地衔接，具有深远的战略意义和全球性影响力。

二、“一带一路”理念变成现实，将构建起世界跨度最长、最具发展潜力的经济走廊。它涵盖44亿人口，GDP规模达到21万亿美元，分别占世界的63%和29%。该区域是世界经济最具活力的地区，沿途多为新兴市场与发展中国家，多数国家后发优势强劲，发展空间大，处于上升期。我国与该地区经贸合作密切，占我外贸 1/4 强，近 10 年贸易年均增长达到 19%。

三、很多人至今意识不到，实际上藏族英雄史诗《格萨尔》与“一带一路”有着密切联系。《格萨尔》在青藏高原和环绕喜马拉雅山广泛流传，是喜马拉雅文化的一个重要组成部分，与印度的伟大史诗《罗摩衍那》和《摩诃婆罗多》一样，在喜马拉雅文化圈具有重要意义。《格萨尔》是连接中华文明和印度文明这两个世界上最古老文明的文化纽带，在历史上曾经发生过重要作用和影响，也联系着中国和印度这两个文明古国，加上尼泊尔、巴基斯坦、不丹等国家和地区，人口约 30 亿，约占习总书记构想的“一带一路”地区总人口的 3/4。中国和印度都是发展中国家，经济和文化各方面发展的前景非常广泛，我们有很大的发展空间和活动余地，是可以大有作为的。

梵文写本与西藏组

《〈入中论〉疏》探析

安妮 · 麦克唐纳（Anne MacDonald）

作为奥地利科学院亚洲文化和思想史研究所与北京中国藏学研究中心合作项目的研究对象，在诸多珍贵写本中有一件是月称（600—650？）的《〈入中论〉疏》(它包含《入中论》的偈颂)。《〈入中论〉疏》是月称唯一一部独立的中观著作。他的其他中观作品是对两位中观大家的著作的注释,其中《明句论》《〈六十如理颂〉注》《〈七十空性论〉注》和《〈四百论〉疏》，分别是龙树《根本中论颂》《六十如理颂》《七十空性论》和圣天《四百论》的注解。有人认为月称的观点影响了寂天，智藏护为《入行论》所写的注释中引用了《〈入中论〉疏》中哲学意味最浓的第六章。阿底峡很熟悉《〈入中论〉疏》，他引用《入中论》，赞扬月称对于胜义谛的理解，并向他的听众推荐月称了悟胜义谛的方法。宝藏寂显然也熟悉《〈入中论〉疏》，他认为有必要对月称所倡导的某些论点加以批判。这部作品在西藏广为流传，部分原因是因为它清楚地阐明了二谛的理论。月称在《〈入中论〉疏》第六章中对所列举的敌论观点的详尽批判，他对于敌论观点的回应，和他对自己若干观点的澄清对于我们了解月称中观思想特质和他对中观派的自我阐释的解读有重要的意义。从历史的角度来看，月称所提到的敌论者和他们的作品以及他对于佛教教理的阐释，对于研究他的思想历程有重要意义，尤其因为《〈入中论〉疏》可能是月称的第一部中观著作。

在《〈入中论〉疏》梵文写本发现之前，只有约 43 首偈颂的梵本流传下来，其余偈颂只有藏译可以利用。这部藏译最初译成于 11 世纪晚期的迦湿弥罗，此后在拉萨作了修订，总体来说，质量很高，不过仍然有很多不清楚的段落，并可能存在传抄错误。蒲散（Louis de La Vallée Poussin）在他编辑的藏译本的注释中指出了一些相对容易发现的文本问题，这些问题能够通过与德格版藏译的比较得以解决。棘手的文本问题通常无法通过对照不同版本的藏译来解决。

本文将简要叙述编辑《〈入中论〉疏》梵文中遇到的一些挑战，并试图以该文本中极为重要的第六章为主来评估和揭示这个重现的梵本对于理解这部作品，对于分析月称对龙树关于本体论的立场以及他个人的独特观点所作的贡献。

喜力巴努《甘露持》：一部保存在西藏自治区的《金刚甘露续》注释

弗兰西思科 · 斯非拉（Francesco Sferra）

虽然《金刚甘露续》是最早且最重要的母续之一，该文本目前仅保存在剑桥大学图书馆中的一个写本里，这部写本不完整，只涵盖了该文献的一半内容。藏译和古代注释对于研读和诠释这部文献有重要意义。在古代注释中，喜力巴努的注释是篇幅大且重要的注释之一。此外，这部注释非常详尽，在很多情况下可以帮助我们非常准确地重构原文。

论藏传佛教中佛性的本体

得道隔（Douglas Duckworth）

性空说认为包括佛陀在内的万法皆无自性，质言之，空即是对任何一种本体的否定。佛性论的主张却似乎与这种否定本体的论调正好相反，它主张诸法拥有一个没有本体的本基，或者说本体，这个肯定性的本基是空的对立面。作为世间万法离越之性的空性和作为世间佛陀的内在本质的佛性之间的互动，正是藏传佛教演进的轴心。

格鲁派学者贾曹杰（1364—1432）认为佛性实际上指空性。在他对于中观的阐述中，佛性被认作空性的载体，亦即另一种阐述心识和外境没有自性的法门。然而在藏传佛教中，佛性并非仅仅被视为一种解说无自性的法门，它同时也被视为对空性的肯定性的描述，因此，有两种不同的描述空性的方式。换言之，两种不同的关于空性的含义被用以描述两种不同的空：1. 外空，2. 内空。

正如水可以空于氯（Cl）性，却不能空于水（H_2O）性，诸法可以空于外物却不能空于自身。这两种空性的模式在西藏分别被称为“他空”

和“自空”。虽然在中观哲学中佛性与两种空都有关联（有时仅与其中的一种有关联），但很明显，它更常被等同于后者：作为诸法肯定性本体的他空。

作为心识和外境的肯定性特征的佛性，与瑜伽行派的阿赖耶识（ālayavijñāna）和中观派的空性（śūnyatā）同为大乘佛教特有的教法。在西藏，正如中观派吸纳佛性的观念，作为大乘另一宗派的瑜伽行派也吸纳了佛性。不过瑜伽行派并未像中观派那样将佛性等同于空性，而是将它纳入阿赖耶识，将其视为诸法的本体。

我们可以看到佛性如何影响了中观派而使他们对空性作了肯定性的描述，正如佛性在瑜伽行派的教理中被视为心识的肯定性的基础。作为心识清净本体的佛性完善了瑜伽行派教理中的识，它以一种正面的形式取代了阿赖耶识。若非如此，阿赖耶识只能被看作是关于痛苦的扭曲的心识架构。正因为如此，佛性不再仅仅是潜在的觉悟心，它更成为觉悟的心识架构。

弘扬觉囊他空见的近代宗师阿旺·聪宁嘉措

菲力浦·布兰比拉（Filippo Brambilla）

就在若干年前，他空教义基本还被视为是一个已经消亡的教派的谬见。随着研究的深入开展，我们发现觉囊派不但没有消亡，反而存续并深深地植根于安多地区。学界目前在探讨早期觉囊派中对于他空的不同阐释，在印度佛教中也发现了可能的觉囊教法的先驱，不过对于该教义直至晚近的传承与发展却仍然需要给予特别的关注。

从17世纪到19世纪，众多卫藏地区的觉囊派寺庙被迫改宗，在此期间，觉囊派似乎完全专注于自身传统的延续以及《时轮续》的修习，而没有留下什么阐发教理的著作。根据能够得到的文献和从当代觉囊宗师收集的第一手材料，现行寺院教程中没有早于巴达·土登格勒嘉措（འབའ་མདའ་ཐུབ་བསྟན་དགེ་ལེགས་རྒྱ་མཚོ། 1844—1904）大师的论著。巴达·土登格勒嘉措是一位杰出的觉囊宗师，他在对不分派系运动有高度认同的环境中研读经典并教授僧徒，并就若干主题撰写了多种论著。不过他从未创作阐述自己他空见地的作品。这或许是因为他在尚未得以创作这类文献之前就圆寂了（这是目前通行的说法），或许是因为他把他空视为相对秘密的教法。

本文集中讨论巴达·土登格勒嘉措最主要的弟子阿旺·聪宁嘉措（ངག་དབང་ཚོགས་གཉིས་རྒྱ་མཚོ། 1880—1940）关于他空的作品，目的在于阐明能代表他哲学立场的主要观点。阿旺·聪宁嘉措的《摧破边执忧恼》《显明总义》和《袪除偏见暗昧》是晚期觉囊哲学文献中的典范，它们同时也让我们得以窥见曼木达哇·土登格勒嘉措的他空见地。在所有上述作品中，聪宁嘉措似乎主张融合格鲁派的立场。可以肯定的是，他认为相对于觉囊的中观见而言格鲁派的观点不究竟，但他仍然倾向于寻求两者之间的共同之处。与此同时，聪宁嘉措强调自己的观点与笃补巴（དོལ་པོ་པ། 1292—1361），尤其是与年温·衮噶巴（ཉ་དབོན་ཀུན་དགའ་དཔལ། 1285—1364）的观点完全一致。聪宁嘉措被认为是后者的化身。值得一提的是，流行的传统认为聪宁嘉措的意趣和另一位晚期的觉囊宗师阿旺·洛追扎巴（ངག་དབང་བློ་གྲོས་གྲགས་པ། 1920—1975）的意趣略有不同。即便可以认为他们的观点彼此不悖，我们仍然需要彻底厘清两者之间的差异。

藏文信息技术组

基于云译平台的汉藏人机交互翻译及云藏输入法

卢亚军

随着全球信息化进程的加快，翻译行业在世界各国的政治、经济和文化的交流中，正在担当越来越重要的角色。同样，随着民族地区经济社会的发展，国内各少数民族与汉族以及外国的交往、交流也日益频繁，对翻译的需求也随之增长。厦门大学人工智能研究所与西北民族大学机器翻译研究所协作开发的“云译平台”，为以上的翻译需求提供了较好的解决途径。

“云译平台”是一款“互联网 +”应用，可望在我国的“一带一路”战略中发挥重要作用。它利用互联网把语言处理技术与翻译服务有机结合起来，在云计算平台下进行最大限度的资源共享和分工协作，以提高翻译效率和翻译质量。“云译”支持翻译的各个环节，包括文档预处理、术语识别、翻译任务分配、翻译记忆共享、词典共享、机助人译、一致性检查、自动审核等，是一个跨软硬件平台、支持任何语言间翻译的云协作平台。

“云译平台”涉及的主要关键技术有：

1. 云计算技术，包括计算资源和存储资源的高效利用。具体而言就是对海量平行语料和术语库的支持。

2. 以机器翻译为核心的语言处理技术。

3. 协同翻译技术，对各类翻译项目，各种翻译从业者（个人、工作组、公司、部门）提供全方位支持，提高翻译质量。

4. 适用于多语言的“云译输入法”专利技术，把强大的机器翻译能力，通过输入法的方式，采取机助人译的形式表现出来，提高翻译效率。

其中，“云译输入法”是核心技术，是“云译平台”人机交互翻译的特色所在。该输入法集成了多种语言处理技术，高效、便捷、通用。其中，对其他语言到藏文的翻译而言，则称为“云译藏文智能输入法”，简称“云藏输入法”。该输入法也被改造成可脱离云译而存在，仍然称为“云藏输入法”。

云藏输入法是一款基于藏文编码中国国家暨国际标准基本集（ISO/IEC10646）的藏文智能输入法。该输入法融汇国内外主要藏文拉丁转写法，既可按藏文书写顺序以“全拼”的方式输入藏文部件、字符、音节，也可只输入藏文音节的基字所对应的编码，以“简拼”的方式输入藏文词汇和短语。采用云藏进行藏文输入，速度快，准确率高，是学习、工作中的得力助手。

基于语料库的藏语语序研究

索南才让

本文以藏语语法研究为基础，采纳现代语言学的研究方法探讨基于语料库的藏语语序方面的一些观点。主要分为四大类：

一、藏语语序概述

语言和文字是一个民族的灵魂，也是一个民族赖以生存的社会基础。藏语语法有独特的语言表达方式和语法特征，语序是历史上形成的一种语言习惯，也是重要的语法修辞手段。藏语语序主要与藏民族的思维方式、风俗习惯和民俗生活等文化背景有关系。

二、藏语动词

主语和宾语后面出现动词是藏族语言特有的一种特征，是藏民族风俗习惯、食宿习惯的个性化所在，它的语序特征应是 sov，有些地方方言和格萨尔史诗里，藏语动词的出现就变为 vso。从这个角度考虑，藏语动词语序格式不一定为 sov，但藏语动词的出现频率最高是句尾。

三、名词和动词

形容词在藏语句子中出现的频率很高，大部分出现在藏语诗歌和格萨尔史诗中。藏语形容词作定语时位于名词中心语的后面，不过，在书面语里，有些形容词有时也可以提到名词中心语的前面，有如名词性定语，后加属格助词。

四、藏语句子

从类型学角度考察，藏语语法有其独特的基本特征，如语序、形态和格助词、虚词。民族间的文化和语言的不同，导致各自语言语序也带着不同的特征，藏语句子中所有名词和代词出现在词汇的前面，句尾是动词和存在助词等等。

论文选编

元朝末年西藏地方的政治格局

——以大司徒绛曲坚赞担任万户长四十年的总结与嘱托为核心

张云*

绛曲坚赞是元明时期西藏地方最具影响力的人物之一，他自幼受过良好教育，人生经历曲折复杂，饱受磨难而坚韧不屈，在萨迦派地方势力不断施加的巨大压力面前，以实力为后盾，以法律为准绳奋力抗争，从而使曾为“十三万户”之一的帕木竹巴万户逐渐强大起来，最终取代萨迦地方政权的位置，为明代西藏地方历史新的局势奠定了基础。

绛曲坚赞所著《朗氏世系史》（又作《朗氏家族》《朗氏宗谱》）是藏文史书中十分突出的一部，该书在追述朗氏家族早期传承历史的同时，使用纪实的手法比较客观和忠实地再现了帕木竹巴万户曲折发展和壮大

* 张云，中国藏学研究中心历史研究所所长、研究员。

的历程，既反映了元朝时期西藏地方与中央政府关系，元朝管理西藏的各项措施与制度，也反映了帕木竹巴万户与萨迦地方政教势力之间服从、合作与较量的关系，以及各万户之间错综复杂博弈的关系，是研究元代西藏地方历史极为重要的藏文史料，很值得深入挖掘、充分利用。范德康《大司徒绛曲坚赞（1302—1364？）的生平和政治活动》一文，对该书的版本及相关问题做了深入和细致的探讨，[①] 值得参考。

本文以《朗氏世系史》中绛曲坚赞在藏历阴铁牛年（1361 年）十二月所撰写的自己担任万户长四十年的总结和对今后诸事的嘱托为核心，对元朝末年西藏地方的政治局势作一分析探讨。

绛曲坚赞在文首即吐露心迹，说四十年间“我所亲身经历的、眼所目睹的和经验所证实的都是履步于苦乐之狭道而前进的”[②]。既是肺腑之言，也是客观写照。尽管如此，他并没有因此而变成一位世故的老者，依然保持着刚毅的禀赋和特行独立的个性，“我先后所进行的威武雄壮之诸事我都经过缜密思虑分析，我不人云亦云，生搬他人的经验，所以我未出过舛错和失误。……我这个人无论巨细之事均有主见，不征询计谋于他人”[③]。我行我素，执著自信。

绛曲坚赞担任万户长四十年的总结和对帕木竹巴地方势力未来发展的嘱托，对于认识元朝末年西藏地方的政治形势提供了十分重要的资料和信息，有些可以改变人们对该时期相关历史的认识。

① 伦纳德·W．J．范德康著，陈庆英译：《大司徒绛曲坚赞（1302—1364?）的生平和政治活动》，《国外藏学研究译文集》（第十四辑），拉萨：西藏人民出版社，1998 年，第 210—277 页。原文载“维也纳大学藏学—佛学丛书”第 26 辑，恩斯特·斯坦因凯尔勒主编《西藏的历史和语言——献给乌瑞教授 70 寿辰》，维也纳，1991 年，第 277—327 页。

② 大司徒绛曲坚赞：《朗氏家族》（藏文本），西藏人民出版社，1986 年，藏文第 345 页；大司徒绛求坚赞著，赞拉·阿旺、佘万治译，陈庆英校，汉译本，西藏人民出版社，1989 年，第 236 页。本文以汉文本为主，参考藏文本。

③ 大司徒绛曲坚赞：《朗氏家族》（《朗氏世系史》）藏文第 345 页，汉译本第 237 页。

一、元朝末年西藏地方的“十三万户”及其与帕木竹巴的关系

元代末年，帕木竹巴万户崛起并取代萨迦地方政权，西藏地方局势发生了较大的变化，萨迦时期设立的十三万户组织是否完全被绛曲坚赞及帕木竹巴政权新建立的行政体制所代替？如果它们还有所保留的话，其与帕木竹巴是一种什么样的关系？都很值得关注。

绛曲坚赞在其担任四十年万户长的总结中提供了最直接也是最重要的资料，既显示出萨迦时期作为地方主要行政组织十三万户大多依旧存在，并保持了相对自主的行政权力，尽管大司徒绛曲坚赞和他领导的帕木竹巴地方势力处在西藏地方首领位置和政治核心，却并未完全一统西藏地方，全面掌控地方政局。这与在元朝中央强力支持之下的萨迦地方政权对西藏地方管理局面，存在一定的差异。

萨迦（sa skya pa）

绛曲坚赞写道：“一般而言，（我们）同萨迦派不可分离，特别是和喇嘛克尊（bla ma mkhas btsun）、仁钦岗拉章（rin chen sgang pa）兄弟和章木且巴（grang mo che pa）等部分人混同一体，故不能分离。”[①] 这里提到的喇嘛克尊即达尼钦波桑波贝与第四位妻子，也是元朝皇帝下诏后所娶的第三位妻子南喀杰莫（nam mkhav rgyal mo）所生下的长子大克尊南喀勒贝坚赞贝桑波（mkhav btsun chen po nam mkhav legs pavi rgyal mtshan dpal bzang po）。《萨迦世系史》记载，在其父 44 岁的阴木蛇年（1305 年）他诞生在拉孜（今西藏拉孜县）地方，著有《大法轮之现观》等著作，元朝皇帝封他为“灌顶国师”，并赐给大水晶印。他从 21 岁到 39 岁主持细脱拉章（gzhi thog bla brang）19 年，大力弘扬佛法的讲、闻、修，并修造了佛像、佛经和佛塔。他于 39 岁的阴水羊年

① 大司徒绛曲坚赞：《朗氏家族》（《朗氏世系史》）藏文本第 352 页，汉译本第 241 页。

（1343 年）九月八日在细脱拉章大殿中去世。[①]他担任萨迦四大拉章之一的细脱拉章住持的时间是公元 1325 年到 1343 年，此时期恰恰是绛曲坚赞担任帕木竹巴万户长时期，他对绛曲坚赞的包容无疑赢得了尊敬。他娶昂仁（ngam ring）地区的康萨瓦（khang gsar ba）之女格敦本（dge vdun vbum）为妻，生子贡噶仁钦（Ta dben kun dgav rin chen，1331—1399 年），曾受封大元国师，也是一位佛学领域的博学之士，"羊年（1355 年），大司徒绛曲坚赞遣人前来迎请，遂至曲弥（chu mig）地方，讲《喜金刚续第二品》《释量论》《明藏论》和《佛法之密意》等诸经论"[②]。与帕木竹巴在宗教上保持了密切的联系。文中提到的"仁钦岗拉章兄弟"，是指达尼钦波桑波贝与夏鲁地区古尚衮波贝（sku zhang mgon po dpal）的女儿玛吉宣本（ma gcig gzhun vbum，又名玛吉娄结，ma gcig lug skyes）所生的三个儿子，即长子大元国师的贡噶尼玛（ta dben gu shriv kun dgav ni ma，1309—1322 年），次子大元国师绛阳顿月坚赞（ta dben gu shriv don yod rgyal mtshan，1310—1344 年）和幼子喇嘛丹巴·索南坚赞（dam pa bsod nams rgyal mtshan，1312—1375 年）。[③]绛曲坚赞还在《朗氏世系史》一书中多次提到丹巴·索南坚赞多次调解绛曲坚赞与萨迦本钦甲哇桑布（rgyal ba bzang po）之间的矛盾等。[④]章木且巴（grang mo che pa）疑有误脱，"grang"可能是拉章（bla brang）的"brang"之误，章木且巴（grang mo che pa）系指萨迦的大拉章也未可知。这里重点提到的是萨迦派宗教势力，至少提到了绛曲坚赞与细脱拉章和仁钦岗拉章的特殊关系，认为萨迦势力和帕木竹巴无法分割，紧密相连。

① 阿旺贡噶索南著，陈庆英、高禾福、周润年译：《萨迦世系史》，西藏人民出版社，1989 年，第 183—184 页。
② 阿旺贡噶索南著，陈庆英、高禾福、周润年译：《萨迦世系史》，第 184—185 页。
③ 阿旺贡噶索南著，陈庆英、高禾福、周润年译：《萨迦世系史》，第 189—190 页。参阅藏文本第 263—265 页。
④ 大司徒绛曲坚赞：《朗氏家族》（《朗氏世系史》）藏文本第 230 页，汉译本第 161 页。

拉堆绛本钦

《朗氏世系史》称:“本钦绛巴（byang pa dpon chen，应为绛巴本钦）此人，其血统是本钦云尊（dpon chen yon btsun pa）的后裔，从其父多吉衮波（rdo rje mgon po）起就同我们乖桀。他是喇嘛帝师衮嘎坚赞（ti shri kun dgav rgyal mtshan）同我们结恨的根源，是萨迦所有破败鬼的头子，是杀害喇嘛康萨瓦（bla ma khang gsar ba）和喇嘛衮邦巴（bla ma kun spangs pa）的教唆者。所以，应该懂得对他二人使坏的人我们是难以信任的。阿达（mngav bdag）父子们忠于我们，应扶助之。”[①] 这里提到的本钦绛巴应该是多吉衮波的儿子大元南喀丹贝坚赞贝桑布。《新红史》称 :“宗吉查仁（rdzong spyi grags rin，即扎巴仁钦）虽曾有次率帕木竹巴大军至降地，但未能引起严重的坏影响。”[②] 说明因拉堆绛万户紧跟萨迦，在帕木竹巴崛起后曾遭到军事威胁，但没有遭到较大的破坏。绛曲坚赞表达了对本钦父子的不信任，但是对于忠实于帕木竹巴的阿达（mngav bdag）父子们，还是保持了积极扶助的态度，以示区别对待。

拉堆洛万户

关于拉堆洛万户，“此拉堆洛巴（la stod lho pa，即拉堆洛万户），本钦旬努旺秋（dpon chen gzhon nu dbang phyug）、本钦卧赛僧格（dpon chen vod zer seng ge），万户长衮确郊（khri dpon dkon mchog skyabs）及其后裔是同我们有联系的人，应帮助这些人的全体后辈”[③]。在绛曲坚赞的嘱托中，该万户的后裔仍在受到照顾者之列。

---

① 大司徒绛曲坚赞 :《朗氏家族》(《朗氏世系史》) 藏文本第 352—353 页，汉译本第 241 页。
② 班钦索南查巴著，黄颢译 :《新红史》，西藏人民出版社，1984 年，第 62 页。
③ 大司徒绛曲坚赞 :《朗氏家族》(《朗氏世系史》) 藏文本第 353 页，汉译本第 241 页。

夏鲁万户

夏鲁万户从记载来看已经显没落之势，且与帕木竹巴关系出现裂痕迹象。绛曲坚赞称："古香巴（sku zhang pa）同我们的关系是：往昔卓衮恰那（vgro mgon phyag na，八思巴之胞弟白兰王恰那多吉）同玛嵇喀卓崩（ma gcig mkhav vgro vbum）婚媾，生喇嘛达尼钦波达磨帕拉（bla ma bdag nyid chen po dharma pha la，即答耳麻八剌剌吉塔）。母子二人同我们前辈京俄德瓦协巴（spyan snga bde bar gshegs pa）昆仲和夏鲁巴（zha lu pa）的祖父关系密切，以后情谊深厚。古香·益喜衮嘎（sku zhang ye shes kun dgav）此人心眼多，见风使舵，虽然他不听从我热忱的规劝，但考虑到以往的关系，我家虽未曾饶益过他，却不可做出损害之类的事情。"① 古香·益喜衮嘎应该是紧跟萨迦本钦，与绛曲坚赞作对的缘故。

香万户

香万户归附了帕木竹巴，但是还存在一些不甘心听命的势力，这让绛曲坚赞心有疑虑，他说："香巴（shangs pa）的阿阇黎扎巴坚赞（slob dpon grags pa rgyal mtshan），本钦将此人彻底奉献给我了，此人品质好。但是，香巴的俗官、决事会议成员孤陋寡闻，心眼多，同我们若即若离，牵之不走，放之不稳。以前此人的地区多出错误，我担心此人的地区还会出乱子。"②

钦波帕巴贝（chen po vphags pa dpal），"此人以前就忠诚我们，迄今纯粹是我们阵垒中的人。他的周围可能有少许各式各样的人，而我们有的人又得罪了他，因此应从各个方面对他施加有益的影响，我们不应

① 大司徒绛曲坚赞：《朗氏家族》(《朗氏世系史》) 藏文本第 353 页，汉译本第 241 页。
② 大司徒绛曲坚赞：《朗氏家族》(《朗氏世系史》) 藏文本第 353 页，汉译本第 241—242 页。

同他结仇，我方所有的人不要迷惑于他人的挑拨。”[①]

羊卓万户

关于羊卓万户，绛曲坚赞的叙述较为简单，“纳噶孜巴（sna dkar rtse pa，即浪卡子巴），此人同本钦阿迦仑（dpon chen ag len）、多吉衮波都元帅（rdo rje mgon po du dben shwa）父子以及我们的关系密切”[②]。看来较为平稳地归附在帕竹政权之下。

雅桑万户

雅桑万户依然与帕木竹巴保持对立状态，“雅桑巴（g·yav bzang pa），此人是我们不共戴天的仇敌，应征服之。门鲁果丁（mon lug mgo steng）以内的叶聂（gye gnyal）地方在今日我们武力强大之际尚未征服，俗话说，‘若使僵硬紫胶变成铁，警惕焦糊臭味熏人昏’”[③]。也就是说并未服从帕木竹巴政权的节制与管束。

止贡万户

势力依然得以保存，只是无法与帕木竹巴就争议属地展开角逐，绛曲坚赞告诉子嗣，“止贡巴（vbri khung pa），在我新得的封诰中说我们领有孜喀（rtse kha）地方，（止贡）倘若不争夺文地（von）、魏喀（vol kha）和多热（rdo ra）三地，就让他维持原状，友好相处”[④]。

蔡巴万户

蔡巴万户的情况与止贡万户相近，都是与帕木竹巴进行过激烈战争

① 大司徒绛曲坚赞：《朗氏家族》（《朗氏世系史》）藏文本第 354 页，汉译本第 242 页。
② 大司徒绛曲坚赞：《朗氏家族》（《朗氏世系史》）藏文本第 354 页，汉译本第 242 页。
③ 大司徒绛曲坚赞：《朗氏家族》（《朗氏世系史》）藏文本第 355 页，汉译本第 243 页。
④ 大司徒绛曲坚赞：《朗氏家族》（《朗氏世系史》）藏文本第 355 页，汉译本第 243 页。

的地方势力，而且始终存在着辖区争夺，绛曲坚赞的告诫也是相同的，“蔡巴（tshal pa）若不（同我们）争夺扎基（gra phyi）和琼结（vphyong rgyas）地方，不怀恨我们，则尽量裨益之”①。有条件地保持和平相处的关系。

达垅万户

达垅万户属于帕木竹巴的朋友序列，“达陇巴（stag lung pa），此人系德瓦协巴（bde bar gshegs pa）的大门生，法嗣继承者，信守誓约，对我们一贯坚定地爱戴、崇敬，因此应扶持所有属于达陇巴的人”②。因此受到帕木竹巴的友善待遇。

绛曲坚赞还提到，“噶当派两支系（bkav gdams ya gnyis po），在蒙古（元朝）法律（hor khims）未出现于西藏之前已（同我们）关系密切；蒙古法律出现以后同属于一个第司（sde srid），故应设法友好相处”③。所指的似乎是噶当派的教典派和教诫派两支宗教势力。

元代在西藏地方的驻军是维护西藏地方稳定的力量，在萨迦与帕木竹巴争夺的过程中，曾经偏向萨迦地方政权一方面，在绛曲坚赞掌握地方大权后，采取了审慎的态度，他宣称“多班土满（dor ban thu man）和玛绛（dmag vjams）等在我之时始有联系，假若彼等不做错事，应扶助之”④。多班土满，又作朵儿班土绵，“土绵”是蒙古语，意思是万或者万户。玛绛则是藏语“军站”的意思。

绛曲坚赞还形象地要求自己的子嗣，“对待宣慰使司（dbus gtsang gi swon wi si，应为“乌思藏宣慰司”）和各地大小首领，应像剪裁小孩

① 大司徒绛曲坚赞：《朗氏家族》（《朗氏世系史》）藏文本第355—356页，汉译本第243页。
② 大司徒绛曲坚赞：《朗氏家族》（《朗氏世系史》）藏文本第356页，汉译本第243页。
③ 大司徒绛曲坚赞：《朗氏家族》（《朗氏世系史》）藏文本第356页，汉译本第243页。
④ 大司徒绛曲坚赞：《朗氏家族》（《朗氏世系史》）藏文本第356页，汉译本第243页。

的衣服一样临时决定（随机应变）”，[1] 而不能鲁莽蛮干。

对于担任军事首领的诸位都元帅，同样因为萨迦地方政权的衰落而失去往日的权势，绛曲坚赞大多采取了妥善处置，有所照顾的措施。“衮嘎多吉都元帅（kun dgav rdo rje du dben shwa）尽管曾有过使我不得自由的缺点，但是，后来临终之际，让我负责管理（其领地和属民）。阿阇黎洛追坚赞（slob dpon blo gros rgyal mtshan），此人丝毫不忤逆我的旨意和训示，我们应该加以扶助”[2]。“格西都元帅（dge bshes du dben shwa）、卧赛尚波（vod zer bzang po）、卧赛嘉措（vod zer rgya mtsho）和卧赛坚赞（vod zer rgyal mtshan）等人，对我们情谊深厚。特别是卧赛嘉措和卧赛坚赞自幼就受到我们照拂，他俩逝世时，我先后资助利益之，是我所恩养的人，其后裔不同于他人，应护佑之。”[3] “旬杰都元帅（gzhon rgyal du dben shwa），此人以往担任根米（ging mi）时，喇嘛仁钦扎巴（bla ma rin chen grags pa）同其正长官阿渥（dpon rgan avo）属于同一宗族。阿渥爱戴仁钦扎巴，倾心我们。受其影响，都元帅对我们热忱、友好。我对他以德报德，……但是，后来我获得了尊荣的名号，他却依仗以前同我友好而狂妄，贪图非分，以后又桀骜不驯并多次惹恼我。……因此要根据他们的行为来适当联合他。”[4] 通过这一系列不过分计较前嫌的措施，赢得了广泛的支持。

根据上述记载，对于已控制西藏地方大局的帕木竹巴政权而言，当时存在着被绛曲坚赞按照关系亲疏划分为三种类型的政治势力：亲帕木竹巴势力、敌对势力和介于中间可以争取的势力；而当时西藏地方的政治局势则是各个势力强弱不均，帕木竹巴是最强的一支，已经控制了过去的一些万户，但仍与其他各部保持着大致相互对等的关系。因此，元

① 大司徒绛曲坚赞：《朗氏家族》(《朗氏世系史》) 藏文本第 356 页，汉译本第 243 页。
② 大司徒绛曲坚赞：《朗氏家族》(《朗氏世系史》) 藏文本第 354 页，汉译本第 242 页
③ 大司徒绛曲坚赞：《朗氏家族》(《朗氏世系史》) 藏文本第 354 页，汉译本第 242 页。
④ 大司徒绛曲坚赞：《朗氏家族》(《朗氏世系史》) 藏文本第 354—355 页，汉译本第 242 页。

朝末期帕木竹巴政权对西藏地方的管理呈现出较为松散的局面。

从绛曲坚赞的自述中，我们还可以看到绛曲坚赞在教诲中让“后辈人应遵循旭烈兀（hu la hu）的遗命，精心管理此史册上记载的豁卡、属民和土地，‘勿让自己的羊群混杂于他人的羊群中，勿让他人的羊群混杂在自己的羊群中’，众人应领会旭烈兀的这番话的含义。”① 这里突出强调了要守护好帕木竹巴自身豁卡、属民和土地的特殊重要性，并非是对当时各个万户的有效控制。他在书中多次提到在他担任万户长之前帕木竹巴万户领地被侵夺的情况，他的主要职责便是恢复本万户的故土，其依据则是蒙元时期的户口清查资料。他在文中说道：“（我）以清查户口时的簿册为根据，收复全部的领地，将寺属百姓和贵族所属百姓混合安置在不同的地方。”② 这和萨迦地方政权的全面掌控相比存在一定程度上的差异。

班钦索南查巴《新红史》记称，木马年（1354 年）萨迦东拉章的人将本钦甲哇桑布（rgyal ba bzang po，加瓦桑布）投入监狱。这时大司徒绛曲坚赞派遣以钦波仁钦桑波为首的强悍大军相营救，使甲哇桑布获释。大司徒因此成为藏地大部分地区的主宰。此后，凡是十三万户任免卫藏有关聂本 (gnyer dpon) 等官员，均由大司徒执掌妙慧之印。③

了解了元朝末年在帕木竹巴万户执掌地方政权时期的西藏政治态势，也就更容易理解绛曲坚赞从朝廷请得“大司徒”的特殊含义。这对确立领导地位，行使管理西藏地方的权力是必须的和至关重要的。

二、西藏地方“十三宗”的建立时间问题

元朝后期，西藏地方帕木竹巴政权代替萨迦地方政权，掌控地方政局。学术界常常会将这一历史变革叙述为绛曲坚赞废除元代的十三万户

① 大司徒绛曲坚赞：《朗氏家族》（《朗氏世系史》）藏文本第 347 页，汉译本第 237 页。
② 大司徒绛曲坚赞：《朗氏家族》（《朗氏世系史》），藏文本第 398 页，汉译本第 271 页。
③ 班钦索南查巴著，黄颢译《新红史》，第 81—82 页。

体制，而建立十三宗的管理体制，实际上存在不少问题。将十三宗的建立归之于绛曲坚赞，与班钦索南查巴《新红史》等书的记述不无关系，他在该书中称，当时，在世俗措施方面，绛曲坚赞在多噶波（rdo dkar po）以上的地区建造了甲孜直古（lcags rtse gri gu）、沃喀（vol kha）、达孜（rtag rtse）、贡噶（gong dkar）、乃乌宗（snevu rdzong，火蛇年）、查噶（brag dkar，火鸡年）、仁蚌（rin spungs）、桑珠孜（bsam vgrub rtse）、白朗（spa nam）及伦珠孜（lhun grub rste）等（原注：在杰钦却吉钦波之时）宗寨，各宗设有宗本，每三年一换。[①] 五世达赖喇嘛阿旺洛桑嘉措《西藏王臣记》中更进一步明确了这一记载。他在该书中讲述了绛曲坚赞以武力迫使止贡、蔡巴、雅桑和萨迦本钦等归于治下，同时还使边地诸邦王侯俯首听命，呈献贡赋。于是，绛曲坚赞于卫部地区，关隘之处，建立十三大寨（即宗），即贡噶、扎噶、内邬、沃喀、达孜、桑珠孜、伦珠孜、仁蚌等等是也。复于乃东孜王宫，作内、外、中三城门，内城严禁醇酒妇人。[②] 由于五世达赖喇嘛和所著史书具有较高权威性和广泛的影响，其观点也被一般研究者所接受。但是，从绛曲坚赞所著的《朗氏世系史》记载来看，史实并非完全如此。

绛曲坚赞在该书中称，丹玛贡尊（ldan ma sgom brtson）无法履行帕木竹巴总管职责而卸任，由多吉贝担任总管。“（多吉贝）最早的职务是京俄大师的司膳官，京俄大师圆寂后多吉贝在止贡寺把虔诚的弟子奉献的财物一分为三，以三分之一建造吉祥多门灵塔，用三分之一做（京俄大师）期供和奠祀的费用，将三分之一交给长官阿渥（dpon avo）和长官旬楚（dpon gzhon tshul），派遣他们赶赴大都奉献本万户的方物。”[③]

后来，多吉贝担任管理多门灵塔（sgo mang rkang bzhi）和牲畜的

① 班钦索南查巴著，黄颢译：《新红史》，第 82 页。
② 五世达赖喇嘛著，刘立千译注：《西藏王臣记》，北京：民族出版社，2000 年，第 92 页。
③ 大司徒绛曲坚赞：《朗氏家族》（《朗氏世系史》）藏文本第 112 页，汉译本第 77 页。

长官。“其时，座主杰瓦大师（bla ma rgyal ba rin po che）对阿阇黎贡巴岗波瓦（slob dpon sgom pa sgang po ba）说道：‘请将长官多吉贝派来此处。’于是长官多吉贝被委任为丹玛贡尊的接替人，担任帕竹万户长约十五六年。他曾三次前往大都，修筑了颇章岗（pho brang sgang）、充都扎卡（tshong vdus brag kha，葱都思扎卡、春堆扎卡）、乃东（sne gdong）、纳木（sna no）、哈拉岗（ha la sgang）、唐波且林麦（thang po che gling smad）、厥谿卡（vphyos gzhis kha）、门嘎扎西佟（mon mgar bkra shis gdong）、嘉塘（rgya thang）、甲孜直古（lcags rtse gri gu）、曲登林（mchod rten gling）和切嘎尔（mchad dgar）等大批谿卡，修筑了可对其以发号施令的直辖谿卡约十二处。”[①]“在长官多吉贝之时帕木竹巴的权势发迹，故京俄大师的大批侍者和善知识们就座于决事会议开创人多吉贝的座首者有十人，他和他的下首者二人，共为十三人。由于地位相等的人众多，各行其是，因而叶聂（g·ye bsnyal）和羊卓（yar vbrog）、唐波切（thang po che）和琼结（vphyong rgyas）、扎巴（sprags pa）和德热（ste ra）等边远的地区丧失于他人殆尽，手中掌管的地方人心涣散，分崩离析，虽然名叫万户（khri skor），却连半个万户的地盘也没有……”[②]两相比照，这十三宗或十二宗有同有异，却大致相同，略有调整，而且绛曲坚赞还将多吉贝后期失去的地区重新纳入治下，应该说对十三宗的最终确定具有重要意义，但是首先应该明确的一点是，十三宗建立的时间似乎并非绛曲坚赞时期，而是元朝扶持的萨迦政教势力掌管西藏地方政权时期，具体说是在多吉贝担任帕木竹巴万户长时期，后者只能是完善或最终确定时期。其次，十三宗其实就是帕木竹巴万户管辖下的十三个谿卡组织，其范围仅限于帕木竹巴万户辖区，即使后来可能有小的调整，没有改变这一基本情况，即并非包括元朝末年的整个

① 大司徒绛曲坚赞：《朗氏家族》（《朗氏世系史》）藏文本第112页，汉译本第77页。
② 大司徒绛曲坚赞：《朗氏家族》（《朗氏世系史》）藏文本第112—113页，汉译本第77—78页。

西藏地区，其行政建制也与元朝萨迦地方政权时期管理今西藏大部分地区的十三万户不能相提并论。因此，用十三宗来指代绛曲坚赞时代的西藏地区可能会存在以偏概全的问题。

三、绛曲坚赞对待死刑的态度问题

学术界流行的观点认为，绛曲坚赞制订法律，废除死刑，恢复西藏旧时代罚赎金。五世达赖喇嘛所著《西藏王臣记》同样是该说的源头，该书谓：萨迦派当政时，不仅管理西藏地区，还统御大蕃全境，“由于后嗣诸权贵各怀异态，各走一方，诸本钦等执法又多变异，鲜有定制。法王之律亦染霍尔之习，流于欺诈，或犯高下宽严不均等弊端。尤以运用霍尔法典，杀人者以偿命，例此律条，皆是造大罪孽者。因此司徒欲以吐蕃先代法王所制十善法规作为准绳。若能如此遵行，则既不舍弃贫弱，又不纵容强悍，洞察真伪，分清皂白，则能使全藏安宁，虽老妪负金于途，亦可坦然无虑。”[①] 这是五世达赖喇嘛的解读，从条文字面来看没有什么不妥，这也暗合了五世达赖喇嘛本人对西藏地方包括法律在内的各项制度的改革意图，并成为其重要理由。

大司徒绛曲坚赞掌权统治西藏地区，制定十五条法律并在西藏颁行，这就是大家通常所说的《十五法典》，内容包括：英雄猛虎律、懦夫狐狸律、官吏执事律、听诉是非律、逮解法庭律、重罪肉刑律、警告罚锾律、胥吏薪给律、杀人命价律、伤人抵偿律、狡赖赌咒律、盗窃追赔律、亲属离异律、奸淫罚金律、过时逾约律。[②] 五世达赖喇嘛提到的便是该法律的第9条。理论上如此，但是根据绛曲坚赞本人在《朗氏世系史》中的记载来看，实际上并非完全如此。从《朗氏世系史》的记载来看，包括绛曲坚赞本人在内，并未完全遵照该项规定。

① 五世达赖喇嘛著，刘立千译：《西藏王臣记》，汉译本第92页；藏文本第139页，民族出版社，1957年。

② 五世达赖喇嘛著，刘立千译：《西藏王臣记》，汉译本第92页；藏文本第139—140页。

该书中提到，绛曲坚赞提到自己对萨迦派本钦的关键战役获得胜利后，“活捉本钦旺尊，处决了一大批罪大恶极者，剜掉了约四百六十四人的眼珠”①。这里提到他处死了一批“罪大恶极者”，并未通过采取赎买方式赦免这些对手，这是对待敌人所施用的死刑。在对内部管理上面，绛曲坚赞同样施用了处死的方式，而未像他颁布的法律规定的那样，或者像五世达赖喇嘛所解读的那样完全废除了死刑，改用罚金代替。绛曲坚赞要求帕木竹巴官寨的管理人员严禁酒色，“万一掌管钥匙的管家出现酒色之过错，就把那男女二人用铁链捆在一起，在桥头（乃东官寨香曲河）示众七天，然后投入河中”②。他还明确指出，帕木竹巴第司的司膳官（gsol ja）、侍寝官（gzim gyog）以及官寨中任何人若给他斟酒或招引妇人，全体萨巴（bzav pa）、俗官和士卒应集中起来，以石头活埋之。③显然，绛曲坚赞自己的记载和说明对于说明他颁布的法律来说，最具权威性。这些事实表明，即使在颁布这些法律之后，西藏地方死刑照样存在。

四、绛曲坚赞时期帕木竹巴地方政权与多康地区的宗教联系问题

《朗氏世系史》中，绛曲坚赞在总结里提到了多麦和康区的家族，他的记述所反映的事实是：西藏地方的帕木竹巴政权与多麦和康区没有任何行政上的隶属关系，只是存在教派传播和师承上的师徒关系，到内地办事的帕木竹巴人士会途经各该地区时临时下榻那里，或者赠送骏马和茶叶给帕竹。④文中记载：“多康（mdo khams）地区的达官、大德——属于四大家族的人们同我们关系密切，其由来叙述如下：多康地区的首领京俄敦楚（ston tshul）曾经到过止贡京俄大师座前，与岗木干（rkam rgan）发生了口角，遂前往聂塘俄尔（snye thang vor），并遇到了萨迦

①大司徒绛曲坚赞：《朗氏家族》（《朗氏世系史》）藏文本第307页，汉译本第211页。
②大司徒绛曲坚赞：《朗氏家族》（《朗氏世系史》）藏文本第367—368页，汉译本第250页。
③大司徒绛曲坚赞：《朗氏家族》（《朗氏世系史》）藏文本第365页，汉译本第349页。
④大司徒绛曲坚赞：《朗氏家族》（《朗氏世系史》）藏文本第360—361页，汉译本第246页。

班智达和八思巴叔侄，成为其侍从，在忽必烈和八思巴时期受命管理多康地区。“岗木干（rkam rgan）乃系京俄大师的老资格弟子。后辈岗木干是居尼宝师（bcu gnyis rin po che）的高足。由于上辈岗木干为人小心翼翼，循规蹈矩，所以宝师敦楚（rin po che ston tshul）遂加以蒙骗，甚至武力威胁，但不论怎样，均未得逞。迄今岗木（rkam）和桂（dgos lung，桂龙）二地朝拜我们历代上师，师徒关系从未中断。所以，岗木巴（rkam pa）和贡如（gong ru，一作古如，gu ru）此二人不同于我们其他门生，应像眼珠似的加以护佑。”①

期望帕木竹巴的当政者与康区和安多的属寺和弟子也要持续加强联系，“咱尔寺（vdzar dgon pa）、耶普（yer phug）、答纳（rta sna）和硞宗（多宗，mdo rdzong），这些本是我们拉思（lha gzigs，即朗氏）所修建的寺院，从那雪（nag shod）至多康（mdo khams），在这些地区内设有喇嘛、地方首领、达官不仅同我们关系密切，全是同我们关系深厚的人。就是在多麦（mdo smad），管理地方的贝使普巴（dpal shri phug）亦是法主的门徒；管理地方的觉塞（jo sras）亦是京俄大师的门生；地方首领多吉旺秋（rdo rje dbang phyug）亦是邓萨替寺已故座主的弟子；地方首领章木（tsam，杂牟）亦是我的弟子；连娘氏亦是我们的弟子。（原文：yul skyong tsam/rang revi bu slob tu vdug/ nyang jo sras de/ spyan snga rin po che la slebs pavi bu slob tu vdug pa nas bzung ste/ nyang tshang tsam yang rang revi slob mar vdug，试译：地方首领也是我们的弟子，娘觉塞就是遂京俄宝师学习的门徒，娘仓也有我们的弟子。）就是在丹底（dan tig）及其以北居古梅尔（cu gu mer）、噶萨热（ka sa ra）、瓜州（skam chu，甘州？）和西夏（mi nyag）诸部，我们同弟子的联系亦十分广泛。在京俄宝师时期，在西夏地方的弟子有丞相（javi zhing）称号者亦大有

① 大司徒绛曲坚赞：《朗氏家族》（《朗氏世系史》）藏文本第356—358页，汉译本第243—245页。

人在。在杰瓦宝师（rgyal ba rin po che）时期，西夏的弟子获名号者亦不乏其人。现在乃乌脱（snevu thog）地区的林堆（gling stod）地方尚有他们的传人，是我们的根本弟子。”①

在今西藏昌都地区贡觉的地方势力，与帕竹曾保持良好关系，“在贡觉（gon gyo），法主玛尔巴（chos rje dmar pa）是其具德帕木竹巴（dpal phag mo gru pa）的大弟子，宝师敦楚（rin po che ston tshul）亦是我们此寺的门徒。除了边远的岗木巴（skam pa）和古如（gu ru）外，不得冷落其他的人”②。

元代活动在以今四川省德格县俄支为中心的林葱家族也与帕木竹巴关系密切，“本钦绛杰（dpon chen vjam rgyal）真诚地关心属于此寺并向往此寺的门徒和事业者。林葱（gling tshang）家族的本钦释迦坚赞（dpon chen shvaskya rgyal mtshan）思想纯洁，慈祥地护佑我们的弟子。堪布桑叶（mkhan po sangs ye）在扎西雄（bkra shis ljongs，扎西炯）地方谒见前辈京俄细瓦协巴（spyan snga zhi bar gshegs pa）之后，请得全部经教，是一位虔诚的弟子。因此，在他未死之前，每年从南杰（rnam rgyal）地方向赛脱巴（gser thog pa）赠送骏马和优质茶叶两种礼品。以本钦仁钦郊（dpon chen rin chen skyabs）、本钦衮嘎（dpon chen kun dgav）和本钦曲仁（dpon chen chos rin）为代表的（林葱家族）同我们是有联系的，所以邓萨替寺有林葱家族十三位嫡传的供灯。故不得中断联系。”③ 绛曲坚赞书中提到的还有其他如“阿卓仓（a kro tshang），此家族是从具德帕木竹巴圆寂后遂同我们有联系。”④ 活动在今四川甘孜炉霍朱倭一代地区的“哲渥仓（trevo tshang）家族是从噶琼都元帅（dkar chung du dben shwa）和坚赞都元帅（rgyal tshan du dben shwa）时就郑重其事地供养此寺，

① 大司徒绛曲坚赞：《朗氏家族》（《朗氏世系史》）藏文本第 358—359 页，汉译本第 245 页。
② 大司徒绛曲坚赞：《朗氏家族》（《朗氏世系史》）藏文本第 359 页，汉译本第 245 页。
③ 大司徒绛曲坚赞：《朗氏家族》（《朗氏世系史》）藏文本第 359—360 页，汉译本第 245—246 页。
④ 大司徒绛曲坚赞：《朗氏家族》（《朗氏世系史》）藏文本第 360 页，汉译本第 246 页。

故不应中断联系。”[①]“我们同佳木仓（lcags mo tshang，疑即后来的明正土司）家族关系亦密切，不要中断。”[②]

西藏昌都丁青一带的“琼波（khyung po）家族的已故历代喇嘛顶礼京俄宝师，喇嘛琼干·扎巴坚赞（bla ma khyung rgan grags pa rgyal mtshan）亲自拜见京俄细瓦协巴（spyan snga zhi bar gshegs pa），由于情谊深厚，故书信往还不曾中断，我们的事业者（vphrin las pa）往返巡游各地都以琼波（khung po）家族做歇脚处，获益不浅。琼波绛谢（khung po byang she）同我们关系密切。然而后来本钦旺尊（dpon chen dbang brtson）召请琼波做援军前来门嘎尔（mon mgar），相传琼波的一两个人（两三人？）死在门嘎尔，作为报复，以岗木巴·达玛杰（skam pa dar ma rgyal）为首的我们在（多麦）的事业者遭到琼波的袭击，夺走了以答那（rta nag）为代表的一批犏牛、马匹和大量金银绸缎。若加以回敬，则上部地方的琼波·阿旺（khung po a dbang）和约塘巴（yog thang pa）等人将受到影响，然而我考虑到，倘若进行不被人们理解的还击，自己会被人误解，子孙连绵长于流水，谋略应无瑕疵，于是等闲视之，未予回敬。经过年迈的喇嘛约塘巴调和，往返疏通，友谊未曾中断，迄今联系密切。”[③]这些联系主要是宗教上的关系，而非行政上的隶属。

五、绛曲坚赞的各项措施及其对西藏地方政教及社会的影响

绛曲坚赞的一些措施颇受关注，既是经验结晶，也凸显个人色彩，并对后世产生诸多影响。

1. 用忠诚人才，认为忠诚是事业兴旺的关键

绛曲坚赞用人首先和最为看重的是忠诚的人品。他指出：“在我们此政权属下的随行人员中，凡终生效力、忠于此政权、不投靠其他长官

① 大司徒绛曲坚赞：《朗氏家族》(《朗氏世系史》) 藏文本第 360 页，汉译本第 246 页。
② 大司徒绛曲坚赞：《朗氏家族》(《朗氏世系史》) 藏文本第 361 页，汉译本第 246 页。
③ 大司徒绛曲坚赞：《朗氏家族》(《朗氏世系史》) 藏文本第 360—361 页，汉译本第 246 页。

和政权者，我们的后人应该世世代代扶助其子嗣。”[①]“自我掌权以后，钦波仁钦尚波(chen po rin chen bzang po)从是一个小沙弥时就为我们效力，鞠躬尽瘁，死而后已，做了我的右肩，所以其子侄晚辈应抚养于我们此政权中。”[②]“堪布楚达瓦(mkhan po tshul dar ba)是我受沙弥戒的亲教师。因为他的关系，旬努尚波（gzhon nu bzang po）从二十一二岁就在我身边做仆役，是司膳官和外管家中的杰出者，出任官寨中的小管家政绩中平，在担任大管家以后，雅隆（yar lungs pa）的坏人们面谀奉承，唯有他一人不存歹心，他人好，不贪污中饱，尽管遭我刮耳光和责打，却不灰心气馁。在本钦杰尚(dpon chen rgyal bzang，甲哇桑布)拘禁我时，……旬努尚波铭记我先前的训示，坚定沉着，没有把乃东（sne gdong）丢失给敌人。我能脱险是依仗他，此政权之所以巍然屹立亦是他宏恩浩德的结果。迄今我仍然继续依靠他，不论我是死是活，你们应在官寨中的官员（职官）中进行比较，目前以旬努坚赞为首的昆仲、僧俗们值得信赖，官寨秩序井然，其原因就在此。”[③]这可能与他身处艰难复杂环境，并饱受背叛煎熬有关。幸好身边有一批忠诚的管家和仆从，让他一次次化险为夷、转而为安。他在自己的著作中，不厌其烦地提到这些忠实的管家和仆人，比如，“贝仁（dpal rin）满十三岁时就来我身旁，以脚支撑我的身体，在家或外出时无论我怎样刮耳光和责打，他均不灰心地效力。他任司膳官（gsol ja ba）二十四年，又连续担任外管家（byes gnyer）。由于博得我的信任，所以虎年委派在贡噶（gong dkar），迄今他坚毅沉着，始终一个样，无人闲话。他重新修建（碉堡），里面贮满物资，仿佛要外溢出来了，人羡己乐。此人连一个词都不背离我的训示，故能条理井然地掌管仁蚌（rin spungs）、后藏（gtsang）、乃乌（snevu）和扎噶噶波

① 大司徒绛曲坚赞：《朗氏家族》(《朗氏世系史》）藏文本第348页，汉译本第238页。
② 大司徒绛曲坚赞：《朗氏家族》(《朗氏世系史》）藏文本第348页，汉译本第238页。
③ 大司徒绛曲坚赞：《朗氏家族》(《朗氏世系史》）藏文本第348—349页，汉译本第238—239页。

(brag dkar) 等地。现在我们主仆俩已永别了。由于他是于我有深恩的仆人,所以我们的后人应护佑贝仁的亲属。”[①]“管家桑结旬努 (gnyer pa sangs rgyas gzhon nu) 的家族先前世世代代是我们的资助人，我来乃东时把他从家乡召请来做了八年的外管家。他贪杯醉酒，行为放肆，但从不隐瞒我，尊敬和爱戴我，被委任为厥地谷顶 (vphyos phu) 百户，后来被任命为豁卡的管理人。他把两个儿子中的多仁 (rdor rin) 献给京俄 (spyan snga)，把坚赞尚波 (rgyal mtshan bzang po，坚赞桑布) 献给我。不久，桑结旬努被委任为门噶尔 (mon mgar) 豁卡的管理人，他品质好，不畏惧执法军，出类拔萃。所以，我连坚赞尚波亦安置为主要侍寝官。但我仍令其发誓效忠，先后给以训诲和责打，故在其兼任侍寝官和外管家二职时成绩中上。旬努尚波交出乃东管家职务后，坚赞尚波被委任为乃东的管家，委托他保管钥匙，虽然我仍要次第刮耳光，但他遵从我的训诲逐年成长，核算土木工程、耕耘的收支，入库的物资条目清楚，物资充盈几乎外溢，从而能满足去年和今年如此巨大的开支。”“贝仁和坚赞尚波心目中唯有我，从未违背我的吩咐，忠于政权，勤奋精进，善于理财，才使我得以享用吉祥萨迦以下，汉地以上地区的财富，竣工的佛像和刻印《甘珠尔》经均得益于此”，“众人应知他俩胜过我亲生的儿子或侄子。你们二人亦不要逾越我的夸奖,在有生之年应始终如一。”[②]“(坚赞尚波) 为帕竹政权事务着想前往朝廷，请得圣谕和印章；在此地亦为政教事务着想，担任带兵将官，是八渥巴图尔 (dpav bo ba dur)，经营萨苏 (sa zur) 地区的上下豁卡，加固碉堡和哨所。”“我们居尊荣之位的后辈子孙们应扶助充当骨干管理人员的后裔。”[③]

通过实践，绛曲坚赞也总结出一套用人的办法，特别是可靠的管家

① 大司徒绛曲坚赞：《朗氏家族》(《朗氏世系史》) 藏文本第 349—350 页，汉译本第 239 页。
② 大司徒绛曲坚赞:《朗氏家族》(《朗氏世系史》)藏文本第 350—351 页,汉译本第 239—240 页。
③ 大司徒绛曲坚赞：《朗氏家族》(《朗氏世系史》) 藏文本第 351 页，汉译本第 240 页。

必须要有担任司膳官和侍寝官的经历。他指出："乃东（sne gdong）和贡噶（gong dkar）二地是此政权合二而一的心脏。此二地的两名管理人应仅仅是从祖先起即世世代代出生在此古刹屋檐下门槛旁的人，不三不四的人，出生在其他地域的人，充当过他人胥吏的人，纵然门第高贵，办事干练，亦不宜担任此二地的管理人。（这两名管家）从小就应充任司膳官和侍寝官（gzim g·yog），无论被长官责打和推拉均不灰心和怨恨。此二职应委派能吃苦耐劳和心目中唯有此政权的人担任。"①"住在乃东官寨的办事员应为邓萨替寺（gdan sa thel）着想。住在贡噶的办事员应为邓萨替寺和乃东着想。住在仁蚌（rin spungs）、桑珠孜（bsam vgrub rtse，沃多达孜）、乃乌（snevu）、扎噶波（brag dkar po）和魏喀答孜（vol mdo stag rtse）的管家亦应具备住在乃东和贡噶的管家的品德。这些小谿卡的管理人若出现懦弱无能，遭人闲话谴责的过失，宜于克制缺点，交出权力。"②

2. 杜绝土地兼并，防止帕竹经济基础动摇

帕木竹巴曾经有过万户辖区被侵占的遭遇，绛曲坚赞在著作中带着浓烈的愤懑之情写道："蔡巴（tshal pa）支援生于凶日的仁钦贝（rin chen dpal）和坏蛋雅桑（g·yav bzang pa），致使（他们）丧失扎基（gra phyi）和琼结（vphyong rgyas）。止贡（vbri khung pa）支持戕害合法的万户长旬努僧格（khri dpon gzhon nu seng ge）的凶手旬努坚赞（gzhon nu rgyal mtshan）和杀害尚木宝师（bzang mo rin po che）的凶手扎衮巴·洛诺尔（gra dgon pa blo nor）等人，致使（他们）丧失文地（von）、魏喀（沃卡，vol kha）、多热（rdo ra）等地。"③这在后来他对萨迦及其支持者发动反击后逐渐收复，体现了对本位辖区的珍视。

① 大司徒绛曲坚赞：《朗氏家族》（《朗氏世系史》）藏文本第351—352页，汉译本第240页。
② 大司徒绛曲坚赞：《朗氏家族》（《朗氏世系史》）藏文本第352页，汉译本第240页。
③ 大司徒绛曲坚赞：《朗氏家族》（《朗氏世系史》）藏文本第347页，汉译本第237—238页。

在帕木竹巴政权内部，他同样十分强调保持豁卡的重要性，特别是该政权的核心地区。绛曲坚赞指出："朗氏嫡传们不得贪婪地瓜分以乃东（sne gdong）和贡噶（gong dkar）为代表的诸豁卡管理人的小豁卡。"俗官们不要购买豁卡的土地，居高位者也不可以将土地授予他人。[①]

3. 官员禁酒戒色条令

在对担任管理以乃东为代表的寺属和非寺属百姓、新旧诸豁卡的帕木竹巴第司（sde srid）职务的人的要求中，绛曲坚赞首先要求履职者有出家经历，并严戒酒色。他在其著作中提到，担任该职的人年轻时就应该出家，不同妇人厮混，戒行整洁，根本不饮酒，过午不食，而且要研究从前的箴言和古老的史籍，听从知识渊博和有理智的长者们的意见，礼敬护法神，做朵玛施食，闲时诵读本尊礼赞，不可行为放荡，处事不公等。[②]

绛曲坚赞以自己为例反复强调无酒色之过的特殊重要性，"我没有酒色的过失，倒不是以喇嘛宝师为首的替雪（thel shod）众人阻止的结果，而是鉴于多吉贝（rdo rje dpal）杜绝酒色，恪守僧人的行为准则，从而获得效益。俟后，帕竹的万户长们由于享受醇酒、妇人，不得不受人欺凌，未见得益。目前，直至萨迦，达官、大德和地方首领均沉迷酒色，其权势衰落，无出头之日。杜绝酒色，坚持僧人操行的必要性即在于此。"[③]前车之鉴是他引以为戒的最根本原因，他不想自己反对的，因酒色丧失政权的事情重新发生在帕木竹巴政权身上。他相信和依赖重视出家为僧，严守戒律的年轻僧人，要求"在官寨内充任管家者应是年轻的僧人，不沾染酒色，不贪污中饱，不扶助亲友、私仆和意气相投的人，不另外养活家口，自掌管钥匙之日起直至死亡，应在囊索职务上度过一

① 大司徒绛曲坚赞：《朗氏家族》（《朗氏世系史》）藏文本第 347 页，汉译本第 238 页。
② 大司徒绛曲坚赞：《朗氏家族》（《朗氏世系史》）藏文本第 363—364 页，汉译本第 248 页。
③ 大司徒绛曲坚赞：《朗氏家族》（《朗氏世系史》）藏文本第 365—366 页，汉译本第 249 页。

生。”万一掌管钥匙的管家出现酒色之过错，就如前文提到的那样，严刑处罚，铁链捆在桥头示众七天，然后投水处死。[①] 对于帕竹第司等官员身边的官员，同样要求严戒酒色，“司膳官、侍寝官和文书员的品质至关重要，应无酒色之过错，戒行清净。他们若出现酒色之罪过，其惩处办法同上。在这些地区中上下豁卡的管家和掌管钥匙者，乃是寄以希望的心腹之人，他们应该眼光朝上，举止贤良”[②]。

有礼貌、注重言谈举止也是对侍从人员的基本要求。“当贵宾、名流和达官在大厅和小客厅时，侍坐旁边的长辈俗官和萨巴们不得嬉戏、发笑、斗嘴，在席间窃窃私语，行为不检点，不可吐痰、伸手伸脚、斜靠上身，对官宦们摆出欺辱的不雅架势。”[③]

4. 帕木竹巴万户长多吉贝的示范作用

绛曲坚赞在书中除了提到一些反面人物的警示作用之外，也特别重视一些正面人物的示范作用。他说：尽管万户长多吉贝并未能保护好帕木竹巴万户的辖区，但是“长官多吉贝仍是德行高尚的人，他头戴禅帽，身着三法衣，无酒色之过失，以经典、回向和法行作装饰。仪表堂皇。（他的）随行人员亦全是远离酒色之过失，戒行敦肃的人。”“相传在长官多吉贝面前和（他的住宅）内外，老少侍从们都不敢嬉戏、笑闹、放荡不羁、伸手跷脚、吐痰和叽叽耳语。”[④] 也就是说，他维护了该万户府的严肃与清正之风，并杜绝了酒色之弊。

5. 萨迦派昆氏家族的反面教训：众娶多妻的严重后果

绛曲坚赞早年按照规定，曾经在萨迦寺接受过锻炼，既学到了宗教知识、管理知识，也培养了感情并与萨迦政教首领建立了密切的联系，同时也了解到萨迦内部的诸多问题，他能够最后战胜萨迦，这段经历和

① 大司徒绛曲坚赞：《朗氏家族》（《朗氏世系史》）藏文本第 364 页，汉译本第 248 页。
② 大司徒绛曲坚赞：《朗氏家族》（《朗氏世系史》）藏文本第 368 页，汉译本第 250—251 页。
③ 大司徒绛曲坚赞：《朗氏家族》（《朗氏世系史》）藏文本第 368 页，汉译本第 251 页。
④ 大司徒绛曲坚赞：《朗氏家族》（《朗氏世系史》）藏文本第 114 页，汉译本第 78—79 页。

对萨迦弱点的透彻掌握应该是有联系的。在他的眼里，萨迦昆氏家族的多妻多子，并由此引起的内部分化和内斗是该家族，乃至萨迦地方势力走向衰落的重要原因之一。事实上也如此，早年萨迦昆氏为了防止庶出的达尼钦波桑波贝觊觎恰那多吉之子达玛巴拉（Dharmapalarakshita，答耳麻八剌剌吉塔，1268—1287 年）的继承权，萨迦昆氏家族并通过上奏朝廷，将其放逐到普陀山。待到达玛巴拉去世后，昆氏家族又面临另一个窘境——绝嗣的危险。他们又请示朝廷将达尼钦波桑波贝召回，并以皇帝诏命的方式，令其众娶妻子，多孕子女，结果达尼钦波桑波贝先后共娶有七位妻子，生育十余个子女，昆氏家族的子嗣因此得以兴旺，但是争夺权益也由此展开。《萨迦世系史》记载，达尼钦波桑波贝与妻子之一的玛久昂莫（ma gcig ngang mo）所生之子贡噶洛追坚赞贝桑波（Kun dgav blo gros rgyal mtshan dpal bzang po，1315—1327 年），为了解决家族内部矛盾，在“二十六岁的鼠年（1324 年）其父达尼钦波去世，他将异母诸弟划分为四个拉章，即把细脱拉章（gzhi thog bla brang）之水晶印赠给克尊钦波南喀勒贝坚赞兄弟等；把拉康拉章（Lha khang bla brang）之金印赠给帝师勒迴（ti shriv legs vbyung）兄弟等。”①

因此，他对帕木竹巴政权内部官员的婚嫁以至于妻妾子嗣都提出了明确的要求：“我们所繁衍的传人，在家的俗人多了是无益的，每代人留一个在家俗人就相称了，妻室一个就足够了，不要纳妾。若无子嗣，遂不得不再娶。再者，若那妇人早亡，虽然生育有子嗣，但不得不续弦。婚配不得娶外部落首领、达官、大德和有权势者的女子，而应娶本政权辖区内经常受人议论的先辈贤良的嫡传——鬼神不加害的高尚女子，不可娶担任管家工作和有权势的俗官之女子。”避免趾高气扬，也无须多

① 阿旺贡噶索南著，陈庆英、高禾福、周润年译：《萨迦世系史》，第 180—183 页；藏文本第 248—252 页，民族出版社，1986 年。

予财产，一处豁卡和一处牧场足以养育子嗣。[①]

“本政权属下的俗官、老少萨巴和心腹权臣，纵然本政权以外的地方首领和万户欲嫁女同他们成亲，亦不可娶为妻室，更不可向彼嫁女。”否则会“在政权内部将发生严重的挑拨离间事件，播下祸根，所有刺探内部情报、欺诳的事件将伴随这些婚嫁者降临。”[②]

6. 重视宗教化导作用，重振佛学教育

绛曲坚赞对僧人的要求是心胸广阔如天空，深沉如大海，要贤良方正，执持修证之幢，对所有人一视同仁，犹如阳光一般。冬夏之际向会众说法，宣说山林修习之法、精深之法类、发心、回向及布施，以满足弟子和施主的愿望。冬夏闭关，内外各方面应做得令人崇奉。不可使百姓破产、私自占有属民和卖弄威风仗势欺人。[③]

为了重振帕木竹巴佛学教育与宗教声誉，他特地兴建了泽当经院(rtse thang gi chos grwa)。当时人们轻蔑地对帕木竹巴派说，以前三世佛——德瓦协巴是智者和得道者，你们后世的禅师们不把精通佛学提到首位，因此禅师乃是愚蠢的白痴，什么都不懂。由此出现既不谙佛法，又不通晓世俗事务的毛病。绛曲坚赞从自身做起，在侄子释迦坚赞 9 岁时，为他讲说《喜金刚二品》，10 岁时讲解《因明注疏》，11 岁时讲《般若经》，12 岁休息，13 岁讲《对法藏》，15 岁讲戒律，16 岁时令其讲经说法。[④] 绛曲坚赞要求其家族后裔，都要在泽当寺先学习，学习释迦坚赞所掌握的诸种知识。游手好闲、不学无术者逐出官员贵族之列。[⑤] 他除了修建泽当经院之外，还修建了丹萨替寺的修道院（gom grwa）、蔡西仁波切（tshes bzhi rin po che）的多门塔和存有十万佛像的新经堂，

① 大司徒绛曲坚赞：《朗氏家族》(《朗氏世系史》) 藏文本第 370—371 页，汉译本第 252 页。
② 大司徒绛曲坚赞：《朗氏家族》(《朗氏世系史》) 藏文本第 371 页，汉译本第 252 页。
③ 大司徒绛曲坚赞：《朗氏家族》(《朗氏世系史》) 藏文本第 361—362 页，汉译本第 247 页。
④ 大司徒绛曲坚赞：《朗氏家族》(《朗氏世系史》)藏文本第 362—363 页，汉译本第 247—348 页。
⑤ 大司徒绛曲坚赞：《朗氏家族》(《朗氏世系史》) 藏文本第 363 页，汉译本第 248 页。

缮写并编辑了金字《甘珠尔》等多部经典，又听闻布顿仁钦珠（bu ston rin po che）、杰赛拖梅巴（rgyal sras thogs med pa）、喇嘛胆巴索南坚赞（bla ma dam pa bsod nams rgyal mtshan）、京俄扎巴坚赞（spyan snga grags pa rgyal mtshan）等讲授佛经，并顶礼供奉。[①] 以榜样的力量感召后嗣子孙。

7. 防止征收柴草、乌拉差役过重的问题

绛曲坚赞还不许官员贪污和敲诈，否则应以法律制裁。“汉地法纪废弛，亦是由于宣旨钦差和信使搜刮民财所致。以前在贡巴释仁（sgom pa shakya rin）时期止贡派繁荣昌盛，后来却衰落了，乃系搜刮民财和蛮横不法分子太多之故。萨迦派亦是这样，侍者的权势胜过喇嘛，俗官们比长官权势炽盛。妇人的势力超过众人，致使萨迦派现在衰落了。应该了解这些失误之举。”[②] 铭记历史教训，才能使帕木竹巴避免重蹈覆辙。

对于“拉珠（lha vbrug）、藏拉雅朵（gtsang la yar gtogs）和绒隆巴（rong lung pa）等地新近划给我们的属民，应同雅隆（yar）、文地（von）一样精心经营扶助。对此史册上出现的全体新旧属民，不得设立陋规加以鱼肉。以原有的各种敲诈（百姓）的规章征派的差徭应豁免一半。应珍惜扎兑雄（grwa dol gzhung）三地。”[③] 通过轻徭薄赋，以及善政来赢得民心。

8. 种树以备建筑之需

难能可贵的是，绛曲坚赞在他的著作中，还提到了种树，以及植树的益处，其目的主要是为了满足建筑官寨、寺庙、修缮房屋和修建木船的需要。他说“在我们全部土地和势力范围内，每年要保证栽种成活二十万株柳树，要委派守林人验收和守护。种树的好处是：（木材）是维修本政权所属寺院、修葺寺属与非寺属百姓破屋、船只的必不可少的

① 班钦索南查巴著，黄颢译：《新红史》，西藏人民出版社，1984 年，第 81 页。
② 大司徒绛曲坚赞：《朗氏家族》（《朗氏世系史》）藏文本第 372 页，汉译本第 253 页。
③ 大司徒绛曲坚赞：《朗氏家族》（《朗氏世系史》）藏文本第 361 页，汉译本第 246—247 页。

物资，人人要管好无穷无尽的宝藏——发菩提心和植树。”①

绛曲坚赞是元代西藏地方十分杰出的政治家，他所著的《朗氏世系史》则是一部十分优秀的史学著作，都很值得深入挖掘，认真研究。

① 大司徒绛曲坚赞：《朗氏家族》(《朗氏世系史》) 藏文本第 372 页，汉译本第 253 页。

唐代儒家思想在吐蕃的传播及其对吐蕃政治的影响*

赵君*

西汉时期，孔子和孟子在中原地区创立的儒家思想，由春秋时期的一家之说上升为国家的统治思想，并成为中国长达两千多年的封建社会主流文化和统治思想。随着历史的向前发展，在我国各族人民不断聚散的动态发展和长期而又频繁的文化交流中，儒家思想逐步突破中原文化圈，被我国各族人民接纳和吸收，并在中华各民族中形成强大的凝聚力，对中华民族多元一体格局和统一多民族国家的形成、发展作出了积极贡献。唐代是中国在东亚乃至世界文明史上大放异彩的时代，更是一个开

* 本文是国家社科基金西部项目《“大一统”思想与藏族的国家认同研究》（项目批准号：14XMZ022）和四川大学中国西部边疆安全与发展协同创新中心访问学者、西藏大学珠峰学者人才发展支持计划杰出青年学者的阶段性成果之一。

* 赵君，西藏大学中国藏学研究所副教授。

放、包容的时代，疆域辽阔、国力强盛，声威文教远播四方，其典章制度、文化、科技被周边的少数民族所吸纳，这不仅加强了国内少数民族的文化内聚倾向，还吸引了周边国家派遣大批留学生和遣唐使到中国学习。也正是有唐一代，青藏高原的吐蕃政权在与唐朝频繁的文化交流中，开始首次接触儒家思想，双方在接触、冲突、交流和融合的过程中，互学互补、相兼融合，不仅丰富了多元一体的中华文化大系统，还对中华民族多元一体格局和统一多民族国家的发展作出了突出贡献。

一、唐代儒家思想在吐蕃传播的主客观条件

一种思想或学说能够在其他地区传播，必须具备一定的主客观条件。“儒家学说是中华民族基于自然生态和地理机制的伟大创造”[①]，有唐一代，儒家思想能够在吐蕃首次传播，取决于唐代和吐蕃政权为其传播创造的主客观条件。

（一）唐代儒家经典的统一为儒家思想在吐蕃的传播创造了客观条件

隋唐时期是儒家思想从众说纷纭走向统一的时期。孔子、孟子在春秋时期创立的儒家思想发展到西汉时期，董仲舒为适应大一统的需要，吸收道家黄老学说、阴阳家思想、法家思想，创立了新儒学，在此基础上提出了“罢黜百家，独尊儒术”的主张并被汉武帝采纳，儒家思想从此成为中国封建社会的正统思想，儒家的《诗》《书》《礼》《易》《春秋》等文化经典也相继被立为官学。南北朝时期，儒家思想在南方、北方出现很大差异，以致“南北所治，章句好尚，互有不同。大抵南人约简，得其英华，北学深芜，穷其枝叶”[②]。由隋朝开创、唐朝完善的科举制度，客观上要求官方编写统一的教科书。隋朝统一中国后，来自南北各地的

① 许倬云：《说中国：一个不断变化的复杂共同体》，桂林：广西师范大学出版社，2015年，第12页。

② 魏徵：《隋书》卷75《儒林传·序》，北京：中华书局，2015年，第892页。

学者云集京师，研讨儒家思想的异同，并出现了学通南北的大学者。《五经》是儒家经典，唐朝初年，唐太宗针对儒家诸经文本差异较大的实际，命令颜师古对儒家学说的《五经》进行考订，撰写成《五经定本》，并颁行天下，作为官学的统一教科书。此外，唐太宗还针对儒学多门、注释繁琐的实际，命令孔颖达和诸多儒者撰写定义疏，其中《礼记》和《诗经》用郑玄笺注，《周易》用王弼注，《尚书》用孔安国注，《左传》用杜预注，定名为《五经正义》。唐高宗时，又进一步对注释加以考证，并于永徽四年（653 年）颁行天下，作为科举考试的依据。《五经定本》和《五经正义》的颁行，标志着通过官方形式实现了对南北经学的统一。唐文宗二年（837 年），国子祭酒郑覃主持全面校订包括“五经”在内的九经文字，并刻成“开成石经”立于太学，进一步完成了儒家经典的统一。唐代对儒家经典的统一，不仅从客观上满足了科举考试这一为统治阶级培养和选拔人才制度的需要，也为儒家经典向吐蕃社会的传播创造了客观条件。

（二）吐蕃政权的建立为儒家思想的传播提供了有利条件

松赞干布（617—650）约在公元 630 年登上赞普之位后，先后征服党项、白兰、苏毗、羊同等部落，完成了统一大业，并将都城从山南雅隆迁到逻些（今拉萨），建立了青藏高原上第一个统一的政权——吐蕃政权。马克思说：“古代各民族是在现象中、在神话中经历了自己的史前时期。”[①] 所以，在远古时期，各民族的精神文化经常寄寓于宗教之中，并由此成为民族文化的重要部分甚至是主体部分，藏族先民也不例外。在自然条件较为恶劣、生产力水平十分低下的青藏高原，一切与人们生产生活密切相关的天地、日月、雷电、山川、河流等自然力均成为藏族先民崇拜的对象，并由此产生了最早、最原始的宗教——苯教。苯教是

① 马克思、恩格斯：《马克思恩格斯选集》第 1 卷，北京：人民出版社，1995 年，第 6 页。

一种多神崇拜的原始自然宗教，是“万物有灵”观念的产物。西藏进入奴隶社会后，氏族部落和部落联盟的贵族和赞普令苯教和苯教巫师直接参与部落和部落联盟的军政大事，苯教和苯教巫师开始介入政权，并由此成为社会上一种重要的政治力量。因此，苯教由“最初仅仅反映自然界的神秘力量的幻想的形象，现在又获得了社会的属性，成为历史力量的代表者”①。松赞干布建立吐蕃政权后，迫切需要打破完全封闭、互不统属的部落联盟的政治经济结构束缚，建立一个相对开放的更加有利于社会发展的政权。但代表旧的生产关系的部落权贵，利用在吐蕃社会依然有着广泛影响的苯教，与新兴的吐蕃政权展开殊死较量。因此，松赞干布迫切需要引入先进的政治、经济、文化制度和一种全新的宗教，以此来促进吐蕃经济社会的发展。松赞干布建立吐蕃政权后，开始进行大规模的军事扩张，将势力迅速发展到青海、甘肃、四川西部等地，和具有高度文明的唐朝相连接，唐朝先进的政治、经济、文化对吐蕃产生了很大的吸引力。恰逢此时，唐朝统治者凭借先进的政治、经济、文化制度，使中国的封建社会步入鼎盛，不仅加强了国内少数民族的文化内聚倾向，还吸引了周边国家和地区派遣大批留学生和遣唐使到唐朝学习。除此之外，此时的唐朝统治者正大力发展佛教，使佛教的社会影响不断扩大；产生于印度的佛教，特别是密宗也正在迅速发展，这些都从客观上迎合了吐蕃统治者的主观需要，为吐蕃社会吸纳唐朝以儒家经典为基础而制定的政治制度提供了条件。

（三）吐蕃文化与中原文化的天然联系为儒家思想在吐蕃的传播提供了客观条件

任何民族的生息繁衍都有其具体的生存空间，任何一种古老的民族文化都是在一定的自然环境中孕育和形成的。中华民族的生存空间位

① 马克思、恩格斯：《马克思恩格斯选集》第3卷，北京：人民出版社，1995年，第667页。

于亚洲东部，西起帕米尔高原，东到太平洋西岸诸岛，北有广漠，东南是海洋，西南是连绵不断的山地。从高空俯瞰，这片大陆四周是由高耸的大山和蔚蓝的大海构成的自然屏障，内部是由若干地理单元构成的结构相对完整的体系，是一个天然的地理单元。“民族格局总是反映着地理的生态结构”①，从中国地形图上可以看出，中华民族聚居的这片大陆西高东低，大致呈三级阶梯分布。第一级阶梯是西部海拔4000米以上、号称“世界屋脊”的青藏高原；第二级阶梯下降到1000—2000米，包括云贵高原、黄土高原和内蒙古高原，其间有塔里木盆地和四川盆地；第三级阶梯是海拔1000米以下的丘陵地带和海拔200米以下的平原。从青藏高原自身的地形来看，也呈现出西高东低的走势。所以，藏民族的聚居地青藏高原与整个中华民族的聚居地的地形结构均呈现由西北向东南倾斜的态势。中华民族生存空间的三个阶梯造成了农业区、牧业区及农耕民族与游牧民族发展带的分界十分清楚，由此造成中国经济的多元多区域不平衡发展，农业、牧业生产类型多样而各个区域相对单一，形成了农牧业经济之间天然的互相依赖、互相补充。但牧区生产的单一性和不稳定性，既形成了农牧经济的共生共辅，又形成了游牧民族对农业民族经济上的需求和依赖大于农业民族对游牧民族的需求和依赖。青藏高原平均海拔4000米以上，畜牧业资源丰富，但可耕地少，气温低，无霜期短。松赞干布建立吐蕃政权后，向外进行大规模扩张，一个重要的原因就是想从农业区获取粮食等生活必需品。也正是基于地理环境上的天然联系，导致了“青藏高原在地势上呈现出西高东低的大势，不仅在民族形成和发展上，而且在人种与文化类型上，对黄河流域文明的内倾向，从而造成了语言上的汉藏同一语系，人种上同属于蒙古利亚人种，以及政治与文化上藏族是中国多民族大家庭一员的现状”②。正是这种自

① 费孝通:《中华民族多元一体格局》(修订本)，北京:中央民族大学出版社，1999年，第4页。
② 张云:《丝路文化·吐蕃卷》，杭州:浙江人民出版社，1995年，第87页。

然地理环境上的天然联系，为唐朝与吐蕃之间的政治、经济、文化交流提供了天然平台，也为儒家思想向吐蕃传播提供了客观地理条件。

（四）儒家文化和吐蕃文化的包容性为儒家思想向吐蕃的传播提供了客观条件

“因能容纳，而成其大；因能调适，而成其久。”[①] 儒家思想之所以能够成为中国长达两千余年封建社会的统治思想，保持其独尊地位，与其自身的包容性、内化性和开放性有着密不可分的关系。“孔子继承周文化，并通过自身的‘损益’把传统的礼乐法规转化为人的自觉的道德实践，又把人所具有的道德属性扩展为社会伦理和政治伦理，用以处理君臣、父子、兄弟、夫妇、朋友之间的关系，从而奠定了儒家‘内圣外王’之学的基础。”[②] 儒家思想到了汉武帝时，便取得了“罢黜百家、独尊儒术”的政治地位，成为中国封建社会占统治地位的思想。东汉末年，佛教传入中国，稍后又产生了土生土长的道教，儒学日渐显露出衰败的迹象。魏晋玄学在宣扬以无为本的性本体论的同时，把儒家思想消融在道德思想之中，实现道家和儒家的合一。隋唐时期，形成了儒、释、道三教并立的局面。唐朝中期，韩愈极力排除佛、道，提倡儒家道统思想，维护儒家思想的正统地位，为宋明理学的发展创造了条件。朱熹在借鉴和吸取佛教的修养论的基础上，将道家的思辨哲理与儒家伦理思想结合，从而实现了儒、释、道的融合，建立起一个兼容并包的庞杂理学体系，使中国的传统文化达到了高潮。

藏文化也是一种多元融合的文化。早在新石器时代，在西藏就形成了藏南卡若、曲贡和藏北细石器三大原始文化，分别代表着各自不同的藏族三大群体。自吐蕃建立后，特别是吐蕃王朝征服、同化和融合青藏

① 许倬云:《说中国:一个不断变化的复杂共同体》卷首语，桂林:广西师范大学出版社，2015 年。
② 朱进友:《儒家思想的内在特质》,《孔子研究》2006 年第 2 期。

高原诸多民族以来，藏民族便与包括中原地区汉族在内的诸多民族进行了长期的、密切的文化交往，显示了藏文化的包容性。特别是吐蕃政权，以其军事力量的强大、宗教文化的博大精深，征服和融合了高原诸多古老民族。这种文化的包容性还体现在宗教上。吐蕃时期，藏民族从印度引进佛教，从内地引进汉传佛教，并吸收了苯教的内容，由此形成了独具高原特色的藏传佛教。儒家文化与藏文化共有的兼容并包的特性，使这两种文化能够在长时间内互相学习，互相补充，这为儒家思想在吐蕃社会的传播创造了有利条件。

二、唐代儒家思想在吐蕃传播的主要途径

吐蕃文化是在吸纳、融合中原地区、印度、波斯等文明的基础上形成的自成系统的高原文化体系。有唐一代，唐朝儒家经典的统一和被指定为官学的统一教科书，伴随着唐朝与吐蕃的频繁接触，儒家思想也通过多种途径传入吐蕃。

（一）吐蕃统治者派遣贵族子弟到唐朝官学学习儒家经典

唐朝的官学分中央官学和地方官学。为学习唐朝的儒家经典和经学，从松赞干布开始，吐蕃经常派遣贵族子弟到唐朝开设的中央官学国子学学习。武德元年（618年），唐朝设国子学，学生皆为贵族子弟。贞观元年（627年），唐将国子学改称国子监。唐朝的国子学和太学是专门研习儒家经典的经学学校，教师均为精通九经并兼通《孝经》《论语》、饱学经书的博士、助教和直讲。唐朝将经学分为大中小三类。大经为《礼记》《春秋左传》；中经为《诗经》《周礼》《仪礼》；小经为《易》《尚书》《春秋公羊传》《春秋谷梁传》。其中，大经和中经为必修科目，小经亦需兼习。吐蕃统治者经常派遣贵族子弟到唐朝官学学习儒家经典。《唐会要》

记载:“吐蕃王及可汗子弟,欲习学经业,宜附国子学读书。”[①]《旧唐书·儒学传》记载:“高丽及百济、新罗、高昌、吐蕃等诸国酋长,亦遣子弟请入于国学之内。”[②]《新唐书》记载:“吐蕃遣大臣仲琮入朝。仲琮少游太学,颇知书。”[③]还记载有仲琮以圣人之训巧妙回答唐高宗针对吐蕃所提的问题。到唐朝国子学和太学学习的吐蕃贵族子弟将学到的儒学知识及典籍带回吐蕃。据史书记载,《易经》《八卦》就是在这一时期被译为藏文并传到吐蕃的。此外,唐朝的许多典章制度等有关政治的文献,以及大量历算和医学方面的知识,也被吐蕃贵族子弟带到了吐蕃,这在吐蕃制定的许多典章制度中可以得到印证。到唐朝国子学和太学学习的吐蕃贵族子弟,深受儒家文化熏陶,他们返回吐蕃后均受到赞普的重用,有的还成为吐蕃政权的重臣。在派出大量贵族子弟到唐朝国子学学习儒家经典的同时,吐蕃还从唐朝招请一些精通儒家经典的汉族儒生为书记,典其表疏。这不仅促进了吐蕃与唐朝之间的文化交流,也为儒学在吐蕃的传播发挥了重要作用。

(二)唐朝和吐蕃之间的政治联姻促进了儒家思想在吐蕃的传播

通过和亲来创造“融合”和“和平”的环境是历代中原政权和少数民族政权经常采用的政治策略。唐代是中国历史上各民族间友好关系加强的一个重要时期,当时周边的民族主要有突厥、吐蕃、吐谷浑、回纥、南诏等,其中联系较为密切的是吐蕃、突厥、吐谷浑。唐朝的统治者处理与周边少数民族的关系大多采用开明的民族政策,和亲就是其中的一种,也是最有效的一种,这种政策几乎与唐朝相始终。为维持和平,在唐朝立国的290年间,与周边民族正式和亲共达23次之多,其和亲对象包括突厥、吐蕃、吐谷浑、契丹、回纥、于阗、南诏等9个民族政

①(宋)王溥:《唐会要》卷36,北京:中华书局,1955年,第662页。
②(后晋)刘昫:《旧唐书·儒学传上》卷189,北京:中华书局,1975年,第4941页。
③(宋)欧阳修、宋祁:《新唐书·吐蕃传上》卷216,北京:中华书局,1975年,第6076页。

权，达到中国和亲史的高峰。伴随着唐代频繁的和亲，儒家思想逐步被传播到周边民族地区，也逐渐被周边民族所吸纳。贞观十五年（641年），唐太宗将江夏王李道宗的女儿文成公主嫁给松赞干布。自小生活在宫中的文成公主，不仅精通经史诗文，还读了不少佛经，并通晓占卜。文成公主入蕃时，唐太宗以360卷经典、释迦佛像、珍宝、金玉书橱、各种金玉锦物作为公主的嫁奁，又给予多种烹饪的食物、各种饮料、卜筮经典300种，识别善恶的名鉴，营造与工艺著作60种，治404种病的医方百种，诊断法5种，医疗器械6种。松赞干布虽然信仰佛教，但对汉人儒雅的生活也十分钦慕，并对儒家学说表现出强烈的兴趣。《旧唐书·吐蕃传》记载，松赞干布在迎亲时不但尽量使用了中原地区传统的婚礼仪式，还对唐代礼仪大加赞赏："叹大国服饰礼仪之美，俯仰有愧沮之色。及与公主归国，谓所亲曰：'我父祖未有通婚上国者，今我得尚大唐公主，为幸实多。当为公主筑一城，以夸示后代。'"[①] 文成公主入蕃，使吐蕃社会"释毡裘，袭纨绮，渐慕华风"。后来，唐高宗又接受松赞干布的请求，赐给吐蕃蚕种及造酒、碾硙、纸墨的工匠。在文成公主入藏后不久，松赞干布"仍遣酋豪子弟，请入国学以习《诗》《书》。又请中国识文之人典其表疏"[②]。继文成公主之后，景龙四年（710年），唐中宗又将金城公主嫁给吐蕃赞普赤德祖赞。金城公主出嫁时正值盛唐时期，"帝念主幼，赐锦缯别数万，杂伎诸工悉从，给龟兹乐"[③]。金城公主在西藏生活的30年间，为竭力促进唐蕃和好，曾多次向唐朝皇帝上书，并向唐朝索求儒家经典。《旧唐书·吐蕃传上》记载：开元十七年（729年），"时吐蕃使奏云：'公主请《毛诗》《礼记》《左传》《文选》各一部。'制令秘书省写与之。"[④] 文成公主、金城公主与吐蕃赞普的两次联姻，使儒

①（后晋）刘昫：《旧唐书·吐蕃传上》卷196，第5221—5222页。
②（后晋）刘昫：《旧唐书·吐蕃传上》卷196，第5222页。
③（宋）欧阳修、宋祁：《新唐书·吐蕃传上》卷216上，第6081页。
④（后晋）刘昫：《旧唐书·吐蕃传上》卷196，第5232页。

家经典随之流入吐蕃，不仅促进了唐朝和吐蕃之间的文化交流，也促进了儒家思想在吐蕃的广泛传播。

（三）唐朝和吐蕃之间频繁的政治、军事活动促进了儒家思想在吐蕃的传播

“人是文化的载体，不同文化之间的交流和联系从来都是以人的接触、交往为前提的”。[①] 有唐一代，唐和吐蕃之间或战或和。但无论是战是和，经过双方的不断接触，在彼此学习的过程中，唐朝和吐蕃文化中都增加了新的成分。在吐蕃政权存在的200余年间，唐朝与吐蕃的接触主要围绕政治活动和军事活动展开，具体可分为战争、互派使臣、民间往来等多种类型。吐蕃政权建立后，开始了大规模的对外扩张。由于自然地理因素的限制，吐蕃对外扩张的方向主要在东部，这也导致吐蕃的扩张战争主要是在唐蕃之间进行。正因如此，吐蕃军队与唐朝军队通过战争这种独特的方式进行了广泛的接触和交流。此外，唐蕃双方互派使臣也为双方的广泛接触和交流提供了可能。为与唐朝交好，吐蕃每年都会派出大批遣唐使臣。据谭立人、周原孙《唐蕃交聘表》统计，整个吐蕃政权时期，唐蕃之间的使臣交往共计290余次，其中吐蕃使臣180余次，唐朝使臣100余次。[②] 从上述数字不难看出，吐蕃派往唐朝的使臣不但从数量上几乎达到唐朝派往吐蕃的使臣的一倍，而且频率极高。我们以公元634年至842年的208年时间来计算，吐蕃差不多不到一年半时间就会派一次遣唐使。《旧唐书·吐蕃传》《新唐书·吐蕃传》《册府元龟》中均大量记载着某年某月吐蕃某某使臣至，由此可以推断，吐蕃派往唐朝的遣唐使应该不是一人，而是一个大约50人的使团。《旧唐

① 石硕：《历史上藏人向中原地区的流动及与西藏社会发展的关联》，《中国藏学》2012年第2期，第33页。

② 参见谭立人、周原孙：《唐蕃交聘表》，《中国藏学》1990年第2期，第151页。

书·吐蕃传》记载："（建中元年）五月，以韦伦为太常卿，复使吐蕃。其冬，遣宰相论钦明思等五十五人随伦至，且献方物。"[①]公元 841 年，"尚屈立热等到凤翔，随从共七十人。准旧例只合十人入朝，今缘两国和好，不同元和已前，遂令三十五人赴阙。"[②]根据上述数字可以推断出，吐蕃派往唐朝的 180 余次使臣人数大约有 9000 人。有些遣唐使还因各种原因长期滞留长安。唐朝则把和亲作为唐蕃交往的重要桥梁，并经常以探望公主、赞普和公主去世后的吊唁为由，与吐蕃进行交往和交流。根据史籍记载，精通儒学的皇甫惟明、崔汉衡、杜鸿渐、崔琳、崔光远等都曾被唐朝派往吐蕃进行政治活动。唐朝每一位皇帝即位或去世，吐蕃每一位赞普新立或去世，唐蕃双方都要互派使臣，或庆祝，或吊唁。此外，有唐一代，唐蕃之间时战时和，有时为表示诚意，吐蕃会派一些贵族子弟到唐朝充任"侍子"。其性质虽然颇似人质，但唐朝为了拉拢这些人，会给予其非常优厚的待遇，入侍者"并叨殊奖。式执戟毋墀，策名戎秩；或曳裙庠序，高步黉门。服改毡裘，语兼中夏。明习汉法，睹衣冠之仪，目击朝章，知经国之要。窥成败于国史，察安危于古今，识边塞之盈虚，知山川之险易"[③]。吐蕃著名的大相禄东赞之子论钦陵，早年就曾在唐朝"因充侍子，遂得遍观中国兵威礼乐"[④]。论钦陵后来专权于吐蕃，成为唐朝的劲敌。唐蕃双方通过上述多种形式进行了频繁的接触和交流，并在接触和交流的过程中彼此学习，互相吸纳对方的优秀文化，这也成为儒家思想传入吐蕃的一条重要途径。

①（后晋）刘昫：《旧唐书·吐蕃传下》卷 196，第 5245—5246 页。
②（唐）封敖：《与吐蕃赞普书》，《全唐文全唐诗吐蕃史料》，拉萨：西藏人民出版社，1988 年，第 241 页。转引自石硕：《历史上藏人向中原地区的流动及与西藏社会发展的关联》，第 35 页。
③（宋）王溥：《唐会要》卷 56，第 966 页。
④（宋）王钦若等：《册府元龟·谏诤部·直谏》卷 544，北京：中华书局，1960 年，第 3631 页。

（四）部分落蕃官入仕吐蕃，对儒家思想在吐蕃的传播发挥了一定作用

吐蕃政权建立后，在进行大规模对外扩张的过程中，于786年攻陷沙洲，整个河西地区开始纳入吐蕃政权管辖之下，一直到848年吐蕃灭亡才宣告结束。1900年，在敦煌莫高窟藏经洞中发现了大量以古藏文形式书写的吐蕃藏文文献。敦煌藏文文献中大量记载有“破落外臣”“落蕃人”等名称，此外，还记载有“落蕃僧”等名称。这反映出：在吐蕃统治敦煌的60余年间，敦煌出现了一个特殊的社会阶层——落蕃官阶层。这个在特殊历史时期形成的特殊社会阶层的组成人员均曾为唐朝的官员，因战争原因而流落吐蕃。这些来自唐朝的官员流落吐蕃后，一部分在被吐蕃政权统治的河西地区继续为官，一部分被带往逻些(今拉萨)，一部分则放弃政治生涯而投入佛门。对战争中俘虏的唐人中的知书通文者，吐蕃统治者多予以留用，并在其前臂刺上黑纹，以“候赞普之命”，这些人被称为“舍人”，即“得华人补为吏者则呼为舍人”。入仕吐蕃的汉人落蕃官很多都被充为舍人，如徐敬业的后代徐舍人，[①]落蕃后入仕吐蕃的舍人有郭至崇、杨舍人，谭可则落蕃后被称为“知汉书舍人”，令其听命于赞普，谭拒绝后依然在其前臂上刺上了“天子家臣”的藏文字样。[②]据P.2555所录《胡笳十八拍》之增拍小序中“落蕃人毛押牙遂加一拍，因为十九拍”记载可以推断，毛押牙应为唐蕃战争期间，因陷于吐蕃而被吐蕃监押的原敦煌地区的唐朝官员，落蕃前曾担任过管领仪仗侍卫一类职务。[③]从谭可则被封为听用于赞普的“知汉书舍人”可以推断，吐蕃赞普应当非常崇尚儒家经典，也希望通过“舍人”更多地去了解儒家思想。尽管落蕃官的官位仅为家臣，地位较低，但这些人深受

①（后晋）刘昫：《旧唐书·吐蕃传下》卷196，第5259页。

②［法］戴密微著，耿昇译：《吐蕃僧诤记》，兰州：甘肃人民出版社，1984年，第263页。

③ 参见徐俊：《敦煌诗集残卷辑考》之毛押牙《胡笳十八拍》之增拍小序，北京：中华书局，2000年，第370页。

儒家思想熏陶，一定程度上向吐蕃统治者传播了儒家思想。

三、唐代儒家思想的传入对吐蕃政治的影响

儒家思想是中华各民族共同的精神财富。从唐朝传入吐蕃的儒家思想，既丰富和发展了藏民族的传统文化，又增进了藏民族对以儒家思想为主流的中华文化的认同，对吐蕃政治产生了深远影响。

（一）儒家思想的传入对吐蕃政治制度产生了重要影响

政治制度是关于国家权力性质的组织、分配、运作等方面的规范法度。吐蕃政权尽管尊崇佛教，但在与唐朝频繁接触和交流后，还是被具有普世价值的儒家思想所吸引，因此在其政权结构、社会管理体制、伦理、艺术和法律等各方面都大量借鉴了儒家文化。往昔的吐蕃没有统一的法规，各邦、诸侯部落各据一方连年征战，致使民不聊生。如果现在仍无统一的法律，吐蕃臣民会继续忍受痛苦。所以，松赞干布统一吐蕃后，旋即开始着手建立吐蕃社会的管理体制和法律条文。在制定吐蕃法律的过程中，松赞干布仿照唐朝法典，将儒家伦理道德标准作为重要参考标准，亲自颁定了包含有“教亲敬上”“孝顺父母”和“非礼勿动”等条文的《二十条律》。赤热巴巾是吐蕃后期一位尊崇佛教到极点的赞普，他也深受儒家文化的影响，并模仿唐朝皇帝登基后均有年号的制度，为自己取了“彝泰”（意为“长久安泰”）的年号。这种使用年号之制在吐蕃从未有过。吐蕃赞普还将唐朝典章制度中的告身制度、府兵制度、宰相、节度使等官职名称借用到吐蕃，使吐蕃的政治制度打上了深深的儒家文化的烙印，并对后世产生了深远影响。

（二）以儒家“大一统”观念为核心的政治文化开始植根于吐蕃臣民内心

唐朝与吐蕃之间的频繁接触和交流，促进了藏汉民族之间的交往交

流和融合，以儒家学说为主导的中华文化也得到藏民族的认同，作为中华文化重要组成部分的以“大一统”思想为核心的政治文化也开始植根于藏民族内心。儒家“大一统”思想特别强调“正统”，无论是春秋时期的“尊王攘夷”，还是三国时期曹操的“挟天子以令诸侯”，都体现出“大一统”思想中皇帝的绝对权威。公元8世纪中叶，吐蕃乘唐朝发生“安史之乱”之机大举东进，短短几年的时间就攻陷了唐朝西北数十个州，完全占领了河西陇右地区。随后，吐蕃军队又攻破凤翔、邠州（今陕西彬县），逼近长安，唐代宗李豫仓皇出逃至陕州。763年吐蕃大军攻入长安。尽管吐蕃军队仅在长安滞留了15天，但从吐蕃占领长安后，立金城公主的弟弟“广武王李承宏为帝，立年号，大赦，署置官员，寻以司封崔瑰等为相”等情况看，吐蕃占据长安后，本有取唐而代之的可能性，但其并没有即刻取而代之，而是另立一广武王李承宏为皇帝，这反映出儒家“正统论”思想已深深植根于吐蕃统治者内心。

儒家“大一统”观念特别强调政权的统一。会盟是唐蕃政治关系发展的一种特殊形式，几乎贯穿于唐蕃关系的始终。唐蕃会盟始于705年，止于822年。在此期间，吐蕃与唐朝之间时战时和，双方进行了多次会盟，其中比较重要的有8次，最为著名的当属公元821年的长庆会盟，因为这次会盟所立的“甥舅会盟碑”至今依然矗立在拉萨大昭寺前。松赞干布迎娶文成公主、赤德祖赞迎娶金城公主后，唐蕃之间的关系便由原来普通毗邻的关系变为“甥舅”亲家关系。更为重要的是，“甥舅会盟碑”中主要强调的是唐蕃之间“社稷如一，合同为一家”。这里的“甥舅”关系不是简单的亲属关系，而是依然突破“攀亲带故”式单纯亲属关系，暗含有某种政治上的隶属关系。这既促进了藏汉之间的文化交流，也为元朝西藏能够纳入中央政权管辖奠定了良好基础。

（三）儒家思想中的忠孝观念对吐蕃政治产生了深刻影响

以儒家思想为主导的中国传统体制特别强调“以孝治天下”，因此，儒家思想中的伦理道德观念，特别是忠孝观念不仅是维护家族和家庭伦理关系的基础，而且也成为维持阶级社会人与人之间关系和社会秩序的重要根基，深深地影响着国家的政治文化。唐代是我国统一多民族国家形成和发展过程中一个非常重要的历史阶段，盛唐时期更是形成了疆域辽阔、多民族互动共存、文化快速融合的局面。当时的唐朝有 328 个府州，1573 个县，此外还设有 800 多个羁縻府州。唐朝在统治中国的 290 余年间，为了加强对众多羁縻府州的掌控，设置了边州都督府和都护府，并频繁派出使者，通过册封少数民族首领的方式来确定其与唐朝在政治上的隶属关系。中原王朝通过册封的方式确定其与边疆民族政权的隶属关系并非开始于唐，早在唐之前的秦汉时期就已经见于史载。不过，唐朝对周边少数民族首领的册封比以往任何一个朝代都普遍，几乎贯穿于唐朝始终，而且唐朝诸多统治者还把对周边少数民族政权的册封看作是“万邦述职，无隔华夷，五等疏封，式固藩屏”[①] 的良策。因此，接受唐朝册封便成为周边少数民族与唐朝保持政治关系的重要方式，并被少数民族所接受。吐蕃臣民也接受了这种观念。《新唐书 · 吐蕃传》记载，唐武宗时，吐蕃赞普达磨去世，其丞相立乞离胡为赞普，但是由于没有经过唐朝的册封而引起吐蕃臣民的不满。当时的吐蕃臣民认为，他们的最高统治者必须经过唐朝的任命，才能有正式的名分，才能被吐蕃臣民接受，否则就会被认为“失礼”，就是对唐朝的不敬、不恭、不忠，这明显是儒家的忠孝观念在吐蕃政治中的反映。

唐朝与吐蕃结为“甥舅”关系后，唐朝每一位皇帝即位或去世，吐蕃每一位赞普新立或丧亡，唐蕃双方均需互派使节，生相庆，死相吊，如同一家人往来。《新唐书·吐蕃传》记载，唐代宗去世、唐德宗继位时，因吐蕃赞普乞立赞未吊丧、庆贺，曰：“我乃有三恨：不知天子丧，不及吊，一也 ；山陵不及赙，二也 ；不知舅即位，而发兵攻灵州，入扶、文，侵

①（宋）宋敏求 ：《唐大诏令集 · 藩夷》，上海 ：商务印书馆，1959 年，第 569 页。

灌口，三也。即发使者随伦入朝。”[1]按照儒家的忠孝观念，天子丧而不及吊是为不孝，发兵攻打舅国是为不忠。乞立赞赞普的三恨从侧面反映出：儒家忠孝观念已被吐蕃臣民接受，并在维持唐朝和吐蕃之间的政治隶属关系中发挥了重要作用。

①（宋）欧阳修、宋祁：《新唐书·吐蕃传下》卷216，第6092页。

sDe mgon po Mahākāla Temple, Dam pa, and the Question of Yuan Imperial Involvement

Karl Debreczeny*

Central to Mongol interests in Tibetan Buddhism was the use of esoteric(秘传的，难懂的) means to real physical power，most clearly manifested in Mahākāla rites. The image of the Sa skya protector Gur gyi mgon po（大黑天护法，宝帐怙主）[Fig. 1] came to symbolize Qubilai Khan as the wrathful destructive power of the cakravartin（转轮王）ruler. sGa A gnyan Dam pa（Dǎnbā 胆巴 ; ca. 1230-1303）[Fig. 2]，as the embodiment of this

* 杜凯鹤，美国鲁宾艺术博物馆（Rubin Museum of Art），博士。
This article is drawn from a chapter of my dissertation: "Ethnicity and Esoteric Power: Negotiating Sino-Tibetan Synthesis in Ming Buddhist Painting." PhD Dissertation, University of Chicago, 2007. Some aspects were published as: "Imperial Interest Made Manifest: sGa A gnyan dam pa's Mahākāla Protector Chapel of the Tre shod *Maṇḍala* Plain." *Revue d'Études Tibétaines* no.21 (Feb 2015): 129-66. http://himalaya.socanth.cam.ac.uk/collections/journals/ret/pdf/ret_31_10.pdf

Fig.1 Gur gyi mgon po (Pañjaranātha Mahākāla), dated 1292. Musée Guimet, Paris. (After Stoddard, p. 279)

Fig. 2 sGa A gnyan dam pa statue (ca 1984 reconstruction). Rooftop chapel, sDe mgon po. (Photograph by author, 2001)

deity on earth, was Mahākāla ritual specialist at Qubilai Khan's court. He was credited with intervening in several key battles in Mongol military campaigns, including the momentous final fall of Southern Song, and built a number of imperially sponsored temples to Mahākāla.

The Persian historiographer Rashid al-Din, who wrote his famous history circa 1300 (that is within Dam pa's lifetime), specifically mentions Dam pa as someone whose word carried great weight at the Yuan court.[1]

① Franke, Herbert. "Tan-pa, A Tibetan Lama at the Court of the Great Khans." In *Orientalia Venetiana I*, ed. Merio Sabatini. Firenze: Leo S. Olschki, 1984, pp.157-180. Franke, Herbert. *Chinesischer und Tibetischer Buddhismus im China der Yuanzeit*. München: Kommission für Zentralasiatische Studien, Bayerische Akademie der Wissenschaften, 1996, pp. 53-63.

Fig. 3 Zhao Mengfu 赵孟頫 "Monk in a Red Robe" 红衣西域僧图 1304, Liaoning Museum.

Dam pa's epitaph stele, erected in 1316, was written by the most famous Chinese calligrapher of his time Zhào Mèngfǔ 赵孟頫 (1254-1322), which highlights Dam pa's importance at the Mongol court.[①] It has even been suggested that Zhào Mèngfǔ's famous painting Monk in a Red Robe (*Hóng yī*

① *Da Yuan chici Longxingsi dajue puci guangzhao wushang dishi bei* 大元敕赐龙兴寺大觉普慈广照无上帝师碑 (also called the "Imperial Preceptor Dampa Stele" *Dishi Danba bei* 帝师胆巴碑). See: Sun Zhixin 孙志新. "A Quest for the Imperishable: Chao Meng-fu's Calligraphy for Stele Inscriptions." in Robert Harrist Jr. and Wen C. Fong. *The Embodied Image Chinese Calligraphy from the John B. Elliot Collection*. Princeton: The Art Museum, Princeton University, pp.302-319. Wang Yao 王尧. "A Cult of Mahākāla in Beijing." in Per Kvaerne (ed.) *Tibetan Studies. Proceedings of the 6th Seminar of the International Association for Tibetan Studies Fagernes*, vol.2, Oslo: The Institute for Comparative Research In Human Culture, 1994, pp.957-964. The text of this stele is reproduced in Franke (1996), pp. 175-176 and discussed in German on pp. 42-46. Strangely enough a rubbing of this stele is not included in the *Beijing tushuguan cang Zhongguo lidai shike taben huibian* 北京图书馆藏中国历代石刻拓本汇编, as Zhao Mengfu is considered the foremost calligrapher of the Yuan dynasty. The characters of the stele are only reproduced in a copy book as a model for calligraphy as the *Zhao Mengfu shu Danba bei* 赵孟頫书胆巴碑.

Previously in my dissertation (2007), Fig. 1.20, p. 504, I mistakenly published the engraved image at the bottom of the Dam pa stele as "Dam-pa as a Yuan official" following the publication *Khams stod lo rgyus thor bsdus* (v. 1, p. 22). However it has since been pointed out to me by several scholars that this is in fact a portrait of Zhao Mengfu added to the stele later. This can be seen by comparing very similar portraits of Zhao Mengfu, such as a hanging scroll in the Metropolitan Museum of Art "Copy of a Portrait of Zhao Mengfu" Accession Number: 1986.267.3: http://www.metmuseum.org/collection/the-collection-online/search/36146 Thanks to professor Shane McCausland of SOAS for pointing this comparison out to me.

xīyù sēng tú 红衣西域僧图) [Fig. 3], dated within a year of Dampa's death (1304), commemorates him.①

Fig. 4 The image "meaningful to behold" (mthong ba don ldan) of the Dharma-raja 'Phags pa (ca 1984 reconstruction). Rooftop chapel, sDe mgon po. (Photograph by author, 2001)

I would also propose that the patron named in the inscription on the famous sculpture dated to 1292 in the Musée Guimet, Paris, who is identified as an "A tsara Bag shi," that is an ācārya *boshi*（博士）, or "learned scholar," a close disciple of the Imperial Preceptor 'Phags pa and one who enjoyed the protection of Qubilai Khan, ② is none other than the A gnyan *pag shi*（阿尼拔希，阿尼法师）, sGa A gnyan Dam pa, a close disciple to 'Phags pa [Fig. 4], and often described as *pag shi* in both Yuan Chinese and Tibetan sources.③

① Hong Zaixin 洪再新. "Zhao Mengfu *Hong yi Xiyu seng (juan)* yanjiu" 赵孟頫《红衣西域僧(卷)》研究 [Research on Zhao Mengfu's *Red-Robed Western Monk scroll*]. In: *Zhao Mengfu yanjiu lunwenji* 赵孟頫研究论文集. Shanghai: Shanghai Shuhua Chubanshe, 1995, pp. 519-533; James C. Y. Watt, ed. *The World of Khubilai Khan: Chinese Art in the Yuan Dynasty*. NY: Metropolitan Museum of Art, 2010, p. 198; Shane Mc Causland. *Zhao Mengfu: Calligraphy and Painting for Khubilai's China*. Hong Kong University Press, 2011.

② *bla ma dam pa chos kyi rgyal po 'phags pa zhes bya ba'i bka' drin gyis bskyangs shing thugs kyi bzung ba'i 'phrin las pa a tsar bag shi zhes bya bas.* For a full transcription of the inscription see Stoddard, Heather. "A Stone Sculpture of mGur mGon-po, Mahakala of the Tent, Dated 1292." *Oriental Art* vol.31, no.3 (Autumn 1985), p. 278.

③ van der Kuijp, Leonard. "'Ba si' and Ba si-s in Tibetan Historical, Biographical and Lexicographical Texts." *Central Asiatic Journal* 39 (1995) 2, Harrassowitz Verlag, p.288.

Fig. 5a sDe mgon po Protector Chapel, founded 1284. Tre shod, dKar mdzes, Western Sichuan (Photograph by author, 2001).

Fig. 5b sDe mgon po Protector Chapel, founded 1284. Tre shod, dKar mdzes, Western Sichuan (Photograph by author, 2014).

At least one Tibetan biography of Dam pa by Ngor mKhan chen Sangs rgyas phun tshogs (1649-1705) is known to exist through its listing in the catalog of the sDe dge dgon chen printery, but until this text is made available a biography for Dam pa can be cobbled together from available Tibetan and Yuan Chinese sources.①

① This text is listed in vol. 1 of the four volume collected works of sDe dge dgon chen printery. The most detailed biography is the Yuan Chinese text *Fozu Lidai Tongzai* 佛祖历代通载 (chapter 22) written sometime before 1340 (that is within 40 years of Dam pa's death) by Nian Chang 念常, and a shorter biography found in the *Yuanshi* 元史 (202), both studied by Franke (1984, 1996); supplementary material provided in related Tibetan texts like the *Hor Chos rje sku phreng gong rim gyi rnam thar* ("Biographies of the Successive *Hor* (Mongol) Dharma-rajas") studied by Sperling (1991); as well as two texts on one of the temples he founded, which is the focus of this paper: *sDe mgon po'i dkar chag* ("The Descriptive Catalog of sDe mgon po") (said to date to 1668), and a modern internal PRC government (neibu 内部) publication in Tibetan: *sDe mgon khang gyi lo rgyus* ("A History of sDe mgon khang").

There was a manuscript of Dam pa's collected writings (*gsung 'bum*) which is described in the *Sa skya dkar chag: the Chos rje khu dbon gyi slob ma sga a gnyan dam pas mdzad pa'i mgon po'i sgrub skor shog dril nyer gcig sogs mang du bzhugs*. There was supposed to have been a copy of this in the monastery at sKye rgu mdo (where Dam pa was from). A famous lama of his lineage, Drung Kun dga' grags, wrote extensively on the ancestral Mahākāla practices. Copies of this manuscript gsung 'bum were supposedly at Sa skya, Ngor and sDe dge. I would like to thank the late E. Gene Smith for sharing this information with me. See also: Ye shes rdo rje, *Gangs can mkhas dbang rim byon gyi rnam thar mdor bsdus bdud rtsi'i thigs phreng* (Lidai zangzu xuezhe xiao zhuan) (Beijing: China Tibetology Publishing House, 2000), vol. 2, pp. 93-98.

While none of the prominent Yuan metropolitan temples founded in China proper by Dam pa survive, another protector chapel which follows a similar pattern, sDe mgon po [Fig. 5 and 6], built by Dam pa in 1284, purportedly under imperial patronage, and described as: "without any differentiation from the sGo rum Protector Chapel of Glorious Sa skya" remains in Tre shod, dKar mdzes (Gānzī 甘孜, Western Sichuan).① An account of the building of sDe mgon po, also known as Tre'i mgon khang,② is given in the *sDe mgon po'i dkar chag* ("Descriptive Catalog of sDe mgon po") bearing the

① "dpal sa skya'i sgo rum mgron khang dang dbyer med pa", Hor Chos rje Ngag dbang phun tshogs, ed. *sDe mgon po'i dkar chag*. ("The Descriptive Catalog of sDe mgon po.") Full title: *bla chen 'phags pas lung bstan cing/ rgya yul nas phyag nas 'thor bar grags pa'i tre'i mgon khang ngam yongs grags sde mgon po'i dkar chag hor chos rje ngag dbang phun tshogs kyis mdzad pa*. In Dga' ldan Khri pa Tre hor Byams pa chos grags. *Rigs dang dkyil 'khor rgya mtsho'i mnga 'dbag [sic] nges pa don gyi rdo rje 'chang khang gsar skyabs mgon blo bzang tshul khrims bstan pa'i rgyal mtshan dpal bzang po'i rnam par thar pa dad pa'i pad mo bzhad pa'i nyin byed: (the biography of the First Tri hor Khang gsar Skyabs mgon Blo bzang tshul khrims bstan pa'i rgyal mtshan (1838-1897)*. Dharamsala: Library of Tibetan Works and Archives, 1996, folio 244r-247v. 242r, line 4; and 'Jigs med bsam grub. *sDe mgon khang gyi lo rgyus* ("A History of sDe mgon khang"). In 'Jigs med bsam grub, ed. *Khams chogs Dkar mdzes khul gyi dgon sde so so'i lo rgyus gsal bar bshad pa nang bstan gsal pa'i me long* ("A Luminous Mirror of Clearly Explained Histories of Each Individual Monastery of Ganze County, Khams"). Kangding and Beijing: Krung go'i bod kyi shes rig dpe skrun khang, 1995, vol.1, pp.153-163. sDe mgon po is not the only temple built by Dam pa dedicated to Gur mgon along the Sino-Tibetan frontier to survive. Dam pa also built sKal bzang dpal 'byor gling (尕藏寺), also known as Khri 'du sKal bzang dgon, in his hometown of Khri 'du rdzong, in present day Qinghai Province. A history of this temple and Dam pa's involvement in Tibetan can be found in the local history *Khri 'du*, pp. 189-196, a 2002 neibu (internal government) publication (Padma gun-dags, etc. eds. *Khri 'du*. Qinghai: mTsho sngon Khri 'du rdzong srid gros lhan tshogs, 2002), and in *Khams stod lo rgyus thor bsdus*, vol. 1, p. 45 (lDan ma 'Jam dbyangs tshul khrims. *Khams stod lo rgyus thor bsdus*. 2 vols. Lanzhou: Kan su'u mi rigs dpe skrun khang, 1995-1997). sKal bzang dpal 'byor gling was restored by a bSod nams chos 'phel in the 20th century.

② A name based in the temple's location, the Tre shod Maṇḍala Plain.

date 1668.① However this text could not have been written the same year the purported author, Hor Chos rje Ngag dbang phun tshogs (1668-1746), was born. Based on the long life wishes for the Fifth Dalai Lama (1617-1682) that appear in the colophon at the end, this edition of the *dkar chag* probably dates to his lifetime in the late 17th century (that is pre 1682), and it is clearly stated that it is (at least in part) a compilation of earlier sources copied by Hor Chos rje. The colophon reads:

> In general, may the teachings of the Buddha flourish in general and happiness and well-being come to sentient beings. In particular, may the teachings of the Victorious One, the great bTsong kha pa may remain for a long time. May all holy beings who are holders of the teachings and holy illustrious gurus teach during the span of more than one-hundred years of life of the learned one Ngag dbang blo bzang rgya mtsho (the Fifth Dalai Lama)! Thus the *dkar chag* was compiled by the Hor chos rje, Ngag dbang phun tshogs, and ancient documents of long ago from the old people who knew these events well, when compiled together, are like this. In order to learn this I made a copy.②

① For a translation see Debreczeny (2007), Appendix 1. This dkar chag fully entitled *bLa chen 'phags pas lung bstan cing/ rgya yul nas phyag nas 'thor bar grags pa'i tre'i mgon khang ngam yongs grags sde mgon po'i dkar chag hor chos rje ngag dbang phun tshogs kyis mdzad pa compiled* by the Hor Chos rje, Ngag dbang phun tshogs (1668-1746) and is embedded in the middle of the *Rigs dang dkyil 'khor rgya mtsho'i mnga 'dbag[sic] nges pa don gyi rdo rje 'chang khang gsar skyabs mgon blo bzang tshul khrims bstan pa'i rgyal mtshan dpal bzang po'i rnam par thar pa dad pa'i pad mo bzhad pa'i nyin byed*, folio 244r-247v. This text was previously studied and excerpts translated in Vitali (2001), pp. 15, 36-7 (Vitali, Roberto. "Sa skya and the mNga' ris skor gsum legacy: the case of Rin chen bzang po's flying mask." *Lungta* 14 (Spring 2001), pp.5-44).

② *Tre'i mgon khang ngam sDe mgon po'i dkar chag*, folio 247v.

Outer Hall
1. gNas chung rdo rje grags ldan
2. Byang rnam thos sras
3. mGon po zhal bzhi pa
4. mGon po rus khrab
5. Gur gyi mgon po
6. sPyan ras gzigs phyag stong
7. Phyag rdo 'khor chen
8. rTa mgrin yang gsang
9. dGra nag gShin rje gshed
10. gShin rje gshed dmar
11. dPal rDo rje 'jigs byed
12. dPal gSang ba 'dus pa
13. Vajrakilla (?)
14. Kye rdo rje
15. dPal Dus kyi 'khor lo
16. dPal 'Khor lo bDe mchog
17. rTa mgrin
18. (yet to be identified)
19. mKha' 'gro Seng gdong ma
20. mGon po phyag drug-pa
21. Chos rgyal brkyangs brkums ma
22. dPal ldan Lha mo
23. lCam sring
24. dGra lha
25. Mañjuśrī
26. Four-Armed Mañjuśrī

Inner Hall
Wall Paintings
A. Amoghasiddhi
B. Aksobhya
C. Sarvavid Vairocana
D. Ratnasambha
E. Amitabha
F. Bhutadamara
G. Yama
H. Śrī Devī

Statues
I. Gur mgon (Mahākāla)
II. mGon po stag zhon
III. 'Dod khams bdag mo
IV. mGon po bram ze
V. Pu tra
VI. Bha tra
VII. Srin mo ral cig ma
VIII. Ming pa dmar po
IX. Ming pa ljang gu
X. Ming pa nag po
XI. E ka dza ti
XII. gNod sbyin yab
XIII. gNod sbyin yum
XIV. dGe slong

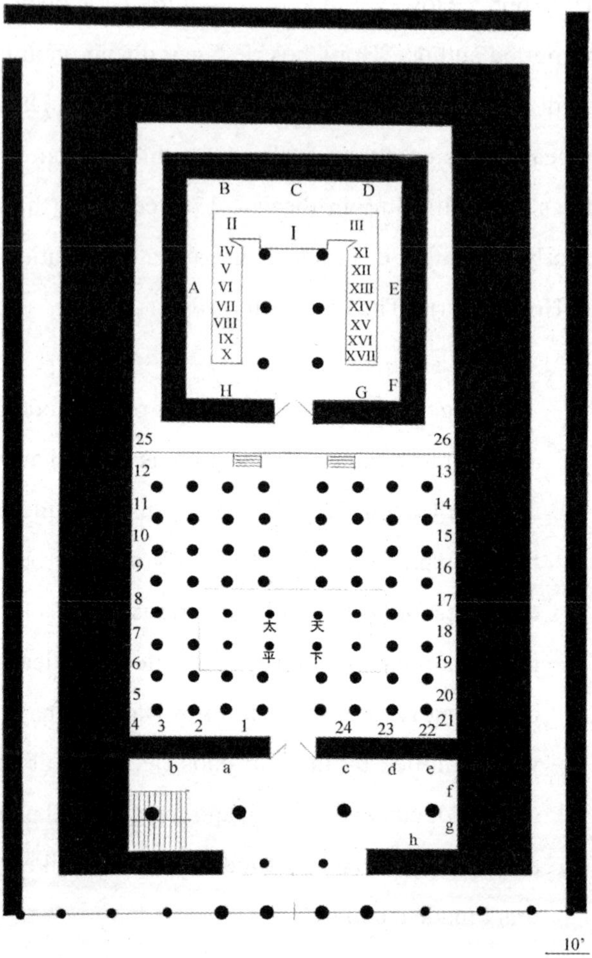

Fig. 6 sDe mgon po floor plan.

Another important source is the *Tre shod ye shes mgon po'i brnyan mthong grol chen po'i lo rgyus* ("A History of the Great Image Which

Liberates Through Sight, the Ye shes mgon po of Tre shod").① A third modern publication *sDe mgon khang gyi lo rgyus* by 'Jigs med bsam grub is based largely on this work.② Central to the temple's identity in all of these narratives is its imperial patronage.

According to these accounts 'Phags pa petitioned for the molding of an image to house the sacred relics of the Mahākāla cult which Sa skya Paṇḍita brought with him to the Mongol court, and the construction of a corresponding temple to house the image, pointing out that it should be sponsored specifically by the emperor and his sons. The king (Qubilai) and prince(s) consented to fulfill 'Phags pa's wishes. Then 'Phags pa loaded the relics and images onto a white mule, and gave it to sGa A gnyan dam pa, saying to Dam pa "You should erect the image of Gur mgon, with these sacral objects placed inside it, wherever this mule lies down." Having said that they were dispatched together with a retinue. Eventually they came to the center of modern day dKar mdzes prefecture, which is known as the Tre shod Maṇḍala Plain, where the white mule sat down, placing his tail into a

① A 16 folio hand-written manuscript in *dpe cha* fomat of undetermined date and authorship which cites a number of sources (folio 2b) including the *Hor dgon sde bcu gsum gyi lo rgyus* and *Khang gsar ma zur gyi lo rgyus. While the Tre shod ye shes mgon po'i brnyan mthong grol chen po'i lo rgyus* does not name the author or date, modern usages such as *spyi lo*, "Western year," suggest a 20th century (post 1950s) dating. This is one of 'Jigs med bsam grub's main sources, who cites it as: "sku shogs lam brag nas mkho sprod byas pa'i *Tre shod ye shes mgon po'i brnyan mthong grol chen po'i lo rgyus* zhes ba'i deb lag bris ma zhig tu gsal/ khang dmar pas brtsams" (composed by Khang dmar pa). The *Hor dgon sde bcu gsum gyi lo rgyus* names the same Khang dmar pa as its author, and references to historical figures such as the Seventh Dalai Lama (1708-1757) suggests an 18th century date at the earliest for its source.

② 'Jigs med bsam grub also cites, without page numbers, the first volume of the so-called autobiography of Ngor mKhan chen dPal ldan chos skyong (1702-1758/59). I would like to thank the late E. Gene Smith for his assistance in locating these texts.

small spring, and refused to get up. Based on this, Dam pa identified this place as that spoken of in 'Phags pa's divination.

There is some variation in Tibetan sources on the patronage of the temple. The 1668 descriptive catalog simply states: "In the wood-monkey year (1284), the Mongol Qubilai Khan became sponsor for the erection of this *vihara*（寺院）."[①] The *Tre shod ye shes mgon po'i brnyan mthong grol chen po'i lo rgyus* provides an alternative narrative, initially saying that it was one of Qubilai Khan's officials (*dpon po*) called "Wa" who was dispatched with Dam pa together with a retinue, but then goes on to say that the emperor's son (*gong ma'i sras*) served as patron, and later in the text mentions the descendants of the imperial prince "Wang" (*gong ma'i sras wang*).[②] The modern history of the chapel *sDe mgon khang gyi lo rgyus* recounts that instructions for the founding were given to both Dam pa and Qubilai's son, "Wang" (the prince), who served as its patron and had the protector chapel built.[③]

① In 'Jigs med msam grub's account (p. 158) it is Qubilai's son "Wang" who became sponsor of erecting this *vihara*.

② *Tre shod ye shes mgon po'i brnyan mthong grol chen po'i lo rgyus* (folio 11a, lines 4-5) says it was the patron King Sechen's (Qubilai Khan's) stainless official called "Wa": *rje a gnyan dam pa dang sbyin bdag rgyal po se chen gyi gdongs dri ma med pa dpon po wa zhes bya ba 'khor tshogs dang bcas te rim gyi phebs pa na/*. However this text then goes on to say (folio 11b, lines 2-3) that the emperor's son (*gong ma'i sras*) served as patron: *de ltar gong ma'i sras bod kyi sbyin bdag dang / rje a gnyan dam pa nyid kyis phyag bzo dngos dang / rgya'i lha bzo shin tu mkhas pa dag gi rog dang bcas ste legs par bzhengs shing /*; and later (folio 14a, lines 4-5) mentions the descendants of the imperial prince Wang: *de nas gong ma'i sras wang la gdung rgyud byung tshul dang /khang gsar mar zur gyis gdung rab byung tshul rnams 'dir ma spros par gzhan du bri bar bya'o//*

③ *sDe mgon khang gyi lo rgyus*, p.158. "Wang" may just be a transliteration of the Chinese for prince *wang* 王, and not actually the name of one of Qubilai Khan's sons. It is thus translated here as "the prince." This prince is credited with fathering children by a local woman and thus starting the Hor (Mongol) line of Sichuan in the Ganzi area.

The A gnyan *pag shi* (Dam pa) himself served as the principle sculptor who molded a colossal clay statue of Gur mgon [Fig. 7]. Several sources add that Dam pa created the image together with skilled Chinese artisans (*rgya'i dzo bo*).① This served as the temple's primary image among the eight Gur mgon deity forms (*Gur mgon lha brgyad*),② and within which the sacred relics were placed. The dizzying number, array, and quality of relics from buddhas, bodhisattvas, *siddhas*, *paṇḍitas*, translators and great scholars of India and Tibet, especially focusing on the transmitted sacred objectsat the very center of the Gur mgon cult, with the sandalwood Mahākāla image as the main relic in its heart,③ and the nine-prong vajra of meteoric iron

① *sDe mgon po'i dkar chag* (p.91 folio 245r, line 4), and *sDe mgon khang gyi lo rgyus* (p.158) only mentions A gnyan *pag shi* served as the principle sculptor, but no mention is made of Chinese artists. The 19th century *Hor Chos rje sku phreng gong rim gyi rnam thar* (written in 1849), p. 34 (folio 17v, line 2) says "Dam pa together with Chinese artisans made the Eight Gur mgon Deity Forms" (Tib: *Dam pa nyid rgya'i dzo bo dang bcas pa Gur mgon lha brgyad yongs*); and the *Tre shod ye shes mgon po'i brnyan mthong grol chen po'i lo rgyus* (folio 11b, line 3) records that Dam pa was the primary sculptor working together with very skilled Chinese artists.

② For a description of the *Gur mgon lha brgyad*, see Nebesky-Wojkowitz. *Oracles and Demons of Tibet, The Cult and Iconography of the Tibetan Protective Deities*. Kathmandu: Tiwari's Pilgrims Book House, 1993, pp. 49-51, and Tucci, Giuseppe. *The Temples of Western Tibet and their Artistic Symbolism, The Monasteries of Spiti and Kunavar. (Indo-Tibetica III:1)* New Delhi: Aditya Prakashan, 1989 (reprint of 1935). vol. III, p. 122. The identity of the Mongol prince is discussed in *sDe mgon po* (2001), p. 3, lines 15-25, but not included in the Chinese translation.

③ According to the *sDe mgon po'i dkar chag* (folio 244r-244v), this is said to be a spontaneously formed image of Mahākāla made from sandalwood from the pure Gosha Island brought by O rgyan Rin po che (Padmasambhava) and given to the Paṇḍita Dharmapala. When Dharmapala came to see Tibet's Mt. Kailash and Lake Manasarowa he gave to the great translator Rin chen bzang po (958-1055), and successively transmitted through several generations to the Great Brag steng pa of mNga' ris, Yon tan tshul khrim, the great guru, the Translator of Mal, Blo gros grags pa, to Sa chen Kun dga' snying po (1092-1158). For more on the history of the sandalwood Mahākāla image see: Vitali (2001), pp. 15 and 38.

in its hair,[①] both having been transmitted together with the bSe 'bag nag po 'phur shes mask (the center of the Gur mgon cult), as well as relics of most all of the individuals in the transmission lineage of the Gur mgon teachings (including Dam pa himself), all suggest the importance of the central statue in particular, and the temple as a whole.

Fig. 7 Gur gyi mgon po, the "Tre shod ye shes mgon po'i brnyan mthong grol chen po," primary image in sDe mgon po, ca 1984 reconstruction. (Photograph by author, 2004)

First, in his chignon resided the nine-pronged vajra of meteoric iron which was brought from India by the *paṇḍita* Gayadhara, relics of the Seven Generations of Buddhas Vipaśyin, Śikhin, Viśvabhuk, Krakuccanda, Kanakamuni, Kaśyapa, and Śākyamuni an image of Akṣobhya made from the wood of the Bodhi tree, and a lock of hair of 'Phags pa Rin po che. In its third eye resided seven relics of the Buddha. In the right eye seven relics of Shāriputra, and in the left eye, seven relics

① According to the *sDe mgon po'i dkar chag* (folio 244v) this was the nine pronged vajra of meteoric iron of the Brahmin Vararuci (Bram ze mChog sred), transmitted together with the bSe 'bag nag po 'phur shes mask (the focus of the Gur mgon cult), along with the aforementioned spontaneously formed sandalwood image, which were given successively to: Sa chen Kun dga' snying po, the reverend bSod nams rtse mo (1142-1182), the venerable Grags pa rgyal mtshan (1147-1216) and the Mañjughoṣa Sa skya Paṇḍita (182-1251).

of Maudgalyayanaputra (the two main disciples of the Buddha). In the head, a skull fragment of Nāropa. In the nostrils, teeth of the Buddha Kāśyapīya.In the neck, a tooth of the bodhisattva Dharmodgata. In the heart, [resides] the spontaneously arisen sandalwood Mahākāla image whose history was explained above as the principle [consecration object] in the manner of inviting the wisdom element to reside in the image (*jnānasattva*); and an image of Gur mgon painted with the nose-blood of Ma gcig lab kyi sgron ma (1062-1149); an image of Gur mgon made from the black stone of Śītī-bhavati grove cemetery; a four faced image (Sarvavid Vairocana?) which arose from the crystallized molten drops (from the cremation) of the reverend Grags pa rgyal mtshan (1147-1216); an image of Hevajra, tutelary deity which was the object of the Mañjughoṣa Sa skya Paṇḍita; an image of Bhutadhara Vajrapaṇī made from gold material; an image of Four-armed Avalokiteśvara made of crystal. In his belly, the alms bowl of the Buddha Śākyamuni which was full of various precious objects.

Furthermore, blessing supports such as the bones, cremation relics (*ring bsrel*), hair, and clothes of many Indian and Tibetan scholars, *siddhas*, translators, and *paṇḍitas*: 'Phags pa Rin po che's rosary, Shariputra's belt, bones of lord Atiśa (982-1054), the monk's robes of the great paṇḍita Shākya-śrī (b. 12th c), bones of the *paṇḍita* Dharmāpala, a handkerchief of the Mahābodhi image of Bodhgaya, hair of [Pha] dam pa Sangs rgyas (d. 1117), the meditation belt of the Indian Vajrapāṇi (1239-1267), the bones of the *paṇḍita* Kāmalashīla, the flesh of the *mahāsiddha* Savari (Śabarīpāda), the bones of the *paṇḍita* Gayadhara, the hair of the *paṇḍita* Kaladgapa, the flesh of one who has been reborn a *brahmin* seven times, the hair of the great Nepalese *paṇḍita* Mahābodhi, the hat of the Great Glorious Translator of rGa, the cremation ashes and monk's robes of 'Brog mi Shākya ye shes (992?-1072?), nose blood of the great translator Rin chen bzang po (958-1055), hair of the Translator of Khro phu (Byams pa dpal), hair of 'Brom ston pa (1005-1064), bones of the *kalyāna-mitra* Po to ba, bones of the *kalyāna-mitra* byang sems Zla ba rgyal mtshan (b. 11th c), bones of the great Sa skya Kun dga' snying po (1092-1158), bones of the reverend bSod nams rtse mo (1142-1182), bones of the reverend Grags pa rgyal mtshan (1147-1216), bones of the Mañjughoṣa Sa skya Paṇḍita, the corpse salt of the Mañjughoṣa Sa skya Paṇḍita, a skull fragment and hair of Mar pa of Lho brag (1002/1012-1097), the clothes of Mi la ras pa (1052-1135), the bones of Dwags po lha rje (sGam po pa; 1079-1153), bones of Phag mo grub pa (1110-1170), hair of U rgyan rin po che (Padmasambhava; 8th century), the meditation cord of 'Bri gung 'Jig rten mgon po (1143-1217), bones of the conqueror rGod tshang pa [mgon po rdo rje] (1189-1258), clothes of Zhang g.Yu brag pa (1123-1194), flesh of Ma gcig re ma, bones of the mahāsiddha U rgyan pa, etc. And earth of the dharma thrones of the teacher Śākyamuni Buddha, leaves and fruit of the bodhi tree, places/sites Bodhgaya; and various earth from vihara such as Vulture's Peak, Śrī Nalendra, Nepal's Swayambunath, Udayāna Shambala, Wutaishan, Mt. Kailash, bSam yas, and Khra 'brug of Lhasa. Various water from the four great rivers of India such as the Ganges, precious sand, and island grasses, etc. In short various earth, stones, water and dust particles and vestments of images of *vihara*, *stūpa*, famous pilgrimage sites, snowy and rocky mountains, great lakes, and cemeteries from the countries of India, China, Nepal, Khotan, and Tibet.

Furthermore, Sangs rgyas gsang ba, having gained the *siddhi* of swiftness, collected from the four continents and eight sub-continents such as the twenty-four lands, thirty-two holy sites, and the eight great cemeteries special earth, stones, water, wood, and the essence *mantra* of the deities of the four classes of tantra, which were drawn in gold on blue paper, especially a scroll of Mahākāla's own *mantra* [were placed inside]. Below the feet (in the lotus throne) also an innumerable sequence of rolls of *mantras*, such as the *cakrā* of the male and female yakṣa together with the principle image, the great statue of glorious Gur mgon, was well erected.①

When the temple and the images within were completed, Dam pa sent a letter to 'Phags pa, who was residing in the Mongol royal palace, requesting the consecration of the *vihara*, together with its sacred images, with the actual entry of the wisdom being into the statue.② 'Phags pa made the consecration from the imperial palace in Beijing on an astrologically auspicious date. It is reported that when 'Phags pa scattered white rice from his hand in Beijing, a snow of rice fell before the image of Mahākāla in dKar mdzes, and the earth before the statue became white with grain. The account in the modern history *sDe mgon khang gyi lo rgyus* elaborates:

① *sDe mgon po'i dkar chag* folio 245r-246v; *sDe mgon khang gyi lo rgyus*, p. 158. See Debreczeny (2007), Appendix 1 for the full translation.

② The wisdom being, or *jnānasattva*, is the wisdom element that one invites to reside in an image, called the *samayasattva*, thus "animating" or "activating" the image.

> When the *vihara* and the sacred objects within were well completed, [A gnyan] offered a letter to the Protector of Beings, 'Phags pa, who was residing in the Mongol royal palace, requesting the consecration of the *vihara* together with its sacred images with the actual entry of the wisdom being. To that the Protector of Beings 'Phags pa made the consecration from the palace on an auspicious date of astrological perfection. When ['Phags pa] scattered white rice from his hand (in Beijing) a snow of rice fell before the image of Mahākāla (in dKar mdzes) and the earth became white [with grain]. Many marvelous signs such as the spreading of rainbow light in the sky and the sound of divine symbols arose, which were commonly known to the people. ①

Many other extraordinary signs of the actual entry of the wisdom being arose; for example when a soldier threw an axe at the door of this chapel he immediately vomited blood from his mouth and then died.② The descriptive catalog *sDe mgon po'i dkar chag* then goes on to say: "Even now, many sick people who are stricken with kinds of diseases such as leprosy which are difficult to expel, even by whatever healing rituals and medical treatment, by doing such things as prostrations and circumambulation at this very temple, it is capable of instantly curing them."③

① *sDe mgon po'i dkar chag*, folio 246v; *Tre shod ye shes mgon po'i brnyan mthong grol chen po'i lo rgyus*, folio 13a-13b; *sDe mgon khang gyi lo rgyus*, p. 161.

② "And in accordance with that, a soldier of Nyag le 'bum bcu previously threw an axe at the door of this chapel, and that axe thrower immediately vomited blood from his mouth and then died, such signs of the entry of wisdom being arose." *sDe mgon po'i dkar chag*, folio 246v.

③ Folio 246r-246v. To this day people come for the curative properties of the water from the spring upon which the chapel is built.

There are, however, a number of chronological problems with this account. Specifically 'Phags pa departed for Tibet in 1274, a full ten years before the temple was built, where he died in 1280, four years before it's completion in 1284. Nonetheless, the intentions of this story is clear, the temple and its central image had 'Phags pa's blessings, as much a reminder that it was he who had initiated its establishment. It should also be kept in mind that Khams lore attributes far too much to 'Phags pa (much like the Chinese Princess Wencheng 文成公主 from the Imperial Period), and the founding of this chapel is often locally re-attributed to 'Phags pa himself, as seen in local Chinese gazetteers, such as the *Gānzī zhōu zhì* 甘孜州志.[①]

① Local modern Chinese gazetteer accounts of the founding of sDe mgon khang, known in Chinese as Hanrensi 汉人寺, re-attribute the building of the protector hall to 'Phags pa himself. This was also the commonly accepted account told to me by the resident Tibetan monks when I first visited the temple in 2001. According to this alternative narrative 'Phags pa came through Ganzi on his way back from the Mongol court to Sa skya in 1274, and personally constructed a temple and molded statues in Dajintan 大金滩, he himself molding a statue of the Yuan imperial protector deity (*Yuan chao huangdi de hufa shen* 元朝皇帝的护法神) "Dinggunbao" 定棍保 or "Dingkunbao" 定坤保 (a Chinese transliteration of the temple's Tibetan name), that is Mahākāla. Because it was built by an imperial officer or built with imperial funds, these Chinese sources explain, it is called "Hanrensi," or "The Han Chinese Temple." See: *Ganzi zhou zhi* (Chengdu: Sichuan People's Publishing House, 1997), p. 313; *Ganzi Zangzu zizhi zhou minzu zhi* 甘孜藏族自治州民族志 (Beijing: Contemporary China Publishing House, 1994), p.96; *Ganzi Zangzu zizhi zhou gaikuang* 甘孜藏族自治州概况 (Chengdu: Sichuan Minzu Chubanshe 1986), p. 41; and *Ganzi Zangzu zizhi zhou shihua* 甘孜藏族自治州史话 (Chengdu: Sichuan Minzu Chubanshe, 1984), pp. 68 & 78.

One Chinese gazetteer variation of this account that follows the Tibetan account somewhat closer, but still substitutes 'Phags pa for Dam pa, says that on his way to the Yuan capital Dadu 'Phags pa passed through Ganzi and, having seen the good geomantic conditions of the location, intended to build a temple and mold a statue on this spot. So having arrived at Dadu, he raised the issue with the emperor, who supported 'Phags pa's wishes and dispatched a high Mongol official (Menggu *dachen* 蒙古大臣) and 'Phags pa to Ganzi to oversee the construction of a temple and the molding of statues (*Ganzi Zangzu zizhi zhou shishua* (1984), p. 78). More recently in 2002 an internal neibu local cultural history was prepared by Tibetans in the local government in Chinese, *Jiebai meili de chuanshuo* 洁白美丽的传说 ("Pure Beautiful Traditional Sayings") which includes a small section on sDe mgon po (Degongbo 德贡波 pp. 27-33), a translation of an unpublished locally circulated Tibetan manuscript *sDe mgon po*, written by the abbot of Ganzi Monastery in 2001 which closely follows the above Tibetan accounts. However both these texts give the founding of the temple as the wood-dog year (1274), five years before the defeat of Southern Song and the founding of the Yuan dynasty.

Most glaringly, the chronology of Dam pa's life as found in such Yuan sources as the *Fózŭ lìdài tōngzài* 佛祖历代通载; and the Yuánshǐ 元史, suggests that the temple was founded during his seven-year banishment from court (ca 1282/3-1290/1) due to his clash with the infamous chancellor Sangha (Sānggē 桑哥, d. 1291) – who was formerly Dam pa's pupil. Dam pa was only able to return to court in 1290/1 after the fall of Sangha.① This calls into question Qubilai Khan's direct involvement in the founding of the chapel in 1284. It may be that both 'Phags pa and Qubilai have been added to the foundational narrative as eulogistic embellishments to further glorify the temple.

Still, the inclusion of certain key items at the center of the Gur mgon cult, such as the sandalwood Mahākāla sculpture and the nine pronged (尖端分叉的) vajra of meteoric iron (铁陨石), which were brought to China by Sa skya Paṇḍita and passed into the king's treasury after his passing, suggests some imperial involvement in the chapel's founding. It seems more likely then (at least based on available sources) that the objects were sent to Dam pa with instructions to found the temple, as suggested in the wording of the *dPal ldan chos skyong gi rnam thar* (班丹护法传) "The sandalwood statue, as the main image, and the various nang rten, were loaded onto a white mule. As they were sent to sGa A gnyan pag shi, they were sent with

① *Yuan shi*, ch. 202, p.4519; Franke (1984), pp. 163 & 173; Shen Weirong 沈卫荣: "Magic power, sorcery and evil spirit: the image of Tibetan monks in Chinese literature during the Yuan dynasty." In Christoph Cüppers, ed., *The Relationship between Religion and State* (*chos srid zung 'brel*) in Traditional Tibet. Lumbini: Lumbini International Research Institute, 2004, p.206. Sangha was a former student of Dam pa's who presecuted him once he came to power. See Atwood, Christopher P. *Encyclopedia of Mongolia and the Mongol Empire*. New York: Facts on File, 2004, p.488; and H. Franke, "Sangha." In Igor de Rachewiltz *et al.* ed., *In the Service of the Khan:Eminent Personalities of the Early Mongol-Yuan Period* (*1200-1300*). Wiesbaden: Otto Harrassowitz, 1993, pp.558-583. Sangha was overthrown by the Mongol aristocrats Öchicher (1247-1311) and Öz-Temür (Örlüg Noyan) and executed for corruption in 1291. See Atwood (2004), pp.415, 488.

instructions..."[①]

Temple Overview

Having reviewed the traditional accounts of the founding of the 13th century chapel, I will now briefly outline the temple as it survives today, with reference to records of later renovation or expansion. sDe mgon po is predominantly Tibetan in its architectural structure, with flat tamped-earth roofs and sloping walls made of earth, stone, and wood. The temple sits north and faces south and occupies 3,875 square meters of land, while the area inside the temple is approximately 1,350 square meters. The three story structure is 16.35 meters tall, with a front 19 meters wide, and sides 49.3 meters long. The building is composed of an outer circumambulatory (*phyi bskor khang*) lined with prayer wheels which surrounds the entire building, a broad front porch or gallery (*mdun khyams*), a veranda (*bar khyams*) which leads to a large outer assembly hall (*'du khang*) in front, supported by 64 pillars and has 24 panels of paintings, and a smaller three story inner structure behind, dominated by the inner chapel (*lha khang*) which forms the core of the temple with the sculptures of the eight Gur mgon deity forms (*Gur mgon lha brgyad*) at its center, surrounded by an inner circumambulatory (*nang bskor*). Atop the roof the inner structure is surmounted by a small roof-top chapel (*rab gsal khang*), the Chapel of the Seven Generations of Buddhas (*Sangs rgyas rab bdun khang*).

Records of Renovation

As the life of a temple continues after its founding, one cannot of course

① Vitali (2001), p.37, note 41, from the *dPal ldan chos skyong gi rnam thar* (pp.90-94).

assume that the temple as it stands now is the same as it was at its initial founding, or that the images within date to the same time – indeed over the decade I visited the temple the façade had changed considerably (Figs 5a and 5b). While sDe mgon po was first established as a temple of the Sa skya order in 1284, the temple has changed hands and undergone several expansions and renovations. We know from the temple's descriptive catalog (*dkar chag*), that it underwent several renovations under Mongolian sponsorship in the late 16th and early 17th centuries, which culminated in a major renovation in the Earth Monkey Year (1668), when the original catalog was presumably written. According to this text most of the woodwork was replaced; all the wall paintings of the upper, middle and lower stories were newly designed; and the statues on the upper and lower floors which had become damaged were repaired:

> dNgos grub bzang po, an official (*drung*) known as an emanation of 'Phags pa himself, repaired the circumambulatory of the protector chapel and the deities (*lha images*) above and below ...
>
> The Mongolian official Nam mkha' blo bzang repaired the paintings and statues (*bris 'bur*) of the Chapel of the Seven Generations of Buddhas (that is the rooftop chapel).
>
> ... The Mongolian scholar-monk Nam mkha' rgya mtsho and dPon 'bum dge rgyal, the two, having built the outer courtyard of the new assembly hall, repaired the wall paintings and the thrones of the deities within. ...
>
> As the dilapidation intensified through the power of time so that it was near destruction... in the Earth Monkey Year (1668), the woodwork of the roof of the rooftop [Chapel] of the Seven

> Generations of Buddhas, upper and lower [chapels], together with the upper and lower circumambulatories were newly replaced, and all the wall paintings of the upper, middle and lower stories were newly designed. Latticework (*drwa*) together with the statues on the upper and lower floors which had become damaged were repaired. New images of the principal deity with four faces (Sarvavid Vairocana) and his retinue, the five [Supreme Buddhas], were established.[①]

The Mongol official Nam mkha' blo bzang was the fifth generation of the local Hor Khang gsar ruling family and the great grandfather of the author of this text, Hor Chos rje (1668-1746), so Nam mkha' blo bzang presumably dates to the end of 16th – early 17th century, providing a general time frame for these earlier renovations.[②] It seems that sDe mgon po was under the control of the local Hor Khang gsar family, and its conversion to a dGe lugs pa institution, and an accompanying major renovation, may have been part of Hor Chos rje's broader program to convert all of the monasteries of dKar mdzes, the so-called "thirteen monasteries of Hor."[③]

① *sDe mgon po'i dkar chag*, folio 247r-247v. See Debreczeny (2007), Appendix 1, pp.395-397 for the full translation.

② Nam mkha' blo bzang (fifth generation) is the great grandfather of Hor Chos rje (1668-1746), who is the seventh generation in the Hor Khang gsar family. Nam mkha' blo bzang's son was Nam mkha' rgyal mtshan, the sixth generation. For a genealogy of the family see: Khang gsar ye rdo, "dKar mdzes khang gsar dpon khyim rgyud kyi lo rgyus mdor bsdus." *Krung go'i bod kyi shes rig* (49) 1, 2000, pp.117; and Khang gsar ye rdor, "dKar mdzes dpon khag khang gsar tshang gi lo rgyus rags bsdus" in: *Bod kyi rig gnas lo rgyus dpyad gzhi'i rgyu cha bdams bsgrigs, no. 21*. Beijing: Mi rigs dpe skrun khang, 1999, p.5.

③ However sDe mgon po does not appear to be included in lists of these thirteen monasteries of dKar mdzes, such as the *Hor dgon sde bcu gsum gyis lo rgys kun gsal me long*, where an incomplete list of ten to eleven of the thirteen monasteries is given.

While the 17th century *dkar chag* does not deal with the temple's later history, *sDe mgon po*, a short Tibetan manuscript written by the abbot of dKar mdzes dgon pa in 2001 does provide some further detail.① According to his account: at the time of its founding in the 13th century sDe mgon po was only a small sixteen pillar protector chapel – that is the current structure's innermost chapel. Later, because the Qiánlóng 乾隆 (r. 1736-1795) and Xiánfēng 咸丰 (r. 1851-1861) emperors successively paid for several expansions, it became a one hundred and two pillar temple as it appears now: with a front porch and outer assembly hall, incorporating the original protector chapel within its structure, and surrounding the entire building with an outer circumambulatory to form one large hall.

Thus we see that while sDe mgon po was first established as a Sa skya temple in 1284, the temple has undergone several expansions and renovations and the structure as it exists now seems to be primarily layers dating from the 17th, late 18th, and mid-19th centuries, after the local dGe lugs pa monastery dKar mdzes bKra shis nor bu'i dgon pa (Gānzī sì 甘孜寺) took over its stewardship sometime between 1662 and 1668.② Thus the temple is the

① *sDe mgon po*, unpublished manuscript. In 2001 an unpublished locally circulated Tibetan text, *sDe mgon po*, was written by the abbot of dKar mdzes Monastery, citing by name (p.1) the sDemgon khang gyi lo rgyus, which I had given to the monks at sDe mgon po earlier in the year. (Previously the monks had followed the Chinese account that the temple had been founded by 'Phags pa). Then, in 2002, an internal neibu publication was prepared by Tibetans in the local government in Chinese, *Jiebai meili de chuanshuo* ("Pure Beautiful Traditional Sayings"), which includes a small section on sDe mgon po (Degongbo pp.27-33) that closely follows Tibetan accounts, largely paraphrasing this locally circulated Tibetan text (*sDe mgon po*).

② dKar mdzes dgon pa was originally founded in 1662 by the Qoshot Mongols overlooking their castles of Mazur and Khang gsar, also built in the 17th century. Since the construction of these castles, strongholds of two of the five Hor (Mongol) states, the town of dKar mdzes became the largest and most important in the Trehor region, and dKar mdzes dgon pa became one of the two largest monasteries in Khams.

result of several stages of expansion, renovation, and restoration.

Conclusion

Dam pa was at the center of Mahākāla practice at court, and was recorded building temples dedicated to Mahākāla throughout the empire, thus what survives at the site of sDe mgon po provides a modest window into what was a widespread phenomena of Tibetan Buddhist temples across the Yuan empire.①

This legacy became an important model for subsequent dynasties who would rule China, such as the succeeding Chinese Ming (1368-1644), where the Yŏnglè 永乐 emperor (1402-1424) consciously modeled many of his policies closely on Qubilai Khan – including engagement with Tibetans. A striking continuation of this Tibetanized visual language of sacral rule in the early Ming court can be found among the objects excavated from the Prince Zhuāng of Liáng's (梁庄王; d. 1441) tomb, a large gold hat ornament in the form of Gur mgon [Fig. 8].② It is amazing to think that Yongle's grandson

① Even after the time of Qubilai's reign the image of Mahākāla continued to hold a central role at the Yuan court. For instance in 1323 a statue of Mahākāla was erected within the imperial palace of the Forbidden City. This was in the Huiching Pavilion of the Life Lengthening Hall. Wang Yao, p. 959.

② "Statue of Mahakala" (大黑天), Chinese, c. 1400-41. Gold; 9.4cm×5.4cm×1cm (114g) Hubei Provincial Museum 湖北省博物馆 5.25042. Excavated in 2001 from the Tomb of Zhu Zhanji 朱瞻垍, Prince Zhuang of Liang, and Lady Wei 魏氏; Zhongxiang 钟祥, Hubei province. Zhu Zhanji, Prince Zhuang of Liang (1411-1441) was grandson of Yongle and brother of Xuande 宣德. His 2nd wife Lady Wei (d. 1451) was daughter of Nanchang cavalry commander – tomb re-opened for her burial. Publications: Craig Clunas, Jessica Harrison-Hall, eds. *Ming: 50 Years that Changed China*. London: The British Museum, 2014, p. 210; Mausoleum of Prince Liang Zhuangwang (I), Beijing: Wenwu Chubanshe, 2007, p. 185; color pl. 191. While the goldsmith did not understand the form perfectly, he can be recognized by the stick (*gaṇḍi*) balanced across his arms. At least one other image of Gur mgon was found in the Prince of Liang's tomb, among golden vajra and other objects that reflect his engagement with Tibetan Buddhism.

prominently displayed such an image of the most potent symbol of Tibetan esoteric power in the Yuan pantheon upon his head. Subsequently the Manchu Qing (1644-1911) made Qubilai Khan's Mahākāla sculpture a very public part of their declaration of rightful inheritance of the Yuan legacy.

Fig. 8 Mahākāla. Excavated from Prince Zhuang of Liang's (1400-1441) tomb. Chinese; c. 1400-41. Gold; 9.4cm×5.4cm ×1cm (114g). Hubei Provincial Museum 5.25042. Photographer Yu Le (余乐).

While questions remain about how the temple sDe mgon po fits into the chronology of Dam pa's life, and thus the extent of actual imperial involvement, hopefully when additional sources, such as sGa A gnyan dam pa's longer Tibetan biography by Ngor mKhan chen Sangs rgyas phun tshogs (俄 · 堪钦桑结彭措 1649-1705), become available a more complete picture can be fleshed out of the site and the larger pattern it represents.

国家认同与边疆教育
——以国民政府时期藏族青年内地求学为中心

喜饶尼玛　李双 *

在多民族国家中，少数民族学生的国家认同，影响着民族关系与国家统一。民国时期，边疆教育作为培育边疆学生国家认同的特殊工具，发挥着促进多民族国家整合的重要作用。目前，学界围绕教育与国家认同这一主题的研究，运用政治学、民族学、教育学等多学科从现实层面进行了许多有益的探索。然而教育对国家认同产生的实际效果，不是短期就能凸显出来，须长时间观察后得出信服的结论。有鉴于此，本文以国民政府时期赴内地求学的藏族青年这一少数民族学生群体为研究对象，利用相关档案、报刊及回忆录等文献记载，对这一问题进行初步探讨。

* 喜饶尼玛，中央民族大学教授，博士生导师；李双，中央民族大学历史文化学院博士研究生。

一、藏族精英与中央政府的危机意识

近代以来，在藏族社会中，寺庙教育仍占重要地位，现代教育十分落后。对于这一点，藏族精英有着深刻的认识。20 世纪 30 年代，九世班禅多次提道："我们西藏青海到现在不能开发的原因，就是因为有高深学问的人太少，所以一切建设很难实行。"① 国民政府文官处秘书刘曼卿② 直接指出："作者生长于西藏，深感康藏社会文化低落，风气闭塞。"③ 藏区落后的现代教育已无法满足藏族学生继续升学的需要。清末新政时，驻藏大臣联豫在西藏创办初级小学堂、藏汉文传习所及陆军小学堂各类学校 16 所。从 1907 年至 1911 年的 5 年间，康区初等学校增至 200 余所，学生达数千名。④ 民初鼎革，藏区近代教育陷入停滞状态。对于接受初等教育的藏族青少年而言，"文化的新苗，却已种在蚩蚩学子们的脑里了"，他们一方面为本民族落后的文化教育而焦虑，"尤其是全康青年，常常觉得自己家乡是孤僻的，文化是落后的，民族是衰弱的，生活是苦恼的，倘若再这样沉迷下去，断逃不过天演淘汰优胜劣败的定律"⑤。另一方面担忧个人前途，"各该地方之小学毕业生或曾肄业私塾年龄稍长之学生，均感无处升学之苦"⑥。

这种危机，让藏族精英认识到，只有依靠中央政府发展藏区现代教育，藏族青年才有出路。1934 年，九世班禅大师提出发展西藏教育的

①《勖勉藏青学生：要努力用功勿荒学业，要为大众服务而求学》，《西藏班禅驻京办公处月刊》1930 年第 2 卷第 7—8 期。

② 刘曼卿（1906—1941 年），藏名雍金，1906 年出生于拉萨，母亲是藏族人，父亲刘华轩是回族人，国民政府成立后，其以藏人身份广泛参与中央政府对藏政策工作，著有《康藏轺征》《边疆教育》。

③ 刘曼卿：《边疆教育》，上海：商务印书馆，1937 年，第 1 页。

④ 参见朱解琳编著：《藏族近现代教育史略》，西宁：青海人民出版社，1990 年，第 41、43、50 页。

⑤ 刘家驹：《折多山与西康的青年》，《西藏班禅驻京办公处月刊》1931 年第 3 卷第 9—10 期。

⑥《教育之振兴：最近五年保送蒙藏学生之统计》，《中国国民党指导下之政治成绩统计》1934 年第 9 期。

方案："我因西藏民众的催促，和蒙中央加以宣化的责任，不久即拟回到西藏，将来想参照内地教育方针，在西藏也开始兴办起来，并劝西藏的青年，到内地晋学，研究各种科学及技术，一方望内地的青年，到边疆区开发，如此才能沟通文化，恢复感情，然后才能达到五族精诚的团结，发扬先总理伟大的精神。"① 对此，藏族精英鼓励和支持藏族青年赴内地接受现代化教育，"日来晋京求学者甚多，并由后藏学生代表，赴辽调查留辽学生总数，以便召集来京"②。

民国时期的藏区因种种原因，青年的国家认同甚是薄弱，亦引发中央政府危机意识。至南京民国政府成立，面临的边患危机仍未缓解，尤以蒙藏地区最为严重。1931 年 3 月，蒙藏委员会专门委员杨德源在中央广播无线电台报告中指出，"帝国主义者就把从前用的武力征服的政策一变而改用和平阴险的政策，这种政策比较从前用武力征服的政策更觉险恨而残毒，人们稍失觉察即易受其愚弄，这岂不是一桩很可怖的事体，如今日英国俄国日本对于蒙藏所施的侵略政策就是采用这种和平而阴险的新政策。目前的外蒙差不多已坠入赤俄的手中，而被其愚弄了，西藏亦被英人不断的经营"③。为在西藏培植亲英势力，英帝国主义者先后在西藏设立江孜军官训练学校、亚东学校、江孜英语学校、拉萨英语学校等多所学校，不少贵族子弟留学英印。④ 以致这批藏族学生"无形中潜移默化，俾坚其亲英之志。毕业后又由藏政府任用，分派各机关掌握政权。长此以往，后患何堪！"同时，西方教会加强在藏区的经营，"全康藏公立的学校，只有三十所，而教会办的也有十六所"⑤，而教会学校的真正目的是"在康藏积极从事文化侵略"⑥。

①《班禅大师在本校欢迎会中演讲词》，《暨南校刊》1934 年第 102 期。
②《蒙藏学生到京甚多》，《申报》1929 年 12 月 30 日，第 2 张第 7 版。
③《专载：建设新蒙藏必须教育普及》，《蒙藏委员会公报》1931 年第 17 期。
④ 参见郭卿友编著：《民国藏事通鉴》，北京：中国藏学出版社，2008 年，第 567—569 页。
⑤ 杨仲华：《康藏的学生》，《中国学生》（上海）1931 年第 3 卷第 3 期。
⑥ 刘家驹：《康藏之过去及今后之建设》，《新亚细亚》1932 年第 3 卷第 5 期。

显然，边疆教育与国家认同是紧密相联的。边疆青年接受何种性质、何种类型的教育，势必影响他们的国家认同及日后的政治选择。对此问题的利害与流弊，学界与中央政府亦有清晰认识。蒙藏委员会委员格桑泽仁在其《西康改省计划提案》中就提出“由各地选择学生保送来京入蒙藏学校及其他中央党军政各校，使得高深知识，并养成自治能力，增进爱国思想，则不致为帝国主义者所诱惑，亦经营康藏之根本办法也”[①]。1930年，留居内地的九世班禅上呈国民政府时指出：“英帝国主义之侵略，而尤以为文化侵略最烈，年来英人劝导西藏子弟，留学印度学习英国语言文字，利诱威胁，无所不知，现今西藏民众练达英国语言文字者，为数甚多，而对于国语国文，反梗塞不能通晓”，为此，请求政府支持该处在京设立补习学校，专收西藏赴内地求学子弟，“学习国语国文……俾成健全完善国民”[②]。1934年，致祭十三世达赖喇嘛专使黄慕松在上呈国民政府“对藏政策刍见”中的缓进办法中，再次提出“罗致藏方有为青年来京要（求）学”[③]。

藏区落后的现代教育，成为藏族青年升学的障碍，是藏族精英的共识；帝国主义在藏区施行侵略政策，对藏族青年国家认同的影响，引起中央政府高度重视。这种上下一体所达成的共识，共同推动了政府制定、实施藏族青年内地求学的政策。

二、相继出台的边疆教育政策

民国伊始，中央政府采纳相关人士的意见，试图通过录取蒙藏等族学生到内地求学，以强化中央权威和增强边疆民众的国家认同。但在北

① 格桑泽仁：《专载：西康改省计划提案》，《蒙藏委员会公报》1929年第1—2期。

②《甲呈：蒙藏委员会、教育部呈：第十四号（十九年二月二十二日）：为请设补习学校收容西藏来京学生恳拨费补助造具预算呈请鉴核示遵由》，《教育部公报》1930年第2卷第10期。

③ 中国第二历史档案馆、中国藏学研究中心：《奉使办理藏事报告书》，北京：中国藏学出版社，1993年，第113页。

京政府时期成立的国立蒙藏专门学校（后改为北平蒙藏学校），少有藏族青年就读，对藏实际成效不大。①至南京国民政府时期，在藏族精英和国民政府协同努力下，边疆青年赴内地就学政策的制定得到特别重视，如招生优惠和奖助政策，设立专门学校与鼓励接受高等教育，制定特殊的教学方案等。

（一）招生优惠和奖助政策

国民政府为增加藏族及其他少数民族子弟进入内地中学及高校之机会，在招生过程中给予政策优惠，如保送分发、从宽录取。保送分发民族学生政策始于1929年的《待遇蒙藏学生章程》，该章程规定："蒙藏委员会或驻平办事处，对于各机关保送之学生，应核明分别转送各级学校。各校如有缺额，应收受此项学生，除资格程度相合得编入相当班级者外，一律作为旁听生，惟以能直接听讲者为限……各校收录之蒙藏旁听生学年考试及格者，应改为本班正式生，其不及格者仍为旁听生，旁听期满，给予旁听证明书。"②这一章程规定通过保送方式主要解决蒙藏学生赴内地求学问题，并为后续政策法令的制定与修订确定了方向。次年1月15日，蒙藏委员会专门制定了《蒙藏委员会保送蒙藏学生办法》，规定了保送学生资格、保送机关、保送程序、后续之升学及冒充之处理等相关事宜。③对于藏族学生而言，保送分发是他们进入内地中等及以上学校就学的最重要途径，其中西藏班禅驻京办事处、诺那呼图克图驻京办事处、西康建省委员会以及格桑泽仁个人等都发挥了重要作用。

对于核定保送名额以外的学生，仍需自由报考，由升学学校酌予从

① 目前可知就读北平蒙藏学校的藏族学生仅有嘉错罗布（汉名陈强立）、塞外策仁（汉名杨生华）、蔡萱（出生于北京的藏族）。

② 中国第二历史档案馆编：《中华民国史档案资料汇编》第5辑第1编《教育》，南京：江苏古籍出版社，1997年，第816页。

③《保送蒙藏学生办法》，《蒙藏委员会公报》1930年第10期。

宽录取。1937 年，在国民党中央常务委员会第三十七次会议上，国民党元老张继联和其他二十位委员提出“中央直属各学校，宜破格培植边疆各省区青年，以开辟文化充实国防一案”，要求各校对边疆投考学生降低录取标准。① 为此教育部下令“各校应尽可能范围内将是项边疆学生学额予以扩充，用符中央破格培植边疆各省区青年之至意”②。1938—1940 年，教育部在全国推行高校统一招生政策，对民族学生实行自由投考、从宽录取的政策。在 1939 年国立各院校统一招生录取标准中，规定：“（甲）投考学生笔试七课目总分数，经调整后在二百三十分以上，而国文、外国文、数学，均非零分者，经复核后录取之……（己）蒙藏生及海外侨生笔试七课目总分数，经调整后在二百分以上，而国文、外国文、数学皆非零分者，经复核后录取之。”③ 可见，此时藏族考生比普通考生录取标准下降 30 分。

为保障藏族及其他民族学生安心就学，国民政府提供了各种奖助政策，如减免学杂费和提供生活补助。1929 年 2 月 18 日，蒙藏委员会向国民政府提交第一次政治工作报告，计划“请内地各学校对于蒙藏学生免考免费”④。是年 7 月 23 日，教育部颁布《待遇蒙藏学生章程》，规定“凡经蒙藏委员会或驻平办事处介绍之蒙藏学生，在公立学校应免除全部学费，在私立学校应酌情减免”⑤。1936 年，教育部颁布《补助蒙藏学生升学内地专科以上学校办法大纲》，规定国家拨专款对蒙藏地区学生进行补助。1939 年，教育部参照以上的办法，将其修订为《修正教育部补助蒙藏回学生升入内地专科以上学校办法大纲》，规定少数民族学生第

① 问潮：《社评：三中全会边疆教育决议案之实施》，《蒙藏月报》1937 年第 6 卷第 5 期。
②《部令：训令：教育部训令：第五〇五二号（二十六年三月二十五日）：令国立专科以上学校：为令知下年度各校应尽可能范围内将边疆学生学额予以扩充由》，《教育部公报》1937 年第 9 卷第 13—14 期。
③ 教育部教育年鉴编纂委员会：《第二次中国教育年鉴》，台北：文海出版社，1948 年，第 534 页。
④《蒙藏委员会政治工作报告》，《蒙藏委员会公报》1929 年第 1 期。
⑤ 中国第二历史档案馆编：《中华民国史档案资料汇编》第 5 辑第 1 编《教育》，第 817 页。

一年第一学期每名补助 120 元，以后每学期均按其上学期成绩分别补助，甲等学生每学期补助 180 元，乙等学生补助 120 元，丙等学生补助 60 元。① 蒙藏委员会也设有补助学额若干名。1935 年 2 月，蒙藏委员会对“在京各军政学校肄业之蒙藏籍学生，自本年度起，业经查照成案按月发给补助费”②。1940 年，蒙藏委员会“因一般生活高涨，该会已将补助金额提高”，对专科以上学校的蒙藏学生，每名年补助 180 元至 220 元；中等学校学生，每名年补助 150 元至 155 元。③ 值得一提的是，西藏班禅驻京办事处附设补习学校学生因就医负担过重，经该处呈请卫生部后，卫生部指令中央医院“嗣后该校学生如发生疾病，准予完全免费收诊”。④

（二）设立专门学校与鼓励接受高等教育

为照顾赴内地就学民族学生的特殊性质，中央政府成立了北平蒙藏学校、国立南京蒙藏学校等专门学校，还保送了大量的藏籍学生入大中院校就读。同时热心边疆事务的社会人士，积极奔走，吸引藏族青年进入私立院校就学。

国民政府成立后，开始大规模招收藏族青少年，设立了各类专门学校。九世班禅来内地后，陆续有近百名后藏青少年追随而至。为解决他们就学问题，九世班禅将部分少年送入山西、北平各校学习。⑤“藏

①《教育法令：修正教育部补助蒙藏回学生升学内地专科以上学校办法大纲》，《教育通讯周刊》1939 年第 2 卷第 29 期。

② 石青阳：《训令：总字第一一号（廿四年二月廿五日）：令本会驻平办事处、北平蒙藏学校：为酌定补助在平留学之蒙藏籍学生学费抄发调查表令仰遵照》，《蒙藏月报》1935 年第 2 卷第 6 期。

③《边疆学生补助金将予提高》，《边疆通信报》1940 年第 2 卷第 37 期。

④《部令：训令：卫生部训令：第三〇〇号（中华民国十九年四月十一日）：令中央医院：准西藏班禅驻京办事处函请对于藏生赴院诊治免费收诊令仰知照由》《公牍：公函：卫生部公函：第三七九号（中华民国十九年四月十一日）》：函西藏班禅驻京办公处：函复藏生补习学校学生赴中央医院诊病请予免费一节》，《卫生公报》1930 年第 2 卷第 5 期。

⑤ 参见《藏青康学生到晋求学》，《申报》1929 年 9 月 11 日，第 3 张第 9 版。

人闻知，争慕内地文化教育之发达，纷纷自动来学”。1930 年，西藏班禅驻京办公处上呈蒙藏委员会、教育部，请求政府支持该处在京设立小学性质的补习学校，专收西藏赴内地求学子弟。同年，国民政府批准了《西藏班禅驻京办公处附设补习学校组织大纲》，由教育部每月拨补助费 1480 元，办事处自贴 500 元，一面教他们普通小学的常识，一面帮他们补习藏文，以进入初级中学为目标。[①]

为帮助藏族学员顺利升入国内专科以上院校，国民政府成立了专门的中等学校。1930 年，蒙藏委员会委员格桑泽仁、诺那呼图克图上呈国民政府，“请收容西康在北平蒙藏学校、山西党政学院、北方军官学校等处毕业之西康学生入党部训练”，为康藏建设作准备。[②] 同年 9 月，国民政府在中央政治学校内附设了西康特别训练班。1930 年 12 月 4 日，国民政府批准《中央政治学校附设蒙藏班组织规则》，规定 :“本校为养成边地实用人才起见，商承中央训练部设立蒙藏班，专收蒙藏、青海、新疆各地学生。”[③]1933 年 7 月，“蒙藏班”改组扩建，同时颁布《国立南京蒙藏学校组织大纲》，由蒋介石亲自出任国立南京蒙藏学校校长。同年夏，国立南京蒙藏学校教员亲赴西宁、康定、北平、归绥四处招生，仅在西宁招收藏族 10 人，回番（藏族穆斯林）6 人。[④] 至 1935 年，已有 24 名藏族在国立南京蒙藏学校就读，其中蒙藏班 2 人，高普二 4 人，师范科 2 人，畜牧科 1 人，初中乙 2 人，初中 4 人，补习班 9 人。[⑤]

设立蒙藏专门学校，也是国民政府民族教育中的一项重要举措。

① 参见《西藏班禅驻京办公处附设补习学校组织大纲》,《西藏班禅驻京办公处月刊》1930 年第 2 卷第 5—6 期；杨仲华 :《康藏的学生》,《中国学生》（上海）1931 年第 3 卷第 3 期；《甲呈 ：蒙藏委员会、教育部呈 ：第十四号（十九年二月二十二日）：为请设补习学校收容西藏来京学生恳拨费补助造具预算呈请鉴核示遵由》,《教育部公报》1930 年第 2 卷第 10 期。

②《纪事 ：训练 ：对于西康学生之训练设备》,《中央党务月刊》1930 年第 27 期。

③ 中国第二历史档案馆编 :《中华民国史档案资料汇编》第 5 辑第 1 编《教育》,第 817—818 页。

④《校闻 ：派员分赴内蒙青海西康招考学生》,《中央政治学校校刊》1933 年第 62 期。

⑤ 黄奋生 :《蒙藏新志》，上海 ：中华书局，1938 年，第 604 页。

1936年秋，国立南京蒙藏学校设立专修部，分设语文、师范两科。次年6月，专修部增设农业、经济两科。抗战期间，该校校址与组织机构屡有变动。1941年8月，该校由教育部接办，改为国立边疆学校，校中组织全按专科学校编制。至1946年夏，国立边疆学校有五年制师专一年级一班，二年级文理组两班，三年级文理组两班，四年级文理组两班，五年级文理组两班，初中二三年级各一班，共有十一个学级。[①]

与此同时，藏族学生更多的被保送至军警院校学习，如兰州中央警官分校、西北军校、西康陆军军官学校、北方军官学校、兰州西北训练团、青海军官教导团、广西航空学校、空军军官学校等。[②]1932年，国民政府军事委员会委员长蒋介石致电中央陆军军官学校（其前身为黄埔军校），要求在招考学生时，应给予蒙藏学生足够的名额。[③]我们从《黄埔军校同学录》和湖北省档案馆馆藏中央陆军军官学校的资料查到，中央陆军军官学校从第八期至第二十二期（1930—1948年）在青海、西康、四川、甘肃及西藏招收了42名藏族学员，其中5名学员被分至军官训练班，其余37名学员被安排到步兵、骑兵队、辎重兵、通讯兵等学生

① 教育部边疆教育司:《边疆教育概况》(续编),教育部边疆教育司印,1947年,第16—17页。

② 藏族学生进入以上军警学校的有兰州中央警官分校的商图丹（西藏香巴），西康陆军军官学校的格桑泽仁(四川巴塘)、甲联科(四川康定),山西北方军官学校的罗图丹(西藏拉孜)、王含道(西藏日喀则)、普贤(西藏拉孜)、益西多吉(西藏江孜),兰州西北训练团的罗桑(西藏日喀则),青海军官教导团的高洛桑(西藏歇巴),广西航空学校的扎西泽仁(四川新龙县),空军军官学校的格桑曲批等。

③ 参见《蒙藏时闻:蒙藏教育工作近志:中央军校将招蒙藏生》,《蒙藏旬刊》1932年第28期。

班学习（其中格桑曲批被转至设在昆明的空军军官学校）。[①] 又有西康藏族江新西、甘肃藏族杨复兴等进入陆军大学将官班学习，被分别授予上校、少将军衔。[②]

值得指出的是，还有部分藏族学生进入北京大学、北京师范大学、重庆大学、兰州大学、中央大学、中央政治大学、国立边疆学校等国内公立高等学校学习。[③] 也有进入私立院校就学的藏族学生，如冯云仙毕业于中政校合作学院，罗桑益西求学于成都华西协和大学。[④]

三、特殊的教学方案

国民政府时期，在相关院校，政府会针对少数民族学生的特殊性，设计一套特殊的教学方案，如课程知识选择、学生管理、政治仪式等，以培育与强化少数民族学生的国家认同观念。

国家主体通过课程结构设计确立国家认同的目标。[⑤] 以北平蒙藏学

① 42 名中央陆军军官学校的藏族学生名单：贺丹增、彭司钊以、任般舟以、罗桑彭措、罗桑多杰、江新西、贡格坚赞、沙道刚、周本泽仁、卓麻世加、华洛、有拉加、朋错、光却拉旦、札西本、加羊、端智、完麻、却桑台、卓盖世杰、朵桑才让、才排、叶杰才郎、罗桑团月、周太、见错太、卓麻什结、叶协端珠、群排丹增、洛桑郎杰、王额来、邵德宙、鲍宗海、四郎降泽、土登尼马、格桑曲批、南模饮夫、强国勇、陈烈吉村、土化瑛、扎西吉村、罗桑尼马。参见湖南省档案馆校编：《黄埔军校同学录》，长沙：湖南人民出版社，1989 年，第 404—1494 页；《中央陆军军官学校军官训练班第二期同学录》，1934 年，LSC1.15—36，湖北省档案馆藏；《中央陆军军官学校第十八期第二总队同学通讯录》，1943 年 6 月，LSC1.15—77，湖北省档案馆藏。

② 参见郭卿友编著：《民国藏事通鉴》，北京：中国藏学出版社，2008 年，第 562 页。

③ 进入国立高等院校的藏族学生有北京大学的朵如兰（青海门源县），北京师范大学的韩树兰（青海西宁）、多杰才旦（青海湟中县），重庆大学的拉永椿（青海乐都县），兰州大学的李彬（青海互助县），中央大学的洛桑香趣（青海乐都）、孙格巴顿（四川新龙县）、多吉仁钦（青海大通县），中央政治大学的嘉乐顿珠（青海湟中县）、平措扎西（青海湟中县）、官宝朗吉（甘肃甘南）、杨士杰（甘肃甘南），国立边疆学校的有钟秀生（云南德钦县）、扎西平措（四川巴塘县）等。

④ 参见四川省巴塘县志编纂委员会编纂：《巴塘县志》，成都：四川民族出版社，1993 年，第 499 页；刘国铭主编，黄晋明、陈予欢、王叔凯副主编：《中国国民党百年人物全书》下，北京：团结出版社，2005 年，第 1564 页。

⑤ 金志远：《民族教育课程知识选择的国家主体与国家认同》，《民族教育研究》2012 年第 6 期。

校和南京国立蒙藏学校为例。北平蒙藏学校高中班授课：蒙藏文、数学（代数三角）、英日文、政治学、法律、中外史地、军事训练。初中授课：蒙藏文、国文、数学（代数几何）、史地、物理、化学、体育、音乐、图书、公民等。补习班授课：国文、算术、图书、音乐、公民、史地、英文等。[①]从该校的课程设置来看，教学内容包含汉化成分，但核心内容是源于西方的现代化文明。[②]教学内容又重点关注国文、历史、法律等领域，有助于提高藏族学生对中华民族历史的认识，增强了他们对祖国的认同。国立南京蒙藏学校还开设畜牧、师范、卫生等藏区急需的专业，并在暑期对低年级藏族学生补习藏文。[③]可见，政府目标是把藏族学生培养成实用性人才，这是一个良好的开端。

在学生管理方面，学校注重学生的特性，既鼓励藏族学生展示本民族文化，还支持他们与他民族同学积极互动，促进不同文化的交流交融。国立南京蒙藏学校课程由教务部负责，饮食起居由军训部负责，然而学生管理最大的特色是在课外的生活方面，有一个特殊的组织——生活指导委员会，指导校内四个学生社团：(一）国民剧社：每逢节假日或盛典时，表演新旧剧，藏族学生时常表演藏戏；(二）大同乐会：每逢课余时，通过音乐的形式，展示本民族文化，有时也邀请南京各乐队演奏；(三）力行棋会：为消遣课余时间而设，军棋、围棋、象棋，举行下棋比赛，胜者有奖；(四）青白书会：画画、书法、摄影照片展览。[④]有材料称对藏族学生影响最大的是由国民政府考试院院长戴季陶支持成立

① 黄奋生：《蒙藏新志》，第 606 页。

② 参见马戎：《汉化还是现代化》，《当代中国民族宗教问题研究》第 5 集，北京：中国社会科学出版社，2010 年，第 169 页。

③ 参见《蒙藏学校假中情形：学生实习补习均有相当成绩》，《中央政治学校校刊》1933 年第 62 期。

④ 参见《校闻：蒙藏学校组织全运会选委员并推员指导学生团体筹设学生成绩陈列室》，《中央政治学校校刊》1935 年第 95—96 期；青锋：《南京晓庄蒙藏学校学生生活》，《现代青年》（北平）1936 年第 5 卷第 2 期。

的康藏前锋社，编印刊物《康藏前锋》，成为康藏青年文化活动的据点。①

政治仪式具有增强国民国家认同的作用。学校除组织学生参加升旗、参加总理纪念周、演讲等常规仪式活动之外，还动员学生参与社会活动，有效地达成与国家的互动。国立南京蒙藏学校学生在教员带领下，前往金陵大学、浙江省立杭州高级中学等校参访交流，在此期间，藏族学生向校外学生介绍藏区的风土人情，山水地势，以及政治教育自治等，让校外的学生“得闻所未闻，恍然如置身于蒙藏之间”②。同时，该校藏族学生还与西藏班禅驻京办事处附设补习学校的藏族学生，代表西藏、青海等单位，参加第五届全国运动会、第六届全国运动会。这些活动，向外界展示了“能看到各族、各省份的旌旗”，③观者无不感叹。

除此之外，国府要人如国民政府军事委员会委员长蒋介石，考试院院长戴季陶，蒙藏委员会委员长马福祥、石青阳、吴忠信，西康政务委员会主席龙邦俊，西藏班禅驻京办事处处长罗桑坚赞等，都曾到南京国立蒙藏学校视察与演讲，展现国家关怀。1931 年，戴季陶在国立南京蒙藏学校前身的中央政治学校蒙藏特别训练班毕业典礼时，发表毕业生应肩负责任的演说，“我们许多同学毕业回去，在国内的同学可以担任开发边疆的工作，大家要把边疆的困苦颠连的同胞救过来，要把荒僻的地方开发起来……从今天起，总理的主义得到了二十四个门徒，可以传到边疆各地，传到全世界有人类所在的地方”④。

四、国家认同的体现

对于赴内地求学的藏族学生而言，他们身负历史使命，“西藏学生，

① 参见《校闻：康藏生编印康藏前锋》，《中央政治学校校刊》1933 年第 64 期。

②《校闻：中政校蒙藏班学生讲演蒙古青海西康情形》，《浙江省立杭州高级中学校刊》1933 年第 90 期。

③ 青锋：《南京晓庄蒙藏学校学生生活》，《现代青年》（北平）1936 年第 5 卷第 2 期。

④ 戴季陶：《对于康藏蒙古及华侨学生的希望》，《新亚细亚》1931 年第 2 卷第 5 期。

为打倒帝国主义而求学；为改造社会而求学”[1]。进一步讲，正如蒙藏委员会藏事处处长罗桑坚赞对旅京藏青学生所言："替大家服务，为国家尽忠……总要设法将来学成之后，对于国家有如何的出力，使之长治久安，对于地方，有如何的改进，使之日趋文明，这样才不负中央造就国防人才之一种计划，同时也不负你们今日负笈万里的一番劳苦。”[2]可以说，正是这批藏族学生国家观念的产生与成熟，与中国时代命运紧密相连，推动了他们未来的发展。

（一）共产主义的向往者

与渴望新知、渴望祖国振兴和解放的普通青年一样，部分藏族学生深受共产主义思潮的影响，成为共产主义的向往者。

抗日战争时期，国立蒙藏学校藏族学生平措汪杰目睹了日军的残暴侵略、反动阶级的压迫，又被社会进步思想所感召，于是他与一些志同道合的藏族同学，如根曲扎西（汉名吴振纲）、昂旺格桑等，在蒙藏学校秘密组建了“藏族共产主义革命运动小组”，成员发展到40余人，为便于活动，又成立了“各地藏族青年旅渝同学会”，作为共产主义小组的外围组织，并把《国际歌》《义勇军进行曲》《游击队之歌》等革命歌曲译成藏语传唱。1940年年初，为抗议国民党政府实行民族压迫和民族歧视的政策，平措汪杰因领导藏族学生闹学潮，被校方开除。经邹韬奋牵线搭桥，中共领导人叶剑英接见了平措汪杰，并鼓励他回藏区开展革命工作。

1940年至1949年，平措汪杰先后在西康、西藏、云南藏区从事革命活动。解放前夕，遵照上级指示，平措汪杰回到巴塘，组织巴塘地下党，同时组建了“东藏民主青年同盟”“新文化之家”，发展了一大批藏

① 杨归儒：《对于西藏学校之我见》，《西藏班禅驻京办公处月刊》1930年第2卷第5—6期。
②《勖勉藏青学生：要努力用功勿荒学业，要为大众服务而求学》，《西藏班禅驻京办公处月刊》1930年第2卷第7—8期。

族进步青年，引导他们走上革命之道。[①]

1939 年离开国立蒙藏学校后的根曲扎西返回家乡夏河县，以县督察身份为掩护，继续从事革命活动。1941 年 5 月，在中共甘肃工委地下党领导下，与同学成立“拉卜楞青年同学会”“藏民研究会”“安多青年联谊会”等进步组织，发展了 150 多名各族会员，又在卓尼等地建立了分支机构，以“经商”为掩护，在青海和甘肃藏区继续抗日和革命宣传工作。1949 年 8 月，根曲扎西代表当地土官赴甘肃临夏迎接解放军，受到王震司令员的接见，并介绍他参加中国共产党，为夏河解放事业作出了积极的贡献。[②]

这批深受共产主义影响的藏族青年，在中国共产党的领导下，迅速成长，为解放西藏、藏区民主改革、维护国家统一及社会主义事业作出了贡献。他们成为藏区各条战线的骨干力量，仅担任省一级领导的就有 6 位。[③]

（二）抗日救亡的践行者

国家兴亡，匹夫有责。在民族危亡、时局艰难之时，军校藏族学生服从国家安排，主动走向前线，表现了高涨的国家认同。抗日战争爆发后，为更好地发挥少数民族在抗战中的作用，国民政府一方面大量招收少数民族学生，仅 1939 年中央陆军军官学校就招收 23 名藏族学生；另一方面，颁布《中央各军事学校毕业之边疆学生统制任用暂行办法》，对军事学

① 参见中国马克思主义哲学史学会编：《思辨之花——平措汪杰及其〈辩证法新探〉》，北京：民族出版社，1991 年，第 109—116 页；中共甘南州委党史办：《喜饶在解放前从事的革命活动》，中共甘南州委党史资料征集办公室：《甘南党史资料》第 3 辑，1991 年，第 30—31 页。

② 参见中共甘南州委党史办：《甘洒热血沃故土——吴振纲传略》，中共甘南州委党史资料征集办公室：《甘南党史资料》第 4 辑，1993 年，第 194—198 页；郭卿友编著：《民国藏事通鉴》，第 618 页。

③ 参见中国马克思主义哲学史学会编：《思辨之花——平措汪杰及其〈辩证法新探〉》，第 116 页。

校毕业的少数民族学生统制任用。[①] 如从中央陆军军官学校毕业的藏族学生沙道刚被安排到抗战前线的湖南醴陵县任保安队分队长，南模饮夫则入缅作战，任上尉军官。[②] 抗日战争初期，广西南宁成为日军重点轰炸的目标。毕业于广西航空学校的扎西泽仁,时任中国空军第四大队(即著名的志航驱逐机大队）四中队中尉飞行员。在敌机再次来袭时，他与战友们奉命升空迎敌，虽然我方战斗机性能不及日军的零式飞机，但扎西泽仁等 9 架战机奋勇战斗，迫使侵犯南宁的十余架日机慌忙逃遁。以后,扎西泽仁多次参加对日空战。1944 年,来自四川金川县的藏族李华、西康西昌县藏族邓显亲主动报名参加中国远征军，进入成都教导第二团第七连训练，数月后入缅参战，参加了著名的密支那战役。[③]

在敌后战场上，藏族学生以自己的实际行动支援抗战。1931 年 10 月 7 日，以中央政治学校蒙藏班的康藏籍学生为主在南京发起成立“康藏旅京同乡抗日救国会”。特别发布《告全国同胞书》，表示 :“同仁等籍隶康藏，万里来京，大义所在，不敢后死，爰成立抗日救国会，以与我全国同胞，同立一条战线，赴汤蹈火，在所不辞。”[④] 此后，这批中坚学生，成立了康藏前锋杂志社，创办了《康藏前锋》，不仅关注康藏问题，还揭露日本侵略者的残暴行为，先后刊登《日本领导东亚宣言给与中国边疆之严重影响》《暴日操纵下的东北奴化教育》《这一年来日本在东北之倒行逆施》《乌苏里江以西的民族反抗暴日》等文，并向康藏青年大声疾呼:“自九·一八事变以还，东北沦于日本帝国主义者铁蹄之下，

①《法规 : 中央各军事学校毕业之边疆学生统制任用暂行办法(军委会二十九年一月十七日铨二字第一二〇〇训令颁发)》,《浙江兵役》1940 年第 18 期。

② 参见四川省《理县志》编纂委员会编纂 :《理县志》，成都 : 四川民族出版社，1997 年，第 778—779 页 ; 周光钧 :《一个远征军的回忆》，中国人民政治协商会议甘孜藏族自治州康定县委员会 :《康定县文史资料选辑》第 1 辑，1987 年，第 86 页。

③ 李全中、漆明生、张为波 :《四川少数民族对抗日战争的贡献》,《西南民族学院学报》(哲学社会科学版)1987 年第 4 期 ;《金川县发现唯一健在远征军藏族老兵》，四川新闻网金川 2015 年 8 月 25 日讯，http://mt.sohu.com/20150825/n419690929.shtml。

④《蒙藏时闻 : 康藏同乡泣告》,《蒙藏旬刊》1931 年第 4 期。

数千万东北同胞，处此情境，苦痛异常……中国整个边疆之危，已达极点，凡属国民能不兢兢业业立谋自救而图生存者乎？”①

“七·七事变”后，在国内形势的感召下，在内地接受教育的藏族人士纷纷投入到抗日救亡运动中。1938 年“康藏民众抗敌赴难宣传团”在国民政府的支持下入藏宣传。此后，该团团长刘曼卿（毕业于北京国立师范学校）带领其妹妹刘曼云（毕业于中央政治学校西康特别训练班）等入藏宣传。由于宣传团成员为藏族，“在民族、宗教和语言上没有隔阂，易于深入西藏社会各阶层；无论从唤起民众的抗战意识，还是从西藏僧侣阶层自觉抵制日本间谍的行动中，都可以看出宣传团对于西藏社会和僧俗的广泛影响。一些僧俗民众还捐献了百余匹氆氇，委托制成军用背心”②。与此同时，留居内地的藏族人士格桑泽仁、刘家驹、冯云仙等与其他民族人士一道成立“蒙藏回族联合慰劳抗战将士代表团”，公开发表《蒙藏回族慰劳抗战将士团告全国同胞书》，赴前线慰问抗战将士。③

（三）边疆新思想的启蒙者

这批接受了现代教育的藏族学生，在与其他民族交流时，深感旧时代边疆民族备受屈辱，一种渴望自己的民族站立起来的强烈感情时时撞击着心灵。通过学习与交流，他们开始认识到民族落后的原因在于内部经济文化的落后和社会制度的腐朽，故积极寻求改造的方法，进而成为边疆新思想的启蒙者。

康藏青年来到内地，眼界大开，增强了爱国爱家乡的情结，先后创办《康藏前锋》《康声报》《康路》等刊物，参与《康藏研究》《川边季刊》

---

①《敬告康藏青年》，《康藏前锋》1934 年第 10—11 期。

② 喜饶尼玛：《藏族抗日救亡团体评述（1931—1945）》，《福建师范大学学报》（哲学社会科学版）2015 年第 3 期。

③《专载：蒙藏回族慰劳抗战将士团告全国同胞书》，《蒙藏月报》1938 年第 8 卷第 2 期。

《蒙藏旬刊》等刊物的撰稿，成为边疆新思想的启蒙者。[①]其中1933年成立的康藏前锋社颇具代表意义。《康藏前锋》作者主要为在国立南京蒙藏校求学的康藏青年。他们属于康藏青年中觉醒的知识分子，对国家民族具有强烈的责任感，无论是在边疆新思想的传播，还是在边疆建设中的积极尝试，都表现了他们在国家危亡中寻求自救的积极态度。所刊登的文章多涉及“民国以降康东青年如何认识康藏问题、康藏民族问题，如何理解康藏与中国之关系、康藏建设与民族国家的建设和未来发展等内容”。[②]正如该杂志《发刊词》中所指“积极介绍康区实情，唤起国人的民族意识和国家观念；从事康藏问题的探讨，为开发建设起先导作用”[③]。并敬告康藏青年所身负的历史使命：

> 康藏青年负有重大之使命，欲图进取，首先求知，若无运用知的技能，则将何以谈建设，况在科学发达之今日，必须具有善才多能之资，始能为社会谋利益，为国家谋生存。在此开发西北声入云霄之际，康藏为急待开发之区，我康藏青年，岂能坐享其成哉。至于该区地理物情之洞悉，必超于他人，而为开发前驱，期我康藏青年，努力求知，以尽职责。[④]

在内地就学的西藏贵族子弟的思想也有了变化。如十四世达赖喇嘛的二哥嘉乐顿珠在自己的回忆录中特别提道：“我对世界史的学习，帮助我从不同的角度看待我的家园，启发我如何改革。林肯总统在美国内战中解放奴隶的行动使我特别受到启发，这让我思索西藏庄园的状况。

① 曹春梅：《试析民国时期国人进入西康考察的背景》，吴达德主编：《西南社会历史论丛》，成都：四川人民出版社，2009年，第9页。
② 郭建勋、朱茂青：《抗战时期康东旅外青年笔下的“康区”——以〈康藏前锋〉所载文章为例》，《西南民族大学学报》（人文社会科学版）2014年第3期。
③《发刊词》，《康藏前锋》1933年创刊号。
④《敬告康藏青年》，《康藏前锋》1934年第10—11期。

我之前从来没有把我们的庄园经济看成是一种农奴制或是奴隶制，但是我的确意识到现在的西藏需要巨大的改革。”①

（四）边疆社会的建设者

1931 年，刘家驹在《折多山与西康的青年》一文中，特别指出：“更希望川康当局领导此次留学回康之青年，分派各县倡办教育党务宣传等工作，使三藏民众咸明了国内之政情和帝国主义的野心，官民合作，大家负起责来，内而建设新的康藏，外而巩固西南国防，实行全民政治，完成训政工作，这才不负彼此冲破折多雪山的苦心，和中央造就边疆人才的旨趣啊！”②

1931 年 4 月 27 日，格桑泽仁被国民党中央委任为国民党西康省党务特派员，特派他到西康开展相关工作，为建设西康作贡献。③对于西康籍的格桑泽仁而言，还有另一个理由，“由一部分的建设，才能完成国家的建设，各省如此，国家始有出路，泽仁此次回去西康，就是这个理由”④。1931 年 11 月，格桑泽仁派杨仲华等中央政治学校西康特别训练班毕业的学员共 30 余人，从南京出发经昆明去巴塘。次年 2 月 26 日，趁康藏纠纷引发的局势动荡，宣布组织成立西康建省委员会和西康边防司令部，提出“康人治康”口号。宣布实施五项纲领：实行地方自治；主张民族平等；废除乌拉制度；改进耕作技术；发展文教事业。号召巴塘各界对西康军阀刘文辉奋起反抗，并采取行动争取民众对他的支持。在西康建立第一个国民党组织。接着，他将巴塘的街名更名为中山街、

① Gyalo Thondup, Anne F. Thurston, *The Noodle Maker of Kalimpong: The Untold Story of My Struggle for Tibet*, New York: Public Affairs, 2015, p.75.

② 刘家驹：《折多山与西康的青年》，《西藏班禅驻京办公处月刊》1931 年第 3 卷第 9—10 期。

③ 参见秦熠：《国民党西康地方党部建立考论》，《民国档案》2012 年第 3 期。

④ 格桑泽仁：《中央政情及西康状况：七月六日第二十五次纪念周演讲》，《云南半月刊》1931 年第 10 期。

博爱街、自由街、平等街等。[①] 其实，我们从这些街名即可管窥其对国家的认同度。

这一批藏族学生接受中央政府领导，深度参与康藏政治，成为国民政府康藏政策的支持者与行动者。在巴安事件、诺那事件、甘孜事变中，均有这批学生的身影，如江安西、江新西、贺丹增等。从1940—1948年，在内地军校毕业的藏族学生，部分被派往西藏收集情报，与英帝国主义、西藏分裂势力展开特殊斗争。如1945年江新西被派驻拉萨任上校情报组组长，1947年罗桑团月率军令部二厅电台台长周铭、报务员曾天才由康区前往拉萨。1948年贺丹增遵军令部二厅令入拉萨搜集情报。[②]

这批藏族学生进入政界的人士较多。江安西先后出任国民党西康省党部督导，西康省参议会参议员，巴塘县长。罗桑益西担任巴塘县教育局局长、西康盐井县县长。洛桑香趣出任同德县县长。陈强立出任瞻化县（今为新龙县）县长。在1948年西康省选出的17名藏族国大代表中，6名有在内地求学的经历：罗桑益西、冯云仙、陈强立、江安西、邓珠拉姆和华崇俊。[③]

投身教育界的人士更多。1924年考入北京师范大学女子体育专修科的韩树兰，学习近代体育知识和技能，1927年毕业后返回故乡，任西宁女子师范学校体育教师，大力倡导女子体育，并在该校建立舞剑队，亲自执教训练，为青海近代体育事业的发展作出了积极贡献。1928年，毕业于北平蒙藏专门学校的杨生华倡议创办了卓尼第一所小学——柳林

① 参见中国人民政治协商会议巴塘县委员会编：《巴塘县文史资料》第2辑，2005年，第123—141页。

② 参见常希武（汪藻）：《国民党特工人员在西藏》，政协西藏自治区委员会文史资料研究委员会：《西藏文史资料选辑》第3辑，1984年，第45—58页；谭熹：《我在20世纪40年代进藏工作的经历》，西藏自治区政协法制民族宗教文史委员会编：《西藏文史资料选辑》第24辑，北京：民族出版社，2008年，第99页。

③ 参见冯有志：《西康史拾遗》，甘孜藏族自治州委员会文史资料委员会编印，1994年，第464—474页。

小学，为民族地区培养了一批优秀人才。早年就读于南京中央大学边疆教育系的洛桑香趣，毕业后返青，致力于青海民族教育事业的发展，先后参与创办“青海蒙藏文化促进会”、蒙藏小学校、蒙藏初级中学，并任蒙藏小学主任、蒙藏初级中学校长。[①] 毕业于中政校合作学院的冯云仙，先后担任西康教养院生活主任、国立玉树小学校长。[②] 值得一提的是，1946 年，来自巴塘的邓珠拉姆被中央政治大学评为副教授。[③] 这批藏族“新型精英”投身藏区教育，为藏区教育事业的发展注入了活力。虽然培养数量有限、时间不长，但在开发民智、传播新思想、加强藏汉民族之间相互理解和交流方面起到了积极的作用。

五、余论

民国藏族青年内地求学，作为一项重要的但并不成熟的民族政策，从一开始就关注“内地培养，服务边疆”的教育理念。内地学校招收边疆学生，为边疆提供了相对优质的教育资源，又培养和加深了边疆学生对国家的认同。应该指出的是，这种教育模式所灌输的国家认同，并不是要求生产流水线式的忠于国家的模板式少数民族青年，而是通过教育系统，将少数民族学生个人命运、民族命运与国家命运联系在一起。对于少数民族青年学生而言，他们有自己的独立性格和价值评判标准，尤其在来到一个陌生的强势文化圈生活，又与有着异质文化的各族青年学生相互交往交流，“国家认同”渐渐内化为一种情感、使命和现实选择。

毫无疑问，国民政府时期民族教育强化了边疆学生的民族意识，各种专属于藏族社团纷纷成立，如“藏族共产主义革命运动小组”“各地藏族青年旅渝同学会”等。但民族认同与国家认同并不冲突，关键是如

① 郭卿友编著：《民国藏事通鉴》，第 617、625、641 页。
② 教育部边疆教育司：《边疆教育概况》（续编），教育部边疆教育司印，1947 年，第 119 页。
③ 杨恩洪：《高原之莺——藏族第一位女教授邓珠拉姆讲的故事（之一）》，《中国西藏》（汉文版）2008 年第 6 期。

何寻找联系两者的纽带。国民政府时期，孙中山先生的“三民主义”对少数民族颇具吸引力，正如班禅额尔德尼驻川办事处处长阿旺敬巴所言：“三民主义的一贯的根本精神，在求平等。民族主义，要求民族间的平等。”① 这种平等即是在一切民族的平等和各民族在一切权利上的平等的“形式平等”前提下，所强调的“事实上的平等”，也就是由中央政府给予少数民族优惠政策和汉族民众帮助少数民族发展，以达到“使西藏之政治、经济、文化、社会，与内地各省，同等的发展，建设一文明富庶之新西藏！”② 为此，深信教育为建设国家之本的国民政府，大力发展边疆教育。

民国时期，西藏地方与中央政府关系极不正常，加之日寇侵华，但这批藏族学生却怀着强烈的国家认同感，表现出了一种爱国热情和对正义的追求，与国人一道寻求拯救中国的出路，成为共产主义革命的向往者、抗日救亡的先锋、边疆新思想启蒙者、边疆社会建设者。值得指出的是，从目前有据可查的百余名民国时期赴内地接受高等教育藏族青年看（包括军校学生），他们虽有党派、阶级、性别、地域之分，但高达98% 以上的学生具有国家认同感，反对分裂，维护国家统一。反观接受英人“奴化教育”的藏族学生，部分人对“帝国主义的侵略阴谋认识不清，甚至敌我不分，做出了不利于民族团结、祖国统一的事”③。这种巨大的反差，进一步验证了国民政府时期藏族青年赴内地求学，培育了他们浓厚的国家认同的论断。

需要特别指出的是，国民政府时期藏族青年内地求学政策，依然存在着诸多问题：

一是政府培养边疆学生的目的，是为了维持其统治，对边疆建设和

①《班禅额尔德尼驻川办事处成立告全国民》，《藏民声泪》1928 年第 1 期。
② 罗桑坚赞：《社论：自觉与互助》，《西藏班禅驻京办公处月刊》1930 年第 2 卷第 5—6 期。
③ 喜饶尼玛：《英国在藏机构沿革及其活动概述》，《中国藏学》1990 年第 4 期。

发展并没有详备的规划和实践；二是由于社会制度等种种原因，到内地的藏族学生少之又少，且其中不乏假冒者，挤占藏族学额，其中代表性事件有 1935 年国立南京蒙藏学校西康学生王信隆等人举报冒充西康籍的两名同学，1936 年西康旅平学生彭玉元等 9 人联名举报北平蒙藏学校冒籍西康的 8 名学生；[①] 三是实行同化政策，国民政府虽标榜“扶植弱小民族”，但实际上仍在教育上推行同化政策，学校安排的课程并不完全适应边疆需要，并据可查的接受高等教育的藏族学生绝大多数所学专业为军事、教育、政法，少有学习理工科的，不利于藏区的基础性建设；[②] 四是赴内地求学藏族青年有的毕业后，出现“厌家乡之落伍，慕都市之繁华，此种现象良可叹惜！”

毫无疑问，无论是纵向还是横向比较，民国时期藏区各类教育还非常落后，远远不能满足藏区经济社会发展的需求。藏族青年到内地求学者无论从数量上还是质量上都与今天不可同日而语。

即使如此，我们仍应该看到的是，藏族学生到内地求学，是国民政府边疆教育政策的具体实践，更是在历史审慎思维中可行性策略的一次大验证。它显示了当时的中央政府对于边疆教育的重视。

① 参见《公函：藏字第三五五号（二十四年十一月二十三日）：函中央政校蒙藏学校：据西康民众代表驻京办事处呈开具假冒康籍学生调查表转请查明照章办理》，《蒙藏月报》1935 年第 4 卷第 3 期；彭玉元：《最近之康藏：（三）其他：蒙藏学校开除大批冒籍西康学生》，《康藏前锋》1936 年第 3 卷第 8—9 期 。

② 仅知藏族学生拉永椿学习机械、李彬学习化学，参见《青海学人录——1920—1949 年青海就读高校学生事略》，青海省地方史志学会编印，1997 年，第 222 页。

第十三世达赖喇嘛遗诫的探究

陈又新*

前 言

第十三世达赖喇嘛昂旺洛桑土登嘉措季卓曲杰南嘉（ངག་དབང་བློ་བཟང་ཐུབ་བསྟན་རྒྱ་མཚོ་འཇིགས་བྲལ་དབང་ཕྱུག་ཕྱོགས་ལས་རྣམ་པར་རྒྱལ་བ་དཔལ་བཟང་། 1876—1933）是近代西藏地方的政教领袖，他历经了清朝末年的积弱与国民政府对日抗战前夕的时代，周旋于英印等外国势力与当时新成立的民国，使西藏在西方列强环伺与纷乱的局势中得以自固，对现代西藏的发展影响极大。《第十三世达赖喇嘛遗诫》（以下简称《遗诫》）是在1932年他向全体西藏民众所发出的公开书面文件，简单扼要地历数其个人的过去与对当时的西藏现况与未来的看法。由于它是这一段历史的见证文件，而受到重视，且被译为汉文、英文等，传播极广，但由于藏文《遗诫》

* 陈又新，台湾中国文化大学史学系助理教授。

的版本与译文的差异而有不同的解读，故有必要还原其貌，以辨明事非曲直。

一、版本与名称

目前藏文本的《遗诫》笔者只搜集到 1946 年查尔斯·贝尔（Charles A. Bell，1870—1945）在《达赖喇嘛的画像》（“Portrait of The Dalai Lama”）书中所附《遗诫》的刻本二叶（第一与第三叶）复印件残叶（如附），以及四篇重缮本：（一）1982 年由阿洛群则（Alo Chhonzed）收录于其所汇集自 1920 年到 1982 年间有关个人与西藏的藏文文献汇编的《开启西藏事实真相之钥》（བོད་ཀྱི་གནས་ལུགས་བདེན་འཛིན་སྒོ་ཕྱེ་བའི་ལྡེ་མིག་ཞེས་བྱ་བ་ཨ་ལོ་ཆོས་མཛད་ཀྱི་གཏམ། སྤྱི་ལོ་1920 ནས་1982 བར）一书中的版本，为 1958 年旅居印度噶伦堡（Kalimpong）的藏族塔尔钦（G.Tharchin）将此藏文木刻本重新排版，印成小册子流通。[①]（以下简称 T. 本）（二）达赖喇嘛圆寂后，由普却寺的转世活佛普却总持土登蒋巴楚称丹津（ཕུར་ལྕོག་ཡོངས་འཛིན་ཐུབ་བསྟན་བྱམས་པ་ཚུལ་ཁྲིམས་བསྟན་འཛིན）为达赖喇嘛写传，写作过程曾经间断了一年半，花费了约六年时间。[②] 于 1940 年 2 月完成《第十三世达赖喇嘛传》木刻版，书名为《稀有宝鬘》（ངོ་མཚར་རིན་པོ་ཆེའི་ཕྲེང་བ）[③]。再于 1984 年，海外西藏流亡组织将《历辈达赖喇嘛传》重新缮打编辑成书出版，《遗诫》被收在《第十三世达赖喇嘛传》中。[④]（以下简称 P. 本）（三）1975 年，西藏前噶伦苏康旺钦·格勒（ཟུར་ཁང་དབང་ཆེན་དགེ་ལེགས། 1910—1977）将

---

① Alo Chhonzed, བོད་ཀྱི་གནས་ལུགས་བདེན་འཛིན་སྒོ་ཕྱེ་བའི་ལྡེ་མིག་ཞེས་བྱ་བ་ཨ་ལོ་ཆོས་མཛད་ཀྱི་གཏམས།（སྤྱི་ལོ་1920 ནས་1982 བར），Australia：Alo Chhonzed，1982 年，第 18—25 页。

② Bell, Sir Charles, “*Portrait of The Dalai Lama*”, London and Glasgow：Collins Clear-type Press, 1946, p.160.

③ “*Portrait of The Dalai Lama*”, p.16.

④ ཕུར་ལྕོག་ཡོངས་འཛིན་ཐུབ་བསྟན་བྱམས་པ་ཚུལ་ཁྲིམས་བསྟན་འཛིན། ལྷར་བཅས་སྲིད་ཞིའི་གཙུག་རྒྱན་གོང་ས་རྒྱལ་བའི་དབང་པོ་བཀའ་དྲིན་མཚུངས་མེད་སྐུ་ཕྲེང་བཅུ་གསུམ་པ་ཆེན་པོའི་རྣམ་པར་ཐར་པ་རྒྱ་མཚོ་ལྟ་བུ་ལས་མདོ་ཙམ་བརྗོད་པ་ངོ་མཚར་རིན་པོ་ཆེའི་ཕྲེང་བ་ཞེས་བྱ་བའི་གླེགས་བམ་བཞུགས་སོ། Dharamsala：Tibetan Cultural Printing Press, 1984, pp.698-704.

之重新缮打，单篇发表名为《伟大第十三辈（达赖喇嘛）尊者之教诫》(རྒྱལ་མཆོག་སྐུ་ཕྲེང་བཅུ་གསུམ་པ་ཆེན་པོའི་ཞལ་གདམས)。①(以下简称 Z. 本)(四)1976 年，夏格巴（ཞྭ་སྒབ་པ་དབང་ཕྱུག་བདེ་ལྡན）出版的藏文版《西藏政治史》(བོད་ཀྱི་སྲིད་དོན་རྒྱལ་རབས) 第二册中。②（以下简称 S. 本）此外，据此翻译的汉、英文等外文译本甚多。其中，有刘曼卿汉译本、查尔斯·贝尔的英译本，而由徐新登、旺德才仁合译苏康旺钦·格勒单篇本为汉文。汤池安则根据《第十三世达赖喇嘛文集》中被分类在《教诲西藏与大西藏众生政教二规取舍之告示 · 天鼓鼓声》函内中译。③

根据上述藏文本以及译本的说明，《遗诫》是当时西藏地方政府将达赖喇嘛亲手所写的答复文，以西藏常用的木刻版方式印出，它是一长形木刻本，正、反面为页的印刷。④刻板制于拉萨，共有九小页。后来，扎什伦布寺又制作了新的木刻本。⑤如此一来，《遗诫》就有两种刻本：拉萨与扎什伦布寺刻本。

有关于《遗诫》的名称，在 1934 年，前往西藏的查尔斯 · 贝尔从桑耶寺的大预言家手中获得一本，指出当时西藏人对于这篇《遗诫》，一般称为法王陛下的“喀钦姆”(བཀའ་ཆེན་མོ) ⑥。1933 年,刘曼卿在丽江自藏军友人丁曾（བསྟན་འཛིན？）手中获得刻本，“即照藏文原件，毫未增删，译为汉文”，表示：“欲知达赖目下在藏之地位及与人民之关系，

① 苏康旺钦 · 格勒著，徐新登、旺德才仁译:《十三世达赖喇嘛遗诫》,《边政年报（第六期）》，台北：政治大学，1975 年，第 167—171 页。

② ཞྭ་སྒབ་པ་དབང་ཕྱུག་བདེ་ལྡན། བོད་ཀྱི་སྲིད་དོན་རྒྱལ་རབས། གླེགས་བམ་གཉིས་པ། Kalimpong : Shakapa House, 1976, pp.307-311.

③ 汤池安:《第十三世达赖喇嘛土登嘉措“遗嘱”辨析》,《中国藏学》1989 年第 4 期，第 95 页。

④ བོད་ཀྱི་གནས་ལུགས་བདེན་འཛིན་སྒོ་ཕྱེ་བའི་ལྡེ་མིག་ཞེས་བྱ་བ་ཡ་ལོ་ཆོས་མཛད་ཀྱི་གཏམ། (སྤྱི་ལོ་1920 ནས་1982 བར), p.26.

⑤ “Portrait of The Dalai Lama”, p. 376.

⑥ “Portrait of The Dalai Lama”, p. 376.

并对我之态度，此文为最切确之贵重证据。”[①] 而名为《达赖民国二十一年告全藏官民书》[②]。在四本藏文本方面，P. 本将此文名为《最胜医药·洞悉无碍·天之新甘露》（གསོ་བའི་སྨན་མཆོག་སྒྲིབ་མེད་གཅེར་མཐོང་ལྷ་ཡི་བདུད་རྩི་གསར་པ）。[③] T. 本题名为：《伟大第十三辈（达赖喇嘛）尊者之珍宝教诫》（རྒྱལ་མཆོག་སྐུ་ཕྲེང་བཅུ་གསུམ་པ་ཆེན་པོའི་ཞལ་གདམས་བཀའ་སློབ་རིན་པོ་ཆེ）。Z. 本名之为《伟大第十三辈（达赖喇嘛）尊者之教诫》（རྒྱལ་མཆོག་སྐུ་ཕྲེང་བཅུ་གསུམ་པ་ཆེན་པོའི་ཞལ་གདམས）。[④] S. 本称为第十三辈（达赖喇嘛）《答复全体西藏僧俗代表与教诫》（བོད་ལྗོངས་སེར་སྐྱ་ཡོངས་ཀྱི་ཚབ་བྱས་ཏེ་ཞུས་པའི་བཀའ་ལན་དང་བཀའ་སློབ་ཞལ་གདམས）[⑤]。此外，1989 年，汤池安主张这篇应名为《灵丹妙药·透明洞察·人天甘露》。[⑥] 查尔斯·贝尔的英译本，称为《第十三世达赖喇嘛的最后政治遗嘱》（The Last Political Testament of the Thirteenth Dalai Lama）。徐新登、旺德才仁合译称为《十三世达赖喇嘛遗诫》。

在《遗诫》的两叶残叶中的第一叶是它的首叶，明显的并无标示名称。由此可知，当时被称为第十三世达赖喇嘛的“喀钦姆”，并无正式标题与名称。其次，藏族塔尔钦（G.Tharchin）称为“ཞལ་གདམས་བཀའ་སློབ་རིན་པོ་ཆེ”，噶伦苏康旺钦·格勒称为“ཞལ་གདམས”，夏格巴也称为“ཞལ་གདམས”，他们对《遗诫》藏文的共同名称都是“口头教诫”（ཞལ་གདམས）。至于 P. 本或汤池安所提的名称，都是后人自行加上的藏文名称。最后，译成汉文名为《告全藏官民书》、英文的“The Last Political

①《刘曼卿为译录达赖喇嘛告全藏官民书致石青阳呈》，《元以来西藏地方与中央政府关系档案史料汇编》，第六册，第 2583 页。

②《刘曼卿为译录达赖喇嘛告全藏官民书致石青阳呈》，《元以来西藏地方与中央政府关系档案史料汇编》，第六册，第 2584—2586 页。

③ ལྷར་བཅས་སྲིད་ཞིའི་གཙུག་རྒྱན་གོང་ས་རྒྱལ་བའི་དབང་པོ་བཀའ་དྲིན་མཚུངས་མེད་སྐུ་ཕྲེང་བཅུ་གསུམ་པ་ཆེན་པོའི་རྣམ་པར་ཐར་པ་རྒྱ་མཚོ་ལྟ་བུ་ལས་མདོ་ཙམ་བརྗོད་པ་ངོ་མཚར་རིན་པོ་ཆེའི་ཕྲེང་བ་ཞེས་བྱ་བའི་གླེགས་བམ་བཞུགས་སོ།།, p. 704.

④《十三世达赖喇嘛遗诫》，第 167 页。

⑤ བོད་ཀྱི་སྲིད་དོན་རྒྱལ་རབས།, p. 307.

⑥ 汤池安：《第十三世达赖喇嘛土登嘉措“遗嘱”辨析》，第 95 页。

Testament”或 1986 年，由洛桑惹结（Dr. Lobsang Rabgyay）重新英译，改为 :“The Last Testament of the Thirteenth Dalai Lama”，① 都是后人对其解读后加上的。② 《遗诫》是第十三世达赖喇嘛圆寂前一年，以其个人政教的经验为内容，对大众公开的谈话文件，并非个人隐密。对身为西藏政教领袖的第十三世达赖喇嘛而言，他的口头、书面文字，或相关征兆预示，以寻找继承其政教地位的下一辈转世灵童，才是最重要，才可称是真正的与最后的政治与宗教遗嘱。因此，若直接将这篇英译为“The Last Political Testament”或“The Last Testament”名称，再汉译为“最后政治遗嘱”或“最后遗嘱”都不恰当。

《遗诫》两叶残叶的内容是叙述撰写原由，叙明当西藏内外诸事不顺，乃穷（གནས་ཆུང）谕示第十三世达赖喇嘛抱病，可能不久圆寂，所以达赖喇嘛就让噶厦进行祝祷延年益寿；噶厦照办了之后，达赖喇嘛对他们的祝祷文作了答复。③ 然而，根据刘曼卿的说法，当时青康藏战事发生，藏军三路与四川、青海及西康民军交战，各路均极失利，于是藏中谣言日盛，皆谓川、康、青联军将直捣拉萨，一时大为恐慌。达赖喇嘛乃下

① K. Dhondup，“The Water-Bird and Other Years”，New Delhi: Rangwang Publishers, 1986, p. 143.

② “Portrait of The Dalai Lama”, p. 382.

③ ལྷར་བཅས་སྲིད་ཞིའི་གཙུག་རྒྱན་གོང་ས་རྒྱལ་བའི་དབང་པོ་བཀའ་དྲིན་མཚུངས་མེད་སྐུ་ཕྲེང་བཅུ་གསུམ་པ་ཆེན་པོའི་རྣམ་པར་ཐར་པ་རྒྱ་མཚོ་ལྟ་བུ་ལས་མདོ་ཙམ་བརྗོད་པ་ངོ་མཚར་རིན་པོ་ཆེའི་ཕྲེང་བ་ཞེས་བྱ་བའི་གླེགས་བམ་བཞུགས་སོ།།, p. 698-699. “ལོ་འདིའི་ནང་དུ་སྐྱེས་བུ་དམ་པའི་ཡང་སྲིད་ངོས་འཛིན་དང་། གཙུག་ཕུད་བཞེས་ཞིང་མཚན་གསོལ་མཛད་པའང་ཞིན་ཏུ་མང་། དུས་འདི་ཙམ་ནས་བཟུང་ལྷོངས་འདིར་རིང་དུ་མི་བཞུགས་པར་ཞིང་ཁམས་གཞན་འགྲོན་གྱི་དགོངས་པ་གཏད་ཟིན་པ་ལྟ་བུས་ཞི་དྲག་བསྟན་སྲིད་ཀྱི་བྱ་བ་གང་ཅི་དགོངས་པར་ཡེ་མི་འབབ་པའི་ཐུགས་འབྱུང་གི་རྣམ་པ་འབབ་ཞིག་མཛད་པ་དང་། བསླབ་བྱ་ཟ་ཚོག་སོགས་ཀྱི་འབྲུ་དོན་ལའང་འབྱུང་འགྱུར་གྱི་ལུང་བསྟན་ཞལ་ཆེམས་ཀུན་གྱི་སྙིང་ལ་ཚ་ཏང་ཏང་བྱེད་པ་དང་། སྔོན་ལམ་འཕར་ཚུགས་ཀྱི་གཏོར་རྒྱག་ཉིན་གནས་ཆུང་ཆོས་སྐྱོང་ཆེན་པོའི་བཀའ་ལུང་དགོངས་དོན་དུའང་། སེར་སྐྱ་སྤྱི་ཞུས་ཀྱིས་སྐུ་ཚེ་བརྟན་པའི་ཞབས་བརྟན་གནང་སྙིན་འབད་དགོས་ཞེས་ཕེབས་པ་དང་། དེ་རྗེས་བཀའ་ཤག་དང་། སྐུ་བཅར་སྤྱི་མཁན་ནས་དོགས་གཙོད་ཀྱི་ལུང་ཞུ་ཕུལ་བར་ཡང་སྐབས་དགོས་ཕེབས་པ་བཞིན། ཞབས་རིམ་ཇི་དགོས་སྒྲིན་སྒྲུབ་ཞུས་འཕྲུས་ཐོག་གོང་ས་སྐྱབས་མགོན་ཆེན་པོ་ཞབས་པད་བསྐལ་བརྒྱར་བརྟན་ཆེད་མདོ་ལུགས་ཀྱི་བརྟན་བཞུགས་བསྟར་འབུལ་ཞུས་འབྲེལ་རྣམ་ཀུན་གུས་འབདངས་རྣམས་ནས་བགོ་སྐལ་སྲི་ཞུའི་ཞབས་འདེགས་བཀའ་དོན་སྙིང་བཅང་ཏུར་བསྐྱེད་ཞུས་ཚོག་པར་ལྷ་དགོངས་གསལ་དྭངས་ཐུགས་རྗེ་ཆེ་ཞུ་ཞེས་བོད་ལྗོངས་སེར་སྐྱ་མཐུན་གཅིག་གིས་ཞུས་པའི་བཀའ་ལན་དུ། ནང་གི་རིམ་གྲོ་བླང་དོར་ཚུལ་བཞིན་སྒྲུབ་ལུགས་ཀྱི་བསླབ་བྱའི་རིམ་པ་འདི་ལྟར་སྩལ་ཏེ།”。

令加紧征集僧兵民兵，并向印度购运军械。藏中各大寺喇嘛及一部分军政人员认为与川军交战之非得计，颇持异议，致当时西藏内部大有不能一致奉命之势。[①] 因此，达赖喇嘛先“召集全体军政官员（武官自排长以上）及各大寺喇嘛、各宗（县）村绅长，齐集拉萨行宫，恳切演说，历数小时之久，口出白沫，滔滔不绝……继而召集临时姆浪大法会（སྨོན་ལམ་ཆེན་པོ། 祈愿大法会），达赖又亲笔拟一类似宣言之文，分发全康藏地方。其内容与在拉萨行宫召集大会时所演说者略同。”[②] 显然的，《遗诫》也是达赖喇嘛圆寂前一年，1932 年，为凝聚人心的讲话内容。

二、版本的比较

对于藏文本《遗诫》内容的比较，仅以所见的四种藏文重缮本：T. 本、Z. 本、S. 本、P. 本进行。通过文字的比对，四种版本的差异之处，如表一。

表一 四种藏文版本文字差异处比较

版本 编号	T. 本	Z. 本	S. 本	P. 本	备注
1	གུས་འབངས་སྲིད་བཀས……………… ……………… བོད་ལྗོངས་སེར་སྐྱ་སྤྱི་ཡི་སྤྱི་ཞུས་སྐོར།				# ※
2	བར་སྐབས་སྟོན་ཕྱིན་མཛད་ལམ་གཞིར་བཟུངས་	བར་སྐབས་སྟོན་ཕྱིན་མཛད་ལམ་གཞིར་བཟུངས་	བར་སྐབས་སྟོན་གྱི་མཛད་ལམ་གཞིར་བཟུང་	བར་སྐབས་སྟོན་གྱི་མཛད་ལམ་གཞིར་བཟུང་	◎
3	ཆེའི་	ཆེའི་	ཆེས་	ཆེས་	◎

①《刘曼卿为译录达赖喇嘛告全藏官民书致石青阳呈》，《元以来西藏地方与中央政府关系档案史料汇编》，第六册，第 2583 页。

②《刘曼卿为译录达赖喇嘛告全藏官民书致石青阳呈》，《元以来西藏地方与中央政府关系档案史料汇编》，第六册，第 2583 页。

续表 1

版本 编号	T. 本	Z. 本	S. 本	P. 本	备注
4	མཆོན་འདོན་ཁ་ཁྲལ་བློར་འཛིན་སྐྱོར་སྦྱངས་	མཆོན་ཁ་འདོན་ཁྲལ་བློ་འཛིན་སྐྱོར་སྦྱངས་	མཆོན་འདོན་ཁ་ཁྲལ་བློར་འཛིན་སྐྱོར་སྦྱང་	མཆོན་འདོན་ཁ་ཁྲལ་བློ་འཛིན་སྐྱོར་སྦྱང་	◎
5	དགེ་ཚུལ་སྡོམ་ནོད།	དགེ་ཚུལ་སྡོམ་པ་ནོད།	དགེ་ཚུལ་སྡོམ་ནོད།	དགེ་ཚུལ་སྡོམ་ནོད།	#
6	གཞུང་ཆེན་	གཞུངས་ཆེན་	གཞུང་ཆེན་	གཞུང་ཆེན་	#
7	གྲ	གྲ	གྲྭ	གྲྭ	◎
8	དབང་བཀའ། འཁྲིད་	དབང་བཀའ། འཁྲིད་	དབང་བཀའ་ འཁྲིད་	དབང་བཀའ་ ཁྲིད་	◎
9	སྟར་	སྟར་	ལྟར་	ལྟར་	◎
10	བརྩོན་སྦྱངས་གང་འཚམ་	བརྩོན་སྦྱང་གང་འཚམས་	སྦྱང་བརྩོན་གང་འཚམས་	བརྩོན་སྦྱང་གང་འཚམས་	#
11	རང་ལོ་བཅོ་བརྒྱད་ལ་	རང་ལོ་བཅོ་བརྒྱད་ལ་	རང་ལོ་ཉི་ཤུ་ལ་	རང་ལོ་ཉི་ཤུ་ལ་	◎ ※
12	འགན་འཁུར་ཐོག་ཏུ་བབས་པ་ན།	འགན་འཁུར་ཐོག་ཏུ་བབས་པ་ན།	འགན་འཁུར་ཐོག་ཏུ་བབས་པ་ན།	འགན་ཁུར་ཐོག་ཏུ་བབ་པ་ན།	#
13	ལྷ་སྡེ་མི་སྡེས་སྤྱི་ཞུས་	ལྷ་སྡེ་མི་སྡེས་སྤྱི་ཞུས་	ལྷ་སྡེ་མི་སྡེའི་སྤྱི་ཞུས་	ལྷ་སྡེ་མི་སྡེ་སྤྱི་ཞུས་	#
14	འཁུར་དུ་	འཁུར་དུ་	ཁུར་དུ་	ཁུར་དུ་	◎
15	ལྷི་བས	ལྷི་བས	ལྷི་བབས	ལྷི་བས་	#
16	ཆབ་འབངས་	ཆབ་འབང་	ཆབ་འབངས་	ཆབ་འབངས	#
17	བསྲུང་	བསྲུང་	བསྲུངས་	བསྲུངས་	◎
18	དབྱིན་ཅིའི་	དབྱིན་ཇིའི་	དབྱིན་ཇིའི་	དབྱིན་ཇིའི་	#
19	ཆབ་སྲིད་ལ་ཕུགས་སྐྱོན་ན་	ཆབ་སྲིད་ལ་ཕུགས་སྐྱོན་ན་	ཆབ་སྲིད་ཕུགས་སྐྱོན་ཏེ་	ཆབ་སྲིད་ཕུགས་སྐྱོན་ཏེ་	◎
20	བསམ་	བསམས།	བསམས།	བསམ་	◎
21	ཐར་	ཐར་	ཐ་དུས་	ཐ་དུས་	◎
22	མཉ་ཛུ་རྒྱལ་པོ་	མན་ཛུ་རྒྱལ་པོ་	མན་ཇུ་རྒྱལ་པོ་	མཉྫུ་རྒྱལ་པོ་	○

续表 2

版本 编号	T. 本	Z. 本	S. 本	P. 本	备注
23	བཀུར་རེས་འབྲིལ་ནས་བཟུངས་	བཀུར་རེས་འབྲིལ་ནས་བཟུངས་	བཀུར་རེས་སུ་འབྲིལ་ནས་བཟུངས་	བཀུར་རེས་སུ་འབྲིལ་ནས་བཟུང་	#
24	བདེ་སྡུག་ལྡོངས་ངེས་ཞུ་བར་	བདེ་སྡུག་ལྡོང་ངེས་ཞུ་བར་	བདེ་སྡུག་ལྡོངས་ངེས་ཞུ་བར་	བདེ་སྡུག་ལྡོངས་ངེས་ཞུ་བར་	#
25	མཇལ་འཕྲད་	མཇལ་འཕྲད་	མཇལ་འཕྲད་	མཇལ་ཕྲད་	#
26	ཁྲིད་སད་	ཁྲིད་བསད་	ཁྲིད་སད་	ཁྲིད་བསད་	◎
27	མཇལ་འཕྲད་བཀུར་བཟོས་བདག་རྐྱན་ཚད་མེད་པ་	མཇལ་འཕྲད་བཀུར་བཟོས་བདག་རྐྱེན་ཚད་མེད་པ་	མཇལ་འཕྲད་བཀུར་བཟོས་བདག་རྐྱེན་ཚད་མེད་པ་	མཇལ་ཕྲད་བཀུར་བཟོས་བདག་རྐྱེན་ཚད་མེད་པ་	#
28	རིང་པོར་	རིང་པོར་	རིང་པོ་	རིང་པོ་	◎
29	རྒྱུ་རྐྱེན་ལྡོངས་གསོལ་	རྒྱུ་རྐྱེན་ལྡོང་གསོལ་	རྒྱུ་རྐྱེན་ལྡོངས་གསོལ་	རྒྱུ་རྐྱེན་ལྡོངས་གསོལ་	#
30	སྙིང་ལ་བཙངས་ཏེ་ཕྱིར་ འཁོད་སྐབས་	སྙིང་ལ་བཙངས་ཏེ་ཕྱིར་ འཁོད་སྐབས་	སྙིང་ལ་བཙགས་ཏེ་ཕྱིར་ལོགས་མཚམས་	སྙིང་ལ་གཙགས་ཏེ་ཕྱིར་ལོགས་མཚམས་	◎
31	ཆབ་སྲིད་ཀྱི་དབང་བྱུས་	ཆབ་སྲིད་ཀྱི་དབང་བྱུས་	ཆབ་སྲིད་དབང་བྱུས་	ཆབ་སྲིད་དབང་བྱུས་	◎
32	རྗེས་འབྲང་	རྗེས་འབྲངས་	རྗེས་འབྲངས་	རྗེས་འབྲངས་	#
33	བདེ་འཁོད་ཀྱིས་	བདེ་འཁོད་ཀྱིས་	བདེ་བགྲོད་ཀྱིས་	བདེ་བགྲོད་ཀྱིས་	◎
34	བདེན་ཐུས་ཟབ་མོས་	བདེན་ཐུས་ཟབ་མོས་	བདེན་མཐུ་ཟབ་མོས་	བདེན་མཐུ་ཟབ་མོས་	◎
35	མཐར་བསྐྱོད་ཐོག	མཐར་སྐྱོད་ཐོག	མཐར་བསྐྲད་ཐོག	མཐར་བསྐྲད་ཐོག	◎
36	རང་གིས་སྐྱོང་ཡུལ་	རང་གིས་སྐྱོང་ཡུལ་	རང་གི་སྐྱོང་ཡུལ་	རང་གི་སྐྱོང་ཡུལ་	◎
37	བོད་ལྗོངས་ཀྱི་ཞིང་སར་	བོད་ལྗོངས་ཀྱི་ཞིང་སར་	བོད་ལྗོངས་ཆོས་ཀྱི་ཞིང་སར་	བོད་ལྗོངས་ཆོས་ཀྱི་ཞིང་སར་	◎ ※
38	ཆུ་སྒང་ནས་བཟུངས་	ཆུ་སྒང་ནས་བཟུང་	ཆུ་སྒང་ནས་བཟུང་	ཆུ་སྒང་ནས་བཟུང་	#
39	རྫོགས་ལྡན་ཀྱི་དཔལ་གསར་དུ་བཞད་པས་	རྫོགས་ལྡན་ཀྱི་དཔལ་གསར་དུ་བཞད་པས་	རྫོགས་ལྡན་གསར་དུ་བཞད་པས་	རྫོགས་ལྡན་ཀྱི་དཔལ་གསར་དུ་བཞད་པས་	#

续表 3

版本 编号	T. 本	Z. 本	S. 本	P. 本	备注
40	ཚང་མས་དགའ་བདེར་	ཚང་མས་དགའ་བདེར་	ཚང་མ་དགའ་བདེ་	ཚང་མ་དགའ་བདེ་	◎
41	ཐེབས་སུ་ཚོམ་པ་	ཐེབས་སུ་ཚོམ་པ་	ཐེབས་སུ་ཚོམས་པ་	ཐེབས་སུ་ཚོམས་པ་	◎
42	འགོད་རྒྱུ་ཡིག་ཚོགས་	འགོད་རྒྱུར་ཡིག་ཆགས་	འགོད་རྒྱུ་ཡིག་ཚོགས་	འགོད་རྒྱུ་ཡིག་ཚོགས་	#
43	བཀའ་དྲིན་	བཀྲིན་	བཀའ་དྲིན་	བཀའ་དྲིན་	#
44	ཤེས་བསྙེན་	ཤེས་བསྙན་	ཤེས་བསྙེན་	ཤེས་བསྙེན་	#
45	ཕན་ཆ་འབྱུང་སྲིད་ཡོད་ན་	ཕན་ཆ་འབྱུང་སྲིད་ཡོད་ན་	ཕན་ཆ་བྱུང་སྲིད་ཡོད་ན་	ཕན་ཆ་བྱུང་སྲིད་ཡོད་ན་	◎
46	བྱས་ཡུས་དང་ངོ་གསོ་འབྱུང་རེའི་བསམ་པ་	བྱས་ཡུས་དང་ངོ་གསོ་འབྱུང་རེའི་བསམ་པ་	བྱས་ཡུས་དང་ངོ་སོ་འབྱུང་རེའི་བསམ་པ་	བྱས་ཡུས་དང་ངོ་སོ་འབྱུང་རེའི་བསམ་པ་	◎
47	ཆོས་སྲིད་ཀྱི་འཁུར་ལྷུངས་	ཆོས་སྲིད་ཀྱི་འཁུར་ལྷུངས་	ཆོས་སྲིད་ཀྱི་ཁུར་ལྷུངས་	ཆོས་སྲིད་ཀྱི་ཁུར་ལྷུངས་	◎
48	གཅིག་འགྲུས་ཚེ་ཕྱི་མ་ཤུལ་ཐག	གཅིག་འགྲུས་ཚེ་ཕྱི་མ་ཤུལ་ཐག	གཅིག་གྲུས་ཚེ་ཕྱི་མ་བཤུལ་ཐག	གཅིག་འགྲུས་ཚེ་ཕྱི་མ་བཤུལ་ཐག	◎
49	རྒྱབ་བསྐྱོར་སྐྱབ་རྒྱུ་	རྒྱབ་སྐྱོར་སྐྱབ་རྒྱུ་	རྒྱབ་སྐྱོར་བསྐྱབ་རྒྱུ་	རྒྱབ་སྐྱོར་བསྐྱབ་རྒྱུ་	#
50	གྲིབ་བཞིན་	གྲིབ་མ་བཞིན་	གྲིབ་མ་བཞིན་	གྲིབ་མ་བཞིན་	#
51	མིན་པའི་སྙིང་ནས་	མིན་པའི་སྙིང་ནས་	མིན་པའི་སྙིང་ནས་	མིན་པར་སྙིང་ནས་	#
52	ཕྱོགས་ཚོད་འཁུར་བསྐྱེད་	ཕྱོགས་ཚོད་འཁུར་བསྐྱེད་	ཕྱོག་ཚོད་ཁུར་བསྐྱེད་	ཕྱོགས་ཚོད་ཁུར་སྐྱེད་	#
53	ད་ཆར་····བགྲང་བྱ་ང་བརྒྱད་དུ་ཉེས་བས་	ད་ཆར་ངོས་བགྲང་བྱ་ང་བརྒྱད་དུ་ཉེས་བས་	ད་ཆ་བགྲང་ཆ་ང་བརྒྱད་དུ་ཉེས་བས་	ད་ཆ་བགྲང་བྱ་ང་བརྒྱད་དུ་ཉེས་བས་	#
54	ལོ་ཤས་རིང་ལས་	ལོ་ཤས་རིང་ལས་	ལོ་ཤས་ལས་	ལོ་ཤས་རིང་ལས་	#
55	ཆོས་སྲིད་ཀྱི་འཁུར	ཆོས་སྲིད་ཀྱི་འཁུར	ཆོས་སྲིད་ཀྱི་ཁུར	ཆོས་སྲིད་ཀྱི་ཁུར	◎
56	མི་ཐོགས་པ་	མི་ཐོགས་པ་	མི་ཐོག་པ་	མི་ཐོག་པ་	◎

续表 4

版本 编号	T. 本	Z. 本	S. 本	P. 本	备注
57	གང་ཟབ་	གང་ཟབ་	གང་གཟབ་	གང་གཟབ་	◎
58	རོལ་པའི་མགོ་གནོན་	རོལ་པའི་མགོ་གནོན་	རོལ་མགོ་གནོན་	རོལ་པའི་མགོ་གནོན་	#
59	དཔུང་དམག་གོ་རྡུག་	དཔུང་དམག་གོ་རྡུག་	དཔུང་དམག་གོ་རྡུག་	དཔུང་དམག་གོ་རྡུགས་	#
60	དེའང་	དེ་ཡང་	དེའང་	དེའང་	#
61	རྩད་གཅོད་	བརྩད་གཅོད་	རྩད་གཅོད་	རྩད་གཅོད་	#
62	རྩ་འཁྲོག་གིས་	རྩ་ཁྲོག་གིས་	རྩ་འཁྲོགས་ཀྱིས་	རྩ་ཁྲོགས་ཀྱིས་	○
63	ཐ་ཁྲུ་རལ་གྱི་ལས་ལུགས་	ཐྭ་ཁྲུ་རལ་གྱི་ལས་ལུགས་	ཐྭ་ཁྲུ་རལ་གྱི་ལས་ལུགས་	ཐྭ་ཁྲུ་རལ་གྱི་ལས་ལུགས་	#
64	དབུས་ལྗོངས་ཆོས་སྲིད་	དབུས་ངའི་ཆོས་སྲིད་	བོད་ལྗོངས་ཆོས་སྲིད་	བོད་ལྗོངས་ཆོས་སྲིད་	#
65	འཛིན་སྐྱེ་འཕགས་མིང་མེད་དུ་བཙོམ་ཞིང་	འཛིན་སྐྱེས་འཕགས་མིང་མེད་དུ་བཙོམ་ཞིང་	འཛིན་སྐྱེ་འཕགས་མིང་མེད་དུ་འཛོམས་ཤིང་	འཛིན་སྐྱེ་འཕགས་མིང་མེད་དུ་འཛོམས་ཤིང་	#
66	ཆོས་རྒྱུན་	མཆོད་རྒྱུན་	མཆོད་རྒྱུན་	མཆོད་རྒྱུན་	#
67	མེས་དཔོན་རྣམ་གསུམ་གྱི་བཞེས་རྒྱུན་	མེས་དཔོན་རྣམ་གསུམ་གྱི་བཞེད་རྒྱུན་	མེས་དཔོན་རྣམ་གསུམ་གྱི་བཞེད་རྒྱུན་	མེས་དཔོན་རྣམ་གསུམ་གྱི་བཞེད་རྒྱུན་	#
68	རྩ་འཁྲོགས་	རྩ་འཁྲོགས་	རྩ་འཁྲོགས་	རྩ་ཁྲོགས་	#
69	དབང་མེད་དུ་འཁྱམས་ཞིང་།	དབང་མེད་དུ་འཁྱམས་ཤིང་།	དབང་མེད་དུ་འཁྱམས་ཤིང་།	དབང་མེད་དུ་འཁྱམས་ཤིང་།	#
70	ཁས་ཉེན་	ཁས་ཉེན་	ཁ་ཉེན་	ཁ་ཉེན་	◎
71	རང་སྐྱིད་རང་ལག་ཏུ་ཡོད་པ་	རང་ལག་ཏུ་ཡོད་པ་	རང་སྐྱིད་རང་ལག་ཏུ་ཡོད་པ་	རང་སྐྱིད་རང་ལག་ཏུ་ཡོད་པ་	#
72	ལན་མ་འཁྱོད་པས་	ལན་མ་འཁྱོད་པས་	ལན་མ་འཁྱོད་པར་	ལན་མ་འཁྱོད་པར་	◎
73	ཆབ་སྲིད་ཀྱི་བདེ་ཐབས་	ཆབ་སྲིད་ཀྱི་བདེ་ཐབས་	ཆབ་སྲིད་བདེ་ཐབས་	ཆབ་སྲིད་ཀྱི་བདེ་ཐབས་	#
74	འཁུར་དུ་	འཁུར་དུ་	འཁུར་དུ་	ཁུར་དུ་	#

续表 5

版本 / 编号	T. 本	Z. 本	S. 本	P. 本	备注
75	སྤང་བླང་འཛོལ་མེད་འབྱུང་ན་	སྤང་བླང་འཛོལ་མེད་འབྱུང་ན་	སྤང་བླངས་འཛོལ་མེད་བྱུང་ན་	སྤང་བླངས་འཛོལ་མེད་བྱུང་ན་	◎
76	སྲི་ཞུ་བསྒྲུབ་ན་	སྲི་ཞུ་སྒྲུབ་ན་	སྲི་ཞུ་བསྒྲུབས་ན་	སྲི་ཞུ་བསྒྲུབས་ན་	#
77	དངོས་སུ་	དངོས་སུ་	དངོས་སུ་	ངོས་སུ་	#
78	སྒྲུབ་ཕྱོགས་ཕྱོགས་ལྷུང་	སྒྲུབ་ཕྱོགས་ཕྱོགས་ལྷུང་	སྒྲུབ་ཕྱོགས་ཕྱོགས་ལྷུངས་	སྒྲུབ་ཕྱོགས་ཕྱོགས་ལྷུང་	#
79	འཁུར་དུ་	འཁུར་དུ་	འཁུར་དུ་	ཁུར་དུ་	#
80	སླར་ཅི་དྲག་གིས་	སླར་ཅི་དྲག་གིས	སླར་ཅི་དྲག་གི	སླར་ཅི་དྲག་གི	◎
81	ད་སྨུས་ཀྱི་འཕོལ་བར་	ད་སྨུས་ཀྱི་འཕོལ་བར་	ད་སྨུས་ཀྱིས་འཕོལ་བར་	ད་སྨུས་ཀྱིས་འཕོལ་བར་	◎
82	རང་སྐྱོང་བྱ་གོང་སྨོས་རྣམས་	རང་སྐྱོང་བྱ་གོང་སྨོས་རྣམས་	རང་སྐྱོང་ཆོས་རྣམས་	རང་སྐྱོང་ཆོས་རྣམས་	◎ ※
83	རང་གིས་ཉམས་སྐྱོང་	རང་གིས་ཉམས་སྐྱོང་	རང་གི་ཉམས་སྐྱོང་	རང་གིས་ཉམས་སྐྱོང་	#
84	གཙོ་ཆེ	གཙོ་ཆེན	གཙོ་ཆེ་བ	གཙོ་ཆེ་བ	○
85	སྲིད་ཞུ	སྲི་ཞུ	སྲི་ཞུ	སྲི་ཞུ	#
86	རང་ངོས་ནས	ངོས་ནས	རང་ངོས་ནས	རང་ངོས་ནས	#
87	མིང་དོན་གཉིས་མཚུངས་ཀྱིས་རྗེ་འཛིན།	མིང་དོན་གཉིས་མཚུངས་ཀྱིས་རྗེ་འཛིན།	མིང་དོན་གཉིས་མཚུངས་ཀྱི་རྗེ་འཛིན།	མིང་དོན་གཉིས་མཚུངས་ཀྱི་རྗེ་འཛིན།	◎
88	མ་མཆིས།	མ་མཆིས།	མ་མཆིས་པ།	མ་མཆིས་པ།	◎
89	སློབ་སྟོན	སློབ་སྟོན	བསློབ་སྟོན	བསློབ་སྟོན	◎
90	སྤང་བླངས་	སྤང་བླང་	སྤང་བླངས་	སྤང་བླང་	◎

说明：◎表二者相同。#表三者相同。○表四者皆不相同。※ 表二者内容不相同。

通过以上四种不同版本的交叉对照，发现共有 90 条的文字差异，并可以归类为二种：(一) 字面上的差异，包括：四者皆不同、三者相同、两者相同。其中四者皆不同，只有编号 22，对清朝皇帝（མན་ཇུ་རྒྱལ་པོ）拼法各不同；以及编号 62，ཙ་འཁྲོག་གིས།（T. 本）、ཙ་ཁྲོག་གིས།（Z. 本）、ཙ་འཁྲོགས་ཀྱིས།（P. 本）、ཙ་ཁྲོགས་ཀྱིས།（P. 本）各不同。三者相同而另一不同者，其不同者多属错漏字。两者相同，则是以 T. 本与 Z. 本为相同的一组，S. 本与 P. 本为相同一组。（二）内容上的差异，包括：叙述、文法、错漏字等三种。其中的叙述不同者须根据当时的事实加以考订，文法不同则须自整段文句进行考察；错漏字是前二者之外所形成的错误。依据以上二种差异，兹综括为：（一）内容差异；（二）文法差异；（三）错漏字等三项，进行说明。

（一）内容差异

主要有四处文字叙述不同，分别是编号 1、11、37、82 号。其中编号 37 与 82 号内容相近，因此可分以下三点论述。

1. 前言叙述部分

前言叙述是在说明此文的缘由，由查尔斯·贝尔所附原刻本复印件中的第一与第三叶可知，《遗诫》的藏文原刻本包含前言叙述的内容。四本藏文本中只有 T. 本是完整的；P. 本、S. 本皆将之在《遗诫》之前，另外以文字叙述，内容与前言叙述大致相同，Z. 本则删除。英译本与汤池安汉译本皆保留前言叙述部分，刘曼卿译本则无。

2. 第十三世达赖喇嘛的亲政年龄

四种藏文本内容中，最主要的歧异之处是在第十三世达赖喇嘛的亲政年龄。其中 T. 本、Z. 本皆为“个人年龄于 18 岁时”（རང་ལོ་བཅོ་བརྒྱད་ལ）；P. 本与 S. 本皆为“个人年龄于 20 岁时”（རང་ལོ་ཉི་ཤུ་ལ）。

对于达赖喇嘛的亲政年龄，必须追溯到历辈达赖喇嘛中真正领导西藏政教权力之后开始，也就是从第五辈达赖喇嘛建立甘丹颇章之后的第六辈达赖喇嘛开始。从第六辈到第十二辈达赖喇嘛间，达赖喇嘛亲政的年龄，如表二。

表二　第六辈到第十二辈达赖喇嘛间的亲政年龄表

	第六辈	第七辈	第八辈	第九辈	第十辈	第十一辈	第十二辈
生卒年	1683–1706	1708–1757	1758–1804	1805–1815	1816–1837	1838–1856	1856–1875
享年	23	49	46	10	21	18	19
亲政年	无	44（1751）	23（1781）	无	无	18	18

由上表可知，从第六辈到第十二辈达赖喇嘛间，达赖喇嘛 18 岁亲政的惯例开始于第十一辈达赖喇嘛，主因是根据清道光二十四年（1844），大臣琦善等酌拟《裁禁商上积弊章程》内开："达赖喇嘛年至十八岁，应仿照八旗世职之例，由驻藏大臣奏明任事，经理藩院议复，奉旨允准，历经遵办在案。"[①]之后形成的。

当第十三世达赖喇嘛年届 18 岁时，第穆呼图克图即依例请辞，但达赖喇嘛以"边务善后尚未了结，一切政务恐有不谙，尚须勤习经典，以昌黄教。"[②]未允。经西藏地方报请清廷同意，准仍由第穆呼图克图再行遵办商上事务五年。至达赖喇嘛年满 20 岁，并已受完比丘戒，且

①《奎焕奏请将西藏政教两务归十三世达赖喇嘛掌管折》，光绪二十一年七月十九日（一史馆藏宫中朱批奏折），《元以来西藏地方与中央政府关系档案史料汇编》，第五册，第 1887 页。

②《奎焕奏仍令阿旺洛桑称勒绕结掌办商上事务五年片》，光绪十九年七月二十七日，（一史馆藏宫中朱批奏折），《元以来西藏地方与中央政府关系档案史料汇编》，第五册，第 2043—2044 页。"据商上噶布伦及三大寺僧俗大众等禀称：达赖喇嘛现年十八岁，例应管理政务。迭蒙吩谕，以边务善后尚未了结，一切政务恐有不谙，尚须勤习经典，以昌黄教，刻下仍令第穆呼图克图掌办商上事务，俾资熟手，俟数年后，经典渐深，政务谙悉，再行管理。……复查靖善禅师第穆呼图克图阿旺洛桑称勒拉普结自掌办以来，整顿地方，百废俱举，当上年边务吃紧之际，该呼图克图遵旨晓谕番众，深明大体，任怨任劳，卒能启发愚蒙，顿知警悟，藏事转危为安。划界定约后，曾邀懋赏，善后三款亦赖该呼图克图从中主持，番情乃无翻易。虽达赖及岁，例应管理政务，但刻下边务善后在在均关紧要，何能猝易生手，致滋贻误。……准如所请，自光绪二十年为始，仍饬第穆呼图克图再行掌办商上事务五年，俟靖西百货免税五年限满，边事大定，彼时达赖经典自必深通，诸务谙悉，再令管理。"

以第穆呼图克图体弱多病为由，请达赖喇嘛亲政，[1] 经报知清廷，遂于1895年十一月初二日接管事务。[2] 由此说明了按照惯例，第十三世达赖喇嘛亲政年龄应是18岁，但实际亲政年龄是20岁。

虽然四种《遗诫》内容中有二种达赖喇嘛的亲政年龄，但若进一步参考译文，或可得到答案。刘曼卿与汤池安的译文中，均译为18岁。[3] 其次，在查尔斯·贝尔写第十三世达赖喇嘛的亲政年龄时，说：

> 达赖喇嘛到18岁就已达到法定年龄，就有权继承西藏统治权。按照我们的计算法最多算17岁，因为西藏人把出生那

①《西藏僧俗官员及各方代表等为十三世达赖喇嘛执掌政教事致驻藏大臣奎焕禀》，藏历木羊年（1895）五月十五日（西藏馆藏　原件藏文），《元以来西藏地方与中央政府关系档案史料汇编》，第五册，第1883—1884页。“援钦定条例，大怙主至尊达赖喇嘛年满十八岁即可执掌政教二权。光绪十九年即藏历水蛇年，怙主达赖喇嘛年满十八岁，摄政靖善禅师第穆呼图克图先行呈文怙主达赖喇嘛恳祈允准辞去掌办商上事务，深望怙主达赖喇嘛亲掌政教二权。……嗣奉批复：为黄教及天神大皇帝国政永固、功业兴旺，本僧正值闻思修行，在未圆满完成之前，为谙练利政，仍着第穆呼图克图继续掌办商上事务。……嗣奉旨：自光绪二十年起，仍饬第穆呼图克图再行掌办商上事务五年。第穆呼图克图身患肝瘀血、肾寒、腿肿等重症，实难承担此任，故于上年呈文怙主达赖喇嘛恳求辞职，未予允准。迄今虽经精心医治，未见稍愈，愈加沉重。故今年又经诸噶伦及基巧堪布呈请怙主达赖喇嘛：鉴于第穆呼图克图佛体欠佳，依旧掌办商上事务势必贻误政事，恳祈准其辞职。奉批复称：政者乃内外文武要事，须由宏志大睿、明辨取舍者充任，本僧尚无此德。设若伊因病确不胜任，虞误政事，则摄政一职，可经民众商讨另选他人，恳请驻藏大臣转奏皇上加委，本僧不宜立即允准辞职。俾西藏僧俗大会遵示思维商讨，一致请求：摄政靖善禅师第穆呼图克图身患重病，力不从心，曾先后据实呈报；俾公众大会亦曾恳请允准辞呈，均未获准。目今怙主达赖喇嘛勤学显密二乘，已受比丘戒，成就大法王，政教二业，均堪胜任，与黎民无比慈悲。佛龄亦逾钦定执政年龄，已年满二十……今大怙主至上达赖喇嘛迅即执掌雪域政教二权，顺乎民心，符合佛旨神意。活佛之预言及护法神卜辞皆称：拥戴遍知大怙主执掌政教，则普天之下释教必能辉煌如昼，凡生灵必能获极大幸福，自应亲政。俾西藏公众再三敦请，兹奉批复：摄政身体欠佳，前年业已提出辞呈，亦有众生诚恳祈求，又有佛旨神示等情，本喇嘛未便推辞，惟祈请驻藏大臣转奏皇上恩准。”

②《奎焕奏报十三世达赖喇嘛遵旨掌管政教事务片》，光绪二十一年十一月（一史馆藏官中朱批奏折），《元以来西藏地方与中央政府关系档案史料汇编》，第五册，第1888页。

③《刘曼卿为译录达赖喇嘛告全藏官民书致石青阳呈》，《元以来西藏地方与中央政府关系档案史料汇编》，第六册，第2584页。汤池安：《第十三世达赖喇嘛土登嘉措“遗嘱”辨析》，第96页。

年和当年计算在内……但正如已故达赖喇嘛告诉我的那样，他继承统治权给推迟了两年，藏文传记也证实了这一点。他出生于1876年，1895年继承世俗权力。[①]

但在查尔斯·贝尔所译的《遗诫》中却仍译为18岁，并于注中说明按照西方算法为17岁。[②]查尔斯·贝尔这一段矛盾的叙述，说明了《遗诫》所写的亲政年龄应为18岁，而P.本与S.本虽都是根据正式亲政年龄的20岁，但明显修改《遗诫》原本的内容。此外，《遗诫》不写达赖喇嘛实际亲政年龄，而仍以达赖喇嘛的法定亲政年龄作为根据，足证第十三世达赖喇嘛是承认与遵照清廷定制的。

3. 西藏与西藏的宗教之别

编号37号，T.本与Z.本皆为："于西藏地区的土地"（བོད་ལྗོངས་ཀྱི་ཞིང་སར）；P.本与S.本皆为："于西藏地区的宗教土地"（བོད་ལྗོངས་ཆོས་ཀྱི་ཞིང་སར）。此中，整句的内容为"…ཐོག་རང་གིས་སྐྱོང་ཡུལ་བོད་ལྗོངས་ཀྱི་ཞིང་སར་སླར་འཕོད་དེ…）"按照文意是在描述达赖喇嘛自印度重返西藏时的情况。同样的，编号82号，T.本、Z.本皆为："自己以上所说的诸经验"（རང་མྱོང་བྱ་གོང་སྨོས་རྣམས）；P.本与S.本皆为："自己的诸宗教经验"（རང་མྱོང་ཆོས་རྣམས）。整句的内容为"ཕྱུགས་རང་རང་མྱོང་བྱ་གོང་སྨོན་རྣམས་སོ་སོའི་ཐོག་ཏུ་སྨིན་པ་ནི…།"，它是第十三世达赖喇嘛向西藏僧、俗大众提及其个人经验的心得总和。虽然第十三世达赖喇嘛的宗教经验是不可或缺的，但除此之外的政治等经验也是其个人的重要人生经验。因此，T.本与Z.本的内容是符合事实，而P.本与S.本则在西藏之前加上"宗教"的限制词，则所涵盖的西藏与第十三世达赖喇嘛的人生经验范围，仅限缩于宗教方面。

① "Portrait of The Dalai Lama", p. 53.

② "Portrait of The Dalai Lama", p. 377.

其次，若以藏族传统的三区概念：阿里（སྟོད་མངའ་རིས་སྐོར་གསུམ）为人区（མིའི་ཆོལ་ཁ)、卫藏（བར་དབུས་གཙང་རུ་བཞི）为法区（ཆོས་ཀྱི་ཆོལ་ཁ)、朵麦（སྨད་མདོ་ཁམས་སྒང་དྲུག）为马区（རྟའི་ཆོལ་ཁ)。P. 本是着重于达赖喇嘛的宗教行谊叙述，类似于西藏《教法史》(ཆོས་འབྱུང)，偏重格鲁派的发展而立传，将之改为“自己的诸宗教经验”（རང་སྦྱོང་ཆོས་རྣམས）基本上是呼应前述的“于西藏地区的宗教土地”（བོད་ལྗོངས་ཆོས་ཀྱི་ཞིང་སར）一句，是可以理解的。但是，以强调西藏政治史，且强调藏族传统三区范围的 S. 本，[①] 若改为“于西藏地区的宗教土地”，则仅限属于卫藏的法区，阿里人区与朵麦马区均不在之内。

（二）文法差异

明显的，此四本中存在于两者相同的组合，即：T. 本与 Z. 本为大部相同的一组（以下简称 A 组）；S. 本与 P. 本为另一组（以下简称 B 组）。此二组的差异处，计有编号：2，3，4，7，9，11，14，16，17，19，20，21，26，28，30，31，33，34，35，36，40，41，45，46，47，48，55，56，57，70，72，75，80，81，82，87，88，89，90。相关说明，如表三。

表三　两组相同组合藏文版本的文法差异表

编号	A 组	说明	B 组	说明	备注
2	བཟུངས།	有再后加字 ས།	བཟུང་།	无再后加字 ས།	
3	ཆེའི།	属格（འབྲེལ་བའི་སྒྲ）	ཆེས།	作格（བྱེད་སྒྲ）	

① བོད་ཀྱི་སྲིད་དོན་རྒྱལ་རབས། p. 18.

续表 1

编号	A 组	说明	B 组	说明	备注
4	མཚོན་ཁ་འདོན་ཁྲལ་ཀློ་འཛིན་སྐྱོར་སྦྱངས།	སྦྱངས། 有再后加字	མཚོན་འདོན་ཁ་ཁྲལ་ཀློ་འཛིན་སྐྱོར་སྦྱང་།	སྦྱང་། 无再后加字	
7	གྲ།	少下加字的错误	གྲྭ	正确的字	
9	སྟར།	错误的上加字	ལྟར།	正确的上加字，意为“如同、一般”。	
14	འཁུར་དུ།	多前加字	ཁུར་དུ།	无前加字	
17	བསྲུང་།	无再后加字	བསྲུངས།	有再后加字	
19	ཆབ་སྲིད་ལ་ཕུགས་སྐྱོན་ན།	ན། 为假设语气的虚字	ཆབ་སྲིད་ཕུགས་སྐྱོན་ཏེ།	ཏེ 为带余语气的虚字	两者意义完全不同
21	སྔར།	以业格（ལས་སུ་བྱ་བ།）的虚字表在…之前	སྔ་དུས།	完整的“前时”字词	两者意义大致相同
28	རིང་པོར།	为加 ར། 虚词的字	རིང་པོ།	为单词字	
30	སྙིང་ལ་བཅངས་ཏེ་ཕྱིར་འཁོད་སྐབས།	ཕྱིར འཁོད་སྐབས། 为一字词	སྙིང་ལ་བཅགས་ཏེ་ཕྱིར་ལོགས་མཚམས།	ཕྱིར ལོགས་མཚམས 为另一字词	两句意思不同
31	ཆབ་སྲིད་ཀྱི་དབང་བྱུས།	ཀྱི། 字属格表明两词主从关系	ཆབ་སྲིད་དབང་བྱུས།	两词合为一词	
33	བདེ་འཁོད་ཀྱིས།	བདེ་འཁོད། 为错字	བདེ་བཀོད་ཀྱིས།	བདེ་བཀོད 为正确的字	
34	བདེན་ནུས་ཟབ་མོས།	ནུས། 字，意为能力	བདེན་མཐུ་ཟབ་མོས།	མཐུ 字，意为能力	意思类同，内涵不同
36	རང་གིས་སྐྱོང་ཡུལ།	གིས། 为作格字	རང་གི་སྐྱོང་ཡུལ།	གི 为属格字	意思不同
40	ཚང་མས་དགའ་བདེར།	བདེར། 为业格字	ཚང་མ་དགའ་བདེ།	无业格字	意思不同

续表 2

编号	A 组	说明	B 组	说明	备注
41	ཕེབས་སུ་ཆོམ་པ།	ཆོམ། 有再后加字 ས།	ཕེབས་སུ་ཆོམས་པ།	ཆོམས 有再后加字	
45	ཕན་ཆ་འབྱུང་སྲིད་ཡོད་ན།	འབྱུང་། 多前加字 འ།	ཕན་ཆ་བྱུང་སྲིད་ཡོད་ན།	བྱུང 无前加字	
46	བྱས་ཡུས་དང་ངོ་གསོ་འབྱུང་རེའི་བསམ་པ།	སོ། 多前加字 ག 成为错字 ངོ་གསོ།	བྱས་ཡུས་དང་ངོ་སོ་འབྱུང་རེའི་བསམ་པ།	ངོ་སོ 意为成效	
47	ཆོས་སྲིད་ཀྱི་འཕུར་སྤྱངས།	འཕུར། 多前加字 འ།	ཆོས་སྲིད་ཀྱི་ཕུར་སྤྱངས།	ཕུར 无前加字 འ།	
48	ཕྱི་མ་ཤུལ་ཐག	ཤུལ། 无前加字 བ།	ཕྱི་མ་བཤུལ་ཐག	བཤུལ 有前加字 བ།	
55	ཆོས་སྲིད་ཀྱི་འཕུར།	འཕུར། 多前加字 འ།	ས་སྲིད་ཀྱི་ཕུར།	ཕུར 无前加字 འ།	
56	མི་ཐོགས་པ།	ཐོགས། 多再后加字 ས།	མི་ཐོག་པ།		
57	གང་ཟབ།	意为一切深者	གང་གཟབ།	意为一切谨慎者	两者意思不同
70	ཁས་ཉིན།	意为前天	ཁ་ཉིན།	意为前天	两者意思相同
72	ལན་མ་འགྱོད་པས།	པས། 为作格字	ལན་མ་འགྱོད་པར།	པར 业格字	意思不同
75	སྤྱང་སླང་འཛོལ་མེད་འབྱུང་ན།	འབྱུང་། 多前加字 འ།	སྤྱང་སླངས་འཛོལ་མེད་བྱུང་ན།	བྱུང 无前加字 འ།	
80	སླར་ཅི་དྲག་གིས།	གིས། 为作格字	སླར་ཅི་དྲག་གི།	གི 为属格字	意思不同
81	ད་ཨུས་ཀྱི་འཕོལ་བར།	ཀྱི། 为属格字	ད་ཨུས་ཀྱིས་འཕོལ་བར།	ཀྱིས 为作格字	意思不同
87	མིང་དོན་གཉིས་མཚུངས་ཀྱིས་ཇེ་འཛིན།	ཀྱིས། 为作格字	མིང་དོན་གཉིས་མཚུངས་ཀྱི་ཇེ་འཛིན།	ཀྱི 为属格字	意思不同

续表 3

编号	A 组	说明	B 组	说明	备注
88	མ་མཆིས།	མཆིས། 无字尾པ།	མ་མཆིས་པ།	མཆིས 有字尾པ།	
89	སློབ་སྟོན།	意为教诫	བསླབ་སྟོན།	意为教诫	意思相同，所表时态不同。

除以上大部相同的二组之外，也有极少数的例外，如表四。

表四　两组相同组合藏文版本外的例外差异表

编号	版本	文字	版本	文字	版本	文字	备注
20	T. 本与S. 本	བསམ།	Z. 本与P. 本	བསམས།			
26	T. 本与P. 本	ཁྲིད་སད།	Z. 本与S. 本	ཁྲིད་བསད།			
35	T. 本	མཐར་བསྐྱོད་ཐོག	Z. 本	མཐར་སྐྱོད་ཐོག	P. 本与S. 本	མཐར་བསྐྲད་ཐོག	
76	T. 本	སྲི་ཞུ་བསྒྲུབ་ན།	Z. 本	སྲི་ཞུ་སྒྲུབ་ན།	P. 本与S. 本	སྲིཞུ་བསྒྲུབས་ན།	
84	T. 本	གཙོ་ཆེ།	Z. 本	གཙོ་ཆེན།	P. 本与S. 本	གཙོ་ཆེ་བ།	
90	T. 本与P. 本	སྤང་བླངས།	Z. 本与S. 本	སྤང་བླང་།			

由上述表三、四中，藏文文字的正确与否，除了从拼音上可以发现之外，重要的是需从句子结构中的其主从、时态等等关系中进行判断。四种《遗诫》版本中，多属相同字所接的代表属格（འབྲེལ་བའི་སྒྲ）、作格（བྱེད་སྒྲ）与业格（ལས་སུ་བྱ་བ）字尾不同，产生各自不同的句意。因此，从以上二表中得知，在排除重新打印所造成的错误之下，T. 本与 Z. 本是错误较多的一组，可视为原始的《遗诫》文字，而S. 本与P. 本文字为较为正确，是已修正过的一组。至于相同组中的差异，应多是重缮后的

错误。

（三）错漏字

此是属于一者与其他三者不同，且其他三者相同，明显的此一者多属错字或漏字，当然也不排除其他三者都属错字或漏字，不过此种状况比较少。其中编号有：5，6，8，10，12，13，15，18，23，24，25，27，29，32，38，39，42，43，44，49，50，51，52，53，54，58，59，60，61，62，63，64，65，66，67，68，69，71，73，74，76，77，78，79，83，85，86。

以上的编号，除了编号 18 的 དབྱིན་ཅི 或 དབྱིན་ཇི（英国）为外来字的不同藏文拼法；编号 60 的 དེའང 或 དེ་ཡང(彼复)；编号 69 的 ཞིང 或 ཤིང(且)，藏文文法中意义相同，但随前字尾的不同而合并为一字或接不同的转折字。编号 43，བཀའ་དྲིན 缩为 བཀྲིན，意义相同之外，四种《遗诫》版本中，一者与其他三者不同者，如表五。

表五　四种藏文版本的错漏字比较表

编号	版本		其余三本	说明	备注
6	Z. 本	གཞུང་ཆེན།	གཞུངས་ཆེན།	གཞུངས། 少 ས 再后加字	
8	S. 本	བཀའ་ཁྲིད།	བཀའ་འཁྲིད།	ཁྲིད། 漏 འ 前加字	
10	T. 本	བརྗོན་སྒྲུངས་གང་འཚམ།	བརྗོན་སྒྲུང་གང་འཚམས།	འཚམས། 少 ས 再后加字	
12	S. 本	འགན་ཁུར་ཐོག་ཏུ་བབ་པ་ན།	འགན་འཁུར་ཐོག་ཏུ་བབས་པ་ན།	འཁུར། 漏 འ 前加字	
15	P. 本	ཀྱི་བབས	ཀྱི་བས	使原是 ཀྱི 语尾字的 བས，成为另一意思的字“落下”（བབས）。	
16	Z. 本	ཆབ་འབང་།	ཆབ་འབངས།	འབངས། 漏 ས 再后加字	
23	S. 本	བཀུར་རེས་སུ་འབྲེལ་ནས་བཟུང་།	བཀུར་རེས་སུ་འབྲེལ་ནས་བཟུངས།	བཟུངས། 漏 ས 再后加字	

续表 1

编号	版本		其余三本	说明	备注
24	Z. 本	བདེ་སྡུག་ཕྱོང་ངེས།	བདེ་སྡུག་ཕྱོངས་ངེས།	ཕྱོངས། 漏 ས 再后加字	
25	S. 本	མཇལ་ཕྲད།	མཇལ་འཕྲད།	འཕྲད། 漏 འ 前加字	
27	T. 本	མཇལ་འཕྲད་བཀུར་བཟོས་བདག་རྒྱན་ཚད་མེད་པ།	མཇལ་ཕྲད་བཀུར་བཟོས་བདག་རྒྱེན་ཚད་མེད་པ།	རྒྱན། 少表` 音字。	
29	Z. 本	རྒྱུ་རྐྱེན་ཕྱོང་གསོལ།	རྒྱུ་རྐྱེན་ཕྱོངས་གསོལ།	ཕྱོངས། 漏 ས 再后加字	
32	T. 本	རྗེས་འབྲང་།	རྗེས་འབྲངས།	འབྲང་། 少再后加字 ས	
38	T. 本	ཆུ་སླང་ནས་བཟུངས།	ཆུ་སླང་ནས་བཟུང་།	བཟུངས། 多一再后加字 ས	
39	P. 本	རྫོགས་ལྡན་གསར་དུ་བཞད་པས།	རྫོགས་ལྡན་གྱི་དཔལ་གསར་དུ་བཞད་པས།	漏 གྱི་དཔལ 字	
42	Z. 本	འགོད་རྒྱུར་ཡིག་ཆགས།	འགོད་རྒྱུ་ཡིག་ཚོགས།	ཚོགས། 字误写为 ཆགས	
44	S. 本	ཤེས་བསྟན།	ཤེས་བསྟེན	བསྟན། 少表 ` 音字	
49	T. 本	རྒྱབ་བསྐྱོར་སྐྱབ་རྒྱུ།	རྒྱབ་སྐྱོར་བསྐྱབ་རྒྱུ།	བསྐྱོར་སྐྱབ། 前加字 བ 位置错置	
50	T. 本	གྲིབ་བཞིན།	གྲིབ་མ་བཞིན།	少 མ 字	
51	S. 本	མིན་པར་སྙིང་ནས།	མིན་པའི་སྙིང་ནས།	原是属格的 པའི，成为业格的字 པར，使所表达的思意完全不同。	
52	S. 本	ཕྱོགས་ཚོད་ཁུར་སྐྱིད།	ཕྱོགས་ཚོད་འཁུར་བསྐྱིད།	བསྐྱིད། 漏 བ 前加字	
53	Z. 本	ད་ཆར་ངོས་བགྲང་བྱ་ང་བརྒྱད་ཏུ་ཞེས་པས།	ད་ཆར་····བགྲང་བྱ་ང་བརྒྱད་ཏུ་ཞེས་པས།	多写 ངོས 字	
54	P. 本	ལོ་ཤས་ལས།	ལོ་ཤས་རིང་ལས།	漏 རིང 字	
58	P. 本	རོལ་མགོ་གཏོན།	རོལ་པའི་མགོ་གཏོན།	漏 པའི 字	
59	S. 本	དཔུང་དམག་གོ་རྟགས།	དཔུང་དམག་གོ་རྟག	རྟག 多 ས 再后加字	
61	Z. 本	བརྩད་གཅོད།	རྩད་གཅོད།	རྩད 字多写前加字 བ	
63	T. 本	ཧ་ཁྲུ་རལ་གྱི་ལས་ལུགས།	ཧཱ་ཁྲུ་རལ་གྱི་ལས་ལུགས།	ཧཱ 漏下加音字 འ	

续表 2

编号	版本		其余三本	说明	备注
64	Z. 本	དབུས་ངའི་ཆོས་སྲིད།	དབུས་སྔོངས་ཆོས་སྲིད།	སྔོངས 字误为 ངའི	
65	Z. 本	འཛིན་སྐྱེས་འཕགས་མིང་མེད་དུ་ བཙོམ་ཞིང་།	འཛིན་སྐྱེ་འཕགས་མིང་མེད་དུ་བཙོམ་ཞིང་།	སྐྱེ 字多 ས 后加字	
66	T. 本	ཆོས་རྒྱན།	མཆོད་རྒྱན།	两者意思完全不同	
67	T. 本	མེས་དཔོན་རྣམ་གསུམ་གྱི་བཞེས་རྒྱན།	མེས་དཔོན་རྣམ་གསུམ་གྱི་བཞེད་རྒྱན།	བཞེད་རྒྱན། 写为 བཞེས་རྒྱན	
68	S. 本	ཙ་འཁྲོགས།	ཙ་འཁྲོགས།	འཁྲོགས། 漏 འ 前加字	
71	Z. 本	རང་ལག་ཏུ་ཡོད་པ།	རང་སྐྱིད་རང་ལག་ཏུ་ཡོད་པ།	漏 རང་སྐྱིད	
73	P. 本	ཆབ་སྲིད་བདེ་ཐབས།	ཆབ་སྲིད་ཀྱི་བདེ་ཐབས།	将复合词合为一词	
74	S. 本	ཁྱུར་དུ།	འཁྱུར་དུ།	འཁྱུར། 漏 འ 前加字	
77	S. 本	ངོས་སུ།	དངོས་སུ།	དངོས། 漏 ད 前加字	
78	P. 本	སྒྲུབ་ཕྱོགས་ཕྱོགས་ལྷུངས།	སྒྲུབ་ཕྱོགས་ཕྱོགས་ལྷུང་།	ལྷུང་། 字多了 ས 再后加字	
79	S. 本	ཁྱུར་དུ།	འཁྱུར་དུ།	འཁྱུར། 漏 འ 前加字	
83	P. 本	རང་གི་ཉམས།	རང་གིས་ཉམས།	主动作格 གིས 成为属格 གི，使所表达的思意完全不同。	
85	T. 本	སྲིད་ཞུ།	སྲི་ཞུ།	སྲིད། 多一后加字 ད	
86	Z. 本	ངོས་ནས།	རང་ངོས་ནས།	漏 རང་ 字	

由上表得知，T. 本有 10 处、Z. 本有 11 处、S. 本有 12 处、P. 本有 7 处与其他三本的不同。其中多为前加字、后加字或再后加字的错漏、缩写，以及少数造成文法上的错误甚或成为另一字意。其次，若 T. 本系完全按照刻本重缮，则显示原刻本本身也有不少错漏之处。

三、《遗诫》内容简析

《遗诫》的内容并不冗长，T．本说它是："达赖喇嘛前往法界（圆寂）前的密意与对未来的授记，是从记述其一生的所有事业，到西藏政教与人民的意乐基础方便中，对过去、现在、未来清楚观察，所要从事的工作。"① 依照《遗诫》所述的时间顺序，可分为：（一）1913 年以前。西藏在清朝时代的处境，从他被认证过程到亲政、出亡、晋见光绪与慈禧太后，到二度离开西藏的经过。（二）1913 年以后。国民政府时代，他从重返西藏之后的施政经验，到告诫西藏僧俗如何维持与邻近周边地区的关系，以及延续西藏政教的未来。

1．1913 年以前

第十三世达赖喇嘛在《遗诫》中首先提及自己被认定、学习到亲政的简短过程。他说自己是"因预言之征兆明显，无需经金瓶掣签之惯例，即被认定为转世。"② 表示在清廷所定的金瓶掣签转世制度基础下，他不被放入金瓶掣签的主要作用是在强调自己是唯一真正的达赖喇嘛。③ 其次《遗诫》中根据清廷的 18 岁亲政年龄（རང་ལོ་བཅོ་བརྒྱད་ལ）定制，而不是以实际亲政年龄的 20 岁（རང་ལོ་ཉི་ཤུ་ལ），都说明了：第十三世达赖喇嘛是完全接受清廷的统治，认同清廷治下的西藏转世灵童必须经过中央朝廷认定的事实。此外，当民国时代的袁世凯提出恢复达赖喇嘛名号

① བོད་ཀྱི་གནས་ལུགས་བདེན་འཛིན་སྒོ་ཕྱེ་བའི་ལྡེ་མིག་ཞེས་བྱ་བ་ཨ་ལོ་ཆོས་མཛད་ཀྱི་གཏམ། (སྤྱི་ལོ་1920ནས་1982བར), p. 26.

② རྒྱལ་མཆོག་སྐུ་ཕྲེང་བཅུ་གསུམ་པ་ཆེན་པོའི་ཞལ་གདམས་བཀའ་སློབ་རིན་པོ་ཆེ།（第十三世达赖喇嘛遗诫），阿洛群则（Alo Chhonzed），བོད་ཀྱི་གནས་ལུགས་བདེན་འཛིན་སྒོ་ཕྱེ་བའི་ལྡེ་མིག་ཞེས་བྱ་བ་ཨ་ལོ་ཆོས་མཛད་ཀྱི་གཏམ། (སྤྱི་ལོ་1920ནས་1982བར), p. 20. "ངོས་ཐོག་མར་སྔར་སྲོལ་གསེར་བུམ་དཀྲུག་འདོན་མ་དགོས་པར་ལུང་བརྟག་དོན་གསལ་སྲིད་ཞིའི་འདྲེན་མཆོག་རྒྱལ་དབང་གི་སྐྱེ་གྲལ་དུ་བརྟག་དཔྱད"。以下《遗诫》汉文译文参考汤池安：《第十三世达赖喇嘛土登嘉措"遗嘱"辨析》，第 96—97 页。

③ Bell, Sir Charles, "Tibet Past & Present", London: Oxford University Press, 1924, p. 53.

时，[①] 他回答："达赖封号乃前清皇帝所革黜，仍需由清帝复还，且皇帝为明智弘善之嘉班阳（འཇམ་པའི་དབྱངས，即文殊菩萨法号音译），不敢违背。"[②] 也可以得到明证。

1904 年英印军队打入拉萨时，基于"昔因第五辈达赖喇嘛与满洲皇帝结下供施之缘，至今应相互支持"[③] 的关系，故而出亡清廷辗转进京晋见慈禧太后与光绪皇帝。达赖喇嘛在京期间，除了谈论佛法之外，曾多次表达对驻藏大臣有泰与张荫棠二人的不满，且当面数落谴责彼二人，[④] 同时也提出了：

> 对于西藏地方的王统政教臣民等的前后利弊，历来不良的陋习、思想与军队都将尽全力逐一进行改革，以期自地自处得以真正永固（རང་ས་རང་གནས་མཐའ་བཙན་ཕྱུགས་བརྟན་ངེས）。所有的佛教正法皆依循宗喀巴的显密双运教示与修行传承，将一切汉、蒙、藏三族众生的利益常驻于心，以及以无限的方式等，期如同过去诸祖宗皇帝的法度一般，全心全力地进行，持续地逐步

①《蒙藏局奉发袁世凯恢复达赖喇嘛封号令给钟颖与达赖喇嘛咨行及照会》民国元年十月三十一日元字第 103 号，《元以来西藏地方与中央政府关系档案史料汇编》，第六册，第 2354 页。

②《姚锡光代呈赴藏劝慰员杨芬报告致袁世凯呈》，民国二年七月，《元以来西藏地方与中央政府关系档案史料汇编》，第六册，第 2381 页。

③ རྒྱལ་མཆོག་སྐུ་ཕྲེང་བཅུ་གསུམ་པ་ཆེན་པོའི་ཞལ་གདམས་བཀའ་སློབ་རིན་པོ་ཆེ།（第十三世达赖喇嘛遗诫），阿洛群则（Alo Chhonzed），བོད་ཀྱི་གནས་ལུགས་བདེན་འཛིན་སྒོ་ཕྱེ་བའི་ལྡེ་མིག་ཞེས་བྱ་བ་ཨ་ལོ་ཆོས་མཛད་ཀྱི་གཏམ།（སྤྱི་ལོ་1920ནས་1982བར）p.21. "ཤིང་འབྲུག་ལོར་དབྱིན་ཇིའི་དཔུང་དམག་ལྷགས་འཕྲོར་སྐབས་ཀུང་རང་ཉིད་སྐྱིད་ཐབས་ངོ་སྲུང་མཐུན་ལམ་བྱས་ཆོ་ཆབ་སྲིད་ལ་ཕྱུགས་སྐྱོན་ཆགས་ཏེ་རྐང་རྗེས་ལག་བསྒུབ་གང་མིན་ཡོང་རྒྱུར་བསམས། སྔར་དུས་གོང་ས་ལྔ་པ་ཆེན་པོ་ནས་མཉྫུ་རྒྱལ་པོ་དང་མཆོད་ཡོན་བཀུར་རེས་སུ་འབྲེལ་ནས་བཟུང་ད་བར་ཕན་ཚུན་སྐྱོང་འོས་ལ་བརྟེན།"。

④ ལྷར་བཅས་སྲིད་ཞིའི་གཙུག་རྒྱན་གོང་ས་རྒྱལ་བའི་དབང་པོ་བཀའ་དྲིན་མཚུངས་མེད་སྐུ་ཕྲེང་བཅུ་གསུམ་པ་ཆེན་པོའི་རྣམ་པར་ཐར་པ་རྒྱ་མཚོ་ལྟ་བུ་ལས་མདོ་ཙམ་བརྗོད་པ་ངོ་མཚར་རིན་པོ་ཆེའི་ཕྲེང་བ་ཞེས་བྱ་བའི་སྐྲིགས་བམ་བཞུགས་སོ།།，pp. 422-423.

改善。①

以及：

尤其感谢对于全般与特别的各个寺院的戒律传习，皇太后视同宝贝般的呵护。对此，将依循过去法度的平顺基础，未来仍要续以黄帽教法传承坚固的进行。从现在开始西藏的重大事务，可以由（达赖喇嘛）自己禀报（皇上）金听；否则可以由驻藏安班（大臣）与西藏方面一同禀报金听。这也是能带给汉、藏同道，以及依循过去法度的汉藏二者（情谊）都得以坚固长久。②

达赖喇嘛在京提出的主张中，有属于西藏地位以及未来的发展方向的政治问题；也有属于西藏地方与清中央双方联系的行政程序问题，以期全面确保汉藏情谊真正永固，但都是在承认清廷对西藏地方统治基础

① ལྷར་བཅས་སྲིད་ཞིའི་གཙུག་རྒྱན་གོང་ས་རྒྱལ་བའི་དབང་པོ་བཀའ་དྲིན་མཚུངས་མེད་སྐུ་ཕྲེང་བཅུ་གསུམ་པ་ཆེན་པོའི་རྣམ་པར་ཐར་པ་རྒྱ་མཚོ་ལྟ་བུ་ལས་མདོ་ཙམ་བརྗོད་པ་ངོ་མཚར་རིན་པོ་ཆེའི་ཕྲེང་བ་ཞེས་བྱ་བའི་གླེགས་བམ་བཞུགས་སོ། p. 424. "བོད་ལྗོངས་རྒྱལ་བསྟན་ཆབ་སྲིད་མངའ་འབངས་དང་བཅས་པ་ལ་སྔ་ཕྱིར་འཚོ་བར་བྱེད་པའི་རྒྱལ་པོ་རྒྱལ་ཕྲན་མི་མཐུན་པ་དག་གི་བསམ་སྦྱོར་ངན་པ་ཐམས་ཅད་གང་གི་དཔུང་པའི་སྟོབས་ཤུགས་ཆེན་པོས་འཕྲུལ་འཕྲུལ་ལ་བཟློག་པར་མཛད་ནས་རང་ས་རང་གནས་མཐའ་བཙན་ཕྱུགས་བརྟན་ངོས། ཐུབ་བསྟན་སྤྱི་དང་ཁྱད་པར་འཇམ་མགོན་རྒྱལ་བ་གཉིས་པའི་མདོ་སྔགས་ཟུང་འབྲེལ་གྱི་བཤད་དང་སྒྲུབ་པའི་སྲོལ་བཟང་པོ་རྒྱ་ཧོར་བོད་གསུམ་གྱི་ལུས་ཅན་ཀུན་གྱི་ཕན་བདེའི་སྲོག་ཏུ་ཡུན་རིང་པོར་གནས་པའི་ཐུགས་བསྐྱེད་དང་། ཐབས་ཚུལ་མཐའ་ཀླས་པ་སོགས་སྟོན་བྱོན་ཡབ་མེས་གོང་མ་རྣམས་ཀྱི་ལུགས་བཞིན་སྙིང་སྟོབས་མ་ཆུང་བ་མཛད་དགོས་པའི་གསོལ་འདེབས་དུས་པ་ཅན་ཡང་ནས་ཡང་དུ་བསྐྱངས་པར་གནམ་བསྐོས་བདག་པོ་ཆེན་པོ་དང་།"。

② ལྷར་བཅས་སྲིད་ཞིའི་གཙུག་རྒྱན་གོང་ས་རྒྱལ་བའི་དབང་པོ་བཀའ་དྲིན་མཚུངས་མེད་སྐུ་ཕྲེང་བཅུ་གསུམ་པ་ཆེན་པོའི་རྣམ་པར་ཐར་པ་རྒྱ་མཚོ་ལྟ་བུ་ལས་མདོ་ཙམ་བརྗོད་པ་ངོ་མཚར་རིན་པོ་ཆེའི་ཕྲེང་བ་ཞེས་བྱ་བའི་གླེགས་བམ་བཞུགས་སོ། pp. 424-425. "རྒྱལ་ཡུམ་ཧོང་ཐའི་ཧུ་རྣམ་གཉིས་ནས་ཀྱང་བཀའ་བཞེས་བཟང་པོ་སྩལ་དང་། ལྷག་པར་དགོན་སྡེ་ཁག་གི་འདུལ་ཁྲིམས་འཆད་ཉན་ཚུགས་ཤིང་ཡོད་པ་ནི་ཧོང་ཐའི་ཧུ་ནས་པས་བུ་སྐྱོང་བ་ལྟ་བུའི་ཐུགས་བརྩེ་ཡིན་ལ། སྔར་སྲོལ་བཞིན་བདེ་ཐབས་ཀྱི་རྩ་བ་རྒྱུན་དུ་ཞྭ་སེར་གྱི་བསྟན་པའི་གནས་ལུགས་བརྟན་པར་མཛད་དགོས་རྒྱུ། ད་ནས་བཟུང་བོད་དོན་གལ་ཆེའི་རིགས་དྭ་ལའི་བླ་མ་ཉིད་རང་ནས་གསེར་སྙན་སྙོན་ཆོག་པ། དེ་མིན་བོད་བཞུགས་ཨམ་བན་དང་། བོད་ཕྱོགས་མཉམ་སྦྲེལ་གྱིས་གསེར་སྙན་ཕུལ་ཆོག་པ། འདི་ཡང་རྒྱ་བོད་མཐུན་ལམ་བཙན་པོ་ཡོང་བ་དང་། སྔར་སྲོལ་གྱི་རྗེས་སུ་འབྲངས་པའི་རྒྱ་བོད་གཉིས་པོ་བརྟན་ཅིང་རྒྱུན་འཁྱོངས་ཡོང་བ་མཛད་དགོས་ཞེས་པའི་བཀའ་ཤོག་དང་།"。

的前提下提出主张。无论达赖喇嘛所提的政治或行政性主张，或清廷官员在处理的重点与意见不一，都是在西藏是清廷统辖下的认知中进行的，清廷除依惯例仍给尊崇外，且在加赐封号时，明白要求他：“到藏以后，务当恪遵主国之典章，奉扬中朝之信义，并化导番众，谨守法度，习为善良。所有事务，依例报明驻藏大臣随时转奏，恭候定夺。”①

达赖喇嘛到京觐见皇帝的成果，除了得到在原封号加上“诚顺赞化”之外，一切如旧。数日后，光绪皇帝与慈禧太后陆续驾崩，溥仪继位庙号宣统，由于正值国丧与新君继位期间，一切不便，达赖喇嘛也离京，清廷对于达赖喇嘛所提的诸事，也未采取更进一步的措施。

最后，达赖喇嘛总结其在1913年以前，自亲政以来到两度流亡他乡的原因，说：

> 木龙年，英军入藏。我若图自身安宁，媾和结纳，势必危及政治，实系自毁前程……适驻藏大臣上书谎奏，陆军官兵随后而至，欲夺取西藏地区政权。我等王臣，不顾劳苦，安抵印度圣地，通过英政府向中国政府申明实情。②

（二）1913年以后

二度流亡让第十三世达赖喇嘛留下深刻的烙印，究其主因都是在担心其在西藏的政权不保。因此，当其再度返回西藏，趁国民政府刚取代大清政权、双方关系尚未明确时，立即宣示立场。达赖喇嘛于1913年

①《谕内阁达赖喇嘛封为诚顺赞化西天大善自在佛》，光绪三十四年十月初十日（一史馆藏宫中杂档），《元以来西藏地方与中央政府关系档案史料汇编》，第四册，第1487页。

② རྒྱལ་མཆོག་སྐུ་ཕྲེང་བཅུ་གསུམ་པ་ཆེན་པོའི་ཞལ་གདམས་བཀའ་སློབ་རིན་པོ་ཆེ། 阿洛群则（Alo Chhonzed），བོད་ཀྱི་གནས་ལུགས་བདེན་འཛིན་སྒོ་ཕྱེ་བའི་ལྡེ་མིག་ཞེས་བྱ་བ་ཨ་ལོ་ཆོས་མཛད་ཀྱི་གཏམ།（སྤྱི་ལོ་1920ནས་1982བར），p.21.

2月13日（藏历水牛年一月八日）发布五点文告，[1] 在前言中公开提出中国与西藏地方仅系供施关系（མཆོད་ཡོན），他说：

> 往昔成吉思汗和俺达汗等蒙古时代，以及明朝历代帝王时期，到第五辈达赖喇嘛时期与满洲皇帝，西藏与他们之间乃植基于施主和僧侣间的供施关系，数年以前……因此我率同部属离开拉萨，至印藏边境，希望以电报使北京了解，汉藏之间是施主与僧侣的供施关系，而非一方臣属于另一方的隶属关系。[2]

然而，从藏历水牛年（1913）至水猴年（1932），这二十年期间的西藏，《遗诫》并没有多作叙述，达赖喇嘛仅略述个人的辛劳，只表示：“幸福降临西藏……事已详载……内心深知。”[3] 而对于西藏的未来却有明白的叙述。《遗诫》说：“毗邻之印度政府和中国政府，军力强盛，应与之和

① བོད་ཀྱི་སྲིད་དོན་རྒྱལ་རབས། pp.221-223. 其中的第一、二点是对于西藏佛教僧侣的管理与严守戒律的要求。第三点是对世俗官员在执行公务时须公正诚信以免伤及百姓。第四点是针对边境的防务。第五点则是充分开发土地与征税等。

② བོད་ཀྱི་སྲིད་དོན་རྒྱལ་རབས།, p.220. “སྔར་ཇིང་གི་སི་ཁྲུང་དང་། ཨལ་ཐན་རྒྱལ་པོ་སོགས་སོག་དུས་དང་། མིང་སོགས་རྒྱ་རྒྱལ་རིམ་བྱོན། རྒྱལ་མཆོག་ལྔ་པ་ཆེན་པོའི་སྐུ་དུས་ནས་མན་ཇུ་གོང་མ་དང་མཆོད་ཡོན་དུ་འབྲེལ་ཏེ་ཕན་ཚུན་སྐྱོང་རེས་ཀྱི་གནས་བཅས་དེ་ལྟར་ཡང་། བར་ལམ་ཟི་ཁྲིན་དང་། ཡུ་ནན་གྱི་རིགས་ལས་བྱེད་འགའ་ཞིག་ནས་བོད་ས་ཟ་སེམས་ཀྱིས་དབང་ཤུགས་བརྟབས་མནར་གཅོད་མེད་བྱས་པས་མ་ཆོད། ཆིངས་གསལ་ཚོང་ར་ཁག་གི་ཁྲིམས་སྲུང་ཡིན་ཚུལ་རྒྱ་དམག་ཁྲོན་ཆེ་རྒྱལ་ས་ལྷ་ལྡན་དུ་ལྷགས་འཁོར་བྱུང་པ་བཅས་ལ་བརྟེན་རྒྱ་བོད་མཆོད་ཡོན་གྱི་འབྲེལ་བ་ཙམ་ལས། གཅིག་འོག་ཏུ་གཅིག་མེད་པའི་གནས་ལུགས་ཡོད་རྐྱེན་གསལ་བཤད་བྱེད་པར……།།”。

③ རྒྱལ་མཆོག་སྐུ་ཕྲེང་བཅུ་གསུམ་པ་ཆེན་པོའི་ཞལ་གདམས་བཀའ་སློབ་རིན་པོ་ཆེ། 阿洛群则（Alo Chhonzed），བོད་ཀྱི་གནས་ལུགས་བདེན་འཛིན་སྒོ་ཕྱེ་བའི་ལྡེ་མིག་ཞེས་བྱ་བ་ཨ་ལོ་ཆོས་མཛད་ཀྱི་གཏམ།（སྤྱི་ལོ་1920ནས་1982བར），p.22. “ཆུ་གླང་ནས་བཟུང་ཆུ་སྤྲེ་བར་བོད་ལྗོངས་འདི་ཉིད་དུ་བདེ་སྐྱིད་རྫོགས་ལྡན་གྱི་དཔལ་གསར་དུ་བཞད་པས་མཆོག་དམན་ཚང་མ་དགའ་བདེ་ཅི་དགར་ལོངས་སྤྱོད་བག་ཕེབས་སུ་ཚོམས་པ་འདིས་མཚོན་ཕྲ་ཞིབ་ཡིག་ལམ་དང་། ལྷ་སྲེ། མི་སྲེ་མཆོག་དམན་ཀུན་གྱི་བློར་རྟོགས་གསལ་ལྟར་ཞིབ་ཆ་འགོད་རྒྱུ་ཡིག་ཚོགས་ཀྱི་རྒྱུར་བསམས་རགས་ཙམ་བཀོད་པ་འདི་དག་བཀའ་དྲིན་བསམ་ཤེས་འདོད་ཚུང་ཆོག་ཤེས་བསྟེན་དགོས་པའི་རྒྱུ་མཚན་ཐོག”。

睦相处。为镇服边圉之各小仇敌，加强军队。兵精善战，定可克敌。”① 即达赖喇嘛认为西藏地方要与邻近的印度政府和中国政府等同相待，且须加强军备，以防来自喜马拉雅山脉南麓的尼泊尔等国的侵扰。同时为了维持西藏的传统政教制度，达赖喇嘛以“目前五浊横流，尤其赤色主义扩张，禁止哲布尊丹巴转世；没收寺院财产；强迫僧侣当兵，毁灭佛教。”② 为例进而警诫西藏僧俗大众“赤化”之危险。

其次，《遗诫》提及当时西藏的幸福繁荣情况是人羡己乐，且诸凡文武之事宜，处处无可指责，皆未失误。但西藏政治的安定，需僧俗官员尽力；西藏之幸福，有待僧俗大众、尊卑人等认真筹思，同心合力，共肩重担。不过，在达赖喇嘛看法里，他认为：“他的噶伦们本质懦弱，缺乏干劲，没有胆量。”③ 且在外人的眼中是：

> 西藏缺乏教育使他们变得无知，而此种无知，也束缚了人民。……许多西藏官员职务实际是按合同来担任的，你给噶厦交了必要的东西，你就可以尽情地去捞钱。交给噶厦的费用(是叫礼物或贿赂，悉听尊便）和职位收益，都是按尽人皆知的某些惯例规定的。由于西藏仍处于封建阶段，这些领主，特别是拥有最大庄园的领主总是奴仆成群，养尊处优。总的说来，他

① རྒྱལ་མཆོག་སྐུ་ཕྲེང་བཅུ་གསུམ་པ་ཆེན་པོའི་ཞལ་གདམས་བཀའ་སློབ་རིན་པོ་ཆེ། 阿洛群则（Alo Chhonzed），བོད་ཀྱི་གནས་ལུགས་བདེན་འཛིན་སྒོ་ཕྱེ་བའི་ལྡེ་མིག་ཞེས་བྱ་བ་ཨ་ལོ་ཆོས་མཛད་ཀྱི་གཏམ།（སྤྱི་ལོ་1920ནས་1982བར）,p.23.“ད་ལྟ་ཁད་ཉེའི་རྒྱལ་ཁབ་རྒྱ་གར་གཞུང་དང་། རྒྱ་གཞུང་གཉིས་ཕྱོགས་སུ་དཔུང་སྟོབས་བཙན་པས་མཐུན་ལམ་གང་གཟབ། ཞི་འགོན་འཛིན་པའི་ས་མཚམས་ཆུང་ཁག་ལ་ཕ་རོལ་པོའི་མགོ་གནོན་ཆེད་དཔུང་དམག་གོ་སྟབས། དེའང་དམག་རྩེད་ཕྱུགས་འཕེར་གཞན་སྡེ་ནོན་ངེས།”。

② རྒྱལ་མཆོག་སྐུ་ཕྲེང་བཅུ་གསུམ་པ་ཆེན་པོའི་ཞལ་གདམས་བཀའ་སློབ་རིན་པོ་ཆེ། 阿洛群则（Alo Chhonzed），བོད་ཀྱི་གནས་ལུགས་བདེན་འཛིན་སྒོ་ཕྱེ་བའི་ལྡེ་མིག་ཞེས་བྱ་བ་ཨ་ལོ་ཆོས་མཛད་ཀྱི་གཏམ།（སྤྱི་ལོ་1920ནས་1982བར）p.23.“ལྷག་པར་དེང་སྐབས་སྙིགས་ལྔའི་རང་མདངས་ཀུན་ནས་དར་ཞིང་། ཡང་སྨོས་དམར་པོའི་ལས་ལུགས་ཆེས་ཆེར་བདོ་བས་རྗེ་བཙུན་དམ་པའི་སྐྱེ་སྲིད་ཙད་བཅད་མི་ཆོག་པ་དང་། ཆོས་བྱེད་དགོན་སྡེ་ཁག་གི་མཆོད་རྒྱུན་རྫ་ཕྲོགས་ཀྱིས་དགེ་འདུན་པ་དམག་མིར་བཙུག་པས་མཚོན་རྒྱལ་བསྟན་མིང་མེད་དུ་བཅོམ་པ་རྣ་ཁུ་རལ་གྱི་ལས་ལུགས་ཇི་བྱུང་གོ་ཐོས་བྱུང་དང་འབྱུང་ནུས་ཀྱི་སྲོལ་ལྟར་འབྱུང་འགྱུར”。

③ “*Portrait of The Dalai Lama*”, p.161.

们都不是任何一个政府首脑可以雇来为达赖喇嘛管理行政事务的理想人物。①

因此，通过《遗诫》特别告诫西藏僧俗人等，“若欲取舍何宜，则凡执行政教公务，言行一致者，其勤勉之人，我当庇佑，赐以福禄；对背道而驰之徒，则降恶运，严惩不贷。图私利，徇私情，好奉承，而厌恶政务，无所事事，不负责任，实不能完成大业。”②“于昼夜四行，时刻慎思。取舍合宜，至关重要。”③如此才能保证有幸福与快乐的未来。

由此可见，在第十三世达赖喇嘛的想法里，一方面要保持西藏的传统政教制度以及当时所拥有的现状，另一方面更希望通过西藏全体僧、俗共同努力达成目标。

① “*Portrait of The Dalai Lama*”, p.153.

② རྒྱལ་མཆོག་སྐུ་ཕྲེང་བཅུ་གསུམ་པ་ཆེན་པོའི་ཞལ་གདམས་བཀའ་སློབ་རིན་པོ་ཆེ། 阿洛群则（Alo Chhonzed），བོད་ཀྱི་གནས་ལུགས་བདེན་འཛིན་སྒོ་ཕྱེ་བའི་ལྡེ་མིག་ཞེས་བྱ་བ་ཨ་ལོ་ཆོས་མཛད་ཀྱི་གཏམ།（སྤྱི་ལོ1920ནས་1982བར），p.24-25. “ཁ（ས）·ཉིན་མཚན་མི་འཁྲུལ་བའི་དུས་ཤིག་འབྱུང་ངེས་པས་བསྟན་སྲིད་ཀྱི་སྤྱི་དོན་ཕྱིན་ཅི་མ་ལོག་པ་ད་ལྟ་བདེ་སྐྱིད་ཆེས་དར་མི་སྨོན་རང་སྐྱིད་རང་ལག་ཏུ་ཡོད་པའི་སྐབས་འདིར་སྐད་ཞི་དྲག་གང་འཚང་ཐབས་ཤེས་ལུ་གུ་བརྒྱུད་གང་ཐད་ནས་མ་ལན་མ་འགྱོད་པར་ལག་ཏུ་བསྟར་ཐུབ་པའི་ཆབ་སྲིད་ཀྱི་བདེ་ཐབས་ཞབས་འབྲིང་སེར་སྐྱ་རྣམས་ཀྱི་སྲི་ཞུར་རག་ལུས་ཤིང་། བོད་ལྗོངས་སྤྱིའི་བདེ་ཐབས་སེར་སྐྱ་མཆོག་དམན་དང་། ཆབ་འབངས་ཀུན་ནས་བསམ་གཞིགས་མ་འཛོལ་བ་གཅིག་འགྲུས་འཕྱུར་བ་གྲུ་འདེགས་དགོས་པ་ངེས་པར་ཁུར་དུ་བབས་པ་བཞིན་སྤང་བླང་འཛོལ་མེད་བྱུང་ན····། ངོས་ནས་བསྟན་སྲིད་སྤྱི་དོན་ཡིད་བསམ་དང་མཐུན་འཇུག་གི་ལས་ལ་ངོ་སྐོག་མེད་པར་སྲི་ཞུར་བརྩོན་པ་རྣམས་ལ་སྐྱབས་འཇུག་རྗེས་འཛིན་དང་། ལམ་འགྲོའི་འཕྲིན་ལས་ངོས་སུ་བསྟན་ཅིང་། ཚུལ་མིན་རྣམས་ལ་བྱ་བ་ལམ་འགྲོ་ཞན་པས་བཀའ་ཆད་ཕོག་ངེས་པར་མ་ཟད། གནས་སྐབས་རང་དོན་སྒྲུབ་ཕྱོགས་ལྷུང་ངོ་སྲུང་ལས། ཆབ་སྲིད་ཀྱི་བདེ་དོན་དམུས་བཞིན་ཡལ་ཡོལ་འབའ་ཞིག་གིས་ཁུར་དུ་མ་བླངས་ན་ཕྱུགས་དོན་མི་འགྲུབ་པ་མཐོང་གསལ་ལྟར་སྐད་ཅི་དྲག་གི་འགྱོད་ཀྱང་ཕན་ཆ་མི་སྲིད་པས་ངོས་ནམ་འཚོའི་རིང་ལ་བོད་ལྗོངས་བདེ་ཐབས་དམུས་ཀྱིས་འཁྲུལ་བར་མཐོང་། ཕྱུགས་རང་རང་སྤྱོད་ཆོས་རྣམས་སོ་སོའི་ཐོག་ཏུ་སྨིན་པ་ནི་ངོས་རང་གིས་ཉམས་མྱོང་རྒྱ་མཚན་གསལ་པོའི་སྟེང་ནས་གཞན་ལ་འདོམས་པ་འདི་ལྟག་བསླབ་བྱ་ལྟུག་པོར་སྟོན་རྒྱུ་མེད་པས་ཕྱིའི་རིམ་གྲོ་བསྐྱབས་དང་སྒྲུབ་བཞིན་པ་ཡིན་ཅིང་། གཙོ་ཆེ་བ་པད་གི་ཞབས་བརྟན་རིམ་གྲོ་འདི་ཉིད་སྙིང་ལ་ལྟུག་བསྐུལ་ཚང་མས་སྟར་འགྱོད་ཕྱིས་སྨོམ་ཀྱི་སྲི་ཞུ་ཚགས་ཚུར་སྒྲུབ་ནུས་ན་རང་ངོས་ནས་ཀྱང་གང་འཁྲུལ་གྱི་བར་བསྟན་པ་ཆབ་སྲིད་འཕྲལ་ཡུན་རྒྱས་ཐབས། ཞབས་འབྲིང་ཀུན་ཀྱང་མིང་དོན་གཉིས་མཚུངས་ཀྱི་རྗེས་འཛིན། ཆབ་འབངས་ཀུན་ཀྱང་སྟར་མུས་བདེ་སྐྱིད་བཟང་པོས་ངལ་འཚོ་བའི་དུས་སྟོན་བཟང་པོ་ལོ་བརྒྱ་ཕྲག་བར་གནས་ཐབས་ཀྱི་ཞེ་བརྩོན་སྟར་བཞིན་བགྱིད་རྒྱུར་སྤྱི་དོན་ནང་གི་རིམ་གྲོ་འདི་ལྟག་མ་མཆིས་པ་སྤྱི་ཞུས་ཀྱི་བསླབ་སྟོན་དེ་རང་ལགས་པས་གོང་དོན་རྣམས་ལ་ཉིན་དང་།”。

③ རྒྱལ་མཆོག་སྐུ་ཕྲེང་བཅུ་གསུམ་པ་ཆེན་པོའི་ཞལ་གདམས་བཀའ་སློབ་རིན་པོ་ཆེ། 阿洛群则（Alo Chhonzed），བོད་ཀྱི་གནས་ལུགས་བདེན་འཛིན་སྒོ་ཕྱེ་བའི་ལྡེ་མིག་ཞེས་བྱ་བ་ཨ་ལོ་ཆོས་མཛད་ཀྱི་གཏམ།（སྤྱི་ལོ1920ནས་1982བར），p.25. “གོང་དོན་རྣམས་ལ་ཉིན་དང་། མཚན་མོའི་སྤྱོད་ལམ་རྣམ་བཞི་གང་གི་སྐབས་སུའང་བརྟག་དཔྱད་ནན་ཏན་གྱིས་སྤང་བླང་མ་འཛོལ་བ་གལ་ཆེ་བ་ལགས་སོ།”。

四、《遗诫》中的二十年

达赖喇嘛在《遗诫》中，指出 :“从藏历水牛年（1913）至水猴年（1932），幸福降临西藏，尊卑人等，安居乐业，事已详载，拉德、米德，僧俗尊卑，内心深知。”但这二十年间是他全面掌控西藏的时代，到底情况如何并未细数，如何是“幸福降临西藏，尊卑人等，安居乐业”，它的标准又是如何，似乎只有达赖喇嘛个人心中的一把尺。

1913 年至 1932 年期间，达赖喇嘛在西藏推行诸多新政，但其要者可归纳为两个政策 : 宣告西藏的地位与征税建军。[①]

（一）西藏的地位

早在 1908 年，达赖喇嘛进京时就已提出了西藏地位与管辖范围，他说 :

> 对于西藏地方的王统政教臣民等的前后利弊，历来不良的陋习、思想与军队都将尽全力逐一进行改革，以期自地自处得以真正永固（རང་ས་རང་གནས་མཐའ་བཙན་ཕྱུགས་བརྟན་ངོས）。所有的佛教正法皆依循宗喀巴的显密双运教示与修行传承，将一切汉、蒙、藏三族众生的利益常驻于心，以及以无限的方式等，期如同过去诸祖宗皇帝的法度一般，全心全力地进行，持续地逐步

① བོད་ཀྱི་སྲིད་དོན་རྒྱལ་རབས། p.223. 其中的第四点是针对边境的防务。第五点则是充分开发土地与征税等。

改善。①

以及：

> 将依循过去法度的平顺基础，未来仍要续以黄帽教法传承坚固的进行。……。这也是能带给汉、藏同道，以及依循过去法度的汉藏二者（情谊）都得以坚固长久。②

达赖喇嘛在京提出的二点主张中，前者是属于总体层面的政治问题：西藏地位以及未来的发展方向；后者是属于技术层面的行政问题：西藏地方与清廷双方联系的行政程序，以期全面确保汉藏情谊真正永固，也是在认同清廷对西藏地方统治的前提下提出主张。

不过，1913 年达赖喇嘛返回西藏后，除了提出中国与西藏地方仅系供施关系（མཆོད་ཡོན）之外，③ 并要求西藏所有僧、俗、贵、贱需要遵行之责任的五点措施。其中的第一、二点是对于西藏佛教僧侣的管理与严守戒律的要求。第三点是对世俗官员在执行公务时须公正诚信以免伤及百姓。第四点是针对边界的防务。第五点则是充分开发土地与征税等。

① ལྷར་བཅས་སྲིད་ཞིའི་གཙུག་རྒྱན་གོང་ས་རྒྱལ་བའི་དབང་པོ་བཀའ་དྲིན་མཚུངས་མེད་སྐུ་ཕྲེང་བཅུ་གསུམ་པ་ཆེན་པོའི་རྣམ་པར་ཐར་པ་རྒྱ་མཚོ་ལྟ་བུ་ལས་མདོ་ཙམ་བརྗོད་པ་ངོ་མཚར་རིན་པོ་ཆེའི་ཕྲེང་བ་ཞེས་བྱ་བའི་གླེགས་བམ་བཞུགས་སོ།། p.424. “བོད་ལྗོངས་རྒྱལ་བསྟན་ཆབ་སྲིད་མངའ་འབངས་དང་བཅས་པ་ལ་སྔ་ཕྱིར་འཚོ་བར་བྱེད་པའི་རྒྱལ་པོ་རྒྱལ་ཕྲན་མི་སྲུན་པ་དག་གི་བསམ་སྦྱོར་ངན་པ་ཐམས་ཅད་གང་གི་དཔུང་པའི་སྟོབས་ཤུགས་ཆེན་པོས་འཕྲུལ་འཕྲུལ་ལ་བཟློག་པར་མཛད་ནས་རང་ས་རང་གནས་མཐའ་བཙན་ཕྱུགས་བརྟན་དོས། ཐུབ་བསྟན་སྤྱི་དང་ཁྱད་པར་འཇམ་མགོན་རྒྱལ་བ་གཉིས་པའི་མདོ་སྔགས་ཟུང་འབྲེལ་གྱི་བཤད་དང་སྒྲུབ་པའི་སྲོལ་བཟང་པོ་རྒྱ་ཧོར་བོད་གསུམ་གྱི་ལུས་ཅན་ཀུན་གྱི་ཕན་བདེའི་སྲོག་ཏུ་ཡུན་རིང་པོར་གནས་པའི་ཐུགས་བསྐྱེད་དང་། ཐབས་ཚུལ་མཐའ་ཀླས་པ་སོགས་སྔོན་བྱོན་ཡབ་མེས་གོང་མ་རྣམས་ཀྱི་ལུགས་བཞིན་སྙིང་སྟོབས་མ་ཆུང་བ་མཛད་དགོས་པའི་གསོལ་འདེབས་དུས་པ་ཅན་ཡང་ནས་ཡང་དུ་བསྐྱངས་པར་གནམ་བསྐོས་བདག་པོ་ཆེན་པོ་དང་།”。

② ལྷར་བཅས་སྲིད་ཞིའི་གཙུག་རྒྱན་གོང་ས་རྒྱལ་བའི་དབང་པོ་བཀའ་དྲིན་མཚུངས་མེད་སྐུ་ཕྲེང་བཅུ་གསུམ་པ་ཆེན་པོའི་རྣམ་པར་ཐར་པ་རྒྱ་མཚོ་ལྟ་བུ་ལས་མདོ་ཙམ་བརྗོད་པ་ངོ་མཚར་རིན་པོ་ཆེའི་ཕྲེང་བ་ཞེས་བྱ་བའི་གླེགས་བམ་བཞུགས་སོ། pp.424-425. 详见前注。

③ བོད་ཀྱི་སྲིད་དོན་རྒྱལ་རབས། p.221.

在第四点的内容中，对于西藏地位有明确的表示：

> 四、西藏虽不如其他国家的科技进步，但西藏是一个最崇信佛法和渴望自主的国家。目前，对文武工作的严格管理使足以自地固守之武备正在建立中，虽然由于征兵以及康区的交通沿线暂时将会面临一些困难，但考虑到过去中国方面无理地提出了隶属关系，大家仍应齐心协力，主动而又自觉地自地自护，自乡自保，守卫好上下南北边界，常备不懈，防备外人奸细混进来。如果出现任何细微可疑之处，都要随时通过宗谿（རྫོང་གཞིས）的驿使报告政府，而不得懈怠放松或因小事而引发大的冲突。[①]

在此，达赖喇嘛提出西藏的地位与应采取的态度，即：她是崇信佛教和渴望自主（རང་དབང་དང་ལྡན་པ）的“国家（རྒྱལ་ཁབ）”，对于她的范围之内所有西藏人要自地自护、自乡自保[②]等，宣示西藏自固的基本主张与作法。此外，并由阿旺道尔济等与蒙古联系，相互承认为一“独立国家”，同时陈兵于康区，阻止“中国军队”进入西藏。

1914年，西藏一改过去的抵制英印政策，派员出席中、英及藏西姆拉会议。在会议中，主张西藏是“独立国家”，并以传统民族划分的大西藏与现在的西藏范围，经英印外交官麦克马洪（Henry McMahon，1862—1949）在会议中提出，后通称“麦克马洪线”（McMahon Line）的“内、外藏”大西藏范围。虽然会议结果为国民政府所拒绝承认告终，但西藏地方却自行与英印划定西藏与印度东北部的边界，这条线的每一

① བོད་ཀྱི་སྲིད་དོན་རྒྱལ་རབས། p.222.
② བོད་ཀྱི་སྲིད་དོན་རྒྱལ་རབས། p.222.

点都离印度平原约一百英里。[①] 由于“西藏是独立国家”之事，不为中国中央政府以及国际社会所承认，致使康区爆发战争，双方处于长期陈兵相对状态。

1919 年，北洋政府甘肃督军张广建，派遣朱绣、李仲莲及红教喇嘛古浪仓等由青海赴西藏，同年八月抵拉萨，与西藏各界联络感情。随后邀请英印人员查尔斯·贝尔（Charles Alfred Bell，1870—1945）组团，于 1920 年 11 月 19 日抵达拉萨，到 1921 年 10 月 19 日返回印度，开启英印在西藏派驻人员的例子。

1928 年，十三辈达赖喇嘛派北京雍和宫堪布贡觉仲尼（ཀུན་མཆོག་འབྱུང་གནས）前往南京，陈述西藏地方政府坚决拥护中央政府的意愿。1928 年冬，西藏驻五台山堪布罗桑巴桑（བློ་བཟང་དཔག་བཟང）奉十三辈达赖喇嘛指示，前往南京，返回后交给十三辈达赖喇嘛蒋介石的一封信，双方关系明显改善。1929 年 7 月，国民政府以文官长古应芬的名义，派刘曼卿于 1930 年春抵拉萨，陈述国民政府对西藏的态度，乘机沟通双方关系，[②] 都得到十三辈达赖喇嘛的善意回应。1930 年，国民政府在南京召开蒙藏委员会会议，十三辈达赖喇嘛派僧俗官员参加，并任楚臣丹增（ཚུལ་ཁྲིམས་བསྟན་འཛིན）等人为常驻南京的代表。次年，正式成立西藏驻南京办事处。1932 年，康藏边区再度爆发纠纷，国民政府所属的西康、青海军队与西藏发生冲突，同时造成西藏内部的分歧：“藏中各大寺喇嘛及一部分军政人员认为与中国军队交战之非得计，颇持异议，致当时西藏内部大有不能一致奉命之势。”[③]

① *“Portrait of The Dalai Lama”,* p.208.

② 刘曼卿：《康藏轺征》，上海：商务印书馆，1933 年，第 51 页。

③《刘曼卿为译录达赖喇嘛告全藏官民书致石青阳呈》，《元以来西藏地方与中央政府关系档案史料汇编》，第六册，第 2583 页。

（二）征税与建军

在这段时间，达赖喇嘛重开前清所建立的西藏铸币厂，选派二名西藏学生前往印度加尔各答学习纸币印刷技术，① 并自印度运进造币机器，在拉萨、亚东分别设厂印币。② 在拉萨市内更有铜元、银元、纸币等三厂，专司藏币铸印工作。③ 其次，重新丈量土地，征收人民在土地上收获物之税，包括田租及兽税，按照耕者或牧者其所耕作土地面积大小，或放牧牲畜多寡征收年税，规定每名业者每年需缴二藏嘎（ཊང་ཁ）④，并加征贵族与寺庙的生产所得税，加征羌塘所生产的盐税与皮革税，⑤ 以增加政府收入。1916 年，达赖喇嘛将丹吉林寺（བསྟན་རྒྱས་གླིང）内创设一公众学堂，内设门孜康（སྨན་རྩིས་ཁང་། 医药历算局）。⑥1917 年，颁布《火蛇年法令》规定：江孜宗境内的扎什伦布寺所属的佃户应支应七分之一的马差，超过匹马和头驮畜还得征收驮畜和徭役税。由于扎什伦布寺握有过去历辈达赖喇嘛所颁发的关于免除该寺佃户提供驮畜差役为该寺所独有的文书，所以班禅把《火蛇年法令》看作对其特权的非法剥夺。1920 年，达赖喇嘛指派龙厦多吉次杰（ལོང་ཤར་རྡོ་རྗེ་ཚེ་རྒྱལ）等人负责军队财务，再度向扎什伦布寺课重税。

此时，西藏最热切的目标就是训练和装备他们正在扩充和改进的军

---

① བོད་ཀྱི་སྲིད་དོན་རྒྱལ་རབས། p.271.

② ལྷར་བཅས་སྲིད་ཞིའི་གཙུག་རྒྱན་གོང་ས་རྒྱལ་བའི་དབང་པོ་བཀའ་དྲིན་མཚུངས་མེད་སྐུ་ཕྲེང་བཅུ་གསུམ་པ་ཆེན་པོའི་རྣམ་པར་ཐར་པ་རྒྱ་མཚོ་ལྷ་ཕུ་ལས་མདོ་ཙམ་བརྗོད་པ་ངོ་མཚར་རིན་པོ་ཆེའི་ཕྲེང་བ་ཞེས་བྱ་བའི་གླེགས་བམ་བཞུགས་སོ།། pp.643-644.

③ ལྷར་བཅས་སྲིད་ཞིའི་གཙུག་རྒྱན་གོང་ས་རྒྱལ་བའི་དབང་པོ་བཀའ་དྲིན་མཚུངས་མེད་སྐུ་ཕྲེང་བཅུ་གསུམ་པ་ཆེན་པོའི་རྣམ་པར་ཐར་པ་རྒྱ་མཚོ་ལྷ་ཕུ་ལས་མདོ་ཙམ་བརྗོད་པ་ངོ་མཚར་རིན་པོ་ཆེའི་ཕྲེང་བ་ཞེས་བྱ་བའི་གླེགས་བམ་བཞུགས་སོ།། p.644.

④ Tada Tokan, "*The Thriteenth Dalai Lama*", Tokyo: Japan, 1965, p.71.

⑤ Charles Bell, "*Tibet Past & Present*", London: Oxford University Press, 1924, p.164.

⑥ ལྷར་བཅས་སྲིད་ཞིའི་གཙུག་རྒྱན་གོང་ས་རྒྱལ་བའི་དབང་པོ་བཀའ་དྲིན་མཚུངས་མེད་སྐུ་ཕྲེང་བཅུ་གསུམ་པ་ཆེན་པོའི་རྣམ་པར་ཐར་པ་རྒྱ་མཚོ་ལྷ་ཕུ་ལས་མདོ་ཙམ་བརྗོད་པ་ངོ་མཚར་རིན་པོ་ཆེའི་ཕྲེང་བ་ཞེས་བྱ་བའི་གླེགས་བམ་བཞུགས་སོ།། pp.558-559. 另参 Waddell L.Austino, "Lhasa and Its Mysteries", London: England, 1906, pp.376-379. 该项措施并未实现。

队。[1]然而军队的组建需要有庞大经费支持，但在1920年之前的财政收支是：

> 用于军队的总开支每年仅十五万英镑。其中四分之三系来自政府粮仓的粮食。用以供养军队，支付僧侣和士兵的费用后，余下约三十万英镑，则用于政府其他一切开支。巨额免征税收有利于寺庙和领主，致使公共财政（如可以这样叫的话）的管理极端困难，从物价水平的差异考虑，每年由上述免征造成的损失，在英国相当于八百万或九百万英镑。……西藏没有货物税，也没有所得税。地租在许多东方国家是财政的主要依靠，而在西藏，如上所述，则大量豁免，政府收入甚微。[2]

到了1921年10月，印度政府同意：1. 允许西藏从印度进口武器，其最高数量以不超过足以进行自卫和维护内部治安为准。2. 帮助训练西藏军队。3. 帮助西藏招聘英国机械师，指导生产弹药和枪支。4. 帮助招聘优秀矿产勘探人员。5. 帮助进口采矿和制币机械。6. 在江孜为西藏中上层阶级开办一所学校，这所学校将由英国人担任校长。7. 在江孜与拉萨之间设立一条电报线路。[3]尽管西藏政府的财政收入甚微，非常不适应现代的需要，仍然支付英印上述项目所需的费用。因此，于1921年成立军粮局；1922年设立"财产调查办公室处"，设法向广大僧俗征税。1923年颁布《水猪年法令》，规定扎什伦布寺的所有佃户都必须支应噶厦所派的驮畜等差役，向扎什伦布寺征收了约30000藏克（一

① "*Portrait of The Dalai Lama*", p.342.

② "*Portrait of The Dalai Lama*", p.167.

③ "*Portrait of The Dalai Lama*", pp.341-342.

藏克约 14 公斤）青稞和 10000 银币的年附加税。① 对此，班禅虽然进行过多次说明，但达赖喇嘛均不加理睬，② 终于导致第九辈班禅于 1923 年冬前往内地。

达赖喇嘛的多次征税与扩军，逐渐造成内部对立，1921 年在拉萨的查尔斯·贝尔曾目睹到 ：“僧人与军方之间的对抗情绪变得更加激烈，人们害怕僧人挑起反对军官（尤其是擦绒）的冲突。负责达赖喇嘛随身警卫的军官给每个士兵发了一百发子弹，拉萨的老百姓为此而大为震惊。” ③ 到了当年四月间，哲蚌寺已酝酿组织反抗西藏地方政府的行动。到七月底，“喇嘛们扬言不但要进攻拉萨，甚至还要攻打罗布林卡，说要抓住达赖喇嘛的秘书长。他们认为是他给他们带来麻烦，说他给达赖喇嘛出的主意，致使罗色林扎仓的两个司库被逐。” ④ 此次哲蚌寺的行动，起因于西藏政府直接向寺院征税，严重干涉与影响到寺院的经济利益，而这些被哲蚌寺点名者大都是执行西藏政府任务者。

1923 年自锡金、不丹等地聘请当地警务人员到西藏建立警政制度，成立警察局，执行地方治安工作。⑤ 不过，从 1922—1923 年间在拉萨建立起来的现代警察部队在藏军士兵中滋生了怨恨，他们认为警察没有做多少事，却领取了几乎相当于藏军士兵两倍的薪水，并且穿的制服也比藏军好。⑥1924 年年初，发生一些藏军与警察的流血冲突事件。随后，

① Melvyn C. Goldstein, *A History of Modern Tibet, 1913-1951*, London: University of California Press, 1991, pp.110-112.

② ལྷར་བཅས་སྲིད་ཞིའི་གཙུག་རྒྱན་གོང་ས་རྒྱལ་བའི་དབང་པོ་བཀའ་དྲིན་མཚུངས་མེད་སྐུ་ཕྲེང་བཅུ་གསུམ་པ་ཆེན་པོའི་རྣམ་པར་ཐར་པ་རྒྱ་མཚོ་ལྷ་བུ་ལས་མདོ་ཙམ་བརྗོད་པ་ངོ་མཚར་རིན་པོ་ཆེའི་ཕྲེང་བ་ཞེས་བྱ་བའི་གླེགས་བམ་བཞུགས་སོ།། pp.542-543.

③ “*Portrait of The Dalai Lama*”, p.289.

④ “*Portrait of The Dalai Lama*”, p.327.

⑤ ལྷར་བཅས་སྲིད་ཞིའི་གཙུག་རྒྱན་གོང་ས་རྒྱལ་བའི་དབང་པོ་བཀའ་དྲིན་མཚུངས་མེད་སྐུ་ཕྲེང་བཅུ་གསུམ་པ་ཆེན་པོའི་རྣམ་པར་ཐར་པ་རྒྱ་མཚོ་ལྷ་བུ་ལས་མདོ་ཙམ་བརྗོད་པ་ངོ་མཚར་རིན་པོ་ཆེའི་ཕྲེང་བ་ཞེས་བྱ་བའི་གླེགས་བམ་བཞུགས་སོ།། p.622.

⑥ Melvyn C. Goldstein, *A History of modern Tibet, 1913-1951: The Demise of the Lamaist State*, Berkeley: University of California Press, 1989, p.121.

又有藏军两名年轻代本到大昭寺的官员会议地点，要求要参与决策，造成双方在会场外喧哗。十三辈达赖喇嘛隔天即将此二位代本贬为庶民，并任命自己的亲信为藏军副司令；又先后免去擦绒的藏军总司令与噶伦职务。①1925 年，创建邮政局与电报局，② 在拉萨市内架设电线设置布达拉宫到罗布林卡间的电话机，③ 但电报从拉萨只通到江孜，且江孜的电报局却属于英印官方管理。④1927 年在拉萨筹办印刷厂、水电厂、制毯厂等。⑤

到了 20 年代之后，西藏军队已经成为了除贵族、寺庙之外新崛起的一支新兴力量。待遇不同，造成军警彼此间的摩擦，而在执行任务时面对僧侣，更导致以佛教戒律管理僧众的寺院不满。除此之外，寺庙集团与新兴军事贵族间屡生摩擦，传统的军事将领与接受英式军事教育者又产生矛盾等等。类此事件，虽经平息，但十三辈达赖喇嘛也为了压制亲英派的势力活动，关闭英国人在江孜开办的贵族学校，并拒绝英国代表入境，显示他已决心削弱军队，并从现代化的进程中退却，以化解危机。⑥

最后，从十三辈达赖喇嘛在 1924 年写给出亡内地班禅的信文内容，可以说明《遗诫》"幸福降临西藏，尊卑人等，安居乐业"的真正意思所在，信上说：

> 由于英国和汉人的军队已逼近西藏的首府拉萨，所以我必须出亡汉地、蒙古和印度，以拯救西藏政教的权威。我为使众生获得幸福和捍卫我们的宗教忍受了巨大的艰辛和痛苦。由于

① བོད་ཀྱི་སྲིད་དོན་རྒྱལ་རབས། pp.297-298.
② 黄慕松：《西藏日记》，台北市：黄维恕，民国五十三年，第 117 页。
③ "*Tibet Past & Present*", p.175.
④ 麦克唐纳著，郑宝善译：《西藏之写真》，南京：蒙藏委员会，民国二十四年，第 41 页。
⑤《西藏之写真》，第 158 页。
⑥ "*A History of modern Tibet, 1913-1951: The Demise of the Lamaist State*", p.138.

> 采取了明确的措施，所以众所周知，佛教正在发扬光大，西藏的世俗政权正掌握在我们的手中，我们正享受着和平和幸福。①

很明显，《遗诫》中所说的，就是指西藏的政教权力掌握在格鲁派的手中，只要在佛教的治理下，西藏僧俗百姓的生活就得以安居乐业。但在积极筹措财源，多次征税，整军备边的结果，造成西藏内部僧俗的不安，若无十三辈达赖喇嘛在政教的影响力与铁腕措施，当时的西藏恐难逃分崩离析的局面，也非“幸福降临西藏，尊卑人等，安居乐业”。再者，若西藏没有与中国内地长期兵锋相向，就不必不断征税，补充军备，而导致传统社会与新的制度、人事等内部冲突不断，迫使达赖喇嘛从推行现代化中退却。这种情况在达赖喇嘛晚年时与国民政府亲善，互派代表，边境冲突得到舒缓，而由内地前往西藏的佛教信徒，源源不绝挹注西藏各寺庙，充实财源，得到证明。

结论

从藏文《遗诫》的版本比较，可以发现四个版本中：塔尔钦本（T. 本）是根据原刻本重新排版，苏康旺钦·格勒本（Z. 本）是依此重缮的单篇。普却总持土登蒋巴楚称丹津本（P. 本），是已修正过后的版本，而夏格巴本（S. 本）则是依前书编入。此外，同时也显示出原刻本也有不少错漏之处，导致后来重缮本有修改的空间。

《遗诫》的内容中显示出第十三世达赖喇嘛是成长于传统的西藏社会，是西藏从 19 世纪以前的传统社会迈向 20 世纪现代化的重要阶段。自其被认定为达赖喇嘛之后，历经摄政执政时期，与亲政后独揽西藏政

① “*A History of modern Tibet, 1913-1951: The Demise of the Lamaist State*”, p.116. 参阅梅戈尔斯坦著，杜永彬译：《喇嘛王国的覆灭》，北京：时事出版社，1994 年，第 118 页。引印度事务部档案 L/PS/12/4174(PZ 1431/74)，1942 年 1 月 20 日，锡金政治专员致印度政府的信中的附件。

教权力时，二度逃离西藏，因而有机会接触了传统西藏以外的新世界，开拓了视野。

第十三世达赖喇嘛在西藏实施新政，对外先运用英印等国际势力关系，充实军备，与中国内地隔绝，但最终仍摆脱英印等国际势力的纠缠，而与国民政府亲近。对内以传统西藏政教领袖的身份进行改革，使西藏的政教焕然一新。在《遗诫》中，只有短短的“幸福降临西藏”数句，对其于所推动的新政描述虽然不多，但也显现其对实施新政的自信与成就。

附：查尔斯·贝尔撰《达赖喇嘛的画像》(*Portrait of The Dalai Lama*)书中所附《遗诫》刻本第一与第三叶

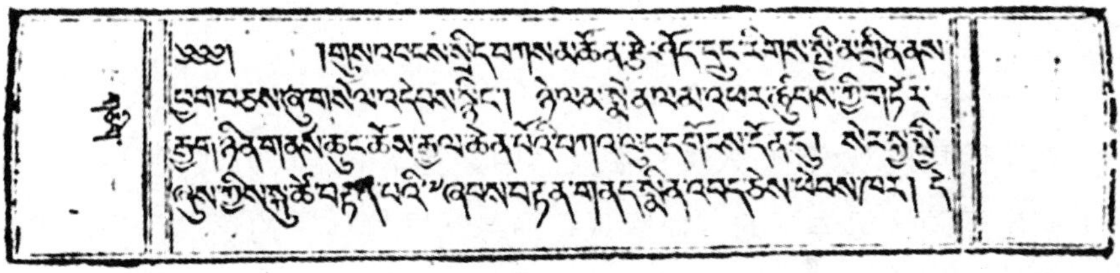

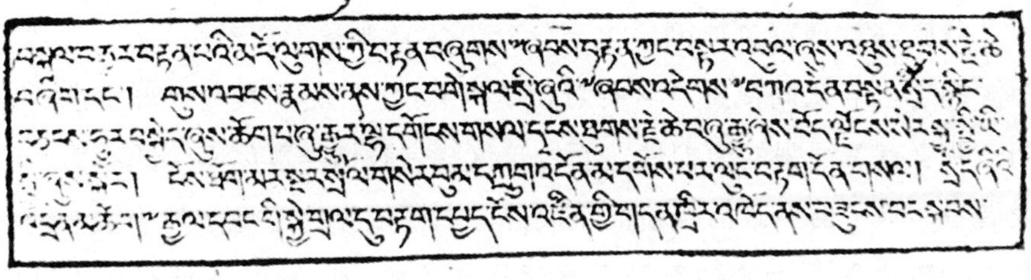

藏族的传记叙事与宗教精英形象形塑

张昆晟 *

在王明珂的观察中，人类资源关系中最基本的结群方式，便是对“相信大家出于同一母体”的“血缘或拟血缘认同群体”的形式，它仰赖一种根基性情感 (primordial attachment)，并且含有模式化的叙事倾向。②

藏族宗教精英群体网络之于信众群体（神圣形象塑造），以及“对祖源的想象与认同投射（共祖意识认同）”之于具有共同我群意识的人们，两者有着很强的模拟性。而构筑这些宗教精英群体网络的动力，所凭借者，除了俗世政治经济的手段外，主要依靠的还是依附于宗教精英个人、较为形而上的抽象观念之建构与传播，以及对于具有个人魅力 (charismatisch) 的宗教精英形象的塑造。

看待社会现象的形式时，对社会经验所进行的观察，能让观察者进

---

* 张昆晟，台湾政治大学民族学系博士生。

② 王明珂：《英雄祖先与弟兄民族》，北京：中华书局，2009 年，第 27—28 页。

一步看到社会关系的面貌，或推导出具有解释力的社会结构模型。这种模型所说明的，是社会当中可动、可变的形态。模型虽然不等同于社会结构本身，但它却可以帮助研究者更好地了解社会具体的现象。①

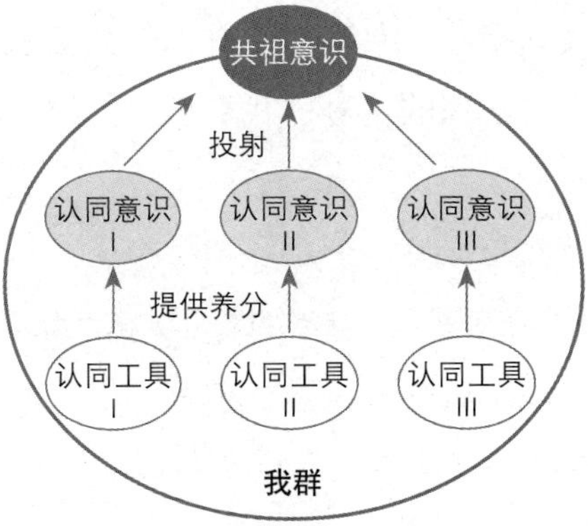

图 1　共祖意识认同

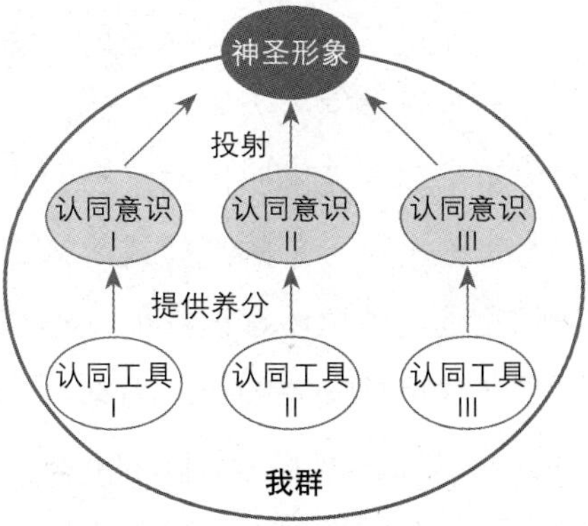

图 2　神圣形象塑造

在此，我们可用单纯模型来说明笔者所称“共祖意识认同与神圣形象塑造”的雷同性。在图 1 下层所标示出、彼此不同的认同“工具”，可以是不同的语种、不同的祖源神话，也可能是不同的服装形制或居处法则，它们各自还能有许多子项，这些子项为认同的“意识”提供了基础，而这些认同意识在个人或特定群体的主观选择方面，占有比重不一的重要性。譬如，某种语言的语法构造、语音与习惯语，可能被当作为认同工具，形塑出特定人群在语言使用上的偏好或认同意识，而当这一“基于语言认同所产生的认同意识”受到强化时，此一意识就会对某一“共同指涉对象”做出“我群”的内在投射。

此处所说的“共同指涉对象”若在民族或部落认同框架下，所投射

① [法]克洛德·列维－斯特劳斯著，张祖建译:《结构人类学(1)》北京:中国人民大学出版社，2008 年，第 255—258、297—298 页。

出客体的可能就是共祖的概念；当其他的认同意识（如服饰形制的特殊性）获得凝聚，投射到与语言认同意识相同的“共同指涉对象”客体时，就会因为认同意识类型的增加，进而强化对某种“我群”的想象或范围的构筑过程。同样地，在“信仰者”的“我群”之中，类似的模型结构依然存在，其成员所集体透射出的“共同指涉对象”虽然有别于共祖意识，而是特定宗教人士或群体，但二者所发挥的、对“我群意识”的凝聚力量，则并无本质性的区别。

宗教精英形象的形塑或建构，不必然与捏造、刻意形塑相扣连，它实际上是一种集体意识投射过程；它也不是单纯的、一次性的现象产出，而是一种持续发生的连续现象。在这个形塑历程中，宗教精英的生命形象，是以传记叙事 (biographical narratives) 为载体、透过宗教思想的弘扬为手段，而得到进一步丰富与认知的。

此处，传记叙事 (biographical narratives) 是指一种叙事的有机形式，而非实体的文本；关于传主的传说、口头故事，传主的自述，在经过了文字化过程后，形成了传记文本 (text biographies)。

前述的结构，在传记叙事与宗教精英认同的意识形塑关系方面，可借由图 3 加以说明：不同的传记文本构筑了某种特定的“传记叙事倾向”，前者是一种实体的文类存在形式，而后者则是一种抽象的概念意识。作为一种认同的工具，抽象的传记叙事意识，强化了对宗教人物神圣化的认同意识或情感，使人们透过对这种认同意识的接受或排拒，对宗教精英的神圣形象做出接纳或抗拒的选择。当人们对所投射的对象采取接纳态度，那么，如前所述，一个“我群”范围于焉展开。反之，持反对态度与意识者，自然在相对于该“我群”的空间找到自己作为“他者”的空间。然而，界定他者的过程，实际上也是一种界分我群的形塑过程。

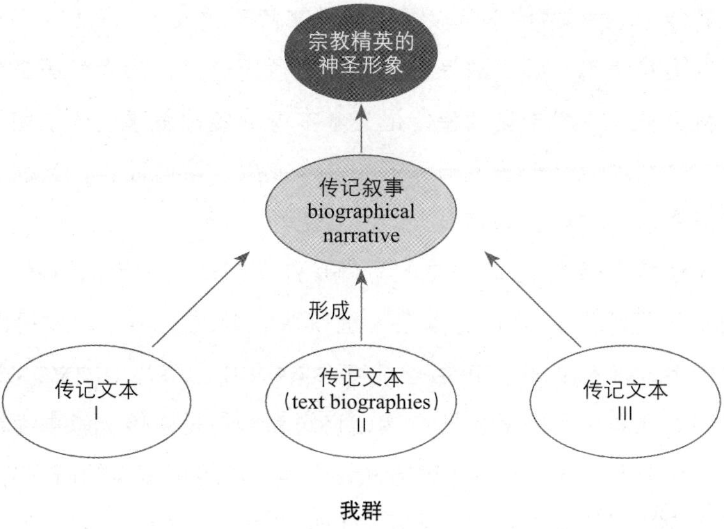

图 3　文本、传记叙事与宗教精英的神圣形象

因此，当我们试图从文献中爬梳宗教精英的神圣形象与认同群体是如何链结、运作之时，一种“由下而上”“由文本而叙事，由叙事而形塑”的回溯式考察，为我们提供了适合的方法论。

下面，笔者就试图说明藏族传记文类当中，由材料而文本，由文本而叙事的内涵。

在未正式成为专文形式的传记前，这些散见于各种文类、各式文献资料的口述传说或故事，确实已经在宗教精英形象的建构、发展现象上，扮演着举足轻重的角色。然而，这类叙事，在现今藏学或民族学的研究中，似乎尚未受到足够的关注。

以文本材料研究为例，目前中文学界对于藏文史料类型的认识，却开金石碑刻、考古残卷不论，大多偏向运用三种类型的专书，来进行历史、政治与宗教的研究，即：教法史（ཆོས་འབྱུང）、王统记（རྒྱལ་རབས）、宗

教人士的传记 (རྣམ་ཐར)[①]。但除了早期对知名政教人士——如：玛尔巴译师、五世达赖喇嘛、颇罗鼐等人的传记进行研究，作为考察历史事件的补充材料之外，并尚未见到将传记文本本身或传记叙事这一主题当成研究对象，全面加以比较研究与评析的学术成果。就此而言，当前中文学界在传记叙事的关注，仍有很大的发展空间。[②]

前述三类专书之中，教法史的写作是许多宗教人士传记的累积成果，并且与王统记相同，它们都依赖大量口头叙事的文字化，才得以构筑其叙事内容。不仅如此，包括圣地志 (གནས་ཡིག)、寺志 (དགོན་པའི་ལོ་རྒྱུས)、座主传这类来源多元的复合性史传，它们都可说是以传记叙事为材料所构成的终端成果。因此，从研究方法论而言，对传记叙事的研究与认识，恰成了正确认识藏文史料与社会历史情境的必由之途。

在表 1 中，笔者将常见于历史研究中的藏文文献做了三层分类。从中我们不难发现，常为中文学界所关心的文本素材，大多还是针对史册、编年史、世系史等“终端成果”的使用。这样的材料使用，当然有助于研究者“梳理事件”，但若缺乏了对中级文类与初级材料的掌握，我们较难清晰地看到其中纵向、立体的社会变迁结构，殊为可惜。

① 在孙林的著作中，除了提及这三种常见的专书体裁之外，还较深入地关注了史册（དེབ་ཐེར། 政治史）、编年史（ལོ་རྒྱུས། 在藏语的实际使用语境中，这类文体具有更广泛的涵义，例如：零散的故事）、世系史 (གདུང་རབས)、座主传（གདན་རབས། 也有将之称为法嗣者。这实际上专指一种特定寺院系统历代主持者的宗教传记文类）、年表 (རེའུ་མིག)、名录 (མིང་གྲངས) 在内的几种文本。参见孙林：《藏族史学发展史纲要》，北京：中国藏学出版社，2006 年，第 12—19 页。

② 冯智在对第八世司徒的自传进行研究后，归纳出该自传对研究历史上的民族关系、宗教、政治、经济等方面的参考价值。他所发表的文章，是近年的相关研究中，较具代表性者。参见冯智：《八世司徒所记康雍时期西藏历史片段——藏文〈八世司徒自传〉选译》，《中国藏学》2014 年第 4 期，第 56—57 页。

表 1　藏文历史文本的层级

层级	文类
终端成果（复合性史传）	史册 (དེབ་ཐེར)、编年史 (ལོ་རྒྱུས)、世系史 (གདུང་རབས)、座主传 (གདན་རབས)、圣地志 (གནས་ཡིག)、寺志 (དགོན་པའི་ལོ་རྒྱུས)、年表 (རེའུ་མིག)、名录 (མིང་གྲངས)
中级文类	传记文本（包括：自传、他人立传）
初级材料	不同来源的传记文本素材（如：灌顶法本 [དབང་དཔེ]、口述语料、金铭碑刻、地方轶事等）

其他学门，如：文学研究、心理学与教育理论研究，对于传记文本的关注已有一段时日，然而其研究者的关怀多半投注于文本本身所承载的直观内涵，以及文本所能反馈的价值意义，对于文本以外的叙事情境，则多未能予以讨论。从民族学或人类学的视角切入，我们需要关注的，除了传记文本的内涵之外，应该还可以纳入对这些内涵的诠释与动态利用，乃至这些文本所发挥的、作为认同动力的积极角色之理解。

一、传记文本的类型

前述的各种文类，包括个人传记、教法史、世系史、寺志等，都可作为传记叙事这一主题的来源，从这些文献中的片面记载，我们可以拼凑出更趋近全貌的特定传记叙事形象。

就实体文本的类型而言，传记叙事可分为两大类：专文与散篇。专文式的传记文本，又可分为两方面：他人立传、自传。他人立传的作者或与传主同时或较晚，且通常与传主在生活经验（宗派属性、地域性、家族继嗣）方面有一定的联结或承接性（例如执笔者为传主之门生或追随者）；而自传则通常由作者执笔，有时也会插入其他人补述或编辑的情形。

从藏文文献的分类来看，他人立传与自传都概称，甚至有时是混称为传记。而不论是概称或混用，在藏文语境中，“宗教性之有无”于传记的分类中，都有明确的地位：若该文被称为 རྣམ་ཐར、རྟོགས་བརྗོད 或

སྐྱེས་རབས 时，可以确定传主被作者赋予一定的宗教性或神圣性；至于称作 ལོ་རྒྱུས 时，则通常是宗教人士的自传，或者是非宗教人士的传记。在宗教人士的自传中，ལོ་རྒྱུས 这一词汇通常是被用来表达自己只是一介凡庸之辈的谦逊手法。

因此，在词汇使用上，藏文文献中常见的传记叙事文类包括：

1. རྣམ་ཐར，意为解脱行传，只用于传主具有神格或宗教精英身份时，主要内容多涉及传主的宗教训练过程、师承以及宗教事迹；

2. རྟོགས་བརྗོད，意为本生传，通常涉及对传主“前世”身份的描绘，主要内容亦常包括 རྣམ་ཐར，然而有时这个词汇单纯只是 རྣམ་ཐར 的同义词而已；

3. སྐྱེས་རབས，也是本生传，但通常专指传主前世传记的专文；

4. ལོ་རྒྱུས，直译为历史、事件、故事。非宗教人士的传记文本，一般都称为 ལོ་རྒྱུས，此外，在口语情境中，零散的故事篇章、单一事件，也常用此词汇来概称之。

至于零散单篇的文本，包括伏藏（གཏེར་མ）[①] 文本的小字跋文 (ཡིག་ཆུང)、灌顶仪轨 (དབང་ཆོག) 当中称为灌顶说法 (དབང་བཤད) 之类散存于文章中的只字词组，亦是对特定宗教精英生平故事之集体认知的来源之一。它们并不一定被列入专文传记之中流传，而是作为一种补充说明特定事件的注记说明，并在宗教精英的宣教过程中，成为一类辗转流传、普及

① 伏藏是藏传佛教宁玛派 (རྙིང་མ་པ) 的主要教义传播形式之一。信仰者相信，为了避免宗教经典在后世时代变局中遭到中断或破坏，吐蕃时期的莲花生 (པདྨ་འབྱུང་གནས)、贝若杂那 (བཻ་རོ་ཙ་ན)、耶谢措嘉 (ཡེ་ཤེས་མཚོ་རྒྱལ) 等人，透过超自然力量将经典埋藏于自然界（如：地下、空中、水里）中，等待后世被称为伏藏师 (གཏེར་སྟོན) 的特定人选取出，重新发扬。这种宗教经典的传播方式，为藏族系统性宗教经典的多样化，增添了许多的可能性；伏藏师的角色成为介于现世当代与古代吐蕃王朝的宗教精英之间的唯一中间人，促进了宣称神秘经验的新兴宗教精英之崛起。关于伏藏的定义，参见 Tulku Thondop Rimpoche, Harold Talbott (ed.), *Hidden Teachings of Tibet: An Explanation of the Terma Tradition of Tibetan Buddhism*, Wisdom Publication, 1996, p.1, p.45, pp.57-66.

性较高的叙事文体。因此，散篇文本的重要性实不容小觑。例如，近代德格 (སྡེ་དགེ) 的著名宗教家顶果钦哲 · 札西班就 (དིལ་མགོ་མཁྱེན་བརྩེ་བཀྲ་ཤིས་དཔལ་འབྱོར) 被认为是当代重要的伏藏师之一，受到地方民众的高度信仰，他“取出”伏藏经典的事迹，至今仍为其徒众津津乐道。这些事迹中最为知名者，其最为完整的自叙故事版本，在顶果钦哲的自传中显得简略，但在伏藏经典的本文 (གཏེར་གཞུང) 末后跋文里，却呈现出相对更为完整的叙事。该跋节录如下：

རྩ་གསུམ་ཀུན་འདུས་གུ་རུའི་ཐུགས་སྒྲུབ་རང་བྱུང་པདྨའི་སྙིང་ཐིག་དངོས་གྲུབ་སྙིང་པོ་འདི་ཉིད་རང་ལོ་སུམ་ཅུ་རྩ་དྲུག་པར་རིགས་ཀུན་ཁྱབ་བདག་འཇམ་མགོན་བླ་མ་པདྨ་ཡེ་ཤེས་རྡོ་རྗེའི་བཀའ་དྲིན་ལས་རིན་ཆེན་གཏེར་མཛོད་ཆེན་པོའི་སྨིན་གྲོལ་ཡོངས་སུ་རྫོགས་པའི་སྐལ་བཟང་མངོན་དུ་གྱུར་པའི་ཚེ་དད་ལྡན་འགའ་ཞིག་ལ་གུ་རུའི་གསོལ་འདེབས་ལེའུ་བདུན་མའི་ལུང་བསྒྲགས་པས་ལོ་རྒྱུས་ཡིག་ཆུང་མཇལ་བའི་རྐྱེན་ལས་ཐོལ་བྱུང་དུ་རིག་གདངས་སད་པ་ཡི་གེར་བཏབ་སྟེ་རྗེ་བླ་མར་སྤྱན་བསྟར་ཞུས་པས་ཚིག་རིས་ཕལ་ཆེར་གཏེར་སྙིང་ཞིག་དང་མཚུངས་པར་འདུག་ཅེས་དགྱེས་པའི་ཚུལ་གྱིས་དེ་འཕྲལ་སྨིན་གྲོལ་ཆིག་བརྒྱུད་དུ་གསན་ནས་ཐམས་ཅད་མཁྱེན་གཟིགས་མཆུའི་ཞབས་ཀྱིས་རྩ་གསུམ་གཅིག་དྲིལ་རྡོ་རྗེའི་ཐོལ་གླུ་བཞུགས་པའི་དགོངས་པ་ལྟར་ཡིན་འདུག་ཅེས་གསུངས་ཤིང་རང་གཞན་འགའ་ཞིག་གིས་བསྙེན་སྒྲུབ་ཉམས་ལེན་ཙམ་ཟད་བྱས་ཀྱང་དུས་ཀྱི་འགྱུར་བས་དཔེ་རྒྱུན་དབྱིངས་སུ་སྟུད་པ་རེ་ཞིག་བཏང་སྙོམས་སུ་གྱུར་མོད།

སླད་ནས་ལས་སྨོན་རྟེན་འབྱུང་གི་རེ་ཁྲ་བསུབ་ཏུ་མེད་པས་སྔ་འགྱུར་འོད་གསལ་རྡོ་རྗེ་སྙིང་པོའི་བསྟན་པའི་མཛེས་རྒྱན་ལོ་ཆེན་བཻ་རོའི་རྣམ་འཕྲུལ་དུ་གྲགས་པ་ཞྭ་དེའུ་འཕྲུལ་ཞིག་མཆོག་སྤྲུལ་རིན་པོ་ཆེ་འགྱུར་མེད་ངག་དབང་ཆོས་ཀྱི་བློ་གྲོས་ནས་བལ་ཡུལ་རྡོ་རྗེའི་གནས་མཆོག་ཡང་ལེ་ཤོད་དུ་གནས་འབྲེལ་ལ་ཕྱིན་སྐབས་དགོངས་གླིང་དུ་གང་ཤར་གྱི་ཟབ་ཆོས་ཞིག་གཏན་ལ་འབེབས་དགོས་པར་གསུང་བསྐུལ་དང་རྩ་གསུམ་གྱི་ཚོགས་མཆོད་སྟོང་རྩ། རིན་པོ་ཆེ་སྣ་ཚོགས་པའི་མནྡལ་དང་བཅས་བཀའ་ནན་ཏན་གནང་བ་བཞིན་བླ་སྒྲུབ་སྔོན་མ་དང་ཚིག་དོན་ཕལ་ཆེར་གཅིག་གྱུར་འདིའང་ཡིད་ངོར་གསལ་བ་དང་། སྔོན་ཆད་ཀུན་མཁྱེན་བླ་མ་མཉྫུ་གྷོ་ཥ་རྣམ་མ་ཏིས་ཁྱེད་རང་གིས་ཟབ་གཉེར་གནད་དོན་ཅན་དག་ཡལ་བར་མ་དོར་བར་བྲིས་སྲིལ་གྱིས་དང་བསྟན་འགྲོར་ཕན་ཅིང་དོན་དང་ལྡན་པ་ཡིན་ཞེས་རྟེན་དང་བཅས་པའི་རྡོ་རྗེའི་བཀའ་ལུང་ཆེད་དུ་ཡང་ཡང་བསྐུལ་བ་རྗེས་སུ་སྒྲུབ་པའི་སླད་ས་བྱ་ནག་པ་ཟླ་བའི་དམར་ཕྱོགས་མཁའ་འགྲོ་འདུ་བའི་ཚེས་

བཅུའི་མཆོད་པ་ཉིན་པདྨ་གར་དབང་བདེ་ཆེན་འོད་གསལ་མདོ་སྔགས་གླིང་པས་རྗོ་རྗེའི་གནས་ཆེན་དེ་ཉིད་དུ་གཏན་ལ་ཕབ་པའི་ཡི་གེ་པ་ནི་དད་བློ་རྣམ་པར་གསལ་ཞིང་ཟབ་མོའི་ཆོས་ལ་ཡིད་ཆེས་དང་ལྡན་པ་ཨོ་རྒྱན་གཞན་ཕན་ནས་བགྱིས་པ་འདིས…①

译文：

此《三根本总集咕汝意修　自生莲华心滴·悉地藏》，乃我于三十六岁时，因诸部遍主、文殊慈怙上师贝玛耶谢多杰之恩德,现前获得圆满尽受《大宝伏藏》成熟解脱之善缘。当时，我为部分信士念诵咕汝之《七品祈请文》口传。见得历史来源之小字注记时，便突然苏醒本觉面貌。后呈请至尊上师过目，乃云：“句构大抵与旧伏藏相同。”甚为欢喜，当即听闻成熟、解脱之文字传承，并道：“此法大似圣识一切文殊尊者《三根本汇一·倏直金刚道歌》之意趣。”后虽我等少数曾略作念修，然因时局变化之故，文本之传承遂摄回法界，而暂时搁置。

其后，因各自业力、愿力、缘起无法磨灭，前译光明金刚藏教法之美丽庄严、公认为大译师毗卢遮那化身之夏德·楚西殊胜化身仁波切·阿旺确吉罗追住于尼泊尔殊胜金刚圣地扬雷雪时，本人前去拜访。劝我道：“需将密意法界所现起之任何深法加以抉择。”又作千次三根本荟供，并诸各式珍宝曼札，殷重劝请。继之此与先前之上师修法，词句、意义大致相同，此处复又明现于心；且往昔遍知上师文殊果喀达摩麻谛尝云：“尔于诸深奥关键处，勿令其佚失，当写成文字。且此举亦有利教法、众生，具有意义。”特意再以金刚语嘱咐，并赐所依。

① བཀྲ་ཤིས་དཔལ་འབྱོར། རང་བྱུང་པདྨའི་སྙིང་ཐིག་ལས་རྩ་གསུམ་ཀུན་འདུས་གུ་རུའི་ཐུགས་སྒྲུབ་དངོས་གྲུབ་སྙིང་པོ་བཞུགས། 收入 བཀྲ་ཤིས་དཔལ་འབྱོར་། སྐྱབས་རྗེ་དིལ་མཁྱེན་རྡོ་རྗེ་འཆང་འགྱུར་མེད་ཐེག་མཆོག་བསྟན་པའི་རྒྱལ་མཚན་དཔལ་བཟང་པོ་མཆོག་གི་གསུང་འབུམ་བཞུགས་སོ།། ཙ 函，New Delhi: Shechen Publication，1994，folio 34b-35a.

> 故于土鸡年角宿月下旬空行聚集之初十供养日，贝玛噶旺德钦哦萨董阿林巴抉择本文于此大金刚圣地。授笔者为极为具信聪慧、于深法具信解者——邬金贤遍。

从上例可见，像跋文这类非专文的传记文本，却能为特定事件或宗教精英的神秘经验提供叙事细节方面的补充说明，显见其作为传记文本的价值所在。

二、传记叙事的形式与内容格式

由于对藏文传记叙事的研究尚未全面展开，能够搜罗到的文本也仍属有限，在这样缺乏有效资料量的情况下，目前尚无法对藏文传记的形式做出较具普遍意义的、关于风格发展模式或类型的概括结论。即便如此，我们仍能借由 17 至 19 世纪期间一些重要宗教人物的传记，特别是透过自传体裁的文本，对传记叙事的形式做出大致的观察。由于这篇短文意在抛砖引玉，提出笔者对藏文文类与史料运用的观察，加上囿于时间与研究关注范畴的局限，本文中所举出的个案，仅是为了便于说明而已，故以康区藏族文献为主，其他藏区乃至广义的藏传佛教文化圈（如蒙古地区）范围内的文本，则暂不列入比较。

宗教精英的传记叙事，传统上分为三类：外传（ཕྱིའི་རྣམ་ཐར）、内传（ནང་གི་རྣམ་ཐར）、密传（གསང་བའི་རྣམ་ཐར）。外传在形式上类似年谱，详述传主的生平事迹与人际往来；内传则涉及传主自身超自然经验的一些故事；至于密传，通常将传主与佛陀、菩萨、过去祖师们的身份加以联结，在理解传主的本生论述方面，极有价值。

外传是一般最常见的传记，不论是他人立传或自传，都会有此类叙事；内传与密传则相对稀少，通常仅见于自传当中，他人立传的类型中，极少见到详细的内传与密传，这可能是因为内传与密传都牵涉传主本身的超自然经验，而此关于此领域的相关宣称，并非传主以外的他人所能越俎代庖的。即使他人立传的文章中偶有提及内传或密传者，也辄以“境界难以尽测，只能以草尖稍蘸大海一滴”为由，简略带过。此外，笔者的田野观察发现，藏族有着重视缘起吉兆 (རྟེན་འབྲེལ) 的俗尚，以及将谦卑视为高尚品格的价值观，除非遇到特殊机缘，一般而言，当传主仍在世时，询问、书写传主的生平，往往被认为是十分忌讳的事。这么一来，即使是与传主同时期的作者，要书写传主生平，往往不能遂愿，而由传主亲自执笔的自传文本，就更显稀罕。

专文形式的宗教精英传记文本常见的格式大致如下：

1．顶礼句 (ཕྱག་འཚལ་བ)

2．前言

3．叙述家乡

4．叙述家世

5．叙述生平事迹

6．结语

这种结构虽然并没有硬性规定或特定模板，但我们不难看出此类格式与常见的造论 (བསྟན་བཅོས་བརྩམས་པ) 结构的相似性。

顶礼句是藏文宗教著作的固定格式。作者为在内心中祈求写作过程顺利无碍，故在写作时先向自己最重要的精神导师进行祈祷，以期获得护佑。

前言则具有承前启后的作用。在他人立传的文本中，此段文字通常是以华丽的词章呈现，尽情表彰传主的功勋、学问；至于自传，往往是以表示谦虚的语言开场的，传主常声称自己是凡庸之辈，只是出于无奈才勉强撰文。

对家乡与家世背景的叙述，一般仅是一种背景交代而已，篇幅不会太长。但若传主与家乡关系密切，或家世背景显赫，则另当别论。

关于生平事迹的描述，便是传记的核心主体。遵循时序记载，是生平事迹的一般的格式，但大多数的传记，并无编年的传统，通常也缺乏传主年龄的记载，所以出现时序混乱、前后事件无法连贯比对的情形，实属常见。① 前述外传、内传与密传内容的区隔，也往往出现在生平事迹的段落中。除非专文传记的标题上写明了该文属于内传或密传，否则传记通常是以外传为主轴，间或穿插些传主的神秘经验（内传）。外传的内容，主要涉及传主如何接受宗教教育、与哪些宗教精英往来的情形，以及如何透过宗教手段对社会与宗教组织作出贡献。至于密传，通常会由传主自述，写成专文。假使密传与外传出现在同一文本中，则密传当中对“前世”的介绍段落，一般都写在家乡介绍之前。

三、传记叙事的功能与传播

在传播宗教思想的社会生活情境下，“宗教性传记的功能”本身，就被当成一种需要被引介与延续的信仰价值在传播着。例如，在康区颇具影响力的僧人巴珠 · 邬金吉美确吉旺波 (དཔལ་སྤྲུལ་ཨོ་རྒྱན་འཇིགས་མེད་ཆོས་ཀྱི་དབང་པོ) 在授徒时，曾指出：此处，为了要使听众产生兴趣，通常会宣讲以三种瑜伽 (ཡོ་ག་གསུམ) 为主、广略不等的教法历史。②

宗教精英事迹的传播过程，同时也强化了传记叙事的重要性以及宗教精英的神圣性。例如，巴珠的追随者们，后来也尽可能地在各种宗教传播场合重复发扬类似的叙事情节。

近代名僧贾瑟 · 局美多杰 (རྒྱལ་སྲས་འགྱུར་མེད་རྡོ་རྗེ) 在其自传的前言中，以常见的谦虚口吻，对传记功能做出了如此定型化了的、符合宗教思想的评价：

དེ་ལ་སངས་རྒྱས་བྱང་སེམས་དང་འཕགས་བོད་ཀྱི་མཁས་གྲུབ་རྣམས་ཀྱི་རྣམ་ཐར་བཀོད་ན། གང་ཟག་ཐ་མལ་པ་རྣམས་ཀྱིས་མཚན་ཙམ་ཐོས་པ་དང་མཇལ་སྤྱོད་ལ་དད་པ་རེ་སྐྱེས་ན་རྒྱུད་ལ་

① 五世达赖喇嘛、八世八邦司徒 (དཔལ་སྤུངས་སི་ཏུ)、工珠 · 罗追泰耶 (ཀོང་སྤྲུལ་བློ་གྲོས་མཐའ་ཡས) 的自传，是少数编年记录做得较为细致的例子。

② ཨོ་རྒྱན་འཇིགས་མེད་ཆོས་ཀྱི་དབང་པོ། རྫོགས་པ་ཆེན་པོ་ཀློང་ཆེན་སྙིང་ཏིག་གི་སྔོན་འགྲོའི་ཁྲིད་ཡིག་ཀུན་བཟང་བླ་མའི་ཞལ་ལུང་ཞེས་བྱ་བ་བཞུགས་སོ།། ཨ་འཛོམ་པར་མ། folio 256a.

ཐར་པའི་ས་བོན་ཐེབས་པ་དང་ངན་སོང་གི་སྒོ་ཁེགས་པ། འབྲིང་གིས་སྐྱོ་ཤས་ངེས་འབྱུང་དད་པ་སོགས་རྒྱུད་ལ་སྐྱེས་ནས་འཁོར་བ་ལས་ཐར་བའི་རྒྱུར་གྱུར་པ་དང་། རབ་རྣམས་ཀྱིས་གོང་མའི་རྗེས་སུ་སྙོགས་ནས་སྲིད་ཞིའི་མཐའ་གཉིས་ལས་གྲོལ་བའི་དགོས་པ་མོད། དེ་ལྟར་མ་ཡིན་པའི་རང་གིས་བྲིས་པ་དང་། སློབ་མ་སོགས་ཀྱིས་སྒྲོ་བསྐུར་རྫུན་ཚིག་སྣ་ཚོགས་ཀྱིས་སྙན་གྲགས་རྙེད་པ་བཀུར་སོགས་ཀྱི་ཆེད་རྣམ་ཐར་པོ་ཏི་ལོངས་པ་བྲིས་པ་དག་མཐོང་ཐོས་ཚེ་ན་དམ་པས་ཐུགས་ཁྲེལ་ཞིང་། རྟོག་གེ་པ་རྣམས་ཐེ་ཚོམ་དང་ལོག་ལྟས་རྒྱུད་ཆུད་ཟ་བ་ལས་དགོས་པ་མེད་པར་ཤེས་ཞིང་། རང་འདྲ་རྣམ་ཤེས་ལས་རླུང་གིས་དེད་ནས། མངལ་སྐྱེས་སྡུག་བདེན་གྱི་ཕུང་པོ་བླངས་ནས་ད་བར་གྱི་འཇིག་རྟེན་འདིར་སྣང་གི་བྱ་སྤྱོད་རྣམས་བྲིས་པ་ལ་སྙིང་ནས་དགོས་མེད་ཤེས་ཀྱང་གཞན་གྱིས་ནན་ཏན་བསྐུལ་མ་མཛད་པའི་དབང་ཤུགས་ཀྱིས་འདིར་སྣང་གི་ལོ་རྒྱུས་བརྗོད་པ་ལ་…①

译文：

诸佛菩萨及诸印藏智者、成就者，若有传记传世，则可令凡庸补特伽罗们于听闻后生起对其行谊之信心，种下解脱种子或关闭三恶趣之门；中等者可令相续生起厌离、出离、信心等，遂成解脱轮回之因；上等者，能因而效法前贤，解脱三有与涅槃二边，故有其必要。若非如此，仅凭私意撰写，或由弟子等人借着加油添醋所成种种虚假文辞，以之沽名钓誉，博取利养等事，概凡此类传记书册，不过导致大德见闻生忧，使寻伺者平添怀疑与邪见，糟蹋相续而已，无有必要。我虽知晓此理，然而心识已随业风而逝，即便心中实在认为无有必要将受此胎生苦谛之身至今，关于今生之所作所为等事付诸文字，但受他人殷殷劝勉之故，仍应诠说今生事迹……

作为社会现象的观察、研究者，从我们的观察场域与关怀视角看去，

① འགྱུར་མེད་རྡོ་རྗེ། རིག་འཛིན་འགྱུར་མེད་རྡོ་རྗེའི་ལོ་རྒྱུས་ཆུ་ཟླའི་སྣང་བརྙན་ཞེས་བྱ་བ་བཞུགས་སོ།། ཨ་འཇོམ་པར་མ། folio 1b-2b.

宗教徒笔下对传记的“应然”价值的定义，以及他们对教义神圣逻辑的拥抱与接纳，都仅仅扮演了一种可供分析、评介的客观现象，而非单纯对于传记叙事这一文化现象之功能的正确诠释。但这种客观现象本身所体现出的一种定型化思想——借由传记而淑世教化的功能，仍可被视为对宗教精英个人魅力投射认同的建构过程中，描绘理想性情境的一种工具。

此外，前文所述的灌顶开示，是传播宗教精英神秘经验与事迹的主要途径。它用于传授灌顶（དབང་བསྐུར）[①] 的场合，作为主持灌顶的喇嘛使用的一种定式演讲稿，目的在于介绍将要进行的宗教仪式内容、意义，以及仪式或宗教功修的重要性。伏藏法门的灌顶场合里，由于伏藏师在“教义传承的连贯性”上扮演了关键的角色，所以对其人其事的解说，包括对他衔负“天命”的授记（ལུང་བསྟན，预言）叙事，往往都会由主持灌顶的喇嘛于开场时安排专门的时段加以介绍。

例如，祖古明珠多杰（སྤྲུལ་སྐུ་མི་འགྱུར་རྡོ་རྗེ）是康区一位著名的宗教精英，他借由伏藏形式流传下来的《天法》（གནམ་ཆོས）经典，在康区乃至安多藏区都十分流行。其中一篇关于文殊师利菩萨（འཇམ་དཔལ་དབྱངས）法门的灌顶说法讲稿，就包括了对明珠多杰前世的论述：

དེ་ཡང་སྔོན་ཨུ་རྒྱན་རིན་པོ་ཆེ་བོད་དུ་བྱོན་དུས༔ འཇམ་དབྱངས་ཀྱི་སྤྲུལ་པ་རྒྱལ་པོ་ཁྲི་སྲོང་ལྡེའུ་བཙན་གྱིས༔ བོད་མུན་པའི་སྨག་རུམ་དུ་དམ་པ་ཆོས་ཀྱི་སྒྲོན་མེ་སྦར་བར་དགོངས་ནས༔ མཐའ་དབུས་ཀྱི་མཁས་པ་བརྒྱ་རྩ་བརྒྱད་གདན་དྲངས༔ བོད་ཀྱི་བྱིས་པ་རྣམ་རིག་བཀྲ་བ་ཐམས་ཅད་བསྡུས་ཏེ༔ སྒྲ་དང་ཡི་གེ་བསླབས་པས་ཚིག་གཅིག་ཀྱང་མ་ལོབས༔ ན་མོ་བུདྡྷ་ཡ་སོགས་ཚིག་རེ་རེ་བསླབས་ཀྱང་མ་ཤེས་པར་ལོག་པར་སྨྲས་པས་པཎྜི་ཏ་རྣམས་བཞད་ཏེ་རེ་སོང་༔ རྒྱལ་པོས་བོད་ཀྱི་མི་རྣམས་ཤེས་རབ་ཆུང་སྟེ་ཐུག་པས་སངས་རྒྱས་ཀྱི་བསྟན་པ་དར་མི་ཐུབ་པར་འདུག་

① 灌顶是藏传佛教密宗金刚乘（གསང་སྔགས་རྡོ་རྗེའི་ཐེག་པ）系统的核心宗教实践，也是建立紧密师徒关系、订定个人盟约的关键性仪式过程。要言之，它是一种允许作为弟子者可按佛理从事某类特定密宗功修的授权仪式。

དགོངས་ནས་བཤུམས་པས༔ ཨུ་རྒྱན་རིན་པོ་ཆེས་ལུང་བསྟན་ཏེ༔ ལྷོ་བྲག་ན་བ་གོར་ཏེ་འདོད་ཀྱི་བུ་དང་༔ འཕན་ཡུལ་ཀ་བ་ན་ཀ་བའི་བུ་དང་༔ ཅོག་རོའི་བུ་དང་གསུམ་ལ་ལོ་ཙྪ་མཁས་པར་ལུང་བསྟན་ནས་དེ་གསུམ་གདན་དྲངས༔ དེ་གསུམ་གྱིས་གཙོ་བྱས་པའི་ཁྱེའུ་བརྒྱ་རྩ་བརྒྱད་དཔོན་སློབ་ལ་ཕུལ་བས༔ སློབ་དཔོན་གྱིས་འཇམ་དབྱངས་ཀྱི་དབང་བསྐུར་བས་ལོ་ཙྪ་ཤེས་པ་བརྒྱ་དང་བརྒྱད་བྱུང་༔ མཆོག་ཏུ་གྱུར་པ་ནི་སྐ་བ་དཔལ་བརྩེགས། ཅོག་རོ་ཀླུའི་རྒྱལ་མཚན། ཞང་ཡེ་ཤེས་སྡེ་སྟེ༔ བཀའ་བསྟན་འགྱུར་ཐམས་ཅད་བོད་དུ་བསྒྱུར༔ དེའི་ནང་ནས་མཆོག་ཏུ་གྱུར་པ་ནི་བཻ་རོ་ཙ་ན་སྟེ༔ སྐུ་ནས་ཆུང་ངུའི་དུས་ནས་སྐད་རིགས་བརྒྱ་དང་བརྒྱད་ཤེས༔ ཏང་མགྱོགས་འགྲུབ་པས་རྒྱ་གར་ནས་ཞང་ཞུང་ཡུལ་སོགས་བར་ཆད་མེད་པར་བགྲོད༔ རྒྱལ་པོ་དགའ་ཕྱིར་ཆོས་བསྒྱུར༔ བོན་པོ་དགའ་ཕྱིར་བོན་བསྒྱུར༔ བོད་སྐྱེ་ལ་ཕན་ཕྱིར་སྨན་དང་རྩིས་བསྒྱུར༔ དེ་ཡང་མཚན་སོ་སོར་གྲགས་ཏེ༔ མདོ་བསྒྱུར་དུ་ཡེ་ཤེས་སྡེ༔ སྔགས་བསྒྱུར་དུ་བཻ་རོ་ཙ་ན༔ སྨན་བསྒྱུར་ཏུ་ཐང་ལྷ་འབར༔ བོན་བསྒྱུར་དུ་གནམ་ལྡུགས་ཐོག་སྤྲུ༔ སྐུ་ཆུང་ངུའི་མིང་གན་འཇག་ཐོག་སྤྲུ༔ སྐུ་ཤིན་ཏུ་མཛེས་པས་བཛེ་དྲི་མེད་ཟླ་ཤར་ཞེས་བྱ༔ འཇམ་དབྱངས་ཀྱིས་བྱིན་གྱིས་བརླབས་པས་མཁས་པའི་མཆོག་ཏུ་གྱུར་ཏེ་བི་མ་ལ་སོགས་པའི་རྒྱ་གར་གྱི་པཎྜི་ཏ་རྣམས་ཀྱིས་ཀྱང་འདི་ལ་ལོ་ཙྪའི་མིང་བཏགས་ཀྱང་དོན་ལ་པཎྜི་ཏ་རང་ཡིན་གསུངས༔ དེ་ཕྱིས་ལོ་ཆེན་རིན་ཆེན་བཟང་པོ་བས་མཁས་པའི་ལོ་ཙྪ་བ་ནི་བོད་ན་མ་བྱུང་སྟེ༔གསར་མའི་ཆོས་ཐམས་ཅད་ཀྱི་ཆུ་མགོ་ལྟ་བུ་ཡིན༔ ཁོང་གི་ཞལ་ནས༔ བཻ་རོ་ཙ་ན་ཉི་ཟླ་ཙམ་ཁོ་བོ་སྐར་རྫེན་ཙམ་ཡིན་གསུངས་སྐད༔ བཻ་རོ་ཙ་ན་ནི་རྒྱ་ནག་རི་བོ་རྩེ་ལྔར་བྱོན་ནས་སྐུ་ལུས་མ་བཞག་པར་འཇམ་དབྱངས་ཀྱི་ཐུགས་ཀར་ཐིམ༔ སླར་ཡང་སྤྲུལ་པ་བྱེ་བ་ཕྲག་བརྒྱ་འགྱེད་ནས་བསྟན་པ་དང་སེམས་ཅན་གྱི་དོན་མཛད་པ་ལས༔ ཕྱིར་བོད་དུ་ཡང་སྤྲུལ་པ་མང་དུ་བྱུང་ཞིང་༔ སྤྲུལ་པ་ཆ་གཅིག་ནི་སྤྲུལ་སྐུ་མི་འགྱུར་རྡོ་རྗེ་ཡིན་པས༔①

译文：

往昔邬金仁波切莅临吐蕃时，文殊师利所化身之王赤松德赞思忖当于漆黑蒙昧之蕃土，点燃正法之明炬，遂遍请各地智

① ཀརྨ་ཆགས་མེད། གནམ་ཆོས་ཐུགས་ཀྱི་གཏེར་ཁ་ལས༔ འཇམ་དཔལ་ཕྱག་རྟགས་སྨྲ་མའི་དབང་རྒྱས་པར་བཀོད་པ་བཞུགས་སོ༔ 收入 ཀརྨ་ཆགས་མེད་། མཁས་གྲུབ་ཀརྨ་ཆགས་མེད་ཀྱི་གསུང་འབུམ་བཞུགས་སོ།། ད 函，囊谦：གནས་མདོ་གསང་སྔགས་ཆོས་འཕེལ་གླིང་། 2010, pp.518-521.

者，凡百零八人，又广召吐蕃慧黠童蒙，教以声明文字，终竟不识一词，即便个别教授“南无佛陀耶”等句，亦不能解，甚至颠倒作语，乃遭众班智达讪笑，王遂颓丧而忖：蕃民智慧如此微劣，今无力弘扬佛陀圣教矣！邬金仁波切旋与授记：洛札跋果·黑敦之子，彭域嘎瓦，名嘎瓦者之子，就若之子等三人，将精通译事。即请来三人，并以此三人为首，集童子百零八人，献与阿阇黎教导，阿阇黎为其灌文殊师利顶，后乃出通晓译事者，凡百零八人。其中上首，谓：嘎瓦·贝则、就若·路宜嘉参、祥·耶谢迭，此三人将一切佛语、论典，皆译为蕃文。

三人之中，贝若杂那厥为最胜。此师幼已通达百零八种语文；成就神足故，能无碍行于天竺与象雄等国；为使国王欢喜，乃译佛法；为使苯波欢喜，乃译苯法；为利全蕃，乃译医方、星算。其人多名，皆闻名遐迩：译契经时曰耶谢迭，译密法时曰贝若杂那，译医方时名唐拉跋，译苯法时曰南价拓大，幼时名为根贯拓大，因身形端严故名班迭直美达夏。受文殊师利加被故，乃成智者之首。无垢友等天竺班智达亦言：“此人名为译师，实为班智达。”其后，大译师仁钦桑布出，蕃地无有智者译师能与匹敌者，有如新译派一切佛法之泉源。据称，该师尝言：“贝若杂那如日月，我则如那孤星般。”贝若杂那终至汉地五台山，不舍肉身，融入文殊师利心间。嗣后，现百俱胝数化身，饶益教法与有情。大抵于藏地即有诸多化身，其中之一，即为祖古明珠多杰……

下面一段灌顶开示，则节录自一个较为普遍、被称为《持明总集》(རིག་འཛིན་འདུས་པ) 的伏藏法门：

འདིར་ནི་བླ་མ་དགོངས་པ་འདུས་པའི་ལུང་བསྟན་བཀའ་རྒྱ་མ་ལས། སྔོ་ཕྱོགས་འོད་ཟེར་མིང་ཅན་སྤྲུལ་པའི་སྐུ༔ ཟབ་དོན་སྙིང་ཐིག་ཆོས་ཀྱིས་འགྲོ་བ་འདྲེན༔ འབྲེལ་ཚད་རིག་འཛིན་ཞིང་

ཏུ་འཕེན་པ་འབྱུང་༔ ཞེས་དང་། ཨོ་རྒྱན་ཆོས་རྗེ་གླིང་པའི་གཏེར་ལུང་ལས། དབུ་གཡོར་གཞུང་དུ་བྱང་སེམས་པདྨའི་མིང་༔ བཀའ་རྙིང་བསྟན་སྐྱོང་ཐབས་མཁས་འགྲོ་བ་འདུལ༔ ཅེས་སོགས་གཏེར་ཁ་གསར་རྙིང་མང་པོ་ནས་རྡོ་རྗེའི་ལུང་གིས་བསྔགས་ཤིང་སྐུ་ཚེ་རིལ་པོར་སྒྲུབ་པའི་རྒྱལ་མཚན་བཙུགས་པས་གྲུབ་པ་ཆེན་པོའི་སར་བཞུགས་པ་ལ་རྩོད་པ་མེད་པ་འཇམ་མགོན་ཆོས་ཀྱི་རྒྱལ་པོ་ཁྲི་སྲོང་ལྡེའུ་བཙན་དང་རྒྱལ་སྲས་ལྷ་རྗེ་ཟུང་དུ་འཇུག་པའི་རྣམ་རོལ་རིག་འཛིན་འཇིགས་མེད་མཁྱེན་བརྩེའི་འོད་ཟེར་རམ་པདྨ་དབང་ཆེན་ཡེ་ཤེས་རྡོ་རྗེ་རྩལ་……①

译文：

此处，在《上师密意总集》秘笈授记文有言："西南名为光芒之化身，深义心滴法门利众生，接引结缘者往持明刹。"又，邬金确杰林巴之伏藏授记文亦言："伍约中心菩萨名莲花，护新旧教善巧度众生。"如是，某些伏藏品与诸多新旧译派之金刚语所共赞、一生皆投入于竖立教法胜幢，从而达致大成就者果位，无有争议之文殊怙主法王赤松德赞与天子拉杰之双入游戏化身，即为持明吉美钦哲哦瑟，又称为贝玛旺钦耶谢多杰杂……

灌顶开示这类文章的内涵，对传记叙事的重要性，不亚于，甚至可能超越专文或专书的地位。笔者之所以如此主张，原因在于叙事材料的可近性（accessbility）。灌顶开示附属于灌顶仪轨，且与藏传佛教中极为受到重视的"传承（བརྒྱུད་པ）"密不可分。完整的密宗经典传播，仰赖于一字一句、无有疏漏的灌顶传承（དབང་རྒྱུན）以及口传传承（ལུང་རྒྱུན），若是某个灌顶仪轨的内容并未被完整念诵与传递，接受灌顶者便不会被认

① ཀོང་སྤྲུལ་བློ་གྲོས་མཐའ་ཡས། ཀློང་ཆེན་སྙིང་གི་ཐིག་ལེ་ལས། རིག་འཛིན་འདུས་པའི་རྩ་དབང་རྒྱལ་ཐབས་སྤྱི་བླུགས་ཀྱི་མཚམས་སྦྱོར་ཁྲིར་བདེས་བརྒྱན་པ་པདྨའི་དོ་ཤལ་ཅེས་བྱ་བ་བཞུགས་སོ།། 收 入 ཀོང་སྤྲུལ་བློ་གྲོས་མཐའ་ཡས། རིན་ཆེན་གཏེར་མཛོད་ཆེན་མོ། དཔལ་སྤུངས་པར་མ། ཐ 函，p.128.

可为“具有继续传授同一套系统的宗教经典之权”者。根据笔者长期在藏传佛教文化圈的田野观察，如此严格的惯例，确保了灌顶开示的内文会随着多次举行的灌顶仪式，得到反复的传播。在过去物资相对匮乏的时代，实体文本操纵在少数拥有社会、经济实权的社会精英手中。即便一般群众或地位较低的僧侣怀有阅读的兴趣，碍于资源分配的珍稀性，这般愿望也不见得能够得到满足。相对地，灌顶仪式所面对的听众较多，有时甚至也对一般信众开放。在这种一对多的传播环境下，灌顶开示此一文类作为公开演讲的讲词，它所涵盖的听众层面自然较广，人数自然较多，其内容受到辗转传播的机会，也因此较实体文本所能承载内容获得传播的机会为高。因此，灌顶开示成了一种有效的传播媒介，承载着特殊、有效且鲜活的传记叙事材料，而灌顶仪式本身就是实践这一传记叙事传播的动态场域，二者皆值得相关研究者予以重视。

另一种常见的传记叙事传播情境，是歌舞展演。这类的传记文本，多以莲花生（པདྨ་འབྱུང་གནས）的传记与格萨尔（གེ་སར）史诗为主题，是更贴近俗民生活的传记叙事类型。由于莲花生的宗教形象与格萨尔的史诗性格，都各自牵涉更为复杂的、与神话学相关的论述，且此二者在形式、传播风格上，虽然与一般宗教精英的传记叙事有交集之处，但同时也有许多差异，故此处暂不加以讨论。

四、传记文本所体现的地域观与家族观

由前文对传记形式、文本格式的介绍，我们可以看出传记文本对于包括传记叙事在内的许多主题所能提供的信息。其中，传记文本的正文内容，在传主生平事迹、人际交往等信息方面的功能，自不待言。而属于前言性质、对家乡、家世的说明，也能丰富研究者对“人与土地”及“人与家庭”的认识。

在宗教精英的传记文本中，我们常见到特定世界观的反复出现。对传主家乡的介绍，往往是从整个世界，或至少是从整个广义的藏区开始，

再逐渐缩小范围，层层递进，最后则是传主出生的村子或家庭。例如，关于康区德格的人物传记，常常会从上区阿里三围、中区卫藏四茹、下区多康六冈展开描述，继而对德格属地大肆赞叹，乃至该地的地势、流域、物产等信息，亦尽括其中。

例如，徐千·楚清仁钦 (ཞུ་ཆེན་ཚུལ་ཁྲིམས་རིན་ཆེན) 对德格的细致描述，属于相对较早期的作品，到了近代，在同样生在德格属地的顶果钦哲的自传中，我们同样可见到他对家乡刻意着墨的手法。① 不同时代背景的作者们采用类似的写作方式，其原因为何，在更进一步、范围更广泛的文本分析研究之前，不宜骤下结语。然而，不同文本中，对于同一地理区的描述出现抄袭或模仿的叙事手法，并非罕见，此举实际上也一定程度地反映了该地精英分子的“土地观”以及情怀的承继。

在自传文体中，读者甚至可第一手获悉传主看待其家族的观点。例如，近代著名的萨迦赤钦·札旭钦雷仁钦 (ས་སྐྱ་ཁྲི་ཆེན་དྲག་ཤུལ་ཕྲིན་ལས་རིན་ཆེན) 在其自传中，提到他对向来显赫的萨迦昆族 (འཁོན་རིགས) “具有三种美名 (མཚན་མཆོག་གསུམ་ལྡན)” ② 的看法：

སྔོན་བྱོན་གོང་མ་རྣམས་ཕལ་ཆེར་སངས་རྒྱས་བྱང་སེམས་ཀྱི་སྤྲུལ་པ་འཕགས་པ་ཁོན་ཡིན་པ་སངས་རྒྱས་ཉིད་ཀྱིས་གསང་བ་སྤྱི་རྒྱུད་ལས་ལུང་བསྟན་ཏེ། ཇི་སྐད་དུ། མ་འོངས་འཁོན་གདུང་ཡིན་ངེས་གང་ཟག་རྣམས། །ང་ཡི་ཉན་ཐོས་རྒྱན་དྲུག་མཆོག་གཉིས་དང་། །གྲུབ་ཆེན་བརྒྱད་བཅུའི་རྣམ་འཕྲུལ་མ་གཏོགས་པ། །སྐལ་པ་དམན་པ་གཞན་དག་འབྱུང་རེ་བཀན། །③

---

① 详见 ཞུ་ཆེན་ཚུལ་ཁྲིམས་རིན་ཆེན། ཆོས་སྨྲ་བའི་བཙེ་ཚུལ་ཁྲིམས་རིན་ཆེན་དུ་བོད་པའི་སྐྱེ་བ་ཕལ་པའི་ཀྲང་འབྱུང་དགེ་སྡིག་འདྲེས་པའི་ལས་ཀྱི་ཡལ་ག་ཕན་ཚུན་དུ་འཛིངས་པར་བདེ་སྡུག་གི་ལོ་འདབ་དུས་ཀྱི་རྒྱལ་མོས་རེ་མོས་སུ་བསྒྱུར་པ་ཞེས་བྱ་བ་བཞུགས་སོ།། 收入 ཞུ་ཆེན་ཚུལ་ཁྲིམས་རིན་ཆེན། ཞུ་ཆེན་ཚུལ་ཁྲིམས་རིན་ཆེན་གྱི་རང་རྣམ་། Delhi: N. Lungtok & N.Gyaltsen, 1971, pp.295-306. བཀྲ་ཤིས་དཔལ་འབྱོར, སྐུ་ཚེ་སྟོད་ཀྱི་རྣམ་ཐར་ཞལ་གསུང་མ་བཞུགས, 收入 བཀྲ་ཤིས་དཔལ་འབྱོར། སྐྱབས་རྗེ་དིལ་མཁྱེན་རྗེ་རྗེ་འཆང་འགྱུར་མེད་ཐེག་མཆོག་བསྟན་པའི་རྒྱལ་མཚན་དཔལ་བཟང་པོ་མཆོག་གི་གསུང་འབུམ་བཞུགས་སོ།། ཙ 函，New Delhi: Shechen Publication，1994，folio 4b-5b.

② 具有三种美名，意指昆族的三种与众不同：天人种姓 (ལྷ་རིགས)、昆族血脉 (འཁོན་གདུང)、萨迦派 (ས་སྐྱ)。参见 དྲག་ཤུལ་ཕྲིན་ལས་རིན་ཆེན། རྗེ་རྗེ་འཆང་དྲག་ཤུལ་ཕྲིན་ལས་རིན་ཆེན་གྱི་རྟོགས་བརྗོད་བཞུགས་སོ། །གླེགས་བམ་དང་པོ། Dehra Dun: Sakya Center, 1974, p.9.

③ དྲག་ཤུལ་ཕྲིན་ལས་རིན་ཆེན། p.11.

译文：

往昔先辈，多为诸佛菩萨之化身，“圣者昆”是也，此乃佛陀于《秘密总续》中所亲说。即如云：“未来定为昆族之众人，无非我之声闻、六庄严，二胜、八十成就者化现，岂会出现其余缘浅者？”

上段文字，可说是针对萨迦昆族何以不凡的一种权威诠释，且似乎并未见于同为前任萨迦赤钦所造、历史久远且甚为著名的《萨迦世系史》中。相关授记的论述是在何时产生、何以产生，三种美名的说法是否为坊间口传等问题，都值得再作探讨。但即使只作为初级材料，仅凭传主的身份，这段文字为传记叙事提供的养分，便十分丰富。

五、传记叙事所体现出来对宗教权力结构的凝聚认同

前述灌顶开示中所提到“授记”这一主题，由于涉及藏族系统性宗教（佛教与雍仲苯教［གཡུང་དྲུང་བོན］）信仰中关于化身的观念与本生思想，在传记文本的分类方面，应属于密传。

与本生思想相结合的授记，除了彰显传主天授的宗教权威地位之外，还提供了传主作为单一的个体，如何与更广泛的系统产生链接的论述。例如，传说莲花生有知名的25位门生，人称“王臣二十五人（རྗེ་འབངས་ཉེར་ལྔ）”，这些人物就为藏族信仰的神圣系统，添加了除了天神以外的成分。虽然他们之中除了赞普赤松德赞以外，生平都难以稽考，但其神圣地位所创造出的宗教精英系统，却正如诸多民族那些不可考的祖源神话般，在社会成员的心中发挥着实实在在的价值。25人当中的拉隆·贝吉多杰（ལྷ་ལུང་དཔལ་གྱི་རྡོ་རྗེ）、切邬琼译师（ཁྱེའུ་ཆུང་ལོ་ཙཱ）二位的化身系统，就体现在他们后世许多“游戏化身（རྣམ་རོལ）”们的传记叙事中。

就像文成公主与格萨尔的“足迹”随着口传逸事而遍布各藏区一样，拉隆·贝吉多杰的神圣事迹，在康区普遍流传，而且隐约已然形成一种

英雄神化的特性。例如，在嘉绒藏区有所谓他借着神通力量所建造的佛塔，据称囊谦一带则仍有他的遗塔。在康区，白玉寺的贝玛诺布（པདྨ་ནོར་བུ）、囊谦的尼玛札巴（ཉི་མ་གྲགས་པ）、苏曼寺的仲巴（དྲུང་པ）等转世活佛世系，在本生传记叙事方面，都可追溯到拉隆 · 贝吉多杰。

切邬琼译师的传记叙事也有类似的情形。康区噶陀寺的著名伏藏师敦督多杰（བདུད་འདུལ་རྡོ་རྗེ）、协庆寺的冉江巴（ཞི་ཆེན་རབ་འབྱམས），以及在色达牧区一代影响甚巨、影响力甚至扩及所有藏传佛教信仰圈的敦炯林巴（བདུད་འཇོམས་གླིང་པ），都同属这一化身系统之中。

此外，像是从赤松德赞与王子当津（ལྷ་སྲས་དམ་འཛིན）的本生诠释所衍生出的传记叙事，亦在所多有。

这种化身系统同源性的论述，在传记叙事与教义诠释上，提供了解释逻辑的互通可能。同源论述带来的可能是不同转世世系的合作，但也可能带来负面效应。合作的空间与依据，正来自对化身同源、事业延续的论述逻辑，这种合作行为本身就是一种认同情境，例如康区近代名僧宗萨蒋扬钦哲旺波（རྫོང་གསར་འཇམ་དབྱངས་མཁྱེན་བརྩེའི་དབང་པོ）与囊谦一带的伏藏师秋居德钦林巴（མཆོག་འགྱུར་བདེ་ཆེན་གླིང་པ）的“缘分”与合作默契的来源之一，就是跟基于对“过去生在吐蕃王朝时期曾为父子（赤松德赞与王子当津），后来生生世世都有师徒关系”这一本生论述而来，而蒋扬钦哲去世之后，作为他的继承者，出现了许多钦哲“化身”，这些继承者们在各自的宗教领域内发展，同时也基于本生思想的同源论述，采取了彼此合作发展的正向互动模式。

至于负面效应，涉及的多是排他心理。当权力群体中的某群人试图以形而上的理由排除他人对既有宗教资源的共享权利时，“否定该活佛世系的存在”便成了一种轻而易举且无从客观验证的手段。例如，蒋扬钦哲的化身之一钦哲确吉旺修（མཁྱེན་བརྩེ་ཆོས་ཀྱི་དབང་ཕྱུག）便受到了长期的忽视，甚至除名，个中原因，便与其喇章（བླ་བྲང）与其他寺院行政人员的利益冲突有关。[1]

我们如果要考察这些宗教精英们在本生论述所建构的人群网络中的位置，或欲进一步以回溯同源的方式，去考察不同宗教精英之间源自宗教思想形塑的联结与互动关系，乃至对宗教精英彼此的师徒关系进行梳理，则最为有效、便捷的方式之一，即是研究与传主相关的经典文本——“祈请文（གསོལ་འདེབས）”。其中，本生祈请文（འཁྲུངས་རབས་གསོལ་འདེབས/སྐྱེ་རབས་གསོལ་འདེབས）可丰富研究者对本生论述的认识，而传承祈请文（བརྒྱུད་པའི་གསོལ་འདེབས）则有助于对传主师承系统的整理。因此，广义而言，祈请文这一文类，也可纳入传记文本之中。

六、结语：传记作为历史田野的一种选择

将传记文类当成一种研究文本，在历史研究中看似理所当然。然而，一个根本的问题是：如何界定、看待它的虚与实？它们所承载的意义为何？

传记、自传与口述史，都是社会记忆的载体，此外，口述情境、行为仪式、形象化媒体等形式，也是社会记忆的传递媒介。社会记忆与集体回忆不断互相滋长、影响，强化了个人或群体的认同。即使它们也有各自的选择性特质，但它们仍然提供了正史可能刻意隐藏的历史材料，扮演着为被忽视的“过去”发声的角色。[2]

假使我们试图借由建立一个渐进的（由简而繁、由下而上的）单纯模型，来说明某个社会成员对具有个人魅力的宗教领袖的主动认同，或者借此观察某种运作的模式倾向，那么，在藏族社会的例子来说，也许此说是成立的：作为材料的各形式传记文本，建构起传记叙事的内涵；

① 法王南开·诺布著，项慧龄译：《导言：关于本书》，《二十世纪钦哲传承大师：蒋扬·钦哲·秋吉·旺楚传》，台北：橡实文化，2013年，第14—19页。

② 王明珂：《谁的历史：自传、传记与口述历史的社会记忆本质》，《言与思》，34（3），1996年，第172—174、178—180页。

宗教教育以及歌舞展演的场域，反复强调、深化了传记叙事当中零星或片面的内容，形成了具有世代延续性的叙事；受到片面强化的传记叙事，在社会成员的心中，成为建立宗教人物权威性与神圣性的重要来源，甚至是一种定向式的知识。

如此一来，当我们要试图说明神圣性的获致过程或逻辑结构时，作为最单纯的、最底层的、原料性质的传记文本，其内容、来源就显得格外值得研究。传记文本作为神话类型、族源论述的载体，从本民族的主观认同视之，它就是一种先验、不容否定的存在，即便它的来源可能是授记或伏藏这类超自然的、神启式的宗教经验亦然。然而，该种宗教经验是否具有可验证性，似乎不是作为民族学或人类学研究者的目光焦点所在，因为当特定社会模型被建立起来，只要最单纯的变项（例如此处关于传记文本的可信度）能够在主观上得到群体成员的认同，则在此模型所定义的这一封闭场域下，该变项就具有真实的、可被用来操作的实在功能。也就是说，当传记叙事在主观上被人所接受，那么，工具性的(instrumental)认同投射，自然就成了可被接受、可预期的现象。

因此，要研究藏族的集体意识认同，作为初级材料的传记文本，以及由传记文本所构筑出来的传记叙事，是一条重要途径，它让我们得以运用文献以及文献所承载的叙事逻辑，与过去的历史“对话”。笔者以为，此类文本与叙事，能够妥当地发挥“历史田野”的功用，对藏学领域下的历史民族学、民族史以及历史人类学研究，具有一定的启发性。

试论诠释学与印中佛教的般若中道论

班班多杰*

一、般若中观论在印度佛教中的流变

当代本体诠释学的主要代表伽达默尔说：“诠释学本来的任务或首要的任务就是理解文本。”[①] 般若中观论乃至整个佛教思想的发展演变过程，实际上就是通过师徒传承方式对经典文本进行不断理解和诠释的过程，这既是佛教思想的传承和发展的一种方式，也是佛教的本土化、处境化、本色化过程，宗喀巴大师阐释说：

《般若经》等宣说诸法皆无自性无自性灭等，其能无倒解释彼诸经意趣者厥为龙猛。若问：解彼意趣有何次第？答：佛

* 班班多杰，中央民族大学教授。

① 伽达默尔著，洪汉鼎译：《真理与方法》上册，北京：商务印书馆，2013年，第551页。

护、清辨、月称、寂护等大中观师，皆依圣天为量，等同龙猛。故彼父子是其余中观师所依之根源，故诸先觉称彼二师名本原性中观师，称诸余者名有偏向性中观师。又有一类藏地先觉大善知识于彼中观师作如是言："就从名言世俗境而立名者，略于两类大中观师，谓于名言许外境者，名经部行中观师；及于名言不许外境者，名瑜伽行中观师。就立胜义亦立二名，谓许胜义谛现空双聚，名理成如幻；及许胜义谛唯于现境断绝戏论，名极无所住。"洛旦西饶云："就胜义门所立二宗，是令愚者觉其希有。"此说极善。①

以上引文主要说明了印度大乘佛教的中观宗，以及藏传佛教史上的中观思想都是凭借着经典注释或诠释的形式，建立了宗派义理，建构了思想体系。具体讲，龙树以理解、诠释《般若经》的方式为载体，创立了中观思想，其开宗明义之作是《中论根本颂》，此谓根本中观师。此亦可谓龙树借经抒意也。龙树的传承弟子分别为佛护、清辨、智藏、月称、寂护、莲花戒，他们依次写了解释其师傅龙树《中论根本颂》的诠释文本：《中论佛护释》《般若灯论》《入中论》《中观明句论》《中观庄严论》《中观光明论》等，由于他们对龙树中观思想的理解与诠释各异而形成了不同的中观派支系，从名言世俗谛的角度形成了两类中观师，于名言中许有外境者，名作经部行中观师；于名言中不许外境者，叫作瑜伽行中观师。从胜义谛的维度亦成立两种中观师，承许胜义谛现空双聚者，名理成如幻中观师；主张胜义谛唯于现境断绝戏论者，名极无所住中观师。此谓有偏向之中观师，此亦可谓借论发挥耳。

① 宗喀巴著，法尊译：《菩提道次第广论》，载《宗喀巴大师集》卷1，北京：民族出版社，2001年，第396页。笔者对法尊译文有所修正，特此说明。

（一）《般若经》之文本原义与龙树之作者原意

中道观是大乘佛教中观宗根本义理观，是由其鼻祖龙树依《般若经》旨创立，主旨是“一切法不可得故，是为应般若波罗蜜行”。此谓“不可得”“如幻化”“空”。为凸显其义，讲了四空、十六空、十八空、二十空。说这么多空看似陷入了虚无主义、相对主义的泥坑，事实上，《般若经》还是在讲两点论。通俗说，它是脚踩两境地，一只脚在世俗这边，另一只脚在神圣那头。这体现了佛世尊关于世间与出世间、世俗与神圣、经验与超验双轨并行的深刻蕴涵，《般若经》云：“不离诸法而得涅槃。”[①]“不坏假名而说法性。”[②]“色不异空，空不异色。色即是空，空即是色。受、想、行、识亦复如是。”[③]这些经典话语深刻阐明了《般若经》的中道旨趣。

大乘佛教初期，龙树创立了中道义，其代表性论书《中论》秉承了《般若经》之中道观。故，龙树中论亦可谓“般若中观”。对龙树的中观论，学界亦有不同看法，有些学者从虚无论的角度去理解，认为《中论》的主旨是否定性、解构性、封闭性的，因它过分强调了破、空，甚至将其推到了极端的边界。故遭大空或虚无论的责难。此说并未契入龙树《中论》之堂奥。龙树处在印度社会诸宗并兴、争论纷起的时代，遇到了两方面的思想攻难，一是印度外道诸论向他挑战，如数论派主张一切果法的生起，都是从“自性”（二十五地之一）中生起的。自性中已有了一切果法存在，故曰“因中有果论”。二是佛教内部对他的质疑。如部派佛教的有部对缘起和自性关系的观点等，他们都从实有论、实体论、实在论方面破斥《般若经》的中道观。在如此思想辩难下，龙树从否定性、解构性、批判性的维度强化一切诸法自性空、自体空、自相空义，由此

① 僧肇：《涅槃无名论》，见《大正藏》第45册，第161页。
②《大般若波罗蜜多经》，见《大正藏》第8册，第473页。
③《般若波罗蜜多心经》，见《大正藏》第8册，等848页。

来拒斥、消解执一切诸法是实体性存在的颠倒性认识。从这个角度看,《中论》确实趋于否定性、解构性的思维定势。但不能因此就说龙树是破而不立或曰只破不立的大空论者，或者用佛教的语言讲，他是主张恶趣空者或曰是断见论者。从《中论》文本的内在结构即知，他在解构独立的实体性事物，并在此基础上否定实体性存在偏执的同时，内在地肯定缘起、现象、名言存在的合法性、合理性。从“二谛论”看，要明确世俗谛和胜义谛是以一切法为对象而确立的。是在一法上或曰在一对象上所安立的世俗谛之体性和胜义谛之体性：即见真实义智所缘的体为胜义谛体；见虚妄境识所缘的体为世俗谛体。例如谷芽有见真实义的理智所缘的谷芽体和见虚妄境的名言识所缘的谷芽体，前者是谷芽的胜义谛体，后者是谷芽的世俗谛体。[①] 此所谓一体两面,相即无碍也。《中论》说:“诸佛依二谛，为众生说法。一以世俗谛，二第一义谛。若人不能知，分别于二谛,则于深佛法,不知真实义。”从龙树观察世出世间的态度、角度、标准看，既仰望圣佛又俯视众生，体现了智悲双运的大乘情怀。由此而彰显的层次与路径便是“若不以俗谛，不得第一义，不得第一义，则不得涅槃。”这说明重要的在于建构俗谛与真谛一体两端的本体论，此两端如车之两轮、鸟之双翼，须臾不可分离。且亦俗亦真，俗亦通真，权宜的世俗谛必然会导致终极的胜义谛。从“三是偈”看，[②] 他说:“众因缘生法，我说即是无，亦为是假名，亦是中道义。”[③] 我们主张众多因缘所生法，这就是空性。它乃是表征对依赖性存在设计的符号。由依赖而施设名称故,彼非由自主有或自性有。因此,不堕入自性有之常见边。又,彼非由自主有而由观待有或依赖有，如此依赖而由假名安立有。所以，不落入毕竟无之断见边。如此远离常断之两边而住于中间。如此理解而

① 观空:《中观宗二谛略义》，见《龙树六论》之附录，北京:民族出版社，2000 年，第 563 页。
② 龙树 :《中论根本颂》，载《龙树六论》，北京 : 民族出版社，2000 年，第 35 页。
③ 龙树 :《中论根本颂》，载《龙树六论》，第 36 页。

形成的见地，就是中道也。这说明缘起与性空之间不是发生学上的先后关系，而强调了两者之间的同时性、内在性、贯通性。因他说："未曾有一法，不从因缘生，如是一切法，无不是空者"①。从其字里行间就能体味龙树中道观所蕴含的空有双聚无二的辩证法。凡事有破必有立，龙树《中论》的主旨用:"不破不立，破字当头，立在其中"概括比较恰当。处于当时印度社会的哲学与宗教界的境遇，龙树更多地强调了一切事物和现象的否定性、解构性、批判性一面，但其中也必然包含着对一切事物和现象肯定性、建构性、包容性的一面。此并非是对龙树《中论》文本的过度诠释,而是文本原义的纯然自现。笔者把龙树的中道观叫作"内在建构性中观论"或曰"破他显己中观论"。

二、龙树诸弟子对《中论》原义之解读与诠释

龙树以降，其追随者从各自不同的角度诠释和解读《中论》，第一家是佛护及《中论佛护释》，这个注释是照着龙树《中论》的否定性、批判性思维方式理解对象的。其标志是用被后人称为"应成论式"的方法来破他显己，如破数论派"因中有果"论时说："诸法不从自生，生应无用故、生应无穷故。诸法已有自体：若复更生，则成无用；若有已复生，则终无不生矣。"②这是佛护在方法论上采用的应成破式或曰归谬法，它的特点是"未说有自相的自续宗、因、喻"。也就是说，他没有采用因明三支比量的破立方式。这时佛护对中观的名称尚不清晰，对应成论式的使用也不是十分的自觉，更未从方法论的角度梳理定格，开创应成派的车轨。他对二谛的解释也尽显特色。

诸佛世尊宣说佛法是依二谛而说，所谓世间之世俗谛是：于诸法之自性空由世间颠倒而未通达，故观见诸法之生起。此即是如实之世间世

① 龙树：《中论根本颂》，载《龙树六论》，第36页。

② 佛护：《中论佛护释》，载中华大藏经《丹珠尔》卷57，北京：中国藏学出版社，2000年，第1253页。此汉译文为法尊所译。

俗中之谛，故谓世俗谛。所谓胜义谛是由诸圣者熟知颠倒，故能观见一切诸法无生。此即是如实之胜义中之真实义，故谓胜义谛。若不了知彼诸世俗谛及胜义谛两者之差别，则不能领悟佛教言之甚深义。如此而思维言说承许之义，即是一切诸法无生之胜义谛。①

处在世间世俗的人们因被无始无明所覆故，于诸法之自性空迷惑不解，故形成了颠倒的认识。由此而观见世间一切诸法有生、住、坏、灭，他们将其视为真理性认知，故曰世俗谛。诸圣者用无分别智观察对象就能体悟到一切诸法无生无灭、空无自性的究竟实相，故谓胜义谛。其二是提出了正确认识二谛关系论之重要性,若不能正确认识二谛之差别性，则不能认识佛教言之精深义。接着佛护诠释“三是偈”时说：

> 我者说诸缘起法是何者？此为空。即彼此依赖而安立，此亦是中道义。若有某一法，则彼法是相互依存而生起，相互依存而安立。是故，未曾有一法，不从因缘生，如是一切法，无不是空者。此谓，我说一切缘起法的本性是空的，此空乃是表示相互依存而假安立之名称，此亦是中道义。若一切不空则无有生灭如是则无有四圣谛之法。②

这里的核心话语是：“相互依赖而假名安立”是缘起与性空既互相交融又彼此区别的中道义。据此，佛护之诠释是对龙树中道义在同一方向上的延伸和照应。这样，佛护对龙树《中论》的诠释处在方法论诠释学的阶段。佛护之后又出现了清辨、智藏一系解释龙树《中论》的一派，他们指责佛护的解释而另立自己的主张。他首先站在诸法于名言中有自相的立场上破斥佛护：“诸法不从自生，生应无用故、生应无穷故，此

① 佛护：《中论佛护释》，载中华大藏经《丹珠尔》卷 57，第 1254 页。
② 佛护：《中论佛护释》，载中华大藏经《丹珠尔》卷 57，第 1254 页。

不应理。未说因喻故，未除他难故，是有便说故。若以返义为所立者，由其法返是谓诸法应从他生，生应有果、生应有穷，故违自宗。”[①]这里清辨指出了佛护这一说法的过失：他的这种论说没有阐明破数论派自生论的足够理由，因为他不合乎因明的比量格式，故未圆满。一方面有未诠说因、喻的过失；另一方面有未破除由他所说过失的过失。故，此词语为他者留下了寻找过失的缝隙。总之，清辨反复阐明了由自己安立自续因来破他立己的种种理由。清辨的思路可概括为：先立正宗，以为归趣；次驳敌论，除去谬见；后引结论，成其正见。

清辨认为，龙树是从胜义谛的角度否定了实体性的存在，也就是说在胜义谛的范围内，一切诸法皆无自性、无自相、无自体，这一点是不容置疑的。但在世俗谛的领域是否也如此？清辨认为在世俗经验的范围内一切名言所安立的所依体是无谛实而有自相的。若不承认这一点则是违反常识的，世间的人们是无法接受的。据此，清辨一系中道观是接着龙树的中观义讲的，他的诠释是对龙树中道义在同一方向的延异和接应，故有承前启后、继往开来的功效。清辨对龙树《中论》的诠释已进入了本体诠释学的阶段。笔者将这一中观派的宗义叫作具有建构性的中观论。这样，中观到了清辨，就有了根本的思想转向，他在龙树中道观的基础上，吸纳因明宗、因、喻的推理方式，形成了具有建构性的中道理论体系，中观宗派之名称也由清辨第一次明确提出，从而使中道观以宗派见地的形式出现。他对二谛的诠释也别具一格。

释曰：世间之世俗是世间之名言，此如是也：如说色等诸法之生、住、灭相，如说提婆达多去来、毗师奴蜜多罗吃食、须摩达多坐禅、梵摩达多解脱等，由世间名言故，未颠倒也，此即是世间之世俗谛。第一义者云何？谓是有义而第一故，名第一义。又是最上无分别智真实义故，名第一义。真实者，无他缘等为相。若住真实所缘境界无分别，彼者有第

① 清辨：《般若灯论》，载中华大藏经《丹珠尔》卷 57，第 987 页。

一义故。彼开示遮破、随顺、无生等，及从闻思修中生起之智慧为第一义。是通达第一义之方便故，为非颠倒。[①]

这里，清辨对世俗谛的诠释特别引人关注，他确定人们在世俗经验的范围内所耳闻目睹到的生、住、坏、灭等自然现象；衣、食、住、行等人伦日用；修行者所践行的坐禅等宗教行为、所追求的解脱等宗教目标在世俗世界的范围内是真实存在的，并且发挥着真实的作用。因此，它在世间世俗的范围内并非是颠倒的认知，而是属于真理性的认识。用现代哲学的语言讲，它是相对真理。胜义谛是，有意义而殊胜且真实的认知，也叫根本智。它所观照的对象是宇宙和人生的究竟实相。从佛护与清辨对世俗谛的定义中即可明见两者的观点不同，佛护认为世俗谛的认识是颠倒的。因为，凡是世间有漏识，即世间凡夫的认识所见的一切境相都已增益了一层实有的色彩，都已失去了诸法的本来面目，故它毫无真理可言。而清辨认为在现实经验的范围内存在的一切事物都是无谛实而有自相、有自体。因此，人们在此范围内对它的认识也具有真理性，这叫作正世俗。对它的错误认识，即谓倒世俗。清辨的继承者智藏在《辨析二谛之论释》中提出正世俗与倒世俗的概念。[②]清辨在《思择焰》中更为明确地阐述了名言中一切诸法有自相的观点："我等在名言中于识上直接安立我之词语。如是识亦返有或曰往生故，是我也。谓我是依身与根之聚合来直接安立的。"[③]

这里有两层意思，一者如是将补特伽罗名称之事相安立为意识，它是有自相的。二者如是将补特伽罗名言之事相安立为身根等诸蕴聚合。这是说在世俗名言谛的范围内，所谓人我名言的所依体是诸物质元素与精神现象和合而形成的，它是无谛实成就而有自相、有自体。关于这个

① 清辨《般若灯论》，载中华大藏经《丹珠尔》卷57，第1378页。
② 智藏：《辨析二谛之词义品》，载中华大藏经《丹珠尔》卷62，第755—759页。《辨析二谛之释论》见该书第761—888页。关于正倒两种世俗的论述，从其第766页始。
③《思择焰》，载中华大藏经《丹珠尔》卷58，第6品，第200页。

道理，清辨在《般若灯论》中作了进一步的阐述：

此中若谓色之事于意之所言及名之所言遍计所执性中无，则是损减世俗之诸法也，以损减意之所言及名之所言故。无论如何由彼二法所遍计义，彼即非有，譬如于绳妄起蛇觉。然遍计执非无所有，以现彼相乱觉所计虽无遍计执义，然于名言中说于盘蛇而说无蛇者，世间违害。若于胜义中简别有事者，则由随顺中观宗义而说。于胜义中无实蛇故，从自性中无生故。[①]

清辨的这两段话语按笔者的理解，如某人黄昏时分将一盘绳认作蛇，虽然此处没有蛇，他把绳误认为蛇是遍计所执性，这是完全错误的，但在他的心意中已产生了蛇的意识，名言中已有了蛇的概念，这是心语口曰之客观存在。若不承认，则是谤世俗之有也。即违害了世间共许的名言，据此，他是主张名言中诸法有自相成就的。而且，这个名言还有正量的性质，这个观点也出现在他的重要著作《掌珍论》中：

真性有为空，如幻缘生故。此中世间同许有者，自亦许为世俗有故。世俗现量生起因缘，亦许有故，眼等有为世俗谛摄。牧牛人等皆共了知，眼等有为是实有故。勿违如是自宗所许现量共知，故以真性简别立宗。真义自体说明真性，即胜义谛。就胜义谛立有为空，非就世俗。众缘合成，有所造作故名有为。[②]

这是说，世间的人们共同认可为存在的，这是清辨自己承许为世俗有的缘故；这也是依凭感官而获得的真理性认识的原因。凡是依凭感官

① 清辨《般若灯论》，载中华大藏经《丹珠尔》卷 57，第 1410 页。
②《大正藏》第 30 册，第 267 页。

而获得的真实的认识都是真实存在的，如眼等有为法都包括在世俗谛中。这也是牧牛人等都共同认识眼等有为法是实有的缘故，我们不能违反这样的自己宗派所承许的共同的真实认知，即现量。所以，用真性来简别所立之宗义。真实义的本性，即谓真性，亦即胜义谛。依胜义谛而设立"有为空"，而非依世俗谛。后来，藏族学者将此中道观者称为"中观自续派"，即：主张就名言的范围而言，诸法皆以自相而存在的说无自性宗，是自续派的定义。何以称为中观自续派，因为此派主张凭借真正的因，此正因由存在的三条原则所构成，就能破除一般人认定诸法实体性存在的错误观念，所以称为自续派。[①] 其中，清辨与智藏的中道义叫作"经部行中观自续派"，它的根本观点是，在世俗谛的范围内，即"谓于名言中许有外境者，名经部行中观师"[②]。笔者将此派的宗义称为"客体建构性中观论者"，中观自续派的另一支代表人物及其著作是寂护《中观庄严论》和莲花戒《中观光明论》。关于他们的核心观点，寂护说："由是依唯心，即知无事外，又是依此理，当知心无我，骑二理大车，牵正理牛鼻，彼达如实义，当获得大乘。"[③] 其基本观点是："名言中许有内心而无外境者，谓瑜伽行中观师。"[④] 笔者将此中观系叫作"主体建构性中观论者"。中观自续派体系架构内出现的智藏及《中观二谛论》、寂护及《中观庄严论》、莲花戒及《中观光明论》三人合称为"东方三自续"。这样，中观派的思想体系中产生了巨大的内在张力。清辨之后，又出现了与清辨之中道观反向而行而与佛护之中道观同向而行的中观派大师月称。他首先力挺佛护而狠破清辨，他在《明句论》中明确指出清辨在《般若灯论》中对佛护的诸种批评都是有出入的、错误的。月称看来，中观

① 嘉样二世·晋美旺波著，班班多杰译：《宗派建立宝鬘论》，见班班多杰：《藏传佛教思想史纲》附录，上海：三联书店上海分店，1992 年，第 360 页。

② 宗喀巴著，法尊译：《菩提道次第广论》，载《宗喀巴大师集》卷 1，第 396 页。

③ 寂护：《中观庄严论》，中华大藏经《丹珠尔》卷 62，第 903 页。

④ 宗喀巴著，法尊译：《菩提道次第广论》，载《宗喀巴大师集》卷 1，第 396 页。

派的根本宗旨是一切诸法皆无自性。这便决定了是中观宗则不许自续因。月称由此而开辟了中观应成派之车轨。而清辨则主张自续因，由此产生了中观自续派与中观应成派之差别。这里的核心问题是中观宗不应该承许自续因，但清辨自己主张名言中由自相有。佛护等认为名言中有自相则不适宜、不应理，故对其破斥之。月称对此仔细观察后发现，中观龙树之究竟意趣是乃至于名言中亦破自相，名言中亦不许有自相，这是中观宗的基本立场所在。另外，在胜义、世俗二谛的安立上，月称说："由于诸法见真妄，故得诸法二种体，说见真境即真谛，所见虚妄名俗谛。"[①]据此，月称对二谛的解说是照着佛护讲的，尤其是解释俗谛时说："余世俗谛体者，谓诸异生为无明翳障蔽慧眼，由彼妄见之力所得体性。"[②]由无始无明力遮蔽诸法真实义，故凡夫的认识是颠倒的。他说：

> 由于无知而能整体障蔽法之真实性故，谓世俗；或由互相依赖故谓世俗；或者世俗是"名"，即谓世间之名言称之。……世间之世俗谛，即世间世俗谛，所有所诠、能诠、所知、能知等之名言，无余而包涵之一切皆谓世间之世俗谛。[③]

此意在以下论述中说得更明确：

> 何者是性空？彼是依赖而安立，性空是谓依赖假名而安立，此谓安立也。例如依赖轮等车之支分而安立车，彼由依赖自己之支分而安立，即是自性不生，彼自性不生即性空。由自

① 转引自宗喀巴著，法尊译：《入中论善显密意疏》，载《宗喀巴大师集》卷 3，北京：民族出版社，2001 年，第 315 页。
② 转引自宗喀巴著，法尊译：《入中论善显密意疏》，载《宗喀巴大师集》卷 3，第 316 页。
③ 月称：《中观明句论》，中华大藏经《丹珠尔》卷 60，第 395—396 页。

性不生性相者之性空，彼是中道义，如此而安立。[①]

是故，谓性空，依赖而安立假名，中道是众缘而生起或曰由依赖而关联之具体名称，简单说，即是随缘而立之名也。[②]

据此，在月称看来，世俗世界里的一切主客观现象无不是相互依赖、相互关联，人们由此而约定俗成安立的一系列名称，实际上，无有其对应的实体性存在。但它能诠表诸法之性相，通指能诠、所诠、能知、所知等一切有体相的法，仅是指能缘的“名言心”而已。所以世俗谛亦称“名言谛”。世俗谛的“世俗”是指“增益无明”,因为它对于本来不是“由自性有”的色声等诸法循名执实而增益执为是“由自性有”。若不是增益无明的心就不认为诸法是由自性有。笔者认为佛护、月称主张不单是出世间,就是世俗世间范围内的一切诸法仅仅是以名言概念的形式存在,笔者将他俩的中观应成派见叫作“名言建构性中观论者”。如何看这名言谛？月称说:“若许世间是正量，世见真实圣何为，所修圣道复何用？愚人为量亦非理。世间一切非正量，故真实时无世难。”[③] 这是说，因世间人们的认识是颠倒的，故其认识皆无真理性，即正量智。

清辨主张名言中有自相，是因为一切诸法名言之所依体虽不是谛实有，但有自身存在的相状、体相，故自相有。佛护与月称则不承许名言中有自相，这是因为一切诸法名言之所依体也是缘起法，是缘起就不应该有自性，而恰恰应该是无自性的空，这样的推论在逻辑上必然是顺理成章、心安理得的，否则会出现自语相违的过失。正如宗喀巴说 :“由缘起因故自性空，故缘起义现为无性空性之义，即是龙猛菩萨不共之宗。”[④] 龙树缘起无自性之中道观因此而独树一帜,也是中观论

① 月称 :《中观明句论》，中华大藏经《丹珠尔》卷 60，第 406—407 页。
② 月称 :《中观明句论》，中华大藏经《丹珠尔》卷 60，第 406—407 页。
③ 月称著，法尊译 :《入中论》，中华民国三十一年，晋云山汉藏教理院编译本，第 47 页。
④ 宗喀巴著，法尊译 :《菩提道次第广论》载《宗喀巴大师集》卷 1，第 405 页。

之根本精神。

综上所讲，印度佛教大乘中观思想的产生，并以此形成的中观宗，以及由其思想的传承变异而出现的中观派众多支系，都是采取经典诠释为形式而建构各自的佛教哲学体系。这是佛教诠释学的一大突出特点。

二、般若中观在中国佛教中的流变

般若中观无论是在印度佛教，还是在中国佛教中都占据着半壁江山的地位，前者是源头，后者是流变，从前者转换为后者的媒介是语言文字，伽达默尔说：

> 语言就是理解本身得以进行的普遍媒介。理解的进行方式就是解释。……一切理解都是解释，而一切解释都是通过语言的媒介而进行的，这种语言媒介既要把对象表述出来，同时又是解释者自己的语言。①

大约在公元1世纪左右，佛教自印度传入了中国中原地区的汉文化圈。公元7世纪初，佛教又传入了中国西藏的藏文化圈。佛教传入汉藏两地的实际效应是将印度佛教的经典文本经、论、律，逐渐从梵文翻译为汉语文和藏语文，并用这两种语言文字为载体从事宣传和教化广大民众,使之成为佛教的信徒。也是用这两种语言文字理解和诠释佛教的经、论、律文本，并在此基础上著书立说，建立中国语境下的佛教思想体系，让佛教讲了中国话，从而实现了印度佛教的第一次语言学转向。在其过程中，般若中观最具典型性，如藏传佛教中的般若中观论。

① 伽达默尔著，洪汉鼎译：《真理与方法》上册，第547页。

（一）宗喀巴对般若中观之理解与诠释

做到朝向事情本身，还原研究对象的客观性和真实性，是研究工作者的当务之急和首要任务，伽达默尔说：

> 真正的历史对象就不是对象，而是自己和他者的统一体，或一种关系，在这种关系中同时存在着历史的实在以及历史理解的实在。一种名副其实的诠释学必须在理解本身中显示历史的实在性。因此我就把所需要的这样一种东西称之为“效果历史”。理解按其本性乃是一种效果历史事件。[①]

般若中观宗义在印度佛教中有自身产生、发展、演变之“历史的实在”，在古代西藏的境遇下，随着藏印译师们对中观诸经典文本的翻译及其注释的不断完善，对般若中观义形成了“历史理解的实在”，宗喀巴说：

> 智军论师云：“圣父子所造《中观论》中，未明外境有无之理，其后清辨论师破唯识宗，于名言中建立许有外境之宗。次寂护论师依瑜伽行教，于名言中说无外境，于胜义中说心无性，别立中观之理。故出二种中观论师，前者名为经部行中观师，后者名为瑜伽行中观师。”次第实尔，然月称论师虽于名言许外境有，然不随顺余宗门径，故不可名经部行者。如是有说同婆沙师，亦极非理。雪山聚中后弘教时，有诸智者于中观师安立二名，曰应成师及自续师。此顺《明显句论》，非出杜撰。故就名言许不许外境定为二类。[②]

① 伽达默尔著，洪汉鼎译：《真理与方法》上册，第429页。
②《菩提道次第广论》，见《宗喀巴大师集》卷1，第396—397页。

宗喀巴的这一总结性论述，说明藏传佛教前弘期吐蕃人智军大译师已察觉到印度佛教中观宗内部出现的分门别派现象。清辨在破唯识宗的过程中，建立了“于名言中许有外境”之经部行中观师；寂护则以唯识宗义建构了“于名言中说无外境，于胜义中说心无性”的瑜伽行中观师。这是吐蕃智者对印度般若中观宗义的理解、诠释的框架概念。藏传佛教后弘期以降，藏传佛教大德们又将印度佛教中观宗分立并命名为应成师及自续师。这是后弘期藏传佛教智者对印度佛教般若中观义的进一步解读和诠释，它标志着藏传佛教历代学者对般若中观宗义的整体诠释，其中宗喀巴的理解和诠释达到了造极之境地，其特殊的表达方式蕴含在《三主要道论》中：

首先，如何了知清净见观察尚未圆满。宗喀巴说：“现相缘起不虚妄，离执空性二了解。何时见为相违者，尚未通达佛密意。”[①] 现相缘起方面不虚妄与自性实有方面丝毫亦无有。将这两方面作为各自呈现，各个对立来理解，则没有圆满通达佛的究竟密意。有些人理解“有”即“自性有”，“无”即“毕竟无”，没能分清“自性有”与“缘起有”，“自性无”与“毕竟无”的边界。把“自性无”与“毕竟无”混为一谈，将“自性有”与“缘起有”同日而语，这都是对缘起性空义的窒碍未通处。所谓“毫厘之差，千里之谬者，其在此矣”。因此，宗喀巴着力辨别此“二有”与“二无”之间的异同共殊关系。这是把藏传佛教史上所一间未达者，为之戳穿点破，可谓是“百尺竿头，更进一步”了。

其次，清净见观察圆满的标准。宗大师说：“不拘一面而同时，在见缘起不虚妄。即灭实执所执境，尔时见观察圆满。”缘起与性空不再轮流替换，各执一边，而能彼此摄受，互相包含。若能如此，便能了知

① 星东·旦巴嘉措：《三主要道论释》，见《颂词释解汇编》，兰州：甘肃民族出版社，1997年藏文版，第56—83页。其汉译原文为观空法师所译，解释文参考了仁钦曲扎先生的译文，特此说明。

性空与缘起二者可在同一事物上安立而相资为用，相得益彰，圆融无碍。质言之，通达缘起之义即是无自性义，而无自性义即能引发因果缘起不虚的有力定解，此时已达中观应成派之清净见圆满观察。因缘起与性空之间虽二而一、虽一而二，不相妨碍，具有一脉相通性。故龙树曰："此皆自性空，依彼生此果。二决定无碍，更互为助伴。唯此为甚奇，唯此最希有。"以木棍为例：当有人说由它自己不能支撑时，说到了性空之一面，即知须依仗他物。当某人说其须依赖时，说到了现有之一面，即知由它自身不能站立。如是，若说由自性无时，非是根本无，应作缘起义之解，若说缘起时，不作独木能立之解，应作由自性空义之解。[①]故此独木难支喻既断除了常见边，又破除了断见边，即谓之中道也。木棍既尔，诸法例然。于此，宗喀巴说："由此缘起而远离常断极难通达也。"[②]

再次，宗喀巴之殊胜之处。宗喀巴说："又由现有除有边，及由空性除无边。若知空性现因果，不为边执见所夺。"这四句偈颂把般若性空义揭示得词理圆备，文义俱竟。中道之宗旨所归，皆在此四颂也。故可称宗喀巴之"四句教"。宗喀巴以外的派别，认为由现相除无边，由空无除有边。宗喀巴则特别注意一种倾向掩盖着的另一种倾向，提出"由现有除有边，由空性除无边"。其意思是"有"是"缘起有"，即因果关系不虚而存在，并发挥着自身的作用，但这种存在和"有"不是自性有、自相有、自体有，即它不是孤零零、赤裸裸的实体性存在，而是一种关系性存在、过程性存在、对待性存在、结构性存在，功能性存在。因此，在说缘起有的同时，所要警觉或破除的是将这一"有"作为恒定的、绝对的、实体化的存在来看待的倾向。如当我们在夸奖某人时，客观的评

① 星东·旦巴嘉措：《三主要道论释》，载《颂词释解汇编》藏文版，第73—74页。
② 宗喀巴著，法尊译：《辨了不了义善说藏论》，见《宗喀巴文集》卷4，北京：民族出版社，2001年，第59页。

价只能说“好”，而不能说“绝对好”，说“绝对好”，这个人便成了没有缺点的完人。实际上“人无完人，金无足赤”。列宁说：顺着这样的思路，“只要再多走一小步，仿佛是向同一方向迈的一小步，真理便会变成错误”①。“缘起有”是正确的，然将“缘起有”说成是“自性有”，则将“缘起有”的真理推到了绝境，犯了常见边的错误。这便破除了现象有所掩盖着的自性有倾向。此谓“以功能有破实体有”。同样，“由空性除无边”，说诸法自性空，是就一切事物不是实体性存在、自主性的存在而言，而并非是说空就是因果缘起什么都不存在，简直是空如零、压根无，即毕竟空之谓也。因此，说自性空是对的，但由此而夸张地说自性空就是什么都不存在，什么也没有。这样又把自性空的真理推向了极端，犯了断见边的错误。故此句破除了自性空所掩盖的断灭空、恶趣空倾向。这叫“以实体无破根本无”。如是，则既不犯恒常之过，亦无断灭之失。此为不落两边之中道。至此，宗喀巴中道观之玄宗妙旨，举意全彰也。

以上内容由繁为简，因缘起有故，须除掉自性有之边见，即除剩下的便是自性无，此谓缘起有中包含着自性无，甚至可说缘起有本身就是自性无。但缘起有不等于自性无，可见缘起有与自性无的联系与差别还是显现可见的。由自性无故，须除去毕竟无，除就剩下的就是缘起有，此亦谓自性无中包含着缘起有，甚至可说自性无本身就是缘起有。但自性无不等于缘起有。可知自性无与缘起有的联系与差别是同住共存的。有说到底是无，无说到底是有，两者之间一脉贯通，具有内在的契合处。这说明就本原而言，不是空有之二极对立，而是空有之互动、互助、互显、互补、互渗的关系。用佛教哲学的语言表达，即性空是缘起的内在本质，缘起是性空的外在表现。此谓真空妙有之义。若将此义纳入到对立统一关系中思考：辩证法认为矛盾的双方不仅互相依存，而且互相渗

①《列宁选集》卷4，北京：人民出版社，1972年，第257页。

透、互相贯通，存在着由此达彼的桥梁，这就进一步表现了对立面之间的联系是内在的、有机的。它表现在三个方面：其一，表现在二者之间的相互依赖，即“你依赖我，我依赖你”；其二，表现于二者间的相互包含，即“你中有我，我中有你”；其三，表现于某些事物之间的直接同一。有些事物，双方不仅互相依存，互相包容，而且直接同一，如“你就是我，我就是你”。马克思在论述生产和消费的同一性时就指出了这“直接同一性”，[①] 即生产过程同时是消费过程，消费过程同时是生产过程。宗喀巴的中道观也如同马克思所讲的生产和消费的直接同一性，将缘起和性空、有与无实现了直接同一性。这说明世俗经验之认识与胜义超验之认知似相通，而实有天渊悬隔之别。他们都恪守了各自内在的质的规定性。按照此对立统一规律关于矛盾同一性的两种情形来衡量，经验范围里的认识处在矛盾同一性的第一种状态，辩证思维的认识则处在矛盾同一性的第二种状态。由此细而推之，对立统一不仅是矛盾之对立，并且是由克服对立而达到内在的和谐一致，此谓“仇必和而解”也。道学家程颢说:“吾学虽有授受，但天理二字却是自家体贴出来。”[②] 吾等亦可云,宗喀巴之义理虽上承龙树、提婆般若中观之总门,下启佛护、月称中观应成之别旨，但其中之此偈颂是他独自体贴出来的中道精髓，它突破了传统的思路框架，照亮了原来看不见的思想盲点。是发前人之未所发，而后来者也不能改变的。这也证实了伽达默尔的一句名言：“我们必须比作者理解他本人更好地理解作者。”[③] 藏传佛教史上的诸多学人皆未明此曲径通幽之旨也，正如土观所说：“吾师一切知有云：关于见方面的义理，仁达瓦与宗大师所持的见解是相同的。但是，提出由于‘有’故，遣除有边，由于‘空’故，遣除无边，于空性中能

①《马克思恩格斯选集》卷 2，人民出版社，1972 年，第 95 页。
②《河南程氏外书》卷 12，见《二程集》第 2 册，第 424 页。
③ 伽达默尔著，洪汉鼎译：《真理与方法》上册，第 419 页。

显示因果之理，此则是宗大师不共之处。”[①] 对中观正见作如此深思熟虑、明照精察、妙悟神解，并在雪域高原弘扬广大者——宗喀巴，这是他不同于其他藏传佛教学者的特殊之处。

另外，宗喀巴还提出了“名言由量所成就”的著名命题，其理论源头已在前面论及，现主要讨论此命题的内涵及功用。宗喀巴在引用了清辨《般若灯论》中的这段话后即说：“若他于绳妄执为蛇，义虽非有，然思维于盘蛇而执著为蛇之义，于名言中彼义实有。如是于色若执为受，其境虽无，然于色上即执是色，彼境能说名言中有故。”[②] 宗喀巴意为，认绳作蛇是义虽非有而当作有，是完全错误的认识，但在其思维所及、言语所表的范围内已有了蛇的感受、蛇的意识、蛇的概念。此谓“意之所思，名之所言”也。宗喀巴引用清辨《思择焰》中的话说：“聋哑等类不善名言，然亦了知瓶等之义。牛等畜类从色香等，亦能了知自他犊子，故由名言所立之诸法，非住真实性也。瑜伽诸师与中观师所许相同。”[③] “故云此是色、此是色生等而安立之所著境，彼由是安立义，彼亦是于名言中由自相有，非相无自性。故，破胜义有，说胜义相无自性是经之本义也。”[④] 宗喀巴的诠释义是说，用此意在阐明一切诸法在世俗经验的范围内意可思，名可唤，具功能，故有自相。例如，聋哑人和畜生类为意可言，一般的凡夫俗子不但可以意可思，而且名亦可唤。这是名言中一切诸法有自相、有自体的具体案例。

宗喀巴在引用了清辨以上话语的基础上说：“……立彼诸识错乱之因，谓如所现无自相义，此乃观察有无自相之理智所能成立，非名言量之所能成，故待名言量，非为错乱。现第二月及现影像等诸识，如所现

① 土观·洛桑确吉尼玛著，刘立千译：《土观宗派源流》，拉萨：西藏人民出版社，1999年，第137页。
② 宗喀巴著，法尊译：《辨了不了义善说藏论》，见《宗喀巴文集》卷4，第61—62页。
③ 宗喀巴著，法尊译：《辨了不了义善说藏论》，见《宗喀巴文集》卷4，第62页。
④ 宗喀巴著，法尊译：《辨了不了义善说藏论》，见《宗喀巴文集》卷4，第62页。

义无第二月及本质等不待理智，即由名言量便能成立。”[①] 这便是“名言由量所成就”的命题，它的提出似部分接受或改进了清辨“名言中许诸法有自相”义。因宗喀巴说：“月称论师于《中观论》之诸解释中，唯见佛护论师圆满解释圣者意趣，故以彼为根本。亦多兼采清辨论师所有善说，于其略有非理者亦破除之。由此而正解圣者之密意也。”[②] 这是说，宗喀巴自己在理解和诠释龙树中道观时，主要是以佛护、月称的诠释为依据。清辨对龙树中论的诠释，正确的部分全部采纳之，不合理的部分破斥之。这个所兼采借的正确善说部分中似包含着宗喀巴“名言由量所成就”的独创性命题。藏传佛教古贤中在理解宗喀巴所宗奉的中观应成派“不许一切法有自相，乃至名言中亦不许有自相、有自性等”之义时，故多偏向于空，不善安立世俗谛，易堕断见。面对这种状况，宗喀巴在佛护、月称与清辨之间巧取善补，综合创新而提出此命题。从前面的论述看，月称主张“世间一切非正量”即世间人们的认识无真理可言。对此义，宗喀巴作了特别的解读：

> 如果许世间见于真实义是正量者，世间常人皆已现见真实义故，复是无始生死以来即已见故，应许已断无明，则为现证真实义，何用余诸圣者？亦复何用勤求圣道也？然许世间通常愚夫，于真实义为正量，亦非道理。故观真实义时，世间常见于真实义一切非量，故观真实义时无世间妨难也。

有说此宗即云：“世间一切非正量”，是全不许为量，故非善宗。有说此宗极为善哉。而俱未解论师所许，妄为解说，徒自出丑。论说世间常见于真实义一切非量，误为总说不许为量故。又能量所量如《显句论》

① 宗喀巴著，法尊译：《菩提道次第广论》，见《宗喀巴大师集》卷 1，第 425 页。
② 宗喀巴著，法尊译：《菩提道次第广论》，见《宗喀巴文集》卷 1，第 397 页。

“破有自性，安立观待之能量所量。”[①]

宗喀巴认为，有些人对月称论师的“世间一切非正量”持赞成态度，有些则持反对意见。这些都表明他们没能理解月称论师的本来意思，误认为月称从整体上不承认世间有正量，实际上月称是从胜义谛与世俗谛的角度去论说正量智的。量分为胜义谛之正量和世俗谛之名言量，正如月称论师所讲：“由于诸法见真妄，故得诸法二种体。说见真境即真谛，所见虚妄名俗谛。”[②]

用现代哲学的语言讲，真理分为绝对真理和相对真理两种，绝对真理是属于超验的、本质范围内的，相对真理是属于经验的、世俗的，两者在各自的范围内，都是有效的、有作用的，此为宗喀巴大师对月称“世间一切非正量”命题的特别诠释和发挥，亦是他所谓“名言量所成就”的本义。无论宗喀巴如何发挥月称的这一思想命题，从月称的直接论述来看，他是不承认世间名言具有量所成就的性质。因此，宗喀巴此命题的建立，主要是接受了清辨之义而非月称之思。

在此基础上，宗喀巴总结了安立世俗谛所具备的三个条件。他说：“此义当释。此于名言许有许无，为从何门而安立耶？谓若有一名言识是所共许，如所许义，余名言量无能违害，及能如理观察真实或有无自性，以此正理亦无违害，则于名言许彼为有。与此相违，即许为无。其名言识，谓任于何法，惟如所显随顺义实如是耶，名不思择真实义识，非是一切全无观察。此惟如世间共许，或如名言识显现而转，非观真理为何而随转故，亦名世许。”[③]宗喀巴的这个论述简约地讲，即此命题具备的第一个要求是名言识所共许，它指一般人的六种感觉器官所获得的共识。这个感性认识于对境只是随其所现而转，不再拷问其对境是否真

① 宗喀巴著，法尊译：《入中论善显密意疏》，见《宗喀巴大师集》卷3，第334—335页。
② 宗喀巴著，法尊译：《入中论善显密意疏》，载《宗喀巴大师集》卷3，第315页。
③ 宗喀巴著，法尊译：《菩提道次第广论》，载《宗喀巴大师集》卷1，第428页。

安。此命题具备的第二个要求是对名言识如何共许之义，它是以不妨害他人的名言量为前提。此命题具备的第三个要求是以不妨害观真实量为前提，也就是说不妨碍以正理伺察推求真如或一切诸法有无自性的真实量。特别是这后两条，宗喀巴强调说："故名言有，若以理智观如何有而有所得，则成相违。然须理智所不违害，余名言量亦不能害，以名言有须量成故。"① 符合以上三个条件的名言便成为"名言由量所成就"的命题。以上所讲，宗喀巴提出的这个命题中包含了极其丰富而深刻的关于人的认识论、真理论、符号学以及名言、概念的层次、范围、特质、路径、标准、作用、来源等重大的哲学问题。包含有否定之中新的肯定。这里需要特别提到的是，与此命题直接相关的是，在宗喀巴的"缘起性空"义中还蕴含着关于本质性空与现象有作用的内容。他说："佛许何时见，空即缘起义，性空与作用，成立不相违。若反彼而见，空不能有用，有用便非空，许堕忧险处。"② 又说："如是所显天人等即立为补特伽罗，所显色声等即立为法，故补特伽罗与法虽灭少许自性，然造业受果等与见色闻声等一切缘起作用皆得成立也。由一切作用皆成立故，非断灭空。由诸法本来如是空故，亦非由心计度为空。由一切所知境皆如是故。空者，非作用所空之空，虽无自性，须可安立因果缘起，凡依仗缘起而生者即自性空，故自性空是缘起义非生灭作用空义。"③ 据此说明事物本质皆空而由因缘所生安立之名言概念，皆得成立且发挥着作用。这是宗喀巴极有特色的思想闪光，他是对"名言由量所成就"概念的发挥和补充。清辨所主张的"于名言中由自相成就"思想催生出了宗喀巴的此命题。然两者的差别亦不可忽视，清辨的命题是事实判断，宗喀巴的命题是价值判断。

① 宗喀巴著，法尊译：《辨了不了义善说藏论》，载《宗喀巴大师集》卷 4，第 119 页。

② 宗喀巴著，观空译：《三主要道论》，见《藏语系佛教念诵集》，西宁：青海民族出版社，2000 年，第 137 页。

③ 宗喀巴著，法尊译：《菩提道次第略论》卷 7，见《宗喀巴大师集》卷 3，第 168—169 页。

综上所讲，宗喀巴对大乘佛教中道观的理论贡献表现在：方法论本体论上，在龙树“内在建构性中道观”的基础上，整合中观应成派与自续派两家的优长,创立了“二有”与“二无”[①]的中道观。这体现了“大立”之余还有“大破”的新中道观，这种问题导向、批判意识既沿用了龙树的运思取向，又凸显了宗喀巴自己“破立二项性”的思维架构。以佛护、月称的“名言中亦破一切诸法有自相”的理念为主体，吸收了清辨“名言中有自相”义的合理因素，建立了“名言由量所成就”的认识论。从而肯定了名言概念所内涵的相对真理。提出“虽于名言亦破自相，然于无自性中因果等法一切建立皆极应理”[②]。从而形成了宗喀巴“事物之本质空而由缘起而假立的名言作用有”的新思维。这也应了诠释学所讲的世界本身是在语言中表现的，或者用伽达默尔的话来说：“能够被理解的存在就是语言。”[③]因为，“一切认识和陈述的对象都总是被语言的世界视域所包围”[④]。因此，世界只有进入语言，才能表现为我们的世界。这种极具个性化的表达方式是宗喀巴对大乘佛教中道观的发挥、补充、强化、发展，是本体诠释学在藏传佛教中的具体体现。

四、汉传佛教史上般若中观之讨论及熊十力的中道观

汉传佛教史上的般若中观论集中地表现为南北朝时期“六家七宗”的形成和僧肇《不真空论》的建立。伽达默尔说：

① “二有”与“二无”，指是缘起有而非自性有，故缘起有是正确的，自性有是错误的。是自性无而非毕竟无，故自性无是正确的，毕竟无是错误的。对此，宗喀巴说：“以是当知，由无自性故，离一切有边，由能安立无自性之因果故，离一切无边，是佛护、月称解释龙猛菩萨意趣之别法。故善分别二种有义与二种无义，极为切要。”见《入中论善显密意疏》第 345 页。

② 宗喀巴著，法尊译：《辨了不了义善说藏论》，载《宗喀巴大师集》卷 4，第 93 页。

③ 伽达默尔著，洪汉鼎译：《真理与方法》上册，第 667 页。

④ 伽达默尔著，洪汉鼎译：《真理与方法》上册，第 633 页。

> 所谓历史地思维实际上就是说，如果我们试图用过去的概念进行思维，我们就必须进行那种在过去的概念身上所发生过的转化。历史地思维总是已经包含着过去的概念和我们自己的思想之间的一种中介。企图在解释时避免运用自己的概念，这不仅是不可能的而且显然也是一种妄想。所谓解释正在于：让自己的前概念发生作用，从而使文本的意思真正为我们表述出来。[①]

当时的佛教学者翻译的《道行》《放光》《光赞》诸本般若经的文义并不十分畅达，而魏晋又盛行“有无之辩”的玄学，以至于汉族佛教学者以积习已久的玄学前见去理解和阐释《般若经》义，对《般若经》所谓“空”的意义理解不一形成了“六家七宗”。这就正如伽达默尔说的:“理解甚至根本不能被认为是一种主体性的行为，而要被认为是一种置自身于传统过程中的行动，在这过程中过去和现在经常地得以中介”，[②] 因此“一切诠释学条件中最首要的条件总是前理解，……正是这种前理解规定了什么可以作为统一的意义被实现，并从而规定了对完全性的先把握的应用”[③]。“六家七宗”实际是对印度佛教般若中观和中国魏晋玄学进行一种综合的努力，由此而为中国佛学奠定了基础。东晋时期，僧肇在鸠摩罗什门下系统地研习了《中论》《十二门论》《百论》等般若中观的经典文本，对其原义有了准确的理解，由此被称为“解空第一”人。他针对当时各种不符合中观义的观点撰写《不真空论》纠偏之[④]：从事物现象的角度论定诸法“假号不真”[⑤],从事物本质的角度论定诸法“有非

① 伽达默尔著，洪汉鼎译：《真理与方法》上册，第 558 页。
② 伽达默尔著，洪汉鼎译：《真理与方法》上册，第 411 页。
③ 伽达默尔著，洪汉鼎译：《真理与方法》上册，第 417 页。
④ 见《肇论》，《大正藏》第 45 册，第 152—153 页。
⑤ 见《肇论》，《大正藏》第 45 册，第 152 页。

真生”[①],自性是空,统合“不真”与“空”为“不真空”。按笔者的理解,“真”非谓真实之义，而是指“独立的实体性存在”“自主而无待的实体”。如僧肇言:“非真非实有。然则不真空义，显于兹矣。”[②]显然，“不真”就是指任何事物都不是独立自主的实体，都不能独立自主的存在，由是因缘和合而成故。僧肇这一全新的提法和宗喀巴的独特概念“谛实空”或曰“实有空”“实体空”可作异名同谓之解。法藏在其名著《金狮子论》说:“观色即空，成大智而不住生死；观空即色，成大悲而不住涅槃。以色空无二，悲智不殊，方为真实。色是幻色，必不碍空；空是真空，必不碍色。若碍于色，即是断空;若碍于空，即是实色。”[③]由此可知，法藏法师对色与空之间关系的理解也是相当深刻的，它不但从宗教信仰的角度论述了色与空的相即相入、相反相成的关系，并由此而阐发了生死与涅槃之相依互伏、交渗互涵的辩证关系，而且还从哲学思辨的向度阐述了色与空之间的相即不离关系,它与宗喀巴关于缘起与性空的“四句教”春兰秋菊，各擅其胜，但两者从理路上有较大差异。

冯友兰先生认为，降至中国近现代，熊十力等学者重提中国传统哲学中的“体用”概念。熊十力说:“王阳明先生有言:‘即体而言,用在体。即用而言，体在用。’这话确是见道语。非是自家体认到此，则亦无法了解阳明的话。”[④]据此，十力先生是十分欣赏王阳明的此论断，并在此基础上提出了属于自己的独特见解“体用不二、性相一如”论。冯友兰先生在评价其论断时说:“程颐作《周易传》,指出《周易》的要旨是‘体用一源，显微无间’。他所谓显、微，相当于佛教所谓性、相，性是微，相是显。他的这八个字，相当于熊十力的‘体用不二，性相一如’。他们对于哲学中的两个主要问题，所见略同，但比较起来，熊十力对于这

① 见《肇论》,《大正藏》第 45 册，第 152 页。

② 见《肇论》,《大正藏》第 45 册，第 152—153 页。

③《大藏经》第 45 册，第 638 页。

④《新唯识论（语体文本）》，北京：中华书局，1985 年，第 384—385 页。

两个问题，看得比较透，解决得比较彻底。说是‘一源’，意味着体、用还是两件事；说是‘无间’，意味着显、微还是两件事。熊十力直截了当地说‘体用不二’‘性相一如’，这是因为熊十力经过和大乘空宗及有宗的斗争。”[①]这样本质和现象、性与相的关系水乳交融、合二为一了，或者说是直接统一了，其运思可谓精深矣。这是熊先生脱佛入儒的结果。

但依笔者之浅见，熊十力对佛教“空有”之辨似有可商榷之处。他说：“余初研佛法，从大有唯识论入手，核其性相之论，则真如是法性，而说为不生不灭法，现行则是法相，而说为生灭法”“生灭法与不生不灭法截然分作两重世界，互不相涉，余深不谓然。……未几，详玩《中论》，乃知生灭法与不生不灭法之别，大空学派早已如此。”[②]此话大意是说：将本体世界与现实世界，空与有、体与用、性与相之间截然二分，橛为二端而彼此无涉。以笔者之浅见，十力先生此观点似有与大乘空有二宗本义不符处。汉地佛教史上著名僧人延寿说：“本末一际，凡圣同源，不坏俗而标真，不离真而立俗。”[③]《中论》说：“涅槃与世间无有少分别，世间与涅槃亦无少分别。涅槃之实际，及与世间际，如是二际者，无毫厘差别。”[④]

《中论》亦云：“生住灭不成，故无有有为，有为法无故，何得有无为？”[⑤]《大乘庄严经论》说：“生死与涅槃，无二无少异，善住无我故，生尽得涅槃。”释曰：生死涅槃无有二，乃至无有少异。何以故？无我平等故。若人善住无我而修善业，则生死便尽而得涅槃，如是已遮颠倒。[⑥]“法界与世间，未曾有少异，众生疑盛故，着无而弃有。”释曰：

① 冯友兰：《中国现代哲学史》，广州：广东人民出版社，1999年，第220—225页。
②《体用论》，上海龙门书局，1958年，第98页。
③ 石峻等编：《中国佛教思想资料》第3卷，第1册，中华书局，1987年，第7页。
④《龙树六论》，北京：民族出版社，2000年，第39页。
⑤《龙树六论》，第14页。
⑥《大乘庄严经论》第2卷，第10页。

法界与世间未曾有少异者，非法界与世间而有少异。何以故？法性与诸法无差别故，众生疑盛故，着无而弃有者，由众生愚痴炽盛。于世间无法，不应着而起着，于如如有法，不应舍而弃，已说求真实。”① “由离法性外，无别有诸法，事故如是说，烦恼即菩提。”释曰：如经中说，无明与菩提同一，此谓无明法性施设菩提名，此义是经旨趣。由此说明大乘佛教无有“以不生不灭、无为，是一重世界；生灭、有为，是另一重世界”② 之所许也。反而在论证双方之间相即不离，调和贯彻之义，此则言之凿凿，明如观火。而十力先生之见道语“体用不二、性相一如”则恰恰是大乘空宗之本旨所在也。

总之，哲学上，熊十力主张“体用不二、性相一如”，宗喀巴强调“真俗不二、空有无别”。二人在深解实相、善达方便方面相似甚至相同，然同途而殊归，信仰上则完全相反。熊十力在哲学上发挥体用不二、摄体归用，为的是在信仰上阐明即天即人、即人即天、天人不二、摄天归人，从而彻底堵塞了世间人们的思想从世俗理性通向神圣信仰的管道。而宗喀巴在理论上极力主张，获证缘起与性空之间的相互含摄、辩证统一之理，是断除生死根本无明，通向解脱涅槃之唯一渠道。如他说：“灭三毒中之无明须见缘起。缘起义者，即性空义，此宗亦曾多次宣说。是故一切中观道理，皆是破除生死根本无明行相之支，当知自身俱生无明，如何执著精勤断除，不应专好与诸宗派巧于诤论。”③ “唯依世俗谛，始可宣说胜义谛，由此乃能通达胜义而得胜义涅槃。”④ 此所谓“入涅槃圣城之津梁，渡般若慧海之慈舟”是也。

通过对般若中观在不同语境下的产生、发展，理解、诠释即可看出，在印度佛教的语境下龙树及其弟子依托对《般若经》义的注释或诠释的

①《大乘庄严经论》第 4 卷，第 22 页。
②《体用论》，第 43 页。
③ 宗喀巴著，法尊译：《辨了不了义善说藏论》，载《宗喀巴大师集》卷 4，第 87 页。
④ 宗喀巴著，法尊译：《入中论善显密意疏》，载《宗喀巴大师集》卷 3，第 401 页。

形式创立了中道宗的哲学体系。并以此为基础形成了以师承相续为纽带的经、论、释的诠释学循环链，从而使中观宗义得到了沿袭和延异。在中国境遇下，印度佛教经过语言学转向，将一个陌生的意义系统转换为熟悉的意义系统，这个转换经历了由印度的梵语文向中国的汉藏语文翻译的过程，由汉藏时空条件下的学僧对印度佛教经典文本的不同理解和诠释，在理解、诠释和翻译过程中，其前见解、前意识的渗透与熏染是不言而喻的。正如伽达默尔所说 :“一切解释都必须受制于它所从属的诠释学境况。”① 由此说明佛教的中国化不仅是必然趋势，而且是合理、合法的。

① 伽达默尔著，洪汉鼎译 :《真理与方法》上册，第 559 页。

当代藏传佛教的传播态势与发展趋势

杜永彬*

当代藏传佛教是亟待学术界进行全面深入研究的一个重要领域。本文以笔者近年来多次深入西藏和四省藏区、内地与国外实地调查藏传佛教的第一手材料和研究成果为据，[①] 参考国内外当代藏传佛教研究成果，

* 杜永彬，中国藏学研究中心当代研究所研究员。

本文系笔者主持并承担的中国藏学研究中心课题“当代藏传佛教实地调查与研究”（2012—2015年）的成果之一，文章主要依据笔者多次深入藏区和内地实地调查当代藏传佛教所收集的第一手材料以及笔者的当代藏传佛教研究成果。

① 笔者对当代藏传佛教的实地调查与研究。（一）主持和参与的课题：参与国家社科基金重大项目《引导藏传佛教与社会主义社会相适应》（2003年），主持和承担中国藏学研究中心课题《当代藏传佛教实地调查与研究》（2012—2015年），参与国家社科基金重点项目《当代藏传佛教史研究》（2014—2017年，西南民族大学）；参与国家社科基金重大项目《民族宗教与国家治理问题研究》（2015—2018年，西南民族大学），承担当代藏传佛教与国家治理子课题。（二）进行的实地调查：2002年以来20多次深入西藏、四川、青海、甘肃、云南藏区寺庙实地调查和研究；到内蒙古、东北、成都、山西、浙江、广东、北京、台湾等地实地调查；到美国等国实地调查（详见下文注释）。（三）发表的论文和研究报告：1.《藏传佛教的世俗化倾向》，《战略与管理》1998年第4期。2.《道德宗教——藏传佛教的变革方略》，《藏事探索》2001年第5期。3.《论当代藏传佛教的发展路向》，《西藏大学学报》2007年第1期。4.《藏传佛教的西化》，“中国西藏网”2008年11月。5.《藏传佛教对藏区构建和谐社会的影响——以云南藏区为例》，载《藏学研究的“三维视野”》，北京：中国藏学出版社，2009年，第409—423页。6.关于当代藏传佛教的研究报告（十余篇）。

探讨五个问题：（一）关于当代藏传佛教的几个问题；（二）当代藏传佛教的现状与格局；（三）当代藏传佛教面临的问题与挑战及其根源；（四）当代藏传佛教的变化与适应；（五）当代藏传佛教的发展趋势。

一、关于当代藏传佛教研究的几个问题

关于当代藏传佛教研究的几个问题，主要回答5个问题：1. 什么是当代藏传佛教？ 2. 为什么要研究当代藏传佛教？ 3. 当代藏传佛教研究取得了哪些成果？ 4. 当代藏传佛教研究存在哪些缺憾？ 5. 怎样研究当代藏传佛教？

（一）什么是当代藏传佛教？

笔者认为，第一，当代藏传佛教是由西藏和四省藏区、内地和国外三大传播区域构成的一幅完整的图画。第二，当代藏传佛教是20世纪中叶以来的变化了的藏传佛教，与传统藏传佛教不同，当代藏传佛教具有世俗化、现代化、本土化和网络化的特征，由于时代的变化，藏传佛教的生态和传播态势都已发生重大变化，实际上已由“传统藏传佛教”发展演变成为“现代藏传佛教”。第三，藏民族的本土宗教苯教不应归属于藏传佛教，“土特产”苯教与“进口货”佛教泾渭分明，转经时佛教的顺时针正转与苯教的逆时针反转是一道难以逾越的鸿沟，藏族信众对苯教和藏传佛教的界限很清楚（尤其顾忌正转与反转），国内外当代藏传佛教研究（藏传佛学）也没有将苯教纳入。

（二）为什么要研究当代藏传佛教？

一是学术和文化需要：研究当代藏传佛教，有益于了解、认识和研究藏传佛教，有益于藏传佛学和藏学研究领域的拓展，有益于认识西方人的西藏观。二是信仰和精神需要：研究当代藏传佛教，认清当代藏传佛教的现状，不仅有益于广大信众信仰真实的藏传佛教，而且有益于社

会大众辨别真假藏传佛教和真假活佛喇嘛。三是政治和现实需要：研究当代藏传佛教，有益于充分发挥藏传佛教僧尼和信众在藏区经济发展、社会稳定、民生改善、文化繁荣、生态保护等方面的积极作用，有益于处理藏区事务和应对“西藏问题”，减轻“西藏问题”对中国造成的负面影响，有益于西藏和四省藏区与全国一道建成小康社会和实现现代化。

（三）当代藏传佛教研究取得了哪些成果？

第一，中国的当代藏传佛教研究取得了显著成果。出版了多部专著、编著和译著，如《佛光西渐——藏传佛教大趋势》（1997年），《西藏宗教与政治、经济、文化的关系》（2008年），《当代藏传佛教活佛：信徒认同和社会影响》（2010年），《当代藏传佛教文化旅游研究》（2012年），《藏传佛教教义阐释研究文集》（2013年），《藏传佛教史研究·当代卷》（2014年），《当代西藏佛教——宗教复兴与文化认同》（译著）等；发表了数十篇学术论文，提交了数十篇研究报告，还立项了一批课题。中国藏学研究中心立项或承担并完成的课题：1.《藏传佛教僧人学经和晋升学位问题专题研究》（2001年），2.《引导藏传佛教与社会主义社会相适应研究》（2003年），3.《构建藏传佛教寺庙管理长效机制研究》（国家社科基金重点项目，2009年），4.《藏传佛教教义阐释研究》（2011年），5.《当代藏传佛教实地调查与研究》（2013年），6.《藏传佛教学经制度现状实地调查与研究》（2013年），7.《活佛转世现状实地调查与研究》（2014年），8.《藏传佛教寺庙管理方式研究》（2014年），9.《藏传佛教僧尼状况》（2014年）等。国内大学和科研机构承担和完成的国家社科基金项目：《藏传佛教与藏区发展研究》（中国社会科学院宗教研究所，2004年），《藏传佛教高层僧人在藏区基层权利组织中的地位与作用研究》（兰州大学，2010年），《我国藏传佛教信教群众的宗教认同与公民身份问题研究》（青海省社会科学院，2010年），《藏传佛教与云南藏区社会和谐研究》（云南省社会科学院，2010年），《丽江藏传佛教信仰地区的维稳现状调研》(云南省社会科学院，2011 年)，《东北藏传佛教历史源流和发展现状研究》(青年项目，黑龙江省民族研究所，2012 年)，《法治视域下藏传佛教寺院社会管理创新研究》(西部项目，四川省社会科学院，2012 年)，《新时期藏传佛教与信众关系研究》(西部项目，青海省委党校，2012 年)，《全球化背景下藏传佛教思想变迁的新趋势与省思》(西藏大学，2012 年)，《藏传佛教与藏区社会和谐研究》(西部项目，西藏社会科学院，2013 年)，《藏传佛教对当代西藏农牧区的发展历史及其现状研究》(西藏大学，2013 年)，《当代藏传佛教史研究》(重大项目，西南民族大学，2014 年)，《青海藏传佛教寺院僧人基本情况调查研究》(北方民族大学、青海大学，2014 年)，《社会转型时期藏传佛教发展的适应性研究》(青年项目，鄂尔多斯职业学院，2014 年)，《印度当代藏传佛教研究》(四川大学，2014 年)，《青海果洛地区藏传佛教多教派共存及其社会影响研究》(青海师范大学,2015 年)，《藏传佛教宁玛派国际影响的未来走向研究》(西南民族大学，2016 年)，《藏传佛教僧众的国家认同研究》(青年项目，青海省委党校，2015 年)，《中国藏传佛教“杰钦修丹”护法神信仰现状与发展趋势研究》(西部项目，云南大学，2016 年) 等。

第二，国外的当代藏传佛教研究成果。国外学术界研究当代中国藏传佛教的专著主要有 :《当代西藏佛教——宗教复兴与文化认同》(Buddhism in Contemporary Tibet: Religious Revival and Cultural Identity, 1998)。研究当代西方藏传佛教的专著主要有 : 1.《权力之梦——藏传佛教与西方的想象》(Dreams of Power，Tibetan Buddhism and the Western Imagination，1993)。2.《西藏文化手册——全世界的西藏中心和资源指南》(A Handbook of Tibetan Culture: A Guide to Tibetan Centres and Resources throughout the World，1994)。3.《香格里拉的囚徒——藏传佛教与西方》(Prisoners of Shangri-La: Tibetan Buddhism and the West，1999)。4.《美国佛教——学术界的新方法和新进展》(American

Buddhism: Methods and Findings in Recent Scholarship, 1999)。5.《虚拟的西藏——从喜马拉雅到好莱坞寻找香格里拉》(Virtual Tibet: Searching for Shangri-La from Himalayas to Hollywood，2000)，6.《复魅——藏传佛教西渐记》(Re-enchantment: Tibetan Buddhism Comes to the West, 2004)。7.《英国的藏传佛教和禅宗——移植、发展与适应》(Tibetan and Zen Buddhism in Britain: Transplantation, Development and Adaptation, 2004)。8.《藏传佛教，美国人的兴趣——对纽约藏传佛教移民社区世俗与宗教关系的影响》(Tibetan Buddhism, American Interests: Influences upon the Lay and Monastic Relationship in New York's Tibetan Buddhist Immigrant Community, 博士论文，1999年)。9.《藏传佛教上师与西方弟子——精神道路上的接受、抵制和共鸣》(Tibetan Buddhist Teachers and Western Students: Receptivity, Resistance, and Resonance on the Spiritual Path, 博士论文,2000年)。10.《美国人为什么修习藏传佛教？》(Why do Americans Practice Tibetan Buddhism？博士论文，2000年)。11.《西藏到德克萨斯——噶玛噶举派佛教在孤星之州的草根历史》(Tibet to Texas: A Grassroots History of Karma Kagyu Buddhism in the Lone Star State, 博士论文，2002年)。12.《被两个世界挟持——对多伦多的西方藏传佛教信徒的民族学观察》(Caught between Worlds: An Ethnography of Western Tibetan Buddhists in Toronto, 2002)。13.《〈西藏度亡经〉传》(The Tibetan Book of the Dead: A Biography, 2011)。此外，国外还出版了多部关于藏传佛教高僧的传记和自传，主要有：1.《雪洞——一位西方妇女追求开悟的故事》(Cave in the Snow: A Western Woman's Quest for Enlightenment, 1990)。2.《骑虎行进20年——将藏传佛教带到西方的快乐与风险》(Riding the Tiger, Twenty Years on the Road: The Risks and Joys of Bringing Tibetan Buddhism to the West, 1992)。3.《钻石切割者——佛陀管理着你的生意和生活》(The Diamond Cutter: The Buddha on Managing Your Business and Your Life, 2000)。4.《来自布鲁

克林的佛陀——精神诱惑的故事》(The Buddha from Brooklyn: A Tale of Spiritual Seduction, 2001)。5.《西雅图的圣人德雄活佛》(A Saint in Seattle: Deshung Rinpoche, 2003)。6.《就像醒着的梦——格西伦珠索巴自传》(Like a Waking Dream: The Autobiography of Geshe Lhundub Sopa, 2012)。关于噶举派活佛曲嘉仲巴传记有4部：1.《雷与海——新斯科舍省的香巴拉佛教》(Thunder and Ocean, Shambhala Buddhism in Nova Scotia, 1996)；2.《曲嘉仲巴的生平和识见》(Chögyam Trungpa: His Life and Vision, 2004)。3.《巨龙咆哮——我与曲嘉仲巴的生活》(Dragon Thunder: My Life with Chögyam Trungpa, 2006)。4.《香巴拉的武士之王——回忆曲嘉仲巴》(Warrior-King of Shambhala: Remembering Chögyam Trungpa, 2008)。

（四）当代藏传佛教研究存在哪些缺憾？

当代藏传佛教研究是一个亟待加强的薄弱研究领域，其研究缺憾主要表现在三个方面：

第一，缺少“打通”研究。一是没有打通区域（西藏和四省藏区、内地及国外三大区域）。2015年出版的《世界佛教通史》第7卷《中国藏传佛教（从佛教传入至公元20世纪）》，打通了藏区，其中的第八章“近现代藏传佛教”，论及“汉藏佛学交流与融合”，没有打通近现代内地的藏传佛教（内蒙古、成都、新疆、山西、北京、东北、沿海和台港澳等地的藏传佛教），第二节“新中国时期的藏传佛教”（第887—921页），对新中国成立60多年来的藏传佛教只是简单介绍，缺少全面深入的研究，[①] 这就难以看出已发生巨大变化的“现代藏传佛教”与“传统藏传佛教”的差异，实际上也就没有从教派传承和地区传承方面打通

① 参见魏道儒主编：《世界佛教通史》第7卷《中国藏传佛教（从佛教传入至公元20世纪）》上下册，尕藏加著，北京：中国社会科学出版社，2015年。

当代藏传佛教和内地的藏传佛教。《世界佛教通史》第13卷《亚洲之外佛教（从佛教传入至公元20世纪）》，较为全面地涵盖了国外的藏传佛教，但是由于分散在各国的相关节内或节之下，难以窥见当代国外藏传佛教的全貌。并且，该卷还存在不少缺憾和问题：1. 缺少实地调查和研究，难以获得第一手材料。如美国的藏传佛教本是国外藏传佛教传播最广、影响最大的地区，但是该书所引用的相关参考材料多是1980年代以前的，而且叙述简略，没有提及美国的藏传佛教重要机构“藏传佛教修习中心”（Tibetan Buddhist Learning Center）、“藏传佛教资源中心”（Tibetan Buddhist Resources Center）、“西藏蒙古佛教文化中心”（Tibetan Mongolian Buddhist and Cultural Center）、“保护大乘传统基金会”（Fundation for Preservation of Mahayana Tradition）、那若巴大学（Naropa University）、噶玛三乘法轮寺（Karma Triyana Dharmachakra）、朗杰寺（Namgyal Monastery）等，也就难以反映近30年美国藏传佛教的面貌。关于加拿大的藏传佛教，在论及噶举派时，没有提及噶举派大活佛曲嘉仲巴在新斯科舍省建立寺庙的情况和他的最后岁月，更不知道曲嘉仲巴活佛的洋弟子（洋尼姑）、著名藏传佛学专家白玛曲珍[①]及其在该地区的传法活动（第381页）。2. 材料陈旧，难以反映国外藏传佛教的新面

① 白玛曲珍，原名（俗名）德尔哲·布鲁菲尔德—布朗（Deirdre Blomfield-Brown）。1936年，白玛曲珍生于纽约市，毕业于加州大学伯克利分校，后在加州和新墨西哥州担任小学老师。她在致力于恢复藏传佛教尼姑完整的比丘尼仪式的努力中发挥了重要作用。1972年，她第一次见到曲嘉仲巴活佛后，视其为根本上师。1974年在伦敦依止喇嘛吉美活佛学经并削发为尼。从1974年起依止仲巴活佛学修佛法，直到1987年他圆寂为止。1980年代初，仲巴活佛曾任命白玛曲珍担任科罗拉多州波德尔市“香巴拉中心”（Boulder Shambhala Center，当时称为“法界”[Dharmadhatu]）主任。这期间，她患了慢性疲劳综合征（chronic fatigue syndrome）。1984年，迁居到加拿大的甘波尼姑庵(Gampo Abbey)，1986年担任主任。后在顺势疗法师的帮助下身体逐渐好转。1992年，仲巴活佛之子萨迥米旁活佛（Sakyong Mipham Rinpoche）在承担起他的父亲的“香巴拉世系”的领导职务之后不久，就委任白玛曲珍担任上师（acharya）。白玛曲珍不仅信仰和修炼藏传佛教，还研究和传播藏传佛教，出版了多部藏传佛教作品，已有几部汉译出版。白玛曲珍现常居加拿大新斯科舍省的甘波尼姑庵。她曾两次结婚，有两个孩子，三个孙子，他们都住在旧金山湾区。

貌和新态势。如该书引用的关于藏传佛教的材料多是 1980 年代以前的，这就难以了解自那以后 30 多年来国外藏传佛教的全貌。并且，由于作者没能获得近年出版的外文原著，也就难以引用国外当代藏传佛教研究的新成果。如该书第二章“英国佛教”之第五节“藏传佛教的迅速发展”，由于没有参考英文原著《英国的藏传佛教和禅宗——移植、发展与适应》(Tibetan and Zen Buddhism in Britain：Transplantation，development and adaptation)，对本该重点探讨的以供奉“多杰修丹”护法神著称、在国际上影响很大的“新噶当派传统”（New Kadampa Tradition）及其建立者格桑嘉措活佛的论述就一笔带过。3. 过于简化导致语焉不详。如德国的藏传佛教只有 6 行字（第 156 页）；奥地利的藏传佛教只有 6 行字（第 176 页）；东欧各国佛教一节中，俄罗斯、乌克兰、白俄罗斯、爱沙尼亚、拉脱维亚、立陶宛的藏传佛教，主要引用《俄国宗教史》第七编，但是《俄罗斯宗教史》对这些国家藏传佛教的论述并不完整（第 226—236 页）。4. 不注出处，不合学术规范。如荷兰的藏传佛教没有注明出处；爱尔兰的藏传佛教没有注明出处；捷克（第 181—182 页）、斯洛伐克（第 182—183 页）、波兰（第 184—185 页）、瑞典（第 191 页）、挪威（第 195—196 页）、芬兰（第 201—202 页）、丹麦（第 205—206 页）、意大利（第 211—212 页，列有 1 个出处，但是难以说明问题）、西班牙（第 214—217 页，列了 1 个出处，但是难以说明问题）、葡萄牙（第 219 页）、罗马尼亚（第 220—221 页）、保加利亚（第 221—22 页）、克罗地亚（第 222—223 页）、希腊（第 224—225 页）、墨西哥（第 396—398 页）、阿根廷（第 404—405 页）、南非（第 438 页）等国的藏传佛教，都没有注明出处。5. 不懂藏文导致专有名称的误译。由于客观原因，作者不懂藏文，致使该书藏传佛教部分人名地名等错译之处较多，如将噶玛赤勒诺布（Karma Thinley）译成“提因利”，将乌坚译成“欧地安”，将乃琼活佛译成“内充”等等，还有照抄台湾的译法，沿用大通（达塘）、天津（丹增）、葩默（帕姆）的（第 349—358 页）。[①] 二是没有打通教派（宁玛派、萨迦派、噶举派、格鲁派、觉囊派），没有将国内外教派传承系统、国内外活佛转世系统、主寺（母寺）与分寺（子寺）系统、国内寺庙与国外寺庙传承关系（如南亚复制或重建了不少与藏区名称几乎相同的寺庙）等串联起来。三是没有打通历史与现状，没有连接传统与现代，如一些已出版的藏传佛教研究专著的下限只到清代。四是没有打通藏传佛教的外部与内部，如一些已出版的专著主要论述藏传佛教工作等“外在”形式，很少涉及闻思修、讲辩著等“内在”内容）。

第二，缺少学术评论。《世界佛教通史》有许多新发现和创新，反映了中国学术界佛教研究的水平，可喜可贺！但是，由于该《通史》的“总序”没有对世界佛教研究的进展进行反思和评论，也就难以看清该《通史》在前人已有研究和论著的基础上的新发现和创新(尽管有许多创新)。《通史》第 7 卷《中国藏传佛教（从佛教传入至公元 20 世纪)》，在“绪言”中没有对国内外中国藏传佛教研究的进展进行反思和评论，从而也就难以看清该书在前人已有研究的基础上有哪些创新（尽管该书有不少创新)。《通史》第 13 卷《亚洲之外佛教（从佛教传入至公元 20 世纪)》，同样没有相关学术研究进展的反思和评论，自然也就出现该卷论及藏传佛教时许多地方都没有出处的硬伤（上文已列举)。值得称赞的是，第 9 卷《日本佛教(从佛教传入至公元 20 世纪)》,在“绪言”中就专列有“中国学术界的日本佛教研究”，[②] 这不仅符合国际学术规范，还提升了该卷的学术价值。显然，如果每卷的“绪言”都增加这部分内容，不仅能提升本卷的学术价值，还能为该《通史》增光添彩。其他各卷因与本文无关，不再列举。

① 参见魏道儒主编:《世界佛教通史》第 13 卷《亚洲之外佛教(从佛教传入至公元 20 世纪)》，杨健著，中国社会科学出版社，2015 年。

② 参见魏道儒主编:《世界佛教通史》第 9 卷《日本佛教(从佛教传入至公元 20 世纪)》,王颂著，中国社会科学出版社，2015 年。

第三，缺少内在研究和比较研究。从当代藏传佛教研究成果可以看出，传统研究多，现代（当代）研究少，藏区研究多，内地和国外研究少，外在（政策法规、寺庙管理、寺院经济等）研究多，内在（闻思修、讲辩著）研究少，缺少对当代藏传佛教的变化、适应、问题、动力、影响等方面的研究，缺少中国与国外藏传佛教比较研究、藏传佛教与汉传佛教比较比较、藏传佛教与南传佛教比较、藏传佛教与其他宗教比较。应当看到，当代藏传佛教研究的难度很大，要打通当代藏区、内地和国外的藏传佛教更难，而研究者深入藏区、内地和国外实地调查和获得可信的第一手材料则是最大的难题。这就是当代藏传佛教研究还缺少有分量的原创性学术专著的主要原因。

（五）怎样研究当代藏传佛教？

笔者认为，认识当代藏传佛教应当具备三个视角：一是历史视角，研究当代藏传佛教首先应当认清当代藏传佛教传播发展的历程。当代藏传佛教（1949 年以来）的传播发展历程可分为三个阶段：第一阶段（1949—1959 年）、第二阶段（1959—1979 年）、第三阶段（1979 年以来）。二是现实视角，研究当代藏传佛教还应当把握当代藏传佛教的传播态势，打通藏区、内地和国外三大传播区域和宁玛派、萨迦派、噶举派、格鲁派、觉囊派五大教派，把握当代藏传佛教传播态势的基本特征和传播发展规律，应当从历史到现实、从外部到内部全面深入系统地观察当代藏传佛教。三是“打通”视角，只有从地域上打通藏区、内地、国外三大区域的藏传佛教，从教派上打通宁玛派、萨迦派、噶举派、格鲁派、觉囊派的传承系统，并打通藏传佛教与汉传佛教、南传佛教，才能看清当代藏传佛教的全貌。

二、当代藏传佛教的现状与格局

当代藏传佛教的现状与格局的特点表现为：传播广，发展快，影响大。

（一）传播广

当代藏传佛教的传播区域涵盖藏区、内地和国外三大区域。藏区传播，涵盖西藏和四川、青海、甘肃、云南四省藏区。值得注意的是，藏区藏传佛教的传播并不平衡：西藏格鲁派独尊或占主导地位，萨迦派和噶举派影响较大，宁玛派影响很小；四川和青海藏区，四大教派各显神通，并行发展；四川藏区成为整个宁玛派和觉囊派的中心区域。[①] 内地传播，藏传佛教在内地（藏区之外的中国各地）及台湾香港澳门都有传播：西南如成都的铁像寺、石经寺、近慈寺、昭觉寺等；西北如新疆的藏传佛教；华北主要是内蒙古的藏传佛教、北京的藏传佛教、山西（五台山）的藏传佛教、河北（承德）的藏传佛教；东北主要是沈阳市的北塔法轮寺、皇寺（实胜寺），阜新市的瑞应寺，大庆市杜尔伯特蒙古族自治县的富裕正洁寺；华东主要是浙江省三门县的多宝讲寺和上虞市多宝讲寺（分寺），上海市、南京市、合肥市等地的藏传佛教；华南主要是广东深圳市、韶关市、广州市和海南省的藏传佛教；在台湾、香港

① 笔者对当代藏区藏传佛教的实地调查：1. 云南藏区，2007 年 7 月 29 日—8 月 23 日；2. 西藏拉萨，2009 年 8 月；3. 拉萨和日喀则，2011 年 2 月；4. 拉萨，4 月；5. 拉萨和日喀则，9 月；6. 甘孜州（12 县），2010 年 8 月 8 日—9 月 25 日；7. 青海黄南藏族自治州，2012 年 3 月 8 日—17 日；8. 阿坝全州 13 县及丹巴、平武、彭州、康定和雅安市，2013 年 8 月 12 日—10 月 8 日；9. 云南藏区，2013 年 4 月 21—29 日；10. 川甘青交界地区，2013 年 5 月 25 日—6 月 10 日；11. 西藏拉萨，2013 年 6 月 19—23 日；12. 甘孜州康定等地，2013 年 8 月 18 日—9 月 2 日；13. 拉萨和日喀则，2014 年 3 月 19 日—4 月 4 日；14. 青海海北州和海东市，2014 年 9 月 2—5 日；15. 青海果洛藏族自治州和玉树藏族自治州，2014 年 12 月 9—22 日；16. 甘孜州康定县等地，2015 年 4 月 17—26 日；17. 甘孜藏族自治州康定、炉霍、新龙等地，2015 年 7 月 23—30 日；18. 阿坝州红原县、甘孜州色达县等地，2015 年 8 月 6—14 日；19. 甘孜藏族自治州康定、道孚等地，2016 年 7 月 17—27 日。

和澳门，藏传佛教各个教派都在传播。① 国外传播，主要在南亚的印度、尼泊尔、不丹，东北亚的蒙古、日本、韩国，东南亚的泰国、新加坡等国，欧洲的英国、法国、意大利、德国、俄罗斯、西班牙、瑞典、奥地利、瑞士等国，美洲的美国、加拿大、墨西哥、巴西等国，澳洲的澳大利亚和新西兰，非洲的南非等国。②

（二）发展快

当代藏传佛教发展快，表现为僧尼、信众和活佛数量的增加，一些教派发展迅速，寺院经济壮大，现代佛学院的建立，网络传播的兴起和发展。一是一些教派发展快，尤其是宁玛派，不仅传统的六大主寺继续发展，而且 1980 年代中期兴起的五大道场发展迅猛，国外的宁玛派也发展快，并产生了五大法王。二是僧尼多，活佛多，信徒多，藏区、内地和国外的信徒，远远超过了新中国成立前及 1980 年代前的数量。三是寺院经济发展快，30 多年来，藏传佛教寺院经济发展迅速，不仅规模增大，而且实力增强，有的寺庙就像大企业。四是现代佛学院纷纷建立，不仅有公办的中国藏语系高级佛学院、西藏佛学院、甘肃省佛学院、青海省佛学院、四川省藏语系佛学院、云南省佛学院迪庆藏传佛教分院，还有寺庙开办的（民间）佛学院，如色达五明佛学院、竹庆寺熙

① 笔者对当代内地藏传佛教的实地调查：1. 成都市的铁像寺、石经寺、近慈寺、龙兴寺、昭觉寺等，2013 年 7 月 11—21 日；2. 浙江三门县多宝讲寺和上虞多宝讲寺（分寺），2013 年 9 月 23—30 日；3. 内蒙古呼和浩特市、包头市、鄂尔多斯市、呼伦贝尔市等地，辽宁沈阳市的北塔法轮寺、实胜寺（皇寺），大庆杜尔伯特蒙古族自治县的富裕正洁寺，2014 年 7 月 17 日—8 月 12 日；4. 广东深圳弘法寺、广州光孝寺、韶关南华寺、翁源东华寺等，2015 年 5 月 5—10 日。参见萧金松：《台湾藏传佛教发展管窥》，《法光学坛》2002 年第 6 期，耿振华：《台湾藏传佛教的现状与发展》，载《西藏学术会议论文集》，蒙藏委员会，2000 年，郑志明：《藏传佛教在台发展的现况与省思》，《普门学报》2005 年第 30 期；林锦江：《香港藏传佛教文化的发展》，《中国藏学》2011 年第 1 期。

② 参见魏道儒主编：《世界佛教通史》第 13 卷《亚洲之外佛教（从佛教传入至公元 20 世纪）》之藏传佛教部分，杨健著。笔者 2002 年以来对美国等地藏传佛教的实地调查。

日升五明佛学院、塔公藏卡佛学院、格萨尔五明佛学院（大武）等，藏区的大寺院几乎都设有佛学院。[①] 五是藏传佛教网络传播快，中国的藏传佛教网络主要有"藏人文化网"（信仰专栏)、"智悲佛网""云端道场"等，以及台港澳的各种藏传佛教传播网络；国外的藏传佛教网络更多，主要有"保护大乘传统基金会""藏传佛教修习中心"（Tibetan Buddhist Learning Center)、"藏传佛教资源中心"（Tibetan Buddhist Resources Center）等。

（三）影响大

当代藏传佛教的影响主要表现在宗教影响、文化和心理影响、政治影响三个方面。一是宗教影响，促进了藏传佛教在藏区内外和国内外的传播和发展，使藏传佛教由区域宗教发展成为世界宗教，并成为一种"显教"。二是文化和心理影响，一方面，藏传佛教促进了藏族文化的传播和发展，增强了藏区内外和国内外的文化交流，推动了藏学及藏传佛学的发展；另一方面，藏传佛教的传播也满足了信众的精神需要和心理需求，提升了藏传佛教的精神价值，增强了藏传佛教修身养性和心理治疗的功能，六世达赖喇嘛仓央嘉措及其《情歌》对当代中国年轻人的影响，实际上就涵盖了文化影响和心理影响。[②] 三是政治影响，一方面，藏传

① 笔者对中国藏语系高级佛学院的实地调查，2013 年 4 月上旬；对云南省佛学院迪庆藏传佛教分院的实地调查，2013 年 4 月 21—29 日。

② 近年出版了 30 多种版本的《仓央嘉措情歌》:《六世达赖仓央嘉措情歌及秘史》，于道泉等译，西藏人民出版社，2003 年，2006 年，2012 年。《雪域诗佛：六世达赖喇嘛传奇》，高平，中国藏学出版社，2003 年。《六世达赖仓央嘉措情歌及秘史》，青海人民出版社，2005 年。《六世达赖喇嘛仓央嘉措》，高平，中国藏学出版社，2007 年。《情僧绝唱》，格桑仁珍、格桑慈成译，香港文学报社，2007 年。《仓央嘉措诗传》，马辉、苗欣宇，江苏文艺出版社，2009 年。《佛心》，赵晓霞著，新世界出版社，2009 年。《不负如来不负卿：六世达赖仓央嘉措的诗与情》，姚敏，文化艺术出版社，2010 年。《六世达赖喇嘛仓央嘉措情诗》(藏汉文本)，阿旺伦珠达吉著，庄晶整理翻译，中国藏学出版社，2010 年。《凡情与佛心：六世达赖情诗选》，西藏人民出版社，2010 年。《那一天 那一月 那一年·六世达赖喇嘛：仓央嘉措的诗与情》，子非，珠海出版社，2010 年。《世间最美的情郎：六世达赖仓央嘉措的情与诗》，

佛教具有对藏民族的凝聚力，对内地和国外僧尼与信众的吸引力，对国家的向心力；另一方面，藏传佛教也对藏区民众（信众）的生产和生活产生了负面影响，尤其是藏传佛教与“西藏问题”纠缠在一起，不仅对西方人的西藏观和西方的西藏政策产生了负面影响，加剧了“西藏问题”的国际化和长期性（西方的一些藏传佛教信徒成为“藏独”活动家），而且对藏区及中国社会的稳定和发展都产生很大的负面影响。

关于传播广、发展快、影响大的分析。第一，一些内地人和外国人（西方人）认为藏传佛教比汉传佛教（基督教）更神秘、更完整、更灵验、更方便（依次第修学，皈依上师）。近来汉传佛教高僧提出“供给侧”，倡导提供的佛法、教义、仪轨更有吸引力和竞争力。第二，一些西方人把藏传佛教视为“心灵的科学”（science of mind），更重视藏传佛教的精神价值和精神力量。国外和国内都开展了“佛教与科学”对话。[①] 西方人把藏传佛教从大乘佛教（Mahayana）中分离出来，称为

（接上页）王臣，云南人民出版社，2010年。《六世达赖情歌：仓央嘉措诗集》，于道泉译，当代中国出版社，2011年。《六世达赖喇嘛仓央嘉措诗意三百年》，中国藏学出版社，2011年。《只为途中与你相见：仓央嘉措与诗全集》，苏缨、毛晓雯，江苏文艺出版社，2011年。《只为途中与你相见：仓央嘉措情诗赏析》，霍洪声，中国三峡出版社，2011年。《仓央嘉措：六世达赖喇嘛》，高平，国际文化出版公司，2011年。《此后思君空断肠：仓央嘉措，转身再与你相见》，杨思萦，甘肃人民美术出版社，2011年。《仓央嘉措诗传全集》，闫晗编著，中国华侨出版社，2011年。《仓央嘉措情歌》（藏汉对照版），伊沙译，青海人民出版社，2011年。《仓央嘉措诗歌地理》，龙仁青，广东省出版集团（广东花城出版社），2011年。《中外名家经典诗歌：信仰（仓央嘉措）》，长江文艺出版社，2011年。《爱是最美的修行：仓央嘉措的诗与情》，林玥，石油工业出版社，2012年。《纳兰容若词传仓央嘉措诗传合集》，聂小晴，中国华侨出版社，2012年。《仓央嘉措：人生就是一场修行》，古苏、吴俣阳，东方出版社，2013年。《不负如来不负卿2:六世达赖仓央嘉措最美诗集》，傅林，九州出版社，2013年。《此生虽短意缠绵：仓央嘉措情诗珍本》，无患子编，上海文艺出版社，2015年。《旅行即修行：爱上治愈系旅行》，欧阳敏，广东旅游出版社，2015年。《仓央嘉措：我和我的人生擦肩而过》，李明境，北京文艺出版社，2016年。《在最深的红尘里重逢》，白落梅，湖南文艺出版社，2016年。《我放下过天地，却从未放下过你：仓央嘉措诗传》，马辉、苗欣宇，北京联合出版公司，2016年。《仓央嘉措情歌集》，张洁评注，北京联合出版公司，2017年。

① 2013年12月15日，觉囊派活佛健阳乐住与中国科学院院士朱清时在中国人民大学进行“佛教与科学”对话，见“古老佛法传承与现代自然科学的对话”，新浪佛学，2013年12月16日。

“金刚乘”（Vajrayana），与上座部（小乘）和大乘并列，合称为三乘（tricycle）。[①] 一些西方人感受到，信仰藏传佛教不但可以速成和顿悟，还可以亦僧亦俗，“脚踏两只船”。第三，近半个世纪以来，世界各国物质文明高度发展，出现了金钱至上、物欲横流的现象，而精神文明发展缓慢，物质与精神不平衡，一些人感到精神需求没有得到满足，幸福指数不高。这种精神空缺，被快速发展和传播的宗教“钻了空子”，这也是藏传佛教传播广、发展快、影响大的重要原因。

三、当代藏传佛教面临的问题与挑战及其根源

当代藏传佛教面临的问题与挑战及其根源的特点表现为：问题多，挑战大，原因复杂。藏传佛教在传播发展过程中，出现了许多问题，面临许多挑战，导致这些问题和挑战的原因十分复杂。

（一）问题多、挑战大

当代藏传佛教的问题多和挑战大，来自藏传佛教内部、藏传佛教外部、藏传佛教事务管理三个方面。

第一，来自藏传佛教内部的问题和挑战。有几个焦点问题充分说明当代藏传佛教的问题多、挑战大：一是格鲁派内部的“多杰修丹”护法神问题。“多杰修丹”（Rdo rje shugs ldan）护法神问题在国内和国外都存在，国内，甘孜州乡城的桑披林寺、曲培寺，得荣的龙绒寺，康定的居里寺等，昌都市的一些寺庙，甘南州碌曲县的郎木寺，迪庆州香格里拉县的松赞林寺（乡城康村等 3 个康村），玉树州的一些寺庙，都供奉“多杰修丹”护法神；国外，主要是格桑嘉措及其在英国建立的“新噶当派

① 参见纽约出版的佛教期刊《三乘：佛教评论》（Tricycle：The Buddhist Review），1991 年创刊，网站：http://tricycle.org。

传统”(New Kadampa Tradition)，其信徒几乎都是洋弟子。① 供奉者与不供奉者产生严重对立，成为藏区社会的一大隐患，在国外也产生了较大的影响。二是噶举派的内部矛盾。表现为噶玛巴系统与夏玛巴系统的冲突：十二世司徒活佛等噶举派大活佛首先认定了乌坚赤列多吉为十七世噶玛巴（1985 年生于昌都），并得到国务院的批准；但是十四世夏玛巴活佛又认定赤勒塔耶多杰（1983 年生于拉萨，1994 年 6 月前往印度）为另一个十七世噶玛巴，形成十七世噶玛巴“双胞胎”局面，导致噶举派的噶玛巴系统和司徒系统与夏玛巴系统之间的矛盾和冲突，十七世噶玛巴乌坚赤列多吉于 1999 年 12 月 31 日出逃印度之后，噶玛巴黑帽系与夏玛巴红帽系为争夺锡金绒定寺并夺取象征噶举派精神权威的黑帽更加剧了双方的对立。十四世夏玛巴于 2014 年圆寂后双方的冲突暂时缓和。② 萨迦派内部的平措颇章（在美国）与卓玛颇章（在印度）之间也存在矛盾。宁玛派传统的六大主寺（多杰扎寺、敏珠林寺、噶托寺、白玉寺、竹庆寺、协庆寺）与新兴的五大道场（色达五明佛学院、白玉亚青寺、塔公藏卡佛学院、塔公扎西寺、甘德龙恩寺）之间存在竞争和矛盾。③ 色达五明佛学院的著名宁玛派堪布索达吉遇到的问题和挑战，是僧人面临问题和挑战的一个典型个案。近年来，随着名气和影响的增大和社会的认可，④ 索达吉的心也大了，不仅“通吃”藏传佛教，还希望“吃

① 参考杜永彬：《“多杰修丹”护法神问题在国外的影响》，载《当代国外“西藏问题”研究》第一辑，中国藏学研究中心编印，2015 年，以及笔者对甘孜藏区、阿坝藏区、迪庆藏区和甘南藏区“多杰修丹”护法神问题的实地调查。David N.Kay, *Tibetan and Zen Buddhism in Britain: Transplantation, Development and Adaptation*, Routledge Curzon, Taylor & Francis Books Ltd., 2004.

② Geoffrey Samuel, *Civilized Shamans: Buddhism in Tibetan Societies*, Smithsonian Institution Press, 1993. 杜永彬：《当代藏传佛教的内部纷争——以南亚的噶举派为例》，“喜马拉雅区域研究国际学术研讨会”论文，四川大学，2016 年 11 月 12 日。

③ 宁玛派的五大道场之说，是笔者的“一家之言”。

④《索达吉堪布——传统文化和藏传佛教的传播者》，中国网，2014 年 12 月 21 日，中国民族宗教网等网站全文转载。

通”汉传佛教，他传讲汉传佛教（八宗），并改订鸠摩罗什原译《妙法莲华经》(《法华经》)，将其作为学习材料，引起奉《法华经》为根本经典的天台宗和尚的批判，“凤凰网”于2016年7月发起“《法华经》义辩”，索达吉不得不在2016年7月8日发表声明“真诚地忏悔”。① 当代藏传佛教问题多、挑战大，还表现为学经内容精简，学经时间缩短，戒律松弛，对僧尼的约束力下降，寺院经济、寺庙自养、僧尼和信众的宗教消费都存在问题，内蒙古的格鲁派僧人和活佛的全面世俗化，几乎所有活佛喇嘛都结婚成家，一些活佛到寺庙穿袈裟，出寺庙穿俗装，与俗人无异；一些僧人到寺庙就像上班，把出家入寺当成职业和工作；一些寺庙出现穷庙富方丈（堪布）现象，甚至有僧人从功德箱中偷取信众布施寺庙的香火钱；一些人出家向寺庙提条件，要求同意年满18—20岁结婚成家。藏区也出现了格鲁派僧人结婚成家的现象。② 还有一些藏传佛教活佛、喇嘛、信徒和施主利用藏传佛教追名逐利，把藏传佛教当成“摇钱树”和敛财的工具，一些僧人成为四处游方的“嘉喇”，一些僧人打着藏传佛教的旗号骗财骗色，西方一些僧人还把藏传佛教密宗修炼与提高性力联系在一起。③ 还有一些僧人恶搞藏传佛教，出现了不少自封活佛、假活佛、骗子活佛、假法王等，如“第三世多杰羌佛”义云高、白玛奥色法王（吴达镕）等。④

第二，来自藏传佛教外部的问题和挑战。由于受到世俗社会、市场经济和外来文化的强烈冲击，藏传佛教寺庙和僧人走向世俗化，一些僧

① 释道法:《〈法华经〉译本之争彰显大众阅藏活动的重要性》，凤凰佛教，2016年7月10日；《索达吉关于〈法华经〉版本之辩的声明》，智悲佛网。

② 当代内蒙古藏传佛教实地调查，2014年7月17日—8月2日。

③ Eve Mullen, *The American Occupation of Tibetan Buddhism: Tibetans and Their American Hosts in New York City*, Waxmann Verlag GmbH, Germany, 2001.

④ 杜永彬：《当代藏传佛教面临的问题和挑战及其根源》，“藏传佛教与青藏高原”研讨会，西南民族大学，2015年12月4日。《骗子成“佛”记——义云高集团诈骗始末》，凤凰网·佛教，“狮子吼”第1期，2013年10月28日。张九器:《张铁林的师傅是谁？白玛奥色法王大起底》，环球网，2015年12月1日。

人出世和入世兼顾，“脚踏两只船”；寺庙的自主管理与政府的社会管理存在矛盾，一些寺庙和僧尼与社会主义社会不相适应；一些内地和国外信徒和施主对藏区寺庙和活佛的布施和捐助成为藏传佛教“快速”发展的重要动力；一些人拿钱买信仰，把藏传佛教当成娱乐方式和消费品。

第三，藏传佛教事务管理面临的问题和挑战。一是对藏传佛教的作用和影响的认识，应当看到，藏传佛教既具有消极影响和负能量，如对藏区经济发展、社会稳定、民生改善的负面影响，与现代社会不相适应，对国家的离心力；也具有积极影响和正能量，如对藏民族和藏传佛教信众的凝聚力，对国家的向心力，需要辩证地认识其作用和影响。二是对寺庙和僧尼的管理面临问题和挑战。传统管理与现代管理没能有效衔接，寺庙的民主管理和自主管理与政府的社会管理和依法管理还没有实现有机结合。传统的学经制度与现代学经制度也没有很好地衔接，寺庙学经班和民办佛学院与公办佛学院还需要从教学内容、教学方式、管理方式等方面进行有效地对接，还存在跨地区学经和管控问题及 18 岁以下未成年人出家入寺问题。活佛转世存在问题，由于境外渗透和操纵及寺庙和僧人自封，出现了不少未经政府批准认定的活佛。对藏传佛教无序发展的管控问题，如一些宁玛派寺庙，规模大、僧尼多、居士多，号称是“世界上最大的藏传佛教寺庙”。三是藏传佛教政策的制订、实施和效果问题。在藏传佛教出现“新常态”的形势下，藏传佛教治理环境、治理者和治理方略都面临问题和挑战。国务院已颁布的专门管理藏传佛教的法规有：《藏传佛教活佛转世管理办法》（2007 年 7 月 18 日）、《藏传佛教寺庙管理办法》(2010 年 9 月 30 日)、《藏传佛教学衔授予办法(试行)》(2015 年 4 月 28 日)，以及中国佛教协会公布的《藏传佛教教职人员资格认定办法》（2010 年 1 月 10 日）、《藏传佛教寺庙主要教职任职办法》(2011 年 11 月 3 日）和《藏传佛教寺庙经师资格评定和聘任办法》(2012 年 12 月 3 日）。这些法规的实施效果需要评估，还需要根据形势的变化和管理的需要，制定新的藏传佛教法规，不断调整和创新藏传佛教政策和法规（治理方略），努力做到决策科学化、制度化，使主观符合客观、理论符合实际、政策符合民意。

（二）原因复杂

当代藏传佛教面临问题和挑战的主要原因，包括内部和外部两方面的原因，表现在宗教、心理、文化、经济、政治五个方面，相应地，当代藏传佛教传播发展的动力，表现为信仰需要、精神需要、求知需要、谋生需要、现实需要等方面。一是宗教原因——信仰需求，主要是藏传佛教自身发展的需要，以及藏区僧尼出家为僧的需要和藏区内外、国内外广大藏传佛教信众信仰的需要。二是心理原因——精神需求，在现代社会和世俗社会，不但物质文明发达、物欲横流、精神缺失，而且生活节奏快、工作压力大、竞争激烈，导致部分民众难以承受，希望寻求物质与精神的平衡，转而从宗教当中寻找避风港及心理慰藉和治疗，而藏传佛教就成为许多人的首选，[①]藏传佛教修习戒、定、慧，奉行止观双运（知行合一），修炼藏传佛教有益于抵御和破除贪、嗔、痴，有助于抵御或消减、平衡物欲横流、贪婪冷漠的现实社会，有益于放慢生活节奏、缓解生活压力，平衡生理需求（物质需求）和心理需求（精神需求），达到修身养性的目的。生理病治疗用医学，心理病治疗用精神（文化、宗教、旅游、休闲等）。有些人把信仰藏传佛教当作“心灵鸡汤”，一些信徒奉活佛喇嘛为“精神导师”，索达吉就被称为“心灵上师”。一些西方人信仰藏传佛教是为了自助（self-help）。[②]这就是一些社会“精英”乐于穿袈裟、当活佛，一些商人、明星、官员、知识分子、科学家

① 钟科文：《科学态度 科学精神 社会道德——读朱清时论藏传佛教》，《科学与无神论》2004年第6期；2010年3月8日，发表《物理学步入禅定：缘起性空》演讲；2011年12月30日与刘正成对话：《从藏传佛教到认知科学的崭新链接》；2016年1月8日，朱清时参加四川省第二届藏传佛教文化论坛，并发表《禅定与大脑》演讲。

② Eve Mullen, *The American Occupation of Tibetan Buddhism: Tibetans and Their American Hosts in New York City*.

等信仰藏传佛教的重要原因。[1]三是文化原因——求知需要，信仰藏传佛教，既有益于增长佛教文化知识，认识传统文化，也有益于藏传佛教研究（藏传佛学）和藏学研究。在西方，一些藏学家本身就是藏传佛教僧人或信徒（洋喇嘛或洋尼姑），如“藏传佛教资源中心”（Tibetan Buddhist Learning Center）创始人金·史密斯（Gene Smith）、哥伦比亚大学教授罗伯特·瑟曼（Robert Thurman）、弗吉尼亚大学教授霍普金斯（Jeffrey Hopkins）、乔治·德雷福斯（George B. J. Dreyfus）、白玛曲珍（Pema Chodron）、素雅·达斯（Surya Das）、亚历山大·伯增（Alexander Berzin）等。四是经济原因——谋生需要，一些藏传佛教僧人把信仰藏传佛教视为职业，出家为僧尼，皈依为居士，主要目的是解决就业问题，还有一些僧人（包括一些“嘉喇”）和信徒利用藏传佛教追名逐利，把藏传佛教视为赚钱发财的工具，做“喇嘛生意”（lama business），甚至骗财骗色。五是政治原因——现实需要，一方面，藏传佛教僧人受现实社会的影响及所在国佛教界的倡导，积极参加社会政治活动，如在中国佛教界倡导“庄严国土、利乐有情”，实践“人间佛教”，因而一些僧人积极参政议政，力图做到“爱国爱教”“护国利民”，西方佛教界则倡导实践“入世佛教”（Engaged Buddhism），积极参与社会公益活动；另一方面，一些藏传佛教僧人和信徒所谓的“西藏独立”活动，使藏传佛教与“西藏问题”牵扯在一起，而被别有用心的人利用。

关于问题多、挑战大，原因复杂的分析。当代藏传佛教面临的问题和挑战来自内部、外部和藏传佛教事务管理三个方面，当代藏传佛教传

① 高颖、Mary Phillips：《藏传佛教对西方心理学的影响》，《中国藏学》2010年第1期。关于歌星火风摇身一变成“活佛”的报道，参考2014年11月8日出版的《人物》第10期，刊登《“佛爷”火风》称，歌手火风被甘孜州白玉寺认证为活佛。随后，《人物》第11期刊登澄清和道歉启事：经向四川省民族宗教部门核实，四川省甘孜州白玉寺没有名为火风（乌金西珠丹增）的僧人，也没有名为火风（乌金西珠丹增）的活佛。国家法律法规对活佛的批准继位有明确规定，任何团队或者个人不得擅自开展活佛转世的认定活动，我们对藏传佛教的政策法规和有关知识了解不足，特此澄清不良影响，并就报道中的失误诚恳致歉。

播发展的原因和动力也来自内部、外部和藏传佛教事务管理三个方面。当代藏传佛教面临的问题和挑战需要藏传佛教僧尼和信众积极应对和解决，也需要藏传佛教事务管理部门主动引导和治理；应当客观认识藏传佛教僧尼和信众的信仰需要，并对推动藏传佛教传播的原因和动力进行深入研究和正确应对。当代藏传佛教传播发展的原因和动力是多方面的，既有藏传佛教自身发展的推动、藏传佛教僧尼和信众虔诚信仰的推动、精神和心理需要的推动，也有利用藏传佛教追名逐利的影响，国外的藏传佛教还受“西藏问题”的左右。值得注意的是，受世俗社会和物质世界的强烈冲击和负面影响，藏传佛教呈现出外在虚假繁荣、内在衰落式微的倾向，表现为一些僧尼由重来世转向重今生、由重利他转向重利己、由重精神（佛法、信仰）转向重物质（名利、金钱）；僧尼的文化水平上升，佛法水平下降；有形的看得见的寺庙建筑等壮观堂皇，无形的看不见的佛法修炼等衰落式微。

四、当代藏传佛教的变化与适应

当代藏传佛教的变化与适应的特征表现为：变化大、适应快、“创新”多。其结果主要是世俗化、现代化、本土化，也包含开放化、人文化、精神化。[①]

（一）变化大

正如前文所述，当代藏传佛教是“变化了的藏传佛教”，当代藏传佛教变化大，主要表现在僧源和信众、闻思修和讲辩著、寺院管理方式、寺院经济形式、僧尼和信众的观念等方面：一是僧源和信众变化大，在藏区，出家人主要来自农牧区，农牧民成为僧尼和信众的主体，而在新

① 杜永彬：《当代藏传佛教的变化与适应——以拉萨为例》，当代拉萨藏传佛教实地调查报告，2009年8月。

中国成立前，藏区的僧人不少来自达官显贵之家；内地，僧尼和信众多是社会“精英”或“白领”，僧人、信徒或施主多是商人、明星、官员、科学家，“蓝领”很少；国外，洋人（白人）成为僧人和信徒的主体。二是闻思修和讲辩著变化大，传统学经制度与现代学经制度并存，学经方式、学经内容、讲经方式、修炼方式都发生了很大变化，一些寺庙简化学经内容，缩短学修时间，增加世俗内容，如索达吉讲经，除了佛法内容，还有许多世俗知识、传统文化、西方文化和哲学，塔公的多杰扎西活佛开办世俗学校，甘德龙恩寺的杨保活佛建立格萨尔五明佛学院并担任青海省格萨尔学会副会长。[①] 许多高僧运用现代科技和信息技术设备讲辩著，一些寺庙按照现代大学的模式进行管理和教学。三是寺院管理方式变化大，国内的寺庙管理，基本上是民主管理、社会管理、依法管理相结合，寺庙僧尼与政府干部共同管理寺庙；国外，寺庙是非盈利机构，主要由僧尼和民间志愿者管理。四是寺院经济变化大。现代社会市场经济发达，寺庙、僧尼和信众都受到强烈冲击。由于僧尼和信众宗教消费方式的变化，对寺庙和僧人的布施也发生了很大变化，一些信众首先留够自己的，然后再把多余的布施给寺庙和僧尼，不再像从前那样处处寺庙僧尼优先；一些寺庙僧尼把精力用在发展寺院经济上，通过开办商店、饭店、旅馆、运输等，少数僧人为了谋利，把寺庙当作企业来经营，也壮大了寺庙的经济实力；内地及国外的富商信徒和施主的布施和捐助，增强了寺庙的经济实力。五是僧尼和信众观念的变化，多数僧尼的观念转变为出世与入世并重，多数信众的观念转变为重今生轻来世，由虔诚盲目转向理性清醒，能辨别真假活佛和喇嘛，瞧不起穿着袈裟、招摇撞骗的僧人，对活佛喇嘛从极端虔诚和盲目崇拜，转向更加明白和

① 笔者对中国藏语系高级佛学院和云南省佛学院迪庆藏传佛教分院藏传佛教学经制度现状实地调查与研究，2013 年 4 月上旬，4 月 21—29 日。

理性。[①]

（二）适应快

当代藏传佛教对世俗社会、现代社会、当地社会、信息社会都有较强的适应性。一是适应世俗社会走向世俗化。社会世俗化带来的社会生活市场化和商业化，导致藏传佛教僧尼的世俗化，一些僧人从利乐有情、普度众生的“利他”转向利己，一些僧人从重神圣和精神转向重世俗和物质、从潜心佛法修习转向追求时尚和享乐，出现了“时尚活佛”“老板活佛”“明星活佛”“公关活佛”。二是适应现代社会走向现代化。如前文所述，当代藏传佛教的变化和对现代社会的适应，标志着“传统藏传佛教”已发展演变为“现代藏传佛教”，不仅传统的闻思修、讲辩著出现了现代化的倾向，僧尼的观念和行为具有明显的现代化特征，而且寺庙管理和藏传佛教的传播方式也在走向现代化。十一世班禅也倡导：“藏传佛教界要践行慈悲济世，顺应时代需要，推动佛教发展；加强自身建设，提高四众素质，阐释佛教教义，讲经著书立说；加强制度戒律建设，让藏传佛教适应和融入这个时代。”[②]三是适应当地社会走向本土化。藏传佛教为了生存和发展，必须适应所在国或所在地的社会、经济、文化、政治环境，在中国，国家积极引导藏传佛教与社会主义社会相适应，藏传佛教界也主动适应社会主义社会，因而推动了藏传佛教的积极发展；在西方，为了立足并增强吸引力和竞争力（与基督教、天主教、犹太教等），藏传佛教活佛喇嘛采用各种方式适应西方社会，甚至迎合洋人对藏传佛教的信仰，导致藏传佛教的西化。[③]四是适应信息社会走向网络化。由全球化和现代化带来的信息化，对藏传佛教也产生了明显的影响，在当代，无论是国外还是国内，藏传佛教的闻思修、讲辩著及

① 参考《藏传佛教的世俗化倾向》，载杜永彬：《藏学研究的三维视野》，中国藏学出版社，2009年。
② 王淑、杨月云：《班禅：让藏传佛教适应和融入这个时代》，中国西藏网，2015年12月9日。
③ 杜永彬：《藏传佛教的西化》，中国西藏网，2008年11月。

传播方式都受到互联网及手机微信等的深刻影响，国内外的寺庙、佛学院、修行中心几乎都开通了网站，一些活佛喇嘛也开设了个人的网站，如索达吉堪布的“智悲佛网”、加措活佛的“云端道场”等。雅江县扎嘎寺的次村加措活佛，1980年生于新龙县麻郎错乡，先后在五明佛学院、亚青寺学经，又到中央民族大学、北京大学宗教学专业学习。他倡导“家庭佛教”，建立扎嘎利美佛学院、“慈爱基金”，出版《一切都是最好的安排》（著名佛学专家楼宇烈作序），并开设“云端道场”，号称网络粉丝有600多万，俨然是“活佛第一粉丝圈”，被称为“当下最具智慧的心灵导师”。他说：“坐在寺庙里布道，一年最多能够接待几万人，而在‘云端道场’说法，有数百万计的人可以读到，互联网其实是一艘渡人之舟。”“互联网是藏传佛教信仰最好的场所。”[①]

（三）**“创新”多**

当代藏传佛教的“创新”，表现为继承和发展藏传佛教传统的创新与在藏传佛教传统中无中生有的“创新”。第一，继承和发展藏传佛教传统的创新，对藏传佛教产生积极和正面影响，如宁玛派在国内创立新兴道场，在国外创立法王传承系统等，各大教派高僧活佛还创建了佛学院、学院、大学、基金会，如达塘活佛创办的宁玛学院（Nyingma Institute），曲嘉仲巴活佛创办的那若巴大学（Naropa University）和“香巴拉国际”（Shambhala International），喇嘛土登益西和索巴活佛等创立的“保护大乘传统基金会”（Fundation for the Preservation of Mahayana Tradition），仲萨降央钦则活佛创立的“钦则基金会”（Khyentse Fundation），阿贡活佛创立的“日巴国际”（Ripa International）等，云南丽江的噶举派寺庙指云寺的东宝仲巴活佛到深圳弘法寺，接汉传佛教

① 吴晓波：《加措活佛的“云端道场”》，财经网·宏观，2014年11月12日。

临济宗的法脉，成为临济宗的传人。[①]第二，在藏传佛教传统中无中生有的所谓“创新”，对藏传佛教产生的影响主要是消极的和负面的，一些所谓“创新”，多是标新立异，甚至是在玩藏传佛教，如一些寺庙的佛法修炼追求短平快，开办速成班，希望“即时成佛”；一些僧人在自己的寺庙里坐不住，热衷于到内地或海外去化缘募捐甚至招摇撞骗，被藏区僧人和信众贬称为“嘉喇”；一些活佛喇嘛乐于接受内地弟子的供养和吹捧，被奉为“法王”“法主”，一些僧人还自封活佛，一些僧人热衷于到内地为内地信徒或弟子主持放生活动，甚至被称为“放生喇嘛”“放生堪布”。这些所谓的“创新”，不仅导致藏传佛教戒律松弛和佛法修习水平的下降，而且导致藏传佛教传统被丢失和抛弃。

关于变化大、适应快、“创新”多的分析。一方面，当代藏传佛教传播者、传播方式、传播内容、传播对象、传播平台的变化、适应和“创新”，增强了当代藏传佛教的适应性、吸引力、竞争力和活力，成为藏传佛教传播发展并融入现代社会和当地社会的根本保障和重要动力。另一方面，藏传佛教及僧尼和信众的一些变化和适应，尤其是所谓的“创新”，导致藏传佛教传统被丢失和抛弃：追求世俗、入世、物质，忽视佛法学修，导致一些长期在内地或国外活动的喇嘛活佛“活动家”在寺僧中的威望和影响超过稳坐寺庙潜心佛法和佛学造诣高深的高僧大德，从而导致寺院导向主次颠倒，对藏传佛教的传播发展产生潜移默化的负面影响。总之，当代藏传佛教的变化、适应、借鉴与“创新”的结果，不仅对藏传佛教的传播和发展产生了独特影响，而且导致藏传佛教僧尼和信众及藏传佛教自身的世俗化、现代化、本土化和网络化。

---

①《东宝·仲巴活佛等藏传佛教人士接法脉于本焕长老》，佛教在线（www.fjnet.com），2007年10月29日。

五、当代藏传佛教的发展趋势

当代藏传佛教发展趋势，即藏传佛教的走向和可能产生的影响，可以从三个方面预测：一是世俗化、现代化、本土化、网络化加深；二是藏传佛教的治理和改革成为当务之急；三是实践“人间佛教”，走向“道德佛教”。

（一）当代藏传佛教的世俗化、现代化、本土化、网络化加深

当代藏传佛教的传播态势——传播广、发展快、影响深，问题多、挑战大、原因复杂，变化大、适应快、“创新”多，导致藏传佛教的世俗化、现代化、本土化和网络化。可以预测，当代藏传佛教的发展趋势则是世俗化加深、现代化加强、本土化加大、网络化加快。在21世纪上半叶，物质文明和市场经济的发展将加剧社会世俗化，全球化将加快社会现代化，藏传佛教的所在地将发生巨大变化，世界科技的飞速发展将加速社会信息化，在这样的发展趋势下，藏传佛教的世俗化、现代化、本土化、网络化必将进一步加快和加深。由此可能导致藏传佛教传播范围更广、发展更快、影响更大，相应地，问题更多、挑战更大、原因和动力更复杂，为应对和顺应社会发展潮流，藏传佛教的变化更大、适应更快、“创新”更多。藏传佛教僧尼的观念和行为可能会从轻出世重入世、轻精神重物质、文化水平上升、佛法学修水平下降，转变为出世和入世并重，精神和物质并重，文化文化水平上升，佛法学修水平也上升。

（二）藏传佛教的治理和改革成为当务之急

由于当地藏传佛教面临的问题多、挑战大，几乎成为藏传佛教顺利发展的障碍。因此，无论对于藏传佛教僧尼和信众来说，还是对所在地的政府部门来说，治理和应对藏传佛教面临的问题和挑战，通过改革提升藏传佛教寺规戒律的约束力，提高藏传佛教在现代社会中的适应性、

吸引力、影响力、竞争力和综合实力，都已成为当务之急。首先，是藏传佛教界自身进行治理和改革。像格鲁派创始人宗喀巴大师那样，通过改革消除藏传佛教自身存在的问题，增强戒律、寺规、教法的约束力，继承和发扬传统的学经制度，保障闻思修和讲辩著的效力，提高僧尼的佛法造诣和学修水平，改变重世俗的物质和经济、轻信仰和精神，重入世轻出世、重利己轻利他的局面，增强藏传佛教对广大信众的吸引力和对现代社会的适应力，正本清源，返法归教，还藏传佛教的本来面目。其次，是国家加大对藏传佛教事务的引导和治理力度，在中国，应当坚持辩证认识藏传佛教的社会作用，充分发挥藏传佛教僧尼和信众的积极作用，提升治理藏传佛教事务的法治化水平，清除非法非教的寺庙、僧尼和信徒，消除假冒伪劣，为藏传佛教消肿，挤干水分，遏制无序发展的势头，解决藏传佛教传播发展过程中出现的各种问题和怪现象，积极引导藏传佛教与社会主义社会相适应。①

（三）实践“人间佛教”，走向“道德佛教”

30 多年来，藏传佛教界以“庄严国土，利乐有情”，“爱国爱教”“护国利民”为宗旨，并借鉴汉传佛教实践“人间佛教”的经验，在藏传佛教内部进行了一些“人间佛教”的尝试。西方的藏传佛教也积极实践入世佛教（engaged Buddhism）。② 可以预测，在 21 世纪上半叶，藏传佛教将广泛实践“人间佛教”，积极参与国家全面建成小康社会、推进藏区治理现代化和中华民族复兴的实践，并在国家走向现代化的进程中逐步实现藏传佛教的现代化。同时，不断提升藏传佛教的精神价值和道德教化功能，增强藏传佛教的正能量和对社会的积极影响，加快藏传佛教与社会主义社会相适应的步伐，主动服务和融入社会。可以预测，未来

① 习近平总书记在全国宗教工作会议的重要讲话，央广网，2016 年 4 月 24 日；杜永彬：《积极引导藏传佛教与社会主义社会相适应》，“甘孜讲坛”，2016 年 7 月 19 日。

② Christopher S. Queen, ed., *Engaged Buddhism in the West*, Boston: Wisdom Publications, 2000.

藏传佛教的神学功能将逐渐降低，道德教化功能将逐渐增强，社会对藏传佛教从宽容、包容到共融，藏传佛教加大对社会的适应、服务和投入，通过参与、担当和贡献发挥对国家和社会的积极作用，[①] 在广泛实践“人间佛教”过程中逐步走向“道德宗教”。[②]

总之，当代藏传佛教的传播态势和发展趋势的特点表现在五个方面：第一，当代藏传佛教是包含藏区、内地、国外传播区域的藏传佛教，是20世纪中叶以来的变化了的藏传佛教，当代藏传佛教不应包含藏民族的本土宗教苯教；第二，当代藏传佛教现状和格局的特征表现为传播广、发展快、影响大；第三，当代藏传佛教面临的问题与挑战的特征表现为问题多、挑战大、原因复杂；第四，当代藏传佛教变化与适应的特征表现为变化大、适应快、“创新”多；第五，当代藏传佛教发展趋势的特征表现为世俗化、现代化、本土化、网络化，轻出世重入世、轻利他重利己、轻精神重物质、文化水平提高、佛学造诣下降；广泛实践“人间佛教”或“入世佛教”，逐渐从“神学宗教”走向“道德宗教”。

研究和认识当代藏传佛教的传播态势和发展趋势应当具有四种意识：一是“态势意识”，认清当代藏传佛教现状与格局；二是“问题意识”，找准当代藏传佛教面临的问题与挑战及其根源，分析当代藏传佛教的变化与适应及当代藏传佛教的发展趋势；三是“政策意识”，把握国家的治藏方略和关于藏传佛教的政策法规，把治藏方略与藏传佛教方略有机结合起来，遵循“依法治藏，富民兴藏，长期建藏，凝聚人心，夯实基础”的治藏方略治理藏传佛教；四是“对策意识”，提出应对藏传佛教面临的问题和挑战的办法和对策。只有这样，才能做到摸清现状、找准问题、弄清原因，对症下药，从而达到广大藏传佛教僧尼和信众积极适应现代

① 参考卓新平：《中国宗教与文化战略》，社会科学文献出版社，2013年。

② 杜永彬：《道德宗教——藏传佛教的变革方略》，《藏事探索》2001年第5期；《论当代藏传佛教的发展路向》，《西藏大学学报》2007年第1期。

社会、藏传佛教工作部门积极引导藏传佛教适应社会主义社会、充分发挥藏传佛教在藏区全面建成小康社会并早日实现现代化的宏伟目标。

Technological Achievements of Tibetan Potters in Dege

Chandra L. Reedy*

Tibetan potters in Dege County of Ganzi Tibetan Autonomous Prefecture, Sichuan Province, produce pottery made with a unique technology that results in excellent functional qualities. Potters in the Puma township of the Dzongsar-Maisu (also called Menshö) area have a long tradition of making black pottery with a smooth, lustrous surface [Fig. 1]. Black pottery is common in many Tibetan areas, and throughout China more generally; however, both the materials and the firing techniques of Puma potters are unusual.

* 芮迪秦卓，美国特拉华大学教授。

Fig. 1 Pottery from Puma township in Dege is black or gray with a smooth, lustrous surface.

The pottery technology of the Dzongsar-Maisu area is also an excellent example of community-based cultural preservation. While the tradition is ancient, by 1997 there remained only one elderly potter who still had the ancient skills. Luore Phuntsok, the founder of the Yothok Yonden Gonpo Medical Association, a Tibetan non-governmental organization (NGO) located in Dege County, responded to help the tradition survive. The NGO was already involved in preservation of traditional Tibetan medicine practices, and operates a hospital in the valley where Tibetan medicine is practiced and taught. The NGO set out to also preserve many Tibetan crafts, including pottery. Workshops and training programs were developed to preserve not only pottery, but also sculpture casting, weaving, thangka painting, wood carving, and many other crafts (Dege Dzongsar Tibetan Hospital, n.d.).

The pottery teaching workshop was established in 2003 by Tashi Namgyal, and his son, Jamyang Gelek, took on the teaching duties in 2010. Today there are about 30 potters skilled in this pottery tradition, with active classes at the workshop in Puma [Fig. 2]. Students are both local and from as far away as the Tibet Autonomous Region and Qinghai Province.

Fig. 2 Potters at the Puma township workshop, Dege County.

Pottery Raw Materials

The raw materials used by the Puma potters includes a very black clay. There is only one source for this clay, located on the mountain behind the nearby Dzongsar Monastery in the adjacent Dama township. The clay is obtained from a very deep pit. Clay mining can only be done when the weather is dry enough (summer is too wet); and during the cold season the clay is too frozen to extract. Since clay mining times are so restricted, a large amount is extracted over two to three days at each visit. Only one or two trips to the clay source are needed each year to fulfill the needs of the Puma workshop.

By eye the clay appears to be very black. However, under the microscope it is seen to actually be a white calcareous (calcium-rich) clay streaked with black veins, spots, and powdery areas of carbon [Fig. 3]. There is also accessory pyrite (iron sulfide).

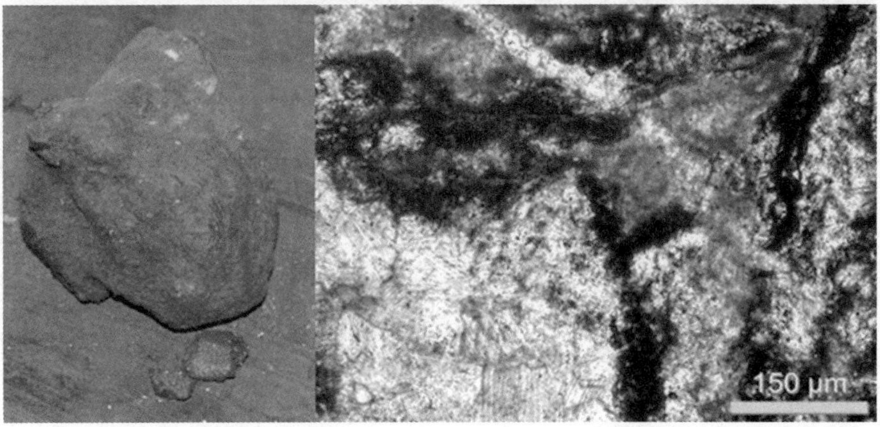

Fig. 3 Clay used by the Puma potters is black in hand sample (left) but under the microscope (in plane polarized light, right) is seen to include a large amount of white calcium carbonate with powdery veins of carbon.

After being brought back to the workshop, the clay is washed, then ground by hand and sieved to ensure a very fine particle size. However, before being used for pottery production, the powdered clay is mixed with another raw material called sedo or "golden stone." This stone is obtained from surface deposits further away from the village than the clay deposit, in Dopu Valley; the round-trip can be done in one day by horseback. The potters say that they add the golden stone because it makes the clay stickier and easier to work with; and because it also keeps the clay from expanding too much during firing, so prevents the pots from cracking or breaking during the firing step.

The stone is ground to a fine powder using a large stone mortar and pestle [Fig. 4], and then mixed with the clay. For small objects, a ratio of 50-50 clay to gold stone powder is used. For large pots, they may add more than 50% gold stone powder.

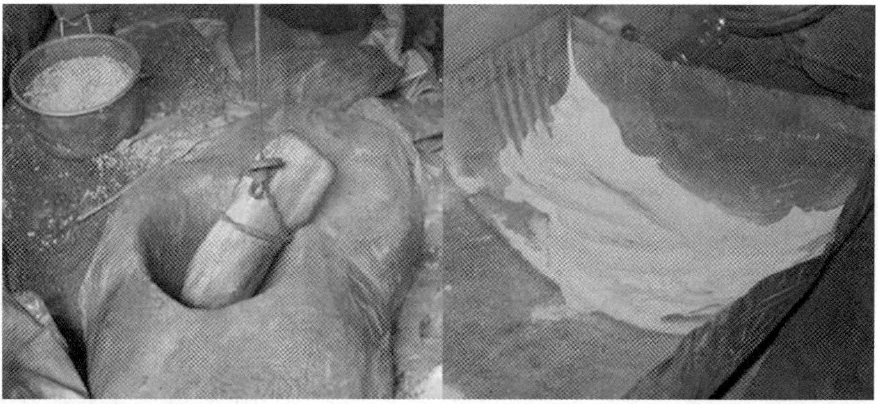

Fig. 4 The "golden stone" (*sedo*) is hand-ground with a large stone mortar and pestle (left) to a fine powder (right).

Analytical studies by both optical microscopy (using thin-section petrography) and differential thermal analysis confirm that the primary component of sedo is talc (hydrated magnesium silicate), with additional chlorite mica being present. The stone also contains extensive veins and chunks of iron oxides (limonite, goethite, and hematite). The iron oxides have hydrated from exposure to water over time, forming yellow stains over much of the surface of the stone. It is common for talc deposits to contain moderate amounts of iron, with chlorite and staining films (Kane and Ueltz, 1943). The chlorite and iron oxides give the stone its golden color. The rock is best described as a ferruginous (iron-rich) steatite, which is sometimes called a "soapstone" (Reedy, 2008) [Fig. 5].

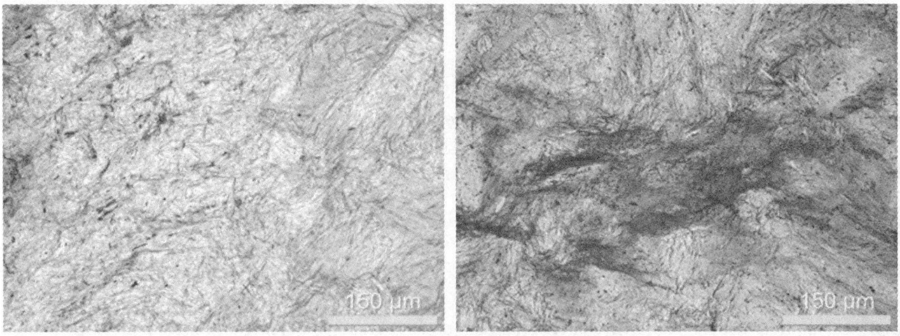

Fig. 5 Two views of sedo under the microscope (plane polarized light) showing colorless talc, pale yellow chlorite mica and darker yellow strings and stains of iron oxides.

After the two raw materials are ground up and mixed together well, under the microscope the clay matrix appears completely black, because the carbon has powdered and spread over the entire matrix [Fig. 6]. Many inclusions of the ground talc stone are visible, along with their yellow iron staining. Under the microscope it is also clear that even though the sedo was ground to a powder, the particles still include some relatively large chunks along with the smaller pieces.

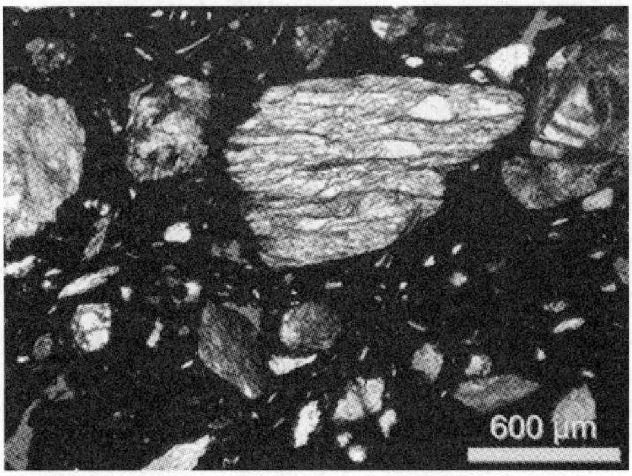

Fig.6 Mixed clay and sedo powder, with black carbon covering the clay matrix, and sedo chunks ranging in size from very small particles up to relatively large ones (plane polarized light microscopy).

Fabrication Methods

Fabrication of objects is done completely by hand (without the use of a pottery wheel), incorporating the use of molds [Fig. 7]. Sedo powder is used to keep the potter's hands and the molds from sticking to the clay during fabrication. The work can only take place for two or three months during the summer. At other times of the year it is too cold to work, and the wet clay will also freeze or develop an unworkable consistency. The potters plan to construct a heated workshop in the future so that production can increase.

The surface of a finished object is carefully smoothed with pebbles, hand-made wooden tools, or pieces of a soft cow hide [Fig. 8]. This finishing step causes the talc particles on the surface to become more aligned in the same direction, and compacts and aligns the clay particles, giving the surface its lustrous, almost greasy texture (Rice, 2005). This burnishing step also lowers the porosity of the surface, making the object a better insulator. This quality will cause it to radiate heat more effectively.

Fig. 7 Vessels are built up by hand, incorporating both hand-building and use of molds. Powdered sedo helps prevent the molds and the potter's hands from sticking to the wet clay.

Fig. 8 Tools used to smooth the surface of an object include pebbles, hand-made wooden tools, and pieces of soft cow hide.

Once complete, the objects are dried indoors for about 10 days [fig. 9]. This is a crucial step, because if there is too much water remaining in the clay due to incomplete drying, when encountering the sudden temperature increase of firing it will be pulled out of the clay very suddenly. This action is likely to cause cracking and breakage, or even an explosion of the pot.

Fig. 9 An array of finished objects drying inside the workshop; most objects need about 10 days to fully dry.

Firing Procedures

Firing is done about once a week, for all of the objects that have dried and are ready. Local pine wood is used as the fuel. Firing is done as a two-stage process. The first firing is at a relatively low temperature, and appears to be mainly to ensure that all remaining water held in pores within the objects is fully released. For this firing, objects are placed on a metal grate raised above ground, in an open but covered structure [Fig. 10]. This grate looks somewhat like a barbeque grill, with wood placed in slots just beneath the grate. This firing lasts for two hours, with the heat increased very gradually to try to slowly release remaining water in order to prevent cracking as much as possible. The objects are left in place and allowed to slowly cool for one full day. Each object is then checked for cracks, and any cracked pieces are discarded. Usually about 10% of the objects fail to survive this first step, so it is a critical stage.

Fig. 10 The covered firing grate (left) has slots for inserting pine wood fuel. Piled charred wood marks the location of the second, higher-temperature firing pit in front of the grate structure. A closer view of the simple metal grate is shown on the right.

The second, higher-temperature firing, takes place in a shallow pit dug into the ground adjacent to the metal grate [Fig. 11], with wood piled around the objects. For the most traditional wares, which are very black, sawdust is also added. The sawdust will pack tightly between any empty spaces between pieces of wood, and ensure that air is completely blocked out and that as high a temperature as possible is achieved. This reducing atmosphere (with diminished level of oxygen) produces a very black surface. The potters say that some clients prefer a gray color rather than a deep black surface, so for those objects the sawdust is left out.

Fig. 11 A closer view of the second, higher-temperature, firing location. This is a shallow pit where objects are place with wood and sawdust surrounding them.

This firing process produces objects that are moderately hard (Mohs hardness of 5). The material is porous on the interior, with an open porosity measured at 15% (ASTM, 1979). This high degree of porosity on the interior helps prevent cracking during repeated cooking and heating activities by leaving room for minerals to expand and contract without putting pressure on the ceramic. Near the surface of the object, the burnishing and smoothing steps reduce the porosity, helping the object radiate heat outwards.

Object Design, Marketing, and Use

A wide variety of objects are made [Fig. 12]. Some of these are very traditional designs with traditional functions that have been used by local people for hundreds of years including cooking pots, medicine containers, tea pots and cups, containers for storing and serving liquids, and braziers. Others are modern designs and functions, intended to appeal to new markets of a wider national or international scope. Sold under the Door of Tibetan Arts designation, these new designs include juicers (for juicing apples), whistles, incense burners, small plates and dishes, and large flower pots. To design and market these products, the workshop and the local NGO collaborate with an external team with formal design training and with knowledge of the wider outside market, who can market products in Beijing, on an internet website, and through WeiBo. The design team works closely with local people who know the local traditions.

Fig. 12 Objects of a wide variety of both traditional and modern designs and functions are made.

The main idea is to develop an expanded market for the Maisu area products, to help keep the tradition alive, but at the same time retaining the most important special characteristics of this Tibetan pottery tradition. Some of these crucial special characteristics include: all products must be made by hand in Tibetan areas, by Tibetans, using the traditional raw materials; they must be produced in an environmentally sustainable way; and they must include fair trade practices so that those who participate in making them are fairly compensated for their work. This commitment to preserving the special Tibetan characteristics of the pottery tradition, while finding ways of also allowing for it to change and evolve to ensure it will continue and even grow with an expanding market, is one significant aspect of this particular pottery tradition. The Tibetan NGO in Dege County provides strong local leadership in heritage preservation that ensures that design and marketing changes can occur without destroying the most important principles behind the cultural heritage that connects local people to their traditions.

The other most significant aspect of this technology is the innovative mix of raw materials. The very large amount of powered talc from the steatite stone (*sedo*), combined with calcium-rich clay and the iron in the *sedo*, promotes vitrification (formation of a glassy matrix) at low temperatures (firing with an open fire rather than with a kiln). Vitrification within the ceramic body leads to an increase in the property of thermal conductivity (Müller *et al.*, 2013). The powdered talc improves properties that help in production and final appearance. It imparts a smooth and lustrous surface texture, and reduces expansion of the clay during drying and firing to help prevent cracking during those stages of production.

The talc also increases the usefulness and lifespan of pottery by adding thermal insulating properties that help with retention of heat during cooking, simmering, and serving; giving better heat distribution to prevent burning of food; and improving thermal shock resistance for greater durability over long-term use (Borowski *et al.*, 2015). The very large amount of powdered inclusions will produce a network throughout the material that can absorb the energy of any cracks that may begin to form, improving the mechanical performance of vessels (Kilikoglou *et al.*, 1998). Vessels made from this extremely talc-rich material heat contents very quickly over a very small amount of fuel, while resisting cracking. In contrast, more common earthenware bodies require slowly heating their contents, or the vessel may crack.

Traditional braziers made with this talc-rich material are a very efficient way to provide a stove and perform the multiple and continuous cooking tasks typical in many Tibetan homes. Small twigs in the cavity of the brazier will quickly heat a cooking vessel placed above it, efficiently cooking stews or other food [Fig. 13 left]. When the food is fully cooked, the upper vessel can be removed and another (such as a water-filled teapot) set in its place [Fig. 13 right]. The cold water filling the teapot, when placed on an already hot brazier, could cause cracking in a typical earthenware vessel, but not in the talc-rich one. Instead, with this talc-rich material, the teapot will not crack, and the water in it will quickly become hot. The cooked food in the vessel it replaced will retain its heat for a long period of time, even after being removed from the hot coals. The lower brazier, now filled with the coals of the small twigs, radiates heat very effectively and helps keep a small room warm. The lip on the bottom of the brazier stays cool, and only the twig-filled bowl heats up, protecting the Dege wooden houses from risk of fire.

These thermal properties make talc an important addition to modern industrial ceramics. However, it is rare in traditional hand-made pottery. While talc is sometimes found in traditional contexts (Borowski *et al.*, 2015; Whitbread. 2015), it is not a very common ingredient in non-industrialized ceramics. This particular combination of black carbon-rich calcareous clay mixed in equal proportions with an iron-rich talc-chlorite stone additive, used for objects built completely by hand and wood-fired in absence of a kiln, is unique. It is a pottery technology capable of producing high-quality ceramics that are very effective for heating, cooking, retaining heat, and resisting cracking. This technology is not found anywhere else in the world except with these Tibetan ceramics of Puma township in the Dzongsar-Maisu area of Dege County.

Fig. 13 Talc-rich Puma brazier requires only a few small twigs to heat and is ideal for quickly cooking food (left) and heating water for tea (right); the material is very crack resistant even when cold water is set above a hot brazier.

Acknowledgments

The field investigation was carried out in collaboration with the Sichuan Provincial Institute of Cultural Relics and Archeology, with special involvement by Gao Dalun and He Ting. Ying Xu, from the University of Delaware, also participated in the fieldwork. Dr. Pamela B. Vandiver, University of Arizona, took part in fieldwork and is collaborating on the ongoing laboratory analyses of materials collected in the field. The Director of the Cultural Relics Bureau of Dege, Yang Shang, was very helpful. We also thank Li Xincai and Karpu, for their hospitality and assistance.

References

ASTM (American Society for Testing and Materials)

1979. Test C 20-74, Tests for Apparent Porosity, Water Absorption, Apparent Specific Gravity, and Bulk Density of Burned Refractory Brick by Boiling Water. *Annual Book of ASTM Standards: Refractories, Glass, Ceramic Materials; Carbon and Graphite Products, Part 17*. Philadelphia: American Society for Testing and Materials, pp. 6-8.

Borowski, M. P., M. Furmanek, K. Czarniak, and P. Gunia

2015. Steatite-Tempered Pottery of the Stroke Ornamented Ware Culture from Silesia (SW Poland): A Neolithic Innovation in Ceramic Technology. *Journal of Archaeological Science*, 57: 207-222.

Dege Dzongsar Tibetan Hospital

n.d. *Internal Handbook*. Dzongsar: Tibetan Hospital, pp. 7-13.

Kane, L. F. and H. G. Ueltz

1943. Possible Uses of Ferruginous Talcs in Steatite Dielectrics. *Journal of the American Ceramic Society* 26(11): 389-392.

Kilikoglou, V., G. Vekinis, Y. Maniatis, and P. M. Day

1998. Mechanical Performance of Quartz-Tempered Ceramics: Part 1, Strength and Toughness. *Archaeometry* 40(2): 261-279.

Müller, N. S., A. Hein, V. Kilikoglou, and P. M. Day

2013. Bronze Age Cooking Pots: Thermal Properties and Cooking Methods. *Préhistoires Méditerranéennes* 4: 1-11.

Reedy, C. L.

2008. *Thin-section Petrography of Stone and Ceramic Cultural Materials*. London: Archetype, pp. 81-83.

Rice, P.

2005. *Pottery Analysis: A Sourcebook*. [Reprint of 1987 edition]. Chicago: University of Chicago Press, pp. 138-139.

Whitbread, I.

2015. Materials Choices in Utilitarian Pottery: Kitchen Wares in the Berbati Valley, Greece. In: M. Spataro and A. Villing, eds. *Ceramics, Cuisine and Culture*. Oxford: Oxbow Books, pp. 28-36.

关于藏文篆体与八思巴字的鉴别

安才旦 *

众所周知，藏传佛教萨迦派高僧八思巴遵奉元世祖忽必烈之命主持创建了以藏文字符变体为主要基础的蒙古新字，俗称八思巴字。八思巴字的产生过程、基本功能、基本字符、添加使用规则、文献应用等，历史文献的记载脉络是大致清晰的，学术界已经有深入细致的考证和研究，本文旨在尝试考察"藏文篆体"与八思巴字的关系。弄清这个问题，对于辨读元明清时期的藏文篆体印鉴史料，研究藏文篆体书法的基本特点及其历史演进变化轨迹，以及判别相关篆印文献的学术价值、历史价值、考古价值、文物价值、文献价值等都具有基础意义。

藏文篆体的命名背景。"藏文篆体"是个新近命名的称谓。2008—2015 年，CTRC 拥有独立知识产权的基于 Unicode 标准的"珠穆朗玛"系列藏文计算机字体（17 种）相继开发问世，"藏文篆体"即为其中之一。[1]

* 安才旦，中国藏学研究中心研究员。

我作为这个开发项目的主持人及这种字模的书写者，借此对“藏文篆体”的命名背景及缘由略作交代。这种字体，藏学界以往习惯使用的藏语名称包括“Hor Yigsar”“Horyig Sarpa”“Horyig Sarma”或者直接简称“Horyig”等，而在现代汉语中，除了俗称“八思巴字”、藏语名称的音译名“霍尔伊”和音义兼译名“霍尔伊新字”，还有人们并不熟知的“八思巴字藏体”“八思巴字变体”“八思巴字（篆体）藏文”等别称。元代汉文文献中，“八思巴”字的名称包括“蒙古新字”“蒙古字”“蒙古国字”“元国字”“元国书”“八思巴蒙古字”“国字”等；而根据西藏自治区拉孜县至今尚存的元代六体“六字真言碑”[2]的记载，藏语中当时称之为“Hor Yigsar”——直译对应“蒙古新字”。可见，上述各种藏语名称同源同义，词源都来自“蒙古新字”（八思巴字）。尽管上述传统称谓数百年来一直被藏族知识界沿用，但是，这个表象并不能说明藏族学者把这种字体排斥在藏文书法体系之外，也不能因此就认为藏族社会长期以来不认同其藏文字体的地位反而一直把它视为蒙古文字体。从藏文书法史的角度看，以藏文字符为主要基础创制的八思巴字的面世，标志着藏文字体从那时开始便增加了一种篆写形态。任何语言始终在动态变化中，词义的变迁亦然。鉴于这种藏文字体与八思巴字篆体的历史渊源，我在主持“珠穆朗玛”系列藏文计算机字体的过程中，经深入比较研究提出更名建议，项目组专门召开藏文专家会议审议通过并报经CTRC高层正式批准，这种字体最终被正式命名为“藏文篆体”（Koryig）。

探讨二者关系的几个基本前提。探讨藏文篆体与八思巴字的关系，有几个基本前提：(1)从文字史的角度来看，八思巴字仅仅曾在元代应用，使用寿命前后不过数十年时间，而藏文篆体自元至今已有近八百年的生命历程。(2)从文字学的属性来看，八思巴文属于已经死亡的民族古文字，当今能够识读者寥寥无几，而藏文篆体属于至今仍在使用的、生命力鲜活的民族文字。(3)从应用范围和载体看，当初的八思巴字主要应用于“译写”包括蒙古语在内的多种语文，主要功能在于记录或转译口语，载体形式涉及“圣旨”“法旨”“懿旨”、碑记、印鉴、宝钞、铜币、牌符等，而藏文篆体的用场一般限于印章篆刻，偶见在神圣殿堂的门框上书刻吉祥颂辞等起装饰作用等情况，未见有大段或整篇的文献。(4) 从比较研究的适用范围看，八思巴字文献的书体大致可分为手写体、篆写体两种(前者最常见的载体是文书纸卷及碑刻、牌符等，后者多见于篆印)，而藏文篆体除字帖之外未见用于手书文献，通常多用于治印，偶见书刻于门楣，所以，两种字的比较研究实际上主要围绕篆印资料展开，否则不具备可比性。

经常被张冠李戴的藏文篆体。笔者注意到，历史文献中的藏文篆体，在当代某些公开出版物中常常被误认作“八思巴文”。例如“桑杰贝帝师”印[3]——明明是藏文篆印，为何经常被人误认为是八思巴字？究其原因，一是形近致误，二是习惯称呼“Horyig”造成的误解，三是相关人士对藏文篆体缺乏认知。此外，近年来有的研究者把藏文篆体称作是“八思巴字的一种变体”——既然八思巴字属于已经死亡的古文字，那么把藏文篆体反过来视为“八思巴字的一种变体”的看法是否立得住就值得商榷。有趣的是，根据笔者检索到的资料，国内外目前搞的八思巴字计算机字体文件中，有的所谓“八思巴字”，字模依据竟然是具有近现代风格的藏文篆字。[4]

八思巴字与藏文篆字同源异流关系。通过考察两种字符系统及拼写排列的异和同，藏文篆体书风的演进历程等，可以看出二者之间既有相伴相生的渊源关系，又存在同源异流的不同归宿。二者之间显而易见的同源关系是学术界公认的，但是，对藏文篆体这支“异流”的研究还有待深入。

首先，对于二者孰先孰后的关系问题，尚未从元代藏文史料中见到具有比照价值的完整记载。开发“珠穆朗玛－藏文篆体”的前期准备中，学术指导拉巴平措研究员曾嘱我查证这两种字体的先后关系问题。通过潜心检阅比对印鉴文献资料，我得出的倾向性意见是：藏文篆体的源头是八思巴字而不是相反。主要依据：八思巴字问世之前，藏文历史文献中未见篆体的应用，此其一；元代以来的文献实例可以揭示八思巴字向藏文篆体的过渡形态和渐进过程，此其二。历史文献给出的直观表象是，八思巴字中的部分字符的书写形态如半圆、弧形、斜杠等，在篆体（包括八思巴字篆体和藏文篆体）中逐渐过渡演进，并最终定型为棱角分明、横平竖直的篆写特色。书写形态变化实例，主要来自对下列字符演进变化的比对观察：na，ma，ta，i，u，ya-btags 等。这个过渡阶段始于元代，完成于清代——通过桑杰贝帝师印（元）、噶玛巴大宝法王印（明）[5]、颇罗鼐印（清）、“达赖喇嘛印王”（清）等可以看出大致脉络。

其次，八思巴字篆印与藏文篆印实际上从一开始就相互交织，以致元代的涉藏印鉴文献中藏文篆体和八思巴字这两种字体的鉴别区分往往显得很困难。如何辨别，如何区分？综合现有印鉴资料来看，笔者认为，可资参考的鉴别标准可以归纳为以下两条：一是看其中有没有藏文中原本没有而仅仅存在于八思巴文字符系统中的字符，有这类字符就表明它可能不是藏文，至少表明其中用的不都是藏文；二是辨识其中有没有藏文的前后加字及上下加字等，看它能否还原转换为其他藏文书体，具备这个条件便可认定这个篆印使用的是百分之百的藏文。可与藏文中的其他书体相互转换，是藏文篆体的基本特征，也是它有别于八思巴字的显著特点。值得注意的是，主要基于藏文字符创立的八思巴字，在译写藏文专名术语的时候，显然具有与藏文直接严格对应的便利——“桑结贝帝师”印中的“桑结贝”就是直接借助藏文的典型例证（藏文中的上下加字、前后加字甚至又后加字完整无缺）。但另一方面，面对那些没有提供藏文原文、仅根据藏语读音记录于笔端的人名、地名，用八思巴字拼写时往往会出现或模糊记音或间接转音的情况，换句话说就是只体现了记音的功能，而并不具备精准转写记录文字的职能，这种情况在应用八思巴字书写的“圣旨”“法旨”中都不难看到。又如“亦思马儿甘军民万户府印”中，“亦思马儿甘”是藏文转音，“军民万户府印”则是汉文转音。综合比较元代涉藏文献不难发现，旨在“译写一切语言”的八思巴文，在拼写藏语人名、地名时的常用处理手法：或转音摹写（还译时难免出错），或严格遵循藏文构词法的基本法则逐一转写各个词素（支持精准还原）。据目前所见，元代的涉藏篆印，印文有的是汉文篆体，例如“必力公万户府印”，其他大都是汉语专名的藏文转音，例如“宣政院印”“国师之印”“白兰王印”等，均为使用八思巴字或藏文篆字拼写汉语专名记音的印鉴。具有一定历史知识和汉文根底，且懂得八思巴字和藏文篆字的拼读法，直接读出并还译汉文原名应该没有什么障碍。如何界定这类印文的用字究竟算八思巴字还是藏文篆字，个人认为，前述两条鉴别标准同样具有参考意义。

如果说元代的此类篆印（无论官印私印）鉴别起来还有一定复杂性，不那么容易区分，那么明清时期的这类涉藏印鉴，一般可以确定印文用的是藏文篆字。例外的情况是，清代文献中存在大量满文或蒙古文篆印，与藏文篆印有一定程度的相似性，须注意鉴别区分。

藏文篆体与八思巴字的共同之处和不同特点，还可从以下几个具体侧面加以考察。

——字符系统有同有异。从文字学角度看，八思巴字虽然脱胎于藏文，但其中增设了藏文中所没有的元音和辅音。八思巴字创制之初的着眼点在于译写多种语文，从这个意义上讲，八思巴文的字符系统作为当时世界上一种能够译写多语种的字符系统，为了能兼容更广泛的应用，增加特殊字符在情理之中。学术界对八思巴字的字符数量还存在不同见解，而我们也未从元代藏文文献中找到与之完整对应的藏文篆写字母表，但从现有资料中可以判定，八思巴字的字符并未全部进入藏文篆体，八思巴字的字符数量多于藏文篆字的字符数量，也就是说，藏文篆体的基本字符并未完全照搬八思巴字的字符系统。通过逐个字符相互比较可以发现，藏文篆体和八思巴字，多数基本字符是二者共有的（通过比对“八思巴文字母表”[6]和“藏文篆体字符表”[7]便可看出）；有的字符是八思巴字中有但藏文篆字中没有的（如 f、G、è、ɤ 几个特殊元音）；有的字符则是藏文篆字中有但八思巴字中未见有的（例如双云头符、单垂符、双垂符）。占行不等的叠篆字符，八思巴字和藏文篆字中都有，但后者的繁复程度不似前者那般复杂。藏文篆印中的部分专用补白字符，是八思巴字篆印中没有的。[8] 藏文篆字应用中还有避免歧义的原则，以防形态近似的字符被误认误解（例如 d、w、ya-btag 等），主要方法是规避容易形近致误的字符，尽可能选用其他同义字符。

——书体风格不尽相同。八思巴字手写体的常见载体为“圣旨”“法旨”之类的文书纸卷，行距大致相等，字距及书法规范不大讲究，有时甚至个性明显；篆写体则常用于篆印，基本范式与手写体差别明显，且有简篆、叠篆之分。藏文篆体并没有用于手书文献的习惯，但篆印中同样是简篆、叠篆并存，细体、粗体、空心体都有。八思巴字篆体和藏文篆体中的简叠篆法，与汉字篆印的基本印风及“九叠篆”的审美标准相表里，属历史上中国各民族文化交融中自然形成的客观事象。[9] 同中有异的是，藏文篆体在数百年的历史发展过程中，在继承八思巴字篆写体简篆、叠篆及方头篆体风格的基础上，又出现了三角头、梯形头等形式，且有了在同一印文中字符既有多样选择，又讲究一致风格等特点。

——拼写规则各有特点。八思巴文的拼写，一个拼式基本上对应语言中的一个音节，“以二合、三合、四合而成字”，通常辅音字母在上，元音字母在下，尾音在元音之后，自上而下、竖向连缀，具体拼写顺序因语言差异而各有不同，也有省略辅音字母，将元音直接置于最上的情况（典型例证见于“亦思马儿甘军民万户府印”中“i”的处理手法），但藏文篆体至今未发现元音置顶的实例。藏文篆体的拼写规则是藏文构词法的自身特点所决定的：前加字在最上，其下依次为上加字、基字、足字、元音、后加字、又后加字；各字节单元之间使用空白间隙（表示分字点）加以区分；各字节单元内部所有字符之间须上下连接且不允许换行；上下连接点有左连、中连、右连三种，须根据上下字符的实际情况选择（如元音符号的添加，go、mo 中的 naro 要左连缀，kho 的 naro 要右连缀；部分字母的上下连接有约定成俗的特定讲究，如 bkra 中 ba 和 kra 的连接）。

——排列规则同中有异。通过比对八思巴文篆印文献和藏文篆体资料可以看到，两种字体的排列习惯是一脉相承的，即从左至右，纵列竖写（用于治印时，印模文字须反写排列）。藏文篆体是所有藏文字体中唯一纵向排列的，其他藏文字体习惯上都是从左至右横向排列的。使用八思巴字的各类手抄文献通常要在词与词之间隔空，而用藏文篆字抄写整篇文献的实例并未见到。历史地看，早期的部分藏文篆印对横平竖直并无严格要求，上下连接带有八思巴字手写体的连接风格，与现代藏文篆体有显著差异（实例：明代噶玛巴印，清中期颇罗鼐印）。八思巴字篆印和藏文篆印作品，以正方形最为常见（偶见长方形），排列时讲究每个横笔的高度、每个纵列的宽度、笔画及行列之间的距离都要一致，总体风格须方方正正、纵横齐整，各列字符要横平竖直、等高等宽、间隙统一、左右对应。[10] 两种篆体都追求方方正正的审美效果，但都不允许一个拼式或字节隔列跨行，需要找齐各行的差距，解决各行列不齐整的问题。八思巴字篆印较多地使用笔道多少、占行不等的叠篆字符解决这个问题，而在藏文篆印中，除了选用占行不等的叠篆字符（所有元音字母和部分辅音字母有叠篆形态），还有一些专门用于补白的字符，各自的占行数允许根据印文行列布局的需要灵活掌握，其中的云头符和补白专用字符对使用位置有限定，而这些规则是八思巴字篆印中并不涉及的。

生命力鲜活的藏文篆体，对于研究已经死亡的八思巴字具有无可替代的学术参考价值，这一点毫无疑问。对藏文篆体与八思巴字的关系，还处在浅泛的研究层面，有待深入考究的问题还有很多。本文权当引玉之砖，期待有更多学者参与其中并提出高见。

[1]“珠穆朗玛”系列藏文计算机字体开发项目，学术指导拉巴平措，项目主持人安才旦，技术负责人扎西次仁。历时8年，开发完成17种，中国藏学研究中心拥有独立知识产权，其中多数业已完成在国家著作权保护中心的著作权登记。中国标准化研究院、北大方正、山东青鸟、微软（中国）、民族出版社、中央人民广播电台等单位和企业的专家或高管应邀参与前期论证，西藏大学、西藏自治区书法家协会等单位的专家应邀协助开发。

[2]西藏自治区日喀则市拉孜县平措林寺所存元代所刻六体“六字真言”碑，碑文中明确记载八思巴字的藏文名称：Hor-yig-sar（蒙古新字）。

[3]“帝师桑杰贝”印，是目前笔者确认无疑的元代藏文篆体官印。印文内容：藏文“桑结贝”(sangs-rgyas-dpal)+汉语音译“帝师”(ti-shi)，均用藏文篆体字符。

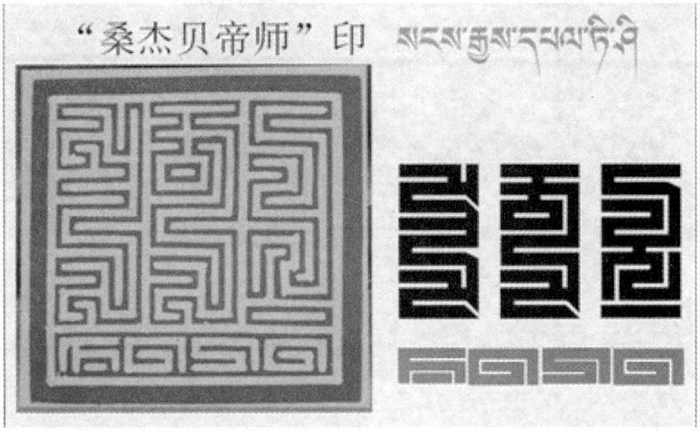

[4] 下面这幅图中所列，开发者声称这是八思巴字，但所使用的全都是藏文字符，且遵循藏文篆体连缀规则，后半段则是藏语中的祈愿常用语“扎西德勒彭松措，丹德代哇吐巴日秀”，唯独没有遵守字符间距一律横平竖直等距等宽的规矩，反而用的是八思巴字文献惯用的隔空手法。

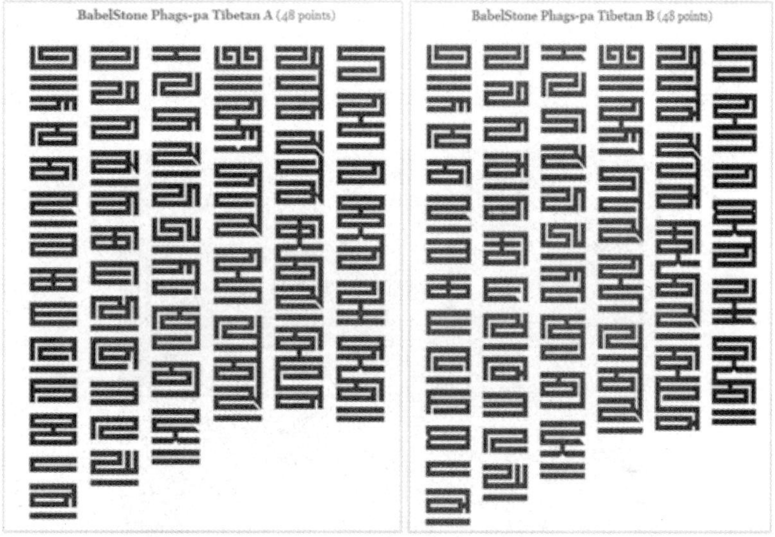

[5] 大宝法王印，笔者见到两方。印文的书写风格均能揭示现代藏文篆体风格形成过程中过渡阶段的一些特点。其中第二方印中的“ka”和“pa”已接近完成过渡形态。

[6]“八思巴文字母表”有多种，对字符数量的见解不尽相同，以下所列，不能涵括所有观点：

八思巴字字母
拉丁转写符号对照表

ꡀ	k(a)	ꡌ	p(a)	ꡙ	l(a)	ꡠ	e
ꡁ	k'(a)	ꡍ	p'(a)	ꡚ	š(a)	ꡡ	o
ꡂ	g(a)	ꡎ	b(a)	ꡛ	s(a)	ꡦ	ė
ꡃ	ŋ(a)	ꡏ	m(a)	ꡜ	h(a)		
ꡄ	č(a)	ꡐ	c(a)	ꡝ	·(a)		
ꡅ	č'(a)	ꡑ	c'(a) ([illegible])				
ꡆ	ǰ(a)	ꡒ	j(a)	ꡢ	G(a)		
ꡇ	ň(a)	ꡓ	w(a)	ꡣ	ɣ(a)		
ꡈ	t(a)	ꡔ	ż(a)	ꡞ	i̯		
ꡉ	t'(a)	ꡕ	z(a)	ꡧ	u̯		
ꡊ	d(a)	ꡖ	·(a)	ꡨ	i		
ꡋ	n(a)	ꡗ	y(a)	ꡟ	u		

	八思巴字	拉丁转写		八思巴字	拉丁转写
1	ꡀ	ka	21	ꡔ	ża
2	ꡁ	k'a	22	ꡕ	za
3	ꡂ	ga	23	ꡖ	·a
4	ꡃ	ŋa	24	ꡗ	ya
5	ꡄ	ča	25	ꡘ	ra
6	ꡅ	č'a	26	ꡙ	la
7	ꡆ	ǰa	27	ꡚ	ša
8	ꡇ	ňa	28	ꡛ	sa
9	ꡈ	ta	29	ꡜ	ha
10	ꡉ	t'a	30	ꡝ	ʻa
11	ꡊ	da	31	ꡣ	ɣa
12	ꡋ	na	32	ꡢ	Ga
13	ꡌ	pa	33	ꡨ	ya
14	ꡍ	p'a	34	ꡧ	wa
15	ꡎ	ba	35	ꡤ	
16	ꡏ	ma	36	ꡞ	i
17	ꡐ	ca	37	ꡟ	u
18	ꡑ	c'a	38	ꡠ	e
19	ꡒ	ja	39	ꡡ	o
20	ꡓ	wa	40	ꡦ	ė

八思巴字字母表

（字母、转写、汉译对照）

编号	字母	转写	汉译	14	ꡍ	p'	发	28	ꡛ	s	沙
1	ꡀ	k	葛	15	ꡎ	b	末	29	ꡜ	h	诃
2	ꡁ	k'	渴	16	ꡏ	m	麻	30	ꡝ	·	哑
3	ꡂ	g	[illegible]	17	ꡐ	ts	拶	31	ꡞ	i	伊
4	ꡃ	ŋ	誐	18	ꡑ	ts'	攃	32	ꡟ	u	邬
5	ꡄ	tš	者	19	ꡒ	dz	惹	33	ꡠ	e/ė	翳
6	ꡅ	tš'/č'	车	20	ꡓ	w	嚩	34	ꡡ	o	污
7	ꡆ	dž/ǰ	遮	21	ꡔ	ž	若	35	ꡢ	G	遐
8	ꡇ	ñ	倪	22	ꡕ	z	萨	36	ꡣ	ɣ	霞
9	ꡈ	t	怛	23	ꡖ	·	阿	37	ꡤ	hv	法
10	ꡉ	t'	挞	24	ꡗ	j/y	耶	38	ꡥ	--	恶
11	ꡊ	d	达	25	ꡘ	r	啰	39	ꡦ	ė/e	也
12	ꡋ	n	那	26	ꡙ	l	罗	40	ꡧ	y	吁
13	ꡌ	p	钵	27	ꡚ	š/ś	设	41	ꡨ	i	耶

[7] 当代藏文字帖中的“霍尔伊”常见书体和藏文篆体计算机字体比较示例：

当代藏族学者的藏文篆体字帖

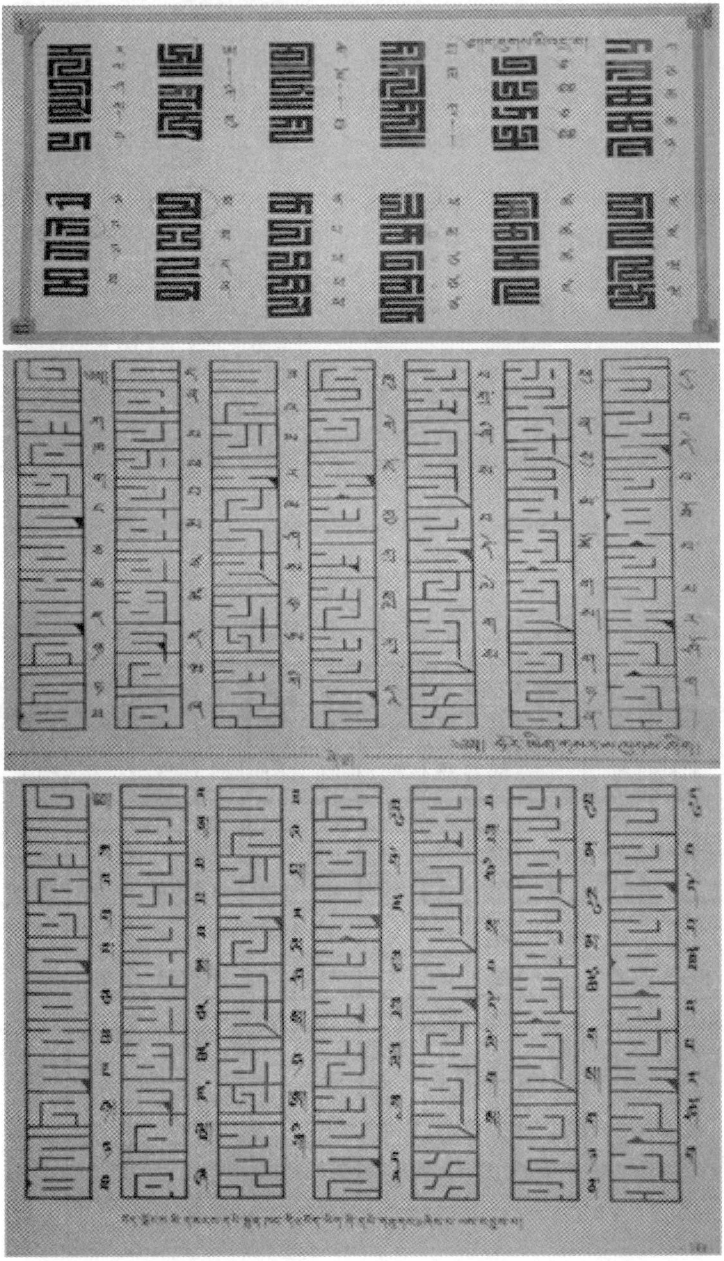

现代藏文篆体：辅音字母的篆写形式

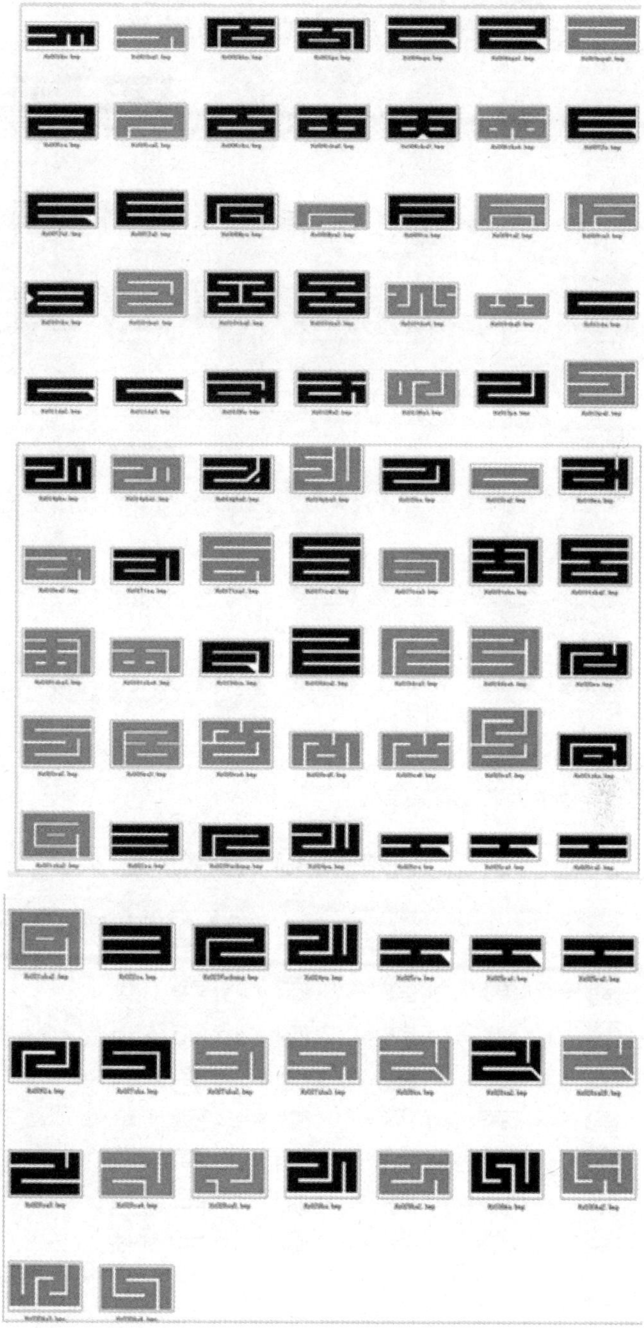

[8] 藏文篆体中的常见补白字符：

藏文篆体中用于补白的部分字符

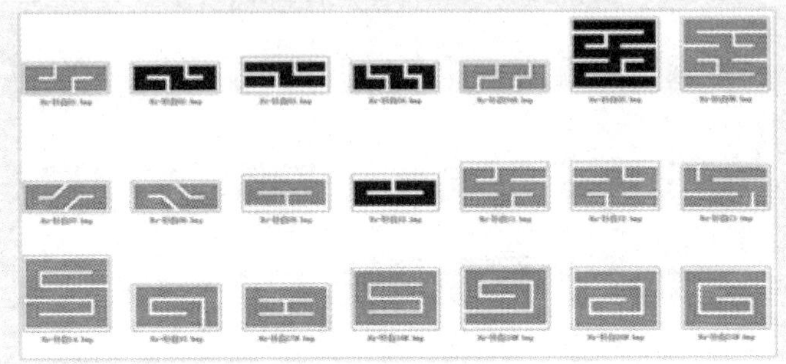

藏文篆体中用于补白的部分字符

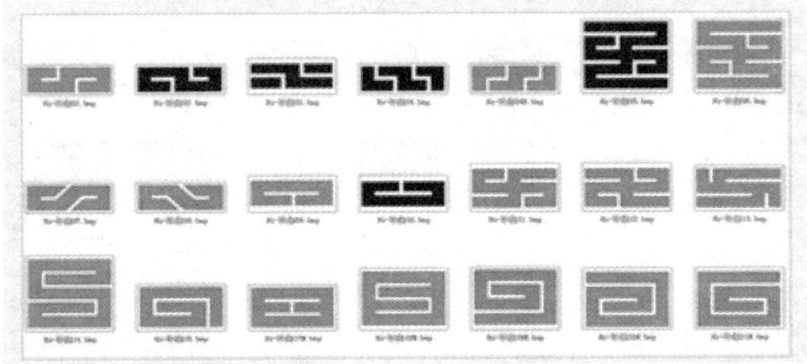

[9] 八思巴字叠篆和藏文叠篆示例：

受汉文篆书影响形成的叠篆形态

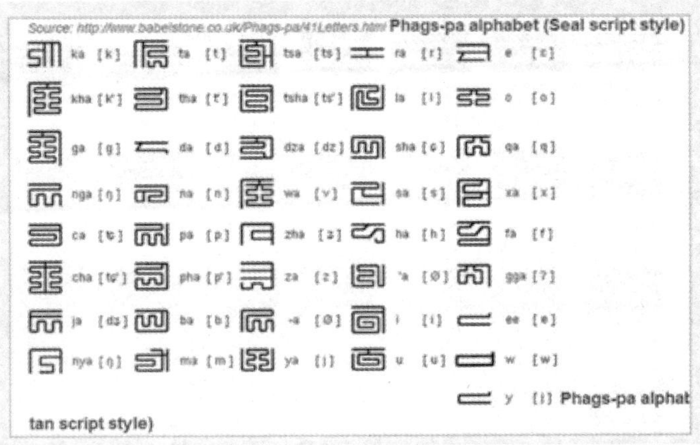

云头符在藏文篆字中的书写形态

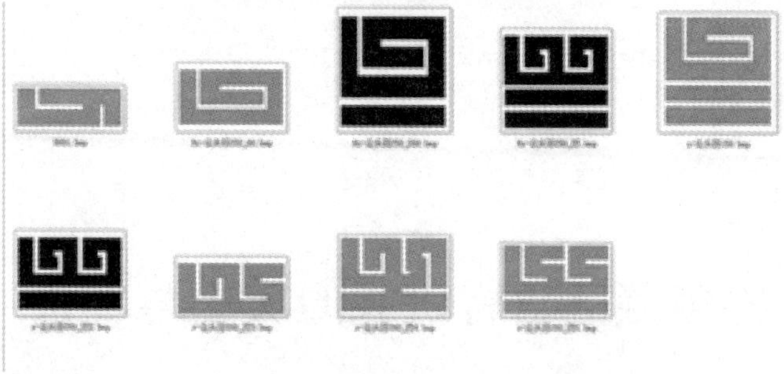

四个元音符号的篆写形态

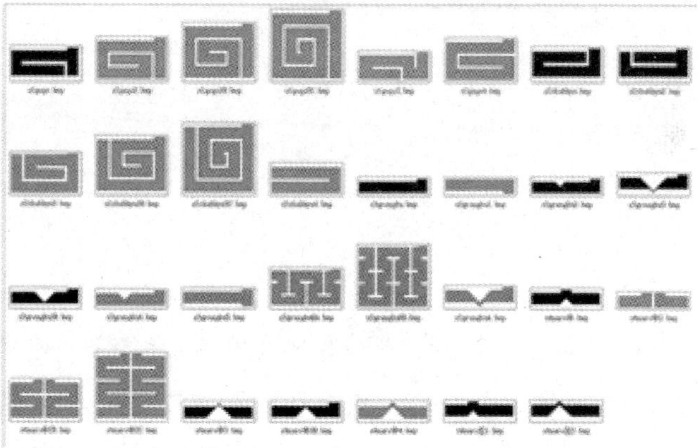

[10]现代藏文篆体计算机字体（珠穆朗玛－藏文篆体）应用示例：

《阿坝藏学》 ཛ་བའི་བོད་རིག་པ།

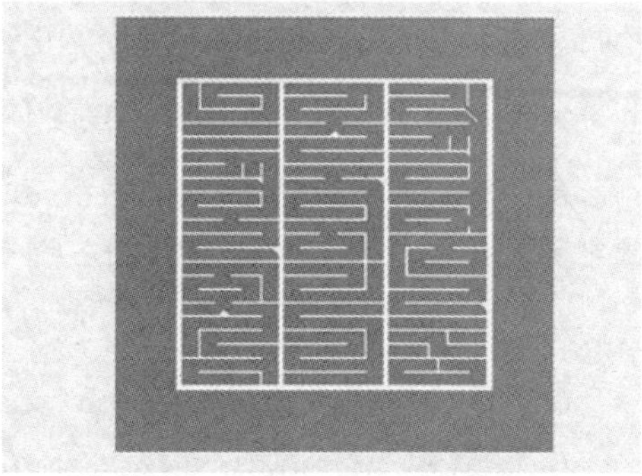

ཀྲུང་གོའི་བོད་རིག་པ་དཔེ་སྐྲུན་ཁང་། 中国藏学出版社

（现代藏文篆体应用示例）

嘉绒藏区语言研究的历史与现状

多尔吉*

所谓“嘉绒地区”，其地域范围有广义和狭义之分。狭义来讲，就是指“四土”，即索磨、卓克基、松岗和党坝等四个土司管辖范围。广义来讲，没有特别明确的界定，但是，一般泛指十八土司管辖的范围，大致包括：阿坝藏族羌族自治州的马尔康、小金、金川、理县、黑水等县的大部分地区，茂县、壤塘、红原等县的部分地区；甘孜藏族自治州的丹巴县和道孚县的大部分地区，雅江、炉霍、色达、新龙和康定等县的部分地区；雅安地区宝兴县和绵阳地区平武县的部分地区，等等。

嘉绒藏区的语言问题一向受到国内外语言学界、民族学界，特别是藏学界的广泛关注。本文就其研究历史和现状作一回顾和分析。

* 多尔吉，中国藏学研究中心办公室主任。

一、研究历史

纵观嘉绒地区语言研究的历史，我们认为，大致可以分为三个阶段：

（一）第一阶段是1949年前

这个阶段研究成果不多，但是，有个别语言学家已经关注到嘉绒地区的语言问题，并发表了一些零星的研究成果。主要是嘉绒语和木雅语。

比如，解放前在调查条件十分艰苦的情况下，有学者发表了一些嘉绒语研究的学术论文。如闻宥的《论嘉戎动词之人称尾词》（《中国文化研究所集刊》3期（上）1943年9月，《中国文化研究所集刊》4期（下）1944年9月）。

金鹏先生解放前曾利用法国庚子赔款退款资助的科研经费，调查过嘉绒语理县杂谷脑话（见瞿霭堂《通向语言殿堂之路——我与藏族语言文字的不解之缘》，《中国藏学》2014年第1期）。

早在解放前木雅语研究也已经开始。如1933年王静如先生在《西夏研究》第二集上发表了《论四川羌语及弥药语与西夏语》；1948年石泰安（R·A·Stein）《弥药与西夏》（Mi-nag et Si-hia，International Orientalists Congress 21，1948，pp.266-267）文中的弥药语是指木雅语。

这个时期道孚语没有专门的研究成果，但马长寿先生在《嘉绒社会史》中提到过“道孚语”（当时他叫“尔龚语”）这一概念，也说明已经有专家关注这个问题。

（二）第二阶段是1980年前，也就是改革开放前

这段时间的研究成果，主要来自50年代我们国家进行的大规模的民族语言普查。瞿霭堂先生认为，当时语言调查的目的有两个：一是全面掌握中国少数民族语言文字的使用情况；二是为少数民族创制、选择和改革文字收集必要的资料。为实现少数民族语言文字的平等使用政策奠定基础。当时的调查人员先后调查了理县的杂谷脑话、马尔康的梭磨

话和茶堡话等，后来又到阿坝金川等地做了大量的补充调查，但是当时的调查范围仅限于嘉绒语。

嘉绒语研究无论是在深度上或是广度上都取得了长足的发展，这在嘉绒地区的语言研究当中无疑处于领先地位。如1956—1957年中国社会科学院派金鹏、谭克让、瞿霭堂、林向荣等到嘉绒地区理县、马尔康和金川进行语言调查，在此基础上，1956年金鹏等在《语言研究》（1956年3—4期）杂志上发表了《嘉绒语梭磨话的语音和形态》（林向荣和瞿霭堂说是在1957—1958年发表的），这是我们目前知道的国内首次比较全面地介绍嘉绒语的文章。1958—1959年孙宏开、瞿霭堂、林向荣等到嘉绒地区进一步补充调查嘉绒语。1957年谭克让在《民族语言调查通讯》上发表了《嘉戎语甘堡话汉语借词反映在音位系统中的一致情况》（1957年第11期）。

此时，道孚语研究方面也开始有了一些成果。比如美籍华人学者王士宗发表的《道孚语中的藏语借词》（Stephen S.Wang，"Cons-onantal Clusters of Tibetan Lon words in Stau". *Monumeta Serica* 1970-71: 631-658. 据王先生对笔者讲，道孚语材料是他在印度时由一位道孚人发音记录的）；霍杰逊发表的《西番语与霍尔语词汇》（Hodgson，H.H，"Sifan and Horsok Vocabularies". *Journal of the Asiatic Society of Bengal,* 1853，22: 121-151）。这里的霍尔语是甘孜州的炉霍话（实际上也是我们所说的道孚语），炉霍县当地人认为他们与霍尔有关，也自称为"霍·章谷"，所以其语言也由此而得名。这些学者首次明确提出道孚语是不同于嘉绒语的独立语言。

（三）第三阶段是80年代改革开放以后

调查的点和面、研究的广度和深度、研究的成果都超过历史上的任何时期。

就研究成果的类型来说，有描写研究、历史比较研究，有综合性和系统性研究成果，也开创了理论研究。

从这个时期的研究成果来看，主要有如下特点：

1. 调查和研究的点面更多更广

一方面进一步深入调查和研究嘉绒、木雅和道孚语的方言土语，如，黄布凡等人编著的《藏缅语十五种》（北京燕山出版社，1991 年）中的木雅语概况等；另一方面调查发现了不少新的语言或方言，如，黄布凡等人编著的《藏缅语十五种》中的道孚语、却域语、扎巴语等概况，还有黄布凡教授的《拉坞戎语研究》（民族出版社，2007 年）。

2. 研究成果更有深度

在深化研究的基础上，还发表了不少历史比较研究成果，也有一些探索有价值的系属和理论性问题的研究成果。如，瞿霭堂的《嘉绒语的方言》（《民族语文》1990 年第 4—5 期）、黄布凡的《藏缅语的情态范畴》（《民族语文》1991 年第 2 期）、多尔吉的《格什扎话复辅音研究》（《中国藏学》1994 年第 4 期）等。

3. 研究更加全面更加系统

这个时期不仅有不少系统性论述文章，还有不少系统性研究专著问世。如 1990 年林向荣先生撰写的《嘉绒语研究》（四川民族出版社），1998 年多尔吉撰写的《道孚语格什扎话研究》（中国藏学出版社），2008 年法国青年学者向柏霖撰写的《嘉绒语研究》（民族出版社）等。

二、研究现状

根据我们掌握的现有研究资料，分别概述其研究成果，详见如下：

（一）嘉绒语

1. 分布情况

嘉绒语（rGyal-rong skad）主要通行于四川省阿坝州马尔康、金川、小金、理县的大部分地区，茂县、壤塘县、黑水县、汶川县的部分地区和甘孜州丹巴县的巴底乡、半扇门乡，有的把色达县的色尔巴乡等地区也作为嘉绒语。使用人数十多万人。因境内历史上有四大土司，所以，嘉绒语又称“四土话”。

2. 研究情况

20 世纪 80 年代初开始陆续发表关于嘉绒语的研究成果。如：1983 年林向荣在《民族语文》上发表了《嘉绒语动词的人称范畴》和《嘉绒语的构词法研究》，1984 年发表了《藏语与嘉绒语之语法比较》(中国民族语言第二次学术讨论会论文)，1986 年发表了《嘉绒语与藏语的若干语法差异》(中国民族语言学会编《中国民族语言论文集》)。

1984 年瞿霭堂在《民族语文》上发表了《嘉绒语概况》，1990 年又发表了《嘉绒语的方言——方言划分和语言识别》(《民族语文》1990 年第 4—5 期)。

1991 年戴庆厦、严木初发表了《嘉戎语梭磨话有没有声调》(《语言研究》1991 年第 2 期)。

2006 年，台湾学者孙天心发表了《草登嘉绒语的关系句》(《语言暨语言学》)。

专著类成果也不少，如，1990 年林向荣先生的《嘉绒语研究》(四川民族出版社)，1992 年王建民、赞拉·阿旺措成的《安多话嘉绒话对比分析》(四川民族出版社)，2002 年黄良荣和孙宏开主编的《汉嘉戎词典》(民族出版社)，2008 年法国青年学者向柏霖的《嘉绒语研究》(民族出版社)。

以上这些研究成果从语音、词汇和语法等各角度全面系统地研究了嘉绒语的共时和历史特征，提出了嘉绒语的系属划分问题，使嘉绒语研究进入一个新的历史阶段。

（二）木雅语

1．分布情况

木雅在历史上出现过很多著名学者，“木雅”这一名称也跟“嘉绒”一样在藏族历史上一直非常受关注，在藏文文献中出现这个词也有很长的历史。

木雅语主要通行于甘孜州的康定、九龙、雅江和石棉县的部分地区，是四川甘孜藏族自治州贡嘎山周围部分藏族使用的一种语言，使用人口有 1 万多人，这一带藏族兼用藏语康方言。

说木雅语的藏族自称“muȵ̥a”，学者研究认为“木雅”就是藏文史书中的“MINYAG”，汉文史籍中的“弥药”。国内外学者一直关注“木雅”与“西夏”的关系，有的认为操木雅语的居民是古代党项羌未北迁的遗民，有的认为是古代党项羌南迁的后裔。

中央民族大学的王尧教授说：“据近代的历史研究，木雅是西夏王朝倾覆以后，南下逃亡的一支。他们逃到康区，占据了一大片山沟，称为木雅。这一群人修建系列的碉楼防卫，说木雅话。……我是一句都听不懂。上师平时偏爱讲母语，在公共场合才讲藏语。……据信，原有 2 万多木雅人，现已逐渐萎缩，都成了地道的藏族人。这一切，请历史学家去探讨吧。”①

2．研究情况

1980 年王天习在《民族语文》上发表了《木雅语概况》；1983 年孙宏开在云南《民族学报》上发表了《六江流域的民族语言及其系属分类》，提出了木雅语的支属分类；1991 年黄布凡在《藏缅语十五种》和《汉藏语概论》（北京大学出版社）中专门论述了木雅语的语音、词汇和语法等方面的基本情况。

① 详见王尧：《我所结识的喇嘛》，《中国藏学》2015 年第 1 期。

（三）道孚语

1. 分布情况

道孚语主要通行于四川省甘孜藏族自治州的丹巴县、道孚县、新龙县、炉霍县等的部分地区，有的把色达县和阿坝藏族羌族自治州的金川县、壤塘县的部分地区使用的语言也划定为道孚语。使用人口有4万多人。道孚语没有独立的统一称谓，所以学者们称呼这种语言也有分歧，如“霍尔语”“尔龚语”“道孚语”等。

2. 研究情况

关于道孚语的系属问题，有不同的说法，如，瞿霭堂和林向荣认为道孚语属于嘉绒语的一个西部方言。黄布凡教授认为，金川和壤塘县部分地区的语言不属于道孚语，而属独立语言——拉坞戎语，详见拉坞戎语部分。

1983年孙宏开在云南《民族学报》上发表了《六江流域的民族语言及其系属分类》，提出了尔龚语（也就是道孚语）的支属分类；1983年李范文发表了《试论嘉绒语与道孚语的关系》（收入宁夏人民出版社出版的《西夏研究论集》中）；1988年笔者在《西南民族学院学报》（民族语言文学专集）上发表了《川西藏区格什扎话》，比较系统地分析了道孚语格什扎话的语音系统、语法结构和词汇特征。1991年黄布凡先生在《藏缅语十五种》（北京燕山出版社）和《汉藏语概论》（北京大学出版社）中专门论述了道孚语的语音、词汇和语法等基本情况。1991年孔江平发表了《道孚藏语双擦音声母的声学分析》（《民族语文》1991年第3期）。

1992—1997年间，笔者发表了《格什扎话复辅音研究》《川西藏区格什扎话动词的人称和数范畴》，专门论述复辅音和动词人称等范畴。1995年笔者有幸获得国家社会科学项目资助，所以，1997年撰写了《道孚语研究》（专著，中国藏学出版社，1998年。此书系全国哲学社会科学青年项目），第一次从语音、词汇和语法等角度全面系统地描写了道孚语的共时和历时特征，同时通过比较研究提出了道孚语的支属问题，是道孚语研究的第一部专著。这一专著的问世，无疑使道孚语研究进入一个新的历史阶段。

（四）扎巴语、贵琼语、却域语、拉坞戎语

1．分布情况

扎巴语　主要通行于甘孜州的道孚、雅江、康定和九龙等县的部分地区。据不完全统计使用人口有7000多人。这一带的居民称他们的居住地叫“扎巴”，其语言称谓由此而得名。

贵琼语　贵琼语又称“鱼通语”，主要通行于康定鱼通区前溪、麦崩等乡和炉定县的个别村寨，使用人口为4000多人。这一带藏族基本都能兼通汉语。

却域语　却域语主要通行于四川省甘孜藏族自治州新龙、雅江和理塘三县交界地区。主要分布在新龙县下占区龙拉西、孜拖西两乡、雅江县团结乡部分村落和普巴戎乡，理塘县君巴区某乡和尕瓦区仁达乡等地，使用人口大约7000人。

拉坞戎语　主要通行于四川省金川县观音桥区俄热乡的一、二、三、四村，太阳河乡的麦地沟村，二嘎里乡，集沐乡的业隆村；马尔康县北湾区毛儿宗乡，白湾乡的年克村、大石村；壤塘县上寨区蒲西乡的斯跃武、小依里、蒲西等村。对它的系属问题有不同的看法，有的把它作为嘉绒语的一个方言，有的把它作为道孚语的一个方言，黄布凡先生则提出它是不同于嘉绒语和道孚语的独立语言。

2．研究现状

扎巴语、贵琼语和却域语等语言研究是从20世纪80年代初开始起步的。拉坞戎语比上述三种语言的研究起步晚，研究的广度和深度也有较大差异。

从现有的资料来看，1983年孙宏开在云南《民族学报》上发表了《六

江流域的民族语言及其系属分类》，提出了扎巴语、贵琼语、却域语的支属分类；1985年2月陆绍尊先生在《民族语文》上发表了《扎巴语概况》，描写了扎巴语的基本情况（后来黄布凡教授认为这不是扎巴语，而是却域语的一种方言，详见《汉藏语概论》第211页）。1991年黄布凡先生在《藏缅语十五种》（北京燕山出版社）中专门论述了扎巴语、贵琼语、却域语的语音、词汇和语法等基本情况，同年在《汉藏语概论》（北京大学出版社）一书中也专门论述了扎巴语、贵琼语、却域语。

1991年黄布凡教授在《藏缅语十五种》和《汉藏语概论》中将拉坞戎语作为道孚语的方言作了介绍。2007年黄布凡在民族出版社出版了《拉坞戎语研究》，对拉坞戎语作了全面系统的介绍，首次提出拉坞戎语是不同于道孚语的独立语言。

总之，嘉绒地区语言调查研究始于20世纪30年代，但在50年代之前，只有少数学者调查过，有零星的研究成果。广泛调查是从50年代开始的。从20世纪50年代到60年代中期，语言学家们在较为困难的条件下，描写记录了一些比较有代表性的方言点，发表了一批调查研究成果，奠定了一定的基础。80年代以来，人们除了继续深化已经调查研究过的点外，还开始关注一些未被认识的新语言和方言，以极大的兴趣去开垦这些富有潜力的新荒地。

（三）嘉绒地区语言研究价值及其原因分析

上面我们根据语言学家们的研究成果，分析了嘉绒地区语言研究的历史和现状。嘉绒地区语言研究之所以引起语言学界、民族学界和藏学界的关注，有其特殊原因。

其一，这一带语言在语音结构、词汇关系和形态变化等方面非常有特色，有很重要的语言学研究价值。特别是至今仍保留着丰富的古代藏缅语特点，对于促进藏语、藏缅语族乃至汉藏语系语言的历史比较研究，对于丰富和发展历史比较语言学理论都具有十分重要的意义。

其二，这一带的语言的系属问题争议较大。所以，一方面，语言学界、民族学界和藏学界仍需要进一步研究，才能达成共识；另一方面可以作为语言系属问题研究的范例，对语言系属理论研究或许有突破性贡献。

其三，语言接触关系错综复杂。从语言接触角度来看，无论历史上或是现在，这个地区周围语言有藏语安多方言、康方言，还有汉语、羌语、彝语等等。所以，也是研究语言关系问题的典型地区。

其四，这一带的文化历史背景复杂。嘉绒地区东南与内地汉区接壤，西北与西藏、青海和甘肃相连，历史上构成内地通往藏族聚居区和藏区通往内地的必经之地，也是费孝通先生提出的“藏彝走廊”。“藏彝走廊”自古就是西南民族北上、西北民族南下的重要通道，历史上众多民族通过这一走廊迁徙和流动，是西北、西南各民族交汇的重要场所，是文化交流、融合的重要地带。特殊的地理位置和历史上的民族交融，使嘉绒藏族既具地缘上的边缘性特征，又有族源上的混融性特征。所以是今天研究古代人类繁衍生息不可多得的历史地理宝库。

总之，我们感到，对现存嘉绒地区语言的发掘工作做得越全面、越深入，就越有助于更加科学地揭示嘉绒地区语言的系属问题，也有助于揭示更多的语言特征。

笔者认为，从目前的研究来看，这个地区的语言系属问题，不宜划分过细，尤其是语族内部语支的划分。其一，这个地区的语言调查研究还不是特别充分，其二，划分语言和方言的标准还不甚统一。所以，这个地区或许没有这么多语言，但是这一地区的语言内部以及与藏语其他方言的差异是存在的，这也是客观事实，这些差异到底是语言之间的区别或是方言的区别，仍待进一步调查和研究，得出更加科学的符合语言客观实际的结论。

主要参考资料

1. 孙宏开：《六江流域的民族语言及其系属分类》，《民族学报》，

1983 年。

2. 黄布凡：《藏缅语十五种》，北京：燕山出版社，1991 年。

3. 王建民、赞拉·阿旺措成：《安多话嘉绒话对比分析》，成都：四川民族出版社，1992 年。

4. 林向荣：《嘉戎语研究》，成都：四川民族出版社，1993 年。

5. 多尔吉:《道孚语格什扎话研究》,北京:中国藏学出版社,1998 年。

6. 瞿霭堂、劲松：《汉藏语言研究的理论和方法》，北京：中国藏学出版社，2000 年。

7. 江荻：《藏语语音史》，北京：民族出版社，2002 年。

8. 格桑居冕、格桑央金：《藏语方言研究》，成都：四川民族出版社，2002 年。

9. 黄布凡：《拉坞戎语研究》，北京：民族出版社，2007 年。

10. 马学良、胡坦、戴庆夏、黄布凡、傅爱兰:《藏缅语新论》，北京:中央民族大学出版社，2007 年。

11.[法]向柏霖：《嘉绒语研究》，北京：民族出版社，2008 年。

《抉择能量论》题解

刚晓 *

《抉择能量论》（梵 Pramāṇa-viniścaya，藏 ཚད་མ་རྣམ་པར་ངེས་པ），一般称为《定量论》，亦称《量决定论》《决定能量论》《入抉择量论》等。古印度因明学著作，法称论师（Dharmakirti）著，由善利他、具慧智从梵文翻译为藏文，又由韩镜清由藏文翻译为汉文。

法称论师，约生于公元 620 年，卒于公元 680 年。古印度因明学者，其因明学著作有《释量论》《抉择能量论》《正理一滴》《因滴论》《观相属论》《成他相续论》《诤正理论》等 7 部，常被称为“法称七论”。本论即为其中之一。

本论的藏文翻译者具慧智，即藏地著名的俄 · 洛登希绕大师（རྔོག་བློ་ལྡན་ཤེས་རབ། 1059—1109），亦称“小俄译师”。善利他，通常译作利他贤（Parahitabhadra，གཞན་ལ་ཕན་པ་བཟང་པོ），具体事迹不详，只知道他是

* 刚晓，杭州佛学院法师。

俄·洛登希绕在克什米尔求学时的老师。

本论汉文由韩镜清先生（1912—2003）翻译，根据其手稿上注明的时间，乃1981年2月11日（辛酉正月初七日）上午开始翻译，历时两个月，至1981年4月10日（辛酉三月初六日）上午十时译毕。

本论梵文现已不存，藏文现有德格版和北京版两个版本，德格版自152页下1至230页上7，北京版自250页下7至329页上7。两者的文字基本一致。汉文译本依据上述哪个藏文本译出，译者没有留下有关记录。

这部论有许多著名的注释，比如印度法上论师的《量决定论详注》(Pramāṇa-viniścayayika，ཚད་མ་རྣམ་པར་ངེས་པའི་འགྲེལ་བཤད)，不过在德格版中，这个注本前后颠倒了，第一、第二两品的注放在了后边，而第三品的注文却放在了前边。北京版这个注释的顺序则是正确的。另外一个比较著名的注释是西藏智吉祥贤的注释，也称《量决定论详注》，我个人觉得智吉祥贤的注本并没有多大特色，内容与法上论师的注释基本相同，不知何以会如此出名。

从内容看，《抉择能量论》其实是《释量论》的缩本，其中很多偈颂与《释量论》完全相同。这一点，在藏文原本中表现得非常清楚，但在汉译本中，由于不同译师的风格各异，故拿韩镜清的这个译本与法尊法师翻译的《释量论颂》对照时，不能完全严丝合缝。

本论共分三品四卷，第一卷《现量品》，第二卷《自悟比量品》，第三、第四两卷合作《悟他比量品》。

《现量品》主要讲了现量的定义：无分别、不错乱，并就“现量为什么必需无分别、不错乱”与外人（包括外道及错误理解佛教义理的佛教徒）展开了广泛的讨论。在这《抉择能量论》中，我觉得有特色的是现前、隐秘这一说法。因为佛教界有些人主张“清净现量（圣者现量）”“世间现量”两者不同。但《瑜伽师地论》说：“……一色根现量，二意受现量，三世间现量，四清净现量。色根现量者，谓五色根所行境界，如先所说现量体相。意受现量者，谓诸意根所行境界，如先所说现量体相。世间现量者，谓即二种总说为一世间现量。清净现量者，谓诸所有世间现量，亦得名为清净现量。”[①] 按照《瑜伽师地论》上述说法，把清净现量（圣者现量）和世间现量分开的观点显然是错误的。但这种错误观点由来已久，宋元明清各代的著作中都有这说法。

佛典中确有“清净现量”“世间现量”这样不同的名相，这并非说它们是两个东西，实际上是在现量唯一的前提下随机说而已：“或有清净现量非世间现量，谓出世智于所行境，有知为有、无知为无、有上知有上、无上知无上，如是等类，名不共世间清净现量。”[②] 这段原典与上面所引《瑜伽师地论》的那段话，其实不是并列关系。前一段是基本前提，是集合，后一段是在前提下的一个异说而已、一个元素而已。世间现量其实是“谓一切行皆无常性、一切行皆是苦性、一切法皆无我性，此为世间现量所得。”[③] 这哪里是我们平常所说的世间现量，其实就是我们平常所说的圣者现量。

《自悟比量品》中，主要讲比量实际上只有自悟比量，且只有自悟比量是真比量。陈那论师说符合因三相的就是正比量，法称论师则进一步把正因分成了三种：自性因、果法因、不可缘因。只有这三种因能够确立因明论式的因、宗有不相离关系。并且把因三相的后二相解释成相通的二相——这二相可以互推。法称论师为了阐释自己的这一观点，与他人展开了大量的讨论，反复地说明，从各方面来论证自己的观点。在与他人的讨论中我们可以看到法称论师的性格，他不像其他佛教大师一样和风细雨，而是讥讽、嬉笑等手段无所不用。当然了，相比于《释量论》中的首尾皆骂人来说，这部《抉择能量论》已经相当平和了。

①《大正藏》第 30 册第 357 页下栏。
②《大正藏》第 30 册第 357 页下栏。
③《大正藏》第 30 册第 734 页下栏。

最后，还有《悟他比量品》，这一品篇幅最长，讨论得最细致，但实际上只是论述语言技巧而已，是说我们在弘扬教法的时候，不要出现类似的过失。法称论师在第三品中所举的这些过失，都具有代表性，但举例毕竟是举例，实际上到底有多少过失，难以完全列举，也无法一一穷尽。因为人心是复杂的，各有不同，加上时代的不同、地域的不同等等，会出现很多不同的情况。实际上，我们只要掌握第二品《自悟比量》中所讲的根本原则，了解符合这原则的就是正确的、不符合这原则的就是过失，在论辩中就可以避免过失。当然，过失的具体情况，则是实事求是地具体问题具体分析。

另外，在《悟他比量品》中，特别强调语言与思维要一致。因为在现实中，我们的语言和思维往往不一致。《悟他比量品》还有一个重要的启示，就是我们对典籍的态度。它告诉我们：典籍不一定是正确的！法称论师明确地说："诸能作论典者谓由错乱于诸义中可有邪显示自体。"这一观点很重要。法称论师要我们一定不要迷信祖师大德，祖师大德不见得都是通达真实义者，他们的著作也会有错误。在《正理滴点论》中，法称论师曾再次强调了自己的这一观点："诸能作论典者由于诸义错乱、能有颠倒显示为自性故。"法称论师的这一观点对我们今天阅读古德的著作，也有一定的启发。

蒙古族藏文诗学的内涵和特征*

树林*

前 言

蒙古族藏文诗学，是蒙古族诗学乃至蒙古学研究的重要课题，也属于藏学的范围。印度古典诗学名著《诗镜论》和萨迦班智达名著《智者入门》等传入蒙古地区之后，不仅丰富了蒙古族文学创作手法，也促进了蒙古族诗学的发展。早在14世纪，蒙古族著名诗人学者搠思吉斡节儿采用“以诗论诗”的文学批评方法阐释佛学理论，并利用《诗镜论》的修辞技巧和方法创作诗歌，尤其在17—20世纪初的三百年间，蒙古族高僧纷纷奔赴西藏、青海等地或在本地佛教寺庙学习藏传佛教文化，

* 本文为国家社科基金重大招标项目“元明清蒙古族藏文典籍挖掘、整理与研究”（额尔敦白音教授主持，项目编号14ZDB072）的阶段性成果。

* 树林，内蒙古社会科学院文学研究所研究员，博士。

同时用藏文创作了包括大小五明在内的卷帙浩繁的著作，其中有关《诗镜论》的理论性著作和例诗，以及“讲经、辩论、著作”三德理论中的诗学理论，构成了蒙古族藏文诗学体系的核心。在诗歌、信函、闻法录、序跋诗、镶嵌诗、阐释性著作、传记文学中的一些理论观点也丰富了蒙古族藏文诗学体系。虽然蒙古族高僧用本民族语言创作的著述里也包含一些零散的诗学观点，但真正形成体系的纯理论文本是由藏文创作的，这是蒙古族诗学和文化的显著特点。

一、蒙古族藏文诗学的来源

蒙古族诗学是不断地从其他兄弟民族学习吸收中发展的，如蒙古族著名诗学理论家哈斯宝就是受明清汉文批评小说的影响，创建了具自己特色的文艺批评理论和诗学体系。蒙古族高僧学者也在研究和阐释印、藏诗学理论过程中创建了自己的理论体系。那么，蒙古族藏文诗学体系的具体理论来源是什么呢？以前的研究主要强调印度诗学著作《诗镜论》对蒙古族诗学产生的影响，对藏族学者影响方面阐述的较少，也没有明确指出过蒙古族藏文诗学体系的理论来源是印度《诗镜论》的诗学体系、藏族高僧学者诗镜理论体系及“讲经、辩论、著作”三德理论。

1. 古印度诗学理论家檀丁《诗镜论》，为蒙古族学者提供了崭新的成体系的文学理论。蒙古人在接受《诗镜论》之前没有自己的系统诗学理论，自从通过藏族学者学习研究《诗镜论》之后才开始了系统的理论研究和理论创作。也就是说，随着佛教在藏蒙地区的发展，被称为印、藏小五明之一的《诗镜论》先被翻译为藏文，再传到蒙古族地区。

《诗镜论》是古代印度诗学理论的总结，是一部“揭示世界一切国家和民族的文学中普遍存在的一些规律”[①] 和“开辟文艺美学心理的最普

① 勒·呼日勒巴特尔：《梵天之音》（基里尔文），乌兰巴托，1999年，第66页。

遍典型的法则”[①]的诗学理论著作。关于这部著作，学者们有的说是一部造诗的册子，有的认为是庄严论或修饰论，有的纳入风格论范畴论述。这些观点虽然都很合理，但均未涵盖檀丁理论的全部内涵。因为《诗镜论》是合形体、庄严、诗病理论为一体的系统性理论，涉及文学的本质、描写的内容、文学功能、文学语言、表达方法、文学种类和题材、作家素质、文学风格、流派、文学的德与过、文学修辞法、文学审美等多方面的问题。从现代文学理论角度来说，这个理论体系包含文学本质论、作品论、创作论、批评论等。蒙古族高僧学者学习接受这个理论体系，用藏文创作相关《诗镜论》阐释著作和例诗，丰富和发展了诗镜理论体系。因此，可以说檀丁《诗镜论》是蒙古族藏文诗学的主要理论来源。

2. 藏族高僧学者创作的关于《诗镜论》的理论性著作和“讲经、辩论、著作”三德理论是蒙古族藏文诗学的另一个重要来源。首先，萨迦班智达·贡嘎坚赞的《智者入门》不仅成为藏族诗学的开端，也成为蒙古族高僧学习研究的重要理论著作，成为蒙古族高僧藏文诗学理论体系的理论来源。该著作中翻译了《诗镜论》的部分内容，对部分理论范畴进行了解释。如从意义三十五种修饰（庄严）中选择 8 种修饰进行阐述，并翻译相应的例诗，即：直叙自性、譬喻修饰法、形象化修饰法、点睛修饰法、否定修饰法、叙因修饰法、翻案修饰法、存在修饰法。《智者入门》形成了“以作者的基本素质和创作规则、创作的语言基础、诗歌九种形态、关于《诗镜论》的一些创新性观点（包括诗病、诗镜形体、风格理论等）、庄严论、讲经和辩论理论中蕴含的思想等为内容的诗学体系”[②]。蒙古族高僧松巴堪布·益西班觉、阿拉善拉然巴·阿旺丹达、雄勒巴·索南嘉措都受到萨迦班智达“讲经、辩论、著作”理论影响，撰写了这方

① 勒·呼日勒巴特尔：《梵天之音》（基里尔文），第 67 页。
② 阿·额尔敦白音、树林等：《贡嘎坚赞〈智者入门〉与阿旺丹达〈嘉言日光〉比较研究》（蒙古文、汉文），北京：社会科学文献出版社，2015 年，第 1 页。

面的著作。

其次，藏族早期《诗镜论》解释著作，如仁蚌巴·阿旺吉扎的《诗疏·无畏狮子吼》、五世达赖喇嘛洛桑嘉措的《诗镜释难·妙音欢歌》、米旁·格列朗杰的《诗镜入门教言·檀丁庄严论》、拉嘉衮·洛桑丹毕却陪的《庄严经典〈诗镜论〉释难·如意树》等对蒙古族高僧产生影响，尤其是五世达赖喇嘛洛桑嘉措的《诗镜释难·妙音欢歌》成为蒙古地区《诗镜论》学科必修课，对蒙古地区的诗学发展产生了重要影响。喀尔喀堪钦·嘉央嘎布在诗学著作《诗镜正文和释文内容俱全·梵天妙歌》中大量引用仁蚌巴·阿旺吉扎、五世达赖喇嘛洛桑嘉措、拉嘉衮·洛桑丹毕却陪、阿嘉永增·洛桑顿珠等的诗学著作观点，并进行比较分析，提出自己的观点。热津巴·阿旺图丹的诗学著作也大量引用仁蚌巴·阿旺吉扎、五世达赖喇嘛洛桑嘉措、米旁·格列朗杰等的《诗镜论》解释著作，通过综合分析之后提出自己创造性的观点。

藏族学者对《诗镜论》作出的贡献是提出诗镜“命论”，把檀丁诗镜形体、庄严、病论发展为诗镜生命、形体、庄严、诗病为一体的理论体系。蒙古族高僧学者继承这个理论体系，也提出了自己创造性的理论观点。

二、蒙古族藏文诗学的形成

蒙古族藏文诗学形成的重要标志，就是蒙古族高僧撰写的关于《诗镜论》的理论性著作。17 世纪到 20 世纪的蒙古族高僧学者用藏文撰写的关于《诗镜论》的理论著作和例诗及创作论等，显示了蒙古族藏文诗学的成熟和理论高度。这期间，写《诗镜论》例诗和运用《诗镜论》的写作方法创作的高僧多达几百人，还涌现出了扎雅班智达·洛桑赤列、松巴堪布·益西班觉、察哈尔格西·洛桑楚臣、阿拉善拉然巴·阿旺丹达拉、热津巴·阿旺图丹、堪钦堪布·扎央嘎布、喀尔喀噶珠·洛桑达喜、雄勒巴·索南嘉措、夏马尔·根敦丹津嘉措等诗学理论家。这些理论家以各自的诗学理论丰富和发展了蒙古族藏文诗学理论。

据目前掌握的资料，扎雅班智达·洛桑赤列（1642—1715）是最早对《诗镜论》进行理论探讨的蒙古族高僧，其《闻法录》第一函在探讨五明学科时，探讨了《诗镜论》的形成与发展问题。他还撰写了《诗镜三十五种意义修饰举例·梵天公主（妙音天女）妙歌》一书，开创了创作《诗镜论》例诗的先例。

松巴堪布·益西班觉（1704—1788）于1736年33岁时写成诗学著作《诗镜所讲修饰法之例举论述·星宿妙鬘和异名简要·如意宝坠》(46叶)，是蒙古族最早的诗学著作。该著作诞生时，用汉文创作的蒙古族著名诗学家法式善还未诞生，一百年后大文豪尹湛纳希才诞生，与著名文艺理论家哈斯宝诞生日期比较，最起码也早五六十年。这表明，蒙古族高僧藏文诗学理论是蒙古族诗学发展中最早的。

松巴堪布·益西班觉的《修辞法简要·诗镜入门》(5叶)，察哈尔格西·洛桑楚臣的《义庄严论》《音庄严论》(16叶)，大库伦热津巴·阿旺图丹的《诗镜备忘录》(177叶)、《诗镜之形体及修饰之相和区别举例论记录作品》(40叶)，堪钦·嘉央嘎布的《诗镜正文和释文内容俱全·梵天妙歌》(282叶)，噶珠·洛桑扎西的《〈妙音欢歌〉注疏·诗镜入门》(26叶）等著作，对古印度檀丁的《诗镜论》进行了系统研究，对每个主要理论范畴或概念进行了阐释，并提出了自己创造性的观点，丰富和发展了《诗镜论》理论体系。另外热津巴·阿旺图丹的《至尊上师宗喀巴所著修辞完美诗例修心篇科判》(6叶)、土观·阿旺却吉嘉措的《诗镜论主要意义修辞法之阐明》(6叶)、固什·洛桑泽培的《上师本尊最胜怖畏金刚前由七清净与难作体修饰法、叠字修饰法而作之部分赞颂等》(22叶）录入的《由形象化修饰法赞颂文殊妙音之颂》《论叙因修饰法》《论点睛修饰法》等三篇短文，夏玛尔·根敦丹津嘉措的《诗镜论里各庄严之断疑补充》(37叶)，《声庄严（叠字修饰法）等之阐释札记》等著作对《诗镜论》中常用的某一重点修饰法及其修饰法之间内部关联进行了阐释，具有一定的理论价值。

《诗镜论》列举的著作中包含一些文论观点，也丰富了蒙古族藏文诗学理论体系。阿拉善拉然巴·阿旺丹达的《诗镜三品之引喻·智者项饰明点美鬘》（34 叶）、《依譬喻修饰法作上师赞·功德海之流出之信泉》（4 叶）、《依诗镜第二品中相应字音作上师赞·引出加持之雅音之乐》（9 叶），热津巴·阿旺图丹的《依诗镜三十五种意义修饰法作至尊胜救度母赞·引出吉祥新喜宴之杜鹃雅音》（8 叶），土观·阿旺却吉嘉措的《诗镜三十五种意义修饰法例诗》（28 叶），固什·洛桑泽培的《上师本尊最胜怖畏金刚前由七清净与难作体修饰法、叠字修饰法而作之部分赞颂等》（22 叶）里的例诗，色朵·洛桑楚臣嘉措的《诸佛智慧之自体至尊文殊前由意义三十五种修饰之门而作之赞颂·无畏智慧之音》（23 叶）、阿嘉·洛桑丹毕坚赞的《诗镜第二品三十五种意义修饰法举例·智者之王檀丁书札》（14 叶）、夏玛尔班智达·根敦丹津嘉措的《诗镜论各种修饰法之举例·嘉言甘露之功德》（39 叶）等对《诗镜论》各种修饰法和“除病”说法撰写例诗，以解释诗镜理论。

有关“讲经、辩论、著作”三功德理论之作，是蒙古族藏文创作论的主要组成部分。松巴堪布的大作《法行略摄·贤劫解脱道》关于“讲经、辩论、著作”的理论，开创了蒙古族创作论著述之先河。阿旺丹达的《讲经、辩论、著作三者之建立论·嘉言日光》（20 叶）、雄勒巴·索南嘉措的《讲经、辩论、著作三者之建立论·佛教丽饰》（26 叶）是创作论的发展和完善，阿旺丹达和索南嘉措的创作论更加完善，更加体系化。还有闻法录、信函集、佛教文学阐释著作、高僧传、序跋诗、镶嵌诗等中蕴含了大量的关于文学的理论观点。另外韵律学、辞藻学方面也有一些研究著作，丰富了蒙古族诗学理论。

蒙古族藏文诗学理论体系不是由一两个高僧学者创建的，而是由诸多学者共同创造的；不是在同一个时期形成的，而是经过几百年漫长时间的研究积累形成的。在蒙古族藏文诗学体系建构问题上，不只是强调学习和继承，也重视蒙古族高僧本身的主观努力和创造性。

纵观蒙古族高僧诗学理论发展，呈现以下几个特点：从文学阐释到文学理论的过程、从文学创作到文学理论的过程、内部联结不明显相对孤立的研究、以诗镜理论探索为核心的诗学理论研究。

三、蒙古族藏文诗学的创造性特点

蒙古族藏文文论体系虽是在印、藏《诗镜》“生命、形体、庄严、诗病”理论体系的框架上发展起来的，但比较起来，也有自己的特色和创造性特点。这表现在以下几个方面：

1. 蒙古族高僧对《诗镜论》一些概念赋予新的内涵，并作了丰富和发展

如关于《诗镜论》的“三摩地”诗德，在原著中写道：“不超越人世界限，一种事物的性质安置在另一种事物上，这成为三昧（三摩地）。”① 五世达赖喇嘛说：“依据人世常理，把有生命的东西的性质移植在另外一个没有生命的东西身上，在词语创作中始终坚持这种规则，这称为三摩地。”② 蒙古族高僧堪钦·嘉央嘎布讲道：“把有生命的东西的性质安置在没有生命的东西上，或者是把某种东西的特性移植到其他东西上，按照人世常理编撰，使表达的语言更加优美而殊胜的诗词创作称为三摩地诗德。”③ 从以上论述中可以看出，五世达赖喇嘛阿旺·洛桑嘉措对三摩地诗德赋予了新的内涵，理解成“把有生命的东西的性质移植在没有生命的东西身上”的似“拟人”修辞手法。而蒙古族高僧嘉央嘎布关于三摩地诗德的概念界定既包含五世达赖喇嘛的说明，也增加了“把某种东西的特性移植到其他东西上”的内涵，同时强调创作的主体，提到“使表达的语言更加优美”的三摩地诗德特点和作用，这是他给三摩地诗德

① 黄宝生译：《梵语诗学论著汇编》（上册），北京：昆仑出版社，2008 年，第 162 页。
② 阿旺·洛桑嘉措：《诗镜释难·妙音欢歌》（藏文），北京：民族出版社，1992 年，第 56 页。
③ 勒·呼日勒巴特尔：《梵天之音》（基里尔文），第 227 页。

概念赋予的新的内涵。

2．提出了檀丁和五世达赖喇嘛未曾提出的新的诗学概念

檀丁《诗镜论》及五世达赖喇嘛的诗学著作《诗镜释难·妙音欢歌》系统探讨了关于“诗”相关的很多理论问题，但是均未对“诗”本身做出明确的概念界定。而蒙古族高僧松巴堪布·益西班觉对于“诗”的概念进行了明确的说明或界定：“描写的内容有充满活力的生命、具有优美表达的语言形体、能使内容生命和语言形体优美而动听的音和义的优雅状态,即庄严或诗。”① 檀丁和五世达赖喇嘛均探讨了“诗病”相关问题，但对“诗病”的概念没做出明确界定。蒙古族高僧嘉央嘎布对此的说明是：“词语修饰失去音和义的优美协调状态，没有转化成功德的特殊情况的，以不优美的修辞而殊胜的这种修辞称为诗病。或者是说词语搭配失去自己想表达的语言和表达的意思两者的任一的和谐状态，成为不优雅的那种东西，称为诗病。”② 这个概念界定既内涵丰富，又有深度，是蒙古族高僧为诗镜理论作出的创造性贡献。

3．蒙古族藏文诗学的创造性特点还表现在蒙古族高僧独特的创作论，以及对于文学作品的批评解释和辩论性理论研究

松巴堪布·益西班觉、阿拉善拉然巴·阿旺丹达、雄勒巴·索南嘉措的创作论思想虽然继承萨迦班智达等学者的理论观点，但是形成了自己的独特性理论。以阿旺丹达为例，他虽然受到萨迦班智达的影响，但也有其独具特色的创造性观点。“二者在作者的素质要求、创作的文类体裁、创作规则方面有一些相同点，但在作者本领和创作规则方面阿拉善拉然巴的思想更加系统，而萨迦班智达更加注重《诗镜论》的创作方法等。具体创作论上，萨迦班智达坚持以《诗镜论》为主的创作方法，

①《松巴益西班觉文集》第4卷（藏文），青海省共和县藏语文工作办公室整理，西宁：青海民族出版社，2015年，第126—127页。

② 勒·呼日勒巴特尔：《梵天之音》（基里尔文），第366页。

阿旺丹达则在重视《诗镜论》方法的同时，亦探讨好文章和差文章的区别，创作中容易出现的一些毛病等。”[①] 堪钦堪布·嘉央嘎布的诗学巨著《诗镜正文和释文内容俱全·梵天妙歌》是以佛教寺庙辩论形式撰写的著作，开辟了独特的撰写诗学理论著作之道。另外意义解释、意义和修辞结合的阐释批评、先分析后总结等诸种文学解释批评方法，也成为蒙古族诗学理论的创造性特点。

四、蒙古族藏文诗学的内涵

说蒙古族藏文诗学理论自成体系，这是因为它创造性地发展和丰富了藏族《诗镜》生命、形体、庄严、诗病为一体的理论和佛教创作论，涵盖了文学发展论、本质论、作品论、创作论、鉴赏批评论等文学理论范畴。

1. 文学发展论

通过研究发现，蒙古族藏文文学发展观主要由关于文学来源的观点和对“诗”的理解与判断、文学和文学理论相互依存相互促进发展的观点、关于文学理论发展的观点组成。文学和文学理论相互依存发展的观点包括文学与文镜的区别、文学与文学理论的区别、文学理论的普遍性、文学理论的提升发展。蒙古族高僧的藏文著作中还能发现关于文学理论发展的观点，包括文学理论研究的对象是什么、关于文学理论的生成、文学理论不断发展原理、如何著述文学理论等问题。这样看来，蒙古族藏文文学发展观不仅包括关于文学的发展观，还涵盖了文学理论的发展问题。

2. 文学本质论

（1）蒙古族高僧关于什么是“诗”（文学）的观点。蒙古族高僧关

① 阿·额尔敦白音、树林等:《贡嘎坚赞〈智者入门〉与阿旺丹达〈嘉言日光〉比较研究》(蒙古文、汉文)，第2页。

于文学的重要性和功能的观点、文学的概念等形成了文学是什么的理论观点。洛桑赤列、阿旺图丹、嘉央嘎布、益西班觉等对此问题作出了明确的回答和概念界定。其中益西班觉关于文学概念的界定最具代表性。他认为文学所描写的内容有充满活力的生命、具有优美的语言表达、能使内容和形式构成优雅的状态。(2) 关于文学审美观。主要表现在“诗”是什么的概念、诗镜“生命”理论、诗镜诗德、诗镜庄严、诗镜病论等的论述中。通过研究发现，蒙古族高僧文学审美观主要表现在以下几个方面：文学是优美的语言，具有典雅、优美、甜蜜的审美性质。这是文学与其他体裁的著作区别的主要特征；文学具有促动和改变情感、充满意味，像蜂蜜一样让人喜悦、让智者愉悦，壮美、高雅、绝美等审美特点；文学的主要任务或目的是创造美；文学作品里，人物的内心变化促成外在诸种表现，文学欣赏也遵循这个规律；文学作品都有各自的审美价值；文学崇尚真善美和假恶丑的对抗的审美价值；等等。(3) 蒙古族高僧文学语言观。他们认为文学语言有以下特点：被装饰的词鬘——文学语言、谱写的韵律词鬘——音乐性语言、异名的点缀——陌生化语言、隐语——拒阻性语言等。(4)蒙古族高僧关于文学与其他学科之间的关系的观点。他们的藏文著作中分别论述了声明、内明、因明、工巧明、医方明等大五明和诗镜、辞藻学、声律学、戏剧学、天文历算等小五明，也提出与藏族传统观点不同的学科分类观点。比如阿旺图丹反对把天文历算纳入小五明的范围。他们对每个学科的概念进行了阐述，也论述了学习大小五明的意义。还阐明“诗”与其他学科之间的内在联系，说明文学与其他学科之间密不可分的关系和相互依存、相互促进的作用。他们认为“诗”或文学是通往其他各种学科的大门，五明中的其他学科的著述也需要运用《诗镜论》手法。这是文学与其他体裁作品的区别所在，也是强调文学的影响力所在。

3. 文学作品论，即“诗镜”生命、形体、风格理论

(1) 诗镜“生命”理论。古印度诗学中的“主题”学说和藏族高僧

学者诗镜“主题”学说及“生命”理论是蒙古族诗镜“生命”理论的来源。通过与印度“主题”学说和藏族“生命”理论的比较，我们发现蒙古族高僧的不少创造性理论观点。他们对诗镜“生命”理论作出的最大贡献不仅是提出文学题材和文学主题选择问题，更重要的是如何使主题更加突出、更加活灵活现，从而使文学作品充满生命力的问题。松巴堪布·益西班觉说:“诗的生命是指古代故事传说和适时四种自性、诗歌九种形态、四大世事等叙述内容之一切类别。”[①] 这里提到的古代故事传说和四大世事等是印度诗镜“主题说”和藏族诗镜“生命说”中提到的内涵。松巴堪布又把适时四种自性的修辞方法和诗歌九种形态这种戏剧文学采用的方法纳入“生命”里，丰富了诗镜“生命”理论范畴。(2) 诗镜“形体”论。蒙古族高僧关于诗镜“形体”的定义，韵文、散文、韵散混合体三种形体各自的定义，形体之间的内在关系的论述等，形成了诗镜“形体”论。这是关于文学种类和体裁的理论，是一种创作方法或观点，注重文学性的理论，探究文学存在方式的理论观点。(3) 诗镜“道”论。通过研究檀丁诗镜“道”论和藏族学者关于“道”的理论阐述，蒙古族高僧对诗镜“道”论增加一些新内涵，认为诗镜“道”论是关于文学流派和风格的理论。

4. 文学创作论诸观点

(1) 创作论由作者本领、创作的体裁、创作的方法形成。大诗的创作理论是由著作分类、创作的内容、创作原理和特殊情况、智者各自的流派组成。还包括必须要注重的几个要求，即音和义的优美谐和、无过失、创作散文的要求、发动想象力的创作等。蒙古族高僧的创作论是具有宗教思想倾向、也适合其他作家的具有普遍意义的一套系统理论。(2) 蒙古族高僧的诗镜庄严论中蕴含真实的描写、曲折表达和夸张手法、形象描写和情感表现、隐喻和象征方法、隐义庄严、注重音律节奏的音庄

①《松巴益西班觉文集》第4卷（藏文），第126页。

严、作家创作意图和动机等多种具体创作理论方法和理论观点。(3) 传记文学创作论。包括蒙古族高僧关于传记文学的概念定义、内容、撰写的理由、传记文学的功用、特性等，总结对传记文学创作者的要求、创作中应注意避讳的事项、具体创作方法等，突显了蒙古族高僧独特的传记文学创作论。

5. 文学鉴赏批评论和方法

蒙古族高僧文学鉴赏批评论和方法论由文学鉴赏论、“诗镜”病论和传统的佛教文学阐释批评方法组成。(1) 文学鉴赏论由文学鉴赏主体论、鉴赏方法或过程论、鉴赏审美作用论组成。鉴赏主体论包括关于鉴赏主体的称谓、不同主体的不同鉴赏效果、对鉴赏主体的素质要求等，鉴赏方法和过程包括从欣赏词句到探挖意义、从五个感官的鉴赏到心灵的鉴赏、易懂与难懂和心悦之间的关系。(2) 文学批评论由“诗镜”病论和传统的佛教文学阐释批评方法形成。诗镜“病论”是檀丁的诗学著作《诗镜论》的重要组成部分之一，论述了文学创作时容易产生的十种病过，在藏、蒙地区也得到了充分的发展。通过比较研究益西班觉、阿旺图丹、扎米杨嘎日布等蒙古族高僧学者有关“诗病”的理论观点与檀丁诗镜“病论”、五世达赖喇嘛诗镜“病论”，发现蒙古族学者的一些创造性理论观点形成了独具特色的系统的“病论”或系统的文学批评理论。蒙古族高僧“诗镜”病论是内容和形式、逻辑与哲学、美学和心理学、经典与理论有机结合的，在“德”与“病”辩证关系中批评研究的系统批评论。(3) 文学批评方法由内容批评、内容与修辞批评、举例批评、争辩式批评等四种方式构成。文学批评方法的特点主要体现在：总结作品总体特征；先简略分析，再详细分析，最后概括文章意义；提出不同意见或不同意义；通过多种探索，挖掘深层意义的方法等四个方面。

五、蒙古族藏文诗学的特点

纵观蒙古族藏文诗学理论体系，可以归结为以下几个特点：

1. 诗镜生命、形体、庄严、病论为一体的诗学理论体系建构

蒙古族高僧丰富和发展的诗镜“生命”论、“形体”论、“庄严”论、“病”论等理论范畴紧密关联，就像人的躯体、骨架、生命、服饰一样密不可分。这是当时“诗镜”理论家共同的认识。蒙古族高僧诗学体系中的文学描写内容或主题及其如何激活主题，使作品充满活力的方法，与创作修饰法结合，使韵体、散体、韵散混合体作品创作优美无病，这是一个完美的追求，也是关于蒙古族对于文学的系统理论。

2. 注重语言艺术的诗学理论

不管是对“诗”的认识和概念界定，还是在十种诗德、义庄严、音庄严、隐语修饰法、诗病的论述中都能看到蒙古族高僧注重语言艺术的观点。他们认为“修饰的语言是文学与其他体裁作品的区别，这等于把语言巧美当成文学作品本质的特性。其他陌生化的语言、音律性语言、美化的语言等都证明蒙古族高僧追求语言艺术的表现”[①]。

3. 外形与内涵结合的理论

很多学者认为“诗镜”理论家都注重形式美，可是实际上不管是藏族高僧还是蒙古族高僧都关注内容和形式两者的结合美。蒙古族高僧诸多理论阐释中均强调主题的生命力和叙述语言之优美华丽。蒙古族高僧的诸多理论观点证实，文学是内容与形式的完美结合。

4. 曲折或朦胧表达的艺术理论

直到现在，关于直白表达或曲折表达仍然是一种存在争论的文学创作方法。蒙古族高僧的创作论中不排除直白的表达，但更注重曲折表达或艺术表达。因为他们认为艺术终究要表达言外之意。在他们提出的诸多创作方法、隐喻、象征等手法中，可以看出蒙古族高僧曲折表达的追求。

5. 分“音”和“义”的文本层次理论

西方文学理论家提出文本多层次理论。其实《诗镜论》理论家早已

① 树林:《蒙古族藏文文论体系研究》(蒙古文)，沈阳:辽宁民族出版社，2014 年，第 674 页。

提出文本层次论。蒙古族高僧把文学文本分成音和义两部分来分析，表明已把文学文本分成层次，分开研究。音的层次包括诗歌或文学作品优美、和谐；义的层面包括明层和暗层，就像是意义修饰和隐语修饰。

6. 具有宗教思想情感的创作论

纵观蒙古族高僧创作方法论，大致倾向于宣扬佛教理论观点。他们所提出的“讲经、辩论、著作”三德理论中的创作论，基本上倾向于佛教经典的宣扬，文学著作的目的也是大致集中在佛菩萨赞、导师或施主赞，宣扬佛教主张，等等。

六、结论

本文回顾了蒙古族藏文诗学体系形成的经过和特征，它是蒙藏文化交流的产物。在蒙藏文化的交流中，蒙古族高僧接受了印度和藏族诸多学科知识，其中包括被称为小五明之一的《诗镜论》，在此基础上，经过研究和实际文学创作，有了自己的显著创新。在与印、藏诗学理论的比较中，本文既解决了蒙古族藏文诗学理论的来源问题，也探索出蒙古族本身的创造性特点，已经列举如上，见证多民族文化交融和发展的历史，这种历史丰富了人类文明。

西藏能源政策研究

周渝慧*

探索西藏自治区能源政策的前提是有针对性地把握自治区能源生产与消费的现状和未来，珍视青藏高原的生态宝藏。西藏自治区能源政策在我国能源管理中占有重要地位。从能源环境角度观察，西藏的空间位置对于我国国土和环境地位而言是上风上水，西藏能源问题是一个不能忽略、不可怠慢和不容其任意发展的区域能源战略问题。

经过笔者两年来对西藏的考察和研究，发现我国对藏区能源政策的全方位研究基本上是一个空白，“十二五”西藏自治区有节能规划但没有能源规划。西藏能源政策对于西藏的经济发展方式、能源供应和生态环境均有重要的现实意义。

* 周渝慧，北京交通大学电气工程学院教授。

一、西藏自治区能源供应和消费现状

2015 年、2016 年上半年，西藏自治区经济增长率保持在全国第二，城镇化也以每一个五年计划推进 5 个百分点的高速稳步提升。经济增长和城镇化这两大因素是推动地区能源消费刚性增长的主要成分。

（一）西藏能源生产与供应结构

能源政策的研究以能源供需为出发点，设立地区能源生产与消费的宗旨、目标和实现路径。

1. 西藏能源生产与供应

西藏的能源供应能力直接决定着自治区的经济发展和人民生活质量的改善。西藏能源与电力生产以水力发电为主，其中拉萨等城市和铁路沿线的能源供应有电力、天然气、液化石油气、煤炭，西藏农牧区及边远地区以薪柴、小水电、牛粪等一次性能源为主。

2014 年西藏的水力发电量为 25.47 亿千瓦时，占全区总发电量的 79.6%，如图 1 所示。

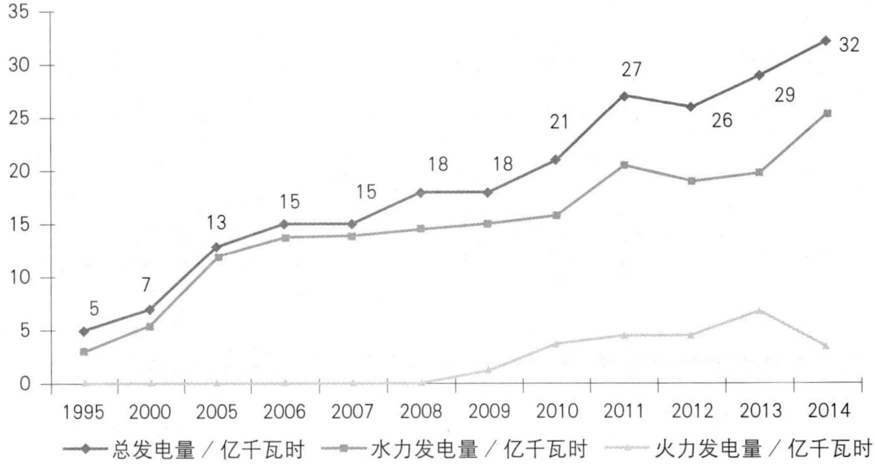

图 1　1995 ~ 2014 年西藏的总发电量、水力发电量、火力发电量对比图（亿千瓦时）

2. 西藏能源供应结构

近年来，西藏能源基础设施不断加强，西藏的能源保障水平逐步提升。自青藏铁路通车以来，自治区内能源资源开发和利用所取得的成绩十分显著，重大能源工程建设取得突破。目前，直孔、巴河雪卡、老虎嘴、藏木、加查水电站投入运营，青藏联网工程顺利完工，并于 2016 年首次实现藏电外送。根据数据显示，2013 年西藏全区装机容量已达 110 万千瓦，同比增长 8.26%，其中水电装机 58 万千瓦，火电 39 万千瓦，太阳能发电 11 万千瓦。

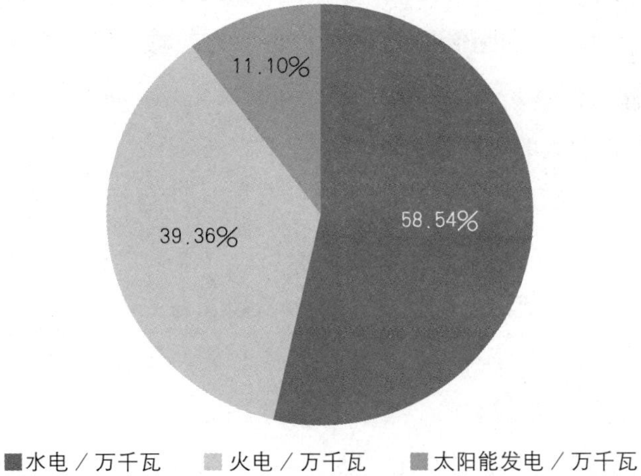

图 2　2013 年西藏的发电装机容量结构图（亿千瓦时）

数据显示，西藏发电装机的 65% 是可再生能源，这里还未计算薪柴等生物质能源的利用份额。因此，西藏的能源供应结构应力保以可再生能源为主的清洁、可持续的能源格局。

（二）西藏能源管理现状

数据显示，2010 年全区综合能源消费共计 350 万吨标煤，年均增速为 8.8%，预计 2016 年能源消费将达到 581 万吨标煤。

近年来，西藏经济的主导产业旅游业发展迅速，直接带动了西藏的能源需求增长，工业能源供应规模也在增加，节能的力度有待加强。

1．西藏自治区的能源方针

西藏自治区地处青藏高原，它的冰川是国内很多江河的发源地，它既是我国生态战略重地，也是亚洲或全球气候的冷热之源。目前，西藏定日县境内的冰川每年平均退化6米，草场植被随之消失，牧民不得不因此而离开家园。根据2016年8月29日CCTV9《地球的未来》公布的预测数据，喜马拉雅山脉的冰川将在2035年消失殆尽。所以，西藏能源政策应该变目前能源企业决策为政府决策，在既定的能源方针、能源规划和不断地推进能源技术进步的前提下，实行规范化的西藏能源管理。

2．西藏自治区的能源规划目标

根据西藏自治区经济发展的短期进程和长期目标，制定西藏能源的约束型规划目标，贯彻定性与定量相结合，加强考核，采取峰值预测法、时空分布法、碳计量、可再生能源技术创新、分布式发电、微网、智能用电、合同能源管理等多种方法精准配置，以降低未来西藏能源消耗强度，减缓温室气体排放和气候变化对高原生态的侵蚀。

3．高效率的能源管理体制

建立西藏能源管理职能和与节能环保紧密衔接的体制和机制，构建基于生态环境治理的组织体系和生态系统服务功能价值评估机制，实施严格高效的能源政策，做到统一规划、协同治理、健全法制、监管激励。

4．确认西藏能源供需结构

亟待建立可再生能源的供应和消费的投资基准线，明确西藏能源的发展前提是以生态涵养为准绳。

5．亟待制定西藏发展可再生能源的政策

西藏的能源政策具有特殊性，一方面要求发展，另一方面又要保住生态环境。根据国家能源局印发的《2015年度全国可再生能源电力发展监测评价的通报》显示，到2015年年底，全国可再生能源发电装机4.8亿千瓦，发展量占比24.5%，其中水力发电10985亿千瓦时，占19.6%；非水可再生能源电力消纳量为2778亿千瓦时，占全社会用电量的5%，其中风电发电量1863亿千瓦时，占3.3%；光伏发电量392亿千瓦时，占0.7%；生物质发电量527亿千瓦时，占0.9%；国家能源局指定的2020年非水可再生能源发电量占比将达到9%的目标。西藏的可再生能源份额高于全国水平，它的非水可再生能源发电还有地热发电、生物质发电。

6. 节能约束与激励机制

西藏与内地一样，实施了节能管理，逐步推行了能源总量控制，在工业、建筑、交通运输领域节能工作日益强化。但是，西藏不能走内地其他区域“先污染、再治理”的发展老路，在城镇化加速推进的阶段，节能与发展同等重要。

7. 完善能源基础数据

目前，在中国能源统计年鉴上西藏的能源数据不全，西藏统计年鉴上更是没有能源数据。因此研究西藏能源政策存在着障碍，已有的研究成果也很少见，基本是各大能源电力企业的微观生产运营资料。

二、西藏自治区能源投资及其结构

能源投资一方面展现未来能源的发展趋势，同时可观察未来能源供需的结构。西藏能源基础设施建设不断加强，能源供应保障水平逐步提升。

1995年至2014年，西藏能源投资如图3所示。自2006年青藏铁路通车之后，西藏的能源投资开始缓慢起步上升，至2011年，西藏能源投资出现陡直的、年度翻倍的上升之势。主要是西藏的旅游事业带动的商业活动的用电需求大幅上升，从而带动水力发电、电网输电、石油和天然气等城市基础设施建设和可再生能源发电等能源投资的增加。

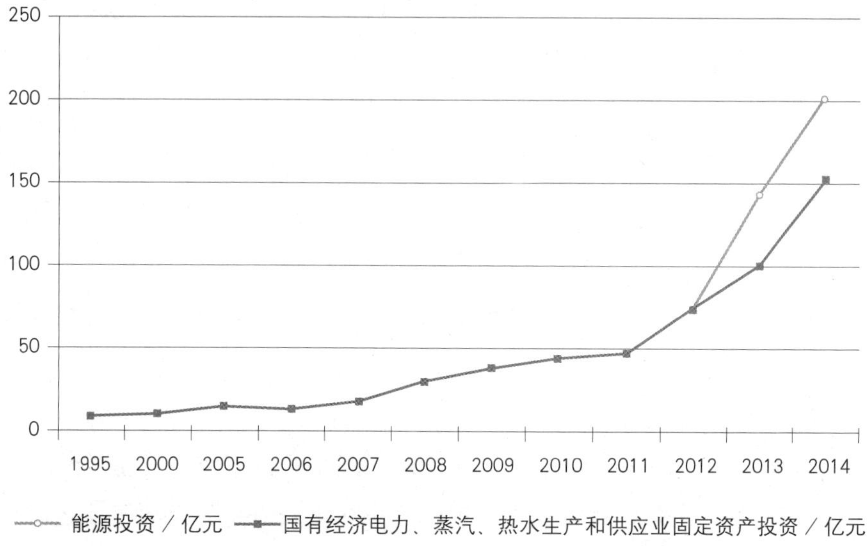

图 3 1995 ~ 2014 年西藏自治区能源投资示意图（亿元）

西藏能源投资在 2012 年之前都是针对电力、蒸汽和热力供应的固定资产投资；2012 年之后存在煤气生产和供应业的投资。说明西藏经济的逐渐发展，能源投资成为基础设施建设和藏区人民生活改善的基础。

三、西藏能源政策的前提是当地生态环境保护

随着西藏经济的快速发展，能源需求将会伴随经济增长形成刚性需求，这和西藏的生态价值是冲突的，如何实现既保护当地的生态环境，又发展了经济，人民生活也走向幸福安康，这是西藏能源政策必须要首先考虑的特殊问题。对此，西藏能源决策别无选择，做得好将功在千秋。

西藏能源政策应确立一个基准线——以满足当地能源消费为规划前提安排能源生产，保护水源就是保护植被，也就是保护中华水塔的生态承载力。西藏为沿江、为世界送出的优先级财富是生态、天然水源和文化，而不仅仅是能源和人工水，它的天然存在保证了亿万人民赖以生存的河流及被其滋养的土地。

能源政策是政府的能源管理机构在一定时期内应当达到的能源管理目标、能源的供应和消费应遵循的行动原则、完成的明确任务、工作方式及采取的步骤和措施。就现状看，西藏能源政策的研究是滞后的，各能源产业条块分割，忽略藏区能源产销特殊性，如果不及时制定西藏自治区有针对性的能源供应和消费政策、能源科技进步政策，将会造成西藏地区能源供应的过度商业化，妨碍清洁能源、生态保护战略在青藏高原的全面实施，进而贻误我国生态环境治理、资源保护及规模化储备等制度建设及政策体系的完善。

四、西藏自治区可再生能源商业化能力建设

经过两年来对青藏高原的多次考察，西藏的能源资源主要有水力和太阳能，藏南、藏东有丰富的生物质能。基本的观点是西藏需要尽快建立可再生能源的主导框架，并对清洁能源利用激励机制进行良好的及时的设计。研究认为，这个地区的能源发展方针应定位在可再生能源的基准点上。

西藏的水力资源具有峡谷、河滩和湖泊的三大特点。西藏的水力发电资源主要在藏南、藏东南地区，这里既有高山峡谷地区，也有平原丘陵，既是藏区珍贵的富含水汽的植被王国，也是旅游的福地，建议以径流式和引流式电站为主，利用河滩与湖泊发电的水力资源，以不影响生态和景观为原则。因为，采取引流式和径流式电站不破坏河流及其气候的天然系统结构，若建设调节式水力发电站，筑坝将对西藏的河流、生态、气候和环境产生直接和间接的影响。

西藏地区所蕴含的太阳能光和热是世界上最丰富的，西藏的太阳能光热资源可以在保护生态的前提下进行适当规划，由于地域广大，人口稀少，供能以分布式电、热为主，适合西藏民居的用能状态。

2015 年西藏人口为 318 万人，是国内超大型城市的十分之一，所以，在西藏不适宜搞大型电网和特高压输电。建议在与西北联网的藏中电网

的基础上进一步推进中低压的分布式发电和小型配电网联网，实现智慧用电、普及用电的目标。笔者在西藏考察后认为，当前提高藏区配电网可靠性是当务之急。发展中小城市的电网应在西藏的主城区、口岸小城市，如吉隆、亚东、普兰等口岸微城市，配之以分布式供能装置。

所以，西藏的能源应当贯彻指令性和商业化相结合的原则，能源产业经济活动的重点可以是内地能源产业链的前端，全产业应当坚定地贯彻清洁电力的准则。

五、西藏自治区能源管理减缓气候变化的对策

1. 西藏自治区的能源供求应当以自给自足为基本原则

西藏能源的供需一定要有边界，该地的能源供需缺口可以通过“只进不大出”的外送电力补足。因为，这里有限的生态环境需要水源的涵养，掠夺式的开发有可能破坏这里的大气环流、季风的走向和空气中的水分，过分的开发有可能导致干旱，使已经很严重的土地大面积荒漠化和沙化进一步扩大，进而无法摆脱高寒缺氧的宿命。我们不应该为了经济增长而破坏生态，人们到西藏应该做的是去进行生态涵养的工作，例如去为那里种树、种草，这是为河流清澈、空气清洁尽一份力。

2. 缺乏宗旨和规划的能源投资是盲目的

没有能源方针、能源规划，投资就可能陷于盲目的经济利益驱动。当前对西藏的对口支援也容易导致短视型投资。由于西藏没有总体能源规划的约束，内地各省各地带进西藏的是参差不齐的发展观、发展思路，投资渠道很可能是“逆生态涵养”的内地的能源消费方式。所以，能源投资一定要以保持西藏原有的文化、资源和生存方式为前提，才可能真正对西藏的生态环境进行最佳的、全面的保护，西藏能源政策的科学合理性才得以保障。

3. 西藏的主导产业是旅游业，因此能源电力基础设施要关注西藏的特殊景观

能源基础设施建设重视景观建设是有助于当地经济发展的，比如雅鲁藏布江上的水电站，高高的拦河坝将有碍景观，林芝的崇山峻岭中布满了银白色的输电塔。

4. 节能是西藏能源政策永恒的主题

关注西藏自治区“十二五规划”资料，未见能源规划，但是有节能规划。所以，西藏自治区的节能工作受到了重视。目前，藏中电网最大的用电是拉林铁路、拉林公路的工程用电，西藏旅游的交通用电、旅游用电。所以，在用电结构中，第三产业的用电为主，既存在现实节能潜力，也是未来西藏能源政策的主要研究对象。

结语

进入 21 世纪，地球生态系统的自然过程将承受来自人口和经济的持续增长驱动下的人为干扰和全球环境快速变化所带来的前所未有的双重压力,而且人类活动对生态系统的影响方式和过程出现了重大的转变。

我们一定要让我们的后代都清楚地认识到，我们从西藏得到的不仅仅是能源！如果西藏能源发展不能科学规划，当地生态得不到很好地保护，草场退化、植被沙化、湖泊干涸、河水断流，那么养活数亿人口的长江黄河也是同样的结局，西藏的生态涵养滋润着中华民族，能源政策既是地区能源发展的依据，也牵涉到所有国家发展战略的成败。因此，科学地制定西藏能源政策十分必要。

参考文献：西藏统计年鉴各期

学术活动

第六届北京国际藏学会与会代表参观藏传佛教活佛转世专题展

按照第六届北京国际藏学研讨会会议安排，8月2日晚上19时，全体与会代表参观了由中国西藏文化保护与发展协会、中国藏学研究中心主办，西藏文化博物馆承办的藏传佛教活佛转世展览。

该展览主要以历史档案和文献为主，结合实物、图片、模型以及多媒体手段，主要介绍了藏传佛教活佛转世的产生与发展，及其认定的宗教仪轨和历史定制。

本次展览由活佛转世的历史演变、达赖喇嘛和班禅额尔德尼的转世两个展厅组成。其中在活佛转世的历史演变展厅中，主要介绍活佛转世产生的政治、历史、宗教和文化背景，及其在元、明、清及民国等不同阶段的发展和演变，以及历代中央政府对活佛转世的管理。

达赖喇嘛和班禅额尔德尼的转世展厅中，对格鲁派重要活佛达赖喇嘛和班禅额尔德尼转世的经过及其宗教仪式和历史定制进行了比较系统、具体和全面的介绍。充分说明以达赖喇嘛和班禅额尔德尼为首的藏传佛教各大活佛的转世、认定和坐床均需中央批准的历史定制和法律规定。

海春生藏明清时期北京和蒙古族地区涉藏文献捐赠及展览

8月2日上午，按照第六届北京国际藏学研讨会工作安排，海春生捐赠涉藏文献仪式在中国藏学研究中心多功能厅举行。

捐赠仪式上，海春生先生无偿向中国藏学研究中心捐赠涉藏宗教文献80函，包括明代金汁写本金刚经一函、明代七珍宝写本金刚经一函、清代北京木刻版带纪年款佛经二函（大清雍正、大清康熙）、清代北京地区木刻版十五函（嵩祝寺、安定门、前门、宫廷等版本）、清代各种木刻版三十函、明清时期各种抄本三十一函等。

在第六届北京国际藏学研讨会期间，还举办了海春生藏明清时期北京和蒙古族地区涉藏文献展览。展出《金刚经》《蒙译本米拉日巴道歌集》等藏文、蒙古文宗教、藏医药、历法、文学等文史资料近200部，文献价值高，涉及的精品多，如北元宫廷的金字般若八千颂写本，明代晚期的蒙古文金汁金刚经写本等都难得一见，十分珍贵。

第六届北京国际藏学研讨会与会的专家学者300多人参观了展览。观看展览后，与会外国学者对我国政府和民间人士重视藏族文化、文物的保存、保管表示了肯定。他们指出，中国政府历来重视文物的保护工作，通过展览，可以看到随着中国社会经济的发展，越来越多的民间人士、组织也加入到文化的保护和研究工作中来，这对进一步提高藏学的研究的水平具有积极的影响。

匝嘎利专题讲座及展览

匝嘎利专题讲座与展览是第六届北京国际藏学研讨会期间重要学术活动之一，此次展出的匝嘎利是由中国航空集团建设开发有限公司副总经理张晓威先生收藏的。

匝嘎利，亦称孜各利、擦卡利、扎勒，是藏语的译音，源于印度的梵语。藏语另一种称呼为“祥布”,意为插在竹签上的图画。是藏传佛教、苯教在灌顶、供奉、护法、护身、文教、天文历算、占卜、装藏、施咒时使用的微型佛画。匝嘎利的起源目前没有定论，从现在的实物资料来看至少在苯教时期已经出现。匝嘎利的形状大部分作品是长方形和长条形，大小十几厘米，大多数成套，一般每套由几十张至数百张组成。大部分正面是图案背面是藏文，有极高的学术价值，其内容之丰富，涵盖藏传佛教各个方面，可以说是图文并茂的藏传佛教的百科全书。

本次专题讲座及展览，受到与会的海内外学者重点关注，其中2016年8月2日举办的专题讲座吸引了众多与会学者参加。8月2日—4日为期三天的展览，共计展出用于灌顶、供奉、藏医历算等的匝嘎利700余幅，全方位多角度地展示了这一藏族文化瑰宝，受到广大参会学者的一致好评。

首部西藏民族志纪录电影《凡尘净土》首映式举行

8月3日晚，由西藏本土导演执导的首部西藏民族志纪录电影《凡尘净土》在中国电影资料馆举行了首映式，中国藏学研究中心副总干事郑堆参加了首映式并发表致辞，海内外四百余名学者和来宾观摩了该片。

《凡尘净土》是由中国西藏文化保护与发展协会、中国藏学研究中心联合出品，西藏影视发展有限公司、藏花传媒精心策划实施的民族志纪录电影。2016年初被中国西藏文化保护与发展协会列为年度重点合作影视项目。

《凡尘净土》纪实电影通过对西藏扎什伦布寺附近的逻玛村现任女村长和三位老人的家庭一年半的跟踪拍摄，以大历史的眼光和小切口的叙事手法，把逻玛村放在西藏农耕文明发展的历史大背景中进行解读，真实记录和反映了西藏农耕文明的传承、变迁和发展变化。影片既尊重遵循历史文化，又客观真实反映现实，为观众呈现了西藏农区和农民原生态的生产生活现状，展现了十世班禅大师和十一世班禅大师爱国爱教的优良传统、党的民族区域自治制度和党的宗教信仰自由政策在西藏的成功实践，展现了广大翻身农奴在祖国大家庭中享受社会主义制度优越性的幸福感和对美好未来的向往。

首映式后，学者们纷纷对《凡尘净土》给与了高度评价，特别是海外学者对该片赞不绝口，认为该纪录电影生动地展现了西藏农民生产生活的真实情况和日喀则厚重的农耕文明，为研究藏文化和西藏农耕文明提供了一份真实的影像资料。“这是一部非常成功的纪录片，影片内容是那样的朴实，充满浓郁的乡土气息，它让我们看到了一个真实的西藏农村，让我们看到了西藏农村村民们的日常生活、家庭，还有村民们之间以及人与自然之间的和谐相处，也让我们感受到了西藏农区那厚重的农耕文明……”“最让我吃惊的是，在这现代化与传统相互冲击的西藏农村地区居然很好地将传统的农耕文化保护下来，而且是如此的完美……”“通过这个片子，我认为传统文化与现在文化在西藏得到了完美的结合，这种恰到好处的结合应该是当今许多农村地区学习的楷模……”

俄罗斯国际腾格里研究基金会主任莉娜·菲特洛娃当即邀请《凡尘净土》参加将在俄罗斯举办的国际电影节，美国印第安纳大学图书馆保管部主任姆斯·加纳瑞也邀请该片参加明年在印第安纳大学举办的电影艺术节。

赴五台山开展“宗教与社会相适应”调研活动

2016年8月5—6日,40名来自美国、俄罗斯、英国、澳大利亚、印度、中国台湾等国家和地区的学者，在结束第六届北京国际藏学研讨会后赴山西五台山开展“宗教与社会相适应”的调研活动。

五台山是中国唯一的藏传佛教与汉传佛教水乳交融的佛教道场，现有寺庙40余座，藏传佛教约占三分之一。中国历史上有多位皇帝前来参访，也有多位达赖喇嘛和班禅额尔德尼前往参拜，是藏传佛教文化与汉传佛教文化交流最具代表性的地方。同时五台山与尼泊尔蓝毗尼花园、印度鹿野苑、印度菩提伽耶、印度拘尸那迦并称世界五大佛教圣地，是我方开展涉藏外宣工作的优先选地。

在两天的调研活动中，调研团先后在菩萨顶、显通寺、塔院寺、十方堂、殊像寺、南山寺、镇海寺等7座寺庙开展调研工作，与寺庙的住持、知客等进行座谈交流，广泛了解五台山地区汉藏佛教发展、交流交汇以及与社会相适应的情况，使参加活动的海外学者切身体会到藏传佛教与汉传佛教发展交融情况。

媒体报道

藏学研究朋友圈越来越大

叶晓楠

8 月 2 日，第六届北京国际藏学研讨会在北京中国藏学研究中心开幕。研讨会吸引了包括 109 名海外代表在内的 325 位代表参加，他们按照“一带一路”与面向南亚开放重要通道建设、社会转型与变迁等 19 个专题，开展小组研讨。海外代表在发言和交流中认为，中国藏学研究成果突出，不仅为中国的藏学奠定了坚实的基础，同时也为人类的文化保护作出了积极贡献。

西藏人的生活越来越好

记者了解到，多名与会的海外代表以前来过中国，还有很多人不止一次去过西藏。在问及他们对西藏经济社会发展和人民生活的印象时，很多人用了“great”（好）、“impressive”（令人印象深刻）等词来形容。

能说一口流利中文的马克林，是澳大利亚格里菲斯大学荣誉教授，他第一次来中国是 1964 年，对中国历史和文化具有非常浓厚的兴趣，还研究过唐代“安史之乱”。1984 年，他第一次从成都到西藏去旅游，借了一辆自行车在拉萨到处游玩，参观过哲蚌寺和色拉寺等。此后，他还去过青海、云南、四川等省的藏区。

“一些西方观察者所谓藏族及少数民族文化正在遭受破坏或是中国打压藏传佛教，完全是无稽之谈，和我所观察到的与亲身体验到的情况相违背，也与中国的政策及实际情况不相符。我见过的藏族人都对藏传佛教保持着很高的热情，中国政府在藏族文化和传统保护方面投入巨大而广泛，这些努力都值得赞赏。”马克林说。

马克林认为，西藏经济社会发展很快，“西藏人的生活正变得越来越好，从服饰到食物等各个方面都能看得出生活质量在大大提高”。马克林说着，掏出兜里的手机比画了一下，“像这样的智能手机，很多西藏人都在使用，可见他们生活变得富裕了”。

来自奥地利维也纳大学的克劳斯—迪特·马特斯教授，1994 年去过西藏度假。在他的印象里，他在西藏旅游时是完全自由的，“没有受到任何约束，我去过一些当地的寺庙参观，让我记忆深刻。”

中国藏学研究持续深入

藏学研究的故乡在中国。中国政府历来重视藏族优秀传统文化保护和发展，高度重视藏文古籍的抢救和保护，开展多项国家级文化工程，在基础研究和应用研究方面都取得大量成果。比如中国藏学研究中心牵头申请的《中华大藏经（藏文部分）》藏研对勘出版和 2013 年启动的《中华大典·藏文卷》项目等，代表了当前藏文古籍保护与发展的成就。

对于这些藏学资源以及中国学术机构利用这些资源取得的学术成果，与会海外代表纷纷表示赞赏。

马特斯最感兴趣的方向是佛教哲学，他专注研究超过 30 年。在本次研讨会上，他将讨论藏传佛教中的“他空”问题。“中国的藏学研究发展很快，藏研中心有很多很好的学者在从事相关研究工作，相关的知识水平也得到了不断的提升。”马特斯说。

来自俄罗斯圣彼得堡国立大学东方系的乌斯宾斯基·弗拉基米尔教授，已经是第三次参加北京国际藏学研讨会了。他说：“在俄罗斯，很多人对藏学感兴趣，也有一些书籍是用藏文出版的。通过对藏研中心的访问，我了解了一些更深层次的研究内容，比如我这次就读到了一些藏传佛教宁玛派的文献。这些对我们的研究都很有帮助。”

奥地利科学院教授恩斯特·斯坦因凯勒就西藏的贝叶、纸质和桦树皮梵文写本的保存与研究问题作发言。他指出，作为贝叶经写本保护和研究项目成果的贝叶经写本全集的 5 个副本，目前保存在拉萨和北京的不同研究机构中，保护和研究计划取得了初步成果。如何进一步对这些写本进行研究，也提出了自己的看法。

希望更多交流与合作

自 1991 年至今，北京国际藏学研讨会已连续举办 6 届。在本届会议召集人、中国藏学研究中心副总干事郑堆看来，本届研讨会研讨领域广泛，整体水平高，创新特色浓，为今后藏学研究和藏学事业发展作了富有开拓意义的提示，是对近年来藏学研究成果的大检阅。

“正是因为中国政府长期以来在藏学研究领域的积极投入，使得中国藏学基础研究已成为国际藏学界和众多西方学者羡慕的优势。”郑堆分析说，“目前来看，海外藏学家最关注的领域包括藏族文化、宗教、生态环境和经济社会发展，以及西藏自治区在‘一带一路’建设中的地位和作用等问题。”

马克林表示，希望今后开展更多交流，以帮助越来越多的外国人了解和认识西藏，“比如大力发展旅游事业，让更多人能来领略西藏的美景和风土人情，希望更多地开展学术交流，双向互动，以增进了解。”

马特斯希望，今后在梵文的文稿编辑与翻译、出版等方面与中国的藏学研究机构加深合作，“我期盼将来会有更多合作研究成果出现。”

“藏研中心的访问团曾经到我们系来访问过，也一起讨论过相关文献出版方面的合作。”弗拉基米尔说，“中国出版的一些藏学研究期刊对我们的研究很有帮助，广泛的合作有助于增进我们的共识。”

（《人民日报海外版》[2016 年 8 月 3 日第 1 版]）

藏学研究30年成果丰硕

——访中国藏学研究中心副总干事郑堆

叶晓楠

今年是中国藏学研究中心（以下简称藏研中心）成立30周年。30年来，藏研中心围绕西藏和四省藏区发展稳定的实际情况，广泛开展藏学研究，在国际藏学研究领域的地位和影响得到进一步提升。

在8月2日第六届北京国际藏学研讨会即将召开之际，本报专访了藏研中心副总干事郑堆。

完成上千项藏学科研课题

问：30年来，围绕西藏和四省藏区发展稳定的实际情况，藏研中心取得了哪些重要研究成果?

郑堆：藏研中心成立于1986年5月20日，是国家根据涉藏工作的特殊任务和藏族文化的实际状况成立的学术机构，是以中国西藏及其他藏区的历史、现状和未来发展为研究对象的国家级学术机构，以西藏及其他藏区的政治、经济、社会、历史、文化、宗教、语言等为研究对象，以繁荣和发展中国的藏学研究事业为己任，职责是“两个服务”，即为祖国统一和民族团结服务，为西藏和四省藏区精神文明建设服务。

30 年来，藏研中心围绕西藏和四省藏区发展稳定的实际情况开展藏学研究，取得了诸多成绩：

——建成了以科研为中心的多功能的藏学研究机构，并建立起一支多民族的藏学专家学者队伍。设立社会经济研究所、历史研究所、宗教研究所、当代研究所、藏医药研究所、图书资料馆、中国藏学出版社、中国藏学杂志社、中国藏学网、西藏文化博物馆、北京藏医院和大藏经对勘局等业务机构。藏研中心的研究人员分别来自汉、藏、蒙、满、回、彝、白、土家、纳西、达斡尔 10 个民族，培养和造就了一支马克思主义藏学研究队伍。

——发挥了牵头协调全国藏学的积极作用。在中国现有的 50 多个藏学机构中，藏研中心承担着牵头协调的职能，初步建立起全国藏学机构协调机制、课题合作研究机制、激励机制、人才培养机制、信息共享机制和对外学术合作交流机制。

——完成了多项科研课题与科研任务。以社会学、经济学、历史学、宗教学、政治学、藏医药研究、藏文和梵文文献研究为主要学科和研究方向，完成了上千项各级各类科研课题。

——开展了广泛的藏学国际学术交流与合作。每年接待外宾数百名，每年出访约 50 人次。与 50 多个国家的相关研究机构建立了学术交流关系。

——搜集了众多文献、音像、档案资料。图书资料馆现有图书 10 余万册，杂志 500 多种，藏文和汉文历史档案数万件，还有大量的影视、录音和图片资料、梵文贝叶经复印件等学术档案。与中国第一历史档案馆、第二历史档案馆等密切协作，合作开展藏学文献及藏文历史档案的保护整理项目。

——出版了大量汉、藏、英文图书杂志。中国藏学出版社现已出版各类图书1200余种，300多万册，已经成为国内外最有影响的藏学专业学术出版机构。《中国藏学》是中国目前唯一的国家级藏学专业学术期刊，有汉、藏、英三种文版，已出刊262期。

——搭建了中国藏学界信息交流平台。中国藏学网组织开发的国际标准藏文计算机字体——“珠穆朗玛体”，使多种传统藏文字体首次在计算机上得以应用。

——展示了独具特色的藏族文化。北京藏医院发展成为“以藏医为主，集医疗、科研、教学和康复为一体，多民族医药相结合”的国家级民族医院，受到海内外患者青睐。西藏文化博物馆成为展示、普及和研究藏族文化的一个形象而直观的窗口。

承担多项国家级文化工程

问：中国历来重视藏族优秀传统文化保护和发展工作，尤其高度重视藏文古籍的抢救和保护，在这些方面，藏研中心都做了哪些努力？

郑堆：为保护藏族优秀传统文化，藏研中心牵头申请了多项国家级重点文化工程。其中，《中华大藏经（藏文部分）》藏研版对勘出版和2013年启动的《中华大典·藏文卷》项目，代表了当前藏文古籍保护与发展的最高成就。《西藏通史》的编撰出版，使其成为一部完整、全面、系统介绍西藏地方历史的通史著作。

问：在藏学的基础性研究和现实应用研究方面，取得了哪些重要进展？

郑堆：长期以来，基础性研究和现实应用研究齐头并进的做法，使得藏研中心学术领军能力增强，在国际藏学研究领域的地位和影响得到进一步提升。

在基础研究方面，藏研中心与兄弟单位合作编辑、出版的7卷本《元以来西藏地方与中央政府关系档案史料汇编》和2卷本《元以来西藏地方与中央关系研究》，受到了国内外藏学界的好评。合作编辑的中国第一、第二历史档案馆所存西藏和藏事档案目录和川、青、甘、滇所存西藏和藏事档案文献目录、《西藏亚东关档案选编》《清初五世达赖喇嘛档案史料选编》《六世班禅朝觐档案选编》《中国第二历史档案馆所存西藏和藏事档案汇编》等资料，成为藏学专家学者们的常用书籍。

在现实应用研究方面，藏研中心积极为藏区经济的跨越式发展提供智力支持，特别是在藏区农牧民的生产和生活研究、西藏反贫困研究、西藏基础设施、生态环境保护等方面进行深入研究。

2010 年中央第五次西藏工作座谈会赋予藏研中心发挥好牵头协调全国藏学研究的职能。为了发挥好牵头协调作用，藏研中心形成了以课题为纽带，以活动为载体，以交流、成果展示为平台，加强统筹协调的机制和措施。全国藏学研究合作体制逐步建立，统筹规划、分配任务、提供经费、反馈成果的牵头协调机制日趋完善。

2015 年中央第六次西藏工作座谈会后印发的《中共中央关于进一步推进西藏经济社会发展和长治久安的意见》中明确指出“发挥中国藏学研究中心等智库作用”。藏学研究事业是党和国家西藏工作的重要组成部分，大力开展涉藏智库建设，是党和国家根本利益和长远利益赋予藏学研究工作职责的再重申，是中央领导对藏学研究工作提出的新要求。中国藏学研究中心只有始终把握时代发展脉络，把理论和实践结合起来，充分发挥智库作用，提高为中央涉藏决策服务的能力，提高为西藏和四省藏区发展稳定服务的能力，才会有更加广阔的舞台和旺盛的生命力。

连续举办五届国际藏学研讨会

问：据悉，第六届北京国际藏学研讨会将于 8 月 2 日召开，能否介绍一下国际藏学研讨会的有关情况。

郑堆：由藏研中心、中国西藏文化保护与发展协会、西藏社会科学院等单位联合举办的北京国际藏学研讨会自 1991 年创办以来，至今已举办了五届，成为世界上规模最大的藏学学术盛会之一，是中国藏学研究面向世界开展藏学学术研究与交流和国内外藏学界展示最新研究成果、增进交流与合作的重要平台，在国际藏学领域发挥着重要作用。

即将举行的第六届北京国际藏学研讨会，共设19个专题小组，将迎来325名学者，其中包括海外学者代表109人，分别来自美国等19个国家和地区，还有部分台湾、香港和国外藏胞学者代表。参会的人数和会议规模均超过了前五届。

（《人民日报海外版》[2016年7月30日第4版]）

人民网采访海外学者

恩斯特·斯坦因凯勒（Ernst Steinkellner）

奥地利科学院教授

我打算介绍人类迄今保有的最为重要的文化财富之一，也是需要认真加以研究的重要财富，那就是保存在西藏的梵文贝叶经文献。这些经典在过去大概一千年里由藏族人翻译成藏语并加以保存。今天我们与中国藏学研究中心的合作是基于藏研中心第一任总干事，时任西藏自治区社科院院长的多杰才旦开始对拉萨和整个西藏的梵文文献进行编目、列表、调研及制作成胶片。这些胶片的副本被保存在藏研中心图书馆，在过去几十年时间里，这些是我们开展研究所能依赖的唯一文本。拉巴平措继多杰才旦担任藏研中心总干事后，我们开始与藏研中心开展正式合作。在研究初期，中国学者无法独立承担梵文的研究，所以他们开始寻求合作，此时我们也正在寻找合作伙伴。尽管梵文贝叶经保存在西藏，但藏研中心时任总干事拉巴平措认识到梵文是藏学研究的一部分，他一方面组织中国的梵文学者对其进行研究，同时也促成了我们之间的合作。我认为这是拉巴平措对梵文研究最重要的贡献，因为当时我们无法接触到原始文本，所以我们决定从副本入手开始研究。我们后来开始合作出版《西藏自治区梵文文本系列丛书》，今年已出到第 20 期。可以说在短短几年时间里我们取得了很大的成功。至于说到我的贡献，我们非常高兴我们不仅能够继续合作，延续我们的梵文系列研究，同时在合作过程中我们还与中国的同事们建立起深厚的友谊。我们感谢藏研中心多年来与我们的合作。谢谢！

比尔格特·凯乐（Birgit Kellner）

奥地利科学院亚洲人文思想史研究所主任

奥地利科学院与中国藏学研究中心的合作已经持续大约12年了，双方对数千年来保存在西藏的梵文文献这一人类宝贵遗产进行了共同研究。这些被翻译成藏文的印度文献主要是佛教《大藏经》和相关的文学、哲学、诗歌、诗学及各种科学等。它们是西藏丰富的文化和智慧传统的基础，也可以被视为西藏文化遗产的重要组成部分。今天要对这些文献进行研究，我们需要拉近两个近几十年来渐行渐远的学科之间的关系，即藏学和梵文学。对于藏学家来说，思考印度文化与西藏文化之间的关系也是至关重要的。关于中国的藏学研究，我想从我们的合作谈起。为了进一步解密我们长期致力的文化宝库，我们需要了解梵文、印度文献史，以及各种字体等。在过去几十年里，中国在这方面取得了巨大的进步。你们中的很多人都知道季羡林教授，我相信他在中国非常有名。他正是一位梵文学家，曾于上世纪三四十年代在德国学习梵文。他和他在北大的同事和学生建立了中国最主要的梵文研究共同体。此外，在复旦大学有一些年轻学者，他们也在德国学习。如今中国年青的一代的梵文学者正在蓬勃崛起，他们中有的在日本学习过。此外我想指出，我们不应该忽视在中国藏学研究中心的学者们。我们与他们的合作非常成功，期待未来继续与他们合作。谢谢！

马克林（Colin Makkerras）

格里菲斯大学荣誉教授

我来过北京很多次，也多次来过中国藏学研究中心。我也去过西藏和周边藏区很多次。能参加这次藏学研讨会我感到非常荣幸，中国藏研中心很成功地组织了这次国际研讨会。这次会议覆盖的关于藏学研究的主题非常广泛，研究领域不仅包含现实问题，像政治、社会、经济，还有传统的议题，包括历史、文学、艺术、史记手稿。这次会议组织得非常有序，而且议题非常广泛。另外，此次参会是一次非常愉快的体验。我结识到很多和我有共同研究兴趣的学者，这次会议非常非常有意义。我去过几次西藏，都是很难忘的经历，我也学习到了很多。我一直认为西藏的文化非常强大。在西方有一种观点，认为西藏文化被削弱了，被抑制了，我认为那是胡说，我没有看到任何现象或迹象证明西藏文化被削弱。我看到的是，西藏文化正变得更强大，中国政府正在尽其所能，来保护、延续西藏文化，至少是文化中的精华部分。当然那些糟粕部分，比如说农奴制，我不认为任何人会想支持这个制度。但是关于西藏文化整体的美、文化内涵，西藏人的服饰文化、行为方式，还有作为藏区文化非常重要的一部分，藏传佛教及其信仰，都非常有生命力。我想中国政府正在帮助藏族人民保护藏族文化，提高他们的生活水平。我认为这项工作非常重要，也非常有意义。

弗朗西斯科·塞弗热（Francesco Sferra）

那不勒斯大学教授

我来自于意大利，我叫弗朗西斯科·塞弗热，是意大利那不勒斯东方大学的教授。我经常来北京与藏研中心的同事和朋友一起进行藏学研究。无论在中国还是在世界上，中国藏学研究中心都是藏学研究的一个重要中心，而且它的重要性正在日益扩大，我很荣幸与中国藏学研究中心建立联系和友谊，并且和这里的同事共同进行学术研究。我们已经共同做了几件事，在未来我们会有更多的合作。我们在北京共同组织召开了一次藏学研究的学术研讨会，并共同出版了会上提交的论文集。我们计划在未来几个月出版一部意大利语的翻译著作，是关于上世纪一位重要意大利藏学家图齐的书籍，以后我们也会继续开展相关的翻译工作。此外我们还有一些其他的合作项目，我们合作开展了梵文写本研究和翻译工作，我预计这些文本的第一卷将在明年出版。对于我们共同的未来，我们有许多想法。藏学研究非常重要，它能帮助更好地理解佛教和世界文化和宗教。在意大利，我们也有藏学研究的历史，并不十分悠久，大概起源于中世纪。作为欧洲一所重要的研究东方文化机构的一员，我感到非常骄傲。我们对藏学研究非常感兴趣，我也很高兴和中国的同事一起工作，尤其是藏族的同事。多数时候是中国同事和朋友去我们那，当然我们也会到中国来，基本上每年都来。从 2008 年开始，我们彼此开始建立这种联系，尽管时间不长，但是成果不断涌现。谢谢！

乌斯宾斯基·弗拉基米尔（Uspenskiy Vladimir）

圣彼得堡大学东方系蒙藏学部主任

我叫乌斯宾斯基，俄罗斯圣彼得堡国立大学蒙古学和藏学教授。这是我第三次参加北京国际藏学研讨会。我认为这是一次很好的机会，让我能够见到中国相关专业的同事，了解到中国学界藏学研究信息和前言成果。藏学在俄罗斯历史悠久，俄罗斯有很多关于藏传佛教的书籍，也有很多藏文文献。也正因如此，我们与中国藏学学者建立联系才尤为重要。中国藏学研究中心的出版物让我们得以窥见藏族文化和宗教中鲜为人知的一面，比如我已在阅读的藏传佛教丹珠尔第 49 卷。我很高兴，两年前中国藏学研究中心代表团和我们学校签订了一项协议，商议共同出版保存在我们学校的藏文文献资料。作为大学教授，我很关注俄罗斯大学学生藏语教学质量，所以我希望我们今后在这个领域加强合作。

克劳斯－迪特·马特斯（Klaus-Dieter Mathes）

维也纳大学 南亚学藏学与佛教研究系主任

在维也纳藏学和佛教研究院和维也纳科学院都有藏学研究。我们和中国藏学研究中心有着长期的联系，起初是由我的前任斯坦因凯勒教授牵线搭桥建立的，他现在也正在参加此次研讨会。我们很看重双方的学术交流，包括梵文文本的转写和编纂工作。当然合作也包括藏学研究的其他方面，我们与中方同事有着紧密的合作关系，我们邀请中国学者到维也纳担任访问学者，正在共同研究西藏的藏传佛教思想文化史。我希望我们能够持续这样的合作，我也很高兴中国藏学研究中心举办了这次会议，我认为意义重大，我们很希望能在大会上交流自己的论文。而我自己也在此次研讨会上专门组织了一个专题小组，讨论西藏思想文化史，邀请了藏研中心的学者参加。我们很期待此次大会的召开。

郑堆接受人民网采访

中国统一战线新闻网北京8月5日电 （记者闫妍）8月2—4日，由中国西藏文化保护与发展协会、中国藏学研究中心和西藏社会科学院共同举办的第六届北京国际藏学研讨会在北京举行。今天，本届研讨会主办方之一的中国藏学研究中心副总干事郑堆研究员做客人民网，就“藏学研究”有关问题与网友在线交流。

1．北京国际藏学研讨会已成为国际藏学界交流的重要平台

北京国际藏学研讨会发端于1991年中国藏学研究中心（简称藏研中心）成功主办的首届北京中国藏学讨论会。郑堆介绍说，中国是藏学大国，藏学的故乡。中国在国际上必须要有藏学地位和藏学话语权。在这样的背景之下，开始举办北京国际藏学研讨会。1991年9月13日至16日，在北京中日青年交流中心召开了“1991年北京中国藏学讨论会”。此后，1997年的第二届称“1997年北京藏学讨论会”，2001年的第三届称“2001年北京藏学讨论会”，2008年的第四届称“2008年北京藏学讨论会”。前四届虽具体名称不尽一致，但总称“北京藏学讨论会”。从2012年第五届开始，确定会议名称为“北京国际藏学研讨会”。这就是北京国际藏学研讨会的由来。

郑堆表示，纵观历次会议，办会规模逐渐扩大，学术水平逐步提高，学术成果不断丰富，信息交流持续深化，研讨议题不断增多，研究领域不断拓展。北京国际藏学研讨会已成为国际藏学界互相交流的重要平台。“今年6月，在挪威举办了第14届国际藏学研究协会研讨会，8月在北京举办第六届北京国际藏学研讨会，两届研讨会会期很近，很多学者最终选择参加了北京国际藏学研讨会。”

2. 第六届北京国际藏学研讨会具有四大亮点

郑堆介绍说，本届研讨会与会专家学者多，影响大是一亮点。研讨会共有325位国内外专家学者莅临，超过了历届研讨会。十余位国内外知名学者做大会发言，围绕“一带一路”战略对西藏可持续发展问题、梵文贝叶经研究、藏传佛教经典研究、活佛转世制度研究、藏区生态文明建设等领域关注的话题，作了大会交流。研讨会按“一带一路”与面向南亚开放重要通道建设组、社会转型与变迁组等19个专题进行小组研讨，由各学科领域资深专家或具有较高造诣的学者做小组召集人，提升了办会水准及会议品位。

郑堆还表示，本届研讨领域广泛深刻，成果多。研讨会共收到416份专家提交的论文，选定308篇，涵盖了藏学研究的各个方面，是对近年来藏学研究成果的大检阅。专家学者提交的论文和研讨充分展现了近几年藏学研究最新成果，展现了国内外藏学研究者传承文化、服务社会的责任意识和创新意识。专家学者们一致认为，本届研讨会提交的研究成果整体水平高，创新特色浓，对今后藏学事业发展富有开拓意义。

郑堆还谈到，研讨会内容丰富，涉猎广。研讨会除安排专家学者作大会发言、小组研讨外，还安排了参观活佛转世专题展览、明清时期北京及蒙古族地区藏文文献经函展览、藏学图书展览、“匝嘎利”展览及讲座、民族志纪实专题电影《凡尘净土》观摩会、实地考察等活动。研讨会内容丰富，多元多彩。

据郑堆介绍，研讨会严谨和谐，氛围很好。研讨会会期3天。与会专家学者利用这宝贵的时间，充分发表自己的见解，论点严谨，讨论热烈，交流和谐，气氛良好，既有基础研究成果的探讨，也有对现实问题研究的思考，有的专家不止一次发言，还有的专家希望增加小组讨论时间。大家普遍反映本届研讨会氛围好，既提升了水平，又增进了友谊。

3．发挥藏研中心优势，服务好党和国家涉藏工作

藏研中心是综合性的藏学学术机构。郑堆介绍说，1986年5月20日，在中央领导的直接关怀下，藏研中心在北京成立。藏研中心以研究藏族文化和西藏自治区与甘肃、青海、四川、云南四省藏区的历史、现状和未来的发展为己任，致力于保护与发展藏族文化，联系国内藏学机构学者，推动学术交流合作，繁荣藏学事业。

郑堆还表示，“传承文化、服务社会”是北京国际藏学会的办会理念，藏研中心要传承优秀的藏族传统文化，同时还要落脚于服务社会。为西藏和四省藏区的社会稳定发展提供决策依据。

郑堆说，下一步藏研中心既要做好牵头协调全国藏学研究的工作，还要发挥智库的作用，把自身优势和特点发挥好，为党和国家的涉藏工作做好服务。

第六届北京国际藏学研讨会召开
推进藏学研究　服务藏区发展

曾江

近年来，我国藏学事业发展喜人，藏学研究取得长足进步。8月2—4日，第六届北京国际藏学研讨会在京召开，300余位海内外藏学家齐聚一堂、以学会友。作为世界规模最大的藏学盛会之一，此次会议充分展示了近年来国内外藏学研究的新成果，反映出藏学研究的新趋势。对此，本报记者就藏学研究的相关问题采访了专家学者。

藏学研究站上新起点

连日来，来自海内外的学者在北京中国藏学研究中心实现了分享新成果、介绍新材料、探讨新问题、发布新计划的愿望。

北京国际藏学研讨会自1991年创办以来，已发展成为增进国内外藏学交流与合作的重要学术平台。一组数据反映了北京国际藏学研讨会25年来走过的历程，也反映出我国藏学事业的发展。1991年首届研讨会有 80 余位国内外专家学者参加，收到 44 篇论文；而此次研讨会共有 325 位学者参加，其中有来自 19 个国家和地区的 109 位海外学者，共收到 416 篇论文。1997 年的第二届研讨会分为 5 个专题小组，而随着学术研究不断向纵深领域拓展，此次研讨会分为 19 个专题小组。

中国藏学研究中心副总干事游洛屏在开幕式上回顾了 2012 年第五届北京国际藏学研讨会以来，藏学研究及其为经济发展、社会稳定服务等方面取得的新成绩，并展望了未来。“第六届北京国际藏学研讨会的召开，标志着藏学研究站在了新起点上，我们要以此届研讨会为契机，开拓创新、锐意进取，把我们的藏学研究事业不断推向前进。”游洛屏说。

参加过历次藏学研讨会的中国社会科学院世界宗教研究所研究员尕藏加告诉记者，此次会议亮点很多，讨论的内容涉及藏学研究很多方面，而且有深度、有广度，此次会议必将对今后藏学发展产生积极影响。

为藏区发展建言献策

“传承文化、服务社会”是北京国际藏学研讨会的办会理念。记者注意到，除了大会发言，在此次研讨会的 19 个专题小组讨论中，有六七个小组都紧扣服务社会的主旨，与会专家学者围绕“‘一带一路’与面向南亚开放重要通道建设”“经济发展与全面小康”“社会转型与变迁”“生态文明建设”等主题各抒己见，为我国藏区协调发展建言献策。

中国藏学研究中心当代研究所所长廉湘民认为，法治原则是创新西藏社会管理的根本准则。依法治藏、富民兴藏、长期建藏、凝聚人心、夯实基础，是十八大以来党中央提出的西藏工作重要原则，为西藏各族人民充分行使管理国家和西藏地方的权利指明了方向。在西藏创新社会管理中，依法治藏得到了有效落实，达到了强基础、惠民生的目的。

与会学者表示，西藏的民族文化在当代得到了很好的保护和弘扬，并不断被赋予新的时代内涵。澳大利亚格里菲斯大学荣誉教授马克林长期在中国开展田野调查，他赞赏中国对保护少数民族文化特别是藏族文化所作出的努力。他认为，现代化正在中国的各个地方展开，现代化不会摧毁传统文化。西方关于藏族文化在中国面临危机的观点毫无根据。马克林基于亲见亲闻和持续研究的发言，引起了与会学者共鸣。

近年来，藏区生态文明建设的重要性引起广泛关注。在青海省社会科学院院长陈玮看来，藏传佛教生态伦理内容比较丰富，其中不乏有借鉴价值的内容，可以把藏传佛教生态伦理思想中的积极因素挖掘出来，为今天的藏区生态文明建设服务。他认为，藏传佛教生态伦理来源于大自然崇拜中最朴素的生态意识、图腾崇拜中最原始的生态理念和佛教生态伦理，包含着藏传佛教山川江湖崇拜的保护意识及万物有情的动物保护意识。

聚焦梵文写本整理与还原

梵文写本研究是此次会议的一大学术亮点，海内外学者共提交了20余篇高质量的学术论文。在“梵文写本与西藏组”，学者用三个半天时间，围绕相关问题展开了深度交流，是近年来在该领域中一次高质量的专题研讨。

西藏社会科学院贝叶经研究所副研究员欧珠次仁对梵文贝叶经《圣海龙王所问经》写本与德格版藏译本进行了对比考证，对部分遗失的地方进行了梵文还原。日本龙谷大学教授桂绍隆分享了他10年来集中精力从事的一项学术新成果——编辑胜主慧《〈集量论〉疏》的第三章至第五章，并在此基础上重构陈那的《集量论》及其自注。他表示，目前已经可以再现陈那早期作品中若干部分的梵文原文,如《因明正理门论》，而以《〈集量论〉疏》中材料为基础提出一个《因明正理门论》的梵文本是有意义的。

莱比锡大学教授艾利·弗兰科、副教授褚俊杰和中国藏学研究中心研究员李学竹提交的论文，介绍了对近年新发现的《〈释量论庄严〉清净疏》梵文本开展的工作，莱比锡大学南亚和中亚研究所与中国藏学研究中心合作展开校勘研究计划，将首次出版该书的梵文本，为解读佛典注家阎摩敌提供新的基础，并进一步尝试还原《释量论庄严》的作者智藏护的思想。

对于西藏贝叶和纸质梵文写本的保护工作，奥地利科学院院士恩斯特·斯坦因凯勒肯定了已取得的巨大成绩，同时对于如何进一步开展研究提出了自己的看法。他认为，学者在开展研究工作时，首先要整理那些迄今为止只有藏、汉译本存世的文本，以及从未被翻译因而不为人所知的文本。其次是那些以前根据尼泊尔和印度所发现的梵文写本编辑的文本。

深化敦煌藏文文献研究

敦煌藏文文献的整理和研究也很受关注。在此次大会发言中，四川大学中国藏学研究所讲座教授巴桑旺堆和西北民族大学教授才让都围绕敦煌藏文文献展开。此外，记者注意到，在不同小组的讨论中，敦煌研究院研究员马德、四川大学中国藏学研究所副教授张延清等学者，还讨论了哲蚌寺藏敦煌写经、敦煌藏文《贤愚经》、敦煌藏文《般若经》的誊抄年代、敦煌藏文文字书写的特点，以及吐蕃对丝路文明传播的历史贡献等相关问题，进一步深化了敦煌藏文文献研究。

才让对敦煌 S.5603 号写本（唐）圆晖《楞伽经疏》中的藏文，及相关的《楞伽经疏》藏译本进行了再研究。他认为，在已知的活跃在敦煌的译师中，唯有法成有能力研读《楞伽经疏》。敦煌《楞伽经疏》本藏文是已知的唯一留存的法成手迹，是十分珍贵的历史文化遗产，对法成翻译过程及其翻译规律、特点等方面的研究有参考价值。

巴桑旺堆通过对 9 世纪上半叶敦煌古藏文佛教写经中写经生和校对者署名的研究，认为西藏卓卡寺、哲蚌寺保存的《大般若经十万颂》写本中的 8 名写经生和校对者，就是出现在甘肃省图书馆、敦煌博物馆藏敦煌藏文写经《大般若经十万颂》的同名写经生和校对者。这些写本应该属于敦煌吐蕃写经范围，是在敦煌完成抄经、校对后运回吐蕃，有可能是作为重大贡品敬献给吐蕃赞普的。

此次研讨会由中国藏学研究中心、中国西藏文化保护与发展协会和西藏社会科学院共同主办。会议期间与会学者还围绕历史、宗教、艺术、因明、语言、文献、他空、藏医、历算等主题展开研讨。

（2016 年 8 月 5 日 中国社会科学网 – 中国社会科学报）

一场别开生面的学术盛宴
——记第六届北京国际藏学研讨会

李媛

8 月 2—4 日，第六届北京国际藏学研讨会在京召开。作为世界规模最大的藏学盛会之一，本届研讨会吸引了来自 19 个国家和地区的 325 名专家学者出席。会议期间，与会嘉宾围绕当代政治、社会转型与变迁、经济发展与全面小康、一带一路与面向南亚开放重要通道建设、梵文写本与西藏、印藏佛教中的他空、藏文信息技术等 19 个话题进行分组研讨。

不断扩大的藏学朋友圈

北京国际藏学研讨会创办于 1991 年。中国藏学研究中心科研办副主任黄文娟提供的一组数据反映了北京国际藏学研讨会 25 年来走过的历程。1991 年首届研讨会有 80 余位国内外专家学者参加，收到 44 篇论文；此次研讨会有来自 19 个国家和地区的 325 名学者参加，共收到

416 篇论文。1997 年的第二届研讨会分为 5 个专题小组，而随着学术研究不断向纵深领域拓展，今年的研讨会分为 19 个专题小组。

按照国际标准办会是中国藏学研究中心一以贯之的原则。据黄文娟介绍，根据国际惯例，第六届北京国际藏学研讨会会议筹备小组提前一年，通过三轮通知，确定参与学者及其论文。会议组别的设置也最大限度地尊重、满足了与会学者的意愿。有好几个组别的设置都是根据学者的提议产生的，比如，印藏佛教中的他空、梵文写本与西藏等组别。

此外，黄文娟还告诉记者为了便利专家学者之间的充分交流，会议全程提供汉、藏、英三种语言翻译，体现了国际学术会议的特点。“在现有国际藏学会议中能实现这一点的并不多，这也充分体现了我国藏学研究的基本实力。”

开放活跃的学术气氛得到了与会嘉宾的肯定。来自俄罗斯圣彼得堡国立大学东方系的乌斯宾斯基·弗拉基米尔教授，已经是第三次参加北京国际藏学研讨会了。他说，“在俄罗斯，很多人对藏学感兴趣，也有一些书籍是用藏文出版的。通过对藏研中心的访问，我了解了一些更深层次的研究内容，比如我这次就读到了一些藏传佛教宁玛派的文献。这些对我们的研究都很有帮助。”

来自奥地利维也纳大学的克劳斯·迪特·马特斯教授最感兴趣的方向是佛教哲学，他专注研究超过 30 年。作为在北京国际藏学研讨会上的首次亮相，他将讨论藏传佛教中的“他空”问题。“中国的藏学研究发展很快，藏研中心有很多很好的学者在从事相关研究工作，相关的知识水平也得到了不断的提升。”马特斯说。

作为该研讨会从无到有的亲历者，中国藏学研究中心当代所所长廉湘民说，伴随着会议规模越来越大，主题越来越丰富，层次、水平越来越高，藏学本身在社会上的影响也越来越广，不仅是学者关注藏学研究，亦有更多藏学爱好者参与到藏学研究中来。

思想的交流　智慧的碰撞

25 年来，随着国际藏学发展水平的不断提高，北京国际藏学研讨会已发展成为增进国内外藏学交流与合作的重要学术平台。

“传承文化、服务社会”是北京国际藏学研讨会的办会理念。记者注意到，除了大会发言，在此次研讨会的 19 个专题小组讨论中，有六七个小组都紧扣服务社会的主旨，与会专家学者围绕“‘一带一路’与面向南亚开放重要通道建设”“经济发展与全面小康”“社会转型与变迁”“生态文明建设”等主题各抒己见，为中国藏区协调发展建言献策。

中国藏学研究中心当代研究所所长廉湘民认为，法治原则是创新西藏社会管理的根本准则。依法治藏、富民兴藏、长期建藏、凝聚人心、夯实基础，是十八大以来党中央提出的西藏工作重要原则，为西藏各族人民充分行使管理国家和西藏地方的权利指明了方向。在西藏创新社会管理中，依法治藏得到了有效落实，达到了强基础、惠民生的目的。

澳大利亚格里菲斯大学荣誉教授马克林长期在中国开展田野调查，他赞赏中国对保护少数民族文化特别是藏族文化所作出的努力。他认为，现代化正在中国的各个地方展开，现代化不会摧毁传统文化。西方关于藏族文化在中国面临危机的观点毫无根据。马克林基于亲见亲闻和持续研究的发言，引起了与会学者共鸣。

近年来，藏区生态文明建设的重要性引起广泛关注。在青海省社会科学院院长陈玮看来，藏传佛教生态伦理内容比较丰富，其中不乏有借鉴价值的内容，可以把藏传佛教生态伦理思想中的积极因素挖掘出来，为今天的藏区生态文明建设服务。

梵文写本研究是此次会议的一大学术亮点，国内外学者共提交了 20 余篇高质量的学术论文。在“梵文写本与西藏组”，学者用三个半天时间，围绕相关问题展开了深度交流。奥地利科学院院士恩斯特·斯坦因凯勒认为，学者在开展研究工作时，首先要整理那些迄今为止只有藏、汉译本存世的文本，以及从未被翻译因而不为所知的文本。其次是那些以前根据尼泊尔和印度所发现的梵文写本编辑的文本。

藏学研究站上新起点

“在研讨会上，嘉宾们除了交流观点、碰撞思想，很多人还通过这一平台建立起联系，为今后的进一步合作奠定了基础。”黄文娟介绍说。如内蒙古社科院希望与中国藏学研究中心建立学术合作关系，“梵文写本与西藏组”认为会议期间的讨论非常具有成果，希望把这个小组永久保留，成为国际梵文写本研究的一支核心力量。

“西藏在中国,藏学在国外”的说法很长一段时间存在于西方藏学圈，中国藏学研究中心历史所所长张云认为，这种说法早已不存在。“中国政府长期以来在藏学研究领域的积极投入，使得中国藏学基础研究已成为国际藏学界和众多西方学者羡慕的优势。现在，西方许多一流的西藏问题学者将一年中一半以上的时间放在中国，毕竟藏学研究的故乡、未来都在中国。就国别而言，中国藏学研究的进步在过去三十年是世界最快的，而且毫无疑问，会越走越好。”张云说。

对于今后藏学的发展，张云鼓励更多的年轻人参与其中，对此他也提出建议，藏学相较其他学问更需虔心向学，精通古汉语、藏文、梵文，掌握国际通用语言，扎实学术基础是年轻学者的必经之路。

世界著名藏学家、奥地利科学院教授恩斯特·斯坦因凯勒告诉记者，很欣喜每隔几年就能看到中国举办如此规模的藏学研讨会。很明显，中国的藏学研究水平提高得很快，但从另一个方面而言，中国也需要与世界藏学研究更多地合作，将资料更多地分享。

澳大利亚学者马克林表示，希望今后开展更多交流，以帮助越来越多的外国人了解和认识西藏，“比如大力发展旅游事业，让更多人能来领略西藏的美景和风土人情，希望更多地开展学术交流，双向互动，以增进了解。”而奥地利学者马特斯希望，今后在梵文的文稿编辑与翻译、出版等方面与中国的藏学研究机构加深合作，“我期盼将来会有更多合作研究成果出现。”

正如中国藏学研究中心副总干事郑堆所言，“第六届北京国际藏学研讨会的召开是对近年来藏学研究成果的大检阅，也为今后藏学研究和藏学事业发展作了富有开拓意义的提示，标志着中国藏学研究站在了新的起点。”

（《布达拉》[藏文] 2016 年第 9 期）

“一带一路”中的西藏角色

张霄

2015年8月，中央召开第六次西藏工作座谈会，对西藏在“一带一路”战略中的任务和功能作了明确的规划和定位；推进西藏与尼泊尔等国家边境贸易和旅游文化合作，建设南亚通道。当前，“一带一路”建设正在大力推进，西藏应如何把握和利用好这一机遇，搭上“一带一路”的快车，推动西藏加快发展？

8月4日，在由中国西藏文化保护与发展协会、中国藏学研究中心和西藏自治区社会科学院共同举办的第六届北京国际藏学研讨会上，来自世界各地的藏学家就“‘一带一路’与面向南亚开放重要通道建设”展开了讨论，共同为西藏融入“一带一路”建设出谋划策。

建设南亚通道交通是关键

“西藏经济社会发展相对滞后的重要原因之一是地理偏远，关山阻隔，长期囿于自给自足的自然经济状态中。”国务院发展研究中心研究员岳颂东说，因此，建设南亚开放大通道是西藏对外开放的治本之策。“南亚开放大通道是‘一带一路’建设的重要组成部分。”岳颂东建议，西藏应致力于打通孟中印缅经济走廊，并向南延伸，从而成为连通太平洋与印度洋的喜马拉雅大陆桥的交通枢纽。

中国改革开放论坛战略研究中心研究员马加力建议，西藏要走出去，应当建立一个“跨喜马拉雅通道”。“考虑到历史和现实条件，建议优先考虑在拉萨—日喀则铁路的基础上，向西通过吉隆向尼泊尔延伸，进而与印度铁路实现对接，使之成为中国西藏、尼泊尔和印度的交通要道和人流、物流、信息流沟通的桥梁。”马加力说。

“西藏对外交通干道建设水平直接影响到西藏自身的发展。青藏铁路开通 10 年来，显著改善了进出藏的时间距离，提升了进出藏的物质规模等级，促进了旅游发展和文化交流。”北京交通大学教授荣朝和认为，未来应在已有青藏铁路的基础上进一步积极扩展铁路网，构建适合西藏特点的综合交通运输体系，突出推进铁路网络的区内延伸、内地联通和跨边境铁路的建设与论证。

上海国际问题研究院副研究员刘宗义说：“西藏的发展与开放是大势所趋，不可逆转。但与此同时，西藏也是重要的国家安全屏障、生态安全屏障和重要的战略资源储备基地，如何处理好西藏的通道和屏障作用的辩证关系是中央和西藏地方必须面对的一个问题。”他认为，西藏融入“一带一路”建设应以对内融入为主，同时积极主动创造有利的国际环境，加强与南亚国家的互联互通。

非公经济备受关注

西藏在国家“一带一路”战略中肩负重要使命。然而，西藏的财政收入自给率水平很低，基本长期依靠国家供给；同时，西藏相邻的南亚国家情况复杂，这些因素集合到一起为西藏顺利开展“一带一路”的开发与建设工作，带来了国内其他省区市无法比拟的困难。面对这种情况，西藏应当从自己的具体区情出发，充分发挥非公有制经济的作用，让该类经济形式担当重要角色。

近几年来，随着西藏非公有制经济的快速崛起，其对西藏财政收入的贡献连年增长，一定程度上缓解了西藏自身财力不足的压力。据有关资料显示，西藏非公有制经济的税收贡献由2010年的25亿元增长至2014年的151亿元，实现5年翻三番的快速增长，所占税收比重由80.2%上升至93.5%，成为推动西藏经济跨越式发展的主要动力。

因此，西藏民族大学南亚研究所副所长狄方耀教授认为，大力发展非公有制经济，不仅能为西藏带来更多的税收收入，更重要的是发挥好民间资本作用，从而进一步缓解当地的资金压力。

“近几年来，非公有制经济在西藏的持续发展，使得大批的边境地带农牧区剩余劳动力得到有效转移。从近几年我们在边境地带，尤其是在吉隆、普兰和亚东口岸等实地调研情况所知，在边境贸易、服务、运输和边境旅游餐饮住宿、娱乐等行业中，几乎全部是由当地个体经济进行的。由此可以想见，在今后从事‘一带一路’开发建设活动中，非公有制经济也必然会承担重要任务，充当不可替换的角色。”狄方耀教授说。

同时，狄教授认为，西藏边境贸易中非公有制经济的发展，对边境地区农牧民增收致富及加强中国与南亚国家的友好关系具有重要意义。以边民个体经济为主的各种非公有制经济，在边境贸易的发展过程中不仅活跃了边贸市场，而且也为边民的基本生活需求、发家致富提供了机会。

贯彻落实习近平总书记“治国必治边、治边先稳藏”的重要战略思想和“努力实现西藏持续稳定、长期稳定、全面稳定”的重要指示，首先要确保边境地带的各族民众从切身利益中感受到社会主义制度的优越性，以及与相邻国家相比较的优越感，从而在心灵深处自觉维护国家利益。”狄教授说。

当然，当前的西藏非公经济发展也面临诸如边民互市和从事边贸的企业规模较小及经营时间短、边贸企业管理机制不健全及竞争力弱和基础设施滞后等问题，狄教授认为，政府应当提供更加科学的制度和周全的软环境，不断完善基础设施等相关的硬条件，为非公经济走出国门创造条件。

从实际出发，充分发挥非公有制经济组织的作用，是西藏更好地完成国家在“一带一路”战略中所赋予的神圣使命的必然选择，也是西藏边境地带安全稳定、边民致富奔小康的重要途径。

（《布达拉》[藏文] 2016 年第 9 期）

为西藏脱贫攻坚建言献策

张霄

已然开启的“十三五”规划，既是到2020年实现第一个百年奋斗目标、全面建成小康社会收官的5年规划，也是中国经济发展进入新常态后的首个5年规划。在中央扶贫开发工作会议上，习近平总书记对“十三五”时期脱贫攻坚作出全面部署，发出了打赢脱贫攻坚战的动员令，西藏作为全国唯一的省级集中连片贫困地区，面临着最严峻的脱贫攻坚战。在第六届北京国际藏学研讨会上，各方专家学者对此进行了广泛深入的研讨，为藏区协调发展建言献策。

研究民族经济，特别是关注和研究西藏经济的专家学者指出，西藏和四省藏区全面建成小康社会，要着力在保障和改善民生上下工夫，因地施策、因人施策下大力气打好扶贫攻坚战，多渠道扩大就业；加快补上教育这个“短板”，加快摘掉缺医少药的“帽子”，筑牢社会保障“安全网”；要绿色发展，推动绿色金融，完善商业金融；要共享发展，推进精准脱贫和普惠金融，在灾后重建时推进开发金融与公益金融，并重点关注基础设施、生态和扶贫开发中的金融发展。

“2000 年以来，西藏以及四省藏区全面小康建设取得显著成果，但地区之间、各项目间进展不平衡，稳定提高农牧民收入、提高各地区居民受教育水平、推动城镇化等是未来小康社会建设的重点和难点。”西南民族大学经济学院教授郑长德认为，2020 年藏区要同全国一道实现小康任务繁重艰巨，必须促进经济社会跨越式发展。

西南民族大学中国西部民族经济研究中心教授廖桂蓉从发展经济学和经济地理学双重角度讨论自然地理环境对中国藏族聚居区贫困的影响，认为中国藏族聚居区的贫困呈现较强的空间集聚性，贫困的空间溢出效应十分明显。因此廖桂蓉教授建议政府通过合理的政策设计，充分利用藏区现有资源，可在一定程度上减缓贫困的发生。

教育脱贫同样是专家学者热议的话题，中国藏学研究中心社会经济所副研究员陈默博士对藏区义务教育工作展开了充分调研。“民族教育不仅是国家教育中的重要组成部分，也是民族工作的重中之重。它是提升整个民族地区人口素质的基本途径，也承担着培养国家认同、传承民族文化、培育民族精英的重任。”陈默博士说，义务教育的有效展开，也对藏区脱贫与全面实现小康的目标起到推进作用。

专家们提出，通过公共财政支出的增加和交通、通讯、医疗、教育等公共服务的改善能在一定程度上缓解地理环境导致的贫困效应，削减地区间长期自然形成的“空间壁垒”，实施以核心城市为依托的集中连片贫困地区的区域协调发展战略，发挥相对发达的城镇区域的辐射带动作用。

（《布达拉》[藏文] 2016 年第 9 期）

马克林：见证西藏文化保护成果

李媛

第六届北京国际藏学研讨会吸引了包括 109 名海外代表在内的 325 位代表参加。澳大利亚格里菲斯大学荣誉教授马克林（Colin Mackerras）就是其中之一。

作为中澳友谊的使者，马克林教授 1964 年首次来华，至今已访问过中国 60 余次。半个世纪以来，马克林教授亲眼见证了中国的巨大发展和进步。对于中国与西方之间存在的偏见与误解，他深有体会。他很愿意介绍真实的中国给西方人，特别是对中国有各种误解的人。

西藏初体验

今年 77 岁的马克林早年曾在墨尔本大学、剑桥大学、澳大利亚国立大学学习，分别获得学士、硕士和博士学位。他的研究领域主要包括中国少数民族、中国传统戏剧、中国在西方的形象以及中澳关系等。他的代表作有《变化中的中国》《中国少数民族与全球化》等。2013 年 5 月，他的《我看中国：1949 年以来中国在西方的形象》中文版在中国出版。2014 年，中国国家主席习近平在澳大利亚发表题为《携手追寻中澳发展梦想 并肩实现地区繁荣稳定》的演讲时，曾以“为中澳友好作出贡献”对马克林等澳大利亚人士表达感谢。

说起第一次的进藏经历，马克林说那是 1985 年一次从成都出发到拉萨的“自由行”。“那时就已经有不少年轻人到西藏旅游，有西方的，也有亚洲的，我们都是‘背包客’。”马克林回忆说。他还清晰地记得自己住在一个每个房间住 17 个人的青年旅舍里，虽然并不舒服，但很便宜，每晚只需 5 元钱；第二天早上他把苹果放进酸奶里，那是一顿很不错的早餐，然后他借了一辆自行车，骑着它到处转，参观了哲蚌寺、色拉寺等。

在西藏游览了十多天的马克林，发现真实的西藏与此前想象的不同。“到西藏之前，我想象的西藏是非常落后的，但亲身体验后发现不是这样。30 多年前的西藏虽然没有现在发展得那么好，但也不像西方报道中说的那么糟。那时的西藏已经开始现代化发展；藏族的民族文化得到很好的保留，很有特色；藏族人民生活得也很自由。”

“西藏文化非常强大”是马克林的西藏初体验，也让他从此与西藏结下不解之缘。此后，他又分别于 1990 年、1997 年、2002 年三次进藏考察，还多次去了青海、云南、四川等省份的藏区。

马克林说：“每次再去都能感受到西藏的发展，尤其是拉萨，现代化的程度一直在提高，当地的公路、人们的居住条件都有了更好的改善，从服饰到食物等各个方面也都能看得出生活质量在大大提高。”说着，马克林从兜里掏出手机比划了一下，“像这样的智能手机，很多西藏人都在使用。”

见证西藏文化繁荣发展

作为一名民族学研究者，马克林特别关注少数民族的文化形态，他对西藏特有的戏曲形式藏戏情有独钟。藏戏特有的节奏、声音、面具以及故事情节都令马克林着迷。在马克林的研究著作中，有一本就是专门关于藏戏研究的。

说起第一次接触藏戏的情景，马克林说那是1990年第二次到西藏时发生的。“那次，跟随导游入住饭店后不久，不经意间我听到从室外传来藏戏的声音。我当时就被声音吸引了，而且我知道这个声音就是藏戏，因为我曾经听过藏戏的唱片，但那是我第一次听到现场的演唱。”

马克林循着声音走出门外，看到的是一群人带着面具、边唱边跳的热闹表演，他欣喜异常。“我发现那种表演完全是自发的，我现在都记得那个场景，那是一种充满生命力的，又独具民族特色的表演，让人非常感动。”

后来在青海藏区的一次经历也让马克林记忆深刻。2011年，马克林来到青海省同仁县调研，采访了一位当地的村支书。“他告诉我藏戏表演费用都是村委会出钱，他们想鼓励演出，使藏文化复兴。我相信他说的是真的。”

正是这些在藏区的亲身体验，让马克林感受到藏族文化有着很好的发展。马克林说，藏区现代化的进程并没有破坏传统的民族文化，而是一定程度上起到了积极的复苏和拯救作用。

“一些西方观察者所谓藏族及少数民族文化正在遭受破坏或是中国打压藏传佛教的说法，完全是无稽之谈，与我所观察到的与亲身体验到的情况是相违背的。”马克林说，“我见过的藏族人都对藏传佛教保持着很高的热情，中国政府在藏族文化和传统保护方面投入巨大而广泛，这些努力都值得赞赏。”

愿为西藏文化保护成果证言

在第六届北京国际藏学研讨会上，马克林提交的论文题目是《少数民族／西藏文化的存活》。在论文中，他列举了西方观察者们的三种观点：一是认为中国正在破坏少数民族文化，特别是藏文化；二是认为正在进行的现代化进程对少数民族文化没有帮助，但也不至于去破坏它；三是认为政府的行为对少数民族文化起到了积极的复苏和拯救作用。

“第一种观点是流亡藏人和他们的支持者的恶意游说。第二种观点非同小可，这种观点基于现代化对少数民族文化宗教、家庭生活以及艺术形态等方面的影响进行分析，特别就藏文化在现代化环境中的表现进行分析，认为藏文化仍旧是强大的。没有灭绝的危险，不过或许不再如同之前那样强大而已，而这种消退现象，不是因为政府的政策。第二种观点是宗教信仰是完全能够对政治的合法性和现代化作出贡献的，政治也能够帮助和鼓励少数民族文化实现复兴。”马克林介绍说。

基于 30 年在中国少数民族地区特别是藏族居住区的田野考察，并通过阅读和分析研究大量文献资料，马克林在彻底推翻第一种论点的情况下，试图找出第二和第三种论点的可取之处。

“所有关于现代化的问题，关于文化的问题都非常有趣。我想说的是和其他国家相比，中国在保护文化及现代化方面，已经做得非常好了。这是非常了不起的成就。”马克林说。他赞赏中国政府多年以来在少数民族文化，特别是在西藏文化保护方面所做出的努力，赞赏那些推动未来少数民族文化工作的有关提议。

此外，马克林还认为中国应该为改善西方人对华印象做出努力。“中国在世界经济体系中，地位日益提高，很多西方国家都希望加强对中国的了解，尤其以中国为最大贸易伙伴的国家。”他认为民间交流对于树立良好的中国形象至关重要，“民间的交流和互动对于西方人更直接地了解中国人、中国文化和社会大有裨益”。

“西藏是一个美丽、神奇的地方，我在那里有很多鲜活的文化体验。西藏的文化和发展也应该被更多外国人了解。”马克林表示，“我自己也要与时俱进，持续关注西藏现在和未来的发展。”马克林说。

（《布达拉》[藏文] 2016 年第 9 期）

罗伊：藏医和中医的英国传人

张洪

罗伊是一位满头金发的中医针灸师，作为英国针灸协会的会员，来北京参加第六届北京国际藏学讨论会是他从事针灸行业30多年来的一次学术洗礼。看到如此多的学者关注西藏传统和文化保护，罗伊说，他发自内心地感到高兴。

投身中医和藏医

“把脉看一下。”这是罗伊·沃特金斯（Roy Watkins）诊病前的规定动作，像一位中国老中医一样，62岁的罗伊从事针灸已经30多年了，在英国坎伯里亚郡阿尔弗斯顿健康中心（Ulverston Health Center），罗伊说，他不是一般意义上的医生，他所从事的针灸和藏药浴是纯自然的疗法。

作为第六届北京国际藏学研讨会的参会代表，大屏幕上，罗伊展示了藏药浴对血液的影响，他所做的活性血分析实验表明，血液中的血红细胞特别喜欢藏药。

“一般的血液测试只是检测血液中的化学成分，会错失很多数据。”罗伊说，从他展示的两组幻灯片中可以看出，热水中添加藏药浴足 5 分钟后，通过显微镜观察，药浴前和药浴后的血红细胞分布会大相径庭。药浴前，血红细胞分布凌乱无序，药浴后，血红细胞分布良好，好像焕发了生机。

随后，他又添加了一点“纯金”——名贵藏药经常使用的成分，结果更是不可思议。血红细胞分布井然有序，细胞的输氧功能完全被调动了起来。

对于西藏的热爱是基因里带来的，早在 3 岁的时候，罗伊看到一本关于中国西藏的著作，讲的是一位德国人二战时在西藏的经历。“在我父母家中，我记得当时第一眼看到这本书，看到西藏的照片，立刻就有一种不一样的感觉。”

父亲毕生从事的是科学技术研究，希望罗伊日后作为一位物理学家在欧洲工作，然而，拿到科学博士的学位后，罗伊却经历了一次人生转折。

“作为一位物理学工作者，我内心一直追问的是这个宇宙是如何存在和运转的，其实这些在东方经典中早就阐释到了。”

如何用一种自然的方法更好地利益世人，罗伊不断走近自己的兴趣点。他发现了小小银针的神奇作用，听从内心的召唤，28 岁的时候，罗伊在英国传统针灸学院（The college of Traditional Acupuncture in England）学习针灸。开始只是基本的穴位训练，对于这些，罗伊充满了好奇和兴趣，他感觉这个领域“实在太有意思了”。随后，受训于位于莫斯科的俄罗斯空间医学中心，罗伊的手感不断熟练起来。

中医、藏医同样适合西方患者

藏医学与中医学、印度医学、阿拉伯医学同被誉为世界四大传统医学。传统藏医药学自 7 世纪开始，大约从 18 世纪开始传播到欧洲，并在全球范围内掀起了研究热潮。

罗伊说："20世纪之后，药浴非常流行，它是一种自然、安全、有效的治疗方式，对于皮肤护理、抗老化、妇女和男性健康、肌体放松等都有一定的疗效。"

在罗伊看来，"藏药浴和保健康复特别适合引入西方，因为这是外用疗法，不受制于内科疗法的限制性规定。"他表示，"过去因为这一限制性规定，在西方制药行业的命令下，瑞士销毁了100公斤藏药。在中国，很幸运的是，中医和藏医有行医自由，政府支持行业的发展。"

英国的医疗体系，总分为两大类：主流医学和补充与替代医学。后者种类有61种，中医药和针灸只是其中之二。虽然是外来的治疗保健体系，但是在英国，中医和藏医都很受欢迎，特别是中国的针灸，对于一些慢性病有特效，深受当地人的喜爱。

"这是人类最古老的治疗方式之一，5000多年前源自亚洲。"在罗伊的网站主页上，对于他所从事的工作——针灸，有着详细的描述和介绍。

一般人生病后会去传统医院求医，但在罗伊看来，西方医药只能起到10%的作用。"因为是以盈利为目的，医院多半由财政运作，他们只想赚更多的钱。"罗伊不能接受一般医疗体系的诊病方式，"大多数人去看医生，不到10分钟，医生就在纸上写下处方，有时还会误诊。而中医是运用五行原理来判断疾病的成因，深入把脉，全面了解，这是以自然疗法为主的医疗，更崇尚自然。"

理解中医和针灸要先了解五行，罗伊说，诊病前，他要对着病人先看气色、听声音、嗅气味，根据病人的回答及病情先判断出是水木金火土中哪一种元素的不和谐招致的病因。

对于一些特殊的慢性病，比如局部疼痛，罗伊认为针灸有着无可替代的优势。"如果背痛去看西医，医生连你的背部都不检查就会开方下药，但是如果来看中医，对我来说，我有90%的把握用针灸能治好你。"

20世纪90年代，英国只有十来家中医诊所，如今，已经超过了3000家。1995年创立的英国针灸协会是一个专业组织，会员来自英国各地，罗伊就是其中之一。因为良好的口碑，针灸疗法被传播到了英国的每一个城镇。在英国的一些中医诊所，坐诊医生很多都是像罗伊这样的本地人，他们会讲中文、会打太极拳，更重要的是，针灸找穴位、撵针样样不输中国本土医师。

藏医药研究需要更多投入

行医以来，罗伊的工作时间每周从周一到周六，只有一天休息。利用小小的银针，他治疗了成千上万的病人。在他眼里，每个病人都是特殊的，“他们教给我如何做一个更好的医生”。

虽然从事了30多年针灸，但是直到2015年12月，罗伊才第一次来到中国，他在北京游历了10天，每天暴走10公里。来到针灸和藏医的故里，罗伊说，“就像到了家一样”。10天里，他拜访了中国藏学研究中心、北京藏医院等与藏医有关的机构，在藏医院，罗伊还特别学习了那里独有的藏药浴。

罗伊崇尚东方对于内心的探索，他称这是一种内在科学（inner science）。他表示，外在科学解决的是外在问题，但是内在科学解决的是真正的人类问题。所谓内在科学，在罗伊看来就是修炼出平静的内心（Peaceful Mind）。他认为，来自科技的发展带来了很多的污染和环境破坏。“用外在科学来搞定外在的问题，不顶用的，甚至更坏。只有内在和谐才能与外在世界和平相处。”从事这一“内在科学”的工作，罗伊感觉自己更像一个科学家。

关注内心，让罗伊感觉平静幸福，“以前总是在外面寻找幸福，但却从来找不到，后来才发现，幸福来自内心。”罗伊说。

“现在不再有脾气了吗？”面对记者的反问，罗伊开心地笑起来，“会的，如果我太太很专业地触碰到了那个按钮。”不过，他表示，“内心训练会让自己变得更有耐心。”

谈及这次国际藏学研讨会，罗伊赞不绝口，“It is excellent！（太好了！）如此多的人关注西藏传统和文化的保护，我发自内心地感到高兴。”

对于藏医学的传承，罗伊希望日后能投入资金在西方建立一所藏药浴和健康康复中心，他表示，中国藏学研究中心可以提供培训，藏医药研究需要投入更多。

因为前不久尼泊尔地震的缘故，罗伊原本进口的藏药一度中止，罗伊希望能在欧洲种植出同样的药材，或找到其他的替代药物。“我们可能在阿尔卑斯山找到同样的生长环境。”说起这些，罗伊充满了自信。

（《布达拉》[藏文] 2016年第9期）

刘国威谈藏学研究：不断扩大的朋友圈

张洪

在第六届北京国际藏学研讨会上，来自台湾的代表之一，台北“故宫博物院”副研究员刘国威主持了古代史组的小组发言和讨论。参会之余，刘国威就藏学研究、两岸故宫交流等话题接受了本刊记者的专访。

藏学研究的早期储备

“跟其他学科比，藏学研究的成长还是蛮快的。”谈起当代藏学在国际上的关注度，刘国威深有感触。作为藏学研究专家，在第六届北京国际藏学研讨会上，刘国威提交的论文关注 11 世纪印度高僧阿底峡尊者至金洲求法的不同记载。

虽然主业是藏学研究，但是在台湾政治大学读本科时，刘国威的专业却是数学。虽然每天在一堆公式中度日，但刘国威真正的兴趣点却是藏学。

1980 年代中期，藏传佛教悄然在台湾兴起，陆续有印度、尼泊尔等地的高僧来台弘法。他们基本不会汉语，有些要英译汉，甚至要先藏译英、再英译汉……当时的情形让刘国威立誓要学习藏文。

当时那个年代，藏文属于冷门学科，修学者寥寥无几。因为“政大”有边疆政治研究所之故，所以刚好有藏文课程可以选修。从大三起，刘国威便开始了他的藏文学习。他还记得当年跟藏文主讲老师萧金松上课，第一年有 5 位学生，到了第二年就只剩下他一人，开小灶一般跟老师一对一学习。两年下来，打牢了藏文基础，刘国威未来的求学路线也变得清晰起来。1992 年，瞄准了自己喜欢的专业，他远赴美国哈佛大学继续深造，成了哈佛大学梵文系藏学研究方向的第一位台湾留学生，也是第一批藏学领域的学生。从硕士到博士，刘国威在哈佛求学 9 年。

2001 年刘国威由哈佛学成回到台湾，就职于佛光大学宗教学系，在那里教书 10 年，2012 年底离开佛光大学就职于台北“故宫博物院”。

对于刘国威来说，当年用英文学习梵文是一段“蛮痛苦”的经历。如今，精通梵文、藏文的他，研究佛教文献顺水顺舟，要归功于那一段时间的苦读。因为独有的语言装备，后来的学术研究让他占尽了优势。

第六届北京国际藏学研讨会上，刘国威和他的指导老师——哈佛大学教授范德康一起参会，也算是一段师徒相伴共襄学术盛举的佳话。1997 年，范德康带着 5 位博士生第一次来北京参加第二届国际藏学研讨会，其中就有刘国威。随后的几届，虽然导师没有成行，但是刘国威却一届都没落下。

两岸故宫藏传藏品特色

谈及两岸故宫在藏学方面的藏品特色，刘国威告诉记者，以藏传文物来说，北京故宫的文物较多，尤其是佛像。台北汉文佛教文献相对多一些，梵藏文类收藏相对较少，藏传类文献多是译成汉文的版本。

台北“故宫”的藏传佛教典藏在世界上可谓首屈一指，最著名的当属康熙八年费时两年造成的甘珠尔经，也就是所谓的《龙藏经》，这套藏文《龙藏经》是现存写造时间最早、卷帙最庞大、装帧最富丽之藏传佛教法宝。总共 108 函，由 170 余位僧人用泥金抄写，算是台北“故宫”的镇馆之宝。

对于这套《龙藏经》，刘国威花费了颇多的心思。2015 年，由他主持编写了《殊胜因缘——内府泥金写本藏文龙藏经探索》，针对龙藏经进行了详细研究。他告诉记者：“乾隆时再造了 108 函，因为康熙的那套已经带全，所以只带了 12 函，96 函留在了北京。”

清宫旧藏主要有两方面内容，其一是清宫档案，其二是器物。刘国威介绍说，台北“故宫”收藏较多的是器物类藏品，“如法器，以及达赖、班禅进贡的贡品等”。

这些年，针对藏传佛教这一主题，台北“故宫博物院”举办过几次大型展览。1970 年代举办了清宫藏传法器展，那时刘国威还在读小学。上世纪 80 年代举办过金铜佛像展，附带有清宫藏传文物展。台北“故宫博物院”收藏的佛像主要是 2004 年旅日华侨彭楷栋先生私人收藏的捐赠，总共有 400 多尊，目前在台北“故宫”长期展览。2016 年 5—11 月，“唵嘛呢叭咪吽——院藏藏传佛教文物”特展在台北“故宫博物院”展出。该展览以藏文《龙藏经》为主要展品，搭配其他典籍、书画、法器、金铜佛等 120 组藏品。

谈及两岸在藏学或佛学方面进行合作的空间，刘国威说现在两岸之间的学术研究往来非常丰富。“大陆有一个很庞大的学术圈，交流的机会也很多。每次藏学研讨会都有台湾学者的身影。”他透露，在台湾从事藏学研究的不见得都是佛教徒。但是在台湾做佛教研究的学者，大部分的背景都跟他的经历差不多，多半是因为信仰慢慢培养出了学术兴趣，一方面做学术研究，一方面有个人的信仰和修行。

藏学研究成长迅速

进行了多年的藏学研究，刘国威深感文献研究，首先要掌握语言才能深入。藏学研究是一个综合学科，史学、文献学、人类学、田野调查……人们会从不同的学术角度切入。如今，在国际上，藏学研究已经成为一门显学。全世界对西藏和藏族地区的关注，对藏族历史文化与现状的关注正与日俱增。国外著名高校和学术研究机构，对中国的研究除了汉学之外，藏学是最为重要的板块。在西方学术界，很多学者把藏学看成是汉学的重要组成部分。国外许多汉学家(比如伯希和、劳费尔等)，也是国际上赫赫有名的藏学家。

刘国威表示，上世纪70年代末最早在英国牛津大学成立的“国际藏学研究协会”，每隔几年都会举办一次年会。开始只有20—30篇论文。现在已经到了第14届。前几年在德国办的那一届，论文就有600多篇。

刘国威介绍说，在国际佛学研究领域，藏传佛教的研究也算是显学。国际佛教研究学者中做藏学研究的最多。他表示，佛学传到欧美，汉传、南传、藏传各分支都有，但是在欧美各国，藏传佛教还是最为主流，也是佛教中西方人信仰最多的一支。很多人做过分析、比较和探讨，语言可能是一个主要的切入点，藏传佛教的法师在欧美都精通英语，相形来说，汉传法师语言方面的沟通相对会弱一些，“这是一个比较现实的问题。”

针对西藏正在进行的贝叶经（写在贝树叶上的经文，素有“佛教熊猫”之称）保护，去过6次拉萨的刘国威认为，这几年西藏社科院做出了不菲的成绩。开始只是做调查，未来可能会针对具体经典文献进行深入研究。

从2006年起，中国政府启动了迄今最大规模的西藏梵文贝叶经普查。西藏已普查出近6万叶、约12万面、1000多函（种）的贝叶经存世，主要成书于公元8世纪至14世纪之间，绝大部分为梵文写本。

“过去一些经典一直没被发现，只有藏文和汉文本，现在西藏发现了重要的梵文本，这对未来的研究会有很大的影响。”刘国威说，近期公布的几部都是重要的大乘经典，目前还只是初期的研究阶段，这些经典以前已经失传，现在重新整理出来，从中有很多课题可以开发。

西藏是当今世界保存贝叶经最多、最丰富的地方，有数万叶贝叶经保存在寺庙、博物馆甚至农家。日前中国成立了首家贝叶经研究所，专门进行对贝叶经的挖掘、抢救、整理和翻译。

刘国威表示，国际藏学界非常关注这些文献，这次研讨会的藏文文献组，有学者探讨的也是此类主题，关于梵文贝叶经的研究，刘国威期待未来会有更多的成果问世。

（刘国威教授，台湾政治大学应用数学系毕业，哈佛大学梵文与印度研究学系 [现已更名为南亚研究学系] 硕士、博士，曾任佛光大学宗教学系主任、佛教学系主任、佛教学院代理院长；现任台北“国立故宫博物院”图书文献处副研究员。主要研究领域是印度后期大乘佛教、梵藏佛教文献、西藏佛教文化等。）

（《布达拉》[藏文] 2016 年第 9 期）

Seminar for Experts to Exchange Views on Tibetan Studies

Cui Jia

An international forum for academics to discuss the latest research into Tibetan studies will start in Beijing on Tuesday, Aug. 2, 2016.

The three-day Beijing Seminar on Tibetan Studies, the sixth since 1991, will be attended by 325 scholars and observers from China and abroad, according to the China Tibetology Research Center. The first seminar attracted about 80 experts.

Some 308 papers have been selected for the event, covering topics such as religious studies, contemporary politics, social transformation, economic development and The Belt and Road Initiative, said Li Decheng, the director of the Admistrative Department of Scientific Research of this center.

The reincarnation of Living Buddhas will be a main topic, he said, adding that scholars and observers will be invited to view an exhibition on reincarnation in Beijing.

"As an academic seminar, we welcome different voices," Li said. "We expect to see heated debate as well as discussions in which scholars from China and abroad exchange ideas and deepen understanding on past and current affairs in Tibetan areas."

He added that the seminar promotes international academic cooperation - at the event in 2008, Russian and German universities agreed to conduct joint studies with the China Tibetology Research Center - and provides opportunities for young scholars to shine.

"We've seen an increasing number of young Chinese scholars presenting their latest studies at the seminars and responding to foreign scholars' questions in fluent English," Li said.

Tibetan studies have become more popular among foreign experts, he added, while the Beijing seminar has become a leading platform for academic exchanges between Chinese and foreign scholars.

(*China Daily* 08/01/2016 page 3)

The Sixth International Seminar on Tibetan Studies Pushing Forward the Development of Tibetan Studies

Zeng Jiang

From August 2 to 4, 2016, the sixth Beijing International Seminar on Tibetan Studies was held, with over 300 scholars from both home and abroad gathering and exchanging their academic standpoints. As one of the largest academic gatherings on Tibetan studies in the world, the seminar fully showcased new research results and reflected new trends on Tibetan studies around the globe.

The New Starting Point on Tibetan Studies

Within a few consecutive days, scholars from home and abroad gathered at the China Tibetology Research Center to fulfill their wish of sharing the results of their recent research, introducing recent first-hand material, discussing newly discovered issues, and pronouncing their plans for the coming future.

The Beijing International Seminar on Tibetan Studies was launched in 1991, and it later became an important academic platform to promote exchange and cooperation among scholars all over the world. The following data show the 25-year itinerary of Beijing International Seminar on Tibetan Studies and the development of the course of Tibetan studies in China: In 1991, there were only 80-odd scholars with 44 papers collected from home and abroad for this seminar. However, in this past seminar, there were 325 participants from all over the world taking part. In total, the seminar received 416 theses, and 109 foreign scholars came in from 19 countries and regions. In the second seminar, which was held in 1997, there were only five panels, but this 2016 seminar had nineteen, which covered wide professional fields under the umbrella of Tibetan studies.

Kalzanggya, the senior research fellow from the Religious Institute of the Chinese Academy of Social Sciences who has participated in previous Beijing seminars on Tibetan studies, told your reporter that he was extremely impressed that there were so many spotlight issues displayed at this seminar. The content presented in the discussions not only covered a wide range of material but also went quite in depth. Scholars believe the seminar will surely produce a positive impact on the development of Tibetan studies in the future.

Proposing Advances and Suggestions for the Development of Tibet

"Preserving Culture and Serving Society" is the mission of the Beijing

International Seminar on Tibetan Studies. During this seminar, apart from the plenary session, around six to seven panels focused on providing service toward society as part of the panels' orientation. Scholars at the seminar presented their thoughts and views with regard to topics, including "The Belt and Road" (which works toward the construction of key thoroughfares in south Asia), "Economic Development and Overall Well-Being", "Social Reconstruction and Transformation", "Construction of Eco-Civilization" and so forth.

Lian Xiangmin, the director of the Contemporary Institute of Tibetan Studies of the China Tibetology Research Center, commented that the rules of law and its principles were the fundamental criteria to administrate and manage the new Tibetan society. The law-based governance principle for Tibet is hoped to bring affluence to the Tibetan people, revive the region, provide long-term strategies in supporting Tibet, and keep abreast with uniting the people while laying a solid foundation in the area. This key principle issued by the Party as well as the central government after the eighteenth session of the People's Congress precisely and sufficiently directs ethnic people within the Tibet Autonomous Region to fulfill their right to administrate and manage the country as well as the local region. In the process of the creative social administration and management of Tibet, the law-based governance of Tibet has been fully applied and has attained exceptional achievements in terms of consolidating a foundation while bringing benefits to the livelihood of the local people.

Participants of the seminar demonstrated how the ethnic Tibetan culture is perfectly preserved and has carried on in present times while it was also enriched with the connotations of modern times. Professor Colin Mackerras appreciated the efforts China has made to preserve the culture of ethnic minorities and especially Tibetan culture based on his long-term field study. He believes that modernization will not destroy the traditional culture in China, even though modernization has been taking initiative all over the nation, and that the worries of some Westerners with regard to assumed crises facing Tibetan culture in China are entirely groundless. The words of Professor Mackerras, based on his long-term academic research, echo the scholarly consent heard within the seminar.

In recent years, the construction of eco-civilization in Tibet invokes wide attention in academic circles. Chen Wei, the President of the Academy of Social Sciences of Qinghai Province, believes that the content with regard to ecological ethics in Tibetan Buddhism is abundant and that it is worth borrowing something from them, especially fine and positive elements, to service the construction of ecological civilization. He commented that ecological ethics in Tibetan Buddhism originated from the very basic elements of ecological awareness in nature worship and the most primitive ecological ideologies and Buddhist ethics in totem worship, from which the awareness of natural preservation and animal protection are fully included and highly appreciated by the people.

Focusing on Sanskrit Studies

Sanskrit studies make up one of the highlights at this seminar. Scholars submitted over twenty papers on the topic, and in the Sanskrit panel, panelists took three and a half days to conduct profound discussions with regard to some critical issues in Sanskrit studies. This has recently been recognized around the world as a high academic discussion in the field.

Oudrew Tsering, a senior research fellow on Sanskrit studies from the Tibet Academy of Social Sciences, conducted a comparison study on the *Āryasāgaranāgarājaparipṛcchāsūtra* and its Dege version Tibetan translation. Professor Katsura Shoryu from Ryukoku University introduced his ten-year research and editing work on the third and fifth chapter of the *Pramāṇasamuccayaṭīkā* as well as his own studies on the *Pramāṇasamuccaya*. He had been working on several Sanskrit manuscripts, including the *Nyāyamukha*, whereby his study on this Sanskrit manuscript based on the *Pramāṇasamuccayaṭīkā* held significant academic importance.

Professor Eli Franco and Chu Junjie from Leipzig University in Germany worked together with senior research fellow Li Xuezhu from the China Tibetology Research Center. In the seminar, they introduced their recent study on the new discovery of the *Pramāṇavārttikālaṅkāraṭīkā Supariśuddhā*. This research was made under a cooperative project between the China Tibetology Research Center and Leipzig University, with results set to be published for the public in the nearby future, allowing it to become a new reference for studies in Buddhism.

With regard to the preservation of Tibetan palm-leaf manuscripts and Sanskrit studies, Professor Ernst Steinkellner from the Austria Academy of Social Sciences highly appreciated the great achievements that have taken place in China. He provided his own comments and suggestions to deepen studies on Sanskrit manuscripts, and he recommended that scholars should prioritize translated versions of manuscripts in Chinese and Tibetan and those texts which were never before translated or studied by scholars, not to mention those Sanskrit manuscripts found based on sources from Nepal and India.

Deepening Studies on Dunhuang Tibetan Literature

Scholars also pay great attention to the study of Tibetan literature kept in Dunhuang. In this plenary session of the seminar in 2016, Professor Pasang Wangdul from the Institute of Tibetan Studies in Sichuan University and Professor Cairang from Northwest Minzu University delivered their studies on the texts. On top of this, your reporter observed that during discussions occurring in different panels, many panelists, including Ma De (senior research fellow from Dunhuang Research Institute) and Zhang Yanqing (associate professor from the Institute of Tibetan Studies at Sichuan University) also brought up several hot topics, such as the Dunhuang manuscripts preserved in Drepung Monastery, the Tibetan version of *Xianyujing* (a collection of Buddhist stories) kept in Dunhuang, studies on the year the Tibetan version of the *Prajnaparamita Sutra* in Dunhuang was copied, the features of handwriting within Tibetan letters found in Dunhuang, and historical contributions to the silk road civilization of the Tubo dynasty. Each and every one of these topics were of great contribution to the literary studies of the Tibetan texts kept in Dunhuang.

Cairang conducted his study on the Tibetan version of the annotation of the *Lankavatara Sutra* manuscripts from the Tang Dynasty and some related Tibetan translations of this sutra. From his studies, he believes that amongst those well-known translators, only Dharmaklrti is capable of reading and studying this sutra. The annotation of the Tibetan version of the *Lankavatara Sutra* is the only preserved manuscript of Dharmaklrti made in his own handwriting, which it is not only an invaluable historical cultural heritage but also a fantastic reference for scholars eager to understand the procedure of translation along with Dharmaklrti's translation rules and special features.

Pasang Wangdu has conducted studies on the signature of sutra writers and proofreaders in ancient Tibetan Buddhist sutra writing in Dunhuang in the first half of the ninth century. He believes that the names of the eight writers and proofreaders shown in the *Mahaprajnaparamita Sutra* kept in Droka Monastery and Drepung Monastery are also shown at the Tibetan version of the *Mahaprajnaparamita Sutra* kept in the museum of Dunhuang and Gansu Library. He thus commented that these manuscripts should fall into the scope of sutra writing in Dunhuang during the Tubo Dynasty, and they were copied and proofread first in Dunhuang and then transferred to Tubo. He assumes these might have been important tributes that were presented to the king of Tubo.

(*China's Tibet*, 2016(6):22-26)

组织工作

第六届北京国际藏学研讨会综述

第六届北京国际藏学研讨会筹备组

2015 年 7 月，经中国藏学研究中心与中国西藏文化保护与发展协会、西藏自治区社会科学院三家单位研究，作出了联合主办第六届北京国际藏学研讨会的决定，并组织召开筹备工作会议，成立第六届北京国际藏学研讨会筹备工作领导委员会，基本确定会议方案。2015 年 9 月初，经有关部门同意，确定于 2016 年 8 月 2–4 日由中国藏学研究中心与中国西藏文化保护与发展协会、西藏自治区社会科学院联合举办第六届北京国际藏学研讨会。

2015 年 9 月，第六届北京国际藏学研讨会正式启动报名工作，通过中国藏学网、中国西藏网等网络媒体公开发布了《第六届北京国际藏学研讨会第一轮通知》和“第六届北京国际藏学研讨会回执”，还以电子邮件、邮寄和传真等方式发出会议通知 1100 余份，广泛邀请了国际和国内藏学领域知名专家学者参加会议。

《第六届北京国际藏学研讨会第一轮通知》的发布得到了海内外藏

学领域专家学者的高度重视和热烈回应，原定11月30日截止收取会议报名材料，考虑到许多专家学者反馈希望延长报名时间，会议延长了报名时间至12月30日。大会共收到有效参会申请410份，其中海外学者136份、国内学者281份，提出组建小组讨论和圆桌会议申请15份，其中海外学者召集和海内外学者联合召集4组，国内学者10组。

根据会议工作需要，会议承办方中国藏学研究中心组织人员组成了第六届北京国际藏学研讨会筹备工作组，工作组由藏研中心副总干事郑堆担任，副组长由科研办主任李德成、副主任黄文娟担任，抽调中心科研办为主的9名年轻骨干，负责藏学会前期筹备工作。

2016年1月，第六届北京国际藏学研讨会筹备工作组组织召开了论文摘要审读会议，组织相关专家按学科分组对海内外学者提交的论文摘要进行了认真审读。经过专家三轮审读和评审，308篇论文入选，共有中外学者325人参加会议，其中海外学者109人，国内学者216人。会议主要根据海内外学者提交的参会论文内容并综合考虑专题会议申请初步确定了本届研讨会的19个专题组，分别为：当代政治、社会转型与变迁、经济发展与全面小康、一带一路与面向南亚开放重要通道建设、古代史、近当代史、宗教（一、二组）、文化、生态、藏文文献、艺术、语言、藏医历算、藏传因明、文学、梵文写本与西藏、印藏佛教中的他空、藏文信息技术组，各专题组的召集人由本专业领域的海内外学科带头人担任。

2016年3月，第六届北京国际藏学研讨会向通过评审的325名海内外学者发送了会议第二轮通知，向未通过论文审读的专家学者以邮件的形式作出了解释和说明。

3月至5月，第六届北京国际藏学研讨会筹备工作组按照会议筹备工作的要求，组织完成了会议会场安排，会议手册和论文提要集三种文字翻译及审定工作，确定会议主旨发言人名单，制定会议应急预案，确定会议议程等各项工作。期间，由于本次会议正值财政部《在华举办国际会议经费管理办法》颁布施行，按《办法》规定，所有参会人员的食宿费用自理，会务费用、工作人员数量及食宿费用等会议各项经费使用较之以前均受到了较大限制。为克服这些困难，筹备工作组针对新规定、新问题，经过反复研究，详细制定了经费预算标准，并严格执行预算；与西藏大厦协商签订食宿协议，为海内外学者会议期间食宿争取到较为低廉的价格，积极与国内参会学者联系，为其食宿安排提供建议和帮助；针对海外学者，在严格执行预算的前提下，利用上交的注册费为他们统一预定了住处和餐饮，解除了他们的顾虑，并制定了组织部分海外学者到五台山调研的计划，收到了海外学者的热烈回应和报名反馈。

6 月，第六届北京国际藏学研讨会会议手册和论文提要集（汉、藏、英三种文字）经过反复讨论修改、专家复审终审和三轮编辑审校工作，正式交付印刷厂印制。同时，筹备工作组积极联系落实了活佛转世专题展览、民族志纪实专题电影《凡尘净土》观摩会、海春生所藏明清时期北京和蒙古族地区藏文文献展览、“匝嘎利”展览、藏学图书展览等会议期间重点活动，制定赴五台山学术调研活动安排，制作会议代表证和手提袋等物品，确定大会同传、各小组秘书和翻译人员等工作。

7 月，筹备工作组对大会同传、小组秘书、翻译召开专门组织会议，明确分工责任，提出工作要求。会议全体工作人员对会议期间开幕式、大会发言、分组会议、各项重点活动进行了周密安排，对会议报到、新闻宣传、会场布置、后勤、安保、用车、医疗、志愿者等工作做了充分准备。本次研讨会前期筹备工作参与人员可以说是历届大型会议人数最少的一次，但是经过在会议筹备阶段的充分准备，详细制定任务分解计划和工作进度表，大家都明确责任、认清分工，实际工作中各司其职，忙而不乱。充分发挥每个人的作用，大家既“独当一面”又“以一当十”，精诚团结，配合默契，按时保质保量完成任务，每位会议工作人员都为会议的顺利召开贡献了自己的力量，特别是筹备工作组的 12 名同志，承担了会议筹备阶段的大量具体工作，为大会的成功付出了大量的心血。

7月25日下午，中国藏学研究中心组织召开了第六届北京（国际）藏学研讨会新闻媒体吹风会，邀请新华社、中央电视台、人民日报、光明日报、北京青年报、中国西藏网、瞭望东方周刊等20余家中央媒体、社会媒体和新媒体参加会议，由会议筹备工作组副主任李德成向各家媒体介绍了历届北京国际藏学会情况，本届会议的基本情况和筹备进展情况等。吹风会结束后各大媒体纷纷以第六届北京（国际）藏学研讨会即将召开为题，多角度对会议情况进行了报道，中央电视台《朝闻天下》栏目分别对会议和会议期间活佛转世专题展览的情况进行了专门报道。《人民日报（海外版）》以《藏学研究30年成果丰硕——访中国藏学研究中心副总干事郑堆》为题，*China Daily* 以"Seminar for experts to exchange views on Tibetan studies"为题进行了报道。

8月2日，第六届北京国际藏学研讨会在北京中国藏学研究中心正式开幕。研讨会为期3天，按照当代政治、社会转型与变迁、经济发展与全面小康、一带一路与面向南亚开放重要通道建设、古代史、近当代史、宗教（一、二组）、文化、生态、藏文文献、艺术、语言、藏医历算、藏传因明、文学、梵文写本与西藏、印藏佛教中的他空、藏文信息技术组等19个专题开展小组研讨。

开幕式上，中国西藏文化保护与发展协会副会长兼秘书长张裔炯亲临会议，并发表了重要讲话，希望能通过北京国际藏学研讨会，推动藏学研究深入开展，搭建藏学研究交流平台，"众人拾柴火焰高"，西藏文化的保护与发展，离不开社会各界和海内外朋友的参与、支持和帮助。希望海内外藏学专家不断深化交流与合作，为开创西藏文化的美好明天而积极努力。西藏自治区社会科学院院长白玛朗杰和中国藏学研究中心党组书记游洛屏也参加了会议开幕式并发表了热情洋溢的讲话。中国藏学研究中心研究员廉湘民、四川大学中国藏学研究中心讲座教授巴桑旺堆、奥地利科学院教授斯坦因凯勒、联合国经济发展合作项目首席顾问赖尚龙等十余位国内外知名学者作大会发言。研讨会期间，会议还安排有参观活佛转世专题展览、民族志纪实专题电影《凡尘净土》观摩会、明清时期北京及蒙古族地区涉藏文献展览、藏学图书展览、藏文化产品展览等活动，举行续聘奥地利科学院恩斯特·斯坦因凯勒、日本龙谷大学桂绍隆、中国台湾中国文化大学林冠群、日本大谷大学康噶·崔臣格桑、联合国经济发展项目首席顾问赖尚龙 5 位教授为中国藏学研究中心特邀研究员仪式。会后，部分海外学者代表赴山西五台山进行了调研。

第六届北京国际藏学研讨会得到了与会专家、学者的一致好评，体现出以下特点：

一、专家学者多，规模大

本届研讨会共有 325 位国内外专家学者莅临，超过了历届研讨会。十余位国内外知名学者围绕“一带一路”战略对西藏可持续发展问题、梵文贝叶经研究、藏传佛教经典研究、活佛转世制度研究、依法治藏研究、藏区生态文明建设等藏学研究与服务社会、藏学发展等问题作大会发言。研讨会按 19 个专题进行小组研讨，由各学科领域资深专家或具有较高造诣的海内外学者做小组召集人，提升了学术水平及会议品位。

二、内容丰富多彩，领域广

本届研讨会内容丰富，多元多彩。专家学者的大会发言集中体现了当前国际藏学界最新研究成果，小组研讨涵盖了当今藏学研究领域的方方面面，参观活佛转世专题展览向国际藏学界展示了活佛转世的历史定制、宗教仪轨和依法管理。明清时期北京及蒙古族地区藏文文献经函展览，向国际藏学界展示了我国西藏文化保护的不俗成就。藏学图书展览充分展示了我国藏学界的研究成果。“匝嘎利”展览及讲座，从独特视角入手展示了对藏族传统文化的抢救和传承。民族志纪实专题电影《凡尘净土》充分反映了西藏普通藏族群众的幸福生活。

三、学术水平高，成果多

本届研讨会共收到416份专家提交的论文，经专家组审读，共选定308篇参会。论文涵盖了藏学研究的各个方面，是对近年来藏学研究成果的大检阅。专家学者提交的论文和研讨充分展现了近几年藏学研究最新成果，展现了国内外藏学研究者传承文化、服务社会的责任意识和创新意识。专家学者们一致认为，本届研讨会提交的研究成果整体水平高，创新特色浓，对国际国内藏学的发展富有开拓意义。

四、严谨有序和谐，氛围好

本届研讨会会期3天，领导有方，组织得力，议程简练紧凑，过程井然有序。与会专家学者利用宝贵时间，充分发表自己的见解，论点严谨，讨论热烈，交流和谐，气氛良好，既有基础研究成果的探讨，也有现实问题研究的思考。有的专家不止一次发言，还有的专家希望增加小组讨论时间。梵文文献研究小组云集了海内外著名专家，研讨内容涉及学术领先水平，研讨会上学术争论激烈，得到广泛赞誉。大家普遍反映本届研讨会氛围好，既提升了水平，又增进了友谊。

五、获国际藏学界赞誉，反响强

参会海内外学者对本届会议赞誉有加，反响强烈。称赞本届会议准备充分、组织有序、内容丰富、成果突出。多次参会的斯坦因凯勒教授认为，本次会议无论是前期准备，还是会中安排，都无可挑剔，会议组织得非常顺畅，研讨水平很高。英国剑桥大学教授、国际藏学会秘书长海德嘎德·丁伯格认为汉藏英三种文字的会议资料具有国际领先水平。澳大利亚格里菲斯大学荣誉教授马克林参会后来信祝贺本届会议取得圆满成功。信中说，一个成功的会议有5个标准，即学术性、组织性、社交性、文化性和美味的食物，本届会议在这5个方面都达到了很高的水平，学术氛围浓厚，内容包罗万象，组织有序，文化体验深刻，为新老朋友相聚搭建了平台。意大利、俄罗斯、美国、蒙古国、尼泊尔等国学者也在参会后来信致贺。

六、舆论广泛关注，影响大

中央各大媒体对本届会议进行了广泛深度报道。来自 30 家媒体的近 50 名记者参加了开幕式报道，其中包括新华社、中央电视台、中国新闻社、人民日报、光明日报等中央媒体，北京青年报、经济时报、今日中国等社会媒体，也有人民网、澎湃新闻、统战新语等多家新媒体。众多媒体对会议开幕情况和藏学发展情况等从不同角度进行了报道，各大网络媒体纷纷进行了转载。

会议期间，《人民日报（海外版）》以《藏学研究朋友圈越来越大》为题在8月3日头版头条进行了综合报道；统战部微信公众号“统战新语”对大会进行了多篇形式活泼、深入浅出的报道；人民网、*China Daily*、中国社会科学报、中国西藏网等多家媒体派出驻会记者，自选角度对会议各专题组进行跟踪报道。人民网上线“第六届北京国际藏学研讨会”专题，综合了各家媒体的报道和独家专访等，恩斯特·斯坦因凯勒、马克林等 6 位海外学者代表接受了人民网会客室专访，以“外国专家眼中的中国藏学研究”专题视频的形式在人民网专题中播出。

会后，各大媒体报道了会议闭幕的消息，并对会议取得的重要成绩进行了评论和广泛宣传，中心副总干事郑堆受邀走进人民网直播间，接受访谈，畅谈感想，以《郑堆：我国藏学研究学术水平逐步提高 成果不断丰富》为题进行了专题视频报道。社会舆论的广泛关注，增加了会议的社会知情度，扩大了影响，取得了巨大的社会效应和政治效应。

北京国际藏学研讨会是中国藏学研究面向世界开展藏学学术研究与交流和国内外藏学界展示最新研究成果、增进交流与合作的重要平台，是世界上规模最大的藏学学术盛会之一，在国际藏学领域发挥着重要作用。本次研讨会上，海内外学者深度开展学术交流，充分展示藏学研究最新成果，进一步探讨藏学发展规律。第六届北京国际藏学研讨会的学术水准和会务组织得到了与会专家、学者的一致好评，会议取得了圆满成功。

图书在版编目(CIP)数据

第六届北京国际藏学研讨会文集 / 郑堆主编 . —北京：中国藏学出版社，2017.8
ISBN 978-7-80253-990-7

Ⅰ . ①第… Ⅱ . ①郑… Ⅲ . ①藏学 - 文集 Ⅳ . ① K281.4-53

中国版本图书馆 CIP 数据核字（2017）第 164102 号

第六届北京国际藏学研讨会文集 郑堆 主编

责 任 编 辑 徐华兰
藏 文 编 辑 南加才让
特邀英文编辑 黄文娟
封 面 设 计 李建雄
出 版 发 行 中国藏学出版社
印 刷 中国电影出版社印刷厂
版 次 2017 年 8 月第 1 版第 1 次印刷
开 本 787 毫米 ×1092 毫米 1/16
印 张 37.75
字 数 505 千字
定 价 78.00 元
书 号 978-7-80253-990-7 / K・499

图书如有印装质量问题 请与本社发行部联系
E-mail: dfhw64892902@126.com 电话: 010-64892902